D1641059

Markus Kuhn
Filmnarratologie

Narratologia

Contributions to Narrative Theory

Edited by
Fotis Jannidis, Matías Martínez, John Pier
Wolf Schmid (executive editor)

Editorial Board
Catherine Emmott, Monika Fludernik
José Ángel García Landa, Peter Hühn, Manfred Jahn
Andreas Kablitz, Uri Margolin, Jan Christoph Meister
Ansgar Nünning, Marie-Laure Ryan
Jean-Marie Schaeffer, Michael Scheffel
Sabine Schlickers, Jörg Schönert

26

De Gruyter

Markus Kuhn

Filmnarratologie

Ein erzähltheoretisches Analysemodell

De Gruyter

ISBN 978-3-11-025354-2
e-ISBN 978-3-11-025355-9
ISSN 1612-8427

Library of Congress Cataloging-in-Publication Data

Kuhn, Markus, 1972–
Filmnarratologie : ein erzähltheoretisches Analysemodell / by Markus Kuhn.
p. cm. – (Narratologia ; 26)
Includes bibliographical references.
ISBN 978-3-11-025354-2 (alk. paper)
1. Motion pictures – Philosophy. 2. Narration (Rhetoric) I. Title.
PN1995.K767 2011
791.4301–dc22

2010050355

Bibliografische Information der Deutschen Nationalbibliothek

Die Deutsche Nationalbibliothek verzeichnet diese Publikation in der Deutschen Nationalbibliografie; detaillierte bibliografische Daten sind im Internet über http://dnb.d-nb.de abrufbar.

© 2011 Walter de Gruyter GmbH & Co. KG, Berlin/New York

Druck: Hubert & Co. GmbH & Co. KG, Göttingen
∞ Gedruckt auf säurefreiem Papier

Printed in Germany

www.degruyter.com

Meinen Eltern, Elisabeth und Herbert Kuhn

Vorwort

Grundlage dieses Buchs ist meine Dissertation, die Ende 2008 an der Universität Hamburg angenommen und im Januar des darauffolgenden Jahres mit dem „Absolventenpreis 2009 der Studienstiftung Hamburg“ ausgezeichnet wurde.

Lange zuvor stand jedoch eine doppelte Faszination: Zum einen die Faszination für das erzählerische Potenzial des Spielfilms, für die kreativen Formen und verrätselten Strukturen, die beeindruckende Erzählökonomie und ästhetische Verdichtung, die doppelten Böden und narrativen Überraschungen, denen man beim tagtäglichen Filmsichten als Filmwissenschaftler und bei Kinobesuchen als Filmliebhaber immer wieder begegnet. Zum anderen die Faszination für die ungemeine analytische Produktivität und Effektivität erzähltheoretischer Modelle, die ich im Laufe meiner literatur- und medienwissenschaftlichen Tätigkeiten erfahren habe. Der Impuls zu diesem Buch war dann ‚nur‘ der unumgängliche nächste Schritt.

Von der ersten Idee bis zum fertigen Buch war es indes ein weiter Weg, auf dem mich meine Familie und viele Freunde und Kollegen unterstützt haben. Ein ganz besonderer Dank geht an meine beiden Betreuer Prof. Dr. Ludwig Fischer und Prof. Dr. Knut Hickethier. Die ausführlichen und fruchtbaren, stets inspirierenden Gespräche mit meinem Doktorvater Ludwig Fischer, sein analytischer Scharfsinn und seine große Übersicht – den obligatorischen Blick über den Tellerrand hinaus nicht zu vergessen –, haben mich in jeder Phase der Promotion maßgeblich vorangebracht und motiviert. Knut Hickethier hat mir mit seiner großen Erfahrung in vielfacher Hinsicht weitergeholfen, nicht nur hinsichtlich eines zielorientierten Pragmatismus. Die gemeinsame Reflexion film- und medienwissenschaftlicher Aspekte, insbesondere der Medialität audiovisuellen Erzählens, haben meine Arbeit entscheidend bereichert. Wesentliche Einsichten verdanke ich dem Austausch mit dem *Interdisciplinary Center for Narratology* (ICN), insbesondere den Gesprächen mit Prof. Dr. Dr. h. c. Wolf Schmid, Prof. Dr. Jan Christoph Meister, Prof. Dr. Jörg Schönert und Prof. Dr. Peter Hühn. Von großem Wert waren zudem die Diskussionen im medienwissenschaftlichen Doktorandenkolloquium von Knut Hickethier, insbesondere in der „Filmgruppe“ mit Benjamin Benedict und Dr. Rayd Khouloki, dem ich darüber hinaus den Hinweis auf viele interessante Filmbeispiele für seltene ästhetische Strukturen verdanke.

In verschiedenen Arbeitsphasen haben mich eine Reihe kritischer und aufmerksamer Leserinnen und Leser mit wertvollen Anmerkungen unterstützt. Ganz besonders herzlich danke ich Irina Scheidgen, Prof. Dr. Sabine Schlickers, Gertraud Mähler, Dominik Orth und Claudia Till für die geduldige Lektüre des Manuskripts in seinen verschiedenen Entstehungsphasen. Sabine Schlickers ist in vielen inspirierenden Gesprächen keiner auch noch so detailverliebten Diskussion ausgewichen. Julien Rigal verdanke ich die professionelle Umsetzung der Grafiken. Dominik Orth hat mir mit großer Umsicht und mitreißender Begeisterung jederzeit für sämtliche Fragen und Theoriediskussionen zur Verfügung gestanden (auch wenn wir bis heute nicht klären konnten, wer der dritte Mann am Rashômon-Tor eigentlich wirklich ist). Gertraud und Ulrich Mähler haben mir in Phasen großen Zeitdrucks mit organisatorischem Überblick bei der jeweiligen Redaktion der Textfassungen geholfen. Durch wichtige Hinweise und Lektüren einzelner Kapitel haben mich Julia Windhövel, Judith Becker, Prof. Dr. Joan Kristin Bleicher, David Ziegenhagen und Johannes Noldt unterstützt. Ein herzlicher Dank geht an den Verlag Walter de Gruyter und an Wolf Schmid als verantwortlichen Herausgeber der *Narratologia*-Reihe für die gute und effiziente Zusammenarbeit.

Ganz entscheidend zum Gelingen dieses Buchs beigetragen haben meine Eltern Elisabeth und Herbert Kuhn. Dem Vertrauen, das sie mir im Laufe meiner akademischen Laufbahn entgegengebracht haben, und dem großen Optimismus, mit dem sie meine Studien begleitet haben, habe ich sehr viel zu verdanken. Meine Freundin Anne Mähler hat mich in allen Phasen meiner Promotion mit großem Enthusiasmus und weitreichendem Rat unterstützt. Ihr verdanke ich, dass mich die Leidenschaft für mein Projekt niemals verlassen hat.

Inhaltsverzeichnis

Einleitung

Die Narratologie boomt. Diese Behauptung ist nicht neu: Sie wird aufgestellt, seit sich der französische Begriff *narratologie* – 1969 eingeführt von Tzvetan Todorov[1] – im Umfeld strukturalistisch geprägter Geisteswissenschaften etabliert hat und mit dem grundlegenden methodologischen Entwurf von Gérard Genette im „Discours du récit“ (1972) assoziiert worden ist. Wahr ist sie meist in dem engeren Zusammenhang, in dem sie jeweils getroffen wird; falsch oder zumindest nur eingeschränkt gültig, wenn man einen fächerübergreifenden oder internationalen Blickwinkel einnimmt. So waren Anfang der 1980er Jahre die Narratologie und der Ansatz von Gérard Genette in der Literaturwissenschaft in Frankreich und den Vereinigten Staaten bereits etabliert, als sich die deutschsprachige Erzähltheorie noch vorwiegend am Typenkreis und den „Erzählsituationen“ Franz K. Stanzels (1955; 1964; 1979) orientierte und auf Ansätze von Käte Hamburger (1957; 1968) und Eberhard Lämmert (1955) rekurrierte. Als 1994 mit der deutschen Übersetzung von Genettes „Discours du récit“ und *Nouveau discours du récit* in *Die Erzählung* einer allgemeinen Verbreitung der Modelle Genettes in der deutschsprachigen Literaturwissenschaft der Weg bereitet wurde, war die erste Welle der Narratologie in Frankreich bereits vorüber und auch die Rezeption im angloamerikanischen Forschungsumfeld über einen ersten Höhepunkt hinaus.[2]

Die deutsche Übersetzung sowie die 1999 folgende, sich in den zentralen Termini zur Analyse der Darstellungsseite an Genette orientierende populäre deutschsprachige *Einführung in die Erzähltheorie* von Matias Martinez und Michael Scheffel (1999) katalysierten die Verbreitung der Terminologie von Genette in den deutschsprachigen Philologien auch jenseits

1 Vgl. Todorov (1969: 10): „Cet ouvrage relève d'une science qui n'existe pas encore, disons la NARRATOLOGIE, la science du récit.“

2 Die Übersetzungsgeschichte der Werke Genettes deutet diese Tendenz an. Genette publizierte seine umfassende Methodologie im „Discours du récit“, der den Großteil seines Bandes *Figures III* ausmacht, welcher 1972 in Frankreich erschien. *Narrative Discourse*, die erste englische Übersetzung, folgte 1980. Auf kritische Diskussionen seiner Modelle, die bald nach der französischen Erstveröffentlichung einsetzten – u. a. von Rimmon-Kenan (1976a; 1976b); Bal (1977a; 1977b; 1981a; 1981b); Cohn (1978; 1981); Tamir (1976); Bronzwaer (1978); Van Rees (1981); Lintvelt (1981); Vitoux (1982) –, reagierte Genette im *Nouveau discours du récit* (1983), der 1988 ins Englische übersetzt wurde. In Deutschland erschienen der „Discours du récit“ und der *Nouveau discours du récit* erst 1994 in *Die Erzählung*.

der Narratologie und förderten das Anknüpfen der deutschsprachigen Erzähltheorie an die internationale Erzählforschung. So kam es, dass sich in Deutschland klassisch-narratologische Kategorien französischer Provenienz erst seit Ende der 1990er Jahre allgemein etablierten, während international und in einigen deutschen *scientific communities* bereits von einer neuen Blüte oder Wiedergeburt der Narratologie im Rahmen postklassischer und neostrukturalistischer Konzepte gesprochen wurde.[3]

Trotz dieser zeitversetzten Entwicklung ist es heute möglich, von einer allgemeinen Verbreitung internationaler erzähltheoretischer Konzepte und einer Vertiefung narratologischer Fragestellungen auch im deutschsprachigen Raum zu sprechen. *Die* internationale Geschichte *der* Narratologie lässt sich zwar nur schwer erzählen, dennoch kann zwischen einer vor-strukturalistischen, einer strukturalistischen und einer nach-strukturalistischen oder postklassischen Phase einschließlich einer Renaissance narratologischer Konzepte unterschieden werden, die noch nicht vorüber ist und die – vielleicht gerade wegen der Zeitversetzung – verstärkt auf Deutschland ausstrahlt. Nicht zu übersehen ist eine seit den 1990er Jahren international zunächst vor allem geforderte, dann aber auch nachweisbare Entwicklung zu einer Ausweitung der Narratologie über die Grenzen literaturwissenschaftlicher Erzähltheorie und Erzähltextanalyse hinaus. An verschiedenen Stellen wird nicht mehr von der Narratologie im Singular, sondern den *narratologies* im Plural gesprochen, um die Vielfalt zeitgenössischer Erzählforschung anzudeuten.[4] Neue narratologische Ansätze werden auf feministischem, kognitionspsychologischem oder kulturgeschichtlichem Forschungsfeld entwickelt, erzähltheoretische Konzepte in die Geschichtswissenschaft, Rechtswissenschaft oder Psychologie exportiert und umgekehrt.[5] Eine kontextuelle, transgenerische, interdisziplinäre und vor allem transmediale Erweiterung des Gegenstandsfelds der Narratologie wird angestrebt und erprobt (vgl. Nünning/Nünning 2002b: 11).

Angesichts dieser hochkonjunkturellen Expansion der Narratologie wundert es, dass es noch immer keine systematische und umfassend aus-

---

3 Es ergibt sich eine Rezeptionsgeschichte, die sich von den Einflüssen (anderer) französischer Strukturalisten auf die deutschsprachige Forschung unterscheidet, die besonders über die Linguistik eingewirkt haben. Genette wird hier aus forschungsgeschichtlicher Sicht als *Narratologe* eingeordnet und von ‚strikteren' Strukturalisten unterschieden. Die Narratologie hat sich unter verschiedenen Einflussfaktoren entwickelt, zu denen auch Strukturalismus, Formalismus und de Saussure'sche Linguistik zählen (vgl. 1.2). Es ist nicht unüblich, Genette mit Robert Scholes als „low structuralist" von „high structuralists" wie Roland Barthes, Claude Levi-Strauss oder Michel Foucault zu unterscheiden (Scholes 1974: 157 ff.).

4 So beispielsweise Nünning/Nünning (2002a) mit Bezug auf den Band *Narratologies. New Perspectives on Narrative Analysis* von David Herman (1999b); vgl. dazu Herman (1999a: 1); vgl. 1.2.5.

5 Vgl. Grünzweig/Solbach (1999b); Nash (1990); Meister (2005); vgl. 1.2.5.

gearbeitete Filmnarratologie gibt, zumal in den Literatur- und Medienwissenschaften – beispielsweise im Rahmen der Diskussionen zur Literaturadaption – gerade die Nähe von Erzählliteratur und narrativem Spielfilm aus verschiedenen Blickwinkeln thematisiert wurde. Eine transmediale Erweiterung der Narratologie auf das Medium Film hätte einen breiteren (forschungs-)historischen Hintergrund als etwa die Anwendung der Narratologie auf das verhältnismäßig junge Medium des Computerspiels. Die Nähe von Literatur und Spielfilm sowie die Geschichte gegenseitiger Beeinflussungen werden diskutiert, seit der Film durch die Verwendung literarischer Vorlagen aus dem Kontext des Jahrmarktspektakels und der damit verbundenen ästhetischen Abwertung gelöst werden sollte.

Die Behauptung, dass es keine umfassende Filmnarratologie gebe, muss indes etwas modifiziert werden: Für den deutschsprachigen Raum ist sie weitgehend gültig – zumindest dann, wenn man nach einer alle Problemfelder erschöpfenden narratologischen Methodologie zur Analyse fiktionaler filmischer Erzählungen sucht, also einer Art medial reflektierter Übertragung klassisch-narratologischer Modelle oder, anders formuliert, einer Filmnarratologie Genette'scher Provenienz. Es gibt einzelne Aufsätze, in denen zentrale Fragen einer Filmnarratologie skizziert werden sowie einige Sammelbände zu spezifischen Aspekten des Erzählens im Film, auch einige ausgearbeitete Konzepte zu einzelnen Teilbereichen, auf die ein filmnarratologischer Ansatz zurückgreifen kann. Ein umfassender theoretisch fundierter und zugleich anwendungsorientierter methodologischer Entwurf einer Filmnarratologie steht jedoch noch aus.

International gibt es einige größere Arbeiten zur Narration im Spielfilm, die man je nach Definition nur bedingt als *narratologisch* bezeichnen kann. Zu nennen wären hier die recht populären Ansätze von David Bordwell (1985), Seymour Chatman (1978; 1990a) und Edward Branigan (1984; 1992) aus dem englischsprachigen Raum und einige Monographien aus Frankreich, von denen allerdings keine ins Deutsche übersetzt wurde. Inwiefern man auf diese Ansätze zurückgreifen kann, in welchen Punkten sie weitergedacht werden müssen und an welchen Stellen sie sich als inkompatibel mit den Anforderungen einer anwendungsorientierten und werkinternen Filmnarratologie erweisen, muss diskutiert werden.

Die im deutschsprachigen Umfeld auffällige und international nachweisbare Forschungslücke im Bereich der Filmnarratologie soll mit dem vorliegenden Werk geschlossen werden. Ausgehend von den Ansätzen Gérard Genettes und, wo notwendig, weiteren klassisch-narratologischen Arbeiten soll der Kernbereich der *Discours*-Narratologie für den Film systematisch erschlossen und modelliert werden – werkimmanent, weitgehend deskriptiv und anwendungsorientiert. Die Mittel und Phänomene filmischen Erzählens werden analysiert, reflektiert und klassifiziert, ein Modell zur präzisen Beschreibung narrativer Strukturen im Film wird vorgestellt und anhand von Analysen und Beispielen veranschaulicht.

Im ersten Kapitel werden die grundlegenden theoretischen, methodischen und praktischen Anforderungen an ein derartiges narratologisches Analysemodell für den Film zusammengefasst sowie erste Problemfelder, die sich daraus ergeben, formuliert (Kap. 1.1). Der Tatsache, dass das Forschungsumfeld einerseits unüberschaubar groß ist (die Narratologie existiert seit über 30 Jahren und die Erzähltheorie im weiteren Sinne mindestens seit Beginn des 20. Jahrhunderts), andererseits aber auch recht klein (sucht man nach dezidiert filmnarratologischen Ansätzen im engeren Sinne), wird folgendermaßen Rechnung getragen: In Kapitel 1.2 wird die Entwicklung der Erzähltheorie in groben Zügen abgesteckt; in Kapitel 1.3 werden verstreute Ansätze zur Erzählforschung im Film gesammelt und bezüglich ihrer Eignung für ein filmnarratologisches Modell geprüft. Dabei wird zum einen die Relevanz der Arbeiten Genettes in der international vernetzten Erzähltheorie konturiert, zum anderen werden die Erweiterungen zeitgenössischer Narratologie, in die sich diese Studie einreiht, skizziert und offene Problembereiche einer Filmnarratologie extrahiert.

In Kapitel 2 wende ich mich den theoretischen Prämissen zu, die Voraussetzungen für eine transmedial verstandene Narratologie sind. Es werden Fragestellungen erörtert, die sich ergeben, wenn Kategorien transmedial verwendet werden, hier aus ihrem Ursprungskontext in der Erzähltheorie der Literaturwissenschaft gelöst und für eine Erzähltheorie des Films fruchtbar gemacht werden. Wie gelangt man von einer sprach- und textbasierten Narratologie zu einer transmedialen? Wie muss Narrativität definiert werden, damit die Definition für verschiedene Medien gültig ist? Was ist *Erzählen* in einem audiovisuellen Medium? Abgeleitet werden eine enge und eine weite Definition von Narrativität sowie eine Minimaldefinition des Narrativen. Der Vorschlag, eine enge Definition über die erzählerische Vermittlung als Basis meines deskriptiven Ansatzes zu verwenden, muss zu anderen transmedialen Ansätzen in Beziehung gesetzt werden, ohne Abgrenzungen als undurchlässig zu verstehen. Über die Minimaldefinition kann der Ansatz zugleich potenziell für jede audiovisuelle Darstellungsform geöffnet werden, die narrative Grundstrukturen aufweist. Die Modellierung der erzählerischen Vermittlung im Film durch ein Kommunikations- und Instanzenmodell in Kapitel 3 wird in Kapitel 2.3 insofern vorbereitet, als verschiedene Diskussionen rund um die Annahme eines Filmerzählers oder einer narrativen Instanz im Film aufgearbeitet werden.

In Kapitel 3 bis 6 werden die grundlegenden Kategorien des filmnarratologischen Modells entwickelt. Die dieser Studie zugrunde liegende Hypothese, dass sich aufgrund der Hybridität des Mediums Film mehr

Möglichkeiten ergeben als in der Erzählliteratur und die Modellierungen deshalb *per se* komplexer ausfallen müssen, schlägt sich in doppelter Hinsicht nieder: Es müssen sowohl die Modelle zur Beschreibung klassisch-narratologischer Aspekte anhand filmischer narrativer Strukturen infrage gestellt und erweitert werden (Kap. 3 bis 5) als auch einige Phänomene ins Auge gefasst werden, die ‚quer' zu den zentralen Problemfeldern der Narratologie liegen, was weitere Modifizierungen nach sich zieht (Kap. 6). Die grundsätzlichen Aspekte einer *Discours*-Narratologie, die in Kapitel 3 bis 5 behandelt werden, orientieren sich am Modell Genettes (1994).[6] Alle Klassifikationen werden anhand von Filmen exemplifiziert.

Das Modell der narrativen Kommunikationsebenen und Instanzen, das klassisch-narratologischen Ansätzen explizit oder implizit zugrunde liegt und für die Anwendung auf den Film modelliert wird, bildet den Kern des dritten Kapitels. Entscheidend ist die Differenzierung einer audiovisuellen Erzählinstanz des Films von fakultativen sprachlichen Erzählinstanzen. Diese Differenzierung weist über vorhandene Konzepte wie Chatmans *cinematic narrator* insofern hinaus, als die synthetische Kategorie des Filmerzählers analytisch ausdifferenziert wird. Zur Analyse des dynamischen Verhältnisses von audiovisuellem und sprachlichem Erzählen im Film werden Kategorien angeboten.

In Kapitel 4 werden Perspektivierungs- und Fokalisierungsfragen entfaltet. Zentral ist die Unterscheidung zwischen Fragen der Wissensrelation und Informationsvermittlung (Fokalisierung) und Fragen der visuellen Perspektivierung (Okularisierung/point-of-view), die im Film, in dem der Perspektivbegriff nicht nur im übertragenen Sinne zu verstehen ist, eine besondere Rolle spielen. Die verschiedenen Techniken zur Darstellung subjektiver Wahrnehmung und innerer und mentaler Zustände, die der narrative Spielfilm ausgebildet hat, müssen analysiert und bezüglich der jeweiligen Fokalisierung und Okularisierung bestimmt werden. Dabei spielen auch Fragen der auditiven Perspektivierung (Aurikularisierung) und der Funktionalisierung des Voice-overs eine Rolle. Untersucht werden schließlich die Filme, die man als Handkamera- oder Ich-Kamera-Filme klassifizieren kann und die spezifisch kinematographische Muster der Narration und Perspektivierung ausgebildet haben. Ein Blick auf Formen der Rede- und Gedankenwiedergabe im Film zeigt, dass der Distanz-Begriff Genettes sich nicht unmittelbar übertragen lässt, aber Fragen aufwirft, die zu anders gelagerten Systematisierungen führen.

---

6 *Narrative Instanzen* (Kap. 3) werden bei Genette (1994) unter der Kategorie „Stimme" gefasst. Genettes Kategorie des „Modus" – bei ihm unterdifferenziert in „Fokalisierung" und „Distanz" – wird hier unter den Begriffen *Fokalisierung und Perspektivierung* (Kap. 4) subsumiert, die über Genette hinausweisend ausdifferenziert werden. Das Kapitel *Zeit* (Kap. 5) wird nach Genettes Kapiteln „Ordnung", „Dauer" und „Frequenz" untergliedert.

Im fünften Kapitel werden filmische Formen der Zeitmodulation untersucht. Auch wenn sich die transmediale Übertragung der Kategorien der Ordnung, Dauer und Frequenz als unproblematisch herausstellt, ergeben sich durch die Zusammenhänge von visuellen und sprachlichen Formen der Zeitgestaltung untersuchungsrelevante spezifisch filmische Zeitstrukturen. Der *Zeitpunkt des Erzählens* (Kap. 5.4), bei Genette ein Unterpunkt der „Stimme", kann erst an dieser Stelle und somit als Anhang zum Kapitel *Zeit* diskutiert werden, weil der Nachweis der Schwierigkeit seiner Bestimmung von den anderen Kategorien des narratologischen Modells abhängt, die in Kapitel 3 bis 5 entwickelt wurden.

In Kapitel 6 werden unter dem Oberbegriff *Kommunikations- und Ebenenstrukturen* schließlich weitere komplexe Phänomene untersucht, die damit zusammenhängen, dass audiovisuelle und sprachliche Kommunikationsformen im Film in vielfältiger Weise kombiniert werden, zusammenspielen oder zueinander in Spannung oder Widerspruch stehen können. Dazu gehören Formen der Voice-over-Erzählung, des unzuverlässigen und paradoxalen Erzählens, der Selbstreflexion sowie sämtliche Ebenenstrukturen und Ebenenkurzschlüsse, die sich durch den Einsatz oder die Thematisierung sprachlicher und audiovisueller Kommunikation innerhalb des Films ergeben.

Weiterführende Anschlussmöglichkeiten an das vorliegende Modell werden im abschließenden siebten Kapitel skizziert. Eine deskriptive Filmnarratologie stellt eine sinnvolle Basis für inter- und transmediale Forschungen dar. Um eine breitgefächerte ‚multimediale Narratologie' zu begründen, die ihren Beitrag zur Analyse neuer Erzählformen in Film, Fernsehen, Theater, Comic, Internet sowie neuesten Medien und Medienverbünden leistet, kann in verschiedenen Richtungen an das vorliegende filmnarratologische Modell angeknüpft werden.

Zu einem derart breit angelegten Forschungsprogramm möchte ich mit dem vorliegenden Buch beitragen, indem ich die Bedingungen und Bedingtheiten des Erzählens im audiovisuellen Medium Film systematisch erörtere und ein Modell zur Analyse filmischer und audiovisueller Werke vorstelle. Bei der transmedialen Erweiterung des Gegenstandsbereichs der Narratologie die analytische Kraft, die klassifikatorische Genauigkeit, die deskriptive Präzision und die methodische Konsequenz der klassischen Narratologie zu erhalten, stellt eine der zentralen Herausforderungen an die Filmnarratologie dar.

1. Methodische Grundlagen

Um ein umfassendes narratologisches Modell zur deskriptiven Analyse der konstitutiven werkseitigen Strukturen filmischer Erzählungen zu entwickeln, werden die in klassisch-narratologischen Ansätzen verhandelten Aspekte für das Medium Film modelliert. Es geht dabei in erster Linie um die Seite der Darstellung oder – narratologisch betrachtet – um die Ebene des *discours* (genauer des Verhältnisses des *discours* zur *histoire*), weshalb man auch von einer *Discours*-Narratologie sprechen kann. Rund um ein Modell der narrativen Kommunikationsebenen und Instanzen im Film müssen Aspekte der Fokalisierung, der Zeit und des Zusammenspiels der Instanzen und der Ebenenverhältnisse systematisch erfasst werden.

Obwohl das filmnarratologische Modell konsequent in einen erzähltheoretischen Rahmen eingebettet wird, möchte ich mit der vorliegenden Studie auch anderen Feldern der Literatur-, Film- und Medienwissenschaft Impulse geben. Einige der diversifizierten Diskussionen der Narratologie werden zugunsten einer angestrebten Öffnung in Richtung Filmwissenschaft, Filmanalyse und bestimmter Felder der Literatur- und Medienwissenschaft verkürzt. Sosehr eine interdisziplinäre Öffnung der Narratologie zu verschiedenen geistes- und sozialwissenschaftlichen Fächern angestrebt werden sollte, sosehr ist eine weitreichende *intra*disziplinäre Akzeptanz der Erzähltheorie innerhalb der Literatur-, Film- und Medienwissenschaft wünschenswert. Das Verständnis von Narratologie und Erzähltheorie, das diesem Werk zugrunde liegt, sowie sämtliche Begrenzungen werden nicht als absolut aufgefasst: Es gilt zu zeigen, an welchen Stellen der Ansatz eingeschränkt werden muss, um methodisch konsequent vorzugehen, wo er geöffnet werden muss, um dem Medium und der Analyse einzelner filmischer Werke gerecht zu werden, und wo er durch andere Methoden ergänzt werden kann. Werkimmanente Narratologie wird von mir nicht als Dogma verstanden, sondern als eine in ihrem Vorgehen transparente Methode, deren Analyse- und Klassifikationsraster die nötige Trennschärfe und Definitionsgenauigkeit besitzt, um intersubjektive, wissenschaftlich nachvollziehbare und nicht normativ beeinflusste Erkenntnisse zu liefern, die von anderen Analyse- und Interpretationsverfahren weiterverwendet werden können. Im Spannungsfeld von narratologischen Kategorien und medienspezifischen Unschärfen können Einsichten in eine Theorie filmischen Erzählens gewonnen werden.

1.1 Das Analysemodell: Anforderungen und Problemfelder

Aus den Anforderungen, die das Modell erfüllen soll, ergeben sich erste Problemfelder; methodische Schwierigkeiten können wiederum durch ein klares Anforderungsprofil vermieden werden. Einschränkungen sind notwendig, um zu vermeiden, dass die medienübergreifende Erweiterung der Narratologie zu einer Aufweichung ihrer methodischen Stringenz führt.

a) *Werkimmanenz und deskriptive Analyse*

Die Beschränkung auf werkseitige Aspekte, also auf eine weitgehend werkimmanent-deskriptive Analyse, bedeutet, dass aus dem Feld der Narratologie grundsätzlich nur jene Ansätze herausgegriffen werden, die mit einer klassisch-strukturalistischen Narratologie kompatibel sind. Auf kognitivistische, zuschauer- und wirkungsbezogene Ansätze und andere Methoden, die die Narratologie in den Kontext weiterführender Theorien rücken, kann deshalb nicht zurückgegriffen werden. Allerdings können Grenzen und Anschlusspunkte markiert werden. Eine weitgehend objektive Deskription kann zwar angestrebt, aber nie vollkommen erreicht werden. Inwiefern eine Methode nie objektiv in einem absoluten Sinne ist, weil ihr Blickwinkel auf den Gegenstand immer von den theoretischen Prämissen des Modells abhängt, wird einerseits im Rahmen der Bestimmung des Verhältnisses von Theorie, Methode und Analyse und der methodischen und theoretischen Reichweite von Narratologie transparent (vgl. 1.2.1 und 1.2.6), ist andererseits ein erkenntnis- und wissenschaftstheoretisches Problem, das für jede wissenschaftliche Modellbildung gilt.

b) *Heuristischer Wert und Effektivität*

Bei einem dezidiert anwendungsbezogenen Ansatz muss nach dem heuristischen Wert seiner Modelle und der Effektivität seiner Mittel gefragt werden. Die Kategorien dürfen zum einen nicht zu spezifisch sein, damit die Analyse nicht zur ziellosen Auflistung unüberschaubarer Mengen von Merkmalen und Daten gerät, zum anderen nicht zu allgemein, damit keine *black spots* entstehen, wenn entscheidende strukturelle Gegebenheiten der untersuchten Werke nicht ins Raster fallen. Es ist wichtig, die Ökonomie der Kategorien, also ein ‚gesundes' Verhältnis zwischen analytischem Aufwand und zu erwartenden Ergebnissen, zu wahren.[1]

1 Ausnahmefälle sollen mit den Kategorien zwar erkannt werden, aber um Effizienz zu gewährleisten, müssen Unschärfen in der Mikroanalyse zugelassen werden. Vgl. dazu Hurst (1996: 45): „Eine *kognitive Ökonomie* gebietet daher, gerade so viele Kategorien zu bilden, daß eine sinnvolle Unterscheidung von Objekten […] einerseits und eine sinnvolle Verallgemeinerung, d. h. Abstraktion dieser Objekte andererseits möglich werden." Zur ‚Ungenauigkeit' von Modellen vgl. Bonheim (1995: 24).

c) *Die Hybridität des Mediums Film*

Die Hybridität des Mediums Film wurde verschiedentlich erklärt: ob durch die Komplexität des filmischen Zeichens (das semiotisch betrachtet als Superzeichen zu definieren wäre, welches sich aus einer Kombination symbolischer, indexikalischer und ikonischer Zeichen im Sinne C. S. Peirces ergibt; vgl. Eco 1972: 197-230), die Plurimedialität des ‚Kompositionsmediums Film' (die sich aus der Kombination verschiedener auditiver, visueller, kinematographischer und sprachlicher Codes/Medien ergibt) oder die Möglichkeit, andere Medien in die filmische Repräsentation zu integrieren (so z. B. geschriebene Texte auf dem Bildschirm, Instrumentalmusik zum Standbild, das Abbilden einer Comicseite, das Vorspielen einer Radiosendung etc.). Diese aus verschiedenen theoretischen und praktischen Blickwinkeln ableitbare komplexere Struktur des Mediums Film im Vergleich zur schriftsprachlichen Erzählliteratur hat zur direkten Folge, dass ein *film*narratologischer Ansatz *per se* komplexer ist als ein literaturbasierter. Das bedeutet sowohl, dass die Anwendung narratologischer Kategorien auf den Film auf Grenzen stößt, als auch, dass ein methodologischer Entwurf zur Analyse des Erzählens im Film komplexer und stellenweise ambivalenter sein *muss* als eine entsprechende Erzähltheorie der Literatur.

d) *Kompatibilität mit Ansätzen der klassischen Narratologie*

Aus Kompatibilitätsgründen wird auf den sowohl inner- als auch außerhalb der *scientific community* der Narratologen bekannten Ansatz von Gérard Genette (1994) zurückgegriffen. In den Punkten, in denen sein sprachbezogenes Modell – sowohl aufgrund von inhärenten als auch von medienspezifischen Problemen – nicht geeignet ist, wird von weiteren, möglichst ‚klassischen' narratologischen Ansätzen Gebrauch gemacht. Erst wenn dort keine geeigneten Kategorien vorliegen, mache ich eigene Vorschläge.

e) *Vermeidung inflationärer Begriffsbildungen*

Ein methodisches Problem, das der Narratologie als Forschungstradition eingeschrieben zu sein scheint, ist die teilweise inflationäre Vielfalt von Begriffsbildungen und Klassifikationsrastern, die sowohl in Bezug auf die Anwendbarkeit einzelner Ansätze als auch mit Blick auf den wissenschaftlich-intersubjektiven Anspruch problematisch ist (vgl. Bonheim 1990: 306). Martinez/Scheffel (1999: 7) verweisen zu Recht auf „die schwer überschaubare Konkurrenz alternativer Methoden, Begriffe und Nomenklaturen". Vera und Ansgar Nünning (2002a: 5) stellen fest, dass „eine Vielzahl heterogener Ansätze […] und die terminologische Vielfalt konkurrierender Beschreibungsmodelle" typisch für den „Forschungsstand der Erzähltheorie" seien. Die Filmnarratologie steht vor einer doppelten

Schwierigkeit: Sie muss sich einerseits in den Diskussionen der literaturbasierten Narratologie verankern, andererseits die spezifische Problematik der Konzepte im Medium Film berücksichtigen. Um der Gefahr eines vagen Eklektizismus zu entgehen, wurden das ‚Sammeln' von Definitionen und die Begriffsneubildungen eingeschränkt. Von Vorteil ist, dass Genette als *lingua franca* der Narratologie anerkannt ist und sich nahezu jeder narratologische Ansatz an seinen Kategorien abarbeitet – auch diejenigen, die eine Abkehr von klassischen Positionen anstreben (vgl. 1.2).

f) *Das Verhältnis von narrativem Spielfilm und Erzählliteratur*

Durch die Verwendung von in der literaturwissenschaftlichen Erzähltextanalyse bewährten Modellen für die Erzähltheorie des Films ist die Möglichkeit eines Vergleichs von Sprachtext und Film zumindest für jene Kategorien möglich, die sich grundsätzlich übertragen lassen und die auf funktional vergleichbare Strukturen abzielen.

g) *Fiktionalität und Faktualität*

Der vorliegenden Ausarbeitung des filmnarratologischen Modells und der Überprüfung seiner Kategorien liegen vorwiegend fiktionale filmische Werke im Spielfilmformat zugrunde.[2] Viele Aspekte, die in fiktionalen Filmen analysiert werden können, kann man jedoch auch in faktualen filmischen Werken untersuchen (vgl. 2.2.3), sofern sie *narrative* Strukturen aufweisen, also Bedingungen der *Narrativität* erfüllen (vgl. 2.1).

h) *Kinofilm – Fernsehfilm – Video – DVD – YouTube*

Unabhängig von der Produktions- und Distributionsform, des dispositiven Rahmens und der Medienumgebungen lassen sich die Kategorien dieser filmnarratologischen Methode auf alle *filmischen* Werke anwenden, die in Teilen *narrativ* sind. Nicht nur Kinofilme, auch Fernseh- und Videofilme, Musikvideos, *YouTube*-Clips etc. können narratologisch analysiert werden. Die Ergebnisse sollten jedoch – wie die jeder werkimmanenten Methode – mit Befunden einer Kontextanalyse rückgekoppelt werden.

---

2 Das Filmkorpus, auf das bei der Entwicklung des vorliegenden Ansatzes zurückgegriffen wurde – das aufgrund des systematischen Ansatzes keine primäre Bedeutung hat –, basiert auf ca. 250 Spielfilmen aller filmhistorischer Epochen und verschiedener, vor allem nordamerikanischer und europäischer Länder. Recherchiert und letztlich ausgewählt wurden die Filme im Hinblick auf die zu modellierende systematische Fragestellung. Nur die in der Arbeit erwähnten Filme finden sich im Filmverzeichnis. In vielen Fällen hätten mit der gleichen Plausibilität andere Filmbeispiele verwendet werden können. Andererseits werden im Laufe der Arbeit auch Strukturvarianten erörtert, die sich aus der theoretischen Systematik ergeben, für die ich (bisher) kein geeignetes Filmbeispiel gefunden habe. Anzunehmen ist, dass sich – vor allem auf den Feldern der B-Movies, Experimentalfilme, narrativen Musikvideos und Videokunstwerke – geeignete Beispiele finden lassen, die mir nicht bekannt oder zugänglich waren.

i) *Narratologische Analyse und Interpretation*

Die Kategorien der Filmnarratologie dienen der intersubjektiv nachvollziehbaren Analyse. Es ist jedoch ein Irrtum, der nicht wenigen Film- und Erzähltextanalysen zugrunde liegt, dass alle narrativen Phänomene eindeutig zu bestimmen sein müssen. Die Filme, die in dieser Studie herangezogen werden, zeigen immer wieder, dass es viele Unbestimmtheiten (der Fokalisierung, der Ebenen, der Zeitstruktur etc.) gibt, die konstitutiv für die Struktur des jeweiligen Films sind und vielfältige Funktionen haben. Solange sie mit ihr aufgefunden werden können, sind Ambivalenzen keine Schwäche der Methode. Es gibt oft mehrere Möglichkeiten, die Ebenenstruktur eines Films aufzulösen; häufig – etwa bei Filmen, die dem Prinzip des *final twist* folgen – wird eine primäre Markierung der Ebenen im Verlauf der Sukzession durch eine nachträgliche, sekundäre Markierung überlagert. Gerade das Zusammenspiel divergierender Markierungen kann ein entscheidendes Merkmal sein, mit dem eine offene Werkstruktur realisiert wird. Unbestimmtheiten dürfen nicht ‚weginterpretiert' werden.

Ist es sinnvoll, eine Grenze zwischen narratologischer Analyse und Interpretation zu ziehen? Ich folge bei der Beantwortung dieser Frage tendenziell Tom Kindt und Hans-Harald Müller (2003a), die bei der differenzierten Bestimmung des möglichen Verhältnisses von „narrative theory" und „theory of interpretation" eine „narratology as heuristic tool" bevorzugen (ebd.: 211 ff.).[3] Sie verstehen darunter eine Narratologie, die als Heuristik für verschiedene Interpretationstheorien dient, indem ihre Konzepte Ergebnisse liefern, die von Interpretationstheorien weiterverwertet werden können. Aus dieser Bestimmung leiten sie neben einem „set of *general criteria* with which it must comply as a language of scientific description (for example, the requirement that concepts be clear and readily susceptible of application, and be used in a way that is economical and free from contradiction)" auch einige „*specific requirements*" ab, die eine so verstandene Narratologie zu erfüllen hat, u. a. das „criterion of neutrality":

> [T]he concepts of narrative theory should be ‚neutral' with regard to the theory of interpretation, so that their use remains independent of the choice of concrete interpretive approach, i.e., so that it does not imply a decision in favour of a specific conception of meaning. (ebd.: 213)

Natürlich stellt das narratologische Modell trotzdem, wie jedes andere, nur „eine Annäherung an die Wirklichkeit" dar, die unter dem leidet, „was die Naturwissenschaftler ‚looseness of fit' nennen" (Bonheim 1995: 24).[4]

3 Vgl. die Ausdifferenzierung verschiedener Positionen in Kindt/Müller (2003b).

4 Jede methodische Herangehensweise ist immer von einem Erkenntnisinteresse geleitet und somit nie ganz frei von Interpretation. Kindt/Müller (2003a: 213) verweisen jedoch auf den grundlegenden Unterschied zwischen dieser Form der quasi eingeschriebenen Interpretation und dezidierten Interpretationsmethoden: „[A]ny moderately ambitious discus-

j) *Discours-Narratologie*

Allgemein gesprochen beziehen sich die Kategorien dieses filmnarratologischen Ansatzes auf die Seite der Darstellung bzw. auf das Verhältnis der Darstellung zum Dargestellten. Weniger wichtig ist die Ebene des Dargestellten, die *histoire* im klassisch-strukturalistischen Sinne. Auch in diesem Punkt folge ich dem Ansatz Genettes, der wissenschaftshistorisch den Wendepunkt von einer *histoire-* zu einer *discours*-orientierten Narratologie markiert.[5] Da die Ebenen der Darstellung allerdings nicht an sich existieren – es gibt keine Darstellung ohne Dargestelltes –, spielt die Seite des Dargestellten wie in jeder narratologischen Systematik auch hier eine indirekte Rolle. Thematische Aspekte, die dramaturgische Struktur, die Figuration, der filmische Raum und alle Fragen, die um die Strukturierung der dargestellten Welt kreisen, sollen jedoch so weit wie möglich ausgeklammert werden. An dieser Schnittstelle lässt sich die filmnarratologische Analyse durch Ansätze der Film- und Dramenanalyse ergänzen.

k) *Skalen mit gradueller Abstufung anstelle von binären Kategorien*

Die Definition absolut trennscharfer oder binärer Kategorien, wie sie in strengen strukturalistischen Ansätzen versucht wurde, ist nicht Ziel dieses Modells. Viel Mühe wurde darauf verwendet, Grenzen zu ziehen, die sich so nicht halten lassen. Auch Genette hat im „Discours du récit" einige Trennlinien gezogen, etwa die der „unüberschreitbaren Grenze zwischen dem hetero- und dem homodiegetischen Erzähltyp", an denen er im *Nouveau discours du récit* nicht mehr festhält, wenn er anerkennt, „daß es (gemischte oder zweideutige) Grenzsituationen geben kann und tatsächlich gibt" (1994: 261 ff.). Phänomene, bei denen die Möglichkeit von Abstufungen eingeräumt werden kann, beziehungsweise solche, die genuin graduell sind, lassen sich durch die Annahme von Skalen zwischen zwei Extrempolen modellieren, auf denen man prototypische Zwischenstufen annehmen kann.

---

sion of texts (and therefore any narratological analysis) depends on interpretation in a very basic sense—but precisely not in the sense of the specific form of interpretation practised by scholars of literature. The purpose of the neutrality requirement is to delimit an area of textual analysis whose operations are to be seen as distinct from those of a particular type of interpretation." Zu berücksichtigen sind darüber hinaus epistemologische Fragen, die – auch wenn sie methodisch ausgeklammert werden – insofern relevant sind, als jeder Filmwissenschaftler an die Bedingungen menschlichen Wahrnehmens und Verstehens gebunden ist. Trotz jeder theoretischen Absicherung ist der Filmanalysierende immer auch ein Filmsehender, der nie unabhängig von vorgeprägten Wahrnehmungsmustern agiert und seine Analysen verschriftlichen muss. Vgl. die Beiträge in Inhetveen/Kötter (1996).

5 Man kann vereinfachend von einer *Histoire-* und einer *Discours*-Narratologie sprechen (vgl. 1.2). Die anerkannte Unterscheidung zwischen Dargestelltem (*histoire*, *story*, „the what", „das Was") und Darstellung (*discours*, *discourse*, „the way", „das Wie") strukturiert viele Überblicke über die Erzähltheorie (z. B. Martinez/Scheffel 1999; Schönert 2004a).

1.2 Der narratologische Rahmen

1.2.1 Zu den Begriffen Narratologie, Erzähltheorie, Narrativik, Erzählforschung und ihrer Reichweite

Die Begriffe „Narratologie“, „Erzähltheorie“ und „Theorie des Erzählens“ wurden bisher weitgehend synonym verwendet. Eine Praxis, die sich – mehr oder weniger reflektiert – durch viele narratologische Studien zieht.[6] Andere Ansätze benutzen konsequent nur einen der drei Begriffe, teilweise jedoch zur Bezeichnung desselben theoretisch-methodischen Feldes einen unterschiedlichen.

Genette (1994) verwendet den Begriff „Narratologie“ (frz. „narratologie“) im Sinne einer Theorie des Erzählens (ebd.: 12). Er beschränkt sich auf fiktionale sprachliche Erzähltexte, wendet seine ‚Theorie' im Sinne einer Methode auf Erzähltexte an und leitet anhand der Analyse konkreter Erzähltexte allgemeine theoretische Erkenntnisse ab. Genette kann beziehungsweise will sich nicht entscheiden, ob die spezielle Analyse des zentralen Analyseobjekts *À la recherche du temps perdu* von Marcel Proust die allgemeine Theorie des Erzählens dominieren soll oder umgekehrt. Er liefert dabei insofern eine *Methode*, als die von ihm verwendeten Kategorien zur differenzierten *Analyse* auch anderer Erzähltexte dienen sollen. Er ist insofern *theoretisch* orientiert, als er allgemeine Behauptungen über das Erzählen in fiktionalen sprachlichen Kunstwerken sowohl deduktiv exemplifiziert als auch induktiv ableitet und als Gesetzmäßigkeiten postuliert. Unabhängig davon basiert ein methodisches Modell *per se* auf theoretischen Prämissen über die Allgemeingültigkeit erzählerischer Merkmale, wenn diese in verschiedenen Werken mit den gleichen Kategorien erfasst werden sollen. Eine Grenze zwischen Theorie und Methode ist bei Genette (1994) – wie bei vielen narratologischen Ansätzen – folglich schwer zu ziehen.

Todorov hat den Begriff „Narratologie“ recht allgemein als „la science du récit“ („Wissenschaft vom Erzählen“) eingeführt (1969: 10), was nicht zu einer differenzierten Begriffsbestimmung beigetragen hat. Der Terminus Narratologie ist inzwischen – trotz oder gerade wegen seiner definitorischen Unschärfe – international anerkannt (engl. *narratology*, frz. *narratologie*). In Deutschland wurden daneben noch der von Jens Ihwe (1972) geprägte Terminus „Narrativik“ und der Begriff „Erzählforschung“ verwendet, letzterer zumeist als allgemeiner Oberbegriff für verschiedene systematische, historische, kontextualisierende und gattungstheoretische Ansätze, die nicht alle unter dem Begriff Narratologie subsumiert werden

6 Vgl. dazu: Chatman (1990a: 1); Herman (1999a: 1, 27); Fludernik (2005a: 37).

können.[7] Seit Nünning 1997 die Begriffe „Narratologie" als internationale Form der Erzähltheorie und „Narrativik" als deutschsprachige Tradition der Erzähltheorie unter dem Dachbegriff „Erzähltheorie" im *Reallexikon der deutschen Literaturwissenschaft* aufgeführt hat, ziehen sich diese Begriffe durch verschiedene literaturwissenschaftliche Lexika, jedoch nicht immer mit der gleichen Differenzierung.[8]

Der Anwendungsbereich des im vorliegenden Werk entwickelten Ansatzes liegt in der Analyse. Allerdings ist die Definition der Kategorien und Modelle nicht von theoretischen Prämissen zu trennen – und das in zweifacher Hinsicht: Einerseits hängt die Methode durch ihre narratologischen Wurzeln von allgemeinen Theorien des Erzählens ab, andererseits von theoretischen Reflexionen über die medialen Bedingungen des Erzählens, weil Kategorien auf ein anderes Medium übertragen werden.[9] Aus diesem Grund spreche ich auch von einer *Erzähltheorie des Films* und benutze die Begriffe *Narratologie* und *Erzähltheorie* weitgehend synonym, wobei letzterer die theoretischen Implikationen betont und ersterer die analytische Ausrichtung; *Erzählforschung* dient als allgemeiner Oberbegriff.

---

7 Nünning/Nünning (2002a: 19) verwenden den Begriff *Erzählforschung* als Oberbegriff für verschiedene Erzähltheorien (historiographische, philosophische, narratologische und Roman-Theorien), Erzähltextanalysen und Interpretationen von Erzähltexten. In diesem Sinne wird *Erzählforschung* auch im Sammelband von Lämmert (1999) verstanden.

8 Z. B. Nünning (1998) (mit gleicher Begriffsdifferenzierung); Gfrereis (1999: 56 f.) (ohne weitere Differenzierung, d. h. weitgehend synonym: Erzähltheorie=Narratologie=Erzählforschung=international; Narrativik=national); Wilpert (2001) (Erzähltheorie=Erzählforschung=Narrativik=Narratologie). Bisher konnte sich kein Versuch, die Begriffe trennschärfer zu differenzieren, allgemein durchsetzen. Die Begriffsverwendungen im deutschsprachigen Raum beschreiben Cornils/Schernus (2003).

9 Zum Verhältnis von Theorie, Modell und Methode erörtert Nünning (1995: 8): „Der Begriff ‚Theorie' […] bezeichnet explizite, elaborierte, geordnete und konsistente Kategoriensysteme, die der Erforschung und Erklärung der Sachverhalte ihres jeweiligen Objektbereichs dienen. […] Modelle sind insofern ‚parasites on theory' (Bonheim 1990: 17), als sie einen bestimmten Teilbereich einer Theorie formal repräsentieren bzw. veranschaulichen, indem sie nur die für relevant gehaltenen Elemente abbilden und diese in eine Relation zueinander stellen. […] Der Begriff der Methode bezieht sich hingegen auf die Art und Weise des Vorgehens." *Methode* verstehe ich wie Nünning (1995) also im Sinne von Klaus/Buhr (1976: 792) als ein „System von (methodischen) Regeln oder auch Prinzipien, das Klassen möglicher Operationssysteme bestimmt, die von gewissen Ausgangsbedingungen zu einem bestimmten Ziel führen" bzw. einfacher: als ein auf einem Regelsystem aufbauendes Verfahren zur Erlangung von wissenschaftlichen Erkenntnissen. *Methodologie* als Lehre von den wissenschaftlichen Methoden bezeichnet die Beschäftigung mit Zweck, Angemessenheit und Ausprägung der angewandten Methoden. Den Begriff narratologischer *Ansatz* verstehe ich als unspezifischen Oberbegriff für sowohl theoretisch als auch historisch orientierte und angewandte Narratologien. Es handelt sich bei meiner *Filmnarratologie* also um eine *Methode* zur *Analyse* filmischer Narrationen, die verschiedene Modelle und Konzepte umfasst und in einen theoretischen Rahmen eingebettet ist, die anders betrachtet eine *Methodologie* ist, die ein Bündel von (Teil-)Methoden präsentiert, deren Nutzen sie reflektiert, sowie zugleich eine *Erzähltheorie*, weil sie die Bedingungen filmischen Erzählens reflektiert.

Wie der *Gegenstandsbereich* der Narratologie bestimmt werden kann, wird in 2.1 diskutiert, indem die Narrativität, also die spezifische Qualität des Erzählerischen, definiert wird, von der die mediale Reichweite der Narratologie abhängt.[10] Darüber hinaus stellt sich die Frage, welchen Status die Narratologie im Verhältnis zu anderen Forschungsfeldern hat:

> Narratologie versteht sich nicht als eigenständige Disziplin, sie ist also nicht als ‚die Wissenschaft von den Erzählungen' anzusehen. Sie lässt sich gegenüber anderen Disziplinen nicht systematisch abgrenzen; sie ist eher ein Wissenssystem, eine ‚Querschnitt-Disziplin', das unterschiedliche Disziplinen durchquert. (Schönert 2004a: 136)

Auch die Bestimmung einer Narratologie des Films in Abgrenzung von anderen Disziplinen der Filmwissenschaft ist nicht selbstverständlich. Eine Filmnarratologie überschneidet sich mit anderen Filmtheorien und der ‚klassischen Filmanalyse'. Da die Filmnarratologie von der narratologischen Forschung ausgeht, soll zuerst anhand eines historischen Abrisses der Narratologie ein klar umrissener Begriff der *klassischen Narratologie* gewonnen werden, bevor in 1.3 nach *filmnarratologischen* Ansätzen im klassisch-narratologischen Verständnis gesucht wird. Als innovativ wird nicht verstanden, Erzählstrukturen des Films überhaupt zu untersuchen, sondern dies mit den theoretisch hochentwickelten und im Laufe einer langen Tradition diversifizierten Methoden der Narratologie zu versuchen.

1.2.2 Zur Entwicklung der Erzähltheorie: Phasen und Traditionslinien

Die Wurzeln der Erzähltheorie im Sinne eines theoretischen oder systematischen Betrachtens des Erzählens lassen sich bis ins 19. Jahrhundert zurückverfolgen – man denke an die Untersuchungen des Romans von Friedrich Spielhagen (*Beiträge zur Theorie und Technik des Romans*, 1883) oder Otto Ludwig („Formen der Erzählung", 1891) – oder sogar, bindet man sie nicht an die Gattung der Erzählliteratur, bis in die Antike. So führt Genette (1994: 116) die angloamerikanische Diskussion des Oppositionspaars *showing* vs. *telling* zur Kennzeichnung narrativer Modi bis auf das von Platon eingeführte und von Aristoteles differenzierte Gegensatzpaar *mimêsis* vs. *diêgêsis* zurück. Doch auch wenn man nicht den Spuren einer im weitesten Sinne verstandenen Theorie des Erzählens nachgeht, die parallel zur Theoriediskussion der Poetik verlaufen, sondern sich auf die Entwicklungen des 20. Jahrhunderts konzentriert, stößt man auf eine unüberschaubare Fülle nationaler und internationaler Entwicklungen und inter-

10 Die Bestimmung des Gegenstandsbereichs der Narratologie ist je nach Sichtweise abhängig von der Definition der Narratologie als Disziplin und umgekehrt (vgl. Prince 2003b: 1). Vgl. die verschiedenen Beiträge im Sammelband von Kindt/Müller (2003b).

disziplinärer Einflüsse. Die Schwierigkeit, *die* oder genauer die *eine* Geschichte der Narratologie zu schreiben, wurde an verschiedenen Stellen erörtert.[11] Hier geht es um eine Einordnung verschiedener Positionen sowie den Rahmen, in den *transmediale* Entwicklungen eingebettet sind.[12]

Die ‚Geburt' der *klassischen Narratologie* wird allgemein Ende der 60er Jahre in Frankreich angenommen und im französischen Strukturalismus verortet.[13] Die klassische Narratologie französischer Provenienz nennen Vera und Ansgar Nünning (2002a) den Beginn einer „strukturalistischen Hauptphase" der Narratologie, die sie auf Mitte der 1960er Jahre bis Ende der 1980er Jahre beziffern und in einem Drei-Phasen-Modell von einer *ersten* Phase, ihren „prä-strukturalistischen Anfängen" bis Mitte der 1960er, und einer *dritten* Phase „der Revision und der interdisziplinären Weiterentwicklung" seit den 1990er Jahren abgrenzen (ebd.: 5) – eine Phasengliederung, die hier als Grundgerüst dienen kann.[14]

1.2.3 Die vor-strukturalistische Erzähltheorie

Zur Phase der vor-strukturalistischen Erzähltheorie gehören die Arbeiten von Käte Friedemann (*Die Rolle des Erzählers in der Epik*, 1910), die theoretischen Äußerungen von Schriftstellern wie Henry James (*The Art of the Novel*, 1934) und E. M. Forster (*Aspects of the Novel*, 1927) sowie Percy

11 So behaupten Vera und Ansgar Nünning (2002a: 5), dass es „schwierig – bzw. angesichts des defizitären Standes der wissenschaftsgeschichtlichen Rekonstruktion bislang sogar unmöglich – ist […], ‚die' Entwicklung ‚der' Erzähltheorie in wenigen Sätzen Revue passieren zu lassen". Vgl. Richardson (2000: 172): „The history of modern narrative theory is more accurately depicted as a cluster of contiguous histories rather than a single, comprehensive narrative". Vgl. Herman (2005); Fludernik (2005a); McHale (2005).

12 Zur Rekonstruktion wichtiger Entwicklungslinien der Narratologie wurde u. a. auf folgende Arbeiten zurückgegriffen: Onega/García Landa (1996a); Grünzweig/Solbach (1999a); der Überblick über narratologische Modelle von Jahn (1995); die Zusammenfassungen neuerer Tendenzen von Vera und Ansgar Nünning (2002a; 2002b); die prägnanten Erörterungen zum Status quo der Narratologie von Jörg Schönert (2004a; 2004b); die Einleitung zu den Sonderbänden der Zeitschrift *Style* 38.2-3 (2004) zur „German Narratology" (Fludernik/Margolin 2004); die Aufsätze zur „narrative theory's modern history" in Phelan/Rabinowitz (2005b) sowie Ryan/van Alphen (1993); Herman (1999a; 2007a); Goebel (1999); Fludernik (2000a; 2006); Richardson (2000); Nünning (2003); Herman/Vervaeck (2005a; 2005b) und verschiedene Artikel aus dem Sammelband von Kindt/Müller (2003b).

13 Manfred Jahn (1995: 29) markiert den Beginn bereits im Jahr 1966 mit dem Erscheinen der achten Ausgabe der Zeitschrift *Communications* („L'analyse structurale du récit"). Die Zeitschrift enthält u. a. Genettes Aufsatz „Frontières du récit" (1966), in dem er Grundlagen des Forschungsprogramms skizziert, die er im „Discours du récit" entfaltet hat.

14 In ihrer Phasengliederung beziehen sich Vera und Ansgar Nünning (2002a) wiederum auf Ryan/van Alphen (1993: 110). Nünning (1997: 514; 1998: 131) legt die gleiche Aufteilung zugrunde. Dass das Drei-Phasen-Modell nur eine von vielen Möglichkeiten ist, die Entwicklung der Narratologie nachzuzeichnen, zeigen Cornils/Schernus (2003: 137 ff.).

Lubbocks *The Craft of Fiction* (1921), in denen „bestimmte Problemfelder des Erzählens und [...] der ‚Romankunst'" thematisiert werden (Schönert 2004a: 138). „Pionierarbeit bei der vorstrukturalistischen Systematisierung von Erzähltechniken und Erzählweisen" (Nünning/Nünning 2002a: 6) leisteten in Deutschland vor allem Käte Hamburger (1957; 1968) sowie die Vertreter einer „morphologischen Poetik" Wolfgang Kayser (1948), Eberhard Lämmert (1955) und Franz K. Stanzel (1955; 1964; 1979), in den USA René Wellek und Austin Warren (1949), Wayne C. Booth (1961), Norman Friedman (1955) und die neoaristotelischen Kritiker der Chicago School.[15] Es kann jedoch nicht behauptet werden, dass diese vorstrukturalistischen oder *proto-narratologischen* (Schönert 2004a: 138) Entwicklungen mit dem Einsetzen der strukturalistischen Hauptphase der Narratologie revidiert oder vollständig verdrängt worden wären. Fludernik (2006: 20) verweist zu Recht darauf, dass die Arbeiten von Lämmert, Stanzel und Hamburger „wesentliche Impulse für die weitere, auch die strukturalistische, Erzählforschung" geliefert haben und bis heute in Deutschland benutzt werden.[16] Auch international spielen Stanzel und Hamburger weiterhin eine Rolle. So wird Hamburger (1968) bis heute zur Diskussion von Fiktionalitätssignalen beachtet.[17] Stanzels *Erzählsituationen* wurden in einem einflussreichen Aufsatz von Dorrit Cohn (1981) modifiziert und Genettes Ansatz gegenübergestellt, woraufhin Genette Stanzels Ansatz im *Nouveau discours* diskutiert und zu seinen Kategorien in Beziehung gesetzt hat (1994: 269-278), was bis heute aufgegriffen wird.[18]

1.2.4 Die strukturalistische Hauptphase: Genettes „Discours du récit" als Wendepunkt von der *Histoire*- zur *Discours*-Narratologie

Claude Bremond, der frühe Roland Barthes, Gérard Genette, Algirdas J. Greimas und Tzvetan Todorov gelten als Hauptvertreter der französischen Frühphase der Narratologie, die sich im strukturalistischen Einfluss-

15 Vgl. u. a. Nünning (1998: 131 f.); Nünning/Nünning (2002a: 6); Herman (2005).

16 Die Eigenständigkeit der Entwicklung deutschsprachiger Erzähltheorie arbeiten u. a. Cornils/Schernus (2003) und Fludernik/Margolin (2004) heraus.

17 Vgl. u. a. Cohn (1990; 1999, z. B.: 6, 10, 15 ff., 23-26, 127); Martinez/Scheffel (1999: 16, 18 f.) und zusammenfassend Gorman (2005: 166 f.).

18 Das Gegenüberstellen von Stanzels und Genettes Ansatz zieht sich durch verschiedenste Publikationen bis in aktuelle deutschsprachige Einführungen in Erzähltheorie und Romananalyse – vgl. u. a. Diengott (1990); Vogt (1990: 84 ff.); Jahn/Nünning (1994); Breuer (1998); Martinez/Scheffel (1999: 89-95); Bode (2005: 143-242); Fludernik (2006: 103-118); Jeßing/Köhnen (2007). Stanzels *Die typischen Erzählsituationen im Roman* (1955) wurde 1971, die *Theorie des Erzählens* (1979) 1984 ins Englische übersetzt. Zur internationalen Stanzel-Rezeption vgl. Cornils (2004).

feld entwickelt hat.[19] Neben den linguistischen Wurzeln, die sich auf die von Ferdinand de Saussure begründete moderne Linguistik stützen, lassen sich weitere Einflussfaktoren bestimmen. Jahn (1995: 30) nennt die „literaturtheoretischen Ansätze der russischen Formalisten der zwanziger Jahre (Sklovsky, Eichenbaum, Tomachevski)“, Fludernik (2006: 20) den Einfluss, den „die Märchenanalysen des Strukturalisten Vladimir Propp (1895-1970)“ hatten. Beeinflusst auch von Roman Jakobsons „Sprachfunktionen“ und Noam Chomskys „generativer Grammatik“ entwickeln die frühen strukturalistischen Narratologen wie Claude Bremond (1964; 1966; 1973, u. a.), Algirdas Julien Greimas (1967; 1969; 1970 u. a.) und Roland Barthes (1966) eine Grammatik des Erzählens, die sich vor allem mit den Elementen der *histoire* beschäftigte.

„Erst durch Genettes [...] bahnbrechende Studie über den Diskurs des Erzählens, deren Terminologie inzwischen als *lingua franca* der Erzähltheorie gilt, verlagerte sich das Interesse von der erzählten Geschichte auf die Ebene des Erzählens“ (Nünning 1998: 132). Die bedeutende Rolle von Genettes „Discours du récit“ für die Entwicklung und wichtige methodische Systematisierungen der Narratologie wird an unterschiedlichen Stellen hervorgehoben.[20] „Genettes strukturalistischer Taxonomie [...] verdanken Erzähltheorie und Erzähltextanalyse entscheidende Fortschritte an terminologischer Präzisierung und Systematisierung [...]“ (Nünning 1998: 132). Genettes Arbeiten (1972; 1983) werden auch ‚außerhalb‘ der narratologischen Forschung als „die wichtigsten französischen Beiträge zur literaturwissenschaftlichen Methodendebatte nach dem Strukturalismus“ (*Lexikon literaturtheoretischer Werke*), als „lingua franca“ (*Encyclopedia of Contemporary Literary Theory*), als „gemäßigter Strukturalismus“ (*Grundzüge der Literaturwissenschaft*) oder „entscheidender Einfluß auf die Erzähltheorie“ (*Metzler Lexikon Literatur- und Kulturtheorie*) eingeordnet.[21]

Der internationale Einfluss von Genettes Werk ist unumstritten. Monika Fludernik (2005a: 39) nennt die frühe Übersetzung und das schnelle Aufgreifen seines Ansatzes von wichtigen internationalen Narratologen als einen der entscheidenden Faktoren, die diese Entwicklung begünstigt haben. Zu den wichtigsten klassischen Narratologen ‚nach‘ Genette zählen Seymour Chatman (1978; 1990a), Dorrit Cohn (1978), Susan S. Lanser (1981), Gerald Prince (1982), Shlomith Rimmon-Kenan (1983), Mieke Bal

19 Vgl. u. a. Ryan/van Alphen (1993: 112); Jahn (1995: 29); Herman (2005: 19).

20 Vgl. u. a. Scholes (1974: 157-167); Goebel (1999: 8); Grünzweig/Solbach (1999a: 2 f.); Fludernik (2005a: 39).

21 Vgl. Stiegler (1995: 100); Ryan/van Alphen (1993: 112); Grübel (1996: 404); Antor (1998: 187). Die Bezeichnung „lingua franca“ übernimmt Nünning für das Lemma „Erzähltheorie“ im *Reallexikon der deutschen Literaturwissenschaft* (1997) und im *Metzler Lexikon Literatur- und Kulturtheorie* (1998).

(1985) und Michael J. Toolan (1988).[22] Auffällig im Vergleich zur breitgefächerten internationalen Genette-Rezeption ist die verspätete Genette-Rezeption in Deutschland:

> In Deutschland wurden diese Texte [u. a. Genettes „Discours du récit"] nur selektiv wahrgenommen, der Strukturalismus französisch-russischer Prägung gewann in der Germanistik nur in der Linguistik entscheidende Durchschlagskraft. (Grünzweig/Solbach 1999a: 3)

Die zögerliche deutsche Rezeption verwundert umso mehr, da die Ausgangsvoraussetzungen in Deutschland und den USA vergleichbar waren (vgl. ebd.: 1 ff.), die Nähe der *Discours*-Narratologie französischer Provenienz zur deutschsprachigen Erzähltheorie auch international zur Kenntnis genommen wurde (vgl. Vogt 1996: 293) und andere französische Strukturalisten wie Barthes, Greimas oder Bremond bereits Mitte der 1970er Jahre auf Deutsch vorlagen.[23] Zu einem Umschwung kam es erst mit der deutschen Übersetzung Genettes im Jahr 1994. „International narratology [...] only seems to have gained increased significance in the German-speaking countries when Genette's *Die Erzählung* began to be studied in detail" (Cornils/Schernus 2003: 165).[24] Auch die Studie der *Forschergruppe Narratologie* zu „Kanonische[n] Texte[n] der Narratologie in deutschsprachigen Kodifikationen" kommt zu dem Ergebnis, dass die klassische Narratologie französischer und angloamerikanischer Prägung erst mit einiger Verspätung in Deutschland relevant wurde und die vorstrukturalistische deutsche Tradition nie vollständig verdrängen konnte.[25]

---

22 Vgl. u. a. Chatman (1990a: 205); Jahn (1995: 29); Nünning/Nünning (2002a: 4-9).

23 Eine Auflistung der Übersetzungen zentraler Werke des französischen Strukturalismus bis 1974 findet sich bei Schernus/Cornils (2003: 161 f). Die französisch beeinflussten strukturalistischen Entwicklungen in Deutschland in den 1970ern und 1980ern erörtern Fludernik/Margolin (2004: 163-169). Da hier Basiskonzepte für narratologische Modelle diskutiert worden seien, bezeichnen sie diese Phase bereits als „first major period of German narratological research" (ebd.: 169). Die Bezeichnung dieser Phase als *narratologisch* ist jedoch irreführend, weil der Begriff Narratologie in dieser Phase in Deutschland noch nicht benutzt worden ist (vgl. Cornils/Schernus 2003) und international bis in die 1980er Jahre hinein eher mit Genette assoziiert wurde (vgl. Kindt/Müller 2003b: VI).

24 Es gibt verstreute Ausnahmen, in denen schon vor der deutschen Übersetzung auf Genette rekurriert wurde. So integriert Vogt Genettes Kategorien in sein eklektizistisches Analysemodell (1990: u. a. 84 ff., 118 ff.). In dem von Hans Werner Ludwig herausgegebenen *Arbeitsbuch Romananalyse* wird auf die englische Übersetzung rekurriert (1982: u. a. 103 ff.). Genette (1972) wird erwähnt in: Kahrmann/Reiß/Schluchter (1977) und Haubrichs (1976).

25 Vgl. Cornils/Schernus/Schönert/Warda (2003). „Während der strukturalistische Anteil im Laufe der Zeit deutlich zunimmt, ebenso wie in der jüngeren Zeit (1990 ff.) der Anteil der ‚Klassischen Narratologie', bleibt der Anteil der ‚vor-narratologischen Erzähltheorie' bemerkenswert groß" (ebd.: Teil II, 14). Vgl. ebd.: Teil I, 17 und Teil II, 20.

1.2.5 Die postklassischen Entwicklungen: von der Narratologie zu den „new narratologies"

Nünning/Nünning (2002a: 7) sprechen zwar von *einer* postklassischen Phase der Narratologie, die sie seit etwa 1990 ansetzen, verweisen aber auf disparate Tendenzen innerhalb derselben: von einem „Beharren auf vorstrukturalistischen Positionen" wie es z. B. Stanzel in der Verteidigung seines Ansatzes vollführt (1990; 1992; 2002), über ein Beibehalten klassisch-narratologischer Positionen, wie es bei Chatman (1990a) und Genette (1983; 1991) zu erkennen ist, bis zur „jüngsten Entwicklungsphase der Erzähltheorie", die durch „eine große Bandbreite von neuen theoretischen Ansätzen bzw. Forschungsrichtungen" geprägt ist, „die über das Erkenntnisinteresse und die Methodologie der Narratologie hinausgehen". Die meisten Wissenschaftler, die sich mit der postklassischen Entwicklung beschäftigen, stellen – bei geringfügigen Differenzen in der Phasengliederung – eine Erweiterung der Narratologie in kontextueller, interdisziplinärer, transgenerischer und transmedialer Hinsicht fest. Weitgehend durchgesetzt hat sich, dass man die disparaten Entwicklungen der Narratologie seit den 1990er Jahren – mit Bezug auf den von David Herman gewählten Titel des Aufsatzbandes *Narratologies* (1999b) – im Plural als *narratologies* oder *new narratologies* bezeichnet,[26] wobei nicht unumstritten ist, ob es sich bei allen neueren Entwicklungen um Narratologien im engeren Sinne handelt (vgl. Nünning 2003: 262; Fludernik 2005a: 37).

Der von Chatman (1990b) geprägte Begriff „contextualist narratology" markierte erste kontextbezogene Erweiterungen der Narratologie, die seither in viele verschiedene Richtungen weitergetrieben wurden. Schönert erklärt, dass „im Zeichen eines ‚narrativist turn' nicht mehr zu fragen war: ‚Wie sind Erzählungen [...] organisiert?', sondern auch: ‚Was leisten sie? Welche Funktionen haben sie in Kontexten und Praxisbezügen?'" (2004a: 132).[27] Nachdem neben fiktionalen auch faktuale Texte Gegenstand narratologischer Analysen geworden waren (vgl. u. a. Genette 1991), wurde der Gegenstandsbereich *transgenerisch* über die Gattung Epik hinaus auf Dramen und Lyrik sowie *transmedial* beispielsweise auf Bilderzählungen, Comics, Filme, Musik oder Computerspiele erweitert (vgl. 1.3.2). Angesichts einer zunehmenden Fokussierung auf kognitivistische Ansätze wird mitunter auch von einem „cognitive" oder „cognitivist turn" der Narratologie

26 Auch Currie (1998: 96), Schönert (2004a; 2004b) und Fludernik (2000a; 2005a; 2006) sprechen von *narratologies* oder *new narratologies.*

27 Den Begriff „narrativist turn", auf den sich auch Nünning/Nünning (2002a: 2; 2002b: 3) beziehen, übernimmt Schönert von Martin Kreiswirth, der einem Aufsatz den Untertitel „The narrativist turn in the Human Sciences" gibt (1995). Phelan/Rabinowitz (2005a: 2) und Fludernik (2005a: 46 ff.) verwenden dagegen „narrative turn".

gesprochen.[28] Nünning/Nünning (2002a) unterscheiden „schematisch vereinfacht“ acht Richtungen innerhalb der *new narratologies*:

1. Kontext- und themenbezogene Ansätze: Anwendung von Erzähltheorien in der Literaturwissenschaft (*Contextualist*, *Comparative*, *Applied*, *Postcolonial*, *Cultural* und *Historical Narratology*, Feministische Narratologie u. a.)
2. Transgenerische und intermediale Applikationen und Erweiterungen der Erzähltheorie (Gattungstheorie, Drama, Lyrik, Film, Musik, bildende Kunst; *Cyberage Narratology*)
3. Pragmatische und Rhetorische Narratologie
4. Kognitive und rezeptionsorientierte (Meta-)Narratologien (auch *Critical Narratology*, *Natural Narratology*, wirkungsästhetisch orientierte Narratologie u. a.)
5. Postmoderne und poststrukturalistische Dekonstruktionen der Narratologie
6. Linguistische Ansätze zur Narratologie (z. B. sprechakttheoretische)
7. Philosophische Erzähltheorien (Possible-worlds theory u. a.)
8. Andere interdisziplinäre Erzähltheorien (Anthropologie, Artificial Intelligence, kognitionspsychologische Narratologie, Oral History)[29]

David Herman konstatierte bereits 1999 eine „unmistakable explosion of activity in the field of narrative studies“ (1999a: 1); Richardson (2000: 168) postulierte eine „renaissance in narrative theory“; Schönert (2004a: 140) spricht von einer „gegenwärtigen Blüte der Narratologie“. Fludernik (2006: 21 f.) erkennt einen „Boom“ und verweist darauf, dass sich „die Internationalisierung der Erzähltheorie“ insbesondere daran zeige, „dass die Erzähltheorie Gérard Genettes nunmehr auch in Deutschland heimisch geworden ist“. Explosion, Renaissance oder Blüte – das nationale wie internationale Florieren der Narratologie spätestens seit Ende der 1990er Jahre unterstreichen nicht nur die Sammelbände, die zu narratologischen Fragestellungen erschienen sind und die neue, programmatische Ausrichtung der Narratologie oft schon im Titel erkennen lassen: *Grenzüberschreitungen. Narratologie im Kontext* (Grünzweig/Solbach 1999b), *Erzähltheorie transgenerisch, intermedial, interdisziplinär* (Nünning/Nünning 2002d), *Narratology beyond Literary Criticism. Mediality, Disciplinarity* (Meister 2005). Auch die Forschergruppen und Kooperationen, die seit Ende der 1990er Jahre gegründet wurden und sich mit dezidiert narratologischen Projekten beschäftigen,[30] Symposien und Konferenzen zu narratologischen The-

28 Vgl. Fludernik (2005a: 48 ff.). Einen Überblick über kognitive Ansätze liefern der Aufsatz von Zerweck (2002) und der Sammelband von Herman (2003).

29 Überblick über die *new narratologies* (nach Nünning/Nünning 2002a: 10 ff.; gekürzt).

30 Narratologisch orientierte Forschergruppen sind in Deutschland u. a. die 1998 an der Universität Hamburg gegründete *Forschergruppe Narratologie* (*FGN*), deren Projekte seit 2004 im *Interdisziplinären Centrum für Narratologie* (*ICN*) fortgeführt werden, das seit 2007 bestehende *Zentrum für Erzählforschung* (*ZFE*) an der Universität Wuppertal sowie international das *European Narratology Network* (*ENN*) oder das *Project Narrative* an der Ohio State University.

menfeldern, die national wie international veranstaltet werden[31] sowie neuere Einführungen[32] und Nachschlagewerke,[33] Buchreihen und Zeitschriften[34] unterstreichen den Boom der Narratologie. Als Gründe für eine derartige Renaissance nennen Nünning/Nünning (2002a):

> Erstens profitiert die Erzähltheorie von einem breiten interdisziplinären Interesse am Erzählen, also von jenen Veränderungen in den Kulturwissenschaften, die als „narrative turn" […] bezeichnet worden sind. Zweitens hat man (wieder) erkannt, daß die Erzähltheorie ein differenziertes Repertoire von Analysekategorien und Modellen zur präzisen Beschreibung textueller Phänomene, ihrer Funktionen und ihres Wirkungspotentials bietet, dessen epochen- und disziplinübergreifendes Anwendungspotential noch nicht annähernd ausgeschöpft ist. (Nünning/Nünning 2002a: 2)

Gerade in Deutschland, aber auch international, hat der Boom der Narratologie nicht nur die Entwicklung neuer postklassischer Ansätze mit sich gebracht, sondern ebenso eine breiter gestreute Akzeptanz klassisch-narratologischer Ansätze innerhalb der Literaturwissenschaft.[35] Entgegen einer vor allem von poststrukturalistischer Seite hervorgebrachten Rhetorik ist auch die klassische Narratologie alles andere als ‚tot'.[36] Zusammenfassungen und Weiterentwicklungen (neo-)klassischer Ansätze finden sich in den genannten Nachschlagewerken, Lexika und Sammelbänden. Auch die neu überarbeiteten Klassiker (Toolan 2001; Rimmon-Kenan 2002) sowie die Auflagenentwicklungen älterer und neuerer Klassiker (Genette; Chatman; Martinez/Scheffel etc.) deuten auf eine nach wie vor große

---

31 Vgl. exemplarisch einige aktuellere Konferenzen, die auf der Homepage des ICN Hamburg aufgelistet sind: http://www.icn.uni-hamburg.de/tagungenarchiv (Zugriff: 15.7.2010).

32 Neben den deutschsprachigen Einführungen von Martinez/Scheffel (1999); Wenzel (2004c); Bode (2005); Fludernik (2006); Jeßing/Köhnen (2007) u. a. auch Lothe (2000); Cobley (2001); Abbott (2002); Keen (2003); Herman/Vervaeck (2005a).

33 Vgl. u. a. *A Dictionary of Narratology* (Prince 2003a); *Routledge Encyclopedia of Narrative Theory* (Herman/Jahn/Ryan 2005); *Handbook of Narratology* (Hühn/Pier/Schmid/Schönert 2009).

34 U. a. *GRAAT 21* (1999): „Recent Trends in Narratological Research"; *Style* 34.2 (2000): „Concepts of Narrative"; *Narrative* 9.2 (2001): „Contemporary Narratology"; *Style* 38.2-3 (2004): „German Narratology". Vgl. auch Zeitschriften, die sich mit Erzählforschung befassen, u. a.: *Fabula: Zeitschrift für Erzählforschung* (1958 ff.); *Style* (1967 ff.); *New Literary History* (1969 ff.); *Poetics Today* (1979 ff.); *Journal of Narrative Theory* (1999 ff.); *Narrative: The Journal of the Society for the Study of Narrative Literature* (1993 ff.); *Narrative Inquiry* (1998 ff.), *Narratologie: Revue annuelle d'étude narratologique des textes littéraires* (1998 ff.); *Image&Narrative: Online Magazine of the Visual Narrative* (2001 ff.); *Storyworlds. A Journal of Narrative Studies* (2009 ff.).

35 Einen Überblick über deutschsprachige Erzähltheoretiker geben Fludernik/Margolin (2004). Jüngere deutsche Narratologen nennt Margolin (2004); eine ausführliche Bibliographie zur deutschen Narratologie liefert Alber (2004). Wichtige zeitgenössische internationale Narratologen werden in Phelan/Rabinowitz (2005b) und Herman (2007b) versammelt.

36 Vgl. Nünning (2003: 262): „[T]he topography of the current narratological landscape is characterized by a great degree of diversity, encompassing both ‚classical' and ‚postclassical' theoretical approaches and investigations." Vgl. Phelan /Rabinowitz (2005a: 2).

Beliebtheit und Rezeption der klassischen Narratologie hin. Selbst jene Einführungen in die Narratologie, die neuere Entwicklungen berücksichtigen oder vertiefen, ignorieren die Klassiker nicht (z. B. Abbott 2002; Wenzel 2004c; Fludernik 2006). Mit *Elemente der Narratologie* legt Wolf Schmid (2005) ein deutschsprachiges Überblickswerk über Felder der klassischen Narratologie vor (vgl. 2.1), das „konstitutive Strukturen fiktionaler Erzählungen" untersucht, aber „die Relevanz ihrer Werkzeuge für benachbarte Disziplinen und die Frage der sogenannten ‚new narratologies'" ausklammert (ebd.: 6).[37] Vor allem Martinez/Scheffel (1999) haben die weite Verbreitung der Kategorien Genettes in Deutschland gefördert, die in allen genannten Einführungen, Sammelbänden und Nachschlagewerken eine relevante Rolle spielen.[38]

1.2.6 Die Koexistenz von klassischen und postklassischen Narratologien Anfang des 21. Jahrhunderts

Der Aufriss wichtiger Entwicklungen innerhalb der Narratologie hat die bedeutende historische und methodische Stellung der Ansätze Gérard Genettes verdeutlicht, die er in „Discours du récit" (1972) entwickelt, in *Nouveau discours du récit* (1983) modifiziert und mit Werken wie *Palimpsestes* (1982) und *Fiction et diction* (1991) erweitert hat. Nicht nur in Deutschland, wo die Einflüsse Genettes mit deutlicher Verspätung nachzuweisen sind, auch international wird Genettes Terminologie heute als Gebrauchssprache der Narratologie anerkannt. Trotz dieser zentralen Stellung Genettes wird der aktuellen Narratologie zugleich ein nahezu unüberschaubarer Methodenpluralismus bescheinigt. Viele dieser Methoden, auch neuere postklassische, lassen sich jedoch auf die Modelle Genettes beziehen, sodass man Genettes Ansatz als feste Bezugsgröße annehmen kann.[39]

---

37 Fludernik/Margolin (2004: 171) sprechen vom „most comprehensive and ambitious model of literary narrative to come out of Germany in recent years". Kocher (2006) kommt zu dem Schluss, dass Schmid ein „ähnlich großer Wurf gelungen" sei wie Genette.

38 Martinez/Scheffel liefern in den entsprechenden Kapiteln II.1-3 (1999: 27-89) eine benutzerfreundliche und übersichtliche Zusammenfassung des Genette'schen Kernmodells, die einen ähnlichen Einfluss auf die deutschsprachige Erzählwissenschaft ausgeübt hat wie *Narrative Fiction. Contemporary Poetics* (Rimmon-Kenan 1983) auf die englischsprachige.

39 In Deutschland wird der Methodenpluralismus dadurch vergrößert, dass „proto-strukturalistische" Erzähltheorien wie die von Franz K. Stanzel (1955; 1964; 1979) weiterhin von großer Bedeutung sind, allerdings nicht, ohne deren theoretische Schwächen zu markieren. Aufschlussreiche Stellungnahmen zu Stanzel finden sich u. a. bei Vogt (1990); Jahn (1995); Breuer (1998) und Cornils (2004). Der Ansatz Stanzels kann durch Genettes Kategorien ausdifferenziert werden (vgl. Kap. 1.2.3; 3.4.2).

Die Unterscheidung einer *klassischen* Narratologie, die ihre Ursprünge im französischen Strukturalismus hat, von *postklassischen* narratologischen Ansätzen hat sich bei verschiedenen Narratologen durchgesetzt. Allerdings ist umstritten, ob für alle postklassischen *new narratologies* noch der Begriff der Narratologie gelten kann. Im Rahmen dieser Studie wird Narratologie weitgehend synonym mit Erzähltheorie als Oberbegriff für sowohl klassische als auch postklassische Ansätze verstanden.[40]

Entsprechend den in 1.1 und 1.2.1 aufgelisteten Anforderungen soll die zu entwickelnde *Film*narratologie eine Heuristik zur Filmanalyse und ein systematisch entwickelter Deskriptionsmodus für narrative Filme sein, mit dem ein einzelner Film, eine Gruppe von Filmen oder ein Roman und ein Film im Vergleich analysiert werden können. Darüber hinaus kann das Modell aufgrund der theoretischen Absicherung sowie seines systematischen Vorgehens auch als Schritt zu einer allgemeinen Erzähltheorie des Films und so als Teil einer umfassenden Filmtheorie verstanden werden. Das bedeutet wiederum, dass es hier um eine *angewandte* Narratologie geht, die nicht von einer *theoretischen* zu trennen ist. Sie operiert *systematisch*, nicht *historisch*, sie will das filmisch erzählende Einzelwerk erfassen, aber auch allgemeine Erkenntnisse zum filmischen Erzählen systematisieren.

Wenn ich *Narratologie* als Oberbegriff für klassische und postklassische Ansätze verwende, dann muss hervorgehoben werden, dass eine Filmnarratologie entwickelt wird, die in erster Linie *klassisch* ist. Andererseits wird der medienübergreifende Schritt von der Erzählliteratur zum Film als transmedialer Ansatz meist unter den postklassischen Narratologien subsumiert. Mein Ansatz ist demnach *klassisch* – oder *neoklassisch* – darin, dass er sich an Genette und Vertretern der klassischen Narratologie orientiert, sowie im Hinblick auf seine werkimmanente und systematische Ausrichtung und *postklassisch* im Hinblick auf die transmediale Erweiterung des Gegenstandsbereichs auf den Film – einer Erweiterung, der die methodische Qualität, Differenziertheit und Relevanz der Kategorien klassischer Narratologie nicht geopfert werden sollen. Im Sinne einer derart verstandenen transmedialen Erweiterung der klassischen Narratologie soll nun nach filmnarratologischen Ansätzen im engeren Sinn gesucht werden.[41]

40 Erzählforschung wird als Oberbegriff für sämtliche, auch nicht-narratologische Forschung zum Erzählen in der Literatur und in anderen Wissenschaften und Medien verwendet (vgl. 1.2.1). Weitere Differenzierungen der Begriffe Erzählforschung, Narratologie, Erzähltheorie, Erzähltextanalyse schlagen u. a. Nünning (2003) und Cornils/Schernus (2003) vor.

41 Sich beim Schritt von der Erzählliteratur zum Film an einem klassischen Narratologie-Begriff zu orientieren und von dort bis an die Grenzen eines derartigen Ansatzes vorzudringen, also sozusagen von ‚innen nach außen' vorzugehen, wird einer Ausweitung der Narratologie im Sinne einer kontextuellen Erzähltheorie vorgezogen, die ein breiteres Feld erschließen könnte, aber nur auf die Gefahr hin, die Methode zu verwässern und ein unreflektiertes Vermengen von Narratologie und Interpretationstheorie in Kauf zu nehmen.

1.3 Ansätze und Aspekte einer Filmnarratologie: das Forschungsumfeld

1.3.1 Filmnarratologie im Rahmen transmedialer Grenzüberschreitungen

Spätestens seit Ende der 1990er Jahre lässt sich im Rahmen der genannten Gegenstandserweiterungen der Erzähltheorie auch eine Grenzüberschreitung von einer literatur- und sprachbasierten zu einer *inter-*, *trans-*, *cross-*, *pluri-* oder *multimedialen Narratologie* nachweisen.[42] So gibt es in vielen Sammel- und Aufsatzbänden zu aktuellen Trends der Narratologie eine Rubrik, die einen transmedialen Blickwinkel einnimmt, oder zumindest einige Beiträge, die sich mit dem Erzählen in verschiedenen Medien beschäftigen,[43] sowie einige Sammelbände, die sich beinahe ausschließlich dem transmedialen Erzählen widmen.[44] So wird in vielen narratologischen Beiträgen aufgelistet, auf welchen Feldern und in welchen Medien Erzählungen nachweislich eine Rolle spielen.[45] „Erzählen als Akt des Hervorbringens von Geschichten geht weit über das Medium Literatur und verbale Textsorten hinaus: Erzählen ist intermedial" (Wolf 2002a: 23).

Vera und Ansgar Nünning (2002b: 12) verweisen allerdings darauf, dass sich die transmediale Blickfelderweiterung „verglichen mit dem rasanten Wandel der Medien und der Mediengattungen bisher erst relativ zögerlich" niederschlägt. Ein derartiger, an verschiedenen Stellen artikulierter Hinweis auf das mangelnde transmediale Bewusstsein innerhalb der Narratologie ist einerseits einzuschränken, da auf die mediale Unabhängigkeit des Phänomens des Erzählens inner- und außerhalb der Narratologie schon relativ früh verwiesen worden ist[46] und ein Narratologe wie Seymour Chatman bereits 1978 Comic-Strips, Film etc. als potenzielle

42 Die Begriffe *inter-*, *trans-*, *cross-*, *pluri-* oder *multimediale Narratologie* werden in den meisten Texten ohne klare Definition verwendet. Als kleinster gemeinsamer Nenner ist anzuführen, dass unter dem jeweiligen Begriff mindestens ein erster Schritt von einer sprachbasierten zu einer Narratologie verstanden wird, die – ausschließlich, zusätzlich oder vergleichend – auf mindestens ein weiteres Medium angewendet wird. Ich verwende den Begriff *transmedial* als Adjektiv zu *Narratologie* (und nicht auf das zu untersuchende Phänomen bezogen), um anzuzeigen, dass die damit gemeinten narratologischen Ansätze auf mehrere Medien angewendet werden können.

43 Z. B. in Grünzweig/Solbach (1999b) die Rubrik „Medien und Narratologie" (209 ff.); in Herman (1999b) „Part IV: Narrative Media, Narrative Logic" (277 ff.); in Helbig (2001) „Narratologie und technische Medien" (233 ff.); in Bal (2004, *Volume IV*) „Part 4. Music and film – the arts of time" (267 ff.); in Phelan/Rabinowitz (2005b) „Beyond Literary Narrative"; in Herman (2007b) „Part III: Other Narrative Media (A Selection)".

44 Vgl. u. a. Lämmert (1999); Nünning/Nünning (2002d); Ryan (2004b).

45 Vgl. u. a. Cobley (2001: 1 f.); Nünning/Nünning (2002d: 2, 12); Fludernik (2006: 9 f.).

46 Z. B. von Bremond (1964: 4); Metz (1972: 35 ff., 196); van Dijk (1980: 130); Prince (1982: 81; 1987: 65).

Objekte einer narratologischen Arbeit behandelt hat (vgl. 1.3.3); andererseits ist dieser Hinweis berechtigt, wenn man die narratologische Forschung in ihrer gesamten Breite ins Auge fasst: Der Anteil an transmedialen Ansätzen war und ist (noch immer) gering, zentrale Konzepte wurden und werden (noch immer) anhand der Erzählliteratur entwickelt.[47]

Diese Diskrepanz zwischen einer kaum oder nur langsam voranschreitenden Entwicklung der transmedialen Blickfelderweiterung der Narratologie und der Tatsache, dass man Arbeiten zum Erzählen in anderen Medien spätestens seit den 1980er Jahren finden kann, lässt sich teilweise damit erklären, dass ein Großteil der frühen transmedialen und filmbezogenen Arbeiten zum Erzählen trotz der Verwendung von Begriffen wie „narrativ", „Narrativik" oder „Narratologie" wider alle Behauptungen nicht narratologisch ist: Entweder weil das Erzählen im Film unter anderen theoretischen Prämissen angegangen wird – etwa unter semiotischen oder neoformalistischen – oder aber weil die verwendeten Konzepte nicht hinreichend reflektiert werden.[48] „Unübersehbar ist […], daß sehr viele dieser Studien narratologisch nicht sonderlich fundiert sind; vielmehr werden nicht bloß der Begriff ‚narrativ', sondern auch andere Konzepte der Erzähltheorie […] nicht selten intuitiv, metaphorisch und vage verwendet" (Nünning/Nünning 2002b: 12). Das Defizit an Theoriebewusstsein und die intuitive Verwendung des Begriffs „narrativ", von denen Nünning/Nünning hier sprechen – und die Werner Wolf für den Bereich der Kunst- und Musikwissenschaft nachweist (2002a: 24 f.) –, gelten auch für einige aktuelle filmwissenschaftliche und -analytische Studien, die sich mit dem Phänomen des Erzählens auseinandersetzen.[49]

Wolf (2002a: 24) kritisiert neben der medialen „Einäugigkeit" vieler narratologischer Studien durch exklusiven Bezug auf die Erzählliteratur, dass die meisten trans- und intermedialen Ansätze nur „ein weiteres Medium" neben der Erzählliteratur berücksichtigen; tatsächlich *inter*mediale Ansätze müssten narratologische Konzepte auf mehr als zwei Medien beziehen. Wolf selbst setzt für seine „intermediale Erzähltheorie" (2002a)

---

47 Vgl. Kozloff (1988: 2): „[A]lthough narrative theorists often make broad claims about the applicability of their discoveries to narrative as a transmedia phenomenon, they habitually and almost exclusively draw their examples from literary texts." Vgl. Ryan (2005a: 1).

48 Zur nicht-narratologischen Erzählforschung der Filmwissenschaft vgl. Schweinitz (1999).

49 Z. B. Krützen (2004), die die Begriffe „narratologisch" und „narrativ" mit „dramaturgischen" Aspekten vermengt; Mielke (2006), die „Narratologie" oder „narratologische Ebene" eher als intuitive Schlagworte verwendet; Lange (2007), die nur eine vage Vorstellung hat, was sie unter „Narratologie" versteht, wenn sie den Begriff im Kapitel „narrative Modelle" (56-60) verwendet; oder Mittel (2007). Andererseits gibt es auch narratologische Arbeiten, die eine Erweiterung des Blickwinkels ankündigen, diese dann aber nur in einigen nebenbei geäußerten Bekundungen der Möglichkeiten behandeln. Exemplarisch für diese Vorgehensweise sind Chatman (1978) oder auch Kindt (2004).

bei einer kognitiven Definition der Narrativität an, um viele Medien in den Fokus zu bekommen.[50] Ein Problem dieses breitgefächerten Vorgehens – das immer die Gefahr eines *zu* weiten Blickwinkels birgt, weil Eigenheiten der jeweiligen Einzelmedien aufgrund des hohen Grades an Abstraktion übersehen werden[51] – zeigt Wolfs Ansatz allerdings gleich mit: Er vernachlässigt zentrale Aspekte der filmischen Narration (vgl. 2.1.2). Die ‚Transmedialität' des vorliegenden Buchs beschränkt sich auf *zwei* Medien: Erzählliteratur und narrativer Film, ist strenggenommen also eine *Bi*medialität (mit Potenzial zu einer ‚echten' Intermedialität im Sinne Wolfs). Oder aber – je nach Blickwinkel – ein *trans*mediales wissenschaftliches Vorgehen: Eine Methode wird aus dem Umfeld eines Mediums gelöst und in das eines anderen *transponiert*. Da der Film bisher narratologisch gesehen vernachlässigt wurde, kann diese ‚Einäugigkeit' als Gegengewicht zur textbasierten ‚Einäugigkeit' traditioneller Narratologie verstanden werden und sich mit dieser zu einer vergleichenden Narratologie ergänzen.[52]

Ein weiterer Aspekt, der bezüglich einer inter- oder trans*medialen* Narratologie diskutiert werden muss, ist der Begriff des *Mediums*, der einer solchen zugrunde liegt. Da es hier ‚nur' um die vorerst als Medien bezeichneten Felder ‚geschriebene Erzählliteratur' und ‚narrativer Film' geht und nicht um eine auf alle ‚narrativen Medien' anwendbare Methode, muss der Medienbegriff nicht spezifisch erörtert, sondern kann aufbauend auf einem umfassenden kommunikationstheoretischen Begriff verwendet werden, etwa als Summe aller im Kommunikationsprozess eingesetzten Mittel.[53] Ryan (2004a: 17) weist jedoch darauf hin, dass eine kommunika-

50 Wie ein Einzelkonzept aus der sprachbasierten Narratologie gewinnbringend auf verschiedene Medien angewendet werden kann, zeigt Wolf am Beispiel der Metalepse (2005a). Ausführliche Impulse zu einer transmedialen Narratologie liefert Ryan (2004b).

51 Hausken (2004: 392 ff.) spricht in diesem Zusammenhang von „medium blindness". Theorieexporte und unreflektierte Adaptionen von Theorien aus einem Kontext auf *andere* Medien könnten zu „blind spots" führen. Ryan (2004a: 34) stellt der „medium blindness" die Gefahr eines „radical relativism" gegenüber: „Radical relativism would [...] also prohibit what has been one of the most productive practices of narratology: the metaphorical transfer of concepts from one medium to another. [...] Between medium blindness and radical relativism there is room for a diversified program of investigation."

52 Eine andere Interpretation des Begriffs „intermediale Narratologie" wäre, ihn auf den Untersuchungsgegenstand zu beziehen, d. h. intermediale Bezüge zwischen in verschiedenen Medien realisierten Erzählungen zu untersuchen (im Sinne einer Erweiterung des Intertextualitätsbegriffs). Es würde sich dabei jedoch nicht um „intermediale Narratologie" handeln, sondern um eine Narratologie, die sich mit intermedialen Phänomenen befasst. Zum von der Narratologie unabhängigen Intermedialitätsbegriff vgl. Zima (1995); Paech (1994); Helbig (1998); Rajewsky (2002). Zur deutlichen Abgrenzung spreche ich deshalb in den meisten Fällen von einer *trans*medialen Narratologie und nicht wie Wolf (2002a) und andere von einer intermedialen Narratologie.

53 Das wird in den meisten transmedialen narratologischen Arbeiten so gehandhabt. Würde man mit Pross (1987) allerdings zwischen primären, sekundären und tertiären Medien un-

tionstheoretische Definition des Mediums zu sehr auf der Vorstellung aufbaue, ein Medium transportiere einen Inhalt, der unabhängig vom Medium existiere. Damit würde man unterstellen, dass kein inhärenter Zusammenhang zwischen Medium und transportiertem Inhalt bestehe und Erzählungen somit unbeeinflusst vom Medium existierten, mit dem sie lediglich ‚übertragen' würden. Wenn das Phänomen des Erzählens tatsächlich medienunabhängig existieren würde, dann wäre eine narratologische Methode problemlos auf verschiedene Medien übertragbar. Dass dies nicht der Fall ist, wird in dieser Studie an verschiedenen Stellen ersichtlich. Das gesamte Spannungsfeld zwischen distinkten medialen Eigenheiten und nachweisbaren Gemeinsamkeiten des Erzählens in Film und Literatur fällt in diesen Problembereich und die theoretischen Grundlagen dafür werden anhand der Narrativitätsdiskussion, des mehrschichtigen Kommunikationsmodells, der Informationsvermittlung und der Zeitmodulation reflektiert. Ohne mediale ‚Abhängigkeiten' von Erzählungen wäre diese Studie unnütz, weil eine nichtreflektierte Übertragung sämtlicher erzähltheoretischer Modelle möglich wäre, bei ‚totaler Abhängigkeit' unmöglich, weil keine Vergleichsmomente existieren würden.[54]

Schließlich handelt es sich bei der *Erzähl*literatur allerdings auch nach einer kommunikationstheoretischen Definition um keinen rein medienbezogenen Begriff oder genauer: nur um den Teilbereich des Mediums Literatur, der als *erzählerisch* definiert werden kann. Das gleiche gilt für den Film: Es soll hier nicht um das Medium Film ‚an sich', sondern nur um die Aspekte gehen, die als *erzählerisch* definiert werden können. Die Definition des *Erzählerischen* soll wiederum medienübergreifend gelten, zumindest derart, dass sie anwendbar auf die Medien Literatur und Film ist. Einen weitgefassten Medienbegriff, mit dem auch von einem „Medium Roman" oder „Medium Spielfilm" gesprochen werden kann, der als Arbeitsdefinition ausreichen dürfte, schlägt Wolf (2002b) vor:

> Im Unterschied zu manchem medientheoretischen Begriffsgebrauch bedeutet ‚Medium' […] nicht vorrangig einen bloß technisch-materiell definierten Übertra-

---

terscheiden, dann würde hier eine Methode, die für das *sekundäre Medium* geschriebener oder gedruckter Text entwickelt worden ist, auf das *tertiäre* ‚technische' Medium Film übertragen werden (vgl. Hickethier 2007a: 7), wobei die für die narratologische Theorie wichtige Komplexitätssteigerung weniger in der für Pross' Einteilung entscheidenden Notwendigkeit von Geräten auch auf der Rezipientenseite beim tertiären Medium liegt, sondern in der Hybridität des Mediums Film, das sich gleichzeitig verschiedener linguistischer, akustischer und visueller Kanäle bedient, wohingegen das Medium Literatur nur auf dem linguistischen Kanal (geschriebene Sprache) basiert.

54 Die medientheoretischen Fragen, wie Medien distinkt voneinander abzugrenzen sind, wie sie sich gegenseitig umfassen oder verdrängen können, reißt Ryan (2004a: 32 f.) an, um orientiert am „concept of remediation" das weite Feld einer transmedialen Narratologie abzustecken, das von ihr deutlich umfassender verstanden wird als der Versuch einer transmedialen Narratologie im Sinne einer Analysemethode für verschiedene Medien.

gungskanal von Informationen (wie z. B. Schrift, Druck, Rundfunk, CD usw.), sondern ein konventionell als distinkt angesehenes Kommunikationsdispositiv. Dieses ist in erster Linie durch einen spezifischen (z. B. symbolischen oder ikonischen) Gebrauch eines semiotischen Systems (Sprache, Bild), in manchen Fällen auch durch die Kombination mehrerer Zeichensysteme (wie beim Tonfilm als einem ‚Kompositionsmedium' aus Sprache, Bild und Musik/Geräuschen) zur Übertragung kultureller Inhalte gekennzeichnet und erst in zweiter Linie [...] durch bestimmte technische Medien bzw. Kommunikationskanäle. Medium in diesem Sinne umfasst also die traditionellen Künste mit ihren Vermittlungsformen ebenso wie neue Kommunikationsformen [...]. (ebd.: 165)

1.3.2 Filmnarratologische Ansätze in der post- und neoklassischen Erzähltheorie

Trotz der genannten Einschränkungen lassen sich vor allem in jüngster Zeit im Rahmen der post- und neoklassischen Blüte der Narratologie neben Anwendungen narratologischer Konzepte auf den Feldern der bildenden Kunst,[55] der Musik,[56] des Comics,[57] des Computerspiels und anderer internet- und computerbasierter Formen des Erzählens[58] einige filmnarratologische Ansätze auffinden, die theoretisch reflektiert sind, sich an narratologischen Konzepten orientieren oder zumindest andere narratologische Ansätze zueinander in Beziehung setzen. Zu nennen sind hier u. a. Aufsätze von Burgoyne (1990), Deleyto (1996), Chatman (1999), Lahde (2002), Griem/Voigts-Virchow (2002), Kuhn (2007), Schweinitz (2007a) und die Beiträge in den in 1.3.5 genannten Sammelbänden sowie Monographien von Grimm (1996), Hurst (1996), Schlickers (1997), Steinke (2007) und Laass (2008), die Teilbereiche oder spezifische Phänomene mit einer mehr oder weniger narratologischen Fragestellung bearbeiten.

Anhand dieser und noch zu zitierender Arbeiten lässt sich ein einfach zu benennendes, aber auswirkungsreiches Problem erkennen: die Vielfalt an Begriffsbildungen, Klassifikationstypologien und Erweiterungsvorschlägen. Wurde bereits für den Bereich der sprachbasierten Narratologie ein Methoden-Pluralismus festgestellt, gilt dieser für filmnarratologische Versuche erst recht, denn die transmediale Übertragung der Modelle führt automatisch zu weiteren, häufig individuellen Modifikationen. Selbst dann,

55 Vgl. Kemp (1987; 1989); Dieterle (1988); Karpf (1994); Jäger (1998); sowie die Beiträge zur Narratologie in Bogen/Brassat/Ganz (2006: 184-249).

56 Musikwissenschaftliche Narratologieadaptionen bewertet Wolf (2002a: 23 f., 76-80). Vgl. auch die Überblicke in Maus (2005) und Wolf (2005b).

57 Eine Übersicht liefert Ewert (2005); ausführlich ist Schüwer (2008).

58 Hierzu zählen spezifische Formen des Computerspiels, Hypertexte und andere teilweise an Internet und Computertechnologie gebundene Erzählformen, die oft mit dem Begriff des „Cyberage" belegt werden; vgl. überblicksartig Keitel (2001); Seibel (2002); Jenkins (2005).

wenn zwei filmnarratologische Versuche auf eine scheinbar vergleichbare Begriffsnomenklatur zurückgreifen, sind die zugrunde liegenden Definitionen oft nicht deckungsgleich.[59] Neben Fragen der Perspektivierung ist dabei kaum ein Feld so kontrovers diskutiert wie die Frage nach der narrativen Instanz (vgl. 2.3). Eine gemeinsame Linie schimmert bei allem Methodenpluralismus allerdings durch: Die meisten neueren filmnarratologischen Studien beziehen sich auf die gleichen Werke zur *Filmnarration.* Zu den am häufigsten aufgegriffenen Arbeiten zählen die Beiträge von Seymour Chatman (vgl. 1.3.3), David Bordwell und Edward Branigan (vgl. 1.3.4). Immer wieder wird auch Bruce Kawin (1978) zu subjektiven Erzähltechniken und Sarah Kozloff (1988) zur Voice-over-Erzählung zitiert (vgl. 1.3.5). Fast jeder Beitrag, mit Ausnahme einiger deutschsprachiger Arbeiten, die die internationale Entwicklung ignorieren (vgl. 1.3.5), bezieht sich zumindest auf einen der genannten Autoren.

Zwei Aspekte können mit Blick auf aktuelle filmnarratologische Beiträge zusammenfassend herausgestellt werden. *Erstens*: So oft eine transmediale Erweiterung der Narratologie auch postuliert, so sehr eine solche auch geschätzt wird, die Beiträge, die sich tatsächlich mit transmedialer und darunter mit filmbezogener Erzähltheorie auseinandersetzen, sind im Verhältnis zur mit dem Boom der Narratologie einhergehenden Publikationswelle (noch immer) äußerst gering.[60] *Zweitens*: Grundlegende Monographien zur Begründung einer Filmnarratologie sind (noch immer) nicht im deutschsprachigen Forschungsumfeld aufzufinden[61] und die ‚Klassiker' zur filmischen Erzählung liegen nicht in deutscher Übersetzung vor.[62]

59 In lockerem Bezug auf verschiedene Publikationen von Gérard Genette, Mieke Bal, Edward Branigan, David Bordwell, Seymour Chatman etc. ‚basteln' sich die meisten Analysen ihren eigenen ‚filmnarratologischen Mix', wobei das, was unter Begriffen wie *Fokalisierung* oder *unzuverlässigem Erzählen* verstanden wird, selten deckungsgleich ist. Vgl. exemplarisch Fokalisierung bei Grimm (1996); Deleyto (1996); Bach (1997); Griem (2000) sowie das Verständnis von erzählerischer Unzuverlässigkeit in verschiedenen Aufsätzen bei Liptay/Wolf (2005) und Helbig (2006b). Hinzu kommt, dass Beiträge zur Filmnarratologie oft nur Überblicks- (Griem/Vogts-Virchow 2002) oder Ausblicksartikel (Mittell 2007) sind.

60 Was sich anhand der Rubriken der in 1.3.1 genannten Sammelbände zur zeitgenössischen Narratologie dokumentieren lässt. Transmediale Aspekte nehmen im Vergleich zu interdisziplinären und kontextuellen Aspekten sowie zur Rekonzeptualisierung klassischer Konzepte einen kleinen Anteil an Seiten ein. Dieses Verhältnis spiegelt sich in der Publikation von Monographien wider. Auch die narratologischen Sonderbände der Zeitschriften *Style* (28.2; 34.2), *Narrative* (9.2), *New Literary History* (32.3) und *Poetics Today* (11.2; 11.4; 12.3) enthalten kaum transmediale Ansätze. Die Anzahl transmedialer Beiträge in der „Bibliography of Recent Works on Narrative" (Fludernik/Richardson 2000) ist gering.

61 Das zeigen auch die Sonderbände der Zeitschrift *Style* zur deutschen Erzähltheorie (Bd. 38.2; 38.3), die auch aktuelle deutsche Beiträge zur Narratologie versammeln.

62 Eine Ausnahme bilden die für die Zeitschrift *montage/av* übersetzten Kapitel von Branigan (2007a; 2007b), die sich in die lobenswerten Bemühungen der Zeitschrift einreihen lassen, französische und angloamerikanische Klassiker der Filmtheorie zumindest in Auszügen auf

1.3.3 Seymour Chatmans klassischer Ansatz zur filmischen Narration

Obwohl erst in den 1990er Jahren vermehrt von einer transmedialen Erweiterung der Narratologie gesprochen wird, gab es schon früh erste über die Erzählliteratur hinausführende Untersuchungen, darunter Seymour Chatmans *Story and Discourse. Narrative Structure in Fiction and Film* (1978), ein Werk, das unabhängig von der medienübergreifenden Perspektive als Klassiker der angloamerikanischen Narratologie gilt. Unter Berücksichtigung klassisch-französischer Ansätze und der angloamerikanischen Tradition im Umfeld von Wayne Booth orientiert sich Chatman an der Differenzierung von *story* („the *what*") und *discourse* („the *way*") und behandelt die *Story*-Aspekte „events" und „existents" sowie die *Discourse*-Aspekte „nonnarrated stories" und „covert versus overt narrators", worunter auch Fragen des „point-of-view" fallen. Das zugrunde liegende Kommunikationsmodell ist vielschichtig und berücksichtigt neben „real reader" und „real author" auch die Instanzen des „implied author" und „narrator" sowie des „implied reader" und „narratee". Allerdings sind der Film und erst recht Malerei und Comicstrip nur ‚Beiwerk' und die Ausführungen zum Film eher als Ausblick auf die Möglichkeiten einer Gegenstandserweiterung zu verstehen denn als ausgearbeitete narratologische Modellierung, wie Chatman im Vorwort seines zweiten wichtigen Werks *Coming to Terms. The Rhetoric of Narrative in Fiction and Film* (1990a) selber eingesteht:

> I feel a special responsibility to discuss cinematic narrative in greater detail than I did in *Story and Discourse*; critics were right to question the subtitle "Narrative Structure in Fiction and Film," since that book gave film all too short shift. Film seems particularly important to narratology at this juncture if we are to formulate the general principles of Narrative as well as its actualization in various media. (Chatman 1990a: 2)

Coming to Terms ist eines der einflussreichsten filmnarratologischen Werke, das in den meisten Beiträgen zur transmedialen Narratologie erwähnt wird, obwohl auch hier einige Felder nur sporadisch abgearbeitet werden und die Filmerzählung nur *neben* der literarischen behandelt wird. Chatman unterscheidet „narrative" von zwei anderen „text types", „description" und „argumentation" (1990a: 6-21), und zeigt, wie man diese auch im Film differenzieren kann (38-73). Booths „implied author" wird verteidigt und für Literatur und Film modelliert (74-108). Neben dem „literary narrator" (109 ff.) wird das Konzept des „cinematic narrator" entwickelt (124-138) und ein neuer Ansatz zur Perspektive vorgestellt (139-160). Der „point of

Deutsch zugänglich zu machen. Ansonsten muss leider gelten, dass sich filmnarratologische Arbeiten ein theoretisch fundiertes Analyseinstrumentarium aus verstreuten internationalen Ansätzen zusammensuchen müssen, ohne auf deutschsprachige Modelle zurückgreifen zu können (vgl. Schweinitz 2007a: 85).

view" wird ausdifferenziert in figuren- und erzählerbezogene Aspekte („filter", „slant") und ergänzt durch „center" und „interest focus" (vgl. Chatman 1986). Diese Differenzierung hat sich jedoch nicht durchgesetzt. Sie ist nicht mit dem Fokalisierungs- und Okularisierungs-Konzept kompatibel, das in 4.2 vorgeschlagen wird und nicht widerspruchsfreier als einige der Ansätze zur Perspektive, die Chatman kritisiert (vgl. Schweinitz 2007a: 6; Jahn 2005: 176).

Coming to Terms ist der wichtigste Beitrag der amerikanischen Forschungstradition zur Filmerzählung, der von narrativen Instanzen ausgeht und nicht kognitiv orientiert ist. Chatmans grundlegende Konzepte zur Filmerzählung haben weite Verbreitung gefunden, ohne allgemein akzeptiert worden zu sein. Viele narratologische Artikel beziehen sich auf Chatman (z. B. Lothe 2000), allerdings oft auch, um eines seiner Konzepte abzulehnen (z.B. Deleyto 1996; Bach 1997) oder ihre Schwächen aufzuzeigen (Schweinitz 2007a). Chatmans Kommunikationsmodell und sein *cinematic narrator* stellen wichtige Grundlagen für eine Filmnarratologie dar, auf die verschiedentlich rekurriert werden kann.[63]

1.3.4 David Bordwell, der Neoformalismus und kognitivistische Ansätze

David Bordwells und Kristin Thompsons *Film Art* (1979) gilt allgemein als Anstoß des neoformalistisch orientierten *Wisconsin-Projekts*.[64] Zentrale Programmpunkte des großangelegten Forschungsprojekts, zu dessen Köpfen anfangs auch Janet Staiger gezählt wurde, sind die Hinwendung zum filmästhetischen Material unter Berücksichtigung des zeitlichen Kontexts und der Verstehensleistungen des Filmzuschauers. Mit Bezug auf Ansätze der russischen Formalisten entsteht ein Gegenentwurf zu seinerzeit gängigen poststrukturalistischen und psychoanalytischen Filmtheorien.[65] Da die Publikationen des Wisconsin-Projekts von einer provozierenden Rhetorik gegen andere, vor allem psychoanalytisch und marxistisch orientierte Filmtheorien durchzogen waren, provozierten sie polemische

63 Sein *cinematic narrator* ist allerdings eine synthetische, zu viele Aspekte umfassende Kategorie (vgl. 2.3.6). Zu kurz kommen bei Chatman (1990a) Ebenenfragen, eingebettete Erzählungen und Voice-over-Erzählungen; letztere hat er später (1999) aufgegriffen.

64 Die Bezeichnung der Gruppe als *Wisconsin-Projekt*, die weite Verbreitung gefunden hat, wurde in einer vehementen Kritik des Projekts eingeführt (King 1986; 1987) und von Vertretern der Gruppe abgelehnt (Staiger 1988; Thompson 1988b). Die Beschreibung der Gruppe als *neoformalistisch* wurde in einer Rezension verwendet (Salvaggio 1981) und von der Gruppe später aufgegriffen (Thompson 1988a); vgl. Hartmann/Wulff (1995: 5).

65 Hartmann/Wulff (1995: 6) sprechen von einem „Dreieck" aus Filmtheorie, -analyse und -geschichte; zu den drei „Eckpfeilern" gehören die *neoformalistische Filmanalyse*, die *kognitiv orientierte Theorie des Films* sowie eine *historische Poetik des Films*.

Kritiken, die wiederum zu nicht minder polemischen Verteidigungen der Projektvertreter geführt haben.[66] Als positiv wird von Filmwissenschaftlern hervorgehoben, dass das Wisconsin-Projekt seinen Prämissen im Verlauf vielfältiger Forschungen treu geblieben sei (vgl. Hartmann/Wulff 1995: 6), eine Reihe wichtiger historischer Erkenntnisse über die Entwicklungen und Funktionsweisen vor allem des Hollywood-Kinos geliefert habe[67] und, dass die Rolle des Zuschauers im Prozess der Filmwahrnehmung seither als gestärkt gilt (Kuchenbuch 2005: 2).

Bordwells *Narration in the Fiction Film* (1985) ist das systematischste Werk des Wisconsin-Projekts. Es liefert ein Modell zur Analyse fiktionaler Spielfilme und wird – trotz inhärenter methodischer Schwächen – im Rahmen filmnarratologischer Studien häufig zitiert, weil es in Breite und Ausführlichkeit seines Vorgehens beinahe konkurrenzlos ist. Es zentriert Forschungslinien des Wisconsin-Projekts und erörtert einige seiner zentralen neoformalistischen, konstruktivistischen und kognitivistischen Konzepte.[68] Im Mittelpunkt steht der aktive Zuschauer („spectator"), dessen Beteiligung an der Konstruktion der „fabula" (in anderen Terminologien: *histoire*/*Geschichte*) essenziell ist: Der Zuschauer tritt als Wahrnehmender („perceiver") mit erlernten Fähigkeiten ausgestattet an einen Spielfilm heran, um eine verständliche *Geschichte* zu rekonstruieren. „The spectator's comprehension of the story is the principal aim of narration" (ebd.: 30). Im kognitiven Verstehensprozess setzt der Zuschauer „narrative Schemata" ein, die narrative Ereignisse definieren und sie nach Prinzipien von Kausalität, Zeit und Raum zueinander in Verbindung setzen. Ausgelöst von im filmischen Werk wahrgenommenen Zeichen („cues") bildet der Zuschauer im Prozess der Rezeption im Rahmen dieser Schemata Hypothesen über Logik und Entwicklung der *Geschichte*, die im Verlauf des Films bestätigt oder widerlegt und durch neue Hypothesen ersetzt und/oder modifiziert werden können (ebd.: 38 f.). Das heißt, die *histoire* („fabula") ist kein vorfilmisches Ereignis, das durch die Darstellung (bei Bordwell das „syuzhet"; in anderen Terminologien: *discours*) repräsentiert wird, sondern entsteht erst im Prozess der kognitiven Verarbeitung des Zuschauers, der das „syuzhet" in seiner spezifischen Gestaltung durch

66 Vgl. u. a. die Debatte zwischen King (1986; 1987; 1988) und Bordwell (1988), Staiger (1988) und Thompson (1988b) in der Zeitschrift *Screen*. Vgl. Hartmann/Wulff (1995: 5).

67 Zu den Hauptpublikationen des Projekts zählen (neben *Film Art*): *The Classical Hollywood Cinema* (Bordwell/Staiger/Thompson 1985), *Narration in the Fiction Film* (Bordwell 1985), *Breaking the Glass Armor* (Thompson 1988a) und *Film History* (Bordwell/Thompson 1994). Publikationen zu aktuellen Entwicklungen des Hollywood-Kinos sind: Thompson (1999; 2007) und Bordwell (2006). Mit *Interpreting Films* hat Staiger (1992) dem Projekt methodisch den Rücken gekehrt. Eine Bibliographie bis 1995 liefern Hartmann/Wulff (1995: 14-22).

68 Zu den Konzepten des Projekts vgl. Nichols (1989); Wulff (1991) und Hartmann/Wulff (1995; 2002).

den jeweiligen „style“ wahrnimmt (ebd.: 49 ff.).[69] Das Prozesshafte, das dieser Theorie zugrunde liegt, betont Bordwell durch die Verwendung von „narration“ statt „narrative“; er definiert „narration“ als „activity of selecting, arranging, and rendering story material in order to achieve specific time-bound effects on a perceiver“ (ebd.: XI).

Bordwells Überlegungen zur Zuschaueraktivität bilden ein wichtiges theoretisches Modell zur Beschreibung von Verstehensprozessen in der Filmrezeption, das großen Einfluss auf die Entwicklung kognitiv orientierter Ansätze hatte. Problematisch für ein Modell, das nicht nur der theoretischen Erklärung, sondern auch der Analyse einzelner filmischer Werke dienen will, ist allerdings, dass Bordwells Kategorie des Zuschauers schwer zu fassen ist, sobald er sie auf einzelne Filme anwendet, weil er in ihrer Verwendung schwankt – von einer Art textstrukturellem impliziten Zuschauer bis zu einem vage als real gesetzten Zuschauer.[70] Bordwells Analysen der Hypothesenbildung des Zuschauers im einzelnen Film stehen oft als bloße Behauptungen da und wirken willkürlich, weil sie weder empirisch abgesichert, noch in ihrem Wahrscheinlichkeitsgrad reflektiert oder auf zeithistorische und soziale Kontexte bezogen werden.[71]

Diese methodische Problematik spitzt sich zu, wenn Bordwell das Konzept des Zuschauers weiterentwickelt zum Konzept des „classical spectators“ (1985: 156 ff.). Geschult durch die Kenntnis verschiedener Filme, die dem historisch geprägten, genreübergreifenden „Modus“ („mode“; vgl.: ebd.: 150) der „classical narration“ folgen, tritt der „classical spectator“ mit einem Bündel an Vorannahmen an einen Film heran. Da Bordwell zur Beschreibung des Modus der „classical narration“, die den „classical spectator“ prägt, aber eine Reihe historischer Produktionsregeln und -normen heranzieht, kommt es zu einem Vermischen von Verste-

69 Die theoretischen Überlegungen zur Aktivität des Zuschauers entwickelt Bordwell (1985) vor allem in Abschnitt 2, Kapitel 3, „The Viewer's Activity“ (ebd.: 29-47). In Kapitel 4 („Principles of Narration“; ebd.: 48-62) setzt er die Kategorie des „Zuschauers“ in Bezug zu seinem Verständnis der Ebenen „syuzhet“, „fabula“ und „style“ und bestimmt in diesem sowie den folgenden Kapiteln von Abschnitt 2 die „devices and forms that elicit the spectator's activity“ (ebd.: 48).

70 Die Kategorie des Zuschauers wird nicht nur innerhalb dieses Werks, sondern auch in verschiedenen Arbeiten des Wisconsin-Projekts inkonstant verwendet; vgl. Hartmann/ Wulff (1995: 12): „Beim genaueren Hinsehen schwankt denn auch die Konzeption des Zuschauers in Bordwells und Thompsons Entwürfen zwischen zwei verschiedenen Vorstellungen: Zum einen wird er gefaßt als Teil der Textstruktur im Sinne des impliziten, bisweilen gar idealen Lesers aus der Rezeptionsästhetik, zum anderen ist er als empirischer Zuschauer benannt, dessen spezifische Subjektivität als historisches und soziales Wesen jedoch ausgeklammert bleibt.“

71 Die unter kognitiv-theoretischen Prämissen angenommene Instanz des Zuschauers wird absolut gesetzt, weil die potenzielle Hypothesenbildung des Zuschauers nicht als potenziell reflektiert und so als feststehend angenommen wird.

hens- und Produktionsprozessen und somit zu einer methodischen Rückkopplung: Wenn die historischen Verstehensmuster des „classical spectator" durch die historischen Produktionsmuster der „classical narration" vorgeprägt sind, dann ist die Analyse der „classical narration" eines einzelnen Films anhand von Hypothesen über die vorgeprägten Verstehensprozesse ein ‚Überstülpen' dieser Normen über die Analyse beziehungsweise eine indirekte Auflistung der allgemeinen „mode of film production", die in *Film Art* den „mode of film practice" des Hollywoodsystems prägen.[72] Das ergibt einen tautologischen Ringschluss, der wenig Raum für die analytische Betrachtung des vorliegenden Films lässt.[73] Bordwell neigt so dazu, bei der Betrachtung einzelner Filme innerhalb eines „mode of narration" genau das zu tun, was er in *Making Meaning* (1989) anderen Filminterpretationen vorwirft: verschiedenen Filmen nicht gerecht zu werden, weil ihnen ein- und dasselbe Modell übergestülpt wird.[74]

Dem methodischen Dilemma, dass über die theoretisch-kognitiv definierte Instanz des „spectator" Annahmen an Filme herangetragen werden, die nur hypothetisch sind, aber als feststehend für die Haltung des Zuschauers genommen werden, ließe sich entkommen, indem entweder a) das jeweilige Spektrum an möglichen Hypothesen (bei verschiedenen Zuschauertypen) abgesteckt würde, das ein Film an verschiedenen Stellen

72 Vgl. Bordwell/Thompson (1979: XIV). Dort wird der in Bordwell (1985) eher implizite Zusammenhang zwischen Produktionsnorm und Verstehensaktivität explizit formuliert: „Those norms constitute a determinate set of assumptions about how a movie should behave, about what stories it properly tells and how it should tell them, about the range and functions of film technique, and about the activities of the spectator. These formal and stylistic norms will be created, shaped, and supported within a mode of film production – a characteristic ensemble of economic aims, a specific division of labour, and particular ways of conceiving and executing the work of filmmaking."

73 Dass kognitive Ansätze in der Folge Bordwells beispielsweise kaum für die Analyse „antikonventioneller Erzählstrukturen" geeignet sind, erörtert Steinke (2007: 49 f.).

74 Zur Charakterisierung bestimmter Muster des klassischen Hollywoodfilms ist sein Modell gleichwohl von heuristischem Wert. Dass sein System aber zur Vereinheitlichung essenzieller Differenzen führt, wird spätestens dann klar, wenn das Prinzip auf andere historische Modi des filmischen Erzählens wie das „art cinema" übertragen wird (1985: 205 ff.). Gerade in der teilweise holzschnittartigen Gegenüberstellung vom „classical mode" und anderen Modi des filmischen Erzählens zeigt sich ein grundlegendes Problem, das den Studien des Wisconsin-Projekts inhärent ist: Die Kategorien, mit denen operiert wird, wurden anhand der Paradigmen des Hollywoodkinos gewonnen, was zu einer Vermengung von allgemeinen und spezifischen Merkmalen geführt hat. Hausken (2004: 398) bezeichnet diese Schwäche als *„total text blindness"*: „A well-known example is the tendency of treating classical Hollywood cinema as if it represented film as such. [...] When one's point of departure is the conventions of a specific film tradition for mediation fictional narratives and when one at the same time explicitly claims to address the medium film as such, it becomes quite difficult not to confuse the particular characteristics of the medium with particular narrative and aesthetic conventions." Stam/Burgoyne/Flitterman-Lewis (1992: 74 f.) werfen Bordwell vor, diese Tendenz durch den Bezug auf „stylistic features" zu verstärken.

durch bestimmte Strukturmerkmale eröffnet (wie das andere kognitiv beeinflusste Analysen machen; z. B. Lahde 2002; Helbig 2005), oder b) die kognitiven Annahmen durch psychologisch grundierte Wirkungsforschung zur genaueren Modellierung der Filmwahrnehmung verschmolzen würden (wie das Wuss 1993 in seiner Arbeit zu „Filmanalyse und Psychologie" vorschlägt) oder aber c) indem die Hypothesen über den theoretisch angenommen „spectator" mit empirischen Versuchen über den realen „spectator" abgeglichen würden, was den Vorschlägen zeitgenössischer Narratologen zur Weiterentwicklung einer kognitivistischen Narratologie entspricht (Prince 2003b: 12; Fludernik 2005a: 51) und von Bortolussi/Dixon (2001; 2003) versucht wird.

> Obwohl Bordwell als der ‚Kognitivist' der Filmwissenschaft gilt, sollte nicht übersehen werden, daß die Ausarbeitung einer wirklichen kognitivistischen Theorie des Films eigentlich nicht intendiert ist. Auch ist nicht absehbar, daß eine empirische Unterfütterung [...] geplant ist oder auch nur sein könnte. (Hartmann/Wulff 1995: 12)

Es ist klar geworden, dass die Idee der „Aktivität des Zuschauers" und das Konzept des „classical spectator" mit verinnerlichten Sehgewohnheiten zur Kategorienbildung in einer systematischen, narratologisch-werkimmanenten analytischen Methode problematisch sind. Im Zusammenhang mit Bordwells Fokus auf die Zuschauerseite muss noch erwähnt werden, dass er zugleich – was keineswegs zwangsläufig ist – die Anwendung von Kommunikationsmodellen, die Auffassung des filmischen Segments als „énonciation" und damit schließlich jegliche Sender-, Erzähler- oder Enunziationsinstanzen ablehnt (1985: 61 f., 21 ff.).[75] In seiner Argumentation beruft sich Bordwell auf den Zuschauer, der sich in den seltensten Fällen bewusst darüber sei, dass ihm etwas von einer menschenähnlichen Entität erzählt würde (ebd.: 62), und auf die an sich richtige Tatsache, dass Analogien zwischen Sprache und Zeichensystem des Films ihre Grenzen haben (ebd.: 62, 18-26). Er verkennt darüber, dass ein Kommunikationsmodell nicht zwangsläufig sprachliche Aussagen und anthropomorphe Senderinstanzen voraussetzt und dass die Instanzen eines „narrator" und „implied author" nicht automatisch als personifiziert oder intentional angenommen werden oder der Vorstellung des Produktionskollektivs eines Films entsprechen müssen. Trotz aller Rhetorik entgeht Bordwell selbst nicht der mit seiner Ablehnung eines Erzählers gemeinten Anthropomorphisierung (ebd.: 62), wenn er der „narration" Eigenschaften und personifizierende Adjektive wie „knowledgeable", „communicative" und „self-conscious" zuschreibt und deren Grad bestimmt (ebd.:

75 Eine narratologische Arbeit, die zugleich kognitiv argumentiert und von narrativen Instanzen ausgeht, legt dagegen Laass (2008) vor.

57 f.). Auf diesen inhärenten Widerspruch haben sowohl Chatman (1990a: 128 ff.) in seiner reflektierten Kritik der Ablehnung jeglicher „agency" (ebd.: 124-132) als auch Branigan (1992: 109 f.) verwiesen.[76] Eine derartige Personifizierung der „narration" ist methodisch problematischer als die Annahme nicht-anthropomorpher Erzählinstanzen in verschiedenen Kommunikationsmodellen (vgl. 3.1).

Nicht zu den Vertretern des Wisconsin-Projekts gezählt, aber dennoch mit ihnen in Verbindung gebracht, wird Edward Branigan (vgl. Hartmann/Wulff 1995: 5), der mit *Narrative Comprehension and Film* (1992) eine komplexe Theorie über das Verstehen narrativer Strukturen durch den Zuschauer vorlegt. Branigan definiert das Narrative als kognitives Schema und beschäftigt sich aufbauend auf kognitionspsychologischen Grundlagen mit verschiedenen Feldern wie „story world", Wissensrelationen, Ebenen des Erzählens, Formen der Subjektivität und Fragen der Fiktionalität. Zur Frage nach einem „film narrator" nimmt Branigan eine ambivalente, tendenziell ablehnende Haltung ein (ebd.: 108 ff.).

Branigan (1992) stellt wie Bordwell (1985) für einen werkimmanent-analyseorientierten Ansatz einen zu engen Zusammenhang zwischen narrativen Strukturen und den Verstehensprozessen der Zuschauer her.[77] Die methodische Problematik, die sich aus anwendungsbezogener Sicht ergibt, spitzt sich anschaulich in dem Personalpronomen „we" zu, das Branigan (1992) in seinen Analysen zur Umschreibung für die (ihn einschließende) Zuschauerschaft im Sinne eines „wir Zuschauer" verwendet. Hinter dem Personalpronomen „we" verbirgt sich eine vage und schwankende Vermengung von 1.) Hypothesen über die Verstehensprozesse des Zuschauers, 2.) Analysen der filmischen Mittel und 3.) herangetragenen, kontextbezogenen Interpretationen.[78] Dass narrative Phänomene einerseits minu-

76 Vgl. auch Lothe (2000: 28 f.) und Gibson (2001: 650 f.).

77 Die Arbeiten zu Verstehensprozessen des Zuschauers, die mit Bordwell (1985) und dem Wisconsin-Projekt ihren Anfang genommen haben, denen Branigan (1992) einen weiteren Grundstein zugefügt hat, haben weitere, oft anders gelagerte Beiträge zum kognitiven Verstehens- und Wahrnehmungsprozess der Zuschauer hervorgebracht. Vgl. neben den oben genannten exemplarischen Erweiterungsvorschlägen u. a. die Arbeiten von Cordes (1997); Kroeber (2006); Laass (2008). Viele aktuelle Aufsätze zum Erzählen im Film orientieren sich am kognitiven Paradigma, so Els (2001), Griem/Voigts-Virchow (2002) und einige der Beiträge zur Unzuverlässigkeit in den Bänden von Liptay/Wolf (2005) und Helbig (2006b).

78 Zur divergierenden Verwendung des „we" drei Beispiele aus derselben Passage in Branigan (1992): a) „We see what Manny looks at, when he looks, but not from his unique spatial position; we must infer that we have seen what he has seen and how he has seen it" (103); b) „We are invited to imagine whatever amount of time we believe necessary for such feelings to become excruciating" (103 f.); c): „We understand this particular mirror shot in relation to a historical author, ‚Ingmar Bergman'" (104). Während in a) die Wahrnehmungssituation des „we" in Relation zur Figur „Manny" beschrieben wird (mit einer Behauptung über die Folgerungen, die der Zuschauer dabei ziehen muss), wird in b) behauptet, dass das „we" eingeladen ist, bestimmte Annahmen zu treffen (was in gewisser Hinsicht eine richti-

tiös, theoretisch fundiert und überzeugend aufgefächert werden, die Kategorien andererseits spätestens bei der Analysearbeit am filmischen Objekt wieder verschwimmen, ist symptomatisch für die theoretische Qualität und heuristische Schwäche von Branigan (1992).[79]

Mit Aspekten des *point of view* in einem engeren, bildlogisch-visuellen Sinn hatte sich Branigan einige Jahre zuvor schon mit *Point of View in the Cinema* (1984) auseinandergesetzt. Branigan liefert dort einen Ansatz zum *point of view* (*POV*), der subjektive und objektive Formen der Perspektivierung u. a. anhand eines detaillierten Modells verschiedener „Point-of-view-Strukturen" zu bestimmen versucht (ebd. 103 ff.; vgl. ausführlich 4.3.2). Branigan (1984) hat verschiedene filmische Perspektivmodelle beeinflusst.[80] Einen überzeugenden Ansatz zur Perspektive legt Jörg Schweinitz (2007a) vor. Er schlägt die Annahme einer doppelten Fokalisierung vor, „der handlungslogischen und der bildlogischen" (ebd.: 95 f.), die mit der in Kapitel 4 von François Jost hergeleiteten Trennung von *Fokalisierung* und *Okularisierung* weitgehend konform geht.[81]

ge Markierung des bloß hypothetisch zu bestimmenden Zuschauerverhaltens ist), während in c) dem „we" eine Annahme unterstellt wird, die eine bloße Interpretation darstellt. Diese nicht gekennzeichnete Vermengung aus Analyse des Films, Aufstellung von Zuschauerhypothesen und Interpretation verbirgt sich in vielen Passagen, auffällig schon in der auf (c) folgenden Betrachtung einer Filmszene aus Ingmar Bergmans SMULTRONSTÄLLET (Schweden 1957)(ebd.: 104 f.).

79 Die produktive Allianz aus Narratologie und kognitiver Psychologie, die Branigans Ansatz von theoretischer Seite her auszeichnet (vgl. Schweinitz 1999: 83 f.), soll hier keinesfalls infrage gestellt werden; die Stringenz der Theorie spiegelt sich nur teilweise nicht in den Beispielanalysen wider, sodass die anwendungsbezogene Eignung fragwürdig ist. Schweinitz (ebd.: 80) spricht vom starken „metatheoretischen Gepräge" Branigans.

80 Weitere angloamerikanische Werke zur Perspektive haben u. a. Wilson (1986) und Garard (1991) vorgelegt. Petra Grimm (1996) zeigt, dass man Branigans Modell produktiv für die Analyse von „narrativen TV-Werbespots" nutzen kann. Methodische Schwächen – die Vermengung von Wissens- und Wahrnehmungsprozessen beim Versuch, Branigan mit Genette zu kompilieren und eine inkonsistente Übertragung von Genettes Ebenenmodell – verhindern jedoch, dass Grimms Arbeit zur allgemeinen narratologischen Modellbildung beiträgt. Die Stärken und vor allem Schwächen von Branigan (1984) führt Michaela Bach (1997: 35-42) vor; allerdings ist zu bezweifeln, ob ihr figurenbezogenes Modell geeigneter ist; sie strebt weder theoretische Konsistenz noch eine Vollständigkeit der Klassifizierung an, wie sie selbst zugibt (1997: 79).

81 Die Überlegungen zur Fokalisierung und zu narrativen Instanzen im Film von Schweinitz, die er in verstreuten Beiträgen (2005; 2007a; 2007b) und im Rahmen anderer thematischer Zusammenhänge (2006) skizziert, sind weitgehend kompatibel mit meinem Fokalisierungs- und Instanzenverständnis (vgl. 4.2/3), aber freilich aufgrund der Kürze und Verstreutheit der Beiträge nicht systematisch ausgestaltet.

1.3.5 Bausteine für ein filmnarratologisches Modell

Mit den zumeist kontroversen, nur teilweise zu vereinbarenden Positionen von Chatman, Bordwell und Branigan ist das Feld abgesteckt, mit dem sich eine Filmnarratologie im ersten Schritt beschäftigen muss. Es handelt sich – grob skizziert – um drei aneinander gekoppelte Problemfelder, die vorstrukturieren, was unter dem Begriff der „narrativen Vermittlung“ gefasst werden kann:

1. Problemfeld „Erzählen im Medium Film“: Was ist Erzählen im Film? Wie kann der Erzählvorgang im audiovisuellen Medium beschrieben werden? Welche Rolle spielen die produktionsästhetisch geprägten Kategorien der Kamera, Montage und der Mise-en-scène im Rahmen des Erzählprozesses?
2. Problemfeld „Erzählinstanz/Kommunikationsmodell“: Ist es theoretisch und methodisch sinnvoll, ein Modell der filmischen Kommunikation vorauszusetzen? Hierzu zählt die Kontroverse um den Filmerzähler sowie die Frage nach der Modellierung der Ebenen und des Zuschauerkonzepts.
3. Problemfeld „Perspektive/Fokalisierung/*point-of-view*“: Die Frage nach der Modellierung von Perspektivfragen im weiteren und engeren Sinne. Wie lassen sich Kategorien des Wissens, der Wahrnehmung, des Denkens, Meinens und Fühlens dazu in Beziehung setzen?

Gemeinsam haben die ‚Klassiker‘ von Bordwell, Branigan und Chatman, dass sie sich grundlegend mit dem Phänomen des filmischen Erzählens beschäftigen. Einige spezifische, für Spielfilme typische Strukturmerkmale, die für ein systematisches Analysemodell in einem zweiten Schritt wichtig sind, müssen aufgrund des Abstraktionsgrades und der jeweiligen Schwerpunktsetzung notwendig unterbewertet bleiben. Andere Arbeiten haben versucht, sich einigen der vernachlässigten Aspekte zu widmen.

Eine entscheidende Lücke der Forschung zum filmischen Erzählen versucht Sarah Kozloff mit *Invisible Storytellers. Voice-Over Narration in American Fiction Film* (1988) zu schließen, indem sie sich mit Voice-over-Erzählungen auseinandersetzt, also mit Spielfilmen, die einen Sprecher auf der Tonspur verwenden, der nicht (immer) im Bild zu sehen ist. Nachdem sie sich der letztlich normativen Verteidigung von Voice-over-Narration gegenüber verschiedenen, historisch aufgereihten Vorurteilen gewidmet (ebd.: 8-22) und die historische Entwicklung von Filmen mit Voice-over in Amerika beschrieben hat (23-40), behandelt sie in drei ahistorisch orientierten Kapiteln die Aspekte „First-Person Narrators“, „Third-Person Narrators“ und „Irony in Voice-Over Films“ (41-126). Neben einigen systematischen Schwächen (so greift sie Formen, die sie zuerst als *Voice-off* von *Voice-over* abgegrenzt hat, später als Voice-over wieder auf) bleibt sie methodisch inkonsequent und flüchtet sich in vage Metaphern, wenn sie zu zentralen Fragestellungen vordringt – z. B.: „voice-over is like strong perfume – a little goes a long way“ (45). Kozloff differenziert sprachliche

Instanzen („first-“ oder „third-person narrator“) von einer visuellen Erzählinstanz, die sie mit Verweis auf Christian Metz „image-maker“ nennt – eine gerade für die Untersuchung von Formen der Ironie sinnvolle Heuristik (vgl. 3.4.1). Allerdings bricht sie auch hier ab, wenn sich zentrale Fragen nach der Bestimmung des Verhältnisses der Instanzen zueinander ergeben (z. B. 1988: 48 f.). Diese Tendenz zeigt sich auch darin, dass Kozloff Fragen der Ebene (geht es um eingebettete oder rahmende Erzählsituationen?) nur anreißt und durch die Beschränkung auf amerikanische Filmklassiker auf die Analyse vielschichtiger Beispiele verzichtet, die sie zwar nennt, aber nicht erörtert.[82] So lässt sich ihr Ansatz eher als Impulsgeber denn als ausgearbeitete Theorie zur Voice-over-Erzählung verstehen (vgl. 3.4).[83]

Sabine Schlickers (1997) orientiert sich in ihrer komparativen Studie zu Erzähltexten und filmischen Adaptionen an verschiedenen narratologischen Konzepten. Sie macht französische Ansätze für den deutschsprachigen Raum zugänglich, die sonst kaum Beachtung finden, so die auf Jost (1983b; 1984; 1987) zurückführbare Trennung von Fragen des Wissens (*Fokalisierung*) und der visuellen und auditiven Wahrnehmung (*Okularisierung*/*Aurikularisierung*), die sie, einige Widersprüche bei Jost ausräumend, modelliert und exemplifiziert (vgl. 4.2).[84]

Auch andere Arbeiten der deutschsprachigen Adaptionsforschung haben die Erzählforschung für den Vergleich von Literatur und filmischer Adaption genutzt. Die zuerst weitgehend normativ beeinflusste, oft anhand des Werktreue-Begriffs geführte, spätestens seit Irmela Schneiders „Transformationstheorie“ (1981) vom semiotischen Paradigma beeinflusste Debatte zur Literaturverfilmung[85] hat sich – mal explizit, oft implizit –

82 Z. B. RASHÔMON (Akira Kurosawa, J 1950) oder L'ANNÉE DERNIÈRE À MARIENBAD (Alain Resnais, F/I 1961); vgl. Kozloff (1988: 115).

83 Avrom Fleishman (1992) beschäftigt sich mit in den Film eingebetteten, intradiegetischen sprachlichen Erzählsituationen. Sein Werk stellt in gewisser Hinsicht also eine Ergänzung zu Kozloffs Ansatz dar. Allerdings reiht er sich zu sehr in die Tradition Bordwells und dessen Ablehnung eines „film narrator“ ein. „Narration“ und „narrator“ werden strikt sprachbezogen definiert (ebd.: 10-19), was zu methodischen Schwierigkeiten führt (vgl. 2.3). Trotzdem verweist er auf ein wichtiges Phänomen, das bisher zu selten berücksichtigt wurde: eingebettete sprachliche Erzählsituationen im Film (vgl. ausführlich Kap. 6).

84 Schlickers' Übertragung des literaturwissenschaftlichen Kommunikationsmodells auf den Film (1997: 68 ff.) wird in 3.1 berücksichtigt. Der Blick der im romanistischen Umfeld angesiedelten Arbeit von Schlickers auf französischsprachige Publikationen ist umso mehr hervorzuheben, weil die meisten dieser Beiträge nicht in englischer oder deutscher Übersetzung vorliegen und so in vielen deutschen, aber auch internationalen englischen Publikationen nicht berücksichtigt werden. Weitere der von Schlickers berücksichtigten Positionen stammen von Gardies (1988), Gaudreault (1988) und Gaudreault/Jost (1990).

85 Historische Positionen der Diskussion zur Literaturverfilmung/Adaptionsforschung markieren u. a. folgende Texte: Bluestone (1957); Bazin (1959); Estermann (1965); Schneider (1981); Kanzog (1981); Schmidt (1988); Goetsch (1988). Wichtige historische und systema-

auch mit Fragen des Erzählens in beiden Medien beschäftigt. Dabei – wie sich schon bei Schneider (ebd.) zeigt – brachte der Vergleich der *Histoire*-Aspekte weniger methodische und theoretische Probleme mit sich als der Vergleich der erzählerischen Vermittlung. Hingewiesen sei in diesem Rahmen auf eine Forschungslinie, die sich an der deutschen Narrativik orientiert: Walter Hagenbüchle (1991) macht den Vorschlag, literarische Vorlagen und filmische Adaptionen auf Ebene der Erzählstrukturen zu vergleichen (ebd.: 48 f.). Matthias Hurst (1996) greift diesen Vorschlag aus Hagenbüchles Ansatz (der ansonsten kaum überzeugen kann und den Stand der Erzählforschung nur lückenhaft rezipiert)[86] auf, um in einem aufschlussreichen Versuch, die Erzählsituation als ein Kriterium zu nehmen, „das als Fundament eines neuen Modells zur Analyse von Literaturverfilmungen einen angemessenen Vergleich zwischen den beiden Medien Literatur und Film erlauben könnte" (ebd.: 9). Hursts Ansatz zeichnet sich durch Anwendungsorientierung und stichhaltige Beispielanalysen aus, seine größten Schwächen sind ein zu enger Bezug auf Stanzel (v. a. 1979) sowie, dass er die französische und internationale Narratologie und Klassiker wie Bordwell und Chatman nicht oder nur am Rande erwähnt. Anke-Marie Lohmeiers *Hermeneutische Theorie des Films* (1996), die vergleichbar mit Stanzel operiert, weist weitgehend dieselben Stärken (Praxisbezug) und Schwächen (zu enger Stanzelbezug; Vernachlässigung der internationalen Narratologie) auf.[87]

Bruce Kawins *Mindscreen. Bergman, Godard, and First-Person Film* (1978) steckt ein Feld der erzähltheoretischen Auseinandersetzung mit dem Film ab, das innerhalb und außerhalb der Narratologie ausführlich behandelt worden ist: Fragen nach Darstellungsformen der Subjektivität; womit ein Teilaspekt des „Problemfeldes Perspektive" u. a. auch durch Kawins Einfluss zur entscheidenden Forschungslinie geworden ist, die hier als weiteres ‚Problemfeld' zu den drei oben genannten ergänzt sei:

---

tische Positionen zusammengefasst sind in den Sammelbänden: Albersmeier/ Roloff (1989); Gast (1993b). Einige neuere Arbeiten sind: Mundt (1994); Elliott (2004); Stam (2005); Schwab (2006). Eine Klassifizierung verschiedener Arten/Typen der Literaturadaption schlagen u. a. Kreuzer (1993) und Gast (1993a) vor.

86 Vgl. Hursts (1996: 7-9) Zusammenfassung der eklatantesten Schwächen Hagenbüchles.

87 Vgl. die Kritik von Mahler (2001), der Schwächen Lohmeiers (1996) herausarbeitet, aber zu noch weniger überzeugenden Ergebnissen kommt. Reinhard Kargl (2006) bezieht sich in seinem Versuch, Wege zu einer Theorie des multimedialen Erzählens im Film aufzuzeigen, auf Hursts (1996) Vorschläge, unter Berücksichtigung von Lohmeier (1996). Seine Arbeit enttäuscht, weil er weder die Entwicklungen der klassischen und postklassischen Narratologie noch die amerikanischen Klassiker zur Filmnarration zur Kenntnis nimmt.

4. Problemfeld „subjektivierende Darstellungstechniken": Wie wird Subjektivität im Film dargestellt? Es geht um Fragen nach den Gestaltungsmitteln subjektiver Wahrnehmung (Blick von innen), den Möglichkeiten der Introspektion (Blick nach innen) und einer „Ich-Erzählsituation".

Mit diesen Fragen hat sich im deutschsprachigen Raum auch Christine N. Brinckmann in verschiedenen Aufsätzen zur „anthropomorphen Kamera" (1996), zu „Ichfilm und Ichroman" (1988) und zum „Voice-Over als subjektivierende Erzählstruktur" (1986) beschäftigt. Auch in den genannten Monographien zur Perspektive (Branigan 1984; Bach 1997) oder zur Erzählsituation (Hurst 1996; Lohmeier 1996) sowie in verstreuten Einzelaufsätzen (Peters 1989; Kuhn 2009a, 2009c)[88] spielen Fragen der Subjektivität und subjektiver Darstellungsmöglichkeiten eine Rolle (vgl. 4.3.2).

In den letzten zehn Jahren gab es daneben – auch im deutschen Raum – unterschiedlich wertvolle Arbeiten zu spezifischen Fragestellungen und Teilbereichen der Erzählforschung im Film. Neben den in Kapitel 1.3 bisher genannten Publikationen sind hier u. a. die Monographien von Anthrin Steinke zum „postmodernen Film" (2007) und die (allerdings englischsprachigen) von Eva Laass (2008) und Volker Ferenz (2008) zum „unzuverlässigen Erzählen" zu nennen. Christian von Tschilschkes (2000) Arbeit zur „filmischen Schreibweise" streift filmnarratologische Aspekte genau wie die Studie von Bernd Hartmann (2004) zu Literatur, Film und Computerspiel.[89] Henry M. Taylor (2002) beschäftigt sich mit der Filmbiographie als „narratives System", Karsten Treber (2005) mit „episodischem Erzählen" und Christine Mielke (2006) mit der Geschichte „zyklisch-serieller Narration" bis zur heutigen Fernseh-Seifenoper – alle drei Werke sind indes kaum *narratologisch* und eher in Bezug auf den jeweils behandelten Gegenstand interessant.[90] Weiterhin gab es zwei stichhaltige Kompilationen zum Themenbereich Unzuverlässigkeit (Liptay/Wolf 2005; Helbig 2006b), einen Sammelband zu unzuverlässigen und auditiven Aspekten des Erzählens im Film (Kaul/Palmier/Skrandies 2009), einen Sammelband zu Problemen filmischen Erzählens (Birr/Reinerth/Thon

88 Vgl. auch Griem (2000), die sich v. a. auf Bordwell und Branigan bezieht, einige Schwächen Lohmeiers (1996) aufzeigt, aber selbst kein überzeugendes Betrachtungsmodell für Perspektivfragen anbieten kann. Griems Verständnis von Fokalisierung im Film ist problematisch (vgl. 4.2), sie vernachlässigt die Montage und ihre Filminterpretationen sind ungenau.

89 Lothe (2000) legt eine Einführung in die Narratologie vor, in der das Medium Film differenzierte Beachtung findet. In der Einführung in die Erzähltextanalyse von Lahn/Meister (2008) gibt es ein knappes, narratologisch orientiertes Kapitel zum Film (ebd.: 263-276). In der methodisch und theoretisch enttäuschenden Einführung in die „Transmediale Erzähltheorie" von Mahne (2007) gibt es ein unreflektiertes, kompilatorisches Kapitel zum Film (ebd.: 77-103); vgl. dazu die kritische Rezension von Orth (2008).

90 Nicht genannt sind die vielen Arbeiten zu einzelnen Filmen oder Regisseuren (die teilweise auch verallgemeinerbare narratologische Aspekte behandeln), die im Laufe der Arbeit nur herangezogen werden, wenn sie wichtige Impulse zu einzelnen Teilkonzepten bieten.

2009) und – narratologisch betrachtet nur teilweise überzeugende – Sammelbände zur Zeitstruktur im Film (Rüffert 2004), zum „Kino der Lüge" (Kratochwill/Steinlein 2004), zu „Narrative Strategies in Television Series" (Allrath/Gymnich 2005) und „Narrative and Media" (Fulton 2005).[91]

1.3.6 Narratologische Aspekte in der Geschichte der Filmtheorie und der klassischen Filmanalyse

Die Nähe von Literatur und Film hat in der Entwicklung des oft als ‚neu' eingeordneten Mediums Film, das sich im Laufe des 20. Jahrhunderts zu einem bedeutenden, in der Alltagskultur verankerten, wenn nicht gar zum bedeutendsten Erzählmedium überhaupt entwickelt hat (Schweinitz 1999: 73; Hurst 2001: 233), eine große Rolle gespielt.[92] Wenige Jahre nach den ersten Filmvorführungen im Jahr 1895 griffen die Filmemacher erstmals auf literarische Stoffe zurück, um den Film aus dem Assoziationskontext des Jahrmarktspektakels und Varietés herauszulösen und kulturell aufzuwerten. Teilweise wird der Film neben dieser produktionsästhetischen Nähe zur Literatur auch „als legitimer Erbe der literarischen Erzähltradition des 19. Jahrhunderts" eingeordnet (Paech 1988: 48) und die Grundlage der Gemeinsamkeiten von Erzählliteratur und Film in der „gemeinsame[n] Erfahrung prinzipiell gleicher gesellschaftlicher Verhältnisse" verortet, „die sich bis in die innere Struktur der literarischen bzw. filmischen Erzählweise fortsetzt" (ebd.: 49). Der Film habe vergleichbare soziale Bedürfnisse nach „Erzählungen" befriedigt wie zuvor die Erzählliteratur des 19. Jahrhunderts (Schweinitz 1999: 73). Die gegenseitige Beeinflussung

---

91 Vielversprechend schien der medienumgreifende Sammelband *Narrative across Media* von Ryan (2004b) mit mehreren Beiträgen zur Rubrik „Moving Pictures"; tatsächlich bietet er zwar in transmedial-narratologischer Hinsicht mit Blick auf die Definition von Narrativität und Medium weiterführende Einblicke (v. a. Ryan 2004a), ist bezogen auf filmnarratologische Aspekte aber enttäuschend: Bordwell (2004) verteidigt gewohnt polemisch seinen neoformalistischen Ansatz (vgl. 1.3.4); Elliott (2004) liefert weder empirisch abgesicherte noch theoretisch kohärente Modelle zur Bewertung des Verhältnisses von literarischer Vorlage und filmischer Adaption; und Freeland (2004) beschäftigt sich mit „reality TV" und stellt „reader-response"-Hypothesen auf, die nicht empirisch abgesichert werden.

92 Einige Beiträge, die sich mit dem Verhältnis von Literatur und Film und der Vielfalt der gegenseitigen historischen Beeinflussungen, der gesellschaftlichen Einflüsse sowie systematisch zu erfassender Beziehungen beschäftigen, sind: Richardson (1969); Eidsvik (1973); Spiegel (1976); Chatman (1980); Paech (1988); Gast/Hickethier/Vollmers (1993) und Albersmeier (1995). Aufsätze zu diesem Themenfeld sind versammelt in: Knilli/Hickethier/Lützen (1976); Weber/Friedl (1988). Historische Positionen (1909 bis 1929) bündelt Kaes (1978). Elliott (2003) legt eine Monographie vor, die verschiedene Diskussionslinien (auch zu „film language", „cinematic novels", „literary cinema") aufarbeitet. Beiträge zur Wechselbeziehung zwischen Film und Literatur sind nicht kategorisch von Beiträgen zur Literaturadaption (vgl. 1.3.5) zu trennen.

wird auch an Begriffen wie „filmische Schreibweise“ oder „Literarisierung des filmischen Erzählens“[93] sowie „filmischer Roman“ und „literarischer Film“ festgemacht,[94] die wiederum wahlweise mit gesellschaftlichen Bedingungen, veränderten Wahrnehmungsprozessen in einer technisierten Welt (vgl. Hurst 1996: 256 ff.) oder dem „Schriftsteller als Filmsehenden“ (Tschilschke 2000: 11) rückgekoppelt werden. Hinzu kommen zunehmend bedeutsamer werdende vermarktungsstrategische Bezüge einer Filmindustrie, die als ‚Medium der Massenunterhaltung‘ einen steigenden Bedarf an erfolgversprechenden Stoffen erfüllen muss – einer der ökonomischen Faktoren, die die Entwicklung filmischer Literaturadaptionen bedingt haben.

Entsprechend der in mehrfacher Beziehung nachweisbaren Nähe zwischen Literatur und Film haben sich auch Filmkritik und Filmtheorie immer wieder der Literaturverfilmung sowie der Diskussion von Nähe und Abgrenzung des Films von der erzählerischen und dramatischen Literatur gewidmet. Dabei wurden neben philosophischen, zeichentheoretischen, poetologischen und ästhetischen Fragestellungen auch erzähltheoretische Aspekte tangiert, wie etwa die Frage nach dem narrativen Potenzial des Films (vgl. zusammenfassend Hurst 2001). Einige Stationen der anfangs vor allem klassisch-ästhetisch beeinflussten und erst später erzähltheoretisch inspirierten Filmtheorie fasst Schweinitz (1999) zusammen. Er hebt hervor, dass sich im Gegensatz zu den Überlegungen der Filmpraktiker „die *theoretische* Untersuchung des Films unter explizit narratologischem Aspekt als relativ spätes Phänomen erweist“ (ebd.: 74).

Da sowohl Narratologie als auch semiotische Filmtheorie ohne Einflüsse des bis auf de Saussure zurückzuführenden „linguistic turn“ innerhalb der Geisteswissenschaften nicht zu denken wären, ist es teilweise schwer, narratologische Ansätze von strukturalistischen und semiotischen abzugrenzen. Hier kommt es zu Überschneidungen verschiedener Forschungsströmungen, die sich auch bei der Modellierung narrativer Phänomene zeigen. So behandeln die auf den Linguisten Emile Benveniste (1966) zurückführbaren „Enunziationstheorien des Films“[95] Fragen nach der Qualität eines filmischen Segments als Aussage und nach der Nach-

93 Zur „filmischen Schreibweise“ vgl. u. a. Kaemmerling (1975); Paech (1988: 122); Müller (1995); Hurst (1996: 253 ff.); zur „Literarisierung“ u. a. Paech (1988: 48 ff. und 122 f.).

94 Vgl. Tschilschke (2000); Elliott (2003). Vgl. bereits Zaddach (1929; *Der literarische Film*); vgl. auch Bleicher (1982) und Blumensath/Lohr (1983).

95 „Enunziationstheorien“ werden auch in der Literaturwissenschaft auf Benveniste zurückgeführt. Im Mittelpunkt steht die Unterscheidung von *énoncé* (das Ausgesagte) und *énonciation* (die Aussage). Die *énonciation* umfasst den Aussageakt, den Sprecher, den Adressaten und Referenzen sowie die Begleitumstände (Kontext). Bezüglich des Films ist als Enunziationstheoretiker Christian Metz zu nennen, der wiederum auf die große Vielfalt an Konzepten verweist (1997: 2 f.).

weisbarkeit einer vermittelnden „Enunziationsinstanz".[96] So versucht Christian Metz den filmischen Erzählvorgang mit seiner „Phänomenologie des Narrativen" (1972: 35-50) und seinen „Syntagmen" zu beschreiben (vgl. 1966; 1972: 165-198) sowie in seinem letzten Werk zur „unpersönlichen Enunziation" (1997 [1991]) wichtige Fragen des selbstreflexiven filmischen Erzählens zu klären. So widmet sich Irmela Schneider (1981) der Transformation *narrativer* Codes bei der Literaturadaption im Film.

Auch die oftmals auf zeichentheoretischen Prämissen beruhende ‚klassische Filmanalyse' hat sich an verschiedenen Stellen mit erzählerischen Aspekten auseinandergesetzt – was sich anhand einiger Einführungen in die Filmanalyse dokumentieren lässt, die oft methodenkompilatorisch vorgehen und narrative Strukturen mitbehandeln, selten allerdings dezidiert narratologisch.[97] Nicht zuletzt findet man im filmanalytischen und -narratologischen Rahmen einige skizzenhafte Versuche, Ansätze von Genette auf den Film zu übertragen: Henderson (1983) liefert Überlegungen zur Zeit (vgl. Kap. 5), behandelt Modus und Stimme jedoch zu einseitig. Black (1986) rollt einzig ein Problem der Anwendung des Konzepts narrativer Ebenen auf (vgl. Kap. 6).[98] Stam/Burgoyne/Flitterman-Lewis (1992) orientieren sich im Kapitel „Film-Narratology" (ebd.: 69 ff.) an strukturalistischen Narratologen und streifen Genette am Rande, Steinke (2007: 53 ff.) bezieht sich in einem Teilkapitel knapp auf Genette. Tendenziell führt in den genannten Beiträgen eine zu enge Orientierung an Genettes sprachbasierten Kategorien zur Vereinfachung filmischer Phänomene und zur Vernachlässigung medialer Eigenheiten.

1.3.7 Offene Problemfelder einer Filmnarratologie

Die vier bisher herausgestellten Problemfelder 1.) „Erzählen im Medium Film", 2.) „Erzählinstanz/Kommunikationsmodell", 3.) „Perspektive/Fokalisierung/*point-of-view*" und 4.) „subjektivierende Darstellungstechniken" markieren die Eckpunkte des filmnarratologischen Feldes. Zu diesen skiz-

---

96 Vgl. das Themenheft *Énonciation et cinéma* der Zeitschrift *Communications*, Bd. 38 (1983).

97 Vgl. die Einführungen in die Filmanalyse, die Erzählstrukturen thematisieren und sich dabei teilweise an erzähltheoretischen Konzepten orientieren: Knut Hickethier (1993, 2007a) behandelt im Abschnitt „Zur Analyse des Narrativen" (ebd.: 107 ff.) in den Unterabschnitten „Erzählen und Darstellen" (107 ff.), „Erzählstrategien" (123 ff.) und „Montage und Mischung" (136 ff.) erzähltheoretisch relevante Aspekte; Borstnar/Pabst/Wulff (2002: 150 ff.) thematisieren im Kapitel „Bilderfolgen – Erzählung: Narrativik" erzählstrukturelle Aspekte; Bienk (2006: 88 ff.) beschäftigt sich mit „filmischem Erzählen". Kühnel vertieft „Aspekte filmischen Erzählens" (2004b: 211 ff.).

98 Kühnel (2004b: 211-232) bietet eine Skizze Genette'scher Terminologie mit Filmbeispielen, die z. T. ungenau ist und zentrale filmnarratologische Probleme nicht einmal streift.

zierten Aspekten gibt es in der internationalen Forschung Diskussionen, die trotz der defizitären Übersetzungslage zumindest ansatzweise in den deutschsprachigen Raum ausgestrahlt haben. Allerdings hat sich bisher kein Konzept durchsetzen können. Es gibt keine erkennbare *lingua franca* einer Filmnarratologie. Deshalb wird sich diese Studie, so weit wie möglich, an Genettes Kategorien orientieren. Welche filmnarratologischen Ansätze als notwendige Ergänzung zur Modellierung diverser Teilkonzepte dienen können, wurde in 1.3.3 und 1.3.5 ersichtlich.

Die Diskussion des ersten Problemfelds „Erzählen im Medium Film" und der Frage nach einer „filmischen Erzählinstanz" in Kapitel 2 bereitet die Modellierung des „Kommunikationsmodells" in Kapitel 3 vor. Die Problemfelder „Perspektive" und „Subjektivierende Darstellungstechniken" werden in Kapitel 4 erörtert. Hinzu kommen – als fünftes Problemfeld – Fragen der Zeitmodulation in Kapitel 5.

Das Verhältnis von sprachlichem und audiovisuellem Erzählen im Film ist in der Forschungstradition zum Erzählen im Film – außer in einigen allgemeinen Arbeiten zum Bild-Ton-Verhältnis (z. B. Rauh 1987) und in den Anregungen von Kozloff (1988) – dagegen noch nicht hinreichend berücksichtigt und anwendungsbezogen modelliert worden. Insofern ergibt sich mit dieser Forschungslücke ein sechstes Problemfeld, das durch die Differenzierung einer audiovisuellen narrativen Instanz und einer oder mehrerer fakultativer sprachlicher narrativer Instanzen in Kapitel 3 konzeptualisiert wird, die auch der Fokalisierungs- und Zeitsystematik in Kapitel 4 und 5 zugrunde liegt. In Kapitel 6 soll aufbauend auf den in Kapitel 3 bis 5 definierten Kategorien gezeigt werden, dass sich mit den vorgeschlagenen analytischen Differenzierungen auch komplexe Formen des Zusammenspiels sprachlichen und audiovisuellen Erzählens beschreiben lassen. Eng damit in Zusammenhang stehen Fragen der Ebenenmodulation, die sich ergeben, wenn sprachliche Erzählsituationen oder audiovisuelle Kommunikationssysteme in die filmische Diegese eingebettet werden (6.3/4). In diesem Kontext müssen auch visuelle Ebenenschachtelungen bei der mentalen Traum- und Erinnerungsrepräsentation (6.2), das Phänomen des visuellen Ebenenkurzschlusses (6.3.3) und weitere Formen des selbstreflexiven, metaleptischen und ebenenambivalenten Erzählens betrachtet werden (6.3 und 6.5).

Grundlegend für alle folgenden Modellierungen ist das mehrschichtige Kommunikationsmodell und die Trennung von audiovisuellen und sprachlichen Instanzen und ihrer je eigenen Narration und Fokalisierung (Kap. 3). Um ein Kommunikations- und Instanzenmodell des Films definieren zu können, gilt es zunächst einmal die Fragen zu klären, was *Erzählen*, was eine *Geschichte* und was *filmisches Erzählen* ist.

2. Von der sprachbasierten zur transmedialen Narratologie

2.1 Zur Definition der Narrativität

Die Frage nach der Definition einer *Erzählung* oder einer *Narration* (engl. *narrative*) ist gekoppelt an die Frage, wie die *Narrativität* (engl. *narrativity*) – die spezifische Eigenschaft der *Erzählung* oder des *Erzählerischen* – zu bestimmen ist; das dazugehörige Adjektiv ist *narrativ*. Ein Text/Werk/ Artefakt[1] gilt als *narrativ*, wenn die meisten seiner Segmente/Abschnitte als narrativ gelten können. Ein Segment gilt als *narrativ*, wenn es die *Minimalbedingung* der *Narrativität* erfüllt. Indem man so zwischen der Narrativität in Bezug auf das gesamte Werk und der Narrativität bezogen auf einzelne Segmente bzw. der Narrativität als spezifischem Diskursmodus unterscheidet, trägt man dem Faktum Rechnung, dass es keinen rein narrativen Text, bzw. keinen narrativen Text ohne deskriptive – und je nach Textsortenklassifizierung – weitere (z. B. argumentative) Anteile gibt. Diese letztlich *quantitative* Beziehung zwischen Segment und Werk lässt die Narrativität zu einem *graduellen* Phänomen werden. Ein Werk kann (zumindest theoretisch) ‚narrativer' sein als ein anderes. Die Grenzziehung zwischen narrativ und nicht-narrativ bzw., ab wann man davon spricht, dass die *meisten* Segmente narrativ sind (ab 50, 70, 90 Prozent?), ist arbiträr und muss je nach Fragestellung festgesetzt werden.

Je nach Konzept der Narrativität kann zu dieser graduellen Abstufung auf quantitativer Ebene auch noch eine *qualitative* Stufung kommen, wenn man davon ausgeht, dass auch ein bestimmtes Segment, das ein Ereignis repräsentiert, ‚narrativer' sein kann als ein anderes, indem man Narrativität etwa in Abhängigkeit von der *Ereignishaftigkeit* (*eventfullness*) (vgl. Schmid 2003; 2005: 20 ff.; Hühn 2008) oder *tellability* (vgl. Labov 1972; Ryan 2005b) definiert oder kognitiv argumentiert, dass ein Segment mehr oder weniger *narrationsindizierend* sein (Wolf 2002a) oder mehr oder weniger *Erfahrungshaftigkeit* (*experientiality*) (Fludernik 1996) vermitteln kann. Andere, oft ältere Ansätze, definieren *Erzählungen* (*narratives*) dagegen distinkt

1 Der Text- und Werkbegriff, der den folgenden Überlegungen zugrunde liegt, ist transmedial und umfassend zu verstehen.

anhand einiger spezifischer Merkmale, also ohne die Annahme einer graduell verstandenen Narrativität. Denkbar ist auch, Narrativität anhand eines Prototyps zu charakterisieren (Wolf 2002a; Jannidis 2003).[2]

Die grundsätzliche Entscheidung, Narrativität hier nicht *ex negativo* zu bestimmen, also nicht aufzulisten, was alles *nicht* narrativ ist, hängt mit der Forderung zusammen, dass das Modell auf alle filmischen Werke angewendet werden soll, die *narrative* Segmente ‚enthalten'; ein narrativer Spielfilm muss nicht ausschließlich aus narrativen Bestandteilen bestehen bzw. vollständig im narrativen Modus ‚verfasst' sein, um als narrativ zu gelten und vom Zuschauer als narrativ wahrgenommen zu werden.[3] Ein narratives Werk enthält meist auch deskriptive Anteile. Es geht hier nicht darum, eine vollständige Textsorten- und Medientypologie zu entwickeln, sondern Narrativität positivistisch und nicht absolut zu bestimmen, also einerseits den Kern der Narrativität mittels einer weiten *Minimaldefinition* zu bestimmen und zu postulieren, dass jedes Segment/Werk, das dieselbe erfüllt, narratologisch analysiert werden könnte, andererseits aber das komplexe narratologische Modell anhand von Spielfilmen zu entwickeln, die dezidiert narrativ, d. h. auf einer graduellen Skala eindeutig als narrativ einzuordnen sind und auch engere Narrativitätsdefinitionen erfüllen. Diese Vorgehensweise folgt dem Gedanken, sich mit dem Modell ‚von innen' den Grenzbereichen zu nähern, Anschlussmöglichkeiten aber zuzulassen.

Die Bestimmung der Form *Spielfilm* kann sicherlich nicht ohne eine Definition der Narrativität und der Fiktionalität auskommen, ist andererseits noch nicht vollständig geleistet, wenn Narrativität und Fiktionalität definiert worden sind. Der Begriff „Spielfilm" (engl. *fiction film/movie/feature film*) wird hier – wie sowohl innerhalb als auch außerhalb der Wissenschaften üblich – als Sammelbegriff verwendet und nur insofern diskutiert, als alle behandelten Spielfilme *narrativ* sein müssen und fiktional sein

2 Zur Klassifizierung grundsätzlicher Typen von Definitionen schlägt Prince (2005: 387; 2008: 20) vor, zwischen „narrativehood" und „narrativeness" zu unterscheiden, wobei ersterer Begriff sich auf den Aspekt „being narrative", also die Qualität eines Objekts, und letzterer sich auf „possessing narrativity", also eine Eigenschaft, die graduell zu verstehen ist, bezieht (vgl. Pier/García Landa 2008a: 8). Im Folgenden geht es – in Prince' Terminologie ausgedrückt – um den Aspekt der *narrativehood*, genauer um die Frage, wann ein *Segment* als *narrativ* bezeichnet werden kann und wann nicht, die insofern – über Prince' Verständnis hinaus – *graduell* zu verstehen ist, als jeder Text aus einem je eigenen Verhältnis aus narrativen und nicht-narrativen Segmenten bestehen kann. Prince (2005: 387) geht zwar auch davon aus, dass *narrativehood* graduell aufgefasst werden kann, allerdings nicht bezüglich des Verhältnisses zwischen Segmenten und Text, sondern in Bezug auf die Anzahl der notwendigen Bedingungen der Narrativität, die ein Text erfüllt.

3 Mit Fludernik (2000b: 282) kann man die Differenzierung von narrativem Werk und Segment weiter ausdifferenzieren in narrative „macrogenres", „genres/text types" und „discourse modes". Fluderniks Typologie (2000b) kennt neben *narrativen* Texttypen/Diskursmodi auch *argumentative*, *instruktive*, *dialogische* und *reflexive*.

sollten. Eine vollständige Untersuchung der Form *Spielfilm* käme nicht ohne historische und generische Betrachtungen aus.

2.1.1 Das Spektrum werkinterner Definitionsansätze

Genette definiert Narrativität im „Discours du récit" nur am Rande, wenn er die „drei Aspekte des Narrativen" „histoire", „récit" und „narration" behandelt (1994: 15 ff.) und bemerkt: „Umgekehrt aber ist […] die *Erzählung* nur was sie ist, sofern sie eine *Geschichte* erzählt, da sie sonst nicht *narrativ* wäre" (ebd.: 17). Obwohl er sich daraufhin auf sprachliche Erzählungen bezieht, lässt sich diese Bestimmung der *Erzählung* über die *histoire* theoretisch auch auf andere Medien übertragen. Als „Minimalformen der Erzählung" nennt Genette: „Ich gehe" und „Pierre ist gekommen" (ebd.: 18 f.). Im *Nouveau discours du récit* plädiert Genette dagegen dafür, sich ausschließlich auf *sprachliche* Erzählungen (ebd.: 200) und bei der Definition von „Erzählung", „narrativ" und „Narratologie" auf den *Repräsentationsmodus* zu beschränken (ebd.: 201).

Das Spektrum der Narrativitätsdefinitionen, das Genette damit implizit eröffnet, reicht also von einer Definition, die sich auf *Histoire*-Aspekte bezieht, bis zu einer, die sich auf *Discours*-Aspekte, genauer den Repräsentationsmodus, bezieht. Erstere ist tendenziell eine *weite* Definition, also eine Definition, die eine größere Anzahl an Texten/Werken/Medien als Gegenstand umfasst. Bei der Frage, was im Fall einer *histoire*-bezogenen Definition eine Geschichte ist, hält Genette auch im *Nouveau discours* an seiner Minimalerzählung fest und erörtert:

> Für mich liegt, sobald es nur eine einzige Handlung oder ein einziges Ereignis gibt, eine Geschichte vor, denn damit gibt es bereits eine Veränderung, einen Übergang vom Vorher zum Nachher. „Ich gehe" setzt einen Anfangs- und einen Endzustand voraus […]. Eine ganze Geschichte also […]. (ebd.: 202)

Diese Minimaldefinition ist eine extrem weite, die bezogen auf die Medienfrage den Film, das Drama und sogar das Monophasen-Einzelbild oder skulpturale Kunst umfassen würde (man denke an das Bild/die Skulptur eines gehenden Menschen). Ein vergleichbares, aber spezifischeres Spektrum steckt Gerald Prince in verschiedenen Publikationen ab:

> (A) Narrative is the representation of at least two real or fictive events or situations in a time sequence, neither of which presupposes or entails the other. (Prince 1982: 4) […][N]arratives may be expressed in a variety of ways. As a matter of fact, a narrative may be rendered through language, film, pantomime, dancing and so on. (ebd.: 81 f.)
>
> (B) Narrative: The recounting (as product and process, object and act, structure and structuration) of one or more real or fictious events communicated by one, two or several (more or less overt) narrators to one, two, or several (more or less

overt) narratees. [A] dramatic performance representing […] events does not constitute a narrative […] since these events, rather than being recounted, occur directly on stage. (Prince 1987: 58)

(C) Narrative: The representation (as product and process, object and act, structure and structuration) of one or more real or fictious events communicated by one, two or several (more or less overt) narrators to one, two, or several (more or less overt) narratees. (Prince 2003a: 58)

Während Prince in (A) eine *weite* Definition eröffnet, die ausdrücklich unterschiedliche Repräsentationsweisen einschließt, wird in (B) das Erzählen („recounting") durch einen oder mehrere Erzähler („narrators") in den Mittelpunkt gestellt, also die erzählerische Vermittlung durch eine oder mehrere Instanz(en) betont und somit eine *enge* Definition geliefert, die dramatische Inszenierungen *explizit* ausschließt. Während man auch im Film von einer oder mehreren Erzählinstanz(en) sprechen könnte, ließe sich das (substantivierte) Verb „*to recount*" nur metaphorisch auf den Film beziehen.[4] Dieser Schritt von einer weiten (A) zu einer engeren Definition (B) wird durch die Wahl (der Substantivierung) des Verbs „*to represent*" in Definition (C) abgeschwächt, die Prince (2003a) in dieser in großen Teilen mit (B) identischen Definition wählt, unter der zumindest der Film eindeutig zu subsumieren wäre. Diese Entwicklung von einer weiten über eine enge zu einer tendenziell wieder etwas weiteren Definition spiegelt historische Entwicklungen innerhalb der Narratologie wider.[5] Prince' letzte Definition (C) lässt sich auf den Film anwenden, weil die narrative Vermittlung durch den filmischen Apparat mit einem Modell der narrativen Instanzen beschrieben werden kann.

Seymour Chatman schlägt eine weite Definition vor, die sich sowohl auf den *discours* als auch auf die *histoire* („story") bezieht:

As has been clearly established in recent narratology, what makes Narrative unique among the text-types is its "chrono-logic," its doubly temporal logic. Narrative entails movement through time not only "externally" (the duration of the presentation of the novel, film, play) but also "internally" (the duration of the sequence of events that constitute the plot). The first operates in that dimension of narrative called Discourse […], the second in that called Story. […]. Nonnarrative text-types do not have an internal time sequence, even though, obvi-

4 Allerdings ist Definition (B) nicht so eng, wie Jahn (1995: 32) und Schmid (2005: 13) behaupten, weil Prince im Anschluss zwar nicht das Drama, aber „moving pictures" wie in Definition (C) explizit zu den „narrative media of representation" hinzuzählt (1987: 58).

5 Vgl. Jahn (1995: 32): „Der von 1982 zu 1987 erfolgte Meinungsumschwung von Prince lässt sich daraus erklären, dass Genette [1983] gegen weite Definitionen […] argumentiert und vorschlägt, Narratologie als strikte Theorie des narrativen Diskurses zu fassen." Diese „Grundannahme einer ‚Mittelbarkeit des Erzählens'" (ebd.) in (B), die mit Genette kompatibel ist, nimmt Prince nicht vollständig zurück, wenn er 2003 in (C) von „representation" im Zusammenhang mit „narrators" spricht, die Restriktionen von (B) also im Sinne transmedialer Tendenzen der Narratologie wieder erweitert, ohne auf Instanzen zu verzichten.

ously, they take time to read, view, or hear. Their underlying structures are static or atemporal—synchronic not diachronic. (Chatman 1990a: 9)

Once we decide to define Narrative as the composite of story and discourse (on the basis of its unique double chronology), then logically, at least, narratives can be said to be actualisable on the stage or in other iconic media. (ebd.: 114)

Chatmans Definition, die sich auf die „doppelte Chronologie" stützt (die über Prince' „time sequence" in (A) hinausweist), ist eine verhältnismäßig *weite*, die sich, wie er explizit betont, auch auf das Drama und verschiedene andere Medien anwenden lässt (nicht aber auf das Monophasen-Einzelbild, dem die Zeitdimensionen fehlen).

Chatman schließt an diese grundsätzlich weite Definition der Erzählung („Narrative") eine in der Rezeption folgenreiche Unterdifferenzierung narrativer Texttypen in *diegetische* und *mimetische* an, bei der er sich an der traditionellen Unterscheidung von *telling* und *showing* orientiert:

In the narrower traditional sense, Narrative is a text entailing all the conditions of the broad sense *plus* the diegetic condition: that is, that the text must be *told* by a human narrator. This more restricted definition obviously provides a narrower base for narratology. To me, the distinction between Narrative and other texttypes is of higher order than between the two ways of communicating a narrative, telling and showing. (ebd.: 114 f.)

Eine derartige Differenzierung über die Annahme eines „human narrator", der sprachlich erzählt („told by")[6] für „diegetic narratives", ergibt Chatmans vielzitiertes Diagramm zu den „texttypes" (vgl. Abb. 1).

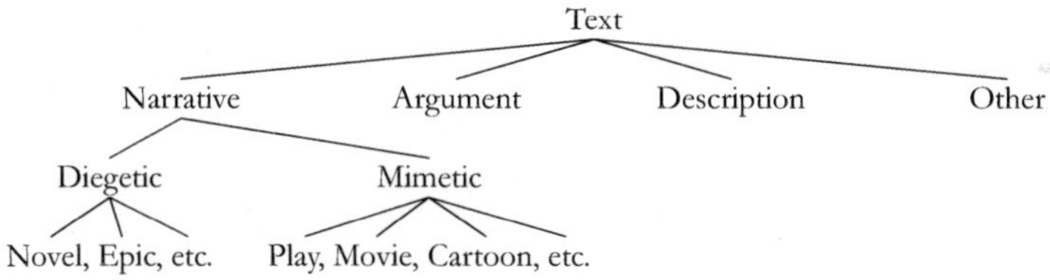

Abb. 1: Klassifikation von *Texttypen* nach Chatman (1990a: 115)

Durch die Engführung der „diegetischen Kondition" wird der Film als „mimetic narrative" neben dem Drama subsumiert. Aus dieser Zuordnung wurde in der Chatman-Rezeption oft die problematische Einordnung des Films als Medium ohne Vermittlungsinstanz oder zumindest die unreflektierte Beiordnung des Films neben dem Drama. Der Gefahr, die

6 Chatman hat das Verb „to tell" vorher (ebd.: 113) auf sprachliches Erzählen bezogen, wenn er anhand der Unterscheidung telling vs. showing, einen „Tell-er" und einen „Shower" als Unterformen des „Present-er" differenziert (vgl. Abb. 2 in 2.3.5).

narrative Vermittlung durch Kamera und Montage dadurch auszublenden, entgeht Chatman mit dem Konzept des nicht-anthropomorph verstandenen *cinematic narrator*, mit dem er das Feld der narrativen Vermittlung im Film später modelliert (ebd.: 124-138) – anders als viele Autoren, die sich auf seine Zuordnung oder sein Diagramm beziehen (Jahn 1995: 33; Nünning/Nünning 2002b: 7; Schmid 2005: 18 f.).[7]

Chatman nimmt für *alle* diegetischen *und* mimetischen „narratives" die Existenz eines „Agenten" an:

> I would argue that every narrative is by definition narrated—that is, narratively presented—and that narration, narrative presentation, entails an agent even when the agent bears no signs of human personality. Agency is marked etymologically by the *-er/-or* suffix attached to the verbs "present" or "narrate." The suffix means either "agent" or "instrument," and neither need be human. (ebd.: 115 f.)

Das entspricht, wenn man es *nicht* an die „diegetische Kondition" bindet, in etwa Prince' Definition von 2003 (C), wenn man Prince' *narrator* im Sinne von Chatmans nicht-anthropomorphen *agent* auffasst. Chatmans *cinematic narrator* ist der *agent* der Filmerzählung, der auditive und visuelle Kanäle umfasst (vgl. 2.3.6). Chatmans enge diegetische Kondition wird von anderen Wissenschaftlern wiederum etwas weiter gefasst, indem die narrative Vermittlung nicht an einen „human narrator" gebunden wird, sondern an das Vorhandensein eines vermittelnden Kommunikationsniveaus oder einer nicht-anthropomorphen narrativen Instanz, wie z. B. ausdrücklich bei Pfister (1997), der über das Definitionskriterium der narrativen Vermittlung das Drama von Erzählliteratur *und* Film unterscheidet:

> Der Unterschied [zu narrativen Texten] liegt darin, dass in dramatischen Texten […] das vermittelnde Kommunikationssystem […] ausfällt. (ebd.: 21)
>
> Der Betrachter eines Films wie der Leser eines narrativen Textes wird nicht, wie im Drama, mit dem Dargestellten unmittelbar konfrontiert, sondern über eine perspektivierende, selektierende, akzentuierende und gliedernde Vermittlungsinstanz – die Kamera, bzw. den Erzähler. (ebd.: 48)

Der Blick auf die tendenziell distinkten Definitionen von *Erzählungen/Narrativität* ergibt zusammengefasst folgendes Spektrum: Die *weitesten* sind die rein *historie*-bezogenen Minimaldefinitionen, unter denen es *en détail* freilich noch engere und weitere gibt (vgl. 2.1.3). Verhältnismäßig *weit*, aber medial bereits etwas eingeschränkt, ist Chatmans kombinatorische Definition, die sich über die „double chronology" auf *histoire* und *discours* bezieht. *Enge* Definitionen sind diejenigen, die sich auf die narrative Vermittlung, also

7 Da sich Schmid (2005) allerdings ausschließlich auf sprachlich „erzählende narrative Werke" bezieht, ist die Ausgrenzung des Films anhand seiner engen Definition methodisch konsequent. Auch Jahn (2001; 2003), der Chatmans Texttypen mit Blick aufs Drama sinnvoll modifiziert, rückt den Film zu sehr in die Nähe des Dramas und überbewertet die Rolle des „film scripts" für die Analyse des Films.

den *discours*, beziehen, noch eingeschränkter solche, die einen „human narrator" voraussetzen oder nur *sprachliche* Vermittlung zulassen.[8]

2.1.2 Kontextuelle, funktionale und kognitive Definitionen

Bevor ich mich in 2.1.3 im Rahmen des abgesteckten Spektrums auf eine weite und eine enge Definition von Narrativität festlege sowie in 2.1.4 die Minimalbedingungen spezifiziere, die dieser Arbeit zugrunde liegen, folgt ein Ausblick auf Definitionen, die über das Spektrum von werkintern-phänomenologischen Definitionen hinausgehen bzw. die sich nicht in Bezug auf Histoire- und Discours-Aspekte klassifizieren lassen, weil sie den Definitionsfokus aus dem werkinternen Feld heraus auf kontextuelle, funktionale, kulturabhängige oder kognitive Aspekte legen. Meister/Kindt/Schernus (2005) heben die Inhomogenität dieser kontroversen, oft nur postulierten Vorschläge hervor, die es neben den „phänomenologischen Erklärungsversuchen" gibt:

> In contrast to these attempts at phenomenological explanation, recent years have seen the proposal of various functional definitions. They operate by identifying the function of narrativity. Their concepts of this function are usually postulated rather than developed by means of argument and can take very different forms in each particular case. These definitions are based, among other things, on the ontogenetic, socio-historical, cognitive, or metaphysical effects of narratives, or how they affect the aesthetics of reception (e.g. Fludernik, Herman, Ryan, Sternberg, Lanser, or Ricœur). (ebd.: xiii)

Aus den kognitiv orientierten Definitionsansätzen wird exemplarisch der Versuch einer „intermedialen Erzähltheorie" von Werner Wolf (2002a) herausgegriffen. Wolf definiert das Narrative als Schema im Sinne der *frame theory* und geht davon aus, dass verschiedene Werke und Medien durch explizite und implizite Signale den Rezipienten im Verstehensprozess zur Aktivierung des kognitiven Schemas des Narrativen stimulieren. Somit ist das Narrative kein Phänomen des Textes, sondern ein Verstehensschema, das im Rezeptionsprozess aktualisiert werden kann. Anhand eines Prototyps des Narrativen – für den Wolf das verbale epische Erzählen des Märchens ansetzt – gewinnt er qualitative, inhaltliche und syntaktische „Narreme", d. h. werkseitige Signale von Narrativität, mit denen er das narrative Potenzial verschiedener Medien bestimmt. Wolf kommt zu einer Abstufung von „genuin narrativ" (z. B. Erzählliteratur, Film, Drama,

---

8 Neben den zitierten Positionen liefern u. a. Greimas (1970), Bremond (1973), Bal (1985), Herman (2002), Schmid (2003; 2005) und Ryan (2005a) weitere Definitionen von Narrativität. Verschiedene Positionen werden verglichen in: Richardson (2000: 169 f.) und Ryan (2005a: 2 ff.; 2007: 22 ff.) sowie im Sammelband von Pier/García Landa (2008b).

Comic), „narrationsindizierend“ (z. B. Monophasen-Einzelbild) und „quasi-narrativ“ (z. B. Instrumentalmusik) (vgl.: ebd.: 96).

Durch die Annahme eines *verbalen* Prototyps und die Vernachlässigung der narrativen Vermittlung bei der Definition verschiedener werkseitiger „Narreme“ gelangt Wolf zu der irritierenden Darstellung, dass das Drama ein größeres narratives Potenzial habe als der Film mit seinem vermittelnden Kommunikationssystem durch Kamera/Montage – ein Beispiel für die *medium blindness* (vgl. Hausken 2004: 392 ff.) einer *zu* weiten Definition von Narrativität, eines zu breitgefächerten transmedialen Versuchs.[9] Selbst bei einem verbalen Prototyp hätte Wolf die narrative Vermittlung bei der Gewinnung von „Narremen“ hervorheben können und wäre zu einer anderen Bewertung des narrativen Potenzials von Film und Drama gekommen. Allerdings entkommt er durch den verbalen Prototyp so oder so nicht dem dominierenden Sprachbezug der Narratologie, den er anfangs kritisiert (Wolf 2002a: 23 ff.). Die Annahme eines visuellen Prototyps würde bei gleichen kognitiven Prämissen zu einer anderen Bewertung des narrativen Potenzials führen.[10] Es bleibt generell zu fragen, welchen Nutzen ein derart breites transmediales Vorgehen für die Untersuchung des Erzählens in den jeweiligen Medien und für die Analyse einzelner Medienprodukte haben kann und ob die transmediale Breite nicht *notwendig* – also auch unter anderen definitorischen Prämissen und mit einem anderen Prototyp – zu *blind spots* bezüglich des nicht dem Prototyp entsprechenden Einzelmediums führt und grundsätzlich infrage zu stellen ist.[11]

---

9 Man sollte allerdings hinzufügen, dass Wolf (2002a) wenig Interesse am Film zeigt und bezüglich bildender Kunst und Instrumentalmusik zu stichhaltigeren Ergebnissen kommt.

10 Darüber hinaus werden von Wolf auch die Möglichkeiten, die sich im Film durch die Tonspur ergeben (Voice-over-Erzählung etc.), vernachlässigt, die eine Bewertung des narrativen Potenzials des Films auch im Hinblick auf die von Wolf abgeleiteten „Narreme“ beeinflussen müssten. Zur Kritik an Wolf (2002a) vgl. Hühn/Schönert (2003: 411 f.).

11 Auch Fludernik (1996), die Narrativität an das Konzept der *Erfahrungshaftigkeit* bindet, argumentiert kognitiv und entkoppelt deren Definition von Story- und Discourse-Aspekten. Dazu Fludernik (2006: 122): „Die Hauptthese des Buches *Towards a ‚Natural' Narratology* [Fludernik 1996] ist […], dass Narrativität von ihrer Abhängigkeit vom Plot abgekoppelt und als Vermittlung von Erfahrungshaftigkeit (*experientiality*) definiert wird. Handlung, Intentionen und Gefühle sind alle Teil der menschlichen Erfahrung, die in Erzählungen berichtet und gleichzeitig evaluiert wird […]. Erfahrungshaftigkeit wird über das Bewusstsein erfahren und gefiltert – sie impliziert daher eine subjektive, bewusstseinsgesteuerte Vermittlung […]. Eine natürlichkeitstheoretische Erzählforschung geht davon aus, dass Leser im Leseprozess Texte narrativisieren, also auch Texte, die postmoderne Anti-Romane sind, […] so lesen, dass sie sich als Erzählungen deuten lassen. Narrativität ist also nicht in Texten vorhanden bzw. absent, sondern wird vom Leser wiedererkannt oder hineingedeutet.“ Eine derartige Definition ist für ein werkimmanentes Analysemodell nicht operationalisierbar und müsste aufgrund der Abhängigkeit von Deutungsprozessen des Rezipienten empirisch abgesichert werden, um als Grundlage einer Texttypen-Klassifizierung zu dienen.

2.1.3 Enge und weite Definition der Narrativität

Im Rahmen des Spektrums der genannten Definitionen möchte ich im weiteren Verlauf wie Chatman mit einer *engen* und einer *weiten* Definition von Narrativität und Erzählung operieren. Allerdings werden beide Definitionen etwas anders gelagert. Meine enge Definition orientiert sich an Genettes Vorschlag, sich auf den Repräsentationsmodus, also auf den *discours* zu beziehen und fordert das Vorhandensein eines vermittelnden Kommunikationssystems bzw. einer vermittelnden, nicht anthropomorph zu verstehenden *narrativen Instanz*; allerdings beschränke ich mich nicht – wie Genette im *Nouveau discours* und Chatman bei der engen Definition – auf sprachliche Repräsentationen oder einen „human narrator", sodass mein nachfolgender Vorschlag weitgehend mit dem dritten Vorschlag von Prince (2003a: 58/C) kompatibel ist:

> Als *narrative* Werke im *engeren* Sinne fasse ich Repräsentationen auf, in denen eine Geschichte (das ist mindestens eine Zustandsveränderung) von einer oder mehreren nicht anthropomorph zu verstehenden narrativen Instanz(en) durch ein beliebiges Zeichensystem vermittelt oder kommuniziert wird.

Statt Text verwende ich den medien- und kunstgattungsneutraleren Begriff ‚Werk', wobei beide in einem weiten transmedialen Sinne verstanden werden. Diese enge Definition ist insofern mit Genette oder der deutschen Erzähltheorie (z. B. Stanzel 1979) kompatibel, als auch dort die Mittelbarkeit des Erzählens im Zentrum steht und als Unterscheidungsmerkmal zwischen Drama und Erzählliteratur herangezogen wird (vgl. Jahn 1995: 34; Schmid 2005: 11). Der Unterschied meiner Definition zu Genette oder Stanzel besteht darin, dass der explizite oder implizite Bezug auf die *sprachliche* Vermittlung nicht mit dem Vorhandensein einer Vermittlungsinstanz gleichgesetzt wird oder anders herum formuliert: dass auch eine nicht-sprachliche narrative Vermittlung für möglich gehalten wird (vgl. 2.3). Die weite Definition von Narrativität bezieht sich auf die *histoire* und orientiert sich am Vorschlag von Wolf Schmid (2005: 13):

> *Narrativ* im *weiteren* Sinne sind Repräsentationen, die die Veränderung eines Zustands oder einer Situation darstellen.

Die Unterscheidung, die ich zwischen weiter und enger Definition treffe, deckt sich nicht mit der, die Chatman (1990a) oder Schmid (2005) vorschlagen. Für beide ist die enge Definition auf sprachliches Erzählen beschränkt. In 2.3 werden Ansätze betrachtet, die den Bereich der erzählerischen Vermittlung im Film betrachten. Sowohl Erzählliteratur als auch Film können potenziell als narrativ im weiteren *und* engeren Sinne angenommen werden. Das unterscheidet sie u. a. vom Drama, das ‚nur' narrativ im weiteren Sinne ist, weil es im Drama im Normalfall keine narrative

Instanz gibt.[12] Man muss die mit einer derartigen Definition gezogene Grenze allerdings nicht absolut setzen: Natürlich bestehen fundamentale Unterschiede zwischen Erzählliteratur und Film, so wie es eine Nähe zwischen Erzählliteratur und Drama sowie zwischen Drama und Film gibt, die allerdings auf anderen Ebenen zu bestimmen sind.[13] Man könnte auch noch weiter ausdifferenzieren, dass Erzählliteratur narrativ in einem *sehr engen* Sinn ist (sprachbezogene Vermittlungsinstanz = Erzähler im engsten Sinne), Erzählliteratur und Film in einem *engen* (Vermittlungsinstanz = Erzählinstanz bzw. Zusammenspiel aus Kamera und Montage) und Erzählliteratur, Film und Drama in einem *weiten* (überall werden Geschichten repräsentiert; es gilt „die Logik der doppelten Chronologie" etc.) Sinn.

2.1.4 Zur Minimalbedingung der Narrativität

Bei der an der weiten Auffassung von Narrativität angelehnten *Minimalbedingung* orientiere ich mich zuerst an der Definition Wolf Schmids (2005), um diese später zu modifizieren. Die Grundbedingung der Narrativität lautet nach Schmid (ebd.: 13):

> Es muss mindestens *eine* Veränderung *eines* Zustands in einem gegebenen zeitlichen Moment dargestellt werden.

Insofern wäre Genettes ‚Ich gehe' (vorerst noch) eine Minimalerzählung: eine Zustandsveränderung, die einen Anfangs- und einen Endzustand voraussetzt (vgl. Genette 1994: 202). Dasselbe gilt für Prince' (2003a: 58) ‚Mary was hit by a falling rock'. Der einzige Unterschied wäre, dass erstere eine Handlung und letztere ein Vorkommnis ist. *Handlung* (*act/action*) definiere ich mit Schmid (2005: 13) als eine Zustandsveränderung, die „durch einen Agenten herbeigeführt wird", *Vorkommnis* (*happening*) mit Prince (2003a: 39) als Zustandsveränderung, die nicht von einem Agenten herbeigeführt wird.[14]

---

12 Eine Ausnahme bilden *Episierungstechniken* im Sinne Pfisters (1997: 103 ff.). Zu *Erzählinstanzen* im Drama vgl. Richardson (1988; 2001); Jahn (2001); Nünning/Sommer (2002; 2008).

13 Gemeinsamkeiten von Drama und Film wären, dass neben sprachlichen auch auditive und visuelle Codes zum Einsatz kommen, die Mise-en-scène zum Erzählvorgang ‚beiträgt' und Aspekte der ‚Performance' eine Rolle spielen. Zur Narratologie des Dramas vgl. u. a. Nünning/Sommer (2008), die wichtige Aspekte einer transgenerischen Narratologie zusammenfassen und zukünftige Forschungsfelder umreißen.

14 „‚It started to rain' and ‚Mary was hit by a falling rock' represent happenings" (Prince 2003a: 39). Prince bezieht sich auf Chatman (1978: 32). Er spricht allerdings davon, dass ein „happening" eine von zwei Formen des „event" sei, was je nach Differenzierung von „event" und „change of state" problematisiert werden muss (vgl. 2.1.5). Hier sei „happening" als Subform einer *Zustandsveränderung* aufgefasst. Schmid (2005: 13) definiert das „happening" (das er „Vorkommnis" nennt) etwas anders als Prince: die Zustandsverände-

Schmid fügt ergänzend zu seiner Minimalbedingung hinzu, dass „die Veränderung des Zustands und ihre Bedingungen" nicht „explizit dargestellt zu werden" brauchen. „Für die Narrativität ist hinreichend, wenn die Veränderung impliziert wird, etwa durch die Darstellung von zwei miteinander kontrastierenden Zuständen" (2005: 13). Im Hinblick auf den Film ist das eine sinnvolle Ergänzung, denn so kann eine einfache Einstellungsfolge wie ‚Einstellung (A) auf ein Hochhaus, Schnitt, Einstellung (B) auf ein eingestürztes Hochhaus/einen Trümmerhaufen' der Minimalbedingung entsprechen. Mit dieser Einstellungsfolge wird ein Vorkommnis repräsentiert, das sich paraphrasieren ließe in: ‚ein Hochhaus stürzt ein'. Das gleiche gilt *agenten*bezogen: Die Einstellungsfolge ‚Einstellung (A) auf ein leeres Zimmer, Schnitt, Einstellung (B) auf ein Zimmer, in dem sich Figur X befindet' wäre eine Repräsentation von: ‚Figur X betritt ein Zimmer'.[15] Schmid (2005) knüpft an die für die Narrativität konstitutive Zustandsveränderung drei Bedingungen:

1. Eine temporale Struktur mit mindestens zwei Zuständen, einem Ausgangs- und einem Endzustand.
2. Eine Äquivalenz von Ausgangs- und Endzustand, d. h. Similarität *und* Kontrast der Zustände, genauer: Identität *und* Differenz ihrer Eigenschaften. Volle Identität der Eigenschaften ergibt keine Zustandsveränderung. Aber auch die absolute Differenz konstituiert sie nicht, denn Anfangs- und Endzustand müssen vergleichbar sein, etwas Gemeinsames haben.
3. Die beiden Zustände und die sich zwischen ihnen ereignenden Veränderungen müssen sich auf ein und dasselbe Subjekt des Handelns oder Erleidens oder auf ein und dasselbe Element des „setting" beziehen. (ebd.: 13 f.)

In Bedingung 1 wird formuliert, dass es einen Ausgangs- und Endzustand geben muss, die durch ein Zeitintervall (Δt) voneinander getrennt sind. Bedingung 2 postuliert, dass es neben der geforderten *Veränderung* (als nicht totale Identität) auch eine *Ähnlichkeit* der Zustände ‚Ausgang/Ende' geben muss, damit die beiden Zustände vergleichbar sind.[16] Bedingung 3 spezifiziert, wie – d. h. mit welchen Entitäten – Bedingung 2 erfüllt werden kann, wofür hier die grundlegenden Kategorien „Subjekt" und „set-

rung müsse „einem *Patienten* zugefügt" werden. Demnach wäre ‚Mary was hit by a falling rock', nicht aber ‚It started to rain' ein *Vorkommnis*. Trotz dieser Differenz zur von mir verwendeten Referenzdefinition von Prince übernehme ich Schmids deutsche Übersetzung *Vorkommnis* („Geschehen" bleibt der *Erzählebene des Geschehens* vorbehalten; vgl. 2.2).

15 Da es hier nicht um die sprachlichen Paraphrasen geht, muss nicht diskutiert werden, ob ‚Ein Hochhaus ist eingestürzt'/‚stürzte ein' oder ‚Eine Figur hat das Zimmer betreten'/‚betrat das Zimmer' treffender wären.

16 Was bedeutet, dass von der Summe an Merkmalen, die Zustand A (Ausgang) definieren, eine Teilmenge X (die mindestens ein, aber nicht alle Merkmale enthält) gleichzeitig auch Teilmenge der Summe an Merkmalen sein muss, die Zustand B (Ende) definieren (die mindestens ein, aber nicht alle Merkmale enthält).

ting" herangezogen werden (wobei „Subjekt" im Zusammenhang mit passivem „Erleiden" etwas unglücklich gewählt ist). Bedingung 2 könnte auch durch andere Bedingungen spezifiziert werden, verfügt hier mit Bedingung 3 aber über die Abstraktheit, die eine viele Phänomene umfassende Minimalbedingung haben sollte.[17] Prince (2003a: 28) benutzt als Oberbegriff für „an actor or an item of setting" (was man trotz geringfügiger Differenz auf Schmids „Subjekt" und „setting" beziehen kann) den Begriff „existent" (≈„Gegebenheit"), sodass man noch abstrakter formulieren kann, dass sich die Zustandsveränderung auf ein und dieselbe Gegebenheit beziehen muss (wobei Gegebenheit dann alle *statischen* Elemente/Veränderungs*umstände* umfasst). *Zustandsveränderung* und *Gegebenheit* bilden „the fundamental constituents of the story" (ebd.), d. h. eine *Minimalgeschichte* braucht mindestens eine Gegebenheit und eine Zustandsveränderung.[18]

Nimmt man die oben konstruierten Beispiele vom einstürzenden Hochhaus und der einen Raum betretenden Figur, dann heißt Bedingung 3, dass es sich um dasselbe Haus bzw. denselben Raum und dieselbe Figur handeln muss oder dass es irgendwelche Merkmale gibt, die anzeigen, dass es dasselbe Haus bzw. derselbe Raum/dieselbe Figur sein sollen. Allerdings hat gerade die Frage nach der Identität der Gegebenheit bezogen auf eine Einstellungsfolge im Film gewisse Brisanz: Was, wenn es keine eindeutigen Merkmale gibt, der Zuschauer aber trotzdem mit der Einstellungsfolge ‚stehendes Haus, eingestürztes Haus' konfrontiert wird? Oder, wenn die ‚narrative Vermittlungsinstanz' bewusst ein stehendes Haus und ein *anderes* eingestürztes Haus zeigt? Wird hierbei nicht auch *etwas* erzählt? Ein Problem, dass sich in der Literatur nicht zu stellen scheint, wenn man sagt ‚Ein Haus stürzt ein', ‚Das Haus stürzt ein' oder ‚Der Kölner Dom stürzt ein'. Andererseits können uneindeutigere Segmentfolgen auch in der Literatur Zweifel an der Identität der Gegebenheit lassen (‚ein stehendes Haus, ein eingestürztes Haus'). Hier entfernt man sich allerdings von der Frage nach der Minimalbedingung, weil der werkinterne Kontext, in den eine derartige Einstellungsfolge eingebettet ist, meist eindeutige Indizien liefert; beispielsweise könnte die Einstellungsfol-

17 Andere Wissenschaftler schlagen deutlich restriktivere Bedingungen für Minimalgeschichten vor, indem sie z. B. das Vorhandensein menschenähnlicher Figuren fordern; zur Auflistung weiterer Bedingungen vgl. Greimas (1970), Stempel (1973), Prince (1973; 2003b).

18 Prince (2003a: 28) trennt nicht kategorisch zwischen „event" („Ereignis") und „change of state" („Zustandsveränderung"). Da *Ereignis* hier spezifischer benutzt werden soll, habe ich in seine ‚Formel' eine Zustandsveränderung eingesetzt. Stattdessen könnte man auch den Begriff „Geschehenselement" („incident") verwenden, den Hühn/Schönert (2007: 6) vorschlagen: „Zu den Gegebenheiten zählen die statischen Elemente und Handlungsumstände wie beispielsweise alle konstanten Figuren- und Raumeigenschaften; als Geschehenselement ist hingegen jede – etwa durch Handlung bewirkte – Veränderung von Eigenschaften, Zuständen oder Konstellationen anzusehen."

ge ‚stehendes Haus – eingestürztes anderes Haus' in die filmische Erzählung eines Krieges eingebettet sein, womit das konstante Merkmal, das einen Vergleich der Zustände Anfang/Ende möglich macht, dann ein räumliches (das gleiche Land) oder zeithistorisches wäre (der gleiche Krieg) und die Zerstörungen des Krieges als *Veränderungstatsachen* gewertet werden könnten. Eingestanden sei an dieser Stelle jedoch, dass unabhängig davon, wie abstrakt, modellogisch oder philosophisch eine Minimalbedingung auch formuliert wird, es immer Grenzfälle geben wird, die nicht distinkt einzuordnen oder zumindest kontextabhängig sind.

Zu klären ist im Hinblick auf die Minimalbedingung noch, ob man anderen Narratologen folgt, die neben der Bedingung des temporalen Nacheinanders der Zustände eine in „irgendeiner zusätzlichen Weise motivierte Beziehung" (Schmid 2005: 14), etwa die einer kausalen Verknüpfung, annehmen.[19] Schmid argumentiert überzeugend dagegen: „In literarischen Texten ist die Kausalität ja nur in seltenen Fällen explizit und zuverlässig ausgedrückt. Meistens ist die Ursache der Zustandsveränderung offen gelassen und muss vom Leser erschlossen werden. [...] In vielen Werken aber werden für die Zustandsveränderungen sehr unterschiedliche Erklärungen möglich sein" (ebd.: 15). Da das auch für Filme gilt, sollte die Tatsache, dass Leser oder Zuschauer dazu tendieren, „Geschehensmomente, die aufeinander folgen, auch in eine ursächliche Verbindung zu bringen" (ebd.), die nicht unmittelbar mit der expliziten Repräsentation kausaler oder anderer Motivierung zusammenhängt, nicht in die Minimaldefinition eingehen.[20] *Motivierungen* werden erst für die Unterscheidung von *Geschehen* und *Geschichte* herangezogen (vgl. 2.2.2).

Zu klären ist außerdem, *was* von der Zustandsveränderung in *welcher Form* repräsentiert sein muss. Hier ‚kehrt' sozusagen ein Problem ‚zurück', das man mit der übersichtlichen Trennung von *histoire-* und *discours*-bezogenen Definitionen loswerden wollte. Natürlich gibt es keine Geschichte ohne Darstellung und auch die Trennung der Ebenen des Erzählens ist nur eine modellhafte, sodass die Frage, *wieviel* oder *was* von einer Zustandsveränderung auf Discours-Ebene *repräsentiert* sein muss, damit man von einer Zustandsveränderung auf Histoire-Ebene sprechen kann, eben doch mit in die Minimalbedingung hineinspielt. Wenn Schmid (2005: 13) erklärt, dass für die Narrativität hinreichend sei, „wenn die Veränderung impliziert wird, etwa durch die Darstellung von zwei miteinander kontrastierenden Zuständen", dann könnte man umgekehrt fragen, ob es ebenso reicht, wenn nur die Veränderung selbst repräsentiert wird und die

19 Vgl. u. a. Chatmans „principle of causality" (1990a: 9).

20 Das heißt für das Minimalbeispiel des einstürzenden Hochhauses, dass die Gründe für den Einsturz (z. B. Sprengung, Terroranschlag, Korrosion) nicht repräsentiert sein müssen.

Zustände Anfang/Ende impliziert werden. Folgt man Genette (1994: 202), müsste man mit ja antworten; anders wäre ‚Ich gehe' keine Geschichte. Aber inwiefern setzt ‚Ich gehe', wie Genette behauptet, tatsächlich einen „Anfangs- und einen Endzustand voraus"? Argumentiert Genette hier nicht – zumindest latent – kognitiv, weil ‚Ich gehe' in einer Repräsentation als Text per se keinen Anfangs- und Endzustand impliziert, aber vom Leser so verstanden werden kann als ob? Diese Frage ist daher von Bedeutung, weil Genettes Minimaldefinition eine große transmediale Reichweite hat und sich auch auf viele Bilder und Skulpturen anwenden ließe (das Bild/die Skulptur eines gehenden Menschen), was Genette in seiner sprachbezogenen Argumentation freilich nicht weiterverfolgt.

Um das Problem, das sich hier auftut, von anderer Seite aufzurollen, nämlich mit Blick auf das im Mittelpunkt stehende Medium Film und sein Potenzial der Repräsentation von Veränderungen/Bewegungen: Film hat als ‚Sukzessionsmedium' oder ‚Sukzessionskunst' schematisch vereinfacht zwei Sukzessions-/Bewegungsachsen, auf denen Zustandsveränderungen stattfinden können: *erstens* die Möglichkeit der Veränderung/Bewegung innerhalb einer Einstellung, *zweitens* die Möglichkeit der Veränderung in der Abfolge der Einstellungen, also durch die Relation der Einstellungen zueinander. Letztere Dimension teilt der Film mit der Bilderserie oder der Panelfolge im Comic, erstere nicht. Erstere lässt sich in zwei Aspekte untergliedern: innerhalb einer Einstellung kann es a) zu Bewegungen/Veränderungen *vor* der Kamera kommen sowie b) zu Bewegungen *der* Kamera (und somit Veränderungen des Bildausschnitts), einschließlich sämtlicher Kombinationen. Eine Einstellung, die uns zeigt, wie ein Hochhaus zuerst einige Sekunden dasteht und dann einstürzt, sodass etwas später nur ein Trümmerhaufen zurückbleibt, ist unzweifelhaft die Repräsentation ‚Ausgangszustand, Veränderung, Endzustand' und lässt wie die Formulierung ‚Ein Hochhaus stürzt ein' keinen Zweifel daran, dass es sich um dasselbe Hochhaus handelt. Allerdings ist es hier nur die filmische Erzählung und nicht die sprachliche, die sowohl den Anfangs- und Endzustand als auch die Veränderung selbst explizit repräsentiert. Der Satz ‚Ein Hochhaus stürzt ein' ist als Repräsentation einer Minimalgeschichte infrage zu stellen, weil keine zwei distinkten, vergleichbaren Zustände repräsentiert werden und die temporale Struktur nur impliziert ist. Noch zweifelhafter ist in dieser Hinsicht ‚Ich gehe': Setzt das Verb in dieser Verbindung überhaupt voraus, dass es einen Anfangs- und Endzustand gibt? Ist ‚Ich gehe' nicht eher Zustand als Zustandsveränderung? Es handelt sich bei der Frage, ob (A) der Satz ‚Ein Hochhaus stürzt ein', (B) eine längere Einstellung auf ein zuerst stehendes, dann einstürzendes und später eingestürztes Hochhaus sowie (C) die Einstellungsfolge ‚stehendes Haus, Schnitt, Trümmerhaufen (mit gleichem Hintergrund)' die Repräsentationen einer Minimalgeschichte sind, um die Frage, ob die Definition verlangt, dass 1.) die Veränderung explizit, 2.) Anfangs- und Endzustand explizit oder 3.) Anfangszustand, Veränderung und Endzustand explizit repräsentiert sein müssen. Nach (1) würden A und B, nach (2) B und C, nach (3) nur B die Minimalbedingung erfüllen. Um die beiden filmischen Möglichkeiten (B, C) zu erfassen, wäre Variante (2) vorzuziehen.

Um ein weiteres Argument für Definitionsvariante (2) zu gewinnen, ein anderer Blickwinkel: Ist das Bild (Gemälde, Fotografie etc.) oder die Skulptur eines gehenden Menschen/einstürzenden Hauses *narrativ*? Würde man das Bild eines gehenden Menschen/einstürzenden Hauses tatsächlich als Repräsentation einer Geschichte bewerten? Entsteht die Geschichte bzw. die Vorstellung von Ausgangs- und Endzustand nicht nur im Kopf der Rezipienten oder einer Teilmenge aller Rezipienten? Um derartige Monophasen-Bilder, die keine Zeitdimension, also maximal die *Vorstellung* einer Zeitdimension repräsentieren, aus der engen Definition auszuschließen, schlage ich vor, die Minimalbedingung der Narrativität durch die *discours*-bezogene Forderung der expliziten Repräsentation des Anfangs- und Endzustands zu ergänzen, und komme zu folgender Formulierung:

> *Minimalbedingung der Narrativität*: Es muss mindestens *eine* Zustandsveränderung in einem gegebenen zeitlichen Intervall dargestellt werden. Der Ausgangszustand vor und der Endzustand nach der Veränderung müssen dabei explizit repräsentiert sein, die Veränderung selbst und ihre Bedingungen nicht.

Für Sätze wie ‚Ich gehe' und Bilder wie das eines gehenden Menschen schlage ich den von Wolf (2002a) übernommenen Begriff *narrationsindizierend* vor, der impliziert, dass das Gemälde zwar keine Repräsentation einer Zustandsveränderung mit zeitlicher Dimension ist, aber als solche im Rezeptionsprozess naturalisiert werden *kann*, also – kognitiv argumentiert – zur Aktivierung des kognitiven Schemas des Narrativen im Verstehensprozess stimulieren *kann*. Im Film kann die Minimalbedingung sowohl innerhalb einer Einstellung als auch mit einer Einstellungsfolge erfüllt werden.[21] Mit dieser modifizierten Definition und der Betonung des ‚zeitlichen *Intervalls*' nähere ich mich Chatmans Definition über die „doppelte Chronologie" (1990a: 9). Denn die Forderung nach einer „internal time sequence" als „duration of the sequence of events that constitute the plot" impliziert, dass ein Zeitintervall (Δt) repräsentiert sein muss, der mindestens einen Ausgangszeitpunkt (t_a) und einen Endzeitpunkt (t_e) hat. Das Bild eines einstürzenden Hauses repräsentiert nur einen einzigen Zeitpunkt (t_n), von dem man nur annehmen *kann*, dass er metonymisch für eine zeitliche Ausdehnung Δt stehen soll, die ein t_a und ein t_e impliziert.

---

21 Was ein erstes Argument dafür ist, das Zusammenspiel von Kamera und Montage in der Beschreibung des filmischen Erzählvorgangs *nicht* systematisch zu trennen; vgl. 2.3 und 3.2.

2.1.5 Zustandsveränderung, Ereignis und Kategorien der Ereignishaftigkeit

Eine Frage, die mehrfach gestreift wurde, ist noch offen: Wann ist eine *Zustandsveränderung* ein *Ereignis*? Für die Definition einer Minimalbedingung war es ausreichend, eine Zustandsveränderung (auch Geschehensmoment oder Veränderungstatsache genannt) als notwendig zu fordern, die ein *Ereignis* im emphatischen Sinne sein kann, aber nicht muss. In einem komplexen Werk wie einem Roman oder einem Spielfilm und bereits bei einer Sequenz, die aus mehreren Einstellungen besteht, gibt es jedoch eine Vielzahl von repräsentierten Zustandsveränderungen, sodass zur Rekonstruktion der Ereignisfolge, die für das *Geschehen* konstitutiv ist, nicht alle Veränderungen den gleichen ‚Wert', die gleiche ‚Wichtigkeit' haben. Schon in einer Folge zweier Einstellungen können sich mehrere Zustandsveränderungen verbergen. Welche sind relevant im Vergleich zu welchen anderen und in Bezug auf was sind sie relevant? Um ein einfaches Beispiel zu nehmen: Wenn ein Mann gezeigt wird, der in einer Einstellung einen Arm bewegt, dann ist das eine repräsentierte Zustandsveränderung. Ist es aber auch ein Ereignis? Wann könnte das Bewegen des Arms ein Ereignis sein? Wenn der Mann den Arm bewegt, um sich zu kratzen? Wenn der Mann ein Komapatient ist, der zum ersten Mal seit Wochen wieder einen Arm hebt? Wenn er mit der Bewegung des Arms das Zeichen zum Angriff oder Start eines Wettbewerbs gibt?

Es ist klar, dass die Relevanz einer Zustandsveränderung nicht absolut bestimmt werden kann, sondern nur in Relation zu anderen Zustandsveränderungen sowie abhängig von verschiedenen werkinternen und -externen Kontextfaktoren (zu denen auch historische und genreabhängige ästhetische Faktoren zählen) sowie der Interpretation durch einen Betrachter. Deshalb lässt sich für einen Ereignisbegriff auch keine absolute Grenze bestimmen, sondern erst einmal festhalten, dass ein Ereignis eine Zustandsveränderung ist, die je nach definiertem Sinnzusammenhang verschiedene zusätzliche Bedingungen erfüllt.

Die Frage ist nun, ob man die Bedingungen näher bestimmen kann, die aus einer Zustandsveränderung ein Ereignis machen. Da eine absolute Definition nur schwer möglich ist, wurde in der Narratologie das Konzept der „Ereignishaftigkeit" („eventfulness") entwickelt. Die *Ereignishaftigkeit* wird als „skalierbare, gradationsfähige Eigenschaft" angenommen (Schmid 2005: 22); eine Zustandsveränderung kann mehr oder weniger *ereignishaft* sein. Schmid (ebd.: 20 ff.; vgl. auch 2003), der sich an einem „emphatischen Ereignisbegriff" orientiert, den er auf den Sprachgebrauch im Sinne eines „besonderen, nicht alltäglichen Vorfalls" und auf Goethes „unerhörte Begebenheit" sowie Lotmans „Grenzüberschreitungen" bezieht, entwickelt ein Modell von zwei *notwendigen Bedingungen* und *fünf* hierarchisch geordneten *Kriterien*, die er als gradationsfähig annimmt. Die beiden notwendigen Bedingungen sind *Faktizität* (innerhalb der fiktiven Welt), d. h., es darf sich um keine erträumten, gewünschten oder spekulierten Veränderungen handeln (ebd.: 21) und *Resultativität*, d. h. die Veränderungen müssen nicht nur begonnen, versucht oder sich im Zustand des Vollzugs befinden, sondern müssen ein Resultat haben; „sie gelangen in der jeweiligen narrativen Welt des Textes zu einem Abschluss" (ebd.).

Bei der Forderung nach *Faktizität innerhalb der fiktiven Welt* ist zu fragen, wie sich diese Bedingung z. B. zu subjektiven Erinnerungen verhält. Im Gegensatz zu Träumen oder Wunschvorstellungen kann bei subjektiven Erinnerungen die Frage aufkommen, ob behauptete Fakten auch als Fakten innerhalb der fiktiven Welt angenommen werden können, was wiederum von der *Zuverlässigkeit* der innerfiktionalen Figur abhängt, der die Erinnerungen zugeschrieben werden. In diesem Zusammenhang ist ebenso unklar, was bei verschachtelten Mehrebenen-Erzählungen gilt. Innerhalb einer Metadiegese kann eine Zustandsveränderung Faktum sein, die in Bezug auf die Diegese *kein* Faktum ist, weil die Metadiegese eine imaginäre Erzählung darstellt (z. B. einen Roman oder einen Traum im Film). Alle diese Fragen spielen bereits in den Bereich des *discours* bzw. der erzählerischen Vermittlung und werden an verschiedenen Stellen noch eine Rolle spielen. Man könnte jedoch die hypothetische Überlegung aufwerfen, ob die Frage nach der *Ereignishaftigkeit* einer Zustandsveränderung überhaupt von der Frage der Darstellung abgekoppelt werden kann und ob sie vielleicht – ebenso wie Fragen nach der Motivierung von Zustandsveränderungen – ein Phänomen des *discours* und nicht der *histoire* ist (vgl. 2.2).[22] Die zweite notwendige Bedingung der *Resultativität* scheint sich dagegen gewöhnlich auf die *Histoire*-Ebene zu beschränken und – sofern

22 Eine radikale Gegenposition zur Bezugnahme auf einen emphatischen Ereignisbegriff wäre, jeder in einem ästhetischen Werk gezeigten Zustandsveränderung, einzig aufgrund der Tatsache, dass sie in dem Werk gezeigt (und somit Element des *discours*) wird, einen Ereigniswert zuzuschreiben, sei es ein blutrünstiger Mord oder ein Wassertropfen, der sich vom Blatt einer Pflanze löst und auf den Boden tropft. Jede gezeigte Zustandsveränderung wird aus dem Spektrum (bei gleichen Begleitumständen) möglicher Zustandsveränderungen ausgewählt, d. h. von einer Instanz ausgestellt und einem Rezipienten vermittelt, der sie wahrnehmen und im Verstehensprozess weiterverarbeiten kann. Eine derart gelagerte Position nimmt Hickethier (2007b: 94 f.) ein: „Die Ereignishaftigkeit des Erzählten entsteht dadurch, dass aus dem vielfältigen Fluss der realen vormedialen Vorgänge ein Geschehen ausgewählt und durch die Setzung von Anfang und Ende als etwas Zusammengehörendes markiert wird. […] [E]s gehört zu den Konventionen des filmischen Erzählens, dass im Mainstreamfilm alles das, was gezeigt wird, funktional für die Erzählung ist. Der Zuschauer hält deshalb […] alles, was er sieht, für bedeutsam, weil er aufgrund seiner medialen Erfahrungen annimmt, dass es absichtsvoll gezeigt wurde."

die jeweilige Repräsentation die Frage, ob es ein Resultat gibt, nicht gezielt offen lässt – als Kategorie recht unproblematisch handhabbar zu sein.

Die fünf zusätzlichen, gradationsfähigen Kriterien der Ereignishaftigkeit sind nach Schmid (ebd.: 22 ff.): 1. *Relevanz* der Veränderung in der narrativen Welt, 2. *Imprädiktabilität*, also der Grad der Abweichung von „dem in der jeweiligen narrativen Welt allgemein Erwarteten", 3. *Konsekutivität*, der Grad der Folgen der Veränderung für das Denken und Handeln des betroffenen Subjekts, 4. *Irreversibilität*, „der Grad der Unwahrscheinlichkeit, dass der erreichte Zustand rückgängig gemacht wird", 5. *Non-Iterativität*, der Grad der ‚Nicht-Wiederholbarkeit' der Veränderung innerhalb der narrativen Welt. „Diese Merkmale befinden sich in einer *hierarchischen* Ordnung, d. h. sie sind unterschiedlich wichtig, und sie sind *gradationsfähig*, d. h. sie können in unterschiedlichem Maße realisiert sein und deshalb ein Ereignis mehr oder weniger *ereignishaft* machen" (ebd.: 21).

Die fünf Kriterien sind wie die zwei notwendigen Bedingungen prinzipiell auf den Film anwendbar, könnten aber je nach Kontext oder Sinnzusammenhang ganz anders formuliert werden (z. B. abhängig von bestimmten filmhistorischen Produktionsmodi, zeitgenössischen gesellschaftlichen Umständen etc.). Dass ein derartiges Modell nur als ‚Richtschnur' dienen kann, bemerkt Schmid selbst:

> Die Antwort auf die Frage, bei wie viel Ereignishaftigkeit eine Zustandsveränderung zu einem Ereignis wird oder – umgekehrt – wie wenig Ereignishaftigkeit ein Ereignis toleriert, kann nicht allgemein gegeben werden, sondern ist erstens durch das Ereignismodell einer Epoche, einer literarischen Strömung und einer Gattung beeinflusst, zweitens durch das jeweilige Werk mehr oder weniger deutlich vorgegeben und unterliegt drittens dem Urteil des Rezipienten. (ebd.: 21 f.)

Schmid gesteht auch die „Interpretationsabhängigkeit" ein, bemerkt aber, „dass die Gegenüberstellung von *objektiver* Beschreibung und *subjektiver* Interpretation, die dieser Kritik zu Grunde liegt, kaum Bestand haben kann" (ebd.: 26). Genau wegen dieser Unmöglichkeit einer Abgrenzung wird die Diskussion der Ereignishaftigkeit von einigen Wissenschaftlern aus dem engeren Feld der Narratologie ausgeschlossen. Von anderen werden Ereignisse in Typen klassifiziert (*event types*), ohne das Konzept auf einem emphatischen Ereignisbegriff zu gründen (z. B. Herman 2002: 27 ff.). Deshalb sei dieser Abschnitt zur Ereignishaftigkeit als Exkurs auf die Möglichkeiten zu verstehen, wie der analytische Blickwinkel kontextuelle Fragestellungen eröffnet, die im Hinblick auf Fragen nach historischen *modes of production*, Genres und Rezeptionsweisen, aber auch nach den Stoffen und den Erfolgsfaktoren populären Kinos interessant sind.

2.2 Das Dargestellte und die Darstellung

Ein „Zwei- oder Mehrebenenmodell" des Erzählens wird in vielen narratologischen Grundlagentexten diskutiert, so auch bei Genette (1994). Ausgehend von verschiedenen Verwendungen des Begriffs „Erzählung" leitet er „drei Aspekte des Narrativen" ab:

> Ich schlage vor, [...] das Signifikat oder den narrativen Inhalt *Geschichte* [frz. „histoire"] zu nennen [...], den Signifikanten, die Aussage, den narrativen Text oder Diskurs *Erzählung* [frz. „récit"] im eigentlichen Sinne, während *Narration* [frz. „narration"] dem produzierenden narrativen Akt sowie im weiteren Sinne der realen oder fiktiven Situation vorbehalten sein soll, in der er erfolgt. (ebd.: 16)

Bei der Benennung der drei Aspekte des Narrativen, später auch als „Ebenen" bezeichnet, orientiert sich Genette nur zum Teil an den Definitionen der von Todorov (1966) eingeführten Termini, die er benutzt. Die von Genette vorgeschlagenen Begriffe sind in den vorangegangenen Kapiteln bereits verwendet worden, weil sich zumindest die Unterscheidung von *Geschichte* („histoire", engl. oft „story") und *Erzählung* (bei Genette „récit", in der Folge meist „discours", engl. oft „discourse") innerhalb und außerhalb der Narratologie durchgesetzt hat und zum Beispiel zur Klassifizierung verschiedener Strömungen der Erzähltheorie herangezogen wurde (*Histoire-/Discours*-Narratologie). Allerdings ist mit der ‚zweigleisigen' Unterscheidung von *histoire* und *discours* oft die allgemeine Unterscheidung zwischen Aspekten des *Dargestellten* (dem *Was*) und der *Darstellung* (dem *Wie*) gemeint, die sich nicht vollständig mit Genettes Begriffen deckt. Die Unterscheidung zwischen Dargestelltem und Darstellung wird darüber hinaus oft mit dem im Kontext des Russischen Formalismus getroffenen Gegensatz von „fabula" und „sjužet" gleichgesetzt. Vor dem Hintergrund des von Benveniste ins Spiel gebrachten und von Todorov anders interpretiert in die Narratologie eingeführten Paars „histoire" und „discours" sowie des aus der angloamerikanischen Tradition stammenden Paars „story" und „plot" lässt sich spätestens seit Genettes Vorschlag einer Dreiteilung („histoire", „récit", „narration") ein ‚definitorisches Chaos' konstatieren, da in allen nationalen Traditionen weitere Vorschläge gemacht wurden, die zwar ähnlich, meist aber nicht austauschbar sind. Eine pragmatische Lösung finden Martinez/Scheffel (1999): Sie versuchen die Beziehung der unterschiedlichen Begriffsvorschläge anhand einer Tabelle darzustellen (ebd.: 26), in der sie die von ihnen vorgeschlagenen Definitionen (ebd.: 25) als Referenz verwenden. Ich werde ihren Vorschlägen leicht modifiziert folgen und komme so zur nachfolgenden Übersicht.

2.2.1 Die Ebenen des fiktionalen Erzählens

Auf der Seite des ‚Was', also der Seite der Handlung und der erzählten Welt, unterscheide ich nach Martinez/Scheffel (ebd.):

(1) *Ereignis*: Die elementare Einheit eines narrativen Werks im Bereich der Handlung ist das Ereignis. Ein Ereignis ist eine spezifische Form der Zustandsveränderung (vgl. 2.1.5).

(2) *Geschehen* (*story*): Ereignisse erscheinen zu einem Geschehen aneinandergereiht, indem sie *chronologisch* aufeinander folgen.

(3) *Geschichte* (*histoire, plot*): Das Geschehen als eine Reihe von Ereignissen wird zur Einheit einer Geschichte integriert, wenn die Ereignisfolge zusätzlich zum chronologischen auch einen kausalen Zusammenhang aufweist, sodass die Ereignisse nicht nur aufeinander, sondern auch auseinander folgen.

(4) *Handlungsschema*: Das Handlungsschema ist ein aus der Gesamtheit der erzählten Ereignisse abstrahiertes globales Schema der Geschichte, das nicht nur für das einzelne Werk, sondern für ganze Werkgruppen (z. B. Gattungen, Genres) charakteristisch sein kann.

Auf der Seite des ‚Wie', also der Seite der Darstellung, unterscheide ich:

(5) *Erzählung* (*discours*): Die erzählten Ereignisse in der Reihenfolge ihrer Darstellung im Werk. Die Erzählung unterscheidet sich von der chronologisch rekonstruierten Handlung vor allem durch die Gestaltung und zeitliche Umgruppierung der Ereignisse im Werk.

(6) *Narration* (das Erzählen): Die Präsentation der Geschichte und die Art und Weise dieser Präsentation in bestimmten Sprachen, Medien (z. B. rein sprachliche oder audio-visuelle) und Darstellungsverfahren (z. B. Erzählsituation oder Sprachstil).[23]

Die derart differenzierten Ebenen des Erzählens können anhand einer Tabelle in Beziehung zu anderen Terminologien gesetzt werden (vgl. Martinez/Scheffel 1999: 26). Die Bezeichnung dieser „Aspekte", „Elemente" oder „Merkmale" des Erzählens als *Ebenen* ist nicht unproblematisch, weil sie so mit „narrativen" oder „diegetischen Ebenen", eventuell sogar mit „Fiktionsebenen" oder „Analyseebenen" verwechselt werden können. Ich halte dennoch am Ebenenbegriff fest, weil er die modellhaft-metaphorische Vorstellung widerspiegelt, dass es sich um übereinander liegende Ebenen oder Schichten handelt, von denen ‚auf den ersten Blick' nur die Oberflächenebene zu sehen ist. Die Begriffe „Aspekt" und „Merkmal" sind weniger bildhaft, bergen aber andere Ungenauigkeiten. Der Begriff „Schichten" wäre ebenso geeignet; ich bevorzuge jedoch den etablierten

23 Neben dieser Differenzierung der Ebenen des Erzählens orientiere ich mich bei Phänomenen, bei denen es nur auf die Unterscheidung des *Was* der Erzählung (*the what*) von dem *Wie* (*the way*) ankommt, an der Zweiteilung von *story* und *discourse*, die ich im Sinne Chatmans (1978: 19) auffasse und wie Wenzel (2004a: 7 ff.) als „Zweiebenenmodell" bezeichne.

Ebenenbegriff, der sich in den meisten narratologischen Arbeiten wiederfindet. Wichtig ist jedoch, die *Ebenen des Erzählens* nur dann auch als „narrative Ebenen" zu bezeichnen (wie z. B. Schmid 2005: 241 ff.), wenn man den Begriff der „narrativen Ebenen" nicht auch für die aus einem Kommunikationsmodell gewonnenen „narrativen Kommunikationsebenen" verwendet,[24] die gelegentlich wiederum auch als „diegetische Ebenen" oder „Erzählniveaus" bezeichnet werden. Ich beschränke mich hier auf die Bezeichnung *Ebenen des Erzählens* und behalte mir die Begriffe „narrative" und „diegetische Ebenen" für die Kommunikationsebenen vor (vgl. 3.1), die ich wiederum von den Fiktionsebenen differenziere (vgl. 6.2).

2.2.2 Das Konzept der Motivierung

Martinez/Scheffel modellieren das Verhältnis vom *Geschehen* zur *Geschichte*, also die Frage, wie aus einer Kette *aufeinander*folgender Ereignisse eine Kette *auseinander*folgender Ereignisse wird, über das Konzept der *Motivierung* (1999: 110 ff.): „Das Geschehen wird zu einer Geschichte, wenn die dargestellten Veränderungen motiviert sind. Die Motivierung integriert die Ereignisse in einen Erklärungszusammenhang" (110) bzw. „integriert das dargestellte Geschehen zum sinnhaften Zusammenhang einer Geschichte" (111). Sie unterscheiden „drei Arten von narrativer Motivierung":

(1) Die *kausale Motivierung* „erklärt ein Ereignis, indem sie es als Wirkung in einen Ursache-Wirkungs-Zusammenhang einbettet, der als empirisch wahrscheinlich oder zumindest möglich gilt" (ebd.: 111).

(2) Die *finale Motivierung*: „Die Handlung final motivierter Texte findet vor dem mythischen Sinnhorizont einer Welt statt, die von einer numinosen Instanz beherrscht wird. Der Handlungsverlauf ist hier von Beginn an festgelegt, selbst scheinbare Zufälle enthüllen sich als Fügungen göttlicher Allmacht" (ebd.: 111 f.).

(3) *Die kompositorische oder ästhetische Motivierung*: „Kausale und finale Motivierung betreffen gleichermaßen die objektive Ordnung der erzählten Welt. Eine ganz andere Dimension narrativer Texte wird mit dem Begriff der kompositorischen oder ästhetischen Motivierung bezeichnet. Diese umfasst die Funktion der Ereignisse und Details im Rahmen der durch das Handlungsschema gegebenen Gesamtkomposition und folgt [...] künstlerischen Kriterien" (ebd.: 114).

24 Schmid (2005: 241 ff.) unterscheidet vier „narrative Ebenen" (*Geschehen*, *Geschichte*, *Erzählung*, *Präsentation der Erzählung*) und spricht im Zusammenhang seines Kommunikationsmodells ausschließlich von „Kommunikationsebenen" (ebd.: 47 ff.), sodass die Gefahr einer Verwechslung nur im Vergleich zu anderen Modellen besteht.

Zur kritischen Frage, wie die Motivierung gestaltet wird (bzw. ob die Beziehungen zwischen den aufeinanderfolgenden Ereignissen explizit ausgedrückt sein müssen), gestehen Martinez/Scheffel (ebd.: 112) ein: „Kausale und finale Motivierung des Geschehens können dem Leser im Text auf explizite, aber auch auf implizite Weise vermittelt werden. [...] Die Motivation der Ereignisse wird im Text selten explizit ausgesprochen." Hier lässt sich ein Anschlusspunkt zu kognitiv-rezeptionsorientierten Ansätzen finden, der bei Martinez/Scheffel (ebd.: 112 f.) angedeutet ist, wenn sie die „Weltkenntnis" des Lesers berücksichtigen und in Anlehnung an Ingarden (1968: 47) erörtern, dass die Motivierung meist „zu den ‚Unbestimmtheitsstellen' des Textes" gehört. Dieser Gedanke wird von Peter Hühn und Jörg Schönert (2007) weitergeführt:

> [Es] ist grundsätzlich davon auszugehen, dass kontingentes Geschehen sich erst durch die Verknüpfung mit Kontexten und Weltwissen in sinnhafte Sequenzen überführen lässt. Sowohl die Autoren als auch die Leser beziehen sich bei der Konstruktion solcher Sequenzen auf vorgängige Sinnstrukturen (kognitive Schemata), die ihnen bereits vertraut sind. Der Begriff ‚Weltwissen' umfasst hierbei kulturspezifische Muster, die teils aus allgemeiner Erfahrung, teils aber auch aus der Wissenschaft, der Literatur und den anderen Künsten stammen. (ebd.: 7)

Auch das Konzept der Motivierung spielt also wie die Überlegungen zur Ereignishaftigkeit in einen kontext- und rezeptionsabhängigen Bereich der Narratologie. Somit müsste die Ebene der Geschichte, die hier ohnehin nicht im Zentrum steht, beim Entwurf einer werkinternen *Histoire*-Narratologie weiter problematisiert werden.[25] Im Zweifelsfall sei hier auf die hypothetische Feststellung verwiesen, dass Rezipienten dazu tendieren, Ereignisse, „die aufeinander folgen, auch in eine ursächliche Verbindung zu bringen" (Schmid 2005: 15).

---

25 Eine kritische Infragestellung dieses Ebenenverständnisses unternehmen Hühn/Schönert (2002; 2007), indem sie die oftmals kausalen Zusammenhänge zwischen den aufeinanderfolgenden Ereignissen, die aus dem Geschehen eine Geschichte werden lassen, die bei Martinez/Scheffel (1999) auf der Seite des Dargestellten liegen, auf die Seite der Darstellung verschieben. Vgl. Hühn/Schönert (2007: 6.): „Es ist davon auszugehen, dass Geschichten [...] in der (faktischen oder fingierten) Wirklichkeit nicht objektiv gegeben sind, sondern erst durch eine (zumeist menschliche) Instanz aus Geschehenselementen konstruiert werden. Demgemäß wird (a) die Ebene des Geschehens als die lediglich räumlich und chronologisch geordnete Menge der (für den Text relevanten) Gegebenheiten [...] und Geschehenselemente [...] definiert und deren sinnhafte Verknüpfung (b) auf der Ebene der Darbietung [...] lokalisiert, das heißt den Kompositions-, Wahrnehmungs- und Vermittlungsinstanzen (dem abstrakten Autor, dem Sprecher/Erzähler, den Figuren) und dem Verfahren der Fokalisierung [...] zugeschrieben." Diese Annahme weist in Richtung der in 2.1.4 aufgestellten Hypothesen, dass sich selbst Minimalgeschichte und Ereignisbegriff nicht ohne die Seite der Darstellung bestimmen lassen.

2.2.3 Fiktionales und faktuales Erzählen im Film

Grundsätzlich gilt: Das narratologische Modell der vorliegenden Arbeit lässt sich auf sämtliche filmische Werke anwenden, die weitgehend oder in Teilen *narrativ* sind bzw. der weiten und engen Definition der Narrativität genügen, unabhängig vom Dispositiv und unabhängig davon, ob sie durch immanente oder kontextuelle Merkmale als fiktional oder faktual gekennzeichnet sind. Es ist für die Analyse eines Films nicht irrelevant, ob er fiktional oder faktual ist, aber unter der Annahme bestimmter Grundprämissen kann auch ein faktuales Werk mit narratologischen Kategorien untersucht werden, die anhand fiktionaler Werke entwickelt worden sind.[26]

Die klassische Narratologie, die sich anfangs auf fiktionale Erzähltexte konzentriert hat, bezieht später zumindest die Möglichkeit der Anwendung ihrer Modelle auf faktuales Erzählen mit ein. Genette klammert das Faktuale im „Discours" (1972) und im *Nouveau discours* (1983) zwar noch aus, weist aber später in *Fiktion und Diktion* auf dieses Versäumnis hin (1992: 66). Im Rahmen einer Diskussion der Literarizität, erörtert er das Verhältnis von faktualem zu fiktionalem Erzählen (ebd.: 65-94) und klärt „welche vorhersehbaren Konsequenzen der fiktionale oder faktuale Charakter einer Erzählung haben kann" (ebd.: 9).[27]

Die Fiktionalitätsdiskussion spielt in der Dramentheorie eine ebenso große Rolle wie in der Poetik, in den Bild- und Kunstwissenschaften und der Medienwissenschaft, ist also zum einen sicherlich keine Domäne der Erzähltheorie.[28] Zum anderen hat der Fiktionalitätsaspekt eine mediale Komponente, die weitreichende Konsequenzen für eine mögliche Definition hat. Das bedeutet auch, dass viele der Fiktionalitätssignale, die in der sprachbasierten Fiktionalitätsdebatte diskutiert werden, auf den Film kaum anwendbar sind. Versucht man Fiktionalität beispielsweise in Abhängigkeit der *Fiktivität* des im Werk Dargestellten zu definieren, hat man beim Film die Probleme, dass a) einige der im fiktionalen Film dargestell-

---

26 Ein Unterschied besteht bei sprachlich-literarischen Texten in der „doppelten Kommunikationssituation" fiktionaler Texte, die aus der Nicht-Identität von Autor und Erzähler resultiert, im Unterschied zur „einfachen Kommunikationssituation" in faktualen Texten, in denen eine Identität von Autor und Erzähler anzunehmen ist (vgl. Martinez/Scheffel 1999: 17 ff.). Im Film muss selbst diese grundlegende Unterscheidung problematisiert werden, u. a. weil die Frage nach der Autorschaft komplexer ist (vgl. 3.8).

27 Martinez/Scheffel (1999) beschränken sich zwar auf fiktionales Erzählen, diskutieren den Rahmen einer „Theorie der Fiktionalität" aber in einem Teilkapitel (ebd.: 9-19). Auch Schmid (2005) konzentriert sich auf „fiktionale Erzähltexte" und widmet der Fiktionalitätsdebatte ein Kapitel (ebd.: 32-45); ebenso Vogt (1990: 13-40).

28 Vgl. Schmid (2005: 34): „In den vergangenen Jahrzehnten war die Theorie der Fiktionalität Gegenstand heftiger Diskussionen zwischen Ontologie, Semantik, Aussagetheorie, Sprachhandlungstheorie, Sprechakttheorie, Pragmatik und anderen Lehren."

ten Orte, Personen, Architekturen etc. auch unabhängig von der Darstellung existieren und b), dass reale Ereignisse, die im Dokumentarfilm dargestellt werden, mit denselben Mitteln der Kameraführung, Montage und *Postproduction* bearbeitet werden können wie im fiktionalen Film.[29] Die von der filmischen Darstellung unabhängige Existenz des im Film Dargestellten kann im faktualen wie im fiktionalen Film vorliegen (wenn es sich bei letzterem auch meist um eine ‚künstliche', extra für den Film arrangierte Existenz handelt) und lässt sich aus der filmischen Darstellung nicht eindeutig erschließen. Folgt man den Definitionen, die sich an Hamburgers textinternen Fiktionalitätssignalen orientieren,[30] so laufen die sprachlichen Merkmale „Kombination von Zeitadverbien, die auf die Zukunft verweisen mit Verben in der Zeitform des Präteritums" und „Anwendung von Verben innerer Vorgänge auf dritte Personen" (Martinez/Scheffel 1999: 16) beim Film ebenso ins Leere wie die Definition des Fiktionalen über die Sprechakttheorie (vgl. Genette 1992: 41-64).

Metakommunikative (Martinez/Scheffel 1999: 15) und *paratextuelle* (Genette 1987) Signale der Fiktivität gibt es dagegen auch beim Film, etwa Ankündigungen auf Filmplakaten, in Fernsehzeitschriften oder auf DVD-Hüllen; das gleiche gilt für *kontextuelle* Signale (vgl.: Schmid 2005: 38) wie die Vermarktung eines Films durch einen bestimmten Verleih oder der DVD in einem bestimmten Medienkonzern oder einer Reihe. Wichtige kontextuelle Signale sind die Gattungen und Programmformen, die sich in Film und Fernsehen „in Korrespondenz mit den Strategien des Dokumentarismus herausgebildet" haben, wie Reportage, Dokumentarfilm, Feature, Dokumentation und Essayfilm (Hickethier 2007a: 186 f.).[31]

---

29 Der Zusammenhang von *Fiktivität* und *Fiktionalität* ist auch in der Literaturwissenschaft umstritten. Dazu zwei exemplarische Gegenpositionen: Schmid (2005) erörtert: „Eines der Grundmerkmale des künstlerischen Erzähltextes ist seine Fiktionalität, d. h. der Umstand, dass die in ihm dargestellte Welt fiktiv ist. […] Ein Roman ist fiktional, seine dargestellte Welt fiktiv" (ebd.: 32). Dementsprechend wäre Napoleon aus Tolstois *Krieg und Frieden* „die Konstruktion eines möglichen Napoleon" und somit „fiktiv" (ebd.: 43). Rühling (1996: 43) betont dagegen, „dass es sich bei Fiktionalität und Fiktivität um zwei logisch voneinander unabhängige Phänomene" handle und postuliert die Existenz fiktiver Objekte wie des Weihnachtsmanns unabhängig vom fiktionalen Text sowie umgekehrt realer Personen im fiktionalen Text. Ähnliche Positionen wie Schmid (2005) vertreten Haller (1986) und Doležel (1989). Zipfel (2001: 92 ff.) geht wie Rühling von realen Gegenständen in der Fiktion aus und unterscheidet „reale Objekte" von „pseudo-realen Objekten".

30 Vgl. u. a. Hamburger (1968: 65 ff.); Vogt (1996: 294 f.); Schmid (2005: 36 ff.).

31 Hickethier (2007a: 181-190) liefert eine Zusammenfassung der Diskussion „Fiktion vs. Dokumentation" aus filmwissenschaftlicher Blickrichtung, die bei einer Konzeptionalisierung des Verhältnisses von fiktionalem zu faktualem Erzählen im Film berücksichtigt werden müsste. Grundlegend für seine Position ist die Feststellung: „Eine dokumentarische Darstellung wird dadurch ‚dokumentarisch', dass sie ein direktes Referenzverhältnis zur vormedialen Wirklichkeit behauptet und diese als solche im kommunikativen Gebrauch von den Rezipienten akzeptiert wird. Der dokumentarische Anspruch eines Produkts […]

Unabhängig von der Fiktionalitätsfrage, bei der ich mich im Zweifelsfall an paratextuellen und kontextuellen Merkmalen orientiere, bleibt festzuhalten, dass die Anwendung des filmnarratologischen Modells auf faktuales Erzählen sicherlich einiger Modifikationen bedürfte, grundsätzlich aber möglich ist. Besonders im Hinblick auf Mischformen und mediale Inszenierungen von Wirklichkeit, die mit Baudrillards Simulations-Begriff beschrieben werden können (1978), sowie neueste Formen des intermedial vernetzten Films im Internet ist eine Stufe der Vermischung von fiktionalem und faktualem filmischen Erzählen erreicht, die selbst para- und kontextuelle Merkmale aushebelt, der Frage des Fiktionalen eine neue philosophische oder medienkritische Dimension verleiht und die Frage nach dem Gegenstandsbereich einer narratologischen Filmanalyse auf die Definition der Narrativität zurückverweist. Die Diskussion der Fiktionalität im Film im Rahmen neuester medialer Strukturen und Vernetzungen eröffnet ein Forschungsfeld, das erschlossen werden kann, wenn verschiedene erzähltheoretische, philosophische und medienwissenschaftliche Forschungstraditionen zur Fiktionalität zusammengeführt werden.[32]

kann bestritten werden, indem dieser direkte Referenzbezug bezweifelt wird. Ob er tatsächlich besteht, kann nur durch einen direkten Vergleich der medialen Darstellung mit der vormedialen Realität erfolgen, was in der Regel Mediennutzern nur in den seltensten Fällen möglich ist“ (ebd.: 181). Hickethier gewinnt Richtwerte zur Differenzierung, indem er den „Streit um den Eingriff in die Wirklichkeit“, den Aspekt der „Inszenierung“ und die „Strategien des Dokumentarischen“ in ihrer historischen und kulturellen Abhängigkeit erörtert (182 ff.). Im Rahmen einer solchen Kontextualisierung scheint eine Unterscheidung weitgehend möglich, solange es nicht um kalkulierte Mischformen geht. „Fiktionales und dokumentarisches Erzählen bilden kulturelle Konventionen und sind deshalb veränderbar, sie können als ‚Stilmittel‘ und damit kalkulierte ästhetische Strategien jeweils anders eingesetzt werden“ (185). Zu dokumentarisch-fiktionalen Mischformen vgl. auch 4.4.2.

32 Das Überblickswerk von Frank Zipfel (2001) könnte dabei als Grundlage aus literatur- und erzähltheoretischer Sicht dienen, wobei es – wie auch Zipfel vermutet (ebd.: 324) – viele Felder gibt, auf denen es keine Berührungspunkte zwischen Literatur und Film geben wird.

2.3 Die narrative Vermittlung im Film

Es wurde postuliert, dass Erzählliteratur und Film im weiten und im engen Verständnis als *narrativ* gelten. Unumstritten ist, dass Spielfilme eine *Geschichte* im Sinne der weiten Definition von Narrativität repräsentieren, viel diskutiert dagegen, wie die narrative Vermittlung im Film im Sinne einer engen Definition modelliert werden kann.

2.3.1 Die narrative Vermittlung in der Erzählliteratur

Auch wenn die narrative Vermittlung in literaturbasierten Narratologien nicht immer zur Definition der Narrativität herangezogen wird (vgl. 2.1), so wird doch kaum bestritten, dass man für die Erzählliteratur eine narrative Vermittlung oder sprachliche Vermitteltheit annehmen kann, die mit einem Kommunikationsmodell, der Annahme eines Erzählers oder einer Erzählsituation konzeptionalisiert werden kann. Genette (1994) gewinnt seine Kategorien zur Analyse des narrativen Diskurses anhand des Gedankens, die Erzählung als sprachliches Produkt „als eine, wenn auch noch so gewaltige Erweiterung des Verbs im grammatischen Sinne zu betrachten" (ebd.: 18). Angelehnt an die Grammatik des Verbs bestimmt er die „drei fundamentale[n] Klassen" *Zeit*, *Modus* und *Stimme*:

> Die *Zeit* und der *Modus* spielen beide auf der Ebene der Beziehungen zwischen *Geschichte* und *Erzählung*, während *Stimme* sowohl die Beziehungen zwischen *Narration* und *Erzählung* wie die zwischen *Narration* und *Geschichte* umfasst. (ebd.: 19 f.)

Unter dem Aspekt der *Stimme* modelliert Genette Instanzen-, Ebenen- und Beziehungsfragen (*Zeit der Narration*, *narrative Ebene*, *Person*), d. h. die „narrative Situation oder Instanz" (ebd.: 19) im „Hinblick auf die Spuren, die sie in dem narrativen Diskurs, den sie angeblich hervorgebracht hat, (angeblich) hinterlassen hat" (ebd.: 152), unter *Modus* Perspektiv- und Informationsvermittlungsfragen sowie Aspekte der Redewiedergabe (*Fokalisierung*, *Distanz*) und unter *Zeit* verschiedene Aspekte der Zeitgestaltung (*Ordnung*, *Dauer*, *Frequenz*). Die Kategorien der *Zeit* lassen sich geringfügig modifiziert ‚problemlos' für eine Filmnarratologie nutzbar machen (Kap. 5). Die Kategorien des *Modus* sind ‚sperriger' und bedürfen grundlegender Klärungen (Kap. 4). Die Kategorien der *Stimme*, also die Fragen rund um eine narrative Instanz, müssen im Vorfeld reflektiert werden, weil sie das übergeordnete Kommunikationsmodell betreffen.

Dass Genette die von ihm vorgeschlagene Differenzierung zwischen Fragen des *Modus* und Fragen der *Stimme*, die er an dem Gegensatz von „Wer sieht?" zu „Wer spricht?" (ebd.: 132)/„Wer nimmt wahr?" (235) festmacht, nicht konsequent durchgehalten hat, eröffnet ein Problemfeld, das bei der Modellierung der Fokalisierung eine Rolle spielt (vgl. 4.1). Trotzdem scheint es plausibler, dass die Fragen „Wer sieht?" und „Wer nimmt wahr?" auch auf den Film angewendet werden können, während die Frage „Wer spricht?" auf den ersten Blick nur auf im Film fakultativ vorhandene sprachliche Erzählinstanzen (Voice-over-Erzähler, Figuren) anwendbar scheint. Sie muss erweitert werden zu den medienneutraleren Fragen „Wer erzählt?" und „Wie wird erzählt?", um den Prozess des kinematographischen Erzählens erfassen zu können. Aus Genettes Frage „Wer spricht?" wird die Frage nach der/den narrativen Instanz(en) des Films.

2.3.2 Die narrative Vermittlung im Film: Wie wird erzählt?

Film erzählt durch das Zusammenspiel aus Sprache, Kamera, Montage und Mise-en-scène bzw. durch das Zusammenspiel verschiedener sprachlicher, visueller und auditiver Zeichensysteme.[33] Grenzt man die fakultativen sprachlichen Aspekte vorerst aus, so kann der Vorgang des kinematographischen oder audiovisuellen Erzählens anhand der Kategorien beschrieben werden, die mit den Begriffen der *Kamera*, der *Montage* und *Mise-en-scène* gefasst werden. Der Behauptung, dass *narrative Vermittlung* von Ereignissen nur durch einen sprachlichen Erzähler in der Erzählliteratur möglich sei, die einigen in 2.1.1 diskutierten Narrativitätsdefinitionen zugrunde liegt, muss die Frage entgegengestellt werden, warum die Vermittlung der Ereignisse vor der Kamera durch den filmischen Apparat ignoriert werden sollte. „Still, there may be other forms of mediacy: in film, the camera is a mediating device, albeit non-verbal", behaupten Onega/García Landa (1996a: 2), und Pfister (1997) führt dazu aus:

> Durch die variable und bewegliche Kamera sind im Film Umstellungen in der Chronologie des Erzählten, Zeitraffung und -dehnung, topographische Verschränkungen, Veränderungen des Bildausschnittes und der Darstellungsperspektive möglich, wie wir sie aus narrativen Texten kennen, die ja im Gegensatz zu dramatischen Texten ein „vermittelndes Kommunikationssystem" aufweisen, das solche raum-zeitlichen Manipulationen erst ermöglicht. Die variable und bewegliche Kamera im Film stellt also ein vermittelndes Kommunikationssystem dar, erfüllt eine Erzählfunktion, die der Position [...] des fiktiven Erzählers in narrati-

33 Vgl. aus filmwissenschaftlicher Sicht Hickethier (2007a: 106): „Erzählen ist nicht [...] auf die mündliche oder schriftliche Form der Sprache beschränkt. Erzählt werden kann ebenso durch Bilder, Gesten, Bewegungen oder durch die Kombination von Sprache, Bild, Bewegungen etc. Dies lässt die audiovisuellen Medien insgesamt zu erzählenden Medien werden, in denen nicht nur mit der Sprache, sondern mit allen Ausdrucksformen und vor allem durch ihr wechselseitiges Aufeinanderbezogensein Bedeutungen im Erzählprozess vermittelt [...] werden."

> ven Texten entspricht. Der Betrachter eines Films wie der Leser eines narrativen Textes wird nicht, wie im Drama, mit dem Dargestellten unmittelbar konfrontiert, sondern über eine perspektivierende, selektierende, akzentuierende und gliedernde Vermittlungsinstanz – die Kamera, bzw. den Erzähler. (ebd.: 48)

Auch Jan Marie Peters (1988) bringt die erzählerische Vermittlung im Film mit einer vermittelnden Instanz in Verbindung:

> Der Erzählakt steckt [...] in der Kamerahandlung. Das heißt: in den aufeinanderfolgenden Blicken und Blickbewegungen der Kamera, oder im Anfangen, Beenden, Unterbrechen und aufs Neue Anfangen der Blickaktivität der Kamera. [...] Genauso, wie dies bei einem Roman der Fall ist, wird die Erzähleraktivität verursacht von einer fiktiven Instanz, die vom Film selbst hervorgebracht wird, und die als Partner in diesem imitierten Kommunikationsprozess einen fiktiven Zuschauer hat, der ebenfalls durch den filmischen Text konstituiert wird (ebd.: 51).

Was Onega/Garcia Landa, Pfister und Peters mit Blick auf die erzählerische Vermittlung des Films allerdings vernachlässigen, ist, dass es nicht nur die Kamera ist, die eine „perspektivierende, selektierende, akzentuierende und gliedernde Vermittlungsinstanz“ bildet, sondern Kamera *und* Montage im Zusammenspiel.[34] Wie sich schon bei den filmischen Minimalerzählungen in 2.1.4 gezeigt hat, kann dasselbe Geschehen (z. B. ein einstürzendes Hochhaus) sowohl innerhalb einer Einstellung (also nur durch die Parameter der *Kamera* vermittelt) als auch durch zwei (oder mehrere) *montierte* Einstellungen repräsentiert werden, wobei dann das Verhältnis der Einstellungen zueinander relevant ist (z. B. stehendes Haus vs. eingestürztes Haus; vgl. 2.1.4). Dasselbe gilt für komplexere filmische Erzählungen: Der Normalfall ist ein verzahntes audiovisuelles Erzählen durch Kamera *und* Montage (und ggf. Mise-en-scène und weitere auditive und visuelle Parameter; vgl. 3.2). Auch Fokalisierung und Okularisierung sind selten als Funktion einer einzigen Einstellung, sondern meist erst in einer Einstellungsfolge bestimmbar (vgl. 4.2). Die Abhängigkeit der erzählerischen Vermittlung im Film von Montage, Mise-en-scène und Kamera hebt auch Matthias Hurst (2001) hervor:

> Jegliche Entscheidung in den Bereichen der Mise-en-scène und der Montage stellt einen gestalterischen Akt und eine Einflussnahme hinsichtlich perspektivischer Präsentation dar, die das Vorurteil einer vermeintlichen Unmittelbarkeit des Films gegenstandslos machen. [...] [D]ie Kamera als vermittelnde Instanz steht in einer ganz bestimmten Relation zu den abgebildeten Figuren und Geschehnissen; die Montage ordnet die Bilder in einer ganz bestimmten Reihenfolge und Hierarchie [...]. (ebd.: 238)[35]

---

34 Pfister verweist allerdings zuvor auf das „Prinzip der Montage“ (1997: 48). In Peters' Ausführungen (1988: 51) verbirgt sich die *Montage* hinter „den *aufeinanderfolgenden* Blicken“ und im „Anfangen, Beenden [...] und aufs Neue Anfangen der Blickaktivität der Kamera“.

35 Ähnlich argumentiert Lohmeier (1996: 37): „Die kinematographischen Abbildungsverfahren sind als Vermittlungstätigkeit zu kategorisieren, die das dargestellte Geschehen als ein

2.3.3 Die narrative Vermittlung als Tertium Comparationis zwischen Literatur und Film

Festzuhalten bleibt, dass der kinematographische Akt der narrativen Vermittlung des Geschehens durch *Kamera*, *Montage* und *Mise-en-scène* in einer in 3.2 noch näher zu spezifizierenden Weise mit der sprachlichen Vermittlung durch eine Erzählinstanz zu vergleichen ist und ein Tertium Comparationis zwischen Film und Erzählliteratur bildet. Die bisher noch vage charakterisierte, von den zitierten Autoren je etwas anders gewichtete erzählerische Vermittlung des Films kann durch die Annahme mehrerer narrativer Instanzen in einem mehrschichtigen Kommunikationsakt modelliert werden. Die in 2.3.2 vorläufig vorgenommene Ausklammerung der sprachlichen Aspekte des Films nimmt dabei eine methodische Trennung vorweg, die für mein Modell entscheidend ist: die analytische Trennung von *sprachlichem* und *kinematographischem* bzw. *audiovisuellem* Erzählen im Film.[36]

Dem Hinweis folgend, dass die narrative Vermittlung ein Vergleichsmoment von Spielfilm und Erzählliteratur auf Ebene des *discours* sein kann, soll das Kommunikations- und Instanzenmodell für den Film so bestimmt werden, dass die Vergleichbarkeit mit der Erzählliteratur so weit wie möglich gewährleistet bleibt. Genettes *Stimme* muss – um auch audiovisuelle Merkmale umfassen zu können – im ersten Schritt von der metaphorischen Implikation gelöst und zum Begriff einer *narrativen Instanz* oder *Erzählinstanz* (engl. *narrative instance*, *narrative agent*) erweitert werden.

2.3.4 Gibt es einen Filmerzähler?

Nun ist gerade die Übertragung eines Kommunikations- oder Instanzenmodells und erst recht die Annahme einer Erzählerinstanz im Film umstritten, wie eine lange Diskussionstradition zeigt. Neben der prinzipiellen Ablehnung einer narrativen Instanz durch Bordwell und seine Schüler,

---

vermitteltes ausweist, es im Akt der kinematographischen Reproduktion in die genuin narrative Subjekt-Objekt-Relation von Abbilden (Erzählen) und Abgebildetem (Erzähltem) überführt, und im Verhalten der Kamera zum Abgebildeten und in der Organisation von Raum und Zeit durch die Montage artikuliert sich eine dem fiktiven Erzähler wortsprachlicher Texte vergleichbare Vermittlungsinstanz, die das Erzählte aus je subjektivem Blickwinkel und in je spezifischer raumzeitlicher Organisation präsentiert."

36 *Kinematographisch* wird im Hinblick auf die spezifischen Aspekte/Codes verwendet, die dem audiovisuellen Medium Film zu eigen sind, *filmisch* umfasst alle Aspekte/Codes, die im Film zur Anwendung kommen, d. h. *kinematographische*, sprachliche und ggf. weitere Elemente (Musik, kulturelle Codes etc.). *Kinematographisch* steht also primär für *audiovisuelle* Codes bzw. das Zusammenspiel von *Kamera*, *Montage* und *Mise-en-scène*. Vgl. auch Hurst (1996: 78 f.).

deren Inkonsequenz in 1.3.4 diskutiert worden ist,[37] wurde die (oftmals nur visuell verstandene) narrative Instanz schon als „camera"/„invisible observer" (Pudovkin 1928; u. a.),[38] „grand imagier" (Laffay 1964: 81; Metz und Jost verschiedentlich), „intrinsic narrator" (Black 1986), „énonciateur"/„Enunziator" (z. B. Jost 1987: 39; Metz 1997), „fundamental narrator" oder „primary narrator" (Gaudreault 1987), „image-maker" (Kozloff 1988: 44 f.), „impersonal narrator" oder „external or cinematic narrator" (Burgoyne 1990), „cinematic narrator" (Chatman 1990a), „focaliser" (Deleyto 1996), „fingiertes Aussagesubjekt" (Lohmeier 1996: 31f.), „Kamera" (Schlickers 1997; u. a.), „film narrator" (Lothe 2000: 27 ff.), „filmic composition device (FCD)" (Jahn 2003) und „implizi(er)te Erzählinstanz" oder „implied narrator" (Laass 2006; 2008) modelliert und meist (aber nicht immer) in einem mehrschichtigen Kommunikationsmodell verortet.[39] Keines der teilweise divergierenden Konzepte konnte sich allerdings durchsetzen. Ein fundamentaler Unterschied besteht bereits in der Entscheidung, ob man wie etwa Kozloff (1988) das visuelle Erzählen (bei ihr dem „image maker" zugeordnet) analytisch vom sprachlichen Erzählen (bei ihr dem „voice-over narrator" zugeordnet) unterscheidet oder synthetisch in einer Instanz zusammenfasst (Chatmans „cinematic narrator"); oder ob man Kamerahandlung und Montage systematisch voneinander trennt (wie z. B. Schlickers 1997, die die Kamerahandlung der extradiegetischen „Kamera" zuschreibt und die Montage dem „impliziten Regisseur") oder nicht (wie z. B. Chatman 1990a).[40]

Erstaunlicherweise hält sich die grundsätzliche Ablehnung einer narrativen Instanz hartnäckig an dem Argument fest, dass sie in irgendeiner Weise anthropomorphe Züge oder eine konkrete „Stimme" haben müsste und genau deswegen problematisch sei. Nicht nur Bordwells Argumentation liegt diese Behauptung zugrunde (vgl. 1.3.4), sondern auch neueren Beiträgen von Fleishman (1992: 10 ff.), Griem/Voigts-Virchow (2002:

37 Vgl. Bordwell (1985: 62 f.) und Fleishman (1992: 13). Branigan (1992: 108 ff.) lehnt ein Kommunikationsmodell nicht ab, hebt aber die Rolle des „perceivers" hervor und postuliert schließlich, dass man Text als Kommunikation verstehen kann, aber nicht muss.

38 Zu den „invisible observer"-Modellen vergleiche auch Bordwell (1985: 9-12).

39 Vgl. die Auflistungen bei Griem/Voigts-Virchow (2002: 162) und Steinke (2007: 64). Zur Diskussion um einen „film narrator" vgl. zusammenfassend auch Kozloff (1988: 43 ff.), Deleyto (1996: 218 ff.) und Lothe (2000: 27ff.).

40 Darüber hinaus gibt es verschiedenste Vorschläge, die auf einem Kommunikationsmodell basieren, aber ‚quer' zu den genannten Unterscheidungen liegen. So schlägt z. B. Bach (1997: 24 ff.) vor, auf die Instanz des „cinematic narrator" zu verzichten und stattdessen Chatmans „impliziten Autor" als „die extradiegetische Quelle der Erzählung" anzunehmen, was mehr Probleme aufwirft, als dadurch vermieden werden.

161 ff.)[41] oder Hausken (2004: 394 f.).[42] Dabei ist die Annahme einer narrativen Instanz selbst in der Erzählliteratur nicht automatisch an anthropomorphe Vorstellungen gebunden. Natürlich kann sogar eine extra-heterodiegetische narrative Instanz in der Erzählliteratur (der ‚klassische' Er-Erzähler) personifiziert, personalisiert oder anthropomorphisiert werden (vgl. exemplarisch Stanzel 1979: 221 ff.), sie muss es aber nicht, sondern kann sich auch derart zurückhalten, dass man keine Indizien für eine irgend geartete menschliche Kommunikationsinstanz auffinden kann, z. B. im Falle einer *neutralen Erzählsituation*.[43]

2.3.5 Wer erzählt? Wer spricht? Wer zeigt?

In 2.1.1 bin ich im Rahmen der Definition von Narrativität auf Chatmans Differenzierung von mimetischen und diegetischen narrativen Texttypen eingegangen. Aufbauend auf Peirce' Zeichenverständnis erörtert Chatman in diesem Zusammenhang:

> [W]e could say that the distinction between mimesis and diegesis or, to use their rough modern synonyms, "showing" and "telling" is simply the distinction between iconic and non-iconic or symbolic signs. The latter include, for example, all normal (non-onomatopoeic) language. In "told" narratives, such as epics and most novels, the narrating function is assigned to a set of signifiers that are "arbitrary", unanalogous to the actions, characters, or settings they signify. In "shown"

41 Bei der Bewertung verschiedener Konzepte konzentrieren sich Griem/Voigts-Virchow (2002) auf die Frage der Anthropomorphisierung eines Filmerzählers und kommen zu wenig überzeugenden Ergebnissen, wenn sie alle derartigen Konzepte pauschal ablehnen und meinen: „Immerhin schärft die Diskussion zum Erzählen im Film das metakritische Bewusstsein für die eigenen metaphorischen Wendungen" (ebd.: 163); vgl. die Rezension von Hühn/Schönert (2003: 443): „Doch der angedeutete Vorschlag [von Griem/Voigts-Virchow], das Konzept eines Filmerzählers zugunsten der Dominanz der Rezipientenaktivität aufzugeben, überzeugt nicht recht, zumal in den weiteren Ausführungen immer wieder vom Erzählen gesprochen wird".

42 Ähnliche Diskussionen wurden um die Frage nach „erzählerlosen Erzählungen" in der Literaturwissenschaft geführt. Exemplarisch sei Chatmans Annahme einer „erzählerlosen Narration" in *Story and Discourse* (1978) genannt, von der er später abgerückt ist (1990a: 115 f.): „Some narratologists – I include myself – even claimed that the narrator has disappeared, that certain literary narratives were simply ‚non-narrated'. But I now believe that that claim is a contradiction in terms. I would argue that every narrative is by definition narrated […] and that narration, narrative presentation, entails an agent even when the agent bears no signs of human personality".

43 Für die *neutrale Erzählsituation* wiederum die u. a. von Friedman (1955) vorgeschlagene Metapher des vom Film abgeleiteten „camera eye" zu verwenden (vgl. Spiegel 1976; Vogt 1990: 55 ff.; Chatman 1990a: 115; u. a.), wirft ebenfalls mehr Probleme auf, als es löst, weil die grundsätzlichen Unterschiede des sprachlichen und kinematographischen Erzählens damit metaphorisch überspielt werden.

stories, such as narrative films, both characters and actions tend to be represented in an iconic or "motivated" fashion. (Chatman 1990a: 111 f.)

Auf Grundlage dieser zeichentheoretischen Differenzierung von „telling" und „showing", spezifiziert Chatman, was unter „to narrate" zu verstehen sei:

> If we are to say that both telling and showing can transmit stories, and in any combination, we need a term that can refer to either or both indifferently. If "to narrate" is too fraught with vocal overtones we might adopt "to present" as a useful superordinate. Thus we can say that the implied author presents the story through a tell-er or a show-er or some combination of both. Only the one who tells, then, can be said to have a "voice". This, I think, is the proper answer to theorists skeptical of analogies between the presentation of stories by the performing arts that favour mimesis [...] and by the discursive arts that favour diegesis. (ebd.: 113)

Aus der Unterklassifizierung von „to narrate" (bzw. „to present") in „to tell" („sprachlich erzählen") und „to show" („zeigen") gewinnt Chatman in Kombination mit seiner Definition des *Narrativen* durch die „doppelte Chronologie" einerseits das in 2.1.1 erörterte Diagramm der Texttypen (vgl. Abb. 1), andererseits die Unterdifferenzierung der „narrator"-Instanz in einen „tell-er" und einen „show-er" (vgl. Abb. 2).

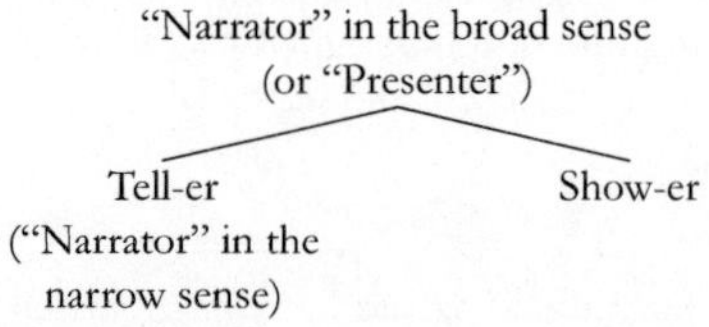

Abb. 2: Der *narrator* nach Chatman (1990a: 113; modifiziert)

Diese Unterscheidung ist geeignet, um – etwas modifiziert – die visuellen Aspekte des filmischen Erzählens von den sprachlichen Aspekten zu trennen (vgl. Kap. 3). Eine Spur, die Chatman selbst allerdings nicht weiterverfolgt, da er aus dieser Differenzierung zwar die Trennung von mimetischen und diegetischen „narratives" gewinnt, sie aber nicht zur Modellierung seines *cinematic narrator* fruchtbar macht, sondern für den Film ein hierarchisches Verhältnis behauptet: „[T]he cinematic voice-over narrator is usually at the service of a larger narrative agent, the cinematic show-er" (ebd.: 113). Diese hierarchische Setzung trifft allerdings nicht auf alle narrativen Filme zu, so eine meiner Hypothesen, die vor allem in Kapitel 6 verifiziert wird. Ich gehe davon aus, dass man die visuelle narrative Instanz und die sprachliche(n) narrative(n) Instanz(en) – die in etwa Chatmans „show-er" und „tell-er" entsprechen – analytisch getrennt betrachten sollte, um ihr je verschiedenes, nicht immer konventionalisiertes und im Laufe des Films potenziell dynamisches Verhältnis zueinander beschreiben zu können. Bevor ich diese Überlegungen im Rahmen des Kommunikationsmodells in Kapitel 3 fortsetze, werfe ich einen Blick auf Chatmans synthetisches Konzept des *cinematic narrator*, das trotz der anderen Auffassung des Verhältnisses von audiovisuellem und sprachlichem Erzählen mit einigen Vorstellungen meines Modells kompatibel ist.

2.3.6 Das Konzept des *cinematic narrator* und seine Grenzen

Ausgehend von der in 1.3.4 verhandelten Kritik an Bordwell und aufbauend auf der erörterten Differenzierung von „telling“ und „showing“, fasst Chatman den *cinematic narrator* als komplexes Phänomen auf, das aus einer Kombination verschiedener Kommunikationsmittel besteht:

> Though film theory tends to limit the word "narrator" to the recorded human voice "over" the visual image track, there is a good case to be made for a more general conception of "cinematic narrator." Films, in my view, are always presented—mostly and often exclusively shown, but sometimes partially told—by a narrator or narrators. The overall agent that does the showing I would call the "cinematic narrator." That narrator is not a human being. It is the cinematic narrator that shows the film, though it may on rare occasion [...] be replaced by one or more "telling" voices on or off the screen.
>
> The cinematic narrator is not to be identified with the voice-over narrator. A voice-over may be one component of the total showing, one of the cinematic narrator's devices, but a voice-over narrator's contribution is almost always transitory [...]. The cinematic narrator is the composite of a large and complex variety of communicating devices. (1990a: 133 f.)

Um einige der „communicating devices“ des *cinematic narrator* zu illustrieren, präsentiert Chatman ein vielzitiertes Diagramm (vgl. Abb. 3). Unabhängig von einigen problematischen Zuordnungen und Hierarchien, die dieses Schema impliziert, seien noch drei kritische Bemerkungen zum Konzept des *cinematic narrator* im Allgemeinen hinzugefügt:

1.) Über dem *cinematic narrator* steht bei Chatman der in der Narratologie umstrittene „implied author“, für den jenseits der Annahme eines derart komplexen, über vielfältige Kommunikationskanäle verfügenden *cinematic narrator* wenig Platz zu sein scheint (vgl. 3.6).

2.) Chatmans synthetisches Konzept des *cinematic narrator*, das für die Analyse etwas sperrig ist, führt dazu, dass Wissenschaftler, die sich auf ihn berufen, das Konstrukt etwas umständlich wieder ‚zerlegen‘ müssen – so beispielsweise Helbig (2005: 131) in einem überzeugenden Aufsatz zu Signalen der Unzuverlässigkeit: „Konkret wird dabei ein Aspekt des cinematic narrator im Mittelpunkt stehen, nämlich die von der Kamera gelieferten Bilder. Zwischen verbaler Kommunikation und den visuellen Botschaften des cinematic narrator besteht ein grundsätzlicher Unterschied.“ Dieser „grundsätzliche Unterschied“, von dem Helbig spricht, ist die Differenz von visueller und sprachlicher Erzählinstanz (Kap 3).

3.) In den oben zitierten Erörterungen gibt es eine Spannung zwischen a) „though [the ‚cinematic narrator‘] may on rare occasion […] be replaced by one or more ‚telling‘ voices on or off the screen“ und b) „A voice-over may be one component of the total showing, one of the cinematic narrator's devices“. Kann ein „voice-over narrator“ (bzw. eine „telling voice“) einen *cinematic narrator* ersetzen (a), oder ist er nur ein Teil der „cinematic narrator's devices“ (b)? In Aussage (a) verbirgt sich ein vorsichtiges Eingeständnis der Tatsache, dass die Hierarchie zwischen „cinematic narrator“ und „voice“, die Chatman als Normalfall annimmt, keine prinzipielle ist, was ein Argument für die von mir vorgeschlagene analytische Trennung zweier (oder mehrerer) nicht zwangsläufig hierarchisch anzunehmender visueller und sprachlicher narrativer Instanzen ist. „In a few cases the voice-over narrator seems to control the visuals“, gesteht auch Chatman diesbezüglich ein und nennt einige Filmbeispiele mit dominierendem sprachlichen Voice-over-Erzähler (ebd.: 134). Die von derartigen Fällen ‚auf den Kopf gestellte‘ Hierarchie sollte somit grundsätzlich infrage gestellt werden. Ich komme darauf zurück (vgl. 3.4).

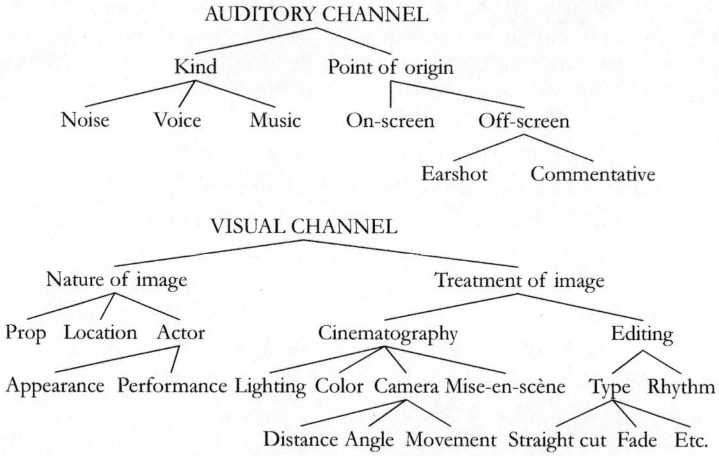

Abb. 3: Die Kanäle des *cinematic narrator* nach Chatman (1990a: 135)

3. Narrative Instanzen

3.1 Das Modell der narrativen Kommunikationsebenen und Instanzen

3.1.1 Das Kommunikationsmodell der Erzählliteratur

Als Grundlage für das von mir zu entwerfende Modell der narrativen Kommunikationsebenen und Instanzen dient das Kommunikationsmodell der literaturwissenschaftlichen Erzähltheorie. Das an vielen Stellen diskutierte Modell des Erzählwerks (etwa bei Fieguth 1973: 186; Pfister 1997: 20 ff. oder Schmid 2005: 47 f.),[1] lässt sich in einer einfachen Variante wie in Abbildung 4 darstellen.

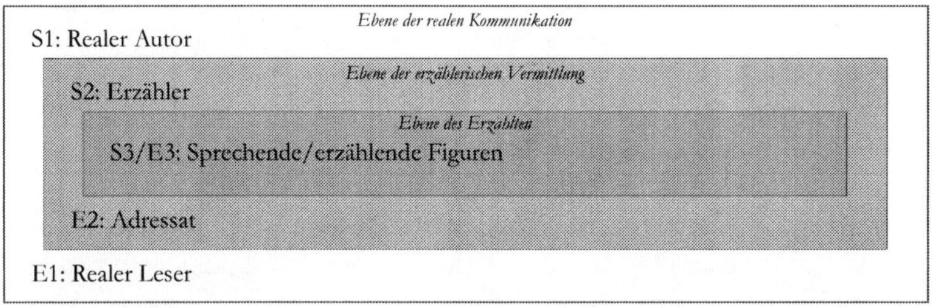

Abb. 4: Das Modell der Kommunikationsebenen narrativer Texte (einfache Variante)

Es handelt sich bei dieser und der unten diskutieren komplexen Variante des Modells (Abb. 5) allerdings nicht um ‚vollständige' Kommunikationsmodelle, zumindest nicht in medien- und kommunikationswissenschaftlicher Auffassung, da die tatsächlichen Kommunikations- und vielfältigen Einflussprozesse zwischen Sender und Empfänger (Kanal, Störungsquellen, Kodierung/Enkodierung, Situations-/Kontextfaktoren, Gerichtetheit, Wirkungsaspekte, Transaktionen, Erwartungen/Vorurteile der Kommunikationspartner etc.) nicht mit abgebildet werden. Dem Modell liegt die

1 Vgl. auch Schmid (1973); Janik (1973); Kahrmann/Reiß/Schluchter (1986: 43 ff.); Lintvelt (1981); Nünning (1989); Jahn/Nünning (1993: 24); Wenzel (2004a).

Vorstellung einer Kommunikation von Senderinstanzen ($S_{1,2,\ldots,n}$) und Empfängerinstanzen ($E_{1,2,\ldots,n}$) im übertragenen, modellhaft-metaphorischen Sinne zugrunde. Im Mittelpunkt stehen die Ebenen und Instanzen, die man anhand des Grundgedankens der Kommunikation zur Analyse eines Erzähltextes und der narrativen Vermittlung entwickeln kann, weshalb die Bezeichnung als „Modell der werkbezogenen narrativen Ebenen und Instanzen" genauer wäre.[2] Wenn ich im Folgenden von einem Kommunikationsmodell spreche, beziehe ich den Begriff in diesem Sinne auf narrative Werke und deren Ebenen und Instanzen.

Die Ebene S2/E2, also die Ebene der erzählerischen Vermittlung bzw. das vermittelnde Kommunikationssystem, kann zur Unterscheidung von narrativen und dramatischen Texten herangezogen werden (vgl. Pfister 1997: 20 f.). In dramatischen Texten fällt die Ebene der narrativen Vermittlung in einem idealisierten Modellverständnis aus, so sie nicht durch *Episierungstechniken* erfüllt wird (ebd.: 21 f.; 103 ff.; vgl. 2.1.3).

Unter Berücksichtigung a) eingebetteter Erzählungen, b) einer Differenzierung des „realen Autors" in „Autor als historische Person" und „Autor als Textproduzent" sowie c) der Annahme eines zwischen realem Autor und Erzähler liegenden „impliziten Autors" und seines Pendants auf Empfängerseite, des „impliziten Lesers", kommt man zu einer komplexeren Variante des Modells, wie sie sich in Abbildung 5 darstellt. Die Annahme innerer diegetischer Ebenen, die sich beliebig weiter verschachteln lassen, wenn es nicht nur „erzählte Erzähler" (S_5) auf intradiegetischer Ebene, sondern auch „erzählte erzählte Erzähler" auf metadiegetischer Ebene etc. ($S_{6,\ldots n}$) gibt, dürfte bis auf Differenzen in den Begrifflichkeiten weitgehend unumstritten sein. Umstritten ist dagegen die Ebene des impliziten Autors/Lesers" (vgl. 3.6) sowie die Notwendigkeit einer Differenzierung zwischen „Autor als historische Person" und „Autor als Textproduzent".

2 Das Ebenen- und Instanzenmodell narrativer Texte stellt eine Form der Reduktion und Abstraktion medien- und kommunikationswissenschaftlicher Kommunikationsmodelle bei gleichzeitiger Erweiterung der Ebenenschachtelung dar, weil andere Schwerpunkte gesetzt werden. Die Entwicklung von wirkungs- und nutzerbezogenen zu dynamisch-transaktionalen und anderweitigen komplexen Kommunikationsmodellen der Publizistik, Kommunikations- und Medienwissenschaften wird in derartigen Modellen nicht mitreflektiert; die gesellschaftliche Funktion und die Einfluss- und Kontextfaktoren öffentlicher Kommunikation werden durch den Fokus auf werkbezogene Aspekte vernachlässigt. Für literarische Erzähltexte gilt: Die sprachliche Kommunikation ist ein Sonderfall allgemeinen kommunikativen Handelns, die Textkommunikation ein Sonderfall der sprachlichen, die literarische ein Sonderfall der Textkommunikation (vgl. Zerbst 1982: 48 ff.) und die narrative ein Sonderfall der literarischen. Letztere soll hier abgebildet werden.

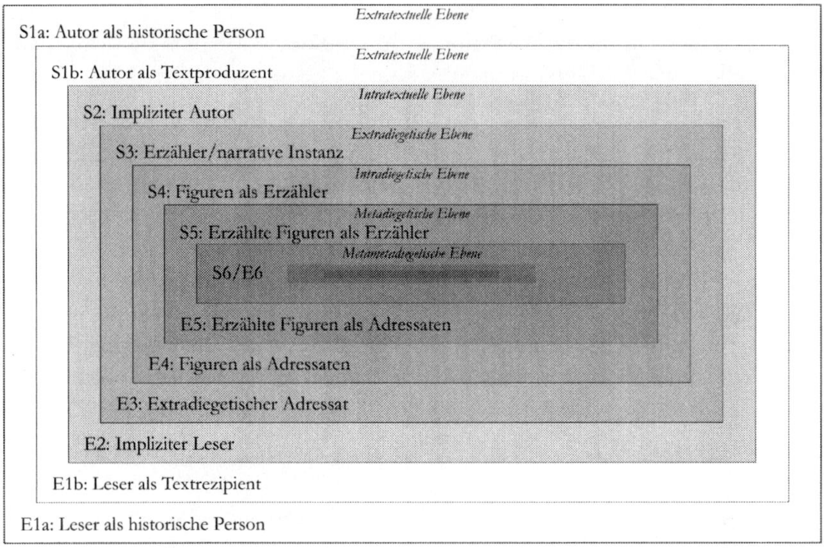

Abb. 5: Das Modell der Kommunikationsebenen narrativer Texte (komplexe Variante)

Ich werde nun das einfache und das komplexe Modell auf den Film übertragen und dann auf die Probleme eingehen, die sich aufgrund der Spezifika des Mediums bezüglich verschiedener Instanzen ergeben. Dabei entscheide ich mich *erstens*, die Aufspaltungen des „realen Autors/Lesers" nicht weiter zu verfolgen, weil die werkinternen Instanzen im Mittelpunkt stehen und eine derartige Differenzierung der werkexternen Instanzen hier nicht fruchtbar gemacht werden kann.[3] *Zweitens* übernehme ich die umstrittene Ebene des „impliziten Autors/Lesers" erst einmal nur hypothetisch (vgl. 3.6) und versuche im Verlauf zu klären, ob und wenn ja zur Analyse welcher filmischer Phänomene die Annahme eines impliziten Autors sinnvoll sein kann.

3.1.2 Das Modell der narrativen Kommunikationsebenen und Instanzen im Film

Die Übertragung des Modells der narrativen Kommunikationsebenen und Instanzen auf den Film dürfte selbst in seiner einfachsten Form Fragen aufwerfen: Wer oder was ist der Autor im Film? Wer oder was der Erzähler oder die narrative Instanz? Beide Diskussionslinien habe ich bereits

3 Zum Problem der Autorschaft im Film vgl. 3.8.

angedeutet. Trotz genannter Unstimmigkeiten liegt den meisten Versuchen, erzähltheoretische Kommunikationsmodelle auf den Film zu übertragen, die einfache Version als abstraktes Muster zugrunde. Man könnte sie für den Film wie in Abbildung 6 modellieren.

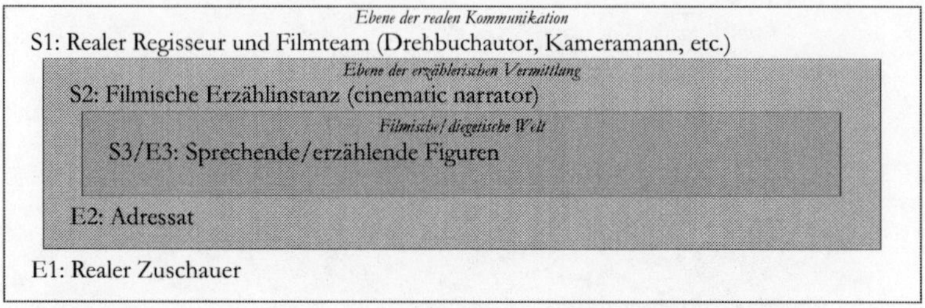

Abb. 6: Das Kommunikationsmodell des narrativen Films (einfache Variante)

Wie Chatman (1990a), Schlickers (1997) und andere füge ich nun – zumindest behelfsweise – noch die Ebene des impliziten Autors/impliziten Zuschauers ein. Wie Schlickers (1997), Kozloff (1988), Fleishman (1992) und andere gehe ich davon aus, dass es in die diegetische Welt des Films eingebettete sprachliche Erzähler (szenische Figuren, die Geschichten erzählen) und weitere, auch visuelle Formen der intradiegetischen Ebenenschachtelung geben kann (vgl. Kap. 6). Die den intradiegetischen Instanzen/Figuren zugeordneten metadiegetischen Erzählungen (z. B. Erinnerungen und Träume) können a) nur sprachlich erzählt, b) nur visuell gezeigt oder c) beides sein. Alle diese Formen bezeichne ich vorerst als *Metadiegesen*, was später zu modifizieren sein wird (Kap. 6). Das Prinzip des Schachtelns lässt sich wie in der Literatur beliebig fortsetzen, was ich mit den ‚inneren Kästen' in der Mitte andeute. Das komplexe Modell, wie es sich in Abb. 7 darstellt, nehme ich als Referenz für alle weiteren Erörterungen an. Es ist vergleichbar mit dem Übertragungsversuch von Schlickers (1997: 72; 2009) und weitgehend kompatibel mit dem Ebenen- und Instanzenverständnis von Chatman.[4] Der entscheidende Unterschied zu Chatman, Schlickers und anderen ist jedoch, dass ich in meinem Referenzmodell (Abb. 7) die Kategorie einer „filmischen Erzählinstanz" (Chatmans „cinematic narrator") ausdifferenziere in eine „audiovisuelle narrative Instanz", die ich *visuelle Erzählinstanz* nenne, und eine oder mehrere fakultative *sprachliche Erzählinstanz(en)*.

4 Vgl. Chatman (1978; 1990a) – siehe auch 1.3.3 und 2.3.6. Es handelt sich beim vorliegenden Entwurf um eine Modifikation meines eigenen Modells (Kuhn 2007; 2009a), das sich am aktuellen Modell von Schlickers (2009) orientiert, aber andere Akzente setzt. Bedingt vergleichbar ist das Modell mit den Vorschlägen von Eva Laass (2006: 255; 2008: 44).

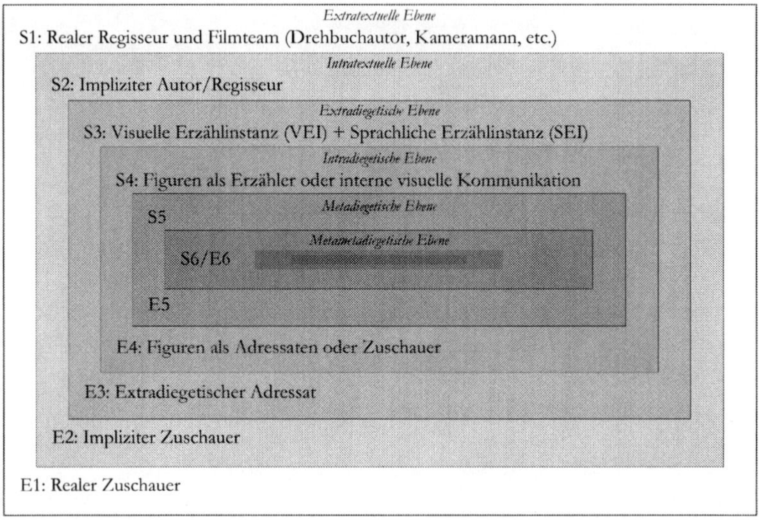

Abb. 7: Das Modell der narrativen Kommunikationsebenen und Instanzen im Film (komplexe Variante)

In der modellinhärenten Vorstellung setzt der *implizite Autor*, der selbst über keine semiotischen Zeichensysteme ‚verfügt', eine *visuelle Erzählinstanz* und eine oder mehrere (oder auch keine) *sprachliche Erzählinstanz(en)* auf extradiegetischer Ebene ein, um ‚filmisch erzählen zu lassen'. Man könnte es – zur Vermeidung des impliziten Autors – auch so formulieren: Der Prozess des filmischen Erzählens entsteht im Zusammenspiel einer visuellen Erzählinstanz, die durch audiovisuelles Zeigen bzw. Vorführen von Szenen erzählt, mit einer oder mehreren (oder auch keiner) sprachlichen Erzählinstanz(en), die wortsprachlich erzählen und der visuellen Erzählinstanz untergeordnet sein können, aber nicht müssen. Im Zusammenspiel der ‚zeigenden' visuellen Erzählinstanz mit den fakultativen ‚erzählenden' sprachlichen Erzählinstanzen (technisch als Voice-over oder auf Schrifttafeln oder Textinserts realisiert) können hochkomplexe ‚Erzählsituationen' entstehen.

Das ergibt ein Verhältnis der werkinternen Vermittlungsinstanzen, das – je nachdem, ob man mit oder ohne impliziten Autor argumentieren möchte – wie in Abbildung 8 oder 9 schematisiert werden kann.[5]

5 Intradiegetische Instanzen wurden in den Darstellungen noch nicht berücksichtigt (vgl. 3.5 und 6.1 bis 6.4).

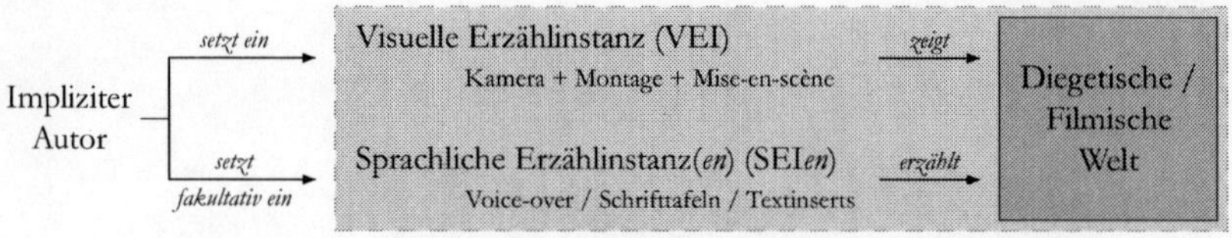

Abb. 8: Das Zusammenspiel der Vermittlungsinstanzen beim filmischen Erzählen

Filmische Erzählsituation (Filmische ES) = Visuelle Erzählinstanz (VEI)
\+
Fakultative sprachliche Erzählinstanz(*en*) (SEI*en*)
Stimmen/Voice-over
Schrifttafeln
Textinserts

Abb. 9: Filmische Erzählsituationen durch das Zusammenspiel extradiegetischer visueller und sprachlicher Erzählinstanzen

Ich gehe davon aus, dass es kein zwangsläufig feststehendes hierarchisches Verhältnis zwischen der *visuellen Erzählinstanz* und den *sprachlichen Erzählinstanzen* gibt, zumindest zwischen denen, die auf extradiegetischer Ebene angenommen werden können (vgl. 3.4; 6).[6] Das ‚stört' zwar die Symmetrie des Ebenenmodells, weil auf extradiegetischer Ebene S3/E3 zwei (oder mehr) Sender- mit einer Empfängerinstanz ‚kommunizieren', aber es entspricht der Natur filmischen Erzählens, dass gleichzeitig auf unterschiedlichen Kanälen erzählt werden kann, weshalb Schweinitz (2005: 93 ff.) diesbezüglich auch von einer „Kopräsenz narrativer Instanzen" spricht.[7]

Man könnte die visuelle Erzählinstanz (Abkürzung: VEI) auch als *audiovisuelle* Erzählinstanz (AVEI) bezeichnen, was ich wegen des Fokus auf die visuellen Aspekte des außersprachlichen Erzählens im Film und der Einfachheit der Formulierung halber nicht machen werde (vgl. 3.2.3). Die potenzielle Ergänzung, dass eine *visuelle* Erzählinstanz genau genommen

6 Darin unterscheidet sich mein Modell z. B. von Chatman oder Laass (2006: 255 f.). Laass modelliert die fakultative Ebene der „expliziten Erzählinstanz", die sie als sprachliche Instanz versteht, eine Ebene tiefer als die mit dem „cinematic narrator" vergleichbare Ebene ihrer „implizi(er)ten Erzählinstanz"; vgl. auch Laass (2008: 43 ff.).

7 Die Modellierung des dynamischen Verhältnisses *intradiegetischer* sprachlicher Erzählinstanzen zur visuellen Erzählinstanz wird zu weiteren Verzerrungen des Ebenen- und Instanzenmodells führen bis hin zum Phänomen des *visuellen Ebenenkurzschlusses* (Kap. 6).

eine *audiovisuelle* oder *kinematographische* Erzählinstanz ist, sei im Folgenden mitgedacht, wenn ich von einer visuellen Erzählinstanz (VEI) spreche.

Der visuellen Erzählinstanz können fakultativ sprachliche Erzählinstanzen über-, bei- oder untergeordnet sein, die man mit Genette auch als *Stimmen* bezeichnen könnte. Das werde ich aufgrund der begrifflichen Symmetrie (visuelle vs. sprachliche Erzählinstanz/VEI vs. SEI) und des verwendeten Fokalisierungskonzepts jedoch nur in Ausnahmefällen tun, um nicht zu Aussagen zu gelangen wie „die Stimme fokalisiert intern", da diese der Genette'schen Opposition von „Wer spricht?" vs. „Wer sieht?" zu offensiv entgegen laufen würden.[8] Unabhängig von Benennungsfragen gilt: Wie bei allen Instanzen, die sich aus der Werkstruktur ableiten lassen, handelt es sich bei der visuellen Erzählinstanz, den sprachlichen Erzählinstanzen und dem impliziten Autor um theoretisch angenommene Instanzen und nicht um tatsächlich existierende Entitäten und schon gar nicht um anthropomorphe Figurationen. Die Gefahr eines tautologischen Kurzschlusses ist dann gegeben, wenn die Analyse nur dazu dient, die angenommenen Instanzen nachzuweisen, oder wenn die Instanzen als Anwälte einer Interpretation missbraucht werden. Aber gerade im Bereich der Filmanalyse können theoretische narratologische Kategorien die Versuchung einer zu produktionsästhetischen Herangehensweise verhindern.

3.2 Die visuelle Erzählinstanz

3.2.1 Das Zusammenspiel von Kamera und Montage

Der visuellen Erzählinstanz muss nicht nur das Aufzeichnen einer Einstellung, also die Auswahl, Perspektivierung und Akzentuierung durch die *Kamera*, sondern auch die filmische *Montage* zugeordnet werden. Denn das, was gemeinhin als ‚kinematographisches Erzählen' bezeichnet wird, entsteht oftmals erst durch das Zusammenfügen der Einstellungen. Die visuelle Perspektivierung der Wahrnehmung (Okularisierung) ergibt sich erst aus dem Zusammenspiel verschiedener Kameraeinstellungen und die

8 Man könnte beide *Erzählinstanzen* des Films auch als *narrative Instanzen* bezeichnen und zu den Abkürzungen „VNI" und „SNI" gelangen, was ich aufgrund der eingängigen Formulierung von *visuelle/sprachliche Erzählinstanz* im Vergleich zur umständlicheren Folge dreier Wörter *visuelle/sprachliche narrative Instanz* nicht machen werde. Auf Englisch schlage ich dagegen vor, den Begriff „narrative instance" zu verwenden, da es kein ähnlich neutrales und funktional klingendes Wort wie „Erzählinstanz" gibt („narrative agent" klingt zu anthropomorph) – also: *visual narrative instance* und *verbal narrative instance*, was man abkürzen kann zu *visual NI* und *verbal NI* (vgl. Kuhn 2009a). Auf Deutsch verwende ich das Adjektiv „sprachlich" statt „verbal", um die Abkürzungen *VEI* und *SEI* verwenden zu können und spreche *nicht* von einer „verbalen Erzählinstanz" („verbale EI").

Fokalisierung lässt sich erst in der Relation verschiedener Einstellungen zueinander bestimmen (vgl. 4.2; 4.3). Beim kinematographischen Erzählen durch visuelles *Zeigen* gibt es keine kategoriale Trennung des Zeigens innerhalb einer Einstellung (durch das, was die *Kamera* aufzeichnet) von dem Zeigen der Verhältnisse verschiedener Einstellungen zueinander (dadurch dass das, was die Kamera jeweils aufgezeichnet hat, durch *Montage* zueinander in Bezug gesetzt wird). Das ließ sich bereits anhand der filmischen Minimalgeschichte vom einstürzenden Hochhaus nachvollziehen (vgl. 2.1.4), die man innerhalb einer Einstellung (die das Haus vom Normalzustand über den Einsturz bis zum Trümmerhaufen zeigt) oder in einer Folge zweier (oder mehrerer) Einstellungen zeigen kann (z. B. Einstellung A: unzerstörtes Haus, Einstellung B: eingestürztes Haus). Oft, aber nicht immer, wird im Film erst durch die Veränderung, die sich von einer Einstellung zur nächsten ergibt, eine Zustandsveränderung angezeigt und somit die Minimalbedingung des Narrativen erfüllt; oft, aber nicht immer, werden Handlungseinheiten in verschiedene Einstellungen zerlegt, sodass sich die narrative Vermittlung erst im Zusammenspiel der Einstellungen oder im Wechsel der Kameraperspektiven nachweisen lässt. Das betrifft Sprachhandlungen in Gesprächsszenen, die im Schuss-Gegenschuss-Verfahren in verschiedene Einstellungen zergliedert werden, genauso wie Verfolgungsjagden, die in einer sich im Schnittrhythmus zuspitzenden Parallelmontage gezeigt werden.[9]

Andererseits müssen eine Zustandsveränderung, ein Ereignis, eine Handlung oder eine Ereigniskette nicht zwangsläufig in verschiedene, aneinander montierte Einstellungen aufgeteilt sein. So gibt es viele Ereignisse (z. B. Bewegungen von Figuren im Raum, Sprachhandlungen, auch extrem *ereignishafte* Handlungen wie das Umbringen einer anderen Figur), die in einer einzigen Einstellung ohne Montage gezeigt werden. Ein Kameraschwenk innerhalb einer Einstellung kann mitunter wie ein Schnitt von Einstellung zu Einstellung wirken und eine der Montage vergleichbare Funktion erfüllen. Komplexe Kamerafahrten können verschiedene zusammenhängende oder episodische Ereignisse innerhalb einer Einstellung sukzessive erfassen. Derartige Zusammenfassungen mehrerer Ereignisse und Handlungen in einer Einstellung kommen z. B. in langen *Plan-*

9 Das Montieren der Einstellungen wird auch in einigen klassischen Filmtheorien als der eigentliche filmische Erzählvorgang beschrieben. So bereits bei den russischen Formalisten, mehr bei Pudovkin (der die Unterstützung der Erzählung durch die Montage betont) als bei Eisenstein (dem es auf die Schaffung von neuen Bedeutungen durch die Montage ankommt). Auch Metz hat die narrativen Funktionen einiger Syntagmen untersucht (wobei nicht nur sein „narratives Syntagma" narrativ sein kann); vgl. Metz (1966; 1972: 165 ff.).

sequenzen[10] oder bei der *Inneren Montage* vor, bei der durch Ausnutzung großer Tiefenschärfebereiche verschiedene Ereignisse gleichzeitig in Vorder-, Mittel- und Hintergrund gezeigt werden können.[11] Extremformen finden sich in Spielfilmen, die bei einer Länge von 80 bis 100 Minuten mit einer einzigen oder wenigen Einstellungen auskommen und dabei komplexe Geschichten zeigen wie ROPE (Alfred Hitchcock, USA 1948)[12] oder RUSSKIJ KOVCHEG (Alexander Sokurov, R/D 2002).[13] Deshalb müssen sowohl die Ansätze, die der Kamera die alleinige Erzählfunktion zuweisen (vgl. 2.3.2), wie etwa die sogenannten *Invisible-observer*-Modelle (vgl. Bordwell 1985: 9 ff.), zurückgewiesen werden als auch die radikale Gegenposition, dass nur die Montage für den filmischen Erzählvorgang verantwortlich zu machen sei, wie sie z. B. von Gaudreault (1987, 1988) eingenommen wird, der zwischen „monstrator" (frz. „monstrateur") und „narrator" („narrateur") unterscheidet und letzterem die Montage zuschreibt.[14] Auch

10 Eine *Plansequenz* ist eine längere Einstellung, deren komplexer Inhalt durch ein Zusammenspiel von inszenatorischen Mitteln und Kamerabewegungen gestaltet ist, eine Sequenz ohne Schnitte. Ein berühmtes Beispiel ist die Eröffnungssequenz in TOUCH OF EVIL (Orson Welles, USA 1958) – eine über vierminütige Kranaufnahme. Auffällig viele Plansequenzen gibt es im Werk Jean-Luc Godards, z. B. in LE MÉPRIS (F/I 1963). Populär sind die Plansequenzen in GOODFELLAS (Martin Scorsese, USA 1990) und THE PLAYER (Robert Altman, USA 1992). Selbstreflexiv ausgestellt wird das Produzieren einer Plansequenz am Anfang von LA NUIT AMÉRICAINE (François Truffaut, F/I 1973) (vgl. 6.4.2.1).

11 André Bazin (1980 [1950]: 120 ff.) führt zur Beschreibung von Orson Welles' Personalstil u. a. den Begriff *Innere Montage* ein, der in Opposition zur *analytischen Montage* verstanden wird. Der Begriff wird in der Filmwissenschaft über Bazins Anwendung hinaus verwendet.

12 Wird ein Film das erste Mal erwähnt, werden Regisseur, Produktionsland und das Jahr der Erstveröffentlichung genannt, nicht jedoch bei einer erneuten Nennung. Die Abkürzungen des Produktionslands verweisen auf *deutschsprachige* Ländernamen (vgl. Filmverzeichnis).

13 ROPE besteht aus elf Einstellungen, die so aneinander geschnitten sind, dass die Illusion erzeugt wird, der Film sei in einer einzigen Einstellung gedreht. Geschnitten wird immer dann, wenn eine Figur an der Kamera vorbei geht und das Bild einen Sekundenbruchteil schwarz ist. Die wenigen Schnitte waren notwendig, weil es noch keine Möglichkeit gab, einen ganzen Film auf einer Filmrolle aufzuzeichnen. Dagegen besteht der Film RUSSKIJ KOVCHEG tatsächlich aus einer einzigen 96 Minuten langen Einstellung, die in einem einzigen *take* mit einer Steadycam aufgezeichnet wurde. Die Kamera ‚schwebt' durch die Eremitage in St. Petersburg, in deren Räumen Ereignisse der russischen Geschichte inszeniert werden. Nur Zooms, Raumwechsel und Kamerabewegungen setzen Zäsuren (vgl. 4.4.2). Ein gewöhnlicher Spielfilm von 90 Minuten Länge hat dagegen in der Regel mehr als 300 Schnitte/Montagen; der Durchschnitt in den Jahren zwischen 1964 und 1987 lag, bezogen auf den amerikanischen Mainstream, bei etwas mehr als 650 Einstellungen pro Film (zwischen 7,4 und 8,4 Sekunden pro Einstellung). Das andere Extrem bilden viele Spielfilme seit den Neunzigern, z. B. NATURAL BORN KILLERS (Oliver Stone, USA 1994) mit ca. 3000 Einstellungen, ANY GIVEN SUNDAY (Oliver Stone, USA 1999) mit ca. 4000 und SPUN (Jonas Åkerlund, USA 2002) mit ca. 5000 (vgl. zu den Zahlen Beller 2007).

14 Gaudreault (1987; 1988) schreibt die Montage der „narration" zu und das, was hier unter Kamera gefasst wird, der „monstration". Die Trennung der zugehörigen Instanzen wird u. a. über die Nachzeitigkeit der Narration begründet, die der Nachzeitigkeit der Montage entspreche (vgl. 5.4). Die oben aufgeführten Argumente sprechen sowohl gegen Gau-

die damit nicht deckungsgleiche strukturalistische Trennung der paradigmatischen Achse der Selektion durch die Kamera von der syntagmatischen Achse der Kombination durch die Montage (wie sie Metz' Syntagmatik (1966; 1972: 165 ff.) abstrakt zugrunde liegt) lässt sich aus genannten Gründen nicht als Trennlinie der Erzählinstanzen einführen, am offensichtlichsten nicht, weil bereits in jeder Einstellung sowohl Auswahl als auch Kombination (von räumlich angeordneten Elementen zueinander) und oft sogar komplexe Bewegungen stattfinden.

3.2.2 Die Rolle der Mise-en-scène bei der narrativen Vermittlung

Die visuelle Erzählinstanz ist – Pfister (1997: 48; vgl. 2.3.2) modifizierend – eine durch Kamera und Montage selektierende, perspektivierende, akzentuierende, gliedernde, kombinierende und organisierende Vermittlungsinstanz. Aber auch Aspekte der *Mise-en-scène* müssen der visuellen Instanz zugerechnet werden, da – vereinfacht gesagt – auch durch die Auswahl bestimmter Gegenstände vor der Kamera, die Komposition, die Ausleuchtung und die Raumgestaltung visuell erzählt wird.

Hierfür ein Minimalbeispiel: Eine Einstellung (A) zeigt einen Gewehrschrank in einem Jagdschloss, in dem sich drei Gewehre befinden. Die durch dieselben Einstellungsparameter definierte Einstellung (B) zeigt später (entweder unmittelbar danach oder unterbrochen durch andere Sequenzen) denselben Schrank mit zwei Gewehren. Offensichtlich ist: ein Gewehr fehlt. Es handelt sich also um eine Zustandsveränderung, die durch ein Zusammenspiel aus Montage und Mise-en-scène angezeigt wird, die im *werkinternen* Kontext *ereignishaft* sein kann, wenn beispielsweise eine Figur als selbstmordgefährdet eingeführt wurde oder schon mehrfach angedeutet hat, dass sie mit einem gewalttätigen Nachbarn noch eine Rechnung zu begleichen habe.[15] Mit diesem einfachen Beispiel sei angedeutet, dass es streng genommen keine Zustandsveränderung durch Montage gibt, ohne dass das Verhältnis zur Mise-en-scène eine Rolle spielt. Definiert man Mise-en-scène als alles, was zum Zweck des Films vor der Kamera ausgewählt, aufgebaut oder arrangiert wird, gäbe es ohne Mise-en-scène keine diegetische Welt, weder Figuren noch diegetische Hand-

dreaults Trennung als auch gegen Schlickers' (1997: 76 ff.) ähnlich gelagerte, aber anders benannte Trennung von extradiegetischer „Kamera" (≈„filmischer Erzählinstanz") und „implizitem Regisseur", dem die Montage zuzuordnen sei. Da eine systematische Unterscheidung aus genannten Gründen nicht möglich ist und kein hierarchisches Verhältnis anzunehmen ist, hat Schlickers ihr Modell diesbezüglich modifiziert (vgl. 2009).

15 Die Gewehre würden in einem anderen Film, in dem es um eine Liebesbeziehung mit Happy End geht, keine erzählrelevante Bedeutung erlangen und als Requisiten mit *Realitätseffekt* (z. B. zum Anzeigen einer ‚authentischen Jagdschlossatmosphäre') bewertet werden.

lungsräume, also weder eine Gegebenheit noch eine Zustandsveränderung und somit keine *Minimalgeschichte*, sodass die Minimalbedingung der Narrativität nicht erfüllt wäre (vgl. 2.1.4). Die Mise-en-scène ist also eine Grundvoraussetzung des filmischen Erzählvorgangs.

Auch die Kamera spielt häufig in eine scheinbar klar der Montage (im Verhältnis zur Mise-en-scène) zuzuordnende Ereignisschilderung hinein. So könnte sie z. B. – um beim genannten Minimalbeispiel zu bleiben – in Einstellung A (Gewehrschrank mit drei Gewehren) durch spezifische Schärfenführung (*shallow focus*) oder Zoom die drei Gewehre oder eines der drei hervorheben.[16] Das kann in einem komplexen Kontext als Vorausdeutung seitens einer visuellen Erzählinstanz verstanden werden oder sogar – selbst ohne Einstellung B – ausreichen, um einen Selbstmord am Ende eines Films anzudeuten, ohne ihn explizit zu zeigen. Der gleiche Effekt des Hervorhebens der Bedeutung der Gewehre, der durch Schärfenverlagerung oder Zoom der Kamera erzielt werden kann, könnte auch durch eine spezifische Lichtführung realisiert sein (die klassisch wiederum der Mise-en-scène zuzuordnen wäre).[17]

Exemplifizieren soll das schematische Minimalbeispiel zweierlei: *erstens*, dass die Aspekte Kamera, Montage und Mise-en-scène bezüglich ihrer narrativen Funktion selten getrennt voneinander analysiert werden können, und *zweitens*, dass die visuelle Erzählinstanz nicht vollständig losgelöst von der Mise-en-scène betrachtet werden kann. Es gibt keine filmische Erzählung ohne etwas, das zum Zweck des Films vor der Kamera aufgebaut oder inszeniert wurde bzw. tatsächlich vor der Kamera geschehen ist und die *Gegebenheiten* der Geschichte bildet.[18] Wie in der Erzählliteratur heißt das, dass *discours* und *narration* nicht absolut, sondern nur im Verhältnis zur *histoire* analysiert werden können (vgl. Genette 1994: 19 f.), und speziell für den Film, dass es keine narrative Vermittlung durch Kamera und Montage ohne die Mise-en-scène gibt, dass also das Verhältnis von Kamera und Montage zur Mise-en-scène mitgedacht werden muss.

Festgehalten werden muss aber auch, dass viele Elemente der Mise-en-scène primär keine narrative, sondern eine symbolische, charakterisierende, dramaturgische, metaphorische, atmosphärische oder metonymische Funktion haben. Grundlegend ist zumeist der *Realitätseffekt* (vgl. Bar-

---

16 Etwa in einer *Halbtotale*, bei der allmählich von großer Tiefenschärfe auf *shallow focus* übergegangen wird, der nur den Schrank oder ein einzelnes Gewehr scharf zeigt, oder durch einen allmählichen Zoom bis zu einer Großaufnahme der Gewehre etc.

17 Etwa indem ein Spotlight den Weg zum Gewehrschrank nachzeichnet oder das *key light* bei einem konstanten Schlaglicht auf den Gewehrschrank zurückgedimmt wird.

18 Die diegetischen *Gegebenheiten* lassen sich auf der nächsten Komplexitätsstufe ausdifferenzieren in das *setting* und die *handlungsfähigen Figuranten*, die wiederum aktiv eine *Handlung* vollführen können oder passiv ein *Vorkommnis* erleben können (vgl. 2.1).

thes 1968), den die meisten Elemente der Mise-en-scène konstituieren, selbst wenn sie primär eine narrative oder dramaturgische Funktion haben.[19] Das ist auch der Grund dafür, warum nahezu jede filmische Einstellung einen wenn auch noch so geringen deskriptiven Anteil hat, warum es im Film also keine Narration ohne Deskription gibt.[20]

3.2.3 Die visuelle Erzählinstanz als synthetisches Konstrukt und logisch privilegierte Vermittlungsinstanz

Kamera und Montage werden in Bezug auf die Vermittlung dessen, was im Rahmen der Mise-en-scène vor der Kamera stattfindet und die diegetische Welt konstituiert, der visuellen Erzählinstanz zugeordnet. Elemente der Mise-en-scène, die nachweisbar eine narrative Funktion haben, werden ebenfalls der visuellen Erzählinstanz zugeschlagen. Eine derartige paradigmatisch selektierende und syntagmatisch organisierende visuelle Erzählinstanz ist ein synthetisches Konstrukt, das das Pendant zum vermittelnden Kommunikationssystem der Erzählliteratur bildet. Grundsätzlich werden zur Beschreibung der visuellen Erzählinstanz Kamera *und* Montage in ihrem jeweiligen Zusammenspiel beschrieben. Erst bei Betrachtung von Subjektivierungstechniken, Handkamera- und Ich-Kamera-Filmen, und dabei nur in Zusammenhang mit seltenen Sonderformen (vgl. 4.4), muss die Frage nochmals aufgeworfen werden, ob Kamera und Montage verschiedenen Instanzen/Figuren zugeordnet werden können.[21]

Die visuelle Erzählinstanz *erzählt* durch das *(Vor-)Zeigen* von aneinandergereihten Einstellungen und ihren Relationen zueinander und vermittelt so die Ereignisse und Handlungen der diegetischen Welt. Der Duktus ihres zeigend-visuellen Erzählens kann von Film zu Film und innerhalb desselben Films wechseln. Man kann dynamische Schwankungen auf Mi-

---

19 Wobei der Realitätseffekt im Rahmen von Science Fiction, Fantasy und anderen Genres sowie Zeichentrick, Anime und weiteren Produktionsmethoden, mit denen ‚künstliche Welten' erschaffen werden, entweder bezüglich eines *possible-worlds*-Konzepts oder zumindest im Hinblick auf eine Differenzierung von ontologisch, logisch und zukünftig *(un)möglichen Welten* zu modifizieren wäre.

20 Weshalb ich Narrativität in 2.1 positivistisch und graduell und nicht distinkt in Abgrenzung zu deskriptiven Texttypen bestimmt habe.

21 Zur Beschreibung der narrativen Vermittlung im Film wie Gardies (1988; 1993) neben Gaudreaults (1988) „monstrateur" und „narrateur" weitere Instanzen wie den „metteur en scène" oder den „partiteur" (für die Vermittlung der Musik) anzunehmen, halte ich vor allem im Hinblick auf Anwendbarkeit und methodische Ökonomie für problematisch. In Gardies' System steht der „metteur en scène" koordinierend über den narrativen Instanzen „monstrateur", narrateur" und „partiteur", die gleichzeitig verschiedene Aufgaben übernehmen (vgl. auch Schlickers 1997: 151). „Monstrateur" und „narrateur" sind bei Gardies und Gaudreault *nicht* deckungsgleich definiert.

kroebene im Detail untersuchen oder Tendenzen auf Makroebene aufzeigen. Verschiedene Parameter helfen, den komplexen filmischen Erzählvorgang aufzuschlüsseln: Der Prozess des kinematographischen Erzählens durch visuelles Zeigen lässt sich näher charakterisieren durch das Beschreiben des Zusammenspiels von Kamera und Montage zur Vermittlung des Geschehens vor der Kamera, durch die Klassifizierung der *Fokalisierung* (Informationsvermittlung) und *Okularisierung* (visuelle Perspektivierung), durch das Beschreiben der Zeitmodulation, des Zeigeduktus, des Montagerhythmus, auffälliger Kameraparameter und spezifischer Montagetechniken, Bewegungen und Bewegungsrelationen, einer auffällig funktionalisierten Mise-en-scène und des Einsatzes visueller Stilmittel sowie verschiedener Subjektivierungstechniken.[22] Die *extradiegetische* visuelle Erzählinstanz ist im Normalfall *heterodiegetisch*, weil sie nicht gleichzeitig Teil der diegetischen Welt sein kann, die sie hervorbringt. Die Untersuchung von Extremformen, in denen eine Kamera gleichzeitig Element der diegetischen Welt ist, wird zeigen, ob Ausnahmen einer extra-*homo*diegetischen visuellen Erzählinstanz möglich sind.[23] Eine *intradiegetische* visuelle Erzählinstanz ist zwar selten, aber möglich, wenn innerhalb der *diegetischen* Welt eine Filmproduktion gezeigt wird, die einen Film hervorbringt, der eine *metadiegetische* Welt konstituiert (vgl. 6.4).

Um Fragen der Zuverlässigkeit von Erzählprozessen zu beschreiben, erörtern Martinez/Scheffel (1999: 95 ff.) das *logische Privileg* der Erzählerrede, das in der Erzählliteratur normalerweise einer *extra-heterodiegetischen* Erzählinstanz zuzuschreiben ist, also dem klassischen ‚Er-Erzähler'. Dieses Privileg erstreckt sich nicht über kommentierende Stellungnahmen des Erzählers, sondern über die Darstellung der erzählten Welt. Sowohl *intradiegetische* als auch *homodiegetische* Erzählinstanzen besitzen kein derart uneingeschränktes logisches Privileg, sondern können subjektiv gebunden erzählen und bewusst oder unbewusst lügen oder Fakten verzerren und im intradiegetischen Fall durch die Einbettung in die diegetische Welt, im homodiegetischen Fall durch die Gestaltung des Erzählvorgangs in der individuell verzerrten Determinierung ihres Erzählens bestimmbar sein. Lässt sich jedoch textintern nachweisen, dass eine logisch privilegierte Erzählinstanz Fakten der erzählten Welt verzerrt dargestellt hat, ihr Privileg sozusagen ‚missbraucht' hat, kann man von *mimetisch teilweise unzuverlässigem Erzählen* sprechen (ebd.: 102), das einen umso auffälligeren Effekt

22 Kinematographisch erzählt werden kann auch auf auditiver Ebene; die außersprachliche Tonebene (Musik, Sound etc.) wird jedoch erst einmal ausgeklammert (vgl. 3.1.2; 4.2.1).

23 Zur Unterscheidung *heterodiegetisch* vs. *homodiegetisch* vgl. Genette (1994: 175). Ob eine visuelle Erzählinstanz homodiegetisch sein, d. h. ob es eine Art Ich-Erzählsituation auf rein visueller Ebene des Films geben kann, wird in 4.4 und 6.4.4 diskutiert.

hat, je privilegierter die Instanz zuvor gewesen ist bzw. je uneindeutiger eventuelle Hinweise auf eine Infragestellung ihres Privilegs gewesen sind.[24]

Im Film ist das logische Privileg im Normalfall für die visuelle Erzählinstanz anzunehmen, weil diese in den meisten Fällen *extra-* und *hetero*diegetisch, also nicht an die diegetische Welt gebunden ist. Was an dieser Stelle erst einmal so viel heißen soll wie: Solange es keine zusätzlichen Anzeichen dafür gibt, dass die extra-heterodiegetische visuelle Erzählinstanz unzuverlässig sein könnte, gilt sie als zuverlässig im Hinblick auf die Vermittlung der diegetischen Welt und wird von einem Großteil der Rezipienten, auch aufgrund von Konventionen, als zuverlässig aufgefasst. Das ist für einige Formen des Zusammenspiels von lügenden sprachlichen Erzählinstanzen mit sich verschieden dazu verhaltenden visuellen Erzählinstanzen wichtig. Auch hierbei gilt allgemein: Die auffälligsten Unzuverlässigkeitseffekte kommen vor, wenn die logisch-privilegierte visuelle Erzählinstanz Fakten der diegetischen Welt falsch repräsentiert hat und dies erst im Nachhinein, am Ende der Sequenz oder des Films, angezeigt wird.

Die extradiegetische visuelle Erzählinstanz erzählt durch das Vorzeigen und Aneinanderreihen von Einstellungen, die Szenen ohne oder mit Figurendialogen repräsentieren. In letzterem Fall vermittelt sie Sprachereignisse, die narrativ sein können, aber nicht müssen. Sind sie narrativ, kann man von einer geschachtelten narrativen Vermittlung ausgehen, die eine spezifische Form der Ebenenschachtelung bildet. Diese und viele andere Formen des Zusammenspiels der Instanzen werden im Folgenden eine Rolle spielen. Wie angekündigt werde ich die *visuellen* Aspekte des kinematographischen Erzählprozesses in den Mittelpunkt rücken und im Verhältnis zum *sprachlichen* Erzählen im Film analysieren. Sprachlich heißt im Falle von Dialogen oder dem Einsatz von Stimmen aus dem *Off* mündlich/auditiv. Zum auditiven Feld gehören aber nicht nur sprachlich-auditive Elemente. Das heißt, dass mit dem Fokus auf die visuelle und sprachliche Erzählinstanz einige Aspekte des *auditiven* filmischen Erzählens (narrativ eingesetzte Musik, Geräusche etc.), also das, was gemeinhin auch zur *Tonebene* gezählt wird, in den Hintergrund fallen. Einige Aspekte des auditiven Erzählens werden in ihrem Zusammenspiel mit visuellen Erzählprozessen erwähnt, andere unter dem Begriff der Aurikularisierung im Vergleich zur Okularisierung aufgegriffen (vgl. 4.2.1).[25]

---

24 Je nach Erzählkonstellation können auch homodiegetische und/oder intradiegetische Erzählinstanzen logisch-privilegiert sein und mimetisch teilweise unzuverlässig erzählen.

25 Bezogen auf Chatmans Diagramm der Kanäle des „cinematic narrator" (vgl. Abb. 3; 2.3.6) heißt das, dass vom auditiven Kanal hier nur der Aspekt der Stimme („voice") vertieft wird. Soll der Analyseschwerpunkt auf der narrativen Funktion der außersprachlichen Tonebene und dem Verhältnis derselben zur visuellen Ebene liegen, kann es sinnvoll sein, neben einer *visuellen Erzählinstanz* (und fakultativer *sprachlicher*) eine *auditive Erzählinstanz* (*AEI*)

3.3 Fakultative sprachliche Erzählinstanzen im Film

Im Film kann ohne Sprache erzählt werden. So gibt es Stummfilme, die mit wenigen oder keinen Schrifttafeln auskommen.[26] Bezüglich des Kommunikationsmodells wären das Filme, in denen es einzig eine visuelle Erzählinstanz (kurz VEI) auf extradiegetischer Ebene gibt. Von einer *sprachlichen Erzählinstanz* (SEI) im Film kann man immer dann sprechen, wenn auf irgendeine Weise sprachlich mindestens eine Minimalgeschichte erzählt wird. Das heißt, sprachliches Erzählen ist im Film fakultativ, während visuelles bzw. kinematographisches Erzählen den narrativen Film notwendig erst als solchen hervorbringt und definiert, sofern dabei eine Minimalgeschichte gezeigt wird. Jeder narrative Film hat nach der engen Definition der Narrativität also mindestens eine visuelle Erzählinstanz und fakultativ (aber statistisch selten) weitere visuelle Erzählinstanzen sowie fakultativ (und statistisch häufig) eine oder mehrere sprachliche Erzählinstanz(en), die auf unterschiedlichen Ebenen verortet werden können.

Die Kategorie der sprachlichen Erzählinstanz ist vergleichbar mit Genettes Kategorie der Stimme. Technisch realisiert wird sie im Film durch Voice-over oder Voice-off, durch im Dialog erzählende Figuren, durch zwischengeschnittene *Zwischentitel/Schrifttafeln* (engl. *intertitles*) oder durch über das Filmbild geblendete *Textinserts* und *-einblendungen* (*inserted texts*),[27] also entweder phonetisch/auditiv oder graphemisch/visuell. Da eine sprachliche Erzählinstanz im Film theoretisch so komplex sein kann wie die Stimme in der Literatur, folge ich bei der Analyse der SEI den von Genette (1994: 151-188) vorgeschlagenen Kategorien, die modifiziert auch von Martinez/Scheffel (1999: 67-89) übernommen worden sind. Es geht dabei um a) den *Zeitpunkt des Erzählens* („Zeit der Narration" bei Genette; „Zeitpunkt des Erzählens" bei Martinez/Scheffel; vgl. 5.4), b) die *diegetischen Ebenen* („narrativen Ebenen" bei Genette; „Ort des Erzählens" bei Martinez/Scheffel; vgl. 3.5) sowie c) das *Verhältnis der Erzählinstanz zur diegetischen Welt* („Person" bei Genette; „Stellung des Erzählers zum Ge-

---

anzunehmen, der alle *außersprachlichen* Tonelemente zugeschrieben werden. Das Verhältnis von VEI und AEI kann ähnlich komplex und dynamisch sein wie das von VEI und SEI.

26 Z. B. DER LETZTE MANN (Friedrich W. Murnau, D 1924), SCHERBEN (Lupu Pick, D 1921) oder SYLVESTER. TRAGÖDIE EINER NACHT (Lupu Pick, D 1924).

27 Die Begriffe Texteinblendung/Textinsert/Schriftinsert/Insert (engl. *insert, inserted text*) bezeichnen die Texteinblendung ins Filmbild. Sie ist zu unterscheiden vom Zwischentitel/der Schrifttafel/Texttafel (engl. *intertitle*), also der Einblendung eines Textes auf neutralem Hintergrund, der eine Tafel oder einen Zettel imitieren kann. Die Zwischentitel werden zwischen die laufende Filmhandlung montiert und wurden besonders häufig im Stummfilm eingesetzt. Filmbild/Einstellung und Zwischentitel können aneinandergeschnitten sein oder durch Überblendung ineinander übergehen.

schehen" bei Martinez/Scheffel). Die wichtigsten Kategorien sind a) die spätere, frühere, gleichzeitige, eingeschobene Narration, b) die extradiegetische, intradiegetische, metadiegetische, … Erzählinstanz und narrative Metalepsen sowie c) die Unterscheidung hetero- vs. homodiegetisch (mit der Sonderform autodiegetisch).

Auf *extradiegetischer* Ebene kommen sprachliche Erzählinstanzen im Film entweder als Voice-over vor oder auf Schrifttafeln und Textinserts. Sie können *heterodiegetisch* (meist in der dritten Person Singular), *homodiegetisch* (meist in der ersten, manchmal der zweiten Person Singular) und *autodiegetisch* (Erzähler als Hauptfigur) sein. Im Fall einer homo- oder autodiegetischen SEI im Film kommt es zu komplexeren Formen als in der Literatur, weil sich im Voice-over sowohl ein *erzählendes* als auch ein *erzähltes Ich* verbirgt, das in Spannung zum *gezeigten Ich* der Szene stehen kann. Das *erlebende Ich* der Literatur kann im Film ‚zergliedert' sein in ein durch die SEI *erzähltes* und ein von der VEI *gezeigtes* Ich, das in der Szene sprechen kann und im Falle des Erzählens mindestens einer Minimalgeschichte wiederum eine intradiegetische SEI repräsentiert (vgl. 3.4.2; 6.1).

Eine extradiegetische SEI in Form eines Voice-overs ist bis zu einem gewissen Grad immer personalisiert. Denn über die durative Stimmqualität (Geschlecht der Stimme, Tonhöhe/-fülle etc.) und die fluktuierende Stimmmodulation (Intonation, Phrasierung, Tempo etc.) bekommt ein Voice-over automatisch einige charakterisierende Eigenschaften zugeschrieben, die zumindest eine grobe Typologisierung der Erzählinstanz ermöglichen und die Vorstellung einer menschlichen oder auch roboterhaften (2001: A SPACE ODYSSEY, Stanley Kubrick, GB 1968) Stimme suggerieren. Aufgrund der akustischen Stimmqualitäten eines Voice-overs gilt die von Genette (1994: 174 ff.) hervorgehobene potenzielle Unabhängigkeit der Unterscheidung homo- vs. heterodiegetisch von der Unterscheidung Ich- vs. Er-Erzähler auch für den Film, allerdings mit anders gelagerten Möglichkeiten. So hat der Wechsel der grammatischen Person von der ersten in die dritte im Voice-over keine Auswirkungen auf die Zuordnung *homodiegetisch*, wenn das Voice-over von den akustischen Qualitäten eindeutig einer Stimme der diegetischen Figuren zuzuordnen ist. Durch die hörbaren Stimmqualitäten des Voice-overs sind verschiedene Varianten denkbar, auch Formen der Irritation durch ähnliche Stimmen (von Voice-over und Figur), die nicht aufgelöst werden oder *metaleptische* Konstruktionen, indem die Diegese von dem *extradiegetischen* Voice-over einer Stimme erzählt wird, die einer *metadiegetischen* Figur zuzuordnen ist.

Auf *intradiegetischer* Ebene sind sprachliche Erzählinstanzen vor allem in der Szene gezeigte Figuren, die Geschichten erzählen. Denkbar (aber selten) ist, dass eine extradiegetische SEI, z. B. ein Voice-over-Erzähler, rein sprachlich und vergleichbar mit der Literatur einen „erzählten Erzähler", also eine intradiegetische SEI, hervorbringt. Beide Arten der Instanzenschachtelung lassen sich, wie im Kommunikationsmodell angedeutet, theoretisch bis ins Unendliche fortsetzen, werden aber noch differenzierter zu untersuchen sein. Die sprachlichen Erzählinstanzen müssen jeweils im Verhältnis zur visuellen Erzählinstanz betrachtet werden.

3.4 Das Zusammenspiel der visuellen Erzählinstanz mit sprachlichen Erzählinstanzen

In Filmen wie Rainer Werner Fassbinders EPILOG zu BERLIN ALEXANDERPLATZ (D 1980),[28] in denen neben einer visuellen Erzählinstanz verschiedene sprachliche Erzählinstanzen auf extradiegetischer Ebene eingesetzt werden (Zusammenspiel von Zwischentiteln, Voice-over-Erzählern und Textinserts), zeigt sich der Nutzen der methodischen Trennung der Instanzen besonders deutlich. Jede sprachliche Erzählinstanz (SEI) im Film kann in ihrer Beziehung zur filmischen Welt hetero- oder homodiegetisch sein, unterschiedlich fokalisieren und in Spannung zur visuellen Erzählinstanz (VEI) stehen, die ihrerseits unterschiedlich fokalisieren kann.[29] Anders als an verschiedenen Stellen postuliert (vgl. 2.3; 3.1), gibt es im Zusammenspiel zwischen VEI und SEI im Film keine feststehende Dominanzrelation bzw. kein Primat des Bildes. Man kann die Instanzen nicht auf zwei hierarchisch zueinander stehenden Ebenen ansiedeln, wie es die Kommunikationsmodelle vorgeben, die die sprachliche Erzählinstanz einem je verschieden definierten *cinematic narrator* unterordnen.[30] Die visuelle Erzählinstanz steht nicht automatisch über der sprachlichen und umgekehrt. Die zuverlässige extradiegetische VEI kann die unzuverlässige extra-homodiegetische SEI entlarven (ALL ABOUT EVE, Joseph Mankiewicz, USA 1950), doch auch die extradiegetische VEI kann unzuverlässig sein (STAGE FRIGHT, Alfred Hitchcock, USA 1950; FIGHT CLUB, David Fincher, USA 1999), durch SEIen in ihrer Zuverlässigkeit infrage gestellt werden (RASHÔMON) oder durch eine extradiegetische SEI entlarvt werden (Anfang von AN AMERICAN IN PARIS, Vincente Minnelli, USA 1951). Eine extradiegetische SEI kann die VEI dominieren und sie auf ihre illustrierende Funktion reduzieren (Anfang von MAGNOLIA, Paul T. Anderson, USA 1999); sie kann aber auch nur dazu dienen, das von der VEI

---

28 BERLIN ALEXANDERPLATZ (Fernsehfilm in 14 Teilen); hier: TEIL XIV: EPILOG. RAINER WERNER FASSBINDER: MEIN TRAUM VOM TRAUM DES FRANZ BIBERKOPF.

29 Ich gehe, François Jost folgend, davon aus, dass narrative Instanzen fokalisieren können und verzichte auf die Instanz eines „focalizers" (vgl. 4.2).

30 Wie z. B. Chatman (1990) und Laass (2006) (vgl. 3.1).

Gezeigte zu strukturieren, zeitlich und räumlich einzuordnen oder die Vorgeschichte zusammenzufassen wie das expositorische Voice-over in vielen Blockbustern, etwa die Einleitung in THE LORD OF THE RINGS – THE FELLOWSHIP OF THE RING (Peter Jackson, USA 2001) oder zeit- und raumanzeigende Inserts und Texttafeln wie im Stummfilm. Die extra-homodiegetische SEI kann sich derart verselbständigen, dass sie die VEI streckenweise ausschaltet wie in L'HOMME ATLANTIQUE (Marguerite Duras, F 1981), wenn das Voice-over teilweise vor einem *blackscreen* zu hören ist. Das Verhältnis kann so ironisch-verspielt sein wie in JULES ET JIM (François Truffaut, F 1962) oder so ambivalent und beiderseitig unzuverlässig wie in L'ANNÉE DERNIÈRE À MARIENBAD. Auch auf den Schrifttafeln in Stummfilmen ist das Zusammenspiel durch den fakultativen Einsatz verschiedener Redeformen vom Erzählerbericht bis zur zitierten Rede auf komplexe Weise verschachtelt.

3.4.1 Das Verhältnis von visueller und sprachlicher Erzählinstanz

Um das Zusammenspiel von verbaler „narration" und visuellen „images" im Film zu beschreiben, schlägt Sarah Kozloff (1988: 103) ein kontinuierliches Schema mit drei Bereichen vor: „disparat", „komplementär" und „überlappend" (Abb. 10).

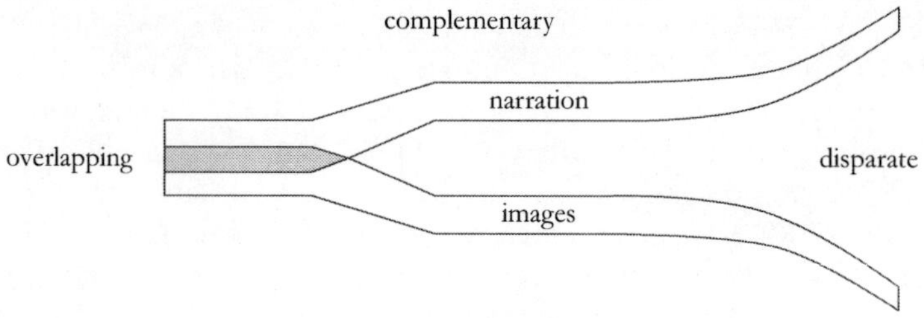

Abb. 10: Das Zusammenspiel von verbaler „narration" und visuellen „images" nach Sarah Kozloff (1988: 103)

Sie versucht keine binären oder klar abgegrenzten Kategorien einzuführen, sondern spricht vom „*degree* of correspondence between narration and images", was sinnvoll ist, da keine feststehenden Trennlinien zu ziehen sind. Als grobes Raster zur Beschreibung des dynamischen Verhältnisses von visueller und sprachlicher Erzählinstanz ist Kozloffs Schema geeignet, weil man Kozloffs „narration" der SEI und ihre „images" der VEI zuschreiben kann. Im Bereich von Kozloffs *disparatem* Verhältnis sollte man allerdings noch differenzieren, ob beide Instanzen im direkten, nachweisbaren *Widerspruch* zueinander stehen oder nur disparat von etwas *Verschiedenem* erzählen. Im Bereich des *komplementären* Verhältnisses stellt sich die Frage, ob beide Instanzen *verzahnt* die Hauptgeschichte weitererzählen oder ob sie verschiedene Aspekte/Handlungsstränge der Geschichte beleuchten, die sich *ergänzen* – in beiden Fällen kann das Zusammenspiel zu einer hohen Erzählökonomie beitragen. Im Bereich des überlappenden Verhältnisses können sich beide Instanzen gleichberechtigt *paraphrasieren*, die VEI kann *illustrieren*, was die dominierende SEI berichtet und umgekehrt: Die SEI kann *umschreiben*, was die dominierende VEI zeigt. Zwischen dem überlappenden und dem komplementären Verhältnis liegt das *polarisierende*, von dem ich spreche, wenn die eine Erzählinstanz die andere einbettet, verortet oder eine Ambivalenz auf Ebene der anderen Instanz auflöst.[31] So ergibt sich folgende schematische Abstufung: *widersprüchlich – verschieden – sich ergänzend – verzahnt – polarisierend – illustrierend/umschreibend – paraphrasierend*, die sich wie in Abbildung 11 aufschlüsseln lässt.

Theoretisch kann es für jedes Verhältnis eine Dominanzrelation geben. Besonders auffällig und zur Unterteilung in *illustrierend* (Dominanz der SEI) vs. *umschreibend* (Dominanz der VEI) vs. gleichberechtigt *paraphrasierend* können Dominanzrelationen im Bereich des *überlappenden* Verhältnisses sein. Mitunter kann eine *illustrierende* VEI die dominierende SEI zugleich verorten, also *polarisieren* und umgekehrt. Allgemeine Richtlinien für die Bestimmung des Verhältnisses und etwaiger Dominanzrelationen aufzustellen, ist nicht möglich. Es gibt Filme, in denen das Verhältnis eindeutig auszumachen ist, andere, in denen keine klaren Relationen bestimmbar sind. Das Verhältnis zwischen VEI und SEI innerhalb eines Films ist selten statisch. In komplexeren Fällen (z. B. bei Fragen der Unzuverlässigkeit oder bei Filmen mit mehreren sprachlichen Erzählinstan-

31 Der Begriff „polarisierend" wird neben „paraphrasierend" und „kontrapunktierend" von Hansjörg Pauli (1976: 104) zur Klassifizierung des Verhältnisses von Filmmusik zum Bild verwendet: „Als paraphrasierend bezeichne ich eine Musik, deren Charakter sich direkt aus dem Charakter der Bilder, aus den Bildinhalten, ableitet. Als polarisierend bezeichne ich eine Musik, die kraft ihres eindeutigen Charakters inhaltlich neutrale oder ambivalente Bilder in eine eindeutige Ausdrucksrichtung schiebt. Als kontrapunktierend bezeichne ich eine Musik, deren eindeutiger Charakter dem ebenfalls eindeutigen Charakter der Bilder, den Bildinhalten, klar widerspricht." Paulis Begriffe lassen sich bedingt vom Verhältnis zwischen Musik und Bild auch auf das Verhältnis von SEI und VEI übertragen, wie Hurst (1996: 115 ff.) vorführt, allerdings decken sie dann nur einen Teil des Spektrums ab: Paulis „paraphrasierendes" Verhältnis entspricht in etwa dem *umschreibenden*; sein „kontrapunktierendes" in etwa dem *widersprüchlichen* und sein „polarisierendes" in etwa dem *polarisierenden*. Pauli geht jedoch von einer latenten Dominanz des Visuellen aus.

zen) muss untersucht werden, wie das Zusammenspiel der Instanzen vom impliziten Autor im Verlauf des Films organisiert ist.

A) *disparat*:	von *widersprüchlich* bis *verschieden* (SEI oder VEI dominant / beide gleichberechtigt)
B) *komplementär*:	von *sich ergänzend* bis *verzahnt* (SEI oder VEI dominant / beide gleichberechtigt)
C) *polarisierend*:	a) die SEI wird durch die VEI oder b) die VEI wird durch die SEI verankert/polarisiert (SEI oder VEI dominant / beide gleichberechtigt)
D) *überlappend*:	a) die VEI *illustriert*, was die dominierende SEI erzählt, b) die SEI *umschreibt*, was die dominierende VEI zeigt; c) gleichberechtigtes Paraphrasieren

Homogene Erzählsituationen sind möglich im Bereich des komplementären, polarisierenden und überlappenden Verhältnisses (B, C, D). Eine *heterogene* Erzählsituation liegt in der Regel beim disparaten Verhältnis vor (A).

Abb. 11: Das Verhältnis von visueller und sprachlicher Erzählinstanz

Bereits bei der Analyse konventioneller Formen des Übergangs zwischen verschiedenen Zeit- und diegetischen Ebenen zeigt sich der heuristische Wert einer analytischen Trennung von VEI und SEI. Besonders aufschlussreich für Fragen der narrativen Vermittlung sind Filme mit Voiceover und einer verschachtelten Ebenen- oder Film-im-Film-Struktur (Kap. 6). Auch zur Bestimmung des Narrationszeitpunkts muss ein genauer Blick auf das Verhältnis von VEI und SEI geworfen werden (Kap. 5.4).

3.4.2 Filmische Erzählsituationen

Ist der Begriff der Erzählsituation auf den Film anwendbar? Lohmeier (1996) und Hurst (1996) haben versucht, Stanzels Erzählsituationen auf den Film zu übertragen, wobei durch den zu engen Bezug auf Stanzel (1979) viele Probleme der umstrittenen Kategorien aus der Literaturwissenschaft auf den Film mit übernommen wurden (vgl. 1.2.3; 1.3.5). Wenn man den synthetischen Begriff der *Erzählsituation* (kurz ES) in einem ersten Schritt analytisch auffächert und in Bezug zu Genettes Kategorien setzt, wie es u. a. Cohn (1981) oder Genette (1983; 1994: 269 ff.) getan haben (vgl. 1.2.3), ergibt sich folgende Ausdifferenzierung:

auktoriale ES	heterodiegetische narrative Instanz mit Nullfokalisierung
personale ES	heterodiegetische narrative Instanz mit interner Fokalisierung
neutrale ES[32]	heterodiegetische narrative Instanz mit externer Fokalisierung
Ich-ES	homodiegetische narrative Instanz mit verschiedenen Fokalisierungen; das ‚mehrwissende' erzählende Ich ist vom erzählten/erlebenden Ich zu unterscheiden

Da die SEI im Film, wie in 3.3 erörtert, theoretisch ebenso komplex sein kann wie eine narrative Instanz in der Erzählliteratur, sind auf *sprachlicher* Ebene des Films potenziell alle Stanzel'schen Erzählsituationen möglich, die allerdings immer im Verhältnis zur VEI betrachtet werden müssen (umgekehrt betrachtet decken Stanzels Erzählsituationen auch bezüglich der sprachlichen Ebene nicht alle mit Genette beschreibbaren Möglichkeiten ab; vgl. u. a. Genette 1994: 269 ff.).

Da die VEI nur in Ausnahmefällen homodiegetisch sein kann, gibt es auf rein visueller Ebene des Films keine Ich-ES (vgl. Hurst 1996: 89-103). Handkameraeinsatz und Filme, die ausführlichen Gebrauch von *subjektiver Kamera* machen, lassen sich besser als *Handkamera-* oder *Ich-Kamera-Filme* beschreiben denn als Filme mit Ich-Erzählsituation (vgl. 4.4). Eine extraheterodiegetische VEI mit Nullfokalisierung ist dagegen keine Seltenheit, sodass eine visuelle auktoriale ES möglich ist. Ob die VEI über weite Strecken konsequent intern oder extern fokalisieren kann, ist fraglich, sicher ist, dass es einzelne Abschnitte (Einstellungsfolgen, Sequenzen) gibt, in denen die VEI intern oder extern fokalisiert,[33] sodass man von einer visuellen personalen oder neutralen ES sprechen kann. Da weitaus häufiger jedoch nur die Tendenz zur internen Fokalisierung in einzelnen Abschnitten bei einer ansonsten dominierenden Nullfokalisierung nachzuweisen ist, bei der das ‚Mehrwissen' der VEI im Verhältnis zur Hauptfigur aber zugleich konsequent handlungsbezogen eingesetzt wird und die Handlungslogik strikt auf die Hauptfigur ausgerichtet ist, hat sich in der

---

32 Die *neutrale Erzählsituation*, die Stanzel (1955: 18 f., 23) eingeführt hat, hat er in den meisten späteren Werken, v. a. in der *Theorie des Erzählens* (1979), nicht wieder aufgegriffen. Die neutrale ES wird dagegen u. a. von Vogt (1990) und Martinez/Scheffel (1999: 89 ff.) verwendet; auch Genette (1994: 269 ff.) bezieht sie mit ein. Stanzel (1979: 193) spricht statt von einer neutralen ES umständlich von „szenischer Darstellung" im Sinne einer „weitgehend dialogisierte[n] Szene mit knappen, unpersönlich gehaltenen Hinweisen auf die Sprechsituation und sie begleitende Handlung".

33 Der Fokalisierungsbegriff wird auf die Wissensrelation der Erzählinstanzen zu der/den Reflektorfigur(en) bezogen (vgl. 4.2). *Extern fokalisieren* verweist *nicht* auf das Zeigen einer Figur von außen.

Filmanalyse der von Hickethier (1993: 125) geprägte Begriff der *Position der identifikatorischen Nähe* bewährt, der eine Mischform beschreibt.

Die häufigsten im Film vorkommenden Erzählsituationen, die mit der Literatur vergleichbar sind, sind ohnehin synthetische Mischformen. Als Beispiel sei die Ich-ES genannt, die im Film nur durch die Ergänzung der VEI durch eine homodiegetische SEI erreicht werden kann.[34] Die homodiegetische SEI (meist in Form eines Voice-overs) präsentiert sowohl Reflexionen des *erzählenden* als auch Gedanken des *erzählten Ichs*. Allerdings ist selbst eine einfache Variante einer Ich-ES im Film komplexer als in der Literatur, weil das *erlebende Ich* nicht wie in der Literatur einzig das erzählte Ich ist, sondern sich aufspaltet in das durch die SEI vermittelte erzählte Ich sowie das durch die VEI vermittelte gezeigte Ich in der Szene, das von einem Schauspieler repräsentiert wird. Die SEI und die VEI können im Fall einer derartigen Ich-ES vergleichbar fokalisieren und in einem *sich ergänzenden*, *verzahnten* oder *überlappenden* Verhältnis zueinander stehen, sodass die sprachlich vermittelten Gedanken des erzählten Ichs eindeutig dem gezeigten Ich zugeordnet werden und keine Brüche der ES erkennbar sind. Die Instanzen können allerdings auch *verschieden* oder *widersprüchlich* erzählen und fokalisieren. Das kann so weit führen, dass die SEI die Logik des Wissens des erzählenden Ichs einhält, also nur das erzählt, was das *nachträglich* erzählende Ich irgendwie erfahren hat, und die VEI eindeutig mehr zeigt, als das erzählende Ich je erfahren haben kann.[35] Wenn beide Instanzen die Wissenslogik der Ich-ES jedoch nicht unterlaufen, in einem *komplementären* oder *überlappenden* Verhältnis zueinander stehen und vergleichbar fokalisieren, lässt sich von einer homogenen Ich-ES sprechen, die umso ‚glaubhafter' wirkt, je mehr die SEI die VEI dominiert.[36]

Das Konzept der Erzählsituation sollte also mit Vorsicht verwendet werden. Für komparatistische Untersuchungen kann es hilfreich sein, wenn man die Erzählsituation undogmatisch modifiziert und – von Stanzel losgelöst – versteht als die komplexe Situation des Erzählens in der Literatur durch eine oder verschiedene *Stimmen* in verschiedenen *Modi* der Informationsvermittlung im Vergleich zur komplexen Situation des filmi-

---

34 Der häufigste Fall einer derartigen Ich-ES wird mit einer die Situation des Erzählens zeigenden Rahmensituation konstruiert wie z. B. in HOMO FABER (Volker Schlöndorff, D/F/G 1991). In diesen Fällen handelt es sich um eine intra-homodiegetische SEI. Filme mit extra-homodiegetischer SEI ohne Rahmenhandlung sind relativ selten (vgl. 6.1; 6.3.2).

35 Das heißt, dass die VEI nicht nur mehr Wissen preisgibt, als das *erlebende Ich* zum Zeitpunkt der Geschichte hat, sondern auch mehr als das *erzählende Ich* zum Zeitpunkt der *späteren* Narration.

36 Zu fragen ist allerdings, ob die SEI die VEI in einer Ich-ES den ganzen Film über dominieren kann. ALL ABOUT EVE ist ein markantes Gegenbeispiel: Die zuerst klar dominierende homodiegetische SEI der Figur Addison DeWitt wird zunehmend von der VEI dominiert und in ihrer Subjektivität entlarvt.

schen Erzählens durch eine durch Kamera und Montage selektierende, perspektivierende, akzentuierende und organisierende *visuelle Erzählinstanz* im fakultativen Zusammenspiel mit einer oder mehreren *sprachlichen Erzählinstanz(en)* in verschiedenen *Modi* der Informationsvermittlung.

Stanzels Klassifizierung der Erzählsituation, die auch viele Konstellationen der Erzählliteratur nur bedingt abdeckt, kann jedoch nicht mehr sein als eine abstrakte Referenz der Vergleichbarkeit, wenn man Erzählkonstellationen in Literatur und Film gegenüberstellt. Sinnvoll ist im Film die zusätzliche Unterscheidung einer *homogenen* Erzählsituation, wenn das Verhältnis von VEI und SEI komplementär, polarisierend oder überlappend ist, von einer *heterogenen* Erzählsituation, wenn das Verhältnis disparat ist. Eine homogene Erzählsituation kann im Verlauf des Films *statisch* (z. B. wenn sie konstant auktorial ist) oder *dynamisch* (z. B. wenn sie zwischen auktorial und personal changiert) sein. Bei komplexen Formen – etwa wenn die VEI die Lügen einer SEI aufdeckt oder die Informationsvergabe der SEI unterläuft – kann es sinnvoller sein, mit dem impliziten Autor zu argumentieren, der die Erzählinstanzen einsetzt und ihr Zusammenspiel organisiert.

3.5 Diegetische Ebenen

Als Referenz für die Begriffe zur Beschreibung der inneren Ebenen des Kommunikationsmodells dient die Definition von Genette (1994):

> Jedes Ereignis, von dem in einer Erzählung erzählt wird, liegt auf der nächsthöheren diegetischen Ebene zu der, auf der der hervorbringende narrative Akt dieser Erzählung angesiedelt ist. [...]
>
> Die narrative Instanz einer ersten Erzählung ist also per definitionem extradiegetisch, die narrative Instanz einer zweiten (metadiegetischen) Erzählung also per definitionem diegetisch, usw. (ebd.: 163)

Bezogen auf den Film heißt das: Die *Diegese* ist die ‚erzählte' oder ‚filmische Welt', die von einer (oder mehreren) *extradiegetischen* Instanz(en) hervorgebracht bzw. erzählt und/oder gezeigt wird (vgl. Abb. 8). Die *Metadiegese* ist eine durch eine oder mehrere *(intra)diegetische* Instanz(en) eröffnete ‚Diegese innerhalb der Diegese'; die *Metametadiegese* wird durch *metadiegetische* Instanzen hervorgebracht etc. Eine Rahmenhandlung, die die Situation des Erzählens zeigt, bildet wie die Rahmenerzählung in der Erzählliteratur eine Diegese, die Binnenhandlung eine Metadiegese. Auf die Problematik, dass ein ‚erzähltes Erzählen' im Film nicht mit derselben Eindeutigkeit bestimmbar ist wie in der Erzählliteratur, wird noch eingegangen (Kap. 6). Grundlegend gilt: Sprachliche Erzählungen, visualisierte Erinnerungen, Traumsequenzen, Film-im-Film-Sequenzen und visuell umgesetzte Geschichten werden als Metadiegesen bezeichnet, *wenn* sie einer (intra)diegetischen Figur der Handlung oder einer (intra)diegetischen technisch-kommunikativen Apparatur/einem (intra)diegetischen Medium zugeordnet werden können und *solange* der Ebenenstatus nicht durch weitere Instanzen oder Indikatoren infrage gestellt wird.

Im Sinne des Modells der narrativen Kommunikationsebenen und Instanzen im Film (Abb. 7), handelt es sich bei den von Genette als „narrative Ebenen" (frz. „niveaux narratifs") bezeichneten Ebenen um *werkinterne* Kommunikationsebenen, die man auch als *innere* Kommunikationsebenen, -level, -niveaus oder -systeme bezeichnen kann. Derart definierte narrative Kommunikationsebenen sind von den *Ebenen des fiktionalen Erzählens* (Geschehen, Geschichte, Erzählung, Narration; vgl. 2.2.1) zu unterscheiden. Eindeutiger ist der Begriff der *diegetischen Ebene*, weil narrative Ebene mitunter auch zur Bezeichnung der Ebene des Erzählens genutzt wird.[37]

Aufgrund der Etabliertheit von Genettes Schema und der Begriffe *Meta*diegese und *Metameta*diegese[38] behalte ich diese bei, obwohl ich ähnlich wie einige Genette-Kritiker, allen voran Mieke Bal (1977a: 24, 35 f.), nur schwer mit der metaphorischen Vorstellung leben kann, dass es sich bei einer Metadiegese um die nächst*höhere* Ebene handelt. Für mich ist, wenn man die räumliche Metapher der Vertikalität aufrecht erhalten will, eine sich weiter im werk*inneren* befindliche Ebene eine nächst*tiefere* Ebene – vielleicht in der metaphorischen Vorstellung einer Truhe, in der man die tieferen Schichten weiter unten findet. Dessen ungeachtet halte ich Genettes Ebenenskizze (1994: 250) nicht für falsch, würde aber bei einer ‚sprechenden Figur', die sich in der ‚Sprechblase' einer anderen befindet, von einer tieferen oder ‚innereren' (wenn es diesen Komparativ gäbe) Ebene sprechen und die Skizze etwas modifizieren (Abb. 12).

Ich behalte also das ‚begriffliche Oxymoron' bei und spreche bei einer *Meta*diegese im Verhältnis zur Diegese von der nächst*tieferen* Ebene, d. h. umgekehrt, dass die Metadiegese in der nächst*höheren* narrativen Ebene, der Diegese, eingebettet ist. Diese Vorstellung des Einbettens hat auch Genette, wenn er von einem „Inklusionsschema" spricht (1994: 254).[39] Es

---

37 Ich verwende deshalb *diegetische* Ebene, meine mit *narrative* Ebene aber – wenn sich der Begriff nicht vermeiden lässt – auch eine Ebene im Sinne des Kommunikationsmodells.

38 William Nelles spricht noch 2005 davon, dass „Genette's model remains the lingua franca for discussions of embedding", dass es „the standard starting point for virtually all contemporary discussions of narrative embedding" ist und verweist auf die effektive Präzision der – wenn auch kompliziert klingenden – Terminologie (2005: 134).

39 Alternativ könnte man die Präfixe *Meta-* und *Metameta-* durch *Hypo-* und *Hypohypo-* ersetzen (vgl. Bal 1977a: 24, 35 f.; 1981b; Rimmon-Kenan 1983: 92), was allerdings mit Genettes Begriff des *Hypotexts* kollidieren würde, der sich auf *intertextuelle* Verhältnisse bezieht (1993: 14 ff.). Genette (1994: 253 f.) kritisiert Bals Benennungsvorschlag und schlägt als Alternati-

handelt sich hierbei um Fragen, die die Modellvorstellung und Benennung, nicht jedoch die Sache an sich tangieren.[40]

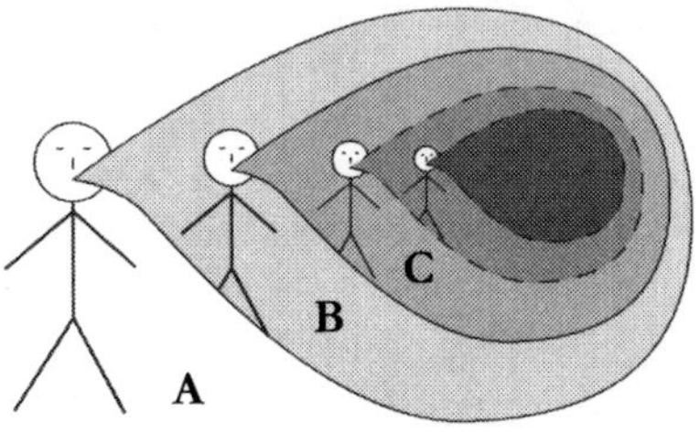

Abb. 12: Diegetisches, intradiegetisches, metadiegetisches Erzählen nach Genette (1994: 250; modifiziert)

3.6 Der implizite Autor

Das auf Wayne Booth (1961) zurückzuführende Konzept des *impliziten Autors* ist in der Narratologie umstritten. Aktuelle Zusammenfassungen verschiedener Positionen liefern Schmid (2005: 49 ff.) und Kindt/Müller (2006). Ersterer mit dem Vorschlag, das Konzept unter der Bezeichnung „abstrakter Autor" in der Narratologie zu verwenden, letztere mit der Ausgrenzung von Aspekten des Konzepts aus den Kernbereichen der Narratologie,[41] aufbauend auf einer ausführlichen Explikation des Begriffs und verschiedener Teil- und Alternativkonzepte. Nünning hat vorgeschlagen, auf den impliziten Autor zur Beschreibung von Phänomenen der „Unzuverlässigkeit" zugunsten des kognitiv konzeptualisierten Rezipienten zu verzichten.[42] Von den klassischen Narratologen lehnt Genette das Konzept ab (1994: 283-295), während Chatman es verteidigt (1990a:

ve die Reihung „extradiegetisch, intradiegetisch, intra-intradiegetisch" vor, an der er aber nicht festhält. Nelles (2005: 134) verwendet „metadiegetic level, followed by the tetradiegetic, pentadiegetic, and so on" (vgl. 1997: 126).

40 Zur Erzählliteratur vgl. neben Genette u. a. Bal (1981b), McHale (1987: 112-130) und Ryan (2002) sowie ausführlich Nelles (1997: v. a. 121 ff.).

41 Vgl. auch Kindt/Müller (1999) und Kindt (2004).

42 Zur Entwicklung von Nünnings ablehnender Position zum „implied author" im Kontext der Beschreibung von „unreliable narration" vgl. Nünning (1993; 1999; 2005).

74 ff.) und auch im Film zu belegen versucht (ebd.: 90 ff.).[43] Schmid (2005: 50 ff.) erklärt, warum das Konzept vieler stichhaltiger Gegenargumente zum Trotz auch von einigen seiner Kritiker verwendet wird:

> Offensichtlich deshalb, weil kein Begriff gefunden werden kann, der die Eigenart der Präsenz des Autorelements im Werk besser ausdrückte. Einerseits bezeichnet der Begriff das semantische Zentrum des Werks, das unabhängig von allen Deklarationen des Autors existiert [...]. Andererseits weist der Begriff hinter dem abstrakten Prinzip der semantischen Vereinigung aller Elemente auf eine kreative Instanz, deren – bewusste oder unbewusste – Intention sich im Werk verwirklicht. (ebd.: 56)

Diese Gedanken greift er in seiner systematischen Definition des abstrakten Autors erneut auf, um zu spezifizieren:

> Der abstrakte Autor ist das semantische Korrelat aller indizialen Zeichen des Textes, die auf den Sender verweisen. „Abstrakt" heißt nicht „fiktiv". Der abstrakte Autor ist keine dargestellte Instanz, keine intendierte Schöpfung des konkreten Autors [...], und insofern unterscheidet er sich kategorial vom Erzähler, der, ob konkret oder abstrakt, immer fiktiv ist. [...]
>
> Insofern der abstrakte Autor keine dargestellte Instanz ist, kann man ihm kein einzelnes Wort im Erzähltext zuschreiben. Er ist nicht identisch mit dem Erzähler, sondern repräsentiert das Prinzip des Fingierens eines Erzählers [...]. Er hat keine eigene Stimme, keinen Text. Sein Wort ist der ganze Text mit allen seinen Ebenen, das ganze Werk in seiner Gemachtheit. (ebd.: 61)

Schmid betont die Abhängigkeit des abstrakten Autors vom Leseakt und bestimmt zwei Seiten, von denen aus das Konzept aufgerollt werden kann:

> Einerseits ist er im Text objektiv gegeben, als virtuelles Schema der Symptome, andererseits hängt er in seiner Ausstattung von den ihn aktualisierenden subjektiven Akten des Lesens, Verstehens und Deutens ab. (ebd.: 62)
>
> Den abstrakten Autor kann man von zwei Seiten her bestimmen, vom Werk her und unter dem Aspekt des werktranszendenten konkreten Autors. In der ersten Perspektive ist der abstrakte Autor die Hypostase des das Werk prägenden Konstruktionsprinzips. In der zweiten Sichtweise ist er die Spur des konkreten Autors im Werk, sein werkimmanenter Repräsentant. (ebd.: 63)

Ich werde das Konzept im Sinne Schmids nur bezogen auf die im filmischen Text gegebenen Strukturen, also unabhängig vom aktualisierenden Akt des Zuschauens und Verstehens verwenden sowie im Sinne der ersten Sichtweise als „Hypostase des das Werk prägenden Konstruktionsprinzips" und nicht als „Spur des konkreten Autors im Werk". In diesem Sinne lässt sich der „implizite Autor" in das vorgeschlagene Modell der Kommunikationsebenen einreihen. Er befindet sich auf der Ebene, auf der die Aspekte aller narrativen Instanzen im Film zusammenlaufen.

43 Weitere aktuelle Beiträge zur Debatte um den impliziten Autor liefern u. a. Booth (2005) und Phelan (2005: 31 ff.). Historische Positionen finden sich auch bei Schmid (1973: 23 ff.), Chatman (1978: 147 ff.), Rimmon-Kenan (1976a) und Bronzwaer (1978) u. a.

In my view, it makes sense to attribute to every narrative fiction an agency that does not personally tell or show but puts into the narrator's mouth the language that tells or shows. The implied author has no "voice." The implied author only empowers others to "speak." [...] Insofar as the implied author (the text itself) communicates something different from what the narrator says, that meaning must occur between the lines. Any narrator, whether authorial, camera-eye, or dramatized, is a tool of the invention. As inventor, the implied author is by definition distinguishable from the narrators, who are invented. (Chatman 1990a: 85)

Ersetzt man den „narrator", von dem Chatman hier noch literaturbezogen spricht, durch visuelle und sprachliche Erzählinstanz(en), dann gelangt man zu der von mir vertretenen Position, dass der implizite Autor, der selbst über keine semiotischen Zeichen verfügt, die Erzählinstanzen einsetzt, um Geschichten sprachlich erzählen und zeigen zu lassen (vgl. Abb. 8; Kap. 3.1.2.). Die von den visuellen und sprachlichen Instanzen abweichenden Positionen oder Bedeutungen kommuniziert der implizite Autor im Film insofern ‚between the lines', als sie sich meist, aber nicht immer, im spezifischen *Zusammenwirken* der visuellen und sprachlichen Erzählinstanzen nachweisen lassen. Die Wertmaßstäbe des Werks verbergen sich oft hinter dem gesteuerten, dynamischen Zusammenspiel und gegenseitigen Unterstützen und Unterlaufen von VEI und SEI. Insofern dient der implizite Autor zur Erklärung des komplexen Zusammenspiels von VEI und SEIen und zur Analyse gewisser Formen der Unzuverlässigkeit. Das ist eine pragmatische Sichtweise auf das Konzept im Sinne Chatmans, der betont: „[T]he question is not whether the implied author *exists* but what we *get* from positioning such a concept" (ebd.: 75). Da die Problemgeschichte des Konzepts vernachlässigt werden soll, wird der Begriff hier ausdrücklich nur im Hinblick auf *nachweisbare* werkseitige Aspekte verwendet und mit dem zusätzlichen Hinweis versehen, dass man den impliziten Autor, den man in diesem Sinne für jeden Film annehmen kann, nicht zur Analyse eines jeden Films braucht, weil einfache narrative Konstrukte auch ohne eine Differenzierung von extradiegetischer Erzählinstanz und implizitem Autor problemlos zu beschreiben sind.

Vergleichbar mit meiner Auffassung vom impliziten Autor im Film ist Schlickers' (1997) Version des „impliziten Regisseurs":[44]

Analog zum impliziten Autor des literarischen Erzähltextes, der zwar alle „Stimmen" zur Verfügung, aber keine eigene Stimme hat und daher einen Erzähler einsetzen muß, um sich artikulieren zu können, setzt der implizite Regisseur die „Kamera" ein, um die visuellen und auditiven Informationen zu vermitteln. (ebd.: 77)

44 Schlickers (1997: 74 ff.) stützt sich auf Schmids ältere Ausführungen zum abstrakten Autor (1973: 23 ff.; 1986: 300 ff.) und überträgt diese auf den Film.

Schlickers versteht die „Kamera" als extradiegetische Erzählinstanz. Setzt man dafür die in meinem Modell angenommenen Instanzen ein, ist Schlickers' Position – abgesehen von der problematischen Zuordnung der Montage (vgl. 2.3.4; 3.2.1) – mit der hier vorgeschlagenen Verwendungsweise kompatibel. Der implizite Regisseur setzt die visuelle Erzählinstanz und gegebenenfalls eine oder weitere sprachliche Erzählinstanz(en) ein, um Informationen (audio-)visuell und sprachlich vermitteln zu lassen.[45]

3.7 Der narrative Adressat und der implizite Zuschauer

Der *narrative Adressat* ist die Instanz, die der Erzählinstanz im Kommunikationsmodell auf verschiedenen Ebenen ‚gegenübersteht', an die sich die Erzählinstanz – metaphorisch gedacht – ‚wendet', mit der sie ‚kommuniziert'. Der narrative Adressat kann extradiegetisch oder intradiegetisch sein. Ich beginne mit eindeutigen Varianten.

3.7.1 Der intradiegetische narrative Adressat

Der intradiegetische narrative Adressat ist eine Figur der Diegese, der eine Geschichte sprachlich erzählt oder visuell vermittelt wird. Es gibt im Film sowohl Konstellationen, in denen dem intradiegetischen Adressaten – als Figur der Handlung durch einen Schauspieler szenisch repräsentiert – eine Geschichte sprachlich von einer anderen szenisch repräsentierten Figur (als intradiegetische SEI) erzählt wird, als auch den Fall, dass eine Figur als intradiegetischer Zuschauer einen Fernseh- oder Kinofilm in der diegetischen Welt sieht, der ihm audiovisuell vermittelt wird.[46] Im ersten Fall handelt es sich um ein innerdiegetisches sprachliches, im zweiten um ein innerdiegetisches audiovisuelles/kinematographisches Kommunikationssystem.

Der intradiegetische Adressat wird hier also als die Figur verstanden, der in der diegetischen Welt eine Geschichte sprachlich, audiovisuell oder

45 Ich wähle trotz der Anwendung auf den Film den Begriff des impliziten *Autors* statt des impliziten *Regisseurs*, weil es keinen Zusammenhang zwischen der impliziten Instanz und dem realen Regisseur des Films gibt. „Autor" klingt bezogen auf den Film, der ein Produkt kollektiver Autorschaft ist, abstrakter als „Regisseur". Obwohl ich mich auf Schmids (2005) Konzept des „abstrakten Autors" stütze, spreche ich vom *impliziten* Autor, weil er die Vorstellung des In-die-Strukturen-eingeschrieben-Seins, des werkinternen Status, besser zum Ausdruck bringt als der Begriff „abstrakter Autor", der jedoch kompatibel wäre.

46 Wobei der innerdiegetische Film wiederum einer *intradiegetischen VEI* zuzuordnen ist, der fakultativ eine oder mehrere *SEI(en)* beigeordnet sein können.

in Kombination vermittelt wird. Im sprachlichen Fall gilt wie im Drama die Doppelfunktion der Informationsvermittlung im Dialog: Die *intradiegetische SEI* erzählt dem *intradiegetischen Adressaten* eine Geschichte, die gleichzeitig der *extradiegetische Adressat* und der *reale Zuschauer* vermittelt bekommen. Das gleiche gilt für die audiovisuelle Informationsvermittlung, wenn der intradiegetische Adressat einen Kinofilm oder eine Fernsehsendung sieht. Komplizierter wird die Konstellation erst, wenn der intradiegetische Adressat eine Geschichte von einer intradiegetischen SEI sprachlich erzählt bekommt, die später visuell umgesetzt wird, also durch audiovisuelles Zeigen weitererzählt wird (vgl. 6.1; 6.3). Der intradiegetische Adressat ist in diesem Fall nur der *scheinbare* Empfänger der Geschichte, weil ihm diese nur in Auszügen sprachlich erzählt wird. Der Anteil der Geschichte, der *visuell* gezeigt wird, kann den intradiegetischen Adressaten in der Wirklichkeitslogik der diegetischen Realität nicht erreichen, sondern nur den extradiegetischen Adressaten bzw. den Zuschauer, weil Menschen sich Geschichten, Träume, Erinnerungen etc. ohne technische Hilfsmittel nicht gegenseitig visuell erzählen oder vorzeigen können.[47] Allerdings bildet diese Form der intradiegetischen Gesprächssituation im Film, wenn eine Figur einer anderen scheinbar eine Geschichte erzählt, die vor allem visuell-kinematographisch repräsentiert wird, eine etablierte Norm und wird gewöhnlich nicht als Bruch empfunden, sondern kann vom realen Zuschauer *naturalisiert* werden, indem er davon ausgeht, dass die intradiegetische SEI dem intradiegetischen Adressaten in etwa das *sprachlich* erzählt, was die VEI dem extradiegetischen Adressaten und dem Zuschauer *visuell* vermittelt.

Bei spezifischen Kommunikationsformen innerhalb der diegetischen Welt, bei denen eine zeitliche Differenz zwischen Produktion/Versendung und Rezeption des Kommunikats liegt (etwa Brief, Voicemail- und Email-Kommunikation, literarische Kommunikation etc.), kann man mit Schmid (2005: 100) einen Schritt weitergehen und den intradiegetischen Adressaten ausdifferenzieren in einen vom intradiegetischen Sender beim Verfassen der Geschichte (in einem Brief, einer Novelle, einer Email) *vorgestellten Adressaten*, für den das Kommunikationsartefakt ursprünglich gedacht ist, und einen *fiktiven Rezipienten*, also der intradiegetischen Figur, die den Brief, die Novelle oder die Email tatsächlich rezipiert. Hier kann es zu entscheidenden Differenzen kommen. So gibt es Filme, etwa LA MALA EDUCACIÓN (Pedro Almodóvar, S 2003), in denen eine solche Unterscheidung notwendig ist, weil bestimmte weitergegebene oder abgefan-

47 Visuelle Eindrücke und Träume können sich Figuren gegenseitig nur durch *sprachliches* Paraphrasieren der Eindrücke vermitteln. Ein anderer Fall, nämlich der einer verzögerten Kommunikation, liegt vor, wenn eine Figur technische Hilfsmittel nutzt, eine Begebenheit z. B. mit der Handykamera aufzeichnet und diesen Clip einer zweiten Figur sendet.

gene und von ‚falschen' diegetischen Rezipienten gelesene Texte Erpressungs- und Enthüllungsvorgängen dienen (vgl. 6.3.3.1).[48]

Theoretisch kann sich alles, was auf intradiegetischer Ebene möglich ist, auch eine Stufe tiefer, also auf *metadiegetischer* Ebene abspielen, sodass man nicht nur von metadiegetischen Erzählinstanzen, sondern auch von *metadiegetischen narrativen Adressaten* sprechen kann – etwa, wenn zwei Figuren einer visuell umgesetzten erzählten Geschichte (Metadiegese) einen Film anschauen wie in LA MALA EDUCACIÓN, wenn die beiden Schuljungen ins Kino gehen. Einige Filme der 1990er und 2000er Jahre – etwa THE TRUMAN SHOW (Peter Weir, USA 1998) oder ADAPTATION (Spike Jonze, USA 2002) – weisen komplexe intra- und metadiegetische Kommunikationssysteme auf, zu deren Analyse eine Differenzierung der intra- und metadiegetischen Instanzen und Adressatenrollen sinnvoll ist (Kap. 6).

3.7.2 Der extradiegetische narrative Adressat

Der extradiegetische Adressat ist der ‚Kommunikationspartner' der extradiegetischen Erzählinstanzen – also einer VEI und fakultativer SEI(en). Von der metaphorischen Vorstellung her ist er ein Zuschauer, der zugleich ein Zuhörer ist, da er als Gegenpart einer audiovisuellen Kommunikationsinstanz und fakultativer sprachlicher Instanzen fungiert. Allerdings wird er nicht durch einen Schauspieler repräsentiert und nur selten durch zusätzliche Merkmale personifiziert, sodass die konkrete Vorstellung einer Zuschauer*figur* oder eines Kommunikations*partners* selten möglich ist. Im Gegensatz zur extradiegetischen SEI in Form eines Voice-over-Erzählers, die zumindest durch ihre Stimmqualitäten charakterisiert wird (vgl. 3.3), bekommt der extradiegetische Adressat (wie eine extradiegetische VEI) keine Merkmale zugeschrieben. In Ausnahmefällen, wenn er von der extradiegetischen SEI oder in einem *metaleptischen* Konstrukt von einer in die Kamera sprechenden intradiegetischen Figur auf spezifische Weise angesprochen und angeblickt wird, die Rückschlüsse auf anzunehmende Charakterzüge ermöglichen, ist zumindest eine teilweise implizite Personifizierung möglich.[49]

48 Der *intradiegetische Adressat* ist im Film auch ohne visuelle Repräsentation durch einen Schauspieler möglich, wenn die Position rein sprachlich geschaffen wird, etwa indem man den Zuhörer einer von einer Figur erzählten Geschichte zwar hört, aber niemals sieht.

49 Man könnte den *extradiegetischen Adressaten* weiter ausdifferenzieren in *extradiegetischer Zuschauer* und *Zuhörer*. Damit wäre man zwar die Asymmetrie des Kommunikationsmodells auf extradiegetischer Ebene los, nämlich dass zwei oder mehr Sender- mit einer Empfän-

3.7.3 Der implizite Zuschauer und der ideale Rezipient

Es ist schwierig, jenseits des extradiegetischen Adressaten einen Ort für die Rolle oder Funktion des *impliziten Zuschauers* zu finden, der den Gegenpart zum impliziten Autor bildet. Hier befindet man sich mitten in dem Systemzwang des *Kommunikations*modells, dass jede *Sender*- eine *Empfänger*instanz als Gegenüber benötigt (vgl. Wenzel 2004a: 14). Da aber gerade der implizite Autor eine Instanz ist, die sich in den Strukturen konstituiert und *nicht* kommuniziert, ist es schwer, ihr einen ‚Kommunikationspartner' gegenüberzustellen, der sich aus denselben Strukturen konstituieren soll.[50] Auch Schmid (2005: 68) sieht das Problem, die Position eines extradiegetischen Adressaten vom impliziten Zuschauer (bei ihm „abstrakter Leser") systematisch zu unterscheiden, meint aber:

> Natürlich, je näher der fiktive Erzähler dem abstrakten Autor steht, desto schwieriger wird es, die ideologischen Positionen von fiktivem und abstraktem Leser deutlich zu scheiden. Gleichwohl bleibt ihre Differenz grundsätzlich in Kraft. […] Unter dem abstrakten Leser soll hier der Inhalt jenes Bildes vom Empfänger verstanden werden, das der Autor beim Schreiben vor sich hatte oder – genauer – der Inhalt jener Vorstellung des Autors vom Empfänger, die im Text durch bestimmte indiziale Zeichen fixiert ist. (ebd.)

Derartige Spuren der Vorstellung des Autors vom Empfänger im filmischen Text nachzuweisen, dürfte kaum möglich sein – welches Autors überhaupt: des Regisseurs, Drehbuchautors, Schauspielers? Noch schwieriger scheint es, die „zwei Hypostasen dieser unterstellten Instanz" zu unterscheiden, die Schmid definiert (ebd.: 69) und zwar den „abstrakten Leser als unterstellter, postulierter Adressat" und den „abstrakten Leser als idealen Rezipienten". Für eine derartige Trennung sehe ich werkimmanent operierend wenig Raum, allerdings scheint mir Schmids zweite Hypostase, der „ideale Rezipient", eine nützliche Argumentationsposition vorzuskizzieren. Vielleicht könnte man den „idealen Rezipienten", der „das Werk auf eine der Fraktur optimal entsprechende Weise versteht und jene Rezeptionshaltung und Sinnposition einnimmt, die das Werk ihm nahe legt" (ebd.: 69) als Anschlusspunkt zu kognitiven Ansätzen verstehen und beispielsweise mit Bordwells (1985) „classical spectator" zusammen-

---

gerinstanz kommunizieren; allerdings ist zu bezweifeln, dass es derartige Ausnahmefälle gibt, bei denen sich der Zuschauer der VEI vom Zuhörer der SEI unterscheiden lässt.

50 Auch die Instanz des „impliziten Lesers"/„impliziten Rezipienten" ist unter Narratologen umstritten und wird konsequenterweise von denjenigen Wissenschaftlern abgelehnt, die auch die Position eines „impliziten Autors" ablehnen (z. B. Genette 1994: 283 ff.). Schon bei Booth (1961) bildet der „implizite Leser" den Gegenpart zum „impliziten Autor". Die meisten Definitionen beziehen sich indes auf Iser (1972; 1976), der den „impliziten Leser" als Funktion der Textstruktur auffasst. Einige Positionen zum „impliziten Leser" fasst Schmid (2005: 66 f.) zusammen, bevor er sein eigenes Konzept definiert.

führen. Werkintern ließen sich dann die Zeichen nachweisen, die den *idealen Rezipienten* im Sinne des *cueings* zur sukzessiven Überprüfung und Bildung verschiedener Hypothesen anregen.

Ich werde den impliziten Zuschauer also im Sinne eines struktursensiblen idealen Rezipienten auffassen, der das Werk ‚auf eine optimale Weise' versteht.[51] Allerdings gibt es Filme mit einem *final twist* – die dem Zuschauer gegen Ende den Schlüssel für eine unerwartete Lesart des Geschehens geben, die der im Verlauf des Films suggerierten Lesart entgegensteht –, bei denen man zwischen einer Erstrezeption des den *twist* am Ende nicht kennenden *erstrezipierenden* Zuschauers und einer Zweitrezeption des um den *twist* wissenden *zweitrezipierenden* Zuschauers unterscheiden muss, die je verschieden, aber ideal sensibel auf Strukturmerkmale und Zeichen reagieren.[52] Die Vorstellung eines idealen Zuschauers, eines idealen Erst- und Zweitrezipienten, eines mit den Normen klassischer Spielfilme und Genres vertrauten „classical spectators" sind Hilfskonstruktionen, mit denen Strukturen des vorliegenden filmischen Werks beschrieben werden. Die Grenze zwischen werkintern und werkextern ist hier ebenso dünn wie beim Beschreiben von *Naturalisierungsstrategien* des Zuschauers, mit denen er/sie scheinbare Widersprüche des Textes erklären kann (vgl. Yacobi 1981).[53] Hierbei ist der Zuschauer bereits eine werkexterne Instanz, die aber unmittelbar auf Phänomene des Textes reagiert, zur Erklärung textinterner Phänomene herangezogen wird und nicht dem realen, empirischen Zuschauer entspricht.

3.7.4 Das ‚Gespräch mit der Kamera'

Eine, wenn nicht sogar *die* markanteste Konstellation, in der in einem narrativen Film explizit auf den Rezipienten oder Adressaten verwiesen wird, ist folgende: Eine *(intra)diegetische* Figur blickt frontal in eine Kamera und spricht mit ‚dem Zuschauer' wie – um nur ein prominentes Beispiel zu nennen – in À BOUT DE SOUFFLE (Jean-Luc Godard, F 1960). Aber welche Instanz des Modells verbirgt sich hinter ‚dem Zuschauer', welche

51 Wenn der Übersicht halber stellenweise von einem *Zuschauer* gesprochen wird, dann wird er in der Regel im Sinne eines derartigen struktursensiblen *idealen Rezipienten* aufgefasst.

52 Ein Beispiel, wie man mit derartigen hypothetischen Positionen in der Analyse zu stichhaltigen Ergebnissen kommt, liefert Lahde (2002), der – noch weiter ausdifferenziert – von einem „vertrauenden" und einem „skeptischen Zuschauer" ausgeht und den mit einem *final twist* operierenden Film THE USUAL SUSPECTS (Bryan Singer, USA 1995) analysiert.

53 Zur Erklärung von textinternen und referenziellen Widersprüchen schlägt Yacobi (1981) verschiedene *Naturalisierungsstrategien* vor, mit denen der Zuschauer Widersprüche erklären oder auflösen kann, etwa den *perspectival mechanism*, bei dem ein *unzuverlässiger Erzähler* für die widersprüchliche *story data* verantwortlich gemacht wird.

Instanz ist es, mit der z. B. die intradiegetische Figur Michel Poiccard (gespielt von Jean-Paul Belmondo) in À BOUT DE SOUFFLE zu sprechen scheint? An der Stelle, an der die Kamera positioniert ist, befindet sich keine diegetische Figur, sodass man die entsprechenden Einstellungen nicht als *subjektive Kamera* auflösen kann; hinter dem eindeutigen *nobody's shot* kann sich nur eine jenseits der diegetischen Welt liegende Instanz verbergen.[54] Es handelt sich also um das Überbrücken einer entscheidenden Grenze, das man mit Genette (1994: 167 ff.) als *Metalepse* bezeichnen kann (vgl. 6.5). Der Angesprochene, der zugleich ein Angeblickter ist – die Kommunikation findet sowohl sprachlich, als auch visuell durch Gesten, Mimik etc. statt –, bekommt über die Art und Weise, wie die diegetische Figur in die Kamera spricht und blickt, bestimmte indirekte Eigenschaften zugeordnet; der Angesprochene/Angeblickte ist der *extradiegetische Adressat.* Allerdings wird er, wenn überhaupt, dann nur indirekt und implizit charakterisiert, weil nur über die Reaktionen und Annahmen der in die Kamera sprechenden Figur auf die Eigenschaften des Adressaten rückgeschlossen werden kann. Der Grad des Bruchs mit der diegetischen Realitätslogik steigt beim In-die-Kamera-Sprechen von Figuren mit der Personalisierung des extradiegetischen Adressaten. Spricht die intradiegetische Figur, ohne sich eines Gegenübers bewusst zu sein, scheinbar zufällig in Richtung Kamera, ist die Personalisierung des extradiegetischen Adressaten gering und das Kameragespräch als Selbstgespräch aufzulösen, das nur eine Tendenz zum Realitätsbruch hat (teilweise vergleichbar mit einem Theatermonolog). Spricht die Figur dagegen bewusst mit einem Gegenüber, bekommt dieses automatisch die Fähigkeit des Zuhörens, Reagierens und ggf. sogar Nachfragens zugeschrieben; die Personalisierung des Adressaten und die Auffälligkeit der Metalepse werden verstärkt.

Ein auffälliges Beispiel findet sich in der Rahmenhandlung von THE LADY IN THE LAKE (Robert Montgomery, USA 1947). Dort erklärt die Figur Philipp Marlowe, nachdem sie sich vorgestellt hat, in die Kamera blickend wie der nun folgende Film – es ist das berühmte Beispiel für eine beinahe durchgehaltene subjektive Kamera – den Zuschauer führen wird:

> What you've read and what you've heard is one thing. The real thing is something else. There's only one guy who knows that. I know it. […]
>
> You'll see it just as I saw it. You'll meet the people. You'll find the clues. And maybe you'll solve it quick. And maybe you won't. You think you will, eh? Okay. You're smart. But let me give you a tip. You've got to watch them all the time.

---

54 Ein anderer Fall liegt vor, wenn nicht zu entscheiden ist, *ob* die Kameraposition einer diegetischen Figur zugeordnet werden kann, dies aber potenziell möglich ist. Meist ist der durch den Sprechenden suggerierte primäre Adressat dann auf intradiegetischer Ebene anzunehmen (vgl. 4.3).

Because things happen when you least expect them. (THE LADY IN THE LAKE, ca. 00:02:13 ff.)[55]

Philippe Marlowe ist eine intradiegetische Figur, die als SEI Teile einer Geschichte zu erzählen beginnt und vorher über die Umstände und Versionen der Geschichte reflektiert, um sich als wahrhaftiger Erzähler zu beweisen. Sein ‚Gegenüber', das er frontal in die Kamera blickend anschaut und durch das „you" explizit anspricht, ist der extradiegetische Adressat. Diesem wird die intradiegetische Figur Marlowe derart von der extradiegetischen VEI präsentiert, dass die Figur unmittelbar mit ihm zu sprechen scheint. Sowohl die strukturelle Konstellation, also das In-die-Kamera-Blicken und Ansprechen des Gegenübers, als auch das Bewusstsein der Figur, mit jemandem zu sprechen, der im Anschluss den Film ‚zusammen mit ihr schauen' wird, wirken *metaleptisch* und illusionsstörend. Marlowe weiß, dass der Zuschauer einen *Film* sehen wird und auch, *wie* er ihn, vorgegeben durch die subjektive Kamera, sehen wird.

Der extradiegetische Adressat ist der Zuschauer des Films, wie ihn diese rahmende Konstellation entwirft, die drei weitere Male im Film eingesetzt wird. Die Binnenhandlung des Films besteht aus einer analeptischen Metadiegese, die die eigentliche Geschichte visuell und mit subjektiver Kamera aus der scheinbaren Perspektive Marlowes repräsentiert. Das Zusammenspiel von VEI und SEI ist in diesem Film nicht konstant. Die markantesten Wechsel sind die zwischen der Rahmenhandlung und der Metadiegese, aber auch innerhalb der Metadiegese könnte man *en détail* weitere Verschiebungen nachweisen. Genau dadurch ‚kommuniziert' der implizite Autor mit seinem ‚Gegenüber', dem impliziten Zuschauer, der eben nicht nur die expliziten, metaleptischen Anweisungen Marlowes hat, wie er diesen Film anschauen soll, sondern durch weitere Strukturmerkmale sowie die Modulierung des Verhältnisses von VEI und SEI geleitet und in seiner Rezeption gelenkt wird. Ein so verstandener impliziter Zuschauer entspricht nicht dem extradiegetischen Adressaten, der durch die metaleptische Gesprächssituation (Marlowes Sprechen in die Kamera) geschaffen wird. In diesem Sinne kann man sich den impliziten Zuschauer als über dem extradiegetischen Adressaten stehend vorstellen, als Gegenüber des den Film strukturierenden impliziten Autors. Allerdings bewegt man sich hier erstens auf hochgradig metaphorischem und anthropomorphisierendem Terrain und zweitens genügt zur Erklärung besagter Strukturelemente und des Zusammenspiels der Instanzen in den meisten Fällen *eine* sich aus den Strukturen konstituierende Instanz: der implizite Autor.

55 Angegebene Zeiten bei Filmzitaten haben das Format [Std:Min:Sec] und sind als ungefähre Richtwerte zu verstehen, die sich bei Videofassungen je nach Abspielgerät und bei DVD-Fassungen je nach Version und Timecode unterscheiden können.

Beide „Rollen" – die des extradiegetischen Adressaten und des impliziten Zuschauers – können bei der aktuellen Filmsichtung durch den sich identifizierenden *realen Zuschauer* zumindest teilweise eingenommen werden. Der reale Zuschauer kann sich von Marlowe angesprochen fühlen, steht aber aufgrund anderer Strukturmerkmale zugleich über der Figur und ihrer Sichtweise und wird im Laufe des Films von verschiedenen Indizien angeregt, Hypothesen zu bilden und zu veri- oder falsifizieren.

3.8 Der reale Regisseur, das Filmteam und die kollektive Autorschaft im Film

Die *extratextuelle* Ebene der realen oder konkreten Instanzen (S1/E1; Abb. 7 in 3.1.2) muss in einer werkimmanenten narratologischen Analyse nicht berücksichtigt werden, weil sie für das narrative Werk „zwar konstitutiv, aber nicht spezifisch" ist (Schmid 2005: 49). Die konkreten Instanzen *realer Autor/Regisseur/Drehbuchautor*, *realer Leser/Zuschauer* existieren unabhängig vom Werk, gehören nicht zu diesem, sind *extra*textuell oder werk*extern* (vgl. ebd.). Der *reale Zuschauer* ist im Film genau genommen kein einzelner Zuschauer, sondern „die unendliche Menge aller Menschen, die an irgendeinem Ort zu irgendeiner Zeit Rezipienten des jeweiligen Werks gewesen sind oder noch werden" (ebd.). Der so verstandene reale Zuschauer lässt sich zumindest empirisch konzeptualisieren.[56] Über die Analogien zur Erzählliteratur hinaus muss der Autorbegriff beim Film jedoch grundsätzlich infrage gestellt werden, denn der Regisseur ist bekanntermaßen nicht der alleinige Autor.

Anders als etwa beim Roman ist es schwieriger, den Film einem einzigen *realen Autor* und dessen Intentionen zuzuschreiben. Film ist eine Gruppenproduktion, also das Produkt einer *kollektiven Autorschaft*. Das heißt, alle Elemente, die man analytisch einer visuellen oder sprachlichen Erzählinstanz zuschreiben kann, hängen niemals nur mit einem einzigen realen Autor zusammen und lassen sich nicht kurzschlussartig auf diesen zurückbeziehen und ausschließlich durch dessen Intentionen erklären.

Neben den offensichtlich am Entstehungsprozess des Films beteiligten realen Personen wie Drehbuchautor, Regisseur, Kameramann und Produzent lassen sich viele Personen und Berufe aufzählen, die einen, wenn auch noch so geringen Anteil daran haben, wie der jeweilige Film zustandegekommen ist. Einen Anteil an Autorschaft ‚besitzen' mit Sicher-

56 Die realen Instanzen können je nach Fragestellung im Kommunikationsmodell weiter ausdifferenziert werden, z. B. in *Autor/Regisseur/Drehbuchautor als historische Person* und *als Werkproduzent* sowie *Leser/Zuschauer als historische Person* und *als Werkrezipient* (vgl. 3.1).

heit auch die Schauspieler (explizite Autorschaft, wenn sie Texte des Drehbuchs verändern, weglassen oder hinzuerfinden, implizite durch die individuelle Interpretation des Drehbuchtexts, durch die charakterisierenden Aspekte ihrer Physiognomie, ihren Schauspielstil etc.), Requisiteure, Bühnenbildner, Maskenbildner, Cutter, Dramaturgen, Drehbuchdoktoren, Kameraassistenten, Graphiker, Screendesigner, digitale Bildbearbeiter und womöglich auch Kamerakranfahrer, Informatiker, die Bildbearbeitungsprogramme entwerfen, Übersetzer usw. Der Begriff eines einzigen realen Autors sollte bezogen auf den Film also durch den einer *kollektiven Autorschaft* oder der Annahme einer Gruppe von Autoren ersetzt werden. Das soll durch die Erwähnung des „Filmteams" im Kommunikationsmodell immerhin angedeutet sein (vgl. Abb. 7). Eine Gebrauchsdefinition des Autors, die der Annahme einer kollektiven Autorschaft zugrunde liegen könnte, liefert Paisley Livingston (1997):

> Author = (def) the agent (or agents) who intentionally make(s) an utterance, where 'utterance' refers to any action, an intended function of which is expression or communication. (ebd.: 134)

Er selbst gelangt von dieser allgemeinen Definition allerdings zu immer restriktiveren Definitionen mit dem fragwürdigen Ergebnis, dass er – mit Bezug auf Bordwell und Thompson – auch Filme ohne Autor annimmt. Paul Sellors (2007) führt die Schwächen von Livingstons letztlich normativer Argumentation vor und zeigt, dass man basierend auf seiner Definition auch zur Annahme einer kollektiven Autorschaft kommen könnte:

> In a collaborative medium, we should expect to find not only authored components, but also varying degrees of joint authorship in the finished work. Through existing studies of stars, [...] producers, directors, and so forth, film scholars have already made progress in this search. (ebd.: 270)[57]

Auch Berys Gaut (1997) verweist auf die kollektive Autorschaft im Film:

> Yet it is a commonplace that films are highly collaborative [...]. Films we must acknowledge to have multiple authors. [...] And the notion of multiple authorship will give us reason to question the literary paradigm that still dominates film studies. (ebd.: 150)
>
> Rather then rigidly categorizing films by their directors, films should be multiply classified: by actors, cameramen, editors, composers, and so on. (ebd.: 165)

Bei einem derartigen intentionalen Verständnis ist die Autorschaft im Film nie zu hundert Prozent einem einzigen realen Agenten zuzuschreiben,

57 Auch wenn Sellors' abstrakte Argumentation über die von Searle abgeleitete „collective intentional action" (2007: 268 ff.) aufgrund einer Fülle idealtypischer Annahmen, die kaum auf konkrete Filme anwendbar sind, nicht überzeugt, zeigt er, dass mit der Kopplung der Autorschaft an intentionale filmische Aussagen (ebd.: 266) verschiedene Formen des kommunikativen Handelns und letztlich verschiedene Formen des Beitragens an der Filmgenese abgedeckt werden können (ebd.: 264).

sondern immer auf mehrere Personen verteilt.[58] Wie signifikant die jeweiligen Einflüsse oder Anteile an Autorschaft bei der Filmgenese waren, ist nicht immer bis ins letzte Detail nachvollziehbar, wird aber oft durch ausführliche Dokumente zur Produktion eines Films analysierbar. Dass es sich beim Produzieren eines Films immer auch um einen Machtdiskurs handelt und die Frage der Autorschaft unmittelbar von der Machtstruktur und Einflussposition abhängig ist, hat ein Regisseur, der später gerne als „Prototyp des Autorenfilmers" interpretiert worden ist, mehrfach erfahren müssen: Orson Welles. Sein Ringen um die endgültige Version – die oftmals nie zustande gekommen ist – ist vielfach dokumentiert.[59]

Der Begriff des Autors ist im Fall des *Autorenfilms* kein analytischer, sondern – zumindest anfangs – ein rhetorisch-machtpolitischer, der teilweise auf ästhetischen Konzepten beruht, die sich auf den *disegno*-Begriff der Renaissance oder den Geniekult der Romantik zurückführen lassen, teilweise der produktionspolitischen Position der Filmemacher geschuldet ist, die sich damit von Einflüssen des Genre- und Studiokinos befreien und in ihrer ästhetischen Autonomie stärken sowie an diverse Finanztöpfe staatlicher Filmförderungen und ähnlicher Institutionen gelangen wollten. In diesem Sinne wurde er im Rahmen der französischen ‚Nouvelle Vague', des ‚Neuen deutschen Films' oder des europäischen ‚Anderen Films' von Regisseuren, Journalisten und Wissenschaftlern geprägt. Der Begriff überspielt jedoch, dass auch beim Autorenfilm niemals nur ein Mensch alle Positionen und Funktionen der Autorschaft eingenommen haben kann, noch nicht einmal im radikalen Fall einer Personalunion von Regisseur,

---

58 In der Literatur wird als alleinige „Senderinstanz" gewöhnlich der *reale* oder *konkrete Autor* angenommen, „die historische Persönlichkeit, der Urheber des Werks" (vgl. Schmid 2005: 49). Der Einfluss des Verlags und der Lektoren wird im Kommunikationsmodell allgemein vernachlässigt, obwohl einige prominente Beispiele zeigen, dass etwa die Verlagslektoren an der „realen Autorkommunikation" signifikant beteiligt sein können. Die Mitarbeit des Lektors Gordon Lish an den Shortstories von Raymond Carver ist ein markanter Fall. Der Einfluss der Kürzungen des Lektors auf den hochgelobten lakonischen „Carver-Sound" gilt als unbestritten, obwohl erst die angekündigte Veröffentlichung der Originalmanuskripte zeigen wird, wem welcher Anteil an Autorschaft zukommt. Eindeutiger ist die kollektive Autorschaft bei Werken, die zwei oder mehr explizit am Schreibprozess beteiligte Autoren haben oder in Comicbänden, die wie die frühen *Asterix*-Bände in Zusammenarbeit eines Zeichners (Albert Uderzo) und eines Texters (René Goscinny) entstanden sind – gerade der Entwurf der Erzählstruktur kann keinem der beiden allein zugeschrieben werden. Auch Computerspiele sind in der Regel Produkte kollektiver Autorschaft.

59 Exemplarisch seien hier nur zwei ‚Klassiker' genannt, die zur Deutung von Welles als ‚legendärem Autorenfilmer' beigetragen haben: André Bazins *Orson Welles* (1980 [1950]) und die Interviewsammlung *This is Orson Welles* (Welles/Bogdanovich 1994), die eine Vielzahl an Details liefert, die das Ringen um die ‚endgültige' Version von Welles filmischen Werken – etwa bei THE MAGNIFICENT AMBERSONS (USA 1942), MR. ARKADIN (S/F 1955) oder TOUCH OF EVIL (USA 1958) – dokumentieren.

Drehbuchautor, Hauptdarsteller und Produzent.[60] Der Begriff ist in diesem einflusspolitischen Sinne eher relativ zu verstehen: als Versuch, möglichst viel Autorschaft in einer Person zu vereinen.[61]

Bei Filmen mit realen oder fingierten autofiktionalen und selbstreflexiven Einschreibungen – in denen beispielsweise eine Figur vorkommt, die Drehbuchautor des vorliegenden Films sein soll (Charlie Kaufman in ADAPTATION; der reale Drehbuchautor heißt auch Charlie Kaufman) oder eine Figur, die Produzent und Regisseur des vorliegenden Films sein soll (Tobias Hansen in KEINE LIEDER ÜBER LIEBE; Lars Kraume, D 2005) – kann ein Vergleich der werkintern suggerierten Produktionsumstände mit den real vorliegenden besonders fruchtbar sein, zumal dann, wenn wie im Fall von KEINE LIEDER ÜBER LIEBE auch die Grenzen von faktualem und fiktionalem Erzählen systematisch unterlaufen werden (vgl. 6.4.4).

60 Der exemplarische Fall einer erfolgreichen Ballung von Autorschaft ist Orson Welles' CITIZEN KANE (USA 1941) – allerdings kann man Welles, der immerhin Produzent, Regisseur, Hauptdarsteller und Drehbuchautor (zusammen mit H. J. Mankiewicz) war, auch hier nicht die alleinige Autorschaft zuschreiben. Auch in anderen Filmen – etwa in THE LADY FROM SHANGHAI (USA 1947) oder MACBETH (USA 1948) – vereinte Welles Produktion, Regie, Drehbuchautorschaft und eine der Hauptrollen in seiner Person. Berühmte Beispiele für eine Ballung von Autorschaft sind u. a. ABSCHIED VON GESTERN (BRD 1966) – Regie, Drehbuch, Produktion: Alexander Kluge; LA NUIT AMÉRICAINE (F/I 1973) – Regie, Drehbuch (mit anderen) und Darsteller: François Truffaut; PASSION (F/Schweiz 1982) – Regie, Produktion (mit anderen), Drehbuch und Schnitt: Jean-Luc Godard; EN PASSION (Schw 1969) – Produktion, Regie, Drehbuch: Ingmar Bergman.

61 Andere Verhältnisse liegen vor, wenn sich ein realer Autor/Regisseur explizit in den Film als Autor/Regisseur (und nicht in einer gespielten Rolle) einschreibt, etwa durch ein kommentierendes Voice-over, das eine Nähe zu dokumentarischen oder dokumentarisch-fiktionalen Mischformen haben kann. Bei der Analyse derartiger Einschreibungen des Regisseurs, wie sie etwa in den Produktionen Alexander Kluges vorkommen, gelangt eine werkimmanente Analyse an eine Grenze: Ohne den Blick auf real-biographische, intentionale und produktionsbezogene Kontexte geht ihr eine Bedeutungsschicht verloren.

4. Fokalisierung und Perspektivierung

4.1 Genettes Fokalisierungskonzept und seine Unschärfen

Mit dem inzwischen berühmten Fragenpaar „Wer sieht?“ und „Wer spricht?“ (Genette 1994: 132) – im *Nouveau discours* modifiziert zu „Wer nimmt wahr?“ bzw. „Wo liegt […] der Fokus der Wahrnehmung?“ und „Wer spricht?“ (ebd.: 235) – hat Genette Fragen des *Modus*, zu denen er Fragen der *Fokalisierung* zählt, und Fragen der *Stimme* systematisch voneinander getrennt. Bei seiner dreigliedrigen Klassifizierung der Fokalisierung, bei der er auf Pouillon (1946), Todorov (1966) und angelsächsische Ansätze rekurriert, führt er beide Aspekte jedoch wieder zusammen:

> [Es] stellt sich leicht ein Konsens über eine dreigliedrige Typologie her, deren erster Typ dem entspricht, was die angelsächsische Kritik eine Erzählung mit allwissendem Erzähler und Pouillon „Übersicht“ [„vision par derrière“] nennt, und was Todorov durch die Formel symbolisiert: *Erzähler* > *Figur* (wo der Erzähler also mehr weiß als die Figur, oder genauer, wo er mehr sagt, als irgendeine der Figuren weiß); für den zweiten gilt *Erzähler* = *Figur* (der Erzähler sagt nicht mehr, als die Figur weiß): das ist bei Lubbock die Erzählung mit *point of view*, […] bei Pouillon die „Mitsicht“ [„vision avec“]; für den dritten Typ schließlich gilt *Erzähler* < *Figur* (der Erzähler sagt weniger als die Figur weiß): das ist die „objektive“ oder „behavioristische“ Erzählung, die Pouillon „Außensicht“ [„vision du dehors“] nennt. […] Wir werden also den ersten Typus, wie er allgemein von der klassischen Erzählung repräsentiert wird, *unfokalisiert* oder Erzählung mit *Nullfokalisierung* nennen. Der zweite dann ist die Erzählung mit *interner Fokalisierung*, sei diese *fest* […], *variabel* […] oder *multipel* […]. Unser dritter Typ schließlich ist die Erzählung mit *externer Fokalisierung* […]. (Genette 1994: 134 f.)

Genette setzt für die Klassifizierung hier also die Relation zwischen Erzähler und Figur an, was präsupponiert, dass die narrative Instanz für den Prozess des Fokalisierens verantwortlich gemacht werden kann, also quasi selbst fokalisiert.[1] Nicht klar ist allerdings, ob es bei der relationalen Be-

---

1 Diese von Genette implizierte Annahme, die mit Mieke Bals Instanz eines „focalizers“ (vgl. 1997: 244 ff.) infrage gestellt wird, diskutieren u. a. Prince (2001) und Phelan (2001) im Sammelband von Chatman/van Peer (2001). Dabei nimmt Prince (2001) eine restriktive Position ein, die Fokalisierung strikt auf die Wahrnehmungsfrage beschränkt und eine fokalisierende Erzählinstanz ablehnt: „[T]he narrator—even an intradiegetic and homodiegetic one […]—is never a focalizer.“ (ebd.: 46). Phelan (2001) nimmt dagegen an, dass narrative Instanzen fokalisieren können, weist aber Genettes relationale Klassifizierung zurück,

stimmung des Verhältnisses zwischen narrativer Instanz und Figur mehr um das *Wissen* oder das *Wahrnehmen* gehen soll. Im Gegensatz zur auf das visuelle Wahrnehmen abzielenden Frage „Wer sieht?“ scheint sich Genette hier auf das *Sagen* des Figuren*wissens* durch den Erzähler („der Erzähler sagt mehr/nicht mehr/weniger als die Figur weiß“), also die *Informations*-politik oder -regulierung des Erzählers im Verhältnis zum Figurenwissen zu beziehen. Die Begriffe „Über*sicht*“, „Mit*sicht*“ und „Außen*sicht*“, die er von Pouillon übernimmt, beziehen sich wiederum auf relationale Aspekte des visuellen *Wahrnehmens*. Und wenn er später die interne Fokalisierung thematisiert, geht es erneut um die *Wahrnehmungen* und sogar *Gedanken* der Figur (ebd.: 136 f.).[2]

Auch die Zusammenfassung der Fokalisierungstypologie im *Nouveau discours* vermengt die Aspekte (ebd.: 235 f.). Einerseits betont Genette mit der Frage „Wer nimmt wahr?“ erneut den Aspekt des *Wahrnehmens* (ebd.: 235), andererseits den der *Informations*selektion:

> Unter Fokalisierung verstehe ich also eine Einschränkung des „Feldes“, d. h. eine Selektion der Information gegenüber dem, was die Tradition Allwissenheit nannte, ein Ausdruck, der, wörtlich genommen, im Bereich der Fiktion absurd ist (der Autor braucht nichts zu „wissen“, da er alles erfindet) und den man besser ersetzen sollte durch *vollständige Information* – durch deren Besitz dann der Leser „allwissend“ wird. Das Instrument dieser (eventuellen) Selektion ist ein situierter *Fokus*, d. h. eine Art Informationsschleuse, die nur durchlässt, was die Situation erlaubt. (ebd.: 242)

So ergibt sich in einem argumentativen Schlingerkurs zwischen strikter Trennung von Stimme und Modus/Fokalisierung und erneuter Zusammenführung sowie zwischen Informationsvermittlungs- und Wahrnehmungsfragen ein Deutungsspielraum, der es selbst den Ansätzen, die sich dezidiert auf Genette berufen, ermöglicht, leichte bis deutliche Modifikationen vorzunehmen und eine je eigene Interpretation seines Fokalisierungskonzepts vorzulegen.

> One of the reasons why the debate has gone on so long […] is that Genette himself takes his insight in a relatively unhelpful direction. After proposing that the term focalization replaces point of view, Genette proposes a typology not according to the distinction between who sees and who speaks but according to the criterion *of how much narrators see and know in relation to characters.* (Phelan 2001: 53 f.)

---

weil sie die Differenzierung von ‚who sees‘ und ‚who speaks‘ unterlaufe. Genette expliziert die Annahme, dass es der Erzähler ist, der in seinem Modell fokalisiert, im *Nouveau discours* – „fokalisieren kann […] nur der, der die Erzählung fokalisiert (oder nicht fokalisiert), d. h. der Erzähler“ (1994: 241) – und grenzt sich von Bals Vorschlägen ab (ebd.: 241 ff.). Das steht im Widerspruch zum „Discours“, wo er von den „beiden Instanzen der Fokalisierung und der Narration“ spricht (ebd.: 137).

2 Auch Genettes (1994: 137) anschließender Versuch, im Zweifelsfall das Minimalkriterium von Roland Barthes (1966: 20) anzuwenden, vermengt Aspekte der Fokalisierung und der Stimme, was Genette jedoch selbst eingesteht (1994: 137 f.).

„Nicht hilfreich" sei an Genettes Typologie laut Phelan (ebd.), dass er das Problem des Synkretistischen, das er an vielen herkömmlichen Ansätzen zum *point of view* kritisiert habe und mit der Trennung von *Stimme* und *Modus* vermeiden wollte, erneut reproduziere, weil mit „who sees" und „what (or how much) is seen" ebenfalls zwei verschiedene Konzepte miteinander verschmolzen würden (ebd.: 54). Ebenso problematisch erscheint, dass mit Genettes Fokalisierungskonzept verschiedene Formen der Informationsvermittlung und der Wahrnehmungsmodulation vermischt werden, worauf François Jost als einer der ersten verwiesen hat (1983a; 1983b).[3] Genette selbst stellt bereits im *Nouveau discours* fest, dass „die Untersuchung der Fokalisierung viel Tinte fließen lassen [hat] und sicherlich ein wenig zu viel" (ebd.: 235) und man muss eingestehen, dass sich dieser Trend fortgesetzt hat. So kann man heute selbst bei den Ansätzen, die sich explizit auf Genette beziehen, von engeren und weiteren Auffassungen seines Fokalisierungskonzepts sprechen und findet darüber hinaus viele von Genette ausgehende weiterführende Rekonzeptualisierungen und Revidierungen.[4] Mieke Bal hat u. a. in *Narratology* (1985; 1997; auch in: 1977b; 1981a) ein alternatives Fokalisierungsmodell zu Genette entwickelt, das je nach Bewertung als mit Genette unvereinbar (z. B. Genette 1983; Jahn 2005: 176), vereinbar (Fludernik 2005a: 41) oder kompilierbar (Nieragden 2002) gilt.[5] Chatman (1990: 139 ff.) differenziert den „point of view" aus in figurenbezogene („filter") und erzählerbezogene Aspekte („slant") (vgl. 2.3.3). Ein komplexes Modell, das verschiedene Facetten der Perspektive aufschlüsselt, liefert Wolf Schmid (2005: 125-149), der fünf Parameter der Perspektiv unterscheidet – Perzeption, Ideologie, Raum, Zeit und Sprache –, die jeweils „narrational" (Perspektive des Erzählers), „personal" (aus der Perspektive einer oder mehrerer der erzählten Figuren) oder „neutralisiert" sein können.

---

3 Weitere Kritikpunkte an Genettes Fokalisierungsmodell bündelt Schmid (2005: 117 f.).

4 Neben den oben genannten Positionen diskutieren u. a. folgende Beiträge weitere, im weitesten Sinne klassische Möglichkeiten eines Fokalisierungskonzepts: Jost (1983a; 1983b; 1984; 1987); Rimmon-Kenan (1983); Kablitz (1988); Bonheim (1990); Nelles (1990; 1997); Füger (1993); Niederhoff (2001); Nieragden (2002). Rekonzeptualisierungen aus kognitivistischer Position liefern Jahn (1996; 1999) und Herman (2002: 308 ff.). Els (2001) versucht der Abhängigkeit der Zuschauerempathie von Parametern der Fokalisierung empirisch nachzugehen. Suhrkamp (2000) verbindet Perspektivierungsfragen mit der *possible-worlds theory*. Jahn (2005; 2007) liefert eine bewertende Zusammenfassung klassischer und postklassischer Konzepte. Zwei Sammelbände ziehen einen relativ aktuellen Querschnitt durch verschiedene Positionen: *New Perspectives on Narrative Perspective* (Chatman/van Peer 2001) und *Modeling Mediacy: Point of View, Perspective, Focalization* (Hühn/Schmid/Schönert 2009).

5 Viele Analysen, die mit einem Fokalisierungsmodell operieren, markieren jedoch nicht, ob sie sich an Genette oder Bal orientieren, was zu unklaren Ergebnissen führt (vgl. Jahn 2005). Bal benutzt für die ‚fokalisierende Instanz' teilweise den Begriff „*focalizor*", den ich weitgehend durch den englischsprachig geläufigeren Begriff „*focalizer*" ersetzt habe.

Angesichts der Vielfalt an Möglichkeiten kann man sich Bonheims (1990: 307) pessimistischer Behauptung anschließen, dass „the philosopher's stone of an overall point-of-view model has not been, probably cannot be, discovered", mit Jahn (2005: 176) auf den „unschönen Seiteneffekt" verweisen, „that the non-specialist reader is often confronted with intractable ambiguities" oder aber versuchen, eine eigene, medienspezifische Interpretation des Genette'schen Ansatzes vorzuschlagen, um mit klaren Kategorien an den narrativen Film heranzutreten.

4.2 Fokalisierung und Okularisierung im Film

Im Hinblick auf den Film stellt sich die Situation nicht eindeutiger dar als in der Erzählliteratur. Jenseits der relativ unstrittigen produktionstechnischen Parameter wie *Einstellungsgröße* und *Kameraperspektive* gibt es verschiedenste *Point-of-view-*, *Perspektiv-* und *Fokalisierungs*konzepte.[6] Einige wurden bereits erwähnt (vgl. 1.3.5), zu anderen wird gleich ein Bezug hergestellt. Es gilt eine Linie zu finden, die sich mit dem grundlegenden Anspruch verbinden lässt, dass Fokalisierungsprozesse in Erzählliteratur und narrativem Film bis zu einem gewissen Grad vergleichbar sein sollen.

Wie Genette werde ich Fokalisierung deswegen relational klassifizieren, d. h. bezüglich des Verhältnisses der narrativen Instanz zur Figur und somit davon ausgehen, dass sowohl *sprachliche* als auch *visuelle* narrative Instanzen fokalisieren können. Damit unterlaufe ich zwar – wie Genette selbst – die strikte Trennung der Fragen „Wer sieht?" und „Wer spricht?" (letztere war bezüglich des Films ohnehin nur metaphorisch zu verstehen; vgl. 2.3), vermeide aber eine Vermengung von Fragen des Wissens mit Fragen der Wahrnehmung, indem ich Fokalisierung als Möglichkeit der *Informations*selektion und -relationierung auffasse. Das heißt: Grundlegend für mein filmisches Fokalisierungskonzept ist, dass ich *Fokalisierung* auf das Wissen bzw. die Relation des Wissens zwischen Erzählinstanz und Figur beziehe und von Fragen der Wahrnehmung im engeren Sinn abkoppele. Für die visuellen Aspekte der Wahrnehmung (das „Sehen") verwende ich den von François Jost (u. a. 1987) übernommenen Begriff der *Okularisierung* (franz.: *ocularisation*), für die auditiven Aspekte (das „Hören") den Begriff der *Aurikularisierung* (franz.: *auricularisation*). Zur Beschreibung der

6 Vgl. Stam/Burgoyne/Flitterman-Lewis (1992: 84): „[The category of point-of-view] is also one of the areas of greatest difficulty and confusion in film analysis. It has been used to signify a vast range of functions, from the technical sense of the point-of-view shot, to general sense of orienting the work through a certain character's perspective, to the ‚attitude' of the narrator, to the world-view of the author, to the affective response and epistemic range of the spectator."

Mechanismen der Okularisierung/Aurikularisierung kann wie bei der Fokalisierung mit den angenommenen narrativen Instanzen operiert werden, sodass ich insgesamt auf Bals Konzept des „focalizors" (u. a. 1997: 244 ff.) verzichten kann.[7] Für den Begriff der Okularisierung könnte man auch den Begriff des *point of view* (im engeren Sinne) oder des *optischen point of view* verwenden. Point of view ist aber durch verschiedene narratologische und filmanalytische Konzepte noch ‚vorbelasteter' als Fokalisierung, wohingegen Okularisierung im deutschsprachigen Raum bisher kaum benutzt worden ist.[8]

Das Konzept der Fokalisierung bezieht sich auf eine *relationale* Informationsselektion, genauer: Die Informationsrelation zwischen narrativer Instanz und Figur. Die Trennung von Fragen des Wissens und der Informationsvermittlung von Fragen der Wahrnehmung und der Wahrnehmungsvermittlung ist nur ein heuristisches Konstrukt und nicht immer konsequent durchzuführen, d. h. oft – aber nicht immer – lässt sich die Fokalisierung erst aufgrund der Wahrnehmungsrelationen bestimmen. Aus diesem Grund stellt die Fokalisierung als relationale Informationsselektion das übergeordnete Konzept dar, das weiter ausdifferenziert werden *kann*, wenn subtile Formen zu untersuchen sind. Um allgemeine Tendenzen festzulegen, reicht es dagegen oft, sich auf die Fokalisierung, also die Informationsrelation zu beschränken. Fokalisierung ist wiederum ein Teilkonzept eines komplexen Perspektivmodells, das auch ideologische und normative Perspektivierungen umfassen würde, die teilweise ins Feld der Interpretation führen und hier nicht weiterverfolgt werden.

Im Hinblick auf die Wissens-/Informationsrelation zwischen visueller Erzählinstanz und der (jeweiligen) Figur (VEI → F) klassifiziere ich die Fokalisierung wie folgt:

A) Nullfokalisierung:	Die visuelle Erzählinstanz zeigt *mehr* als eine Figur weiß (VEI > F)
B) Interne Fokalisierung:	Die visuelle Erzählinstanz zeigt in etwa *so viel* wie eine Figur weiß (VEI ≈ F)
C) Externe Fokalisierung:	Die visuelle Erzählinstanz zeigt *weniger* als eine Figur weiß (VEI < F)

7 Obwohl Konzepte der Okularisierung/Aurikularisierung potenziell auch auf die Erzählliteratur und die SEI anwendbar wären, verfolge ich sie hier primär bezüglich der (audio-)visuellen Erzählinstanz.

8 Wenn ich daneben aus praktischen Gründen vom *point of view* spreche, dann synonym zur *Okularisierung*. Wohingegen der auf Branigan (1984) zurückzuführende Begriff des *point of view shot* (kurz *POV shot*) synonym zum Begriff der *subjektiven Kamera* verwendet wird.

Die Fokalisierung einer sprachlichen Erzählinstanz im Film wird (jeweils) bezüglich der Wissens-/Informationsrelation zwischen der (jeweiligen) SEI und der (jeweiligen) Figur (SEI → F) klassifiziert:

A) Nullfokalisierung:	Die sprachliche Erzählinstanz sagt *mehr* als eine Figur weiß (SEI > F)
B) Interne Fokalisierung:	Die sprachliche Erzählinstanz sagt in etwa *so viel* wie eine Figur weiß (SEI ≈ F)
C) Externe Fokalisierung:	Die sprachliche Erzählinstanz sagt *weniger* als eine Figur weiß (SEI < F)[9]

Wie Genette (1994: 134 f.) unterteile ich die *interne Fokalisierung* noch in *fest* (wenn die interne Fokalisierung über einen Abschnitt konstant bei einer Figur bleibt; VEI ≈ F_1), *variabel* (wenn die interne Fokalisierung sukzessive von einer Figur zur nächsten wechselt; z. B. VEI ≈ F_1, VEI ≈ F_2, VEI ≈ F_1/F_3, …) und *multipel* (wenn dasselbe Geschehen mehrfach nacheinander, also *repetitiv* erzählt und dabei auf verschiedene Figuren intern fokalisiert wird; VEI ≈ F_1, VEI ≈ F_2, VEI ≈ F_3).[10] Die Figur F, auf die innerhalb eines Abschnitts intern fokalisiert wird (VEI/SEI ≈ F), kann als *fokale Figur* oder *Reflektorfigur* bezeichnet werden.[11] Die Grenze zwischen einer variablen internen und einer Nullfokalisierung ist fließend.[12] Darüber hinaus müssen *ambivalente* Fokalisierungen (z. B. wenn nicht eindeutig zwischen Null- und interner oder interner und externer Fokalisierung unterschieden werden kann) und *unbestimmte* Fokalisierungen (wenn sich die Fokalisierung durch werkinterne Signale nicht bestimmen lässt) ange-

9 Ich habe in den Darstellungen der Fokalisierungstypologie für die Aktivität der VEI das Verb „zeigen" und für die SEI das Verb „sagen" verwendet, um den Unterschied der jeweiligen Informations*vermittlung* zu betonen. Stattdessen könnte man in beiden Fällen auch von „(Informationen) vermitteln" oder „erzählen" (im in 2.1/2.3 erörterten Sinne) oder bei der SEI von „sprachlich erzählen" sprechen.

10 Alle Möglichkeiten der internen Fokalisierung, die in diesen Formeln mit einer *VEI* angegeben wurden, können sich auch für eine fakultative *SEI* ergeben. Im Folgenden heißt der Schrägstrich bei VEI/SEI, dass die jeweilige Relation *entweder* für die VEI *oder* eine SEI gelten kann. Ein Pfeil (→) steht für eine zu untersuchende Informationsrelation, die im Ergebnis jeweils größer (>), ungefähr gleich (≈) oder kleiner (<) sein kann. „A^{extrad}" steht für den extradiegetischen Adressaten.

11 Ich verwende grammatische Ableitungen des Begriffs „Fokalisierung" möglichst flexibel, sodass das Substantiv „Fokalisierung", das Verb „fokalisieren" und das Adjektiv „fokalisierend" in verschiedenen Kombinationen mit „Null-", „intern" und „extern" möglich sind. Alle Begriffsableitungen beziehen sich auf die Informationsrelation zwischen jeweiliger Instanz und Figur. „Die VEI fokalisiert intern auf Figur X" heißt, dass die VEI ungefähr so viele Informationen vermittelt, wie Figur X weiß (VEI ≈ X) etc.

12 Vgl. dazu Henderson (1983: 69): „The division between variable focalization and nonfocalization is sometimes difficult to establish, since nonfocalized narrative can most often be analyzed as a narrative that is multifocalized *ad libitum*."

nommen werden. Verschiedene Varianten einer *doppelten* Fokalisierung werden im Anschluss besprochen, die elementarste Form ergibt sich jedoch bereits aus dem Zusammenspiel von VEI und SEI, wenn VEI und SEI unterschiedlich bezüglich derselben Figur fokalisieren (z. B. VEI > F_1 und zugleich SEI ≈ F_1) oder auf zwei verschiedene Figuren intern fokalisieren (z. B. VEI ≈ F_1; SEI ≈ F_2). Es kann notwendig sein, die Fokalisierung einer Instanz in Bezug auf verschiedene Figuren zu bestimmen (VEI/SEI → F_1, F_2, … F_n) oder bei einer Ebenenschachtelung das Verhältnis des Wissens zwischen einer intradiegetischen SEI und Figuren der Metadiegese zu untersuchen ($SEI^{intrad} \rightarrow F^{metad}_{1,2,\ldots n}$). Auch die Wissensrelation zwischen extradiegetischem Adressat und Figur kann bedeutsam sein ($A^{extrad} \rightarrow F$). Theoretisch ist es möglich, die dynamische Informationsrelation zwischen sämtlichen Instanzen und Figuren zu untersuchen und es gibt Filme und Sequenzen, für die abhängig von der Fragestellung eine minutiöse Untersuchung des Wissensverhältnisses verschiedener Instanzen zu unterschiedlichen Figuren zu mehreren Zeitpunkten relevant ist,[13] etwa um die Konstitution von Spannungsbögen zu untersuchen.

Der Begriff der *Nullfokalisierung* wird trotz seiner unglücklichen Implikationen beibehalten und bezieht sich ausdrücklich *nur* auf die Relation des Wissens zwischen narrativer Erzählinstanz und Figur und *nicht* auf die (Un-)Eingeschränktheit des Wissens der jeweiligen narrativen Instanz an sich; weswegen ich den Begriff des *Mehrwissens* auch dem des *Allwissens* vorziehe, wenn eine Nullfokalisierung bzw. eine auktoriale VEI/SEI vorliegt, was ausdrücken soll, dass die Instanz *mehr* weiß als die Figur, aber nicht *alles*.[14] Im Fall einer nullfokalisierenden VEI/SEI gilt es zu untersuchen, wie das Mehrwissen gegenüber den Figuren eingesetzt und funktionalisiert wird. Oft, besonders im Mainstreamkino, dient es primär der Erzählökonomie und ist auf handlungsbezogenes Mehrwissen beschränkt.

Drei Bemerkungen müssen noch zur Reichweite von Fokalisierung und Okularisierung im Verhältnis zu filmischen und sprachlichen Segmen-

13 Z.B. in LA MALA EDUCACIÓN (vgl. 6.3.3.1) oder THE TRUMAN SHOW (vgl. 6.4.3).

14 Für die Annahme eines *All*wissens bzw. einer totalen ‚Nicht-/*Null*-Einschränkung' des Wissens gibt es keine Referenzgröße innerhalb des Textes, weshalb der Begriff der *Null*fokalisierung ebenso unglücklich ist wie die Bezeichnung „*un*fokalisierte Erzählung". Aufgrund der Etabliertheit der Begriffe werde ich trotzdem keinen anderen Terminus vorschlagen. Textübergreifend oder bezüglich anderer kontextueller Referenzgrößen kann das Wissen von Erzählinstanzen dagegen in seiner Reichweite und ideologischen, kulturellen, historischen und funktionellen Beschränkung bestimmt und mit dem anderer Werke verglichen werden. So unterscheidet sich das Mehrwissen der VEI in MAGNOLIA oder LE FABULEUX DESTIN D'AMÉLIE POULAIN (Jean-Pierre Jeunet, F 2001) z. B. signifikant von dem der VEI in DIE ANOTHER DAY (Lee Tamahori, GB/USA 2002). In letzterem Film dient das Mehrwissen der VEI der Erzählökonomie, in ersterem spielt die kommunikative VEI (teilweise komplementär zu einer extra-heterodiegetischen SEI) selbstreflexiv mit ihrem Mehrwissen und macht den Zuschauer zum Komplizen ihrer ‚auktorialen Macht'.

ten gemacht werden. *Erstens*: Fokalisierung und Okularisierung der VEI lassen sich einerseits minutiös in Bezug auf einzelne Einstellungsfolgen oder Sequenzen (*Mikrobereich*) untersuchen und sind selten über längere Einstellungsfolgen hinaus konstant. Andererseits lassen sich oft Tendenzen für größere Abschnitte (Sequenzen, Episoden, Handlungsstränge, ganze Filme, Genres) feststellen (*Makrobereich*). Kommt es innerhalb eines Abschnitts, der sich durch eine relativ konstante Fokalisierungstendenz auszeichnet, zu einem isolierten und auffälligen Fokalisierungswechsel oder Bruch mit dem vorherrschenden Fokalisierungscode, dann werden diese mit Genette als *Alterationen* bezeichnet, „solange die Kohärenz des Ganzen noch stark genug bleibt, um von einem dominanten Modus reden zu können" (1994: 138 f.). Werden „weniger Informationen gegeben, als an sich gegeben werden müssten", spricht man von *Paralipsen*, werden mehr Informationen gegeben, „als der Fokalisierungscode, der das Ganze beherrscht, an sich gestattet" von *Paralepsen* (ebd.: 139).[15]

Zweitens: Die Fokalisierung lässt sich selten in Bezug auf eine einzige Einstellung bestimmen. So wie die Diskussion der Minimalbedingung filmischen Erzählens (vgl. 2.1.4) und die Beschreibung des kinematographischen Erzählens durch audiovisuelles Zeigen (vgl. 3.2) ergeben haben, dass es das *Zusammenspiel* von Kamera *und* Montage ist, das für den kinematographisch-visuellen Erzählvorgang konstitutiv ist, ergeben sich auch Fokalisierung und Okularisierung – außer bei Formen der *inneren Montage* oder Einstellungen, die spezifische Blickstrukturen abbilden – erst in der Folge (und der Relation) von mindestens zwei Einstellungen. Anders herum betrachtet, kann z. B. ein und dieselbe Einstellung A auf eine in einem Raum sitzende und in eine spezifische Richtung blickende Figur X je nach Montage komplett verschieden eingeordnet werden – etwa als a) *interne* Fokalisierung/*interne* Okularisierung, wenn man zuvor eine beobachtende Figur Y gesehen hat, deren subjektiven Blick man mit Einstellung A auf Figur X einnimmt; als b) *externe* Fokalisierung/*externe* Okularisierung, wenn die VEI Figur X, die neugierig ins Kamera-*Off* blickt, bereits eine Weile gezeigt hat, ohne ihre Sicht einzunehmen und ohne das zu zeigen, was Figur X sieht, weiß und was sie offensichtlich beschäftigt oder als c) *Null*fokalisierung/*Null*okularisierung, wenn die VEI in der nächsten Einstellung oder in einer Parallelmontage eine zweite Figur Y

15 Wegen der hohen Fluktuation von Fokalisierung und Okularisierung im Mikrobereich eines Spielfilms und einer oftmals dynamischen Entwicklung der Fokalisierung gibt es oft keinen etablierten Fokalisierungscode, auf den man eine Alteration beziehen kann. Ist hingegen eine klare Informationslogik zu erkennen, können sich auffällige Alterationen ergeben z. B. in CIDADE DE DEUS (Fernando Meirelles, Br/USA/F 2002): In einigen Sequenzen zeigt die VEI, in anderen erzählen VEI und SEI im komplementären Zusammenspiel mehr oder weniger als der Fokalisierungscode erlaubt und erwarten lässt (vgl. 5.4.4).

zeigt, die durch die Straßen der Stadt irrt und unbedingt wissen muss, wo sich Figur X aufhält, um sie vor einer Gefahr zu warnen (was aber nur die VEI und der Adressat wissen). Weitere Varianten sind denkbar.[16]

Drittens: Die Analyse der Fokalisierung einer *SEI* kann sich an den Ausführungen Genettes (1994: 134 ff.) orientieren, die mit meinem Ansatz kompatibel sind, wenn man sich im Zweifelsfall auf die *Informations-* bzw. *Wissens*relation und nicht auf die Wahrnehmungsverhältnisse bezieht. Die Fokalisierung einer SEI kann sowohl im *Mikrobereich* von Segment zu Segment (≈ Satz/Teilsatz/Satzabschnitt) genau analysiert als auch als Tendenz im *Makrobereich* angegeben werden; sie kann sowohl innerhalb einer sprachlichen Passage als auch in der Sukzession der sprachlichen Passagen auffällig stark fluktuieren (z. B. das Voice-over in einigen Abschnitten von THE NAKED CITY; Jules Dassin, USA 1948; die Schrifttafeln und das Voice-over in einigen Teilen von Fassbinders BERLIN ALEXANDERPLATZ) oder weitgehend konstant sein (z. B. das Voice-over in THE ROYAL TENENBAUMS; Wes Anderson, USA 2001). Das Zusammenspiel aus Fokalisierungstendenz der VEI und einer SEI kann im Falle eines *komplementären* oder *überlappenden* Verhältnisses der Instanzen weitgehend homogene Erzählsituationen konstituieren (vgl. 3.4.2).[17]

4.2.1 Wissen vs. Wahrnehmen: Fokalisierung, Okularisierung und Aurikularisierung

Eine mit der hier vorgeschlagenen Differenzierung vergleichbare Trennung von Fragen des Wissens und der Wahrnehmung schlägt François Jost vor (u. a. 1983a; 1983b; 1984; 1987), von dem die Begriffe Okularisierung (für visuelle Aspekte der Wahrnehmung) und Aurikularisierung (für

16 Der Fokalisierungsbegriff ließe sich nur unter Verzicht auf seine Relevanz auf das einzelne Filmbild beziehen; entscheidend ist die Summe der Informationen bzw. der Informationsselektionen in der Folge mehrerer Einstellungen. Erst in der Folge lässt sich von einer Nullfokalisierung sprechen, wenn erkennbar mehr Informationen gegeben werden, als eine fokale Figur wissen kann, deren Wissen ebenfalls nur in der Sukzession bestimmbar ist. Erst in der Folge lässt sich feststellen, ob die gegebenen Informationen figurenbezogen sind. Auch der Extremfall der *subjektiven Kamera* kann erst durch Rahmung der Einstellung, also mindestens eine Montage, auf eine Figur bezogen werden. Ausnahmen, in denen Fokalisierung und Okularisierung innerhalb einer Einstellung bestimmbar sind, bilden Formen der inneren Montage, Kamerabewegungen, die wie Schnitte wirken, Einstellungen mit großer Tiefenschärfe, die Beobachtungsstrukturen darstellen, spezifische *over-the-shoulder-shots* und Plansequenzen (vgl. 3.2).

17 Wobei es aufgrund der Kopräsenz der Instanzen mehr strukturelle Grundtypen an Erzählsituationen im narrativen Film gibt als in der Erzählliteratur. Durch die als relationale Informationsselektion verstandene Fokalisierung ist es möglich, Fokalisierungen von Filmen und Erzähltexten zu vergleichen.

auditive Aspekte der Wahrnehmung) übernommen werden. Einige Ungereimtheiten und Entwicklungsschritte in den Publikationen Josts hat Sabine Schlickers (1997: 127-167; 2009) aufgearbeitet und darauf aufbauend exemplifiziert, wie man die von Jost entworfenen Konzepte mit hohem heuristischen Wert für Film und Erzählliteratur nutzen kann.[18]

In Anlehnung an Schlickers und Jost gewinne ich zwei Formen der Okularisierung: 1.) Die *Nullokularisierung*, wenn das, was die VEI zeigt, an keine der Figuren gebunden ist, wie im sogenannten *nobody's shot* (vgl. Schlickers 1997: 147). Es handelt sich hierbei um den statistisch häufigsten Normalfall im fiktionalen Spielfilm; alle Figuren sind dabei ‚von außen' zu sehen. 2.) Die *interne Okularisierung*, wenn das, was die VEI zeigt, an die Wahrnehmung einer Figur gebunden ist, also die VEI in etwa das zeigt, was die entsprechende Figur gerade wahrnimmt (Blick von ‚innen'). Ich ergänze 3.) die (seltene) *externe Okularisierung* (die von Jost und Schlickers nicht angenommen wird), wenn eindeutig markiert ist, dass eine Figur etwas wahrnimmt, was die VEI *nicht* zeigt (vgl. 4.3.3).

Zwischenformen werden im Anschluss präsentiert. Jost (1987: 27 f.) unterscheidet noch eine „primäre" von einer „sekundären internen Okularisierung".[19] Die *sekundäre* interne Okularisierung liegt nach Jost vor, wenn die Subjektivität durch kontextuelle Signale, wie eine Montage oder verbale Hinweise, gekennzeichnet ist. Diese Unterscheidung scheint mir – wie Schlickers (1997: 147), jedoch aus anderen Gründen – problematisch, vor allem weil Formen der *subjektiven Kamera* selten ohne kontextuelle Markierungen per Montage vorkommen, also das, was Jost als *primäre* interne Okularisierung bezeichnet, ein seltener Sonderfall ist. Jost bezieht sich hier zu sehr auf die Trennung von Kamera/Einstellung und Montage, während ich mit einer VEI argumentiere, die beide Aspekte umfasst.

---

18 Nelles (1997: 75 ff.) leitet von den fünf menschlichen Sinnen fünf über Josts Differenzierung hinausweisende Unterkategorien der Fokalisierung ab: „ocularisation" (Sehen), „auricularisation" (Hören), „olfactivisation" (Riechen), „gustativisation" (Schmecken) und „tactivilisation" (Tasten), die aber nur bei höchstspezifischen Konstellationen nützlich sein dürften. Beim Film, der vom realen Zuschauer mit Seh- und Hörsinn wahrgenommen wird, sind die Aspekte des visuellen und auditiven Wahrnehmens per se in komplexere Zusammenhänge eingebettet als die drei weiteren Sinne, deren Stimulation in der äußeren Kommunikation ‚nur' fingiert werden kann.

19 Vgl. Jost (1987: 27 f.): „Ocularisation interne secondaire: lorsque la subjectivité d'une image est construite par le montage, les raccords (comme dans le champ-contrechamp) ou par le verbal (cas d'une accroche dialogue), en bref, par une contextualisation. Ocularisation interne primaire: dans le cas où se marque dans le signifiant la matérialité d'un corps ou la presence d'un œil qui permet immédiatement, sans le secours du contexte, d'identifier un personage absent de l'image". Das, was Jost primäre interne Okularisierung nennt, beschreibe ich als Subjektivierungstechnik oder Handkameraeffekt. Äußerst selten werden diese jedoch ohne kontextuelle Markierungen angewendet, sodass ich sie nicht als eigenständigen Typ auffassen werde, sondern als Sonderform der internen Okularisierung.

Wie bei der Okularisierung unterscheide ich drei Formen der Aurikularisierung: 1.) Die *Nullaurikularisierung*, wenn ein Ton keiner bewusst auditiv-wahrnehmenden (‚hörenden') Figur der Diegese zugeordnet werden kann (vgl. Jost 1987: 57). „Offensichtlich ist dies bei Stimmen und Geräuschen aus dem ‚off'" (Schlickers 1997: 149). Aber auch bei ungerichteten Raumklängen und Bildtönen (Geräuschen, Stimmengewirr, ungerichtete Stimmen etc.), die potenziell von allen im Raum befindlichen diegetischen Figuren vernommen werden können, kann man von Nullaurikularisierung sprechen, solange sie nicht durch zusätzliche Markierung an die subjektive Wahrnehmung durch eine (oder mehrere) Figur(en) gebunden werden. 2.) Die *interne Aurikularisierung*, die verschiedene Formen auditiver Subjektivität umfasst, zum Beispiel wenn eine Figur an einer Tür lauscht (vgl. ebd.) oder wenn sich eine Figur einen Kopfhörer aufsetzt und im Moment des Aufsetzens alle Raumgeräusche, die zuvor zu hören waren, gedämmt sind und plötzlich der Song zu hören ist, der gerade über Kopfhörer zu hören sein soll (TROIS COULEURS: ROUGE; Krzysztof Kieslowski, F/P/Schweiz 1994). Wie schon diese Beispiele zeigen, lässt sich die Aurikularisierung selten unabhängig von visuellen Signalen bestimmen und es kann gefolgert werden, „daß dem visuellen Bereich zur Bestimmung des auditiven *point de vue* eine große Bedeutung zukommt" (ebd.).[20] Jost unterscheidet in diesem Zusammenhang un- oder halbbewusstes auditives Vernehmen („entendre") und bewusstes Anhören/Zuhören („écouter") einer Figur, das durch visuelle Zeichen angezeigt ist:

> „*L'entendu* ne prend sa véritable valeur qu'en glissant vers *l'écouté*. Les signes de l'écoute dynamique (mimiques, gestes, mouvements de tête, jeux de scène, etc.) ont donc un rôle non négligeable dans l'ancrage de la bande sonore à un personnage." (Jost 1987: 51 f.)

Erst im Fall eines angezeigten bewussten Zuhörens („écouter") ist es sinnvoll von *interner Aurikularisierung* zu sprechen. Wegen dieses Zusammenhangs und der hohen Abhängigkeit der Aurikularisierung vom visuellen Kontext halte ich Josts (ebd.: 57) Differenzierung von „primärer" und „sekundärer Aurikularisierung" für überflüssig. Dagegen nehme ich über Jost und Schlickers hinaus 3.) die *externe Aurikularisierung* an, wenn markiert ist, dass eine Figur etwas hört, das weder VEI noch SEI präsentieren, z. B. wenn sie etwas zugeflüstert bekommt (vgl. 4.3.3).

Schlickers hebt hervor, dass „die Trennung von focalisation und ocularisation/auricularisation [...] lediglich analytischen Zwecken" diene (1997: 150) und „daß die beiden Konzepte stets in ihrer spezifischen In-

20 Vgl. dazu auch Jost (1987: 51): „Il n'est donc pas exagéré de dire que *souvent l'auricularisation s'ancre dans l'ocularisation*. Tant qu'un bruit ne provoque pas le regard d'un personnage, le specteur ne lui accorde pas plus d'importance (ou autant) qu'au décor, à moins qu'une phrase ne joue cette fonction de désignation".

terrelation zu betrachten sind" (ebd.: 153). Die analytische Trennung von Fokalisierung und Okularisierung, die hier vorgeschlagen wird, deckt sich weitgehend auch mit „der handlungslogischen und der bildlogischen" Fokalisierung von Jörg Schweinitz (2007a: 95 f.).[21] Sie ist teilweise zu vereinbaren mit den Auffassungen eines „narrativen POV" und eines „optischen POV", wie sie Borstnar/Pabst/Wulff (2002: 164 ff.) vorschlagen (ohne sich an erzähltheoretischen Konzepten zu orientieren).

Formen der Fokalisierung und Okularisierung werden in 4.3.2 aufgeschlüsselt. Zuvor ein kurzer Ausblick auf filmische Möglichkeiten der *Aurikularisierung*: Zur Darstellung der Taubheit des Komponisten Ludwig van Beethoven werden im *Biopic* IMMORTAL BELOVED (Bernard Rose, USA 1994) Formen der *internen Aurikularisierung* genutzt. Auffällig ist das Heruntermodulieren der Raumgeräusche (oft Bildtonmusik bei der Aufführung einer Sinfonie) bei gleichzeitigem Einspielen eines Rauschens, unterlegt von einem herzschlagartigen Pochen zur Kennzeichnung der nach innen gerichteten subjektiven auditiven Wahrnehmung eines Tauben. Eine typische Verknüpfung von interner Aurikularisierung und interner Okularisierung liegt dagegen vor, wenn ein *point of view shot* den Blick einer Figur auf eine Partitur zeigt, deren musikalische Umsetzung als Fremdton zu hören ist wie in AMADEUS (Milos Forman, USA 1984) oder auffällig in TROIS COULEURS: BLEU (Krzysztof Kieslowski, F/P 1993), wenn ein sich bewegender Schärfefokus innerhalb desselben *point of view shot* auf eine Partitur sukzessive nur die Note scharf zeigt, die gerade als Fremdton zu hören ist, was analog zu einer „inneren Stimme" die musikalische Vorstellungskraft der die Partitur lesenden Figur repräsentieren soll.

Überhaupt ist TROIS COULEURS: BLEU ein Film, der sich durch verschiedene Möglichkeiten gerichteter, meist subjektiver Aurikularisierung auszeichnet, die vor allem durch den werkinternen Kontext markiert und selten an Formen interner Okularisierung gebunden sind. Der Film zeigt die Geschichte von Julie Vignon (Juliette Binoche), der Witwe eines berühmten Komponisten, die nach dem Unfalltod von Mann und Tochter seine letzte „Europa"-Sinfonie zuerst vernichten will, um Unfall und Tod zu verdrängen und schließlich doch zu Ende komponiert. Versatzstücke dieser Sinfonie – etwa die markanten Chöre – werden immer wieder zu Großaufnahmen ihres Gesichts oder Detailaufnahmen ihres Auges als

---

21 Vgl. Schweinitz (2007a: 95): „[D]ie Ebene der *visuellen Wahrnehmungsperspektive* [steht] nicht in einem Verhältnis einfacher Identität zur Erlebensperspektive. Die erstere Form kann im Film *bildlogisch* repräsentiert, die zweite *handlungslogisch* (in dem Sinne wie auch die literarische Fokalisierung) entwickelt werden. Ich spreche daher von einer ‚doppelten Fokalisierung des Films' – der handlungslogischen und der bildlogischen Fokalisierung. [...] Im Kern folgt diese Aufgliederung jener Unterscheidung, die François Jost [...] in den Diskurs der Narrativik eingebracht hat."

Fremdton eingespielt und durch eine auffällige leitmotivische Stilfigur an ihren jeweiligen mentalen und emotionalen Status gebunden: Wenn Julie etwas Persönliches gefragt wird (das z. B. mit dem Tod ihres Mannes zusammenhängt), setzen dramatische Klänge der Sinfonie als Fremdton ein, während ihr Gesicht in Großaufnahme zu sehen ist, bevor eine Abblende zu einem *blackscreen* führt, der etwa fünf Sekunden gehalten wird, gefolgt von einer Aufblende auf ihr Gesicht, bis die Musik schließlich wieder aussetzt. Dadurch ist die Musik zwar an ihren mentalen Zustand gekoppelt und durch wiederkehrende Leitmotive zur Kennzeichnung ihres inneren Zustandes an anderen Stellen funktionalisierbar, was man als auditive Subjektivität, auditive Introspektion, vielleicht als ‚subjektivierende Aurikularisierung' bezeichnen könnte, aber nicht als *interne Aurikularisierung* im Sinne Josts, weil zwar möglich, aber nicht sicher ist, dass sie in diesen Momenten ebenjene Musik als innere Klänge hört. In anderen Einstellungen wird die Sinfonie dagegen ans Bild gebunden, z. B. als eine Frau beim gemeinsamen Blick auf die Partitur zu Julie meint, dass sie besonders die Chöre möge, auf die sie im selben Moment mit dem Finger weist, woraufhin genau diese Chöre als Fremdton zu hören sind. Der Kontext spricht dafür, dass es Julie sein soll, die in ihrer Einbildung die Chöre hört. Sie sind von diesem Augenblick an so lange zu hören, bis Julie die Partitur etwas später endgültig vernichten will, indem sie diese in einen Reißwolf wirft. Der Maschinenlärm des Reißwolfs als Bildton übertönt zunehmend die leiser werdenden Chöre als Fremdton, bis sie verstummen. Nicht alle diese Formen auditiver Gestaltung können jedoch mit dem Aurikularisierungsbegriff erfasst werden. Es deutet sich an, dass für eine weiterreichende Modellierung der Aurikularisierung die Differenzierung von Fremd- und Bildton und die Funktionalisierung von Tönen zur Darstellung innerer Zustände (Introspektion) sowie verschiedene Leitmotivtechniken berücksichtigt werden müssten.

4.2.2 Fokalisierung oder der „focalizer"?

Der filmische Normalfall der *Nullokularisierung* (oder des *nobody's shot*), bei der Figuren von außen von einem Blickwinkel gezeigt werden, der keiner Figur zugeordnet werden kann, wird in einigen anderen Ansätzen zur filmischen Fokalisierung als „externe Fokalisierung" eingeordnet – „extern" im Sinne des ‚von außen Sehens' der Figuren (Deleyto 1996; Griem 2000; Griem/Voigts-Virchow 2002). Diese Einordnung resultiert aus einer Definition der Fokalisierung, die sich strikt auf die Genette'schen Fragen „Wer sieht?" oder „Wer nimmt wahr?" bzw. das Fokalisierungskonzept von Mieke Bal (u. a. 1985; 1997: 244 ff.) bezieht. Eine so verstandene Fokalisierung ist teilweise mit dem oben vorgeschlagenen Konzept der Okularisierung vereinbar (sodass unter dem Begriff der Fokalisierung dann das analysiert wird, was hier unter Okularisierung verstanden wird), wird teilweise jedoch zu sehr an der Formel „Kamera = Fokalisierungsinstanz" festgemacht (Griem 2000: 308 f.), zu eng auf die Einheit einer einzigen Einstellung bezogen (Henderson 1983: 69 f.) oder bis zu dem Postulat weiterentwickelt, dass im Film nur fokalisiert und nicht (bzw. nur sprachlich) erzählt werden könne (Mahler 2001). Viele dieser Ansätze lassen außen vor, mit welcher Definition von Narrativität sie letztlich operieren, sodass nicht reflektiert wird, unter welchen Voraussetzungen Konzepte aus der literaturbasierten Erzähltheorie überhaupt auf das Medium Film übertragbar sind (vgl. 2.1).

Die Antwort auf die Frage „Wer sieht?" lautet in derartigen Ansätzen: die Kamera oder eine je verschieden benannte Instanz der Fokalisierung wie der *focalizer* bzw. der Film selbst, wenn der Bordwell-Schule (vgl. 1.3.4) folgend ein Instanzenmodell abgelehnt wird wie etwa von Griem/Voigts-Virchow (2002: 161 ff.). Die Antwort auf die Frage „Wer spricht?" lautet dementsprechend: ein fakultativer Voice-over-Erzähler, der als einzige narrative Instanz im fiktionalen Film anerkannt wird. Fleishman (1992) konzentriert sich beispielsweise nur auf Filme mit sprachlichen Erzählinstanzen, die er als „narrated films" sogenannten „storytelling situations" zuordnet und von allen anderen fiktionalen Filmen, die er als „nonnarrated films" einordnet, abgrenzt (ebd.: 21 f.). Ein derartiger Schritt, nur Filme mit einem sprachlichen Erzähler als „narrated" zu klassifizieren, basiert auf einer restriktiven, weil strikt sprachbezogenen Definition der Narrativität (vgl. 2.1), verhindert den Vergleich von Erzählliteratur und narrativem Film und lässt sich nur schwer mit der dreigliedrigen Klassifizierung von Fokalisierung vereinbaren, die Genette vorschlägt.[22]

Der argumentative Kurzschluss, der mit diesen Ansätzen häufig einhergeht, dass ein Film objektiv erzähle, weil eine externe Fokalisierung vorherrsche, weil die Figuren vor allem von außen gesehen würden, wird durch das hier vorgeschlagene relationale Fokalisierungskonzept vermieden. Denn wenn man wie Deleyto (1996), Griem (2000), Griem/Voigts-Virchow (2002) und andere postuliert, dass das filmische Erzählen vor allem *extern fokalisiere*, dann verstellt man sich die Möglichkeit, literarische und filmische Fokalisierungen zu vergleichen. Der seltenere Fall der *externen Fokalisierung* in der Literatur hat andere Funktionen als das den Regel-

22 Vgl. Schweinitz (2007a: 88): „Zunächst, anders als bei der literarischen Narration, ‚sieht' man beim Film nicht nur im metaphorischen Sinne, sondern tatsächlich. Der Film präsentiert durch die Kamera einen tatsächlichen visuellen Blickwinkel, eine *tatsächliche Wahrnehmungsperspektive*. [...] Die visuelle Perspektive taugt nun aber [...] nicht als schlichte Analogie zur [...] literarischen Fokalisierung."

fall bildende Zeigen einer Figur von außen im Film, also in meinem System die *Nullokularisierung*. Diese kann nun aber mit verschiedensten Formen einer *internen Fokalisierung* im Sinne meiner Definition kombiniert werden. So gibt es eine Reihe filmischer Stilfiguren, in denen man die Figur *von außen* sieht und trotzdem gleichzeitig Einblicke in ihr Bewusstsein oder Unterbewusstsein bekommt (*mindscreen*, *mentale Metadiegesen* etc.; vgl. 4.3.2). Diese nun aber mit dem Begriff der externen Fokalisierung zu belegen, wirkt absurd und widerspricht den meisten literaturwissenschaftlichen Fokalisierungsmodellen.[23]

4.3 Formen der Fokalisierung und Okularisierung im narrativen Spielfilm

4.3.1 Formen der Nullfokalisierung

Eine *nullfokalisierende VEI*, die tendenziell mehr zeigt als eine fokale Figur weiß, ist im narrativen Spielfilm der statistisch häufigste Fall. Eine Binnendifferenz der visuellen Nullfokalisierung ist daran festzumachen, ob das *Mehrwissen* der VEI gegenüber einer/mehrerer Figur(en) deutlich ausgestellt wird oder nicht. Letzterer Fall ist der unmarkierte Normalfall, in ersterem verweist eine auffällige, kommunikative VEI teilweise selbstreflexiv auf ihr Mehrwissen und auf sich selbst.[24]

Eine evidente Form der Markierung des Mehrwissens ist eine Luftaufnahme, in der sich Mehrwissen und visuelle Übersicht der VEI verbinden (z. B. wenn die VEI in der Luftaufnahme zeigt, wie Figuren, die sich verfolgen, durch verschiedene Straßen rennen wie in CIDADE DE DEUS, wo die Luftaufnahme auf einen Stadtplan übergeblendet wird). Aber auch

23 Die Einschränkung des Fokalisierungsbegriffs auf die Informationsrelation heißt wiederum nicht, dass alle Facetten eines weiten Perspektivbegriffs damit abgedeckt wären und dass Aspekte wie das Verhältnis der ideologischen Perspektiven von visueller und sprachlicher Erzählinstanz nicht auch untersucht werden könnten. Für derartige Betrachtungen müsste ein umfassendes Perspektivkonzept, wie es etwa Schmid (2005: 113 ff.; vgl. 4.1) vorschlägt, herangezogen und für das Medium Film modifiziert werden, was aufgrund von Schmids literaturorientierter Argumentation jedoch medienbezogene Schwierigkeiten mit sich bringt. Räumliche, zeitliche und perzeptive Parameter der Perspektive in Schmids Sinne dürfte man auch für den Film differenzieren können; eine ideologische Perspektive müsste zumindest teilweise für VEI und SEI(en) nachweisbar sein. Nimmt man statt Schmids sprachlicher Perspektive eine allgemeiner gefasste, nicht mediengebundene stilistische Perspektive an, könnte man auch diesen Aspekt auf den Film übertragen.

24 Es handelt sich um Fälle, in denen Bordwell (1985: 57 ff.) davon spricht, dass die „narration" einen hohen Grad an „self-consciousness" und/oder „communicativeness" besitzt, die Metz (1997, u. a. 10 ff.) als Konstruktionen mit „enunziativem Wert" bzw. „Enunziationsmarkierung" einordnet.

Verweise der VEI auf syntagmatische und symbolische Zusammenhänge, das Herstellen formaler Korrespondenzen (z. B. durch *match cuts*, fremdmusikalische Klammern, parallelistische Strukturen); thematische Spiegelungen, Parallelismen der Mise-en-scène stellen das (Mehr-)Wissen der erzählenden VEI aus, wenn die dadurch hergestellten Zusammenhänge *nicht* figurengebunden aufgelöst und an das Wissen und die Wahrnehmung der Figuren gebunden werden.

In vielen Episodenfilmen spielt die VEI mit ihrem Überblickswissen über die verschiedenen Handlungsstränge, wenn sie auf thematische Zusammenhänge verweist oder formale Parallelismen zwischen den Episoden konstituiert, obwohl sie sich innerhalb der einzelnen Episoden streckenweise einer internen Fokalisierung zur jeweiligen Hauptfigur annähern kann. In MAGNOLIA wird das ‚auktoriale' Spiel der VEI beispielsweise auffällig herausgestellt, wenn die Figuren in allen Episoden scheinbar unmotiviert das gleiche Lied singen oder auf alle Figuren ein (ontologisch unmöglicher) Froschregen niederprasselt und die VEI in einer schnellen multiplen Parallelmontage zwischen den Episoden hin und her wechselt und zeigt, wie die verschiedenen Episodenfiguren jeweils darauf reagieren (vgl. 6.3.5). In 11:14 [ELEVENFOURTEEN] (Greg Marcks, USA/Kan 2003) wird in den einzelnen Episoden zwar stark figurengebunden erzählt (Tendenz zur internen Fokalisierung), aber durch die Erzählstruktur doch die mehrwissende Übersicht der VEI herausgestellt. In allen Episoden hat die jeweilige episodische Hauptfigur gegen 23:14 Uhr (11:14 pm) ein einschneidendes Erlebnis, das aus dem zufälligen Zusammentreffen verschiedener Episodenfiguren und der zufälligen Gleichzeitigkeit verschiedener Ereignisse in einer amerikanischen Kleinstadt resultiert. In einer Reihe von teilweise *repetitiven* Analepsen wird eine vergleichbare, nicht absolut deckungsgleiche Zeitspanne aus Sicht verschiedener Episodenfiguren erzählt, die jeweils vor 23:14 Uhr einsetzen und bis nach 23:14 Uhr reichen.[25] Die temporalen und kausalen Zusammenhänge der Ereignisse können erst im Verlauf des Films entschlüsselt werden und zwar durch den Informationsvorsprung, den der Adressat/Zuschauer Episode für Episode im Vergleich zu den Figuren gewinnt. Die Figuren selbst durchschauen – so sie überhaupt am Leben bleiben – die Zusammenhänge nicht. Nur die Summe an episodischen Informationen ermöglicht es dem Adressaten, schließlich die Zufallsketten zu verstehen, die zu den schick-

25 Einige – im Film früher platzierte – Episoden/Analepsen brechen später ab und andere – im Film später platzierte – setzen früher ein, sodass die Tendenz eines rückwärtsgewandten Erzählens vom Ende zum Anfang erkennbar ist (vgl. 5.1.3). Weil sich die Zeitabschnitte der Episoden überschneiden, aber nicht deckungsgleich sind, lässt sich bezogen auf die Episodenstruktur nicht von einer rein multiplen, sondern einer Mischform zwischen *multipler* und *variabler* interner Fokalisierung sprechen.

salhaften Unfällen geführt haben. 11:14 ist so ein markantes Beispiel dafür, dass die Grenze zwischen tendenziell *variabler/multipler interner Fokalisierung* und *Nullfokalisierung* fließend ist. Im Verlauf des Films deutet die VEI durch Querbezüge zwischen den Episoden und wiederkehrende Details zwar nur an, dass sie die Übersicht besitzt und beschränkt sich ansonsten tendenziell auf die Vermittlung des Wissens der jeweiligen Episodenfigur (VEI $\approx F_1$, VEI $\approx F_2$, ...), am Ende hat sie über die verschachtelt-repetitive Erzählstruktur ihr Mehrwissen aber dennoch vollständig an den Adressaten weitergegeben (VEI = $A^{extrad} = F_1+F_2+ \ldots +F_n >> F_1, F_2, \ldots, F_n$ einzeln).

Auch *zukunftsgewisse Vorausdeutungen/narrationale Prolepsen*[26] verweisen auf das Mehrwissen der VEI, z. B. wenn die VEI in VANILLA SKY (Cameron Crowe, USA 2001) Bilder der Brücke, an der später der handlungsentscheidende Unfall geschehen wird, in den expositorischen Traum am Anfang montiert oder in LE FABULEUX DESTIN D'AMÉLIE POULAIN, wenn die VEI durch vorweggenommene Einstellungen zusammen mit der extra-heterodiegetischen SEI antizipiert, dass sich Amélies Leben „in 48 Stunden" verändern wird (vgl. 5.4.2.1).[27] Einen verspielten Beweis ihres ‚prophetischen Mehrwissens' liefert die VEI in LOLA RENNT (Tom Tykwer, D 1998), wenn sie in wenigen typischen Bildern die Zukunft einiger Randfiguren ausmalt, denen Lola bei ihrer Hetzjagd gegen die Zeit begegnet. In jeder der drei Episoden, die verschiedene Handlungsvarianten mit gleicher Grundkonstellation durchspielen (vgl. 5.3.5), gestaltet sich die Zukunft der jeweiligen Randfigur anders. Auch mit *narrationalen Analepsen*, die nicht an die Erinnerung einer Figur gebunden sind, kann die VEI auf ihr Mehrwissen anspielen. Allerdings sind Analepsen selten so auffällig wie zukunftsgewisse Vorausdeutungen, weil das Wissen um die Vergangenheit auch für Figuren ontologisch möglich wäre, wohingegen Figuren niemals zukunftsgewisse Vorausdeutungen treffen können. So fallen die narrationalen Analepsen in 25TH HOUR (Spike Lee, USA 2002) (vgl. 6.2.1.2) kaum als Beweise des Mehrwissens der VEI auf (obwohl für das Verständnis der Erzählgegenwart wichtige Informationen nachgeliefert werden) und zwar, weil die Informationen kaum über die *potenziellen* Erinnerungen des Protagonisten hinausweisen. In ADAPTATION blickt die VEI dagegen auf die Frage der inneren Stimme des Protagonisten „Warum bin ich hier, wie bin

26 Analepsen (Rückblicke) und Prolepsen (Vorausdeutungen) sind Zeitumstellungen, die hier nach Genette (1994: 21 ff.) aufgefasst und in Kapitel 5.1 genauer klassifiziert werden. *Narrationale* Ana- und Prolepsen sind der narrativen Instanz zuzuordnen, *figurale* einer diegetischen Figur (vgl. 5.1 und 6.2).

27 Zukunftsgewisse Vorausdeutungen sind zugleich ein Signal für einen *späteren* Narrationszeitpunkt, der bei einer VEI von Fokalisierungs- und Enunziationsmarkierungen abhängt (vgl. 5.4.2).

ich hierher gekommen?" in einer narrationalen Analepse bis zur Entstehung des Planeten und der Menschheit zurück (in einer computeranimierten Sequenz, unterstützt durch das Insert „Hollywood, CA. Vier Milliarden und 40 Jahre früher"), womit sie so deutlich wie ironisch über das Wissen und die Frage des Protagonisten hinausweist.

Eine tendenziell *nullfokalisierende VEI* kann sowohl mit einer *extra-hetero*diegetischen SEI kombiniert sein (BARRY LYNDON, Stanley Kubrick, GB 1975; LE PARFUM. HISTOIRE D'UN MEURTRIER, Tom Tykwer, D/F/S 2006) als auch mit einer *extra-homo*diegetischen SEI (FEAR AND LOATHING IN LAS VEGAS, Terry Gilliam, USA 1998; THE LADY FROM SHANGHAI), die jeweils unterschiedlich fokalisieren können (in allen vier Beispielen mit Tendenz zur Nullfokalisierung).[28] Divergierende Erzählsituationen mit verschiedenen Narrationszeitpunkten können durch das Zusammenspiel dynamisch wechselnder, aber tendenziell nullfokalisierender narrativer Instanzen (CIDADE DE DEUS; vgl. 5.4.4) oder durch verschiedene Formen der Ebenenschachtelung mit mehreren *intra*diegetischen SEI(en) entstehen (vgl. 6.3). Im Fall einer *intra-homo*diegetischen SEI (z. B. einer gezeigten Erzählerfigur) bei gleichzeitiger visueller Umsetzung der ihr zugeordneten *Metadiegese* durch die VEI gilt es, nicht nur die Fokalisierung der SEI – also die Wissensrelation zwischen *erzählendem Ich* in der Diegese und *erlebendem Ich* in der Metadiegese – und die Fokalisierung der VEI – also die Wissensrelation zwischen VEI und erlebendem Ich – zu untersuchen, die beide häufig einer *Nullfokalisierung* entsprechen ($\text{Ich}^{\text{erz}} > \text{Ich}^{\text{erl}}$, $\text{VEI} > \text{Ich}^{\text{erl}}$), sondern auch die Logik des absoluten Wissens des erzählenden Ichs (kann es all die Informationen über die Figuren bekommen haben, über die es erzählt?) und ob diese Logik von der VEI eingehalten ($\text{VEI} \leq \text{Ich}^{\text{erz}}$) oder durch zusätzliche Informationen unterminiert wird ($\text{VEI} > \text{Ich}^{\text{erz}}$).[29]

Markante Formen, in denen eine nullfokalisierende VEI und eine nullfokalisierende SEI komplementär bis überlappend erzählen und beide das Mehrwissen subtil aufeinanderbezogen ausstellen, finden sich in JULES ET JIM (ambivalentes Verhältnis von VEI und SEI), LE FABULEUX DESTIN D'AMÉLIE POULAIN (tendenziell komplementäres Verhältnis) und NAKED CITY (schwankendes Verhältnis bei schwankender Fokalisierung bis

28 Die homodiegetischen SEI(en) in FEAR AND LOATHING IN LAS VEGAS und in THE LADY FROM SHANGHAI fluktuieren zwischen Nullfokalisierung und interner Fokalisierung auf das erlebende Ich.

29 Das im Falle einer visuellen Umsetzung gleichzeitig *erzählte* und *gezeigte Ich* kann zusammenfassend als *erlebendes Ich* bezeichnet werden. In komplexen Formationen kann das erlebende Ich jedoch ‚zerfallen' in ein *erzähltes* und ein *gezeigtes* Ich, die in unterschiedlichen Wissensrelationen zu den narrativen Instanzen, aber auch zueinander stehen können (vgl. 3.4.2; 6.1).

hin zur Personalisierung der extradiegetischen SEI bei Ansprache des Adressaten und metaleptischem Gespräch der SEI mit der Hauptfigur).[30]

4.3.1.1 Nullfokalisierung und fluktuierende Informationsvergabe

Eine nullfokalisierende VEI, die mit ihrem Mehrwissen im Verhältnis zu den Figuren arbeitet, gibt ihr Mehrwissen häufig nicht im Verhältnis zu allen Figuren preis, sodass der Adressat/Zuschauer zugleich weniger als die eine und mehr als die andere Figur weiß. Borstnar/Pabst/Wulff (2002) sprechen in diesem Zusammenhang von einer „heterogen fluktuierenden Informationsvergabe“:

> Zumeist wissen wir zu einem konkreten Zeitpunkt im Film sowohl mehr als auch weniger als bestimmte Figuren. Ferner sind auch die Quellen der Information nicht auf die eine oder zwei Figuren beschränkt, sondern das Geschehen wird aus mehreren figürlichen Perspektiven geschildert. (ebd.: 168)

Was hier anklingt, ist, dass Formen der Nullfokalisierung und eine Tendenz zur variablen internen Fokalisierung häufig ineinander übergehen, wie das 11:14-Beispiel gezeigt hat. Wenn die VEI zuerst auf Figur A intern fokalisiert, kurz darauf auf Figur B, dann auf Figur C, hat sie nach dieser Sequenzenfolge deutlich mehr gezeigt als Figur A weiß, weil das Wissen von Figur B und C über das Wissen von Figur A hinausweist (dasselbe gilt für Figur B und C). Häufige, bei weitem nicht so schematische Wechsel und eine ständige Fluktuation der Fokalisierung im Mikrobereich sind keine Seltenheit; beides dient zumeist einer hohen Erzählökonomie und der Konstitution entscheidender Spannungsbögen, sowohl im Makrobereich (‚Was- oder Finalspannung‘; ‚macro suspense‘) als auch im Mikrobereich (‚Wie- oder Detailspannung‘; ‚micro suspense‘). Informationsrelationen sind ein entscheidender Aspekt des Spannungspotenzials, das sich „als Kategorie der linear-sequentiellen Ablaufstruktur [...] immer aus einer nur partiellen Informiertheit von Figuren und/oder Rezipienten in Bezug auf folgende Handlungssequenzen [ergibt]“ (Pfister 1997: 142). Deshalb sollte eine Fokalisierungsanalyse Grundlage einer Analyse des Spannungspotenzials sein.

Schlickers (1997) führt am Beispiel NOTORIOUS (Alfred Hitchcock, USA 1946) vor, dass zur Bestimmung der Fokalisierungsstruktur auch das Wissensverhältnis der Instanzen zu mehreren Figuren und der Figuren zueinander entscheidend sein kann:

30 Diese Formen werden im Hinblick auf die Modellierung des Narrationsvorgangs und Bestimmung des Narrationszeitpunkts ausführlicher betrachtet (vgl. 5.4).

> Figur F_1 – [Alicia Huberman] ist von ihrer Schwiegermutter [F_2] und ihrem Ehemann [F_3] bei ihrer Agententätigkeit ertappt worden. F_2 plant, die Frau ihres Sohnes langsam zu vergiften und rührt ihr jeden Tag etwas Gift in den Kaffee. Der Adressat weiß zwar, dass F_2 „die Sache in die Hand nehmen will", er erfährt aber nichts von den konkreten Plänen. Dann erlebt er, wie F_1 jeden Tag etwas kränker wird [$F_1/A^{extrad} < F_2/F_3$]. In dem Moment aber, wo F_1 sich darüber bewußt wird, vergiftet zu werden, wird die Kaffeetasse optisch durch eine sekundenlang stillstehende Großaufnahme hervorgehoben, und der Adressat erlebt in diesem kurzen verzögerten Moment das Entsetzen von F_1 mit. Es handelt sich hier also um eine *focalisation interne* [$VEI/A^{extrad} \approx F_1$] – doch zugleich um eine *focalisation zéro*, denn die Giftmischer wissen nicht, daß sie entdeckt worden sind [$F_1/VEI/A^{extrad} > F_2/F_3$]. (ebd.: 154 f.)[31]

Ein von der VEI durch Großaufnahme betontes Detail leitet den entscheidenden Fokalisierungswechsel ein, der im Verhältnis zu verschiedenen Figuren verschieden zu klassifizieren ist und die für das Spannungspotenzial entscheidende Hypothesenbildung des Zuschauers steuert.

4.3.1.2 Merkmale einer Nullfokalisierung

Merkmale, die Hinweise auf eine Nullfokalisierung geben können, als Indikatoren zu bezeichnen, würde ein entscheidendes Faktum überdecken: Es gibt zwar Zeichen und Markierungen, die in spezifischen Fällen eine je spezifische indikatorische Wirkung haben können, aber für Fokalisierungsmarkierungen gilt wie für Ebenenmarkierungen, dass jeder Film ein und dasselbe Merkmal unterschiedlich einsetzen kann. „Das geschlossene Regelsystem einer allgemeinen, genreunabhängigen Filmsprache kann man noch lange suchen: es gibt keins" (Schlumm 1990: 189). Christian Metz (1997: 12), der sich auf Jost (1987) bezieht, hält fest: „[D]as Kino […] besitzt keine feststehende Liste enunziativer Zeichen, sondern verwendet beliebige Zeichen […] in enunziativer Weise",[32] wobei sich Metz' Enunziationsbegriff vereinfacht gesagt auf die Markierung der Instanz des kinematographischen Äußerungsaktes – also in meinem Modell die Markierung der VEI – bezieht.

Das Markieren des Äußerungsaktes einer VEI steht allerdings in keinem Eins-zu-eins-Verhältnis zum Anzeigen einer Nullfokalisierung. Eine VEI kann einerseits auch markiert sein, wenn sie extern oder intern fokalisiert, andererseits kann die Markierung einer VEI weit über das bloße Markieren des Mehrwissens hinausweisen, sodass man von Formen expliziter Selbstreflexion oder expliziten Ausstellens des kinematographischen

31 Ich habe Schlickers Erörterung durch die von mir vorgeschlagenen Termini modifiziert.

32 Vgl. Jost (1987: 36): „[P]arler de ‚discours' ne doit pas oublier non plus que le langage cinématographique ne possède pas véritablement de marques énonciatives indubitales."

Erzählens sprechen muss (Kap. 6). Oft gilt aber, dass Konstellationen und Zeichen, die das Vorhandensein der VEI markieren, auch das Mehrwissen der VEI ausstellen, weil der selbstreflexive Verweis der VEI auf sich selbst per se über das Wissen einer Figur hinausweist. Fest steht bei jeder Form derartiger Markierungen: Es gibt keine feststehende Liste an Indikatoren, sondern beliebige Zeichen werden in indikatorischer Weise verwendet, wobei ein und dasselbe Zeichen in verschiedenen Fällen unterschiedliche Phänomene markieren kann.

Unter Berücksichtigung dieser Vorbehalte kann man nun einige potenzielle Merkmale einer Nullfokalisierung auflisten, die keine hinreichenden Markierungen liefern, aber in vielen Fällen auf eine Nullfokalisierung hinweisen *können*:[33]

a) Montageformen, die wie formale Klammern wirken (z. B. *match cuts*), musikalische Klammern und weitere Stilfiguren, die formale Beziehungen zwischen verschiedenen Einstellungen/Sequenzen/Episoden/Strängen herstellen, die über die Figur und ihr Wissen hinausweisen;[34]
b) das bewusste Zeigen von Details, die eine Figur nicht bewusst wahrnimmt, z. B. durch *zooming in*, *shallow focus* oder auffällige Kamerabewegungen oder allgemeiner: alle formalen Mittel, die einem Hinweis auf Zusammenhänge oder einem Herausgreifen von Details dienen, die über die Figur und ihr Wissen/ihre Wahrnehmung hinausweisen;
c) unkonventionelle, auffällige Kamerabewegungen, z. B. Kranfahrten;
d) komplex komponierte Plansequenzen;
e) eine VEI, die auf eine Figur wartet, die ‚weiß', wo sie als nächstes hingeht;
f) eine von den Bewegungen der Figur *unabhängige Kamera* („detached camera");

33 Vgl. Hurst (1996), der sich an Stanzel (1979) orientiert und auflistet, „durch welche kinematographischen Gestaltungsmittel die drei typischen Erzählsituationen hauptsächlich gekennzeichnet sind". Die Kennzeichen einer auktorialen ES müssten hier insofern vergleichbar sein, als man mit Genette für eine auktoriale ES auch eine Nullfokalisierung annehmen kann (vgl. 3.4.2). Hurst versucht im zweiten Teil seiner Arbeit (1996: 154 ff.) die „Tauglichkeit dieser Einteilung" von Gestaltungsmitteln zu drei Erzählsituationen zu überprüfen und kommt anhand passender Filmbeispiele zu durchaus überzeugenden Ergebnissen, wobei er anhand seiner spezifischen Filmauswahl zu postulieren scheint, dass es einen feststehenden Zusammenhang zwischen Gestaltungsmitteln und Erzählsituationen gibt, was – wie an verschiedenen Stellen meiner Studie nachgewiesen wird – ein Irrtum ist. Als Signale für eine *auktoriale ES* im Film nennt Hurst: detached camera; Totale und Halbtotale; unkonventionelle, auffällige Kamerabewegungen; Montage; Materialität; rhetorisch-stilistische Syntagmen; syntagmatische Konnotationen; Filmsprache II (ebd.: 151 ff.).

34 Montageformen, die auffällig mit der *découpage classique* brechen (jump cuts, Brüche mit der Achsensprungregel etc.), verweisen zwar auf das Vorhandensein einer VEI und brechen mit der szenischen Unmittelbarkeit, sind aber noch kein Hinweis auf ein Mehrwissen bzw. nur in oben genannter Hinsicht, dass jeder Selbstverweis der VEI über die Figur hinausweist. Anders herum betrachtet, kann auch eine VEI, die Montageformen der *découpage classique* verwendet, nullfokalisieren, was im Mainstreamfilm der Normalfall ist, wobei das Mehrwissen dort primär der Erzählökonomie dient.

g) Montagesequenzen mit großer narrationaler Zeitraffung (Handlungsstränge werden erzählökonomisch vorangetrieben und in Andeutungen weiterentwickelt; vgl. 5.2.4);
h) eine Tendenz zu großen Einstellungsgrößen (z. B. Panorama, Totale, Halbtotale); aber nicht zwangsläufig, sondern nur bei statistischer Häufung und Funktionalisierung der Einstellungsgrößen in Bezug auf das Wissens-/Wahrnehmungsverhältnis zur Figur;
i) Luftaufnahmen und Aufsichten, die große Übersicht über verschiedene Handlungsorte anzeigen;
j) Formen der inneren Montage, wenn bei großer Tiefenschärfe auf verschiedenen Ebenen des Filmbildes verschiedene Ereignisse ablaufen;
k) Verweise der VEI auf syntagmatische und symbolische Zusammenhänge; thematische Spiegelungen, Parallelismen der Mise-en-scène (Raumgestaltung, Requisiten, Kostüme, Physiognomie der Schauspieler etc.), Parallelismen durch identische Monologe/Dialoge etc.

Trotz der Ungenauigkeit und Flexibilität derartiger Merkmale lässt sich die Informationsrelation zwischen VEI/SEI und Figuren am konkreten Beispiel häufig genau bestimmen und zumindest grob festlegen, ob eine VEI deutlich mehr zeigt und/oder eine SEI deutlich mehr erzählt, als eine Figur weiß, ungefähr genauso viel oder erkennbar weniger. Im Zweifelsfall lässt sich mit hoher Genauigkeit angeben, dass genaue Angaben hinsichtlich der Fokalisierung nur mit interpretatorischer Hilfe zu machen sind. Auch das Auffinden derartiger *unbestimmter* und/oder *ambivalenter* Fokalisierungen ist von hohem heuristischem Wert.

4.3.2 Formen der internen Fokalisierung

4.3.2.1 Interne Fokalisierung bei interner Okularisierung: die subjektive Kamera

Die eindeutigste Form einer internen Fokalisierung liegt vor, wenn sich Wissens- und Wahrnehmungsrelation bzw. Fokalisierung und Okularisierung ‚überschneiden' und insofern übereinstimmen, als sie beide intern sind, die VEI also ungefähr das zeigt, was eine Figur weiß *und* wahrnimmt. Für strikte Formen werden die Begriffe *subjektive Kamera* (*Subjektive*) und *point of view shot* (*POV shot*) verwendet.[35] Die markierte subjektive Kamera

35 Für *point of view shot* (*POV shot*) wird in der Forschung teilweise *point of view* (*POV*) verwendet, was hier vermieden wird, weil der *point-of-view*-Begriff aufgrund verschiedenster Verwendungen mehr als überlastet ist. Selbst Branigan, der die Begriffe „POV shot" und „POV structure" geprägt hat, verwendet mitunter „point of view" im Sinne von *point of view shot.* Der Begriff der *subjektiven Kamera* wird teilweise auch für Subjektivierungstechniken verwendet, so z. B. bei Hickethier (2007a: 60), der damit den „Handkamera-Einsatz"

besteht im konventionellen Fall aus einer Folge von mindestens zwei Einstellungen (A, B): Eine Einstellung A auf eine Figur, die in eine bestimmte Richtung blickt (das Subjekt der Wahrnehmung; der Blickpunkt); die zweite Einstellung B, die das zeigt, was die Figur im selben Moment wahrnimmt (das Objekt/die Objekte der Wahrnehmung; der Objektpunkt), aus der Richtung, aus der die Figur blickt. Dabei ist Einstellung B die eigentliche *subjektive Kamera*. Branigan (1984: 103 ff.; 2007a) bezeichnet die gesamte Einstellungsfolge, die einen *POV shot* konstituiert, auch als *Point-of-view-Struktur*. Oft, nicht immer, folgt eine Einstellung, die erneut die blickende Figur zeigt (A, B, A). Die subjektive Kamera kann auch nur im Nachhinein markiert sein (B, A). Mit Branigan (1984: 111 ff.) kann man die zwei Hauptvarianten als *prospektiver* (A, B) und *retrospektiver POV shot* (B, A) bezeichnen und von acht weiteren Varianten der Point-of-view-Struktur unterscheiden (Abb. 13).[36] Es handelt sich dabei um Grundtypen, die beliebig erweitert, variiert und kombiniert werden können.

Vergleichbar im Hinblick auf Fokalisierung/Okularisierung mit dem *POV shot* ist der *eyeline match*: ein Wechsel zwischen zwei Einstellungen, wobei die erste Einstellung A (Subjekt der Wahrnehmung) eine Figur zeigt, die auf einen bestimmten Punkt (meist außerhalb des Bildes) blickt und die zweite Einstellung B das, was diese Figur sieht (Objekt der Wahrnehmung). Dabei muss ein ungefähres Gefühl für Größe, Distanz und Winkel eingehalten werden, jedoch nicht die genaue Perspektive der blickenden Figur. Der *eyeline match* zeigt, „was eine Figur sieht und wann, aber nicht von deren physischem Standpunkt“ (Branigan 2007a: 57); letzteres unterscheidet ihn vom *POV shot*. Man kann folglich sagen, der *POV shot* zeigt das, was die Figur wahrnimmt (VEI = F) und der *eyeline match* *ungefähr* das, was sie wahrnimmt (VEI ≈ F). Jedoch muss berücksichtigt werden, dass eine Kamera als technischer Apparat niemals, auch im Fall eines *POV shots*, *exakt* das zeigen kann, was ein Mensch an derselben Stelle wahrnehmen würde und vor allem nicht auf die gleiche Weise, *wie* ein Mensch wahrnehmen würde. Eine Kamera mit ihrer spezifischen Linsen-

---

meint, der hier als *Handkameraeffekt* bezeichnet wird und eine Möglichkeit der Markierung der *subjektiven Kamera* ist. *Subjektive Kamera* wird hier synonym zu *POV shot* verwendet.

36 Branigan (1984: 103 ff.) nennt Einstellung A (Subjekt der Wahrnehmung) „point/glance“ und Einstellung B (wahrgenommenes Objekt) „point/object“. Die deutschen Übersetzungen sind Branigan 2007a entnommen (der Übersetzung des Kapitels „The Point-of-View Shot“ aus Branigan 1984: 103-121 in *montage/av* 16.1: 47-70). In Abb. 13 sind wörtlich von Branigan (2007a) übernommene Beschreibungen als Zitate gekennzeichnet und entstammen den Seiten 58-70. Bei den übrigen Umschreibungen der *POV-shot*-Typen kann es zu Verwechslungen mit anderen deutschen Autoren kommen, die auf Branigan rekurrieren (Grimm 1996: 51 ff.; Bach 1997: 35 ff.; Borstnar/Pabst/Wulff 2002: 168 ff.) und andere Modifizierungen vornehmen, die trotz teilweise ähnlicher Formulierungen nicht deckungsgleich mit meinen Vorschlägen sind.

optik und Aufnahmetechnologie kann den menschlichen Blick nur bis zu einem gewissen Grad imitieren und weder die physiologisch determinierten perzeptiven noch die kognitiven Prozesse menschlichen Sehens (Erkennens und Verstehens) nachahmen (vgl. Goodman 1997: 23 f.; Lohmeier 1996: 197).

1. Prospektiver POV shot:	A, B
2. Retrospektiver POV shot:	B, A
3. Geschlossener POV shot:	A, B, A oder A, B, A'; die Einstellung A auf das blickende Subjekt wird exakt oder in geringfügiger Variation (A') wiederholt
4. Verzögerter POV shot:	a) Einstellung B wird verzögert: A, $C_{1, 2, \dots, n}$, B; Einstellung B kann durch eine einzige oder eine Kette von zwischengeschobene(n) Einstellung(en) (C oder $C_{1 \text{ bis } n}$) verzögert sein b) Einstellung A wird verzögert: B, $C_{1, 2, \dots, n}$, A
5. Offener POV shot:	a) Einstellung B fällt aus; „hierbei sehen wir niemals das Objekt, obwohl ein Punkt/Blick fest etabliert ist"; es handelt sich hierbei um eine Spielart der *externen Fokalisierung* (vgl. 4.3.3) b) Einstellung A fällt aus; Einstellung B muss durch andere Merkmale markiert sein (z. B. verwackelte Kamera; Rahmung; s. u.); es entsteht eine subjektiv markierte Leerstelle (vgl. 4.4.1)
6. Kontinuierlicher POV shot:	A, B_1, B_2 , … , B_n; eine Figur schaut mehrere Objekte oder mehrfach dasselbe Objekt an; „typischerweise wird dabei entweder von Objekt zu Objekt geschnitten oder eine Kamerabewegung – die *subjektive Fahrt* – übernimmt diese Funktion"
7. Manipulierter POV shot:	wenn Einstellung B im Verhältnis zum Betrachter in Einstellung A zu nah am betrachteten Objekt ist (unverhältnismäßige Einstellungsgröße), während der Aufnahmewinkel auf die Figur in A verweist
8. Multipler POV shot:	wenn mehrere Figuren auf dasselbe Objekt blicken; z. B.: A, B, C, B, D, B (wobei A, C, D verschiedene blickende Figuren $F_{1,2,3}$ zeigen)
9. Eingebetteter POV shot:	„ergibt sich, wenn die Point-of-view-Struktur einer Figur in die größere Point-of-view-Struktur einer anderen Figur eingelassen oder von ihr umschlossen wird", z. B. wenn Einstellung B_1 einer ersten POV-Struktur (A_1, B_1) eine blickende Figur zeigt, die als A_2 Ausgangspunkt einer weiteren „POV-Struktur" ist: A_1, ($B_1 = A_2$, B_2), A_1'
10. Reziproker POV shot:	wenn Einstellung B1 einer ersten POV-Struktur (A_1, B_1), eine in Richtung der in A1 blickenden Figur zeigt etc.: A_1, $B_1 = A_2$, $B_2 = A_1$, $B_1 = A_2$, etc.

Abb. 13: Einfache Varianten der Point-of-view-Struktur nach Branigan (1984: 111 ff.; modifiziert)

Die Einstellung B, die bei *POV shot* und *eyeline match* (ungefähr) das zeigt, was die Figur wahrnimmt, kann auch aus mehreren Einstellungen bestehen, die nicht exakt übereinstimmen müssen. Dabei kann es z. B. zu einem Schnitt von einer *halbnahen* auf eine *nahe* Einstellung kommen, was die Aufmerksamkeitslenkung oder Bewusstwerdung der blickenden Figur repräsentieren bzw. die Sukzession der Wahrnehmung der Figur nachzeichnen soll; vergleichbar können ein Zoom, eine Kamerabewegung, ein beweglicher *shallow focus* oder die Lichtführung eingesetzt sein. Alle diese technischen Varianten brechen mehr oder weniger stark mit der Annahme eines festen Blickstandorts, versuchen die Art und Weise des menschlichen Wahrnehmens aber teilweise ‚realistischer' zu imitieren als ein starrer, unbeweglicher *POV shot*. So kann ein Schwenk für die Bewegung der Augen oder des Kopfes stehen, eine Kamerafahrt für die Bewegungen eines Menschen, ein ‚tastendes' Hin und Her der Kamera für das beobachtende Erfassen einer Situation oder die Suche nach etwas Bestimmten, wie auffällig umgesetzt in ASPHALT (Joe May, D 1929): Nachdem die des Diebstahls überführte laszive Elsa Kramer den unsicheren Polizisten Albert Holk in ihre Wohnung gelockt hat, um sich später vor ihm im Bett zu verstecken, markiert eine ‚herumirrende' subjektive Kamera das Erkunden der Wohnung durch den von der Situation überforderten Polizisten. Bei den genannten Spielarten der subjektiven Kamera mit verschiedenen Einstellungen und/oder Kamerabewegungen handelt es sich um Varianten des *kontinuierlichen POV shots* und/oder des *manipulierten POV shots*. In Extremfällen wird die subjektive Kamera über ganze Sequenzen bis hin zur Spielfilmlänge ausgedehnt (vgl. 4.4.2).

Bewegt sich die wahrnehmende Figur in Einstellung A einer POV-Struktur, dann bewegt sich die subjektive Kamera in Einstellung B in der Regel auch und zwar im entsprechenden Richtungs- und Achsenverhältnis und in der entsprechenden Geschwindigkeit. Branigan spricht von einer *subjektiven Kamerafahrt* („subjective tracking shot"), die auf dem Prinzip beruhe, „dass einer Figur in Bewegung, die ein Objekt erblickt, eine Punkt/Objekt-Aufnahme zugeordnet sein muss, die sich ebenfalls bewegt" (2007a: 50). Üblich ist auch die Kombination einer Drehbewegung des Kopfes der blickenden Figur (Einstellung A) mit einer schwenkenden subjektiven Kamera (Einstellung B). Bei sich bewegenden Figuren können zusätzlich *Handkameraeffekte* eingesetzt werden. Darüber hinaus können Handkameraeffekte auch eine interne Okularisierung markieren, die nicht durch Montage eingeleitet oder abgeschlossen wird, also eine POV-Struktur ohne Einstellung A (Variante 5b des *offenen POV shot*). Zu unterscheiden ist dabei, ob die Handkamera einen menschlichen Blick illusionieren soll (M*A*S*H, Episode POINT OF VIEW)[37] oder ob sie eine Handkamera repräsentiert, die innerhalb der Diegese von einer Figur getragen wird (BLAIR WITCH PROJECT; Daniel Myrick/Eduardo Sánchez, USA 1999). Abzugrenzen von Handkameraeffekten, die eine interne Okularisierung anzeigen, sind Formen, in denen die Handkamera Subjektivität oder Figurennähe vortäuscht, ohne einer Figur zugeordnet zu sein (IDIOTERNE; Lars von Trier, Dk 1998)(vgl. 4.4).

37 Charles S. Dubin, 7. Staffel, 10. Folge, USA 1978. Angaben zur Serie im Filmverzeichnis.

Auch eine spezifische *Rahmung oder Beschneidung des Filmbildes* kann eine subjektive Kamera markieren, wenn Einstellung A einer POV-Struktur ausfällt bzw. die vorhandene prospektive oder retrospektive Markierung durch Einstellung A unterstützen. Berühmt ist der maskenartige Blick des kindlichen Mörders am Anfang von HALLOWEEN (John Carpenter, USA 1978) oder der Benjamin Braddocks durch die Tauchermaske in THE GRADUATE (Mike Nichols; USA 1967). Beide Beschneidungen des Kaders markieren den eingeschränkten Blick eines Menschen, der tatsächlich eine Maske trägt. Dagegen verweist die maskenartige Rahmung in BEING JOHN MALKOVICH (Spike Jonze, USA 1999) auf das – ontologisch unmögliche – Eintauchen in eine andere Identität. Daneben wird ein gerahmter/beschnittener Filmkader auch zur Repräsentation des Blicks durch ein technisches Wahrnehmungs- oder Vergrößerungsgerät wie ein Fernglas (REAR WINDOW; Alfred Hitchcock, USA 1954), eine Fotokamera (ebd.), ein Teleskop (SLIVER; Phillip Noyce, USA 1993) etc. eingesetzt. Üblich sind Blicke durch Scheiben (Windschutzscheibe des fahrenden Autos am Anfang von FESTEN), Schlüssellöcher und Öffnungen (THE GENERAL; Buster Keaton/Clyde Bruckman, USA 1927). Es gilt also grundsätzlich zu unterscheiden, ob die Rahmung die Subjektive an sich markieren soll oder einen spezifischen Blick durch eine Maske, Öffnung oder ein optisches Vergrößerungsgerät.[38]

Neben all diesen Möglichkeiten, den menschlichen Blick an sich oder durch technische Geräte zu imitieren, kann die subjektive Kamera auch den hypothetischen Blick von Tieren repräsentieren. Berühmt ist der gleitende Unterwasserblick des weißen Hais in JAWS (Steven Spielberg, USA 1975). Auch die Perspektiven eines Hundes in BENJI (Joe Camp, USA 1974) oder einer Fliege in LA FILLE SUR LE PONT (Patrice Leconte, F 1999) sind möglich. Es handelt sich hierbei um metaphorische Konstruktionen, denn eine Fliege beispielsweise kann biologisch bedingt nicht ansatzweise so wahrnehmen, wie die Kamera es imitiert. Ähnliches gilt unter anderen Vorzeichen auch für die Blicke des Babys im Geburtskanal, den die subjektive Kamera in DIE BLECHTROMMEL (Volker Schlöndorff, D/F 1979) einnimmt. Auch die Zuordnung zu über- oder unnatürlichen Geisterwesen, die teilweise nicht gezeigt werden, wird mit markierten *POV shots* realisiert wie in WOLFEN (Michael Wadleigh, USA 1981) und

38 Daneben kann die subjektive Kamera auch durch Veränderungen der Linsenoptik oder Filter markiert sein, wobei Überschneidungen mit Formen des *Mindscreen* möglich sind (vgl. 4.3.2.5). Auch die Tonspur kann der Markierung dienen wie z. B. die Atemgeräusche zur Tauchermaske in THE GRADUATE oder zur Raumanzugsmaske in 2001: A SPACE ODYSSEY etc. Weitere Hinweise wie der Zigarettenrauch unmittelbar vor der Kamera bei gleichzeitigen Paffgeräuschen, die Arme und Füße der sich bewegenden Reflektorfigur, Schatten, Spiegelungen etc. können in Ich-Kamera-Filmen gesammelt werden (vgl. 4.4.2).

THE OMEN (Richard Donner, USA 1976) oder der Blick eines Gespensts in ET MOURIR DE PLAISIR (Roger Vadim, F/I 1960). Der Blick eines Außerirdischen wird in IT CAME FROM OUTER SPACE (Jack Arnold, USA 1953) imitiert, in VAMPYR. DER TRAUM DES ALLAN GRAY (Carl Theodor Dreyer, F/D 1932) der eines Toten und in 2001: A SPACE ODYSSEY der ‚Blick' des personifizierten Computers „Hal 9000". Ontologisch unmögliche mikroskopische Zuordnungen wie in TRAINSPOTTING (Danny Boyle, GB 1996) der ‚Blickwinkel' einer Blutbahn, in die eine Drogenspritze eindringt, in der Eröffnung von FIGHT CLUB die Fahrt durch das Gehirn oder in TROIS COULEURS: ROUGE die Fahrt durch elektronische Kabel und Kabelschächte sind zwar wie subjektive Kameras/Fahrten markiert, repräsentieren aber letztlich einen unmöglichen *nobody's shot*; die Grenze zwischen anthropomorpher Wahrnehmung, metaphorischem Konstrukt und extradiegetischer Nullfokalisierung ist hier nicht eindeutig zu ziehen.

4.3.2.2 Interne Fokalisierung bei Nullokularisierung: der *over-shoulder-shot* und wahrnehmungsreflexive Einstellungen

Eine weitere konventionalisierte Einstellungsvariante, die Wahrnehmungsverhältnisse nachzeichnet, ist der *over-the-shoulder-shot* (auch: *over-shoulder-shot*; selten auf dt.: „Über-die-Schulter"). Es handelt sich um eine Einstellung von hinten über die Schulter einer Figur hinweg, sodass sowohl die Figur von hinten als auch ungefähr das, was sie wahrnimmt, zu sehen ist. Da der *over-the-shoulder-shot* also ungefähr das zeigt, was die Figur wahrnimmt (VEI $\approx$ F), könnte man von einer internen Fokalisierung bei scheinbarer interner Okularisierung sprechen, da jedoch auch die Figur von außen zu sehen ist, kann es sich nicht um eine interne Okularisierung handeln. Ich ordne den *over-the-shoulder-shot* folglich als *interne Fokalisierung* bei *Nullokularisierung* ein, weil es sich um einen *nobody's shot* von einer fast nie figural besetzten Position hinter dem Rücken einer Figur aus handelt, der allerdings sowohl die Wahrnehmungsrelationen innerhalb einer Einstellung vorführt (er zeigt die blickende Figur, die Blickrichtung und das ungefähre Blickfeld) als auch eine subjektivierende Tendenz hat, weil er ungefähr das zeigt, was die Figur wahrnimmt.[39] Im Gegensatz zu *POV shot*

39 Der *over-the-shoulder-shot* scheint mit spezifischen Formen der *erlebten Rede* in der Erzählliteratur vergleichbar, die zwei „Perspektiven" erkennen lassen: die Perspektive des Erzählers und die der Figur. Da es bei Fragen der *erlebten Rede* jedoch letztlich um Fragen der Redewiedergabe („Erzählung von Worten") oder Interferenz von Erzähler- und Figurenstimme (die sog. „*Doppelstimme* der erlebten Rede"; Vogt 1990: 162 ff.) und nicht der Perspektivierung geht bzw. wenn, dann um Fragen einer *sprachlichen Perspektive* im Sinne Schmids (2005: 125 ff.), trägt der Vergleich nur in Ansätzen.

und *eyeline match* funktioniert ein *over-the-shoulder-shot* weitgehend ohne rahmende Montage (Einstellung A), d. h. er ist auch ohne einleitende oder abschließende Einstellung bezüglich der Wahrnehmungsstrukturen zu entschlüsseln, die er repräsentiert. Varianten des *over-the-shoulder-shot* ergeben sich, wenn die VEI an einer Figur vorbei aus dem Fenster ‚blickt'.

Vergleichbar mit dem *over-the-shoulder-shot* sind große Einstellungen (*Weit*, *Totale*), die eine Figur von hinten vor einer pompösen Landschaft, Stadtkulisse, Aussichtsplattform etc. darstellen und bei weitem Horizont und entsprechendem Einstellungswinkel auch ungefähr das zeigen, was die Figur wahrnimmt, obwohl die Figur von außen zu sehen ist (interne Fokalisierung und ggf. subjektivierende Tendenz bei Nullokularisierung). In *Biopics* über Maler oder Filmen, die den Prozess des Malens abbilden wie LUST FOR LIFE (Vincente Minnelli, USA 1956) oder VINCENT & THEO (Robert Altman, GB/I/N/F 1990), gibt es verschiedene wahrnehmungsreflexive Varianten des *over-the-shoulder-shots*: Einstellungen über den Rücken des Malers hinweg, die das Bild auf der Staffelei zeigen, an dem der Maler gerade arbeitet und ungefähr den Ausschnitt der Landschaft, den der Maler abbilden will. Noch wahrnehmungsreflexiver ist eine Einstellung über den Rücken des Malers beim Selbstporträt, wenn zugleich der Maler von hinten, sein Gesicht als Spiegelbild von vorne und die Leinwand mit dem Selbstporträt des Gesichts auf der Staffelei zu erkennen sind – auffällig in REMBRANDT von Alexander Korda (GB 1936) und REMBRANDT von Charles Matton (F/D/N 1999).

Over-the-shoulder-shots und vergleichbare wahrnehmungsreflexive Einstellungen haben eine stabilisierende Wirkung, „weil wir direkt erkennen können, in welcher räumlichen Beziehung die Figur zum wahrgenommenen Objekt steht" (Branigan 2007a: 56) und sie die Wahrnehmungsrelationen vorführen. Das gilt insbesondere für *over-the-shoulder-shots*, die zur Gestaltung eines Gesprächs von mehr als zwei Teilnehmern in längeren Gesprächssequenzen eingesetzt werden, bei verschachtelten Raumverhältnissen oder für Einstellungen, die Wahrnehmungsverhältnisse und Beobachterpositionen thematisieren.

Weitere Varianten interner Fokalisierung bei Nullokularisierung ergeben sich im Rahmen von Formen der *Introspektion* (vgl. 4.3.2.4 ff.).

4.3.2.3 Okularisierung im Mikrobereich: Branigans Modell der Achsenverhältnisse

Zur genauen Analyse der Okularisierung im Mikrobereich kann über die bis hierhin differenzierten Formen hinaus Branigans Modell der Achsenverhältnisse (1984: 109 ff.) verwendet werden. Neben den oben zitierten

Varianten einer POV-Struktur (Abb. 13 in 4.3.2.1) versucht Branigan verschiedene subjektivierende und objektivierende Einstellungsfolgen über die Achsenverhältnisse im Mikrobereich zu definieren. Es geht dabei – in den Begriffen meines Modells formuliert – um Fragen der Okularisierung, bzw. die Abgrenzung von Formen der internen Okularisierung von solchen der Null-Okularisierung sowie die Kennzeichnung von Zwittertypen und destabilisierenden Varianten. Als Referenz dient die einfache *prospektive* Einstellungsstruktur (Variante 1 aus Abb. 13): Einstellung A (Subjekt der Wahrnehmung; „point/glance"), gefolgt von Einstellung B (wahrgenommenes Objekt; „point/object").

> Wichtig ist nicht die Kamera als absoluter Bezugspunkt, sondern das Verhältnis zwischen Kamera, Figur, Objekt, verbunden mit der Hypothese des Zuschauers darüber, wie dieses Verhältnis beschaffen ist. [...] Da die Ausgangsposition einer Einstellung A (Punkt/Blick) aus jedem beliebigen Aufnahmewinkel erfolgen kann, wählen wir Einstellung B (Punkt/Objekt) als Bezug und nehmen die Linie, die von den Augen der Figur zum Objekt verläuft, als Bezugslinie. Die Point-of-view-Struktur wird dann gemäß der Positionierung von Einstellung B in Bezug auf diese Linie klassifiziert. (Branigan 2007a: 56)

Anhand der derart definierten Bezugslinie von den Augen der blickenden Figur, die in Einstellung A gezeigt wird, zum betrachteten Objekt, gewinnt Branigan 10 Kamerapositionen für Einstellung B (Abb. 14), die er charakterisiert und klassifiziert (Abb. 15).[40]

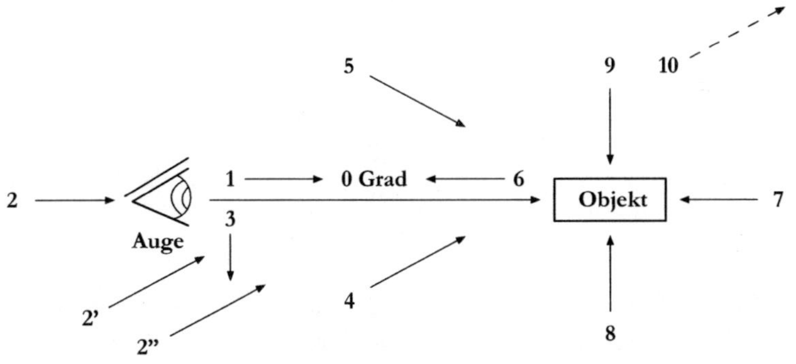

Abb. 14: Skizze der Achsenverhältnisse (Aufsicht): Alternativen für die Positionierung von Einstellung B (auf das wahrgenommene Objekt) bezüglich der Achse vom Auge des Betrachters aus Einstellung A zum Objekt (nach Branigan 2007a: 57)

40 Die deutschen Übersetzungen, die ich zitiere, entstammen Branigan (2007a: 56 ff.). Vgl. die Anmerkungen zu Abbildung 13 in 4.3.2.1.

Position 1:	klassischer *POV shot/subjektive Kamera*; „vom Augenstandpunkt einer Figur"
Position 2:	*over-the-shoulder-shot*; oder Variante, die den Kopf/die Silhouette des Kopfes von hinten zeigt
Position 2'/2'':	Position 2' befindet sich gleich neben der Figur und könnte als „seitlicher *POV shot*" bezeichnet werden; „Ist der Winkel zwischen Kamera und Figur klein, so entspricht Position 2' im Wesen dem klassischen [*POV shot*]; je größer der Winkel – bis zu etwa 30° –, desto weniger subjektiv, weniger durch eine Figur motiviert erscheint die Einstellung, und umso voyeuristischer empfindet sich der Zuschauer"
Position 3:	markiert einen vorgetäuschten oder devianten *POV shot*; es wird der Eindruck erweckt, dass eine Figur ein Objekt anschaut, das sie gar nicht anschaut
Position 4:	typischer *eyeline match*; er zeigt, „was eine Figur sieht und wann, aber nicht von deren physischem Standpunkt"
Position 5:	entspricht Position 4 spiegelbildlich; allerdings kann Position 5, wenn es sich beim ‚Objekt' ebenfalls um eine blickende Figur handelt, durch Überschreitung der 180°-Linie so wirken, als blickten sich zwei Figuren *nicht* an, obwohl dies der Fall ist
Position 6:	„repräsentiert [den Blickwinkel] des wahrgenommenen Objekts und wird gewöhnlich gewählt, wenn es sich dabei um eine Person handelt"
Position 7:	wie Position 6; nur „hinter dem Objekt lokalisiert", ggf. *over-the-shoulder*
Position 8 und 9:	wirken destabilisierend, „da sie aufgrund ihrer Ähnlichkeit mit Position 1 dem wahrnehmenden Subjekt einen falschen Ort zuweisen"
Position 10:	hat wie Position 8 und 9 eine desorientierende Wirkung, „da sie uns in einen neuen Raum oder eine neue Szene katapultiert"

Abb. 15: Subjektivierende, objektivierende und destabilisierende Einstellungsfolgen als Funktion der Achsenverhältnisse (vgl. Abb. 14) (nach Branigan 1984: 110 f.; modifiziert)

Derartige Differenzierungen sind freilich nur für eine genaue Analyse der Wahrnehmungsstruktur (Okularisierung) sinnvoll.[41] Die Bestimmung der Okularisierung über die Achsenverhältnisse kann stichhaltig sein, es muss jedoch gefragt werden, in welchen Fällen der Aspekt der Achsenverhältnisse der entscheidende ist und ob Kamera- und Figurenbewegungen und variierte räumliche Situationen die scheinbar so klaren Grundkonstellationen nicht als zu idealisiert bzw. ‚entkontextualisiert' infrage stellen. Die

41 Der *eyeline match* (Pos. 4) und alle weiteren subjektivierenden Positionen (v. a. Pos. 2 und 2' mit kleinem Winkel; ggf. auch Pos. 3, 5) können wie der *POV shot* (Pos. 1) theoretisch mit allen in Abb. 13 in 4.3.2.1 aufgelisteten Varianten der POV-Struktur kombiniert werden.

Bedeutung der subjektivierenden Wahrnehmungsführung durch *POV shots* darf zur Bestimmung von Subjektivierungstechniken des Films nicht überbewertet werden oder wie Schweinitz/Tröhler (2007: 7) feststellen: „Der Point of View wird vielfach als Mittel der Subjektivierung des filmischen Erzählens überschätzt.“

4.3.2.4 Interne Fokalisierung durch den Blick ‚ins Innere‘: Formen der Introspektion

Eine entscheidende Differenzierung bezüglich verschiedener Formen der *internen Fokalisierung* ergibt sich aus der Frage, ob die VEI ungefähr soviel zeigt, wie eine Figur weiß, weil sie dabei das repräsentiert, was die Figur wahrnimmt (interne Okularisierung) oder weil sie etwas weiß und repräsentiert, was eine Figur denkt, woran sie sich erinnert, was sie träumt, wie sie sich fühlt, was sie sich einbildet etc. Bei einer internen Okularisierung blickt die VEI mit der Figur sozusagen *von innen* auf die ‚äußere Welt‘, bei anderen Formen der internen Fokalisierung blickt die VEI – im übertragenen Sinne – *ins Innere* der Figur. Als Oberbegriff für verschiedene Realisierungen des ‚Blicks nach innen‘ wird *Introspektion* gewählt. Es geht bei filmischer Introspektion nicht um Fragen des Wissens im engeren Sinne, sondern um verschiedene Formen des bewussten und unbewussten Denkens und Erinnerns, emotionale Empfindungen, krankhafte oder rauschhafte Wahrnehmungsverzerrungen sowie halb- und unbewusste mentale und kognitive Vorgänge.

Klassische Beispiele für Varianten der internen Fokalisierung im Sinne einer *Introspektion* finden sich in MURDER, MY SWEET (Edward Dmytryk, USA 1944). Privatdetektiv Philipe Marlowe wird von seinem Gegenspieler zusammengeschlagen und – wie sich erst später eindeutig herausstellt – in die psychiatrische Anstalt von Dr. Sonderborg gebracht, wo er unter Medikamenteneinfluss zur Preisgabe des Verstecks einer wertvollen Jadehalskette erpresst werden soll. Eine sich zuziehende schwarze Gardinenblende markiert (zum wiederholten Male innerhalb des Films), dass Marlowe nach einem Schlag das Bewusstsein verliert (zeigt dabei aber *nicht* seine Wahrnehmung in Form eines *POV shot*). Nach einem kurzen *blackscreen* geht die Blende kurz einen Spalt weit auf und zeigt, dass Marlowe in eine Zelle gesperrt wird; ein Voice-over erklärt vage, was mit ihm geschieht und markiert das Darauffolgende als alptraumartige Halluzination („Der Rest war ein irrer, wirrer Traum“). Es folgt eine surreal überzeichnete Sequenz: Die Bildfläche ist durch Mehrfachbelichtungen in mehrere Einheiten zerteilt, auf denen vor einem spinnennetzartigen Hintergrund nur assoziativ zusammenhängende Szenen und Elemente ohne räumliche

Ordnung ein- und wieder ausgeblendet werden. Drehende und schwebende Bewegungen dominieren. Zu sehen sind u. a. Figuren, denen Marlowe zuvor begegnet ist, in überdimensionaler Größe, eine riesige Spritze, Türenstaffelungen, durch die Marlowe auf einen Fluchtpunkt zuläuft, Marlowes angstverzerrtes Gesicht und strudelartige Gebilde, in denen Marlowe den Halt zu verlieren droht. Verhallte Stimmen zitieren vorangegangene Gesprächsfetzen und die Frage nach der Kette. Den Höhepunkt der Sequenz bildet eine schneller werdende, sogartige Drehbewegung: Marlowes kleiner werdender Körper droht in der Tiefe des Bildes verschluckt zu werden. Die Drehbewegung geht über in einen sich drehenden Gegenstand, der sich als Lampe, und gleich darauf als die Lampe in dem Zimmer herausstellt, in dem Marlowe schließlich in einem Bett erwacht.

Es handelt sich bei dieser Halluzinationssequenz um eine *mentale Metadiegese*: Ein mentaler Zustand wird in einer der Figur zugeordneten Sequenz repräsentiert, ohne dass eine interne Okularisierung vorliegt, denn die Figur Marlowe ist dabei von außen zu sehen. Das zuvor bereits etablierte, den gesamten Film begleitende autodiegetische Voice-over Marlowes liefert zu Beginn und kurz nach der Halluzinationssequenz einige Erklärungen, die den der Diegese unterstehenden Status der Sequenz stützen.[42] Derartige mentale *Meta*diegesen zeigen den inneren Zustand einer Figur an, sind also Formen der *Introspektion*, des Blicks ins Innere einer Figur, bei denen ein Ebenenwechsel anzunehmen ist. Oft ist die Grenze fließend zwischen Formen der mentalen Metadiegese und Formen der Introspektion, die keinen Ebenenwechsel bilden. Eine vergleichbare Introspektion ohne Ebenenwechsel findet sich in MURDER, MY SWEET unmittelbar nach der Halluzinationssequenz: Marlowe ist erwacht, aber noch immer benommen. Ein Schleier, der mit Marlowes Erwachen unvermittelt vor der Kamera liegt, zeigt seinen Zustand und seine eingeschränkte Wahrnehmungs- und Orientierungsfähigkeit an, obwohl *kein POV shot* vorliegt (Marlowe ist von außen zu sehen). Der Schleier – technisch durch eine Linse vor der Kamera erzeugt – verschwindet später, wenn Marlowe sich besser fühlt, kehrt dann aber wieder, wenn er erneut einen Schwächeanfall hat. Das erklärende autodiegetische Voice-over Marlowes hilft, den Schleier als Wahrnehmungsstörung zu bewerten.

---

42 In diesen Kurzanalysen zu MURDER, MY SWEET wurde der Übersichtlichkeit halber die rahmende Ebenenschachtelung des Films vernachlässigt. Die Basisgeschichte rund um die Erlebnisse Marlowes, die hier als Diegese bezeichnet wurde, ist in eine rahmende Erzählsituation eingebettet, die zeigt, wie Marlowe verhört wird und seine Version des Falls erzählt. Bezogen auf den gesamten Film ist die rahmende Erzählsituation die Diegese, Marlowes Voice-over eine *intra*diegetische SEI und die Basisgeschichte eine *Meta*diegese, sodass die mentale Metadiegese strenggenommen eine mentale *Metameta*diegese ist.

Auch dieses formale Spiel zeigt also einen inneren mentalen Zustand an, ohne dass zugleich eine interne Okularisierung vorliegt und im Gegensatz zur mentalen Metadiegese auch ohne Ebenenwechsel, denn hinter dem Schleier sind nur diegetische Ereignisse zu sehen. Bruce Kawin (1978) schlägt für beide Varianten den Begriff des *Mindscreen* vor,[43] den ich als Oberbegriff übernehme, aber weiter ausdifferenziere: Formen der Darstellung subjektiver Bewusstseins- und Wahrnehmungszustände, die *ohne* Ebenenwechsel auskommen, bezeichne ich als *mentale Projektionen* und unterscheide diese von Formen des Mindscreen mit Ebenenwechsel, die ich *mentale Metadiegesen* nenne. Beide bilden formale Varianten der *Introspektion* ohne einen ‚Blick von innen' einnehmen zu müssen: Die Reflektorfigur, deren innerer Zustand repräsentiert wird, ist in der Regel von außen zu sehen, wobei eine interne Okularisierung bei Mischformen nicht grundsätzlich ausgeschlossen ist. Eine notwendige Bedingung für beide Formen ist die Repräsentation ‚innerer Vorgänge' – das sind bewusste und unbewusste mentale Prozesse, emotionale und kognitive Zustände, Träume, Erinnerungen, Visionen, Phantasien, Tagträume etc.

So wie Cohn (1978: 46 ff.) vorführt, dass in der Erzählliteratur *psycho-narration* in der dritten Person Singular spielerisch in das Innere einer Figur vordringen und psychische Zustände darstellen kann, die der Figur nicht bewusst sind und die sie nicht artikulieren kann (vgl. Cohn 1978: 46) – oder wie Vogt (1990: 162) es formuliert, „dass gerade die Technik der Bewusstseinswiedergabe, die der Figur selbst *nicht* das Wort erteilt, überraschend tief in deren Psyche hinabreicht: in diejenigen Bereiche des Vor- und Unbewussten, die vom erlebenden Subjekt *nicht* in Worte (oder artikulierte Gedanken) gefasst werden können" –, kann die VEI vor- und unbewusste Geisteszustände von Figuren, die diese nicht in Worte fassen können, durch *mentale Metadiegesen* und *mentale Projektionen* darstellen, während die Figur paradoxerweise zugleich von außen zu sehen ist. Viele Formen kinematographischer Introspektion verwenden keine subjektive Kamera, bilden also keine interne Okularisierung. Aufgrund der vielfältigen Varianten des Mindscreen, die durch verschiedenste Stilmittel erzeugt werden können und durch digitale Effekte, Morphing, digitales Stanzen und graphische Techniken heute technisch weit über die Möglichkeiten eines Films wie MURDER, MY SWEET hinausreichen, kommt der narrative Spielfilm bei der Darstellung vor-, unter- und unbewusster mentaler Welten weitgehend ohne psycho-narration auf sprachlicher Ebene aus, könnte diese aber ebenso einsetzen wie die Erzählliteratur.

---

43 Vgl. Newman (2005: 310 f.), der den Begriff noch etwas weiter auffasst als Kawin.

4.3.2.5 Mentale Metadiegesen, mentale Projektionen, mentale Einblendungen und Varianten der Subjektivierung

Immer wenn durch Linsen, digitale Bildbearbeitung, technische Effekte, Farben, Lichtführung etc. der innere Zustand einer Figur angezeigt wird, *ohne* dass ein Ebenenwechsel vollzogen wird, spreche ich also von *mentalen Projektionen*. *Mentale Metadiegesen* liegen dagegen vor, wenn eine Sequenz derart markiert ist, dass sie als Ganzes einen Traum, eine Einbildung, eine Halluzination etc. einer Figur repräsentiert und keine Ereignisse zeigt, die in der diegetischen Realität ‚tatsächlich' stattfinden. Als Oberbegriff verwende ich *Mindscreen*.[44] Die mentale Metadiegese, die durch Anfangs- und/oder Endmarkierung einer Figur untergeordnet wird, liegt in der Regel auf einem tieferen diegetischen Niveau (eine Metadiegese innerhalb einer diegetischen Episode; eine Metametadiegese innerhalb einer metadiegetischen Episode etc.). Das heißt, das im Fall einer mentalen Projektion gezeigte Geschehen kann in der diegetischen Welt zumindest teilweise als real angenommen werden, das in einer mentalen Metadiegese gezeigte Geschehen ist als *imaginiert* oder *fiktiv* innerhalb der diegetischen Welt markiert (vgl. 6.2).[45] Wenn Marlowe in der mentalen Metadiegese gezeigt wird, wie er durch eine Türenflucht schreitet, handelt es sich lediglich um seine Imagination; in der diegetischen Realität liegt er in einem Bett in der psychiatrischen Anstalt, wie zwischendurch angedeutet und durch die Endmarkierung angezeigt wird.[46] Während der ‚Schleier' über dem Filmbild liegt und als mentale Projektion sein vermindertes Orientierungsvermögen anzeigt, werden dagegen Ereignisse des Fluchtversuchs auf diegetischer Ebene gezeigt, die Marlowe ‚tatsächlich' unternimmt.

Verschiedene Formationen der *mentalen Metadiegese* (Erinnerungs-, Traum- und Phantasiesequenzen) werden in 6.2 diskutiert und binnendifferenziert. Mentale Metadiegesen können wie die subjektive Kamera auch metaphorisch eingesetzt werden. Die Annahme anthropomorpher mentaler Prozesse wird dann beispielsweise auf Tiere übertragen, wie in den mentalen Metadiegesen, die in BEING JOHN MALKOVICH die traumatischen Erinnerungen eines Schimpansen repräsentieren oder den Erinnerungssequenzen, die in BENJI einem Hund zugeordnet werden.

---

44 Vgl. die Übersicht zu Formen visueller Gedankenrepräsentation (Abb. 17 in 4.5.3).

45 Erinnerungssequenzen, die ich auch als mentale Metadiegesen einordne, haben diesbezüglich einen ambivalenten Zwischenstatus; vgl. 6.2.1.2. Sie zeigen Ereignisse, die je nach Glaubwürdigkeit der erinnernden Figur tatsächlich stattgefunden haben können, aber vorzeitig zum Moment des Erinnerns.

46 Durch die Mehrfachbelichtung werden – während ein Großteil der Mikroszenen die durch die Medikamente ausgelösten Halluzinationen widerspiegelt – allerdings verschwommen einige Szenen der Diegese erkennbar (Marlowe, wie er ausgehorcht und gespritzt wird).

Eine Form der *mentalen Projektion*, die mit einer expressiven Handkamerafahrt realisiert wird, findet sich in VINCENT & THEO. Die Figur Vincent Van Gogh steht psychisch angeschlagen in einem Sonnenblumenfeld und versucht trotz des Mistrals das Sonnenblumenfeld auf Leinwand zu bannen. Mehrere wilde, ruckartig die Richtung wechselnde, aneinandergeschnittene Fahrten der Kamera über das Sonnenblumenfeld repräsentieren Van Goghs inneren Zustand (Introspektion); die Figur ist dabei von außen zu sehen (Nullokularisierung). Ein den aufkeimenden Wahnsinn unterstreichendes Musikmotiv unterstützt die expressive Subjektivität.[47]

Varianten der *mentalen Projektion* bilden in der Regel eine Nullokularisierung, können aber auch mit *POV shots* kombiniert werden. In allen Zwischenformen, in denen man noch von mentalen Projektionen sprechen kann, zeigen dann die zugehörigen *POV shots* nicht mehr exakt das, was die Figur wahrnimmt, sondern – teilweise – auch etwas, das sich die Figur *einbildet*, das ihrer Phantasie entspringt. Das heißt auch, dass bei derartigen Mischformen die Eindeutigkeit der diegetischen Realität verschwimmen kann, denn wenn eine Subjektive teilweise etwas zeigt, was sich eine Figur einbildet, dann kann das gezeigte Geschehen nicht mehr hundertprozentig als diegetisch real gelten. Allerdings ist die Differenzierung zwischen dem, was der Einbildung und dem, was der diegetischen Wirklichkeit entsprechen soll, in vielen Fällen möglich. Im letzten Drittel von THE BEACH (Danny Boyle, USA 2000) droht sich Richard (Leonardo DiCaprio), der inzwischen allein im Wald lebt, in psychopathischen Kampfphantasien zu verlieren. Er plant die Verteidigung seines ‚Teams' gegen Eindringlinge und überwacht die militanten einheimischen Bauern. Seine Kampfphantasien werden dadurch repräsentiert, dass – während er durch den Wald rennt – abwechselnd *POV shots* aus seiner Sicht und *nobody's shots* auf ihn wie ein Computerspiel gerahmt, gestaltet und mit computerspielüblichen Symbolen und Punktezählern markiert sind.[48]

Zwischenformen zwischen interner Okularisierung und Introspektion ergeben sich, wenn klassische POV-Strukturen mit Formen des Mindscreen kombiniert werden. Eine derartige Kombination bildet der sogenannte „Vertigo-Shot": Wenn Scottie in VERTIGO (Alfred Hitchcock, USA 1958) im Treppenhaus des Kirchturms in die Tiefe hinabblickt, zeigt eine Kombination von zurückgleitender Kamerabewegung bei gleichzeitigem *zoom in* innerhalb einer subjektiven POV-Struktur (Scottie blickt hinab – *POV shot* in die Tiefe – Scottie bewegt den Kopf vom Blick nach

47 Die Sonnenblumenfeld-Sequenz in VINCENT & THEO bildet eine Form, in der eine *detached camera* eine *interne Fokalisierung* anzeigt, was Hursts (1996: 137 ff., 153) Regel: *attached camera* = personale oder Ich-ES; *detached camera* = auktoriale ES infrage stellt.

48 Diese Art der mentalen Projektion wird dadurch beglaubigt, dass Richard zuvor zwei Mal als regelmäßiger Computerspieler identifiziert wurde.

unten in eine andere Richtung) an, dass er von einem krankhaften Schwindelgefühl, einer traumatisch bedingten Höhenangst befallen wird; der *POV shot* zeigt, was er sieht und was er dabei empfindet, derart, dass sich ein sogartiges Schwindelgefühl auch beim Zuschauer einstellen kann.

In THE FRENCH LIEUTENANT'S WOMAN (Karel Reisz, GB 1981) blickt Charles aus dem Fenster seines Hotelzimmers; ein Schnitt führt zu einem ersten *POV shot*, der die leere Seebrücke zeigt (Weit/Totale), auf der Charles Sarah – die angebliche Geliebte des französischen Leutnants – das erste Mal gesehen hat. Die nächste Einstellung zeigt erneut sein blickendes Gesicht (ein leichter Zoom führt etwas näher heran). Der folgende *POV shot* zeigt Sarah in Nah von hinten, wie sie den Kopf langsam über die Schulter Richtung Kamera wendet; dann erneut das blickende Gesicht von Charles, dann erneut Sarah in Nah. Der erste *POV shot* repräsentiert das, was Charles sieht, wenn er aus dem Fenster blickt (interne Okularisierung). Der zweite und dritte zeigen das, was er sich einbildet, während er aus dem Fenster sieht. Die für den Abstand des Beobachters unangemessenen Größenverhältnisse (Nah statt Totale) und das Wetter im Hintergrund markieren die Einstellungen auf Sarah zusätzlich als Einbildung und stellen einen Bezug zu der Sequenz her, in der Charles Sarah das erste Mal auf der Seebrücke bei Regensturm gesehen hat. Somit handelt es sich um eine Form projizierter Erinnerung, die aber – in Kombination mit dem melancholisch-sehnsüchtigen Blick Charles' – einen inneren Zustand anzeigt (Introspektion), nämlich dass er, der als Ehemann fest versprochen ist, inzwischen rettungslos in die gesellschaftlich geächtete Sarah verliebt ist. Die Sequenz lässt sich als interne Fokalisierung einordnen, die interne Okularisierung, Einbildung und Introspektion umfasst.

In LE FABULEUX DESTIN D'AMÉLIE POULAIN gibt es – trotz der dominierenden Nullfokalisierung einer auffälligen VEI, die mit vielen Stilmitteln auf sich und ihr visuelles Erzählen verweist – markante Formen der Introspektion. Wenn die VEI Amélies Gefühl der Verliebtheit anzeigt, blinkt Amélies Herz computeranimiert in ihrem Körper. Wenn sich Amélie ihren verspielten Phantasien hingibt, werden diese im Fernsehen gezeigt, der gerade vor ihren Augen läuft oder in einer Art Split Screen (ähnlich einer Gedankenblase im Comic) in das Filmbild projiziert. Derartige Projektionen von visuellen Einbildungen oder Phantasien der Figuren ins oder auf das Bild (das dabei nicht vollständig verdeckt wird) bezeichne ich als *mentale Einblendungen*. Mentale Einblendungen können wie ein Split Screen durch einen Rahmen vom restlichen Kader abgetrennt sein, auf einen konkreten Gegenstand der Diegese geblendet werden (wie z. B. auf einen Spiegel oder einen Fernseher) oder in einen unwichtigen Bereich des Filmbilds, meist im Hintergrund, eingeblendet werden (wie die Vorstellungen, die sich Amélie macht, als ihr die Angestellte im Porno-Geschäft

Details über Ninos Vergangenheit erzählt).[49] *Mentale Einblendungen* kommen häufig in *POV shots* vor, die der Figur zugeordnet sind, der auch die *eingeblendete* Einbildung zugeordnet werden kann (vgl. Abb. 17 in 4.5.3).[50]

Bei den Beispielen aus THE BEACH, VERTIGO, THE FRENCH LIEUTENANT'S WOMAN und LE FABULEUX DESTIN D'AMÉLIE POULAIN lässt sich noch eindeutig zuordnen, was Einbildung und was diegetische Realität sein soll. Eine Ambivalenz zwischen subjektiver Wahrnehmung, Einbildung und diegetischer Verwandlung ergibt sich dagegen im Finale von 2001: A SPACE ODYSSEY, wenn Protagonist Bowman durch die Räume im Louis-XVI-Stil wandelt. Eine Kette von subjektiven, *quasi-reziproken POV-Strukturen* (interne Okularisierung durch subjektive Kamera oder subjektivierende *over-the-shoulder-shots*) zeigt mehrfach, wie der Protagonist sich selbst als zweite Figur in einem anderen, älteren Lebensalter erblickt. Die jeweilige POV-Struktur – Einstellung A auf das Subjekt der Wahrnehmung (Protagonist in Lebensalter A), Einstellung B auf das Objekt der Wahrnehmung (Protagonist in Lebensalter B (= A + x)) – wird nicht geschlossen. Stattdessen markiert Einstellung B den Beginn einer weiteren POV-Struktur: Protagonist in Lebensalter B als Subjekt der Wahrnehmung, Protagonist in Lebensalter C als Objekt. Dadurch wird der Eindruck der Verwandlung der Figur oder des Übergangs ihres Bewusstseins erweckt, zumal die jeweils vorangegangenen Figurationen des Protagonisten im jüngeren Lebensalter auch dort nicht mehr zu sehen sind, wo sie von der räumlichen Logik her zu sehen sein müssten. Es handelt sich um eine interne Fokalisierung, da die VEI kaum etwas zeigt, das über das Wissen des wahrnehmenden Bewusstseins hinausweist oder die Situation eindeutig erklären würde; allerdings sorgt der *over-the-shoulder-shot* mit seiner Nullokularisierung, der für einen der Übergänge eingesetzt wird, für eine gewisse Objektivierung des Gezeigten. Würde es sich um eine Kette subjektiver Kameras mit konsequenter interner Okularisierung handeln, könnte die gesamte Sequenz als bloße Einbildung bewertet werden; durch die erkennbare, vorsichtige Lösung der VEI von der subjektiven Wahr-

---

49 Etwas anders, aber vergleichbar, ist die *mentale Einblendung* in einer Sequenz von STAGE FRIGHT gestaltet: Der Vater der Protagonistin blickt auf das saubere Kleid eines Kindes. Ein *POV shot* zeigt, was er sieht; dann wird innerhalb derselben Einstellung für einige Sekunden ein Fleck überblendet (so als hätte das Kleid einen Blutfleck), bevor wieder nur das saubere Kleid zu sehen ist. Die Überblendung des Blutflecks repräsentiert seine Einbildung – die ihm die entscheidende Idee liefert, wie er die angenommene Täterin überführen kann. Eine hohe Dichte an *mentalen Einblendungen* und *mentalen Projektionen* gibt es in der Serie ALLY MCBEAL (USA 1997-2002).

50 Insofern könnte es sich bei dem Beispiel aus THE FRENCH LIEUTENANT'S WOMAN auch um eine *mentale Einblendung* handeln, allerdings ist nicht klar zu bestimmen, ob die gesamte Einstellung der Einbildung Charles' entspricht (und insofern eine sehr kurze *mentale Metadiegese* bildet), ob Sarah nur in die Einstellung *eingeblendet* ist, oder ob sie sich als eingebildete Figur in der scheinbaren Diegese bewegt (*mentale Metalepse*; vgl. 4.3.2.6).

nehmung ohne mit der subjektivierenden Tendenz zu brechen, wird eine Ambivalenz erzeugt, die auf Verwandlungen oder Übergänge verweist.

4.3.2.6 Mentale Metalepsen und weitere Subjektivierungstechniken

In À LA FOLIE … PAS DU TOUT (Laetitia Colombani, F 2002) bildet sich Angélique (Audrey Tautou), während sie wach im Bett neben ihrer Freundin liegt, die verhasste schwangere Ehefrau ihres Geliebten Loïc ein, die sich stolz über ihren Bauch streichelt – umgesetzt in folgender Einstellungsfolge: Auf eine Einstellung auf Angéliques im Raum umherblickende Augen folgt ein erster *POV shot*, der zeigt, was sie erblickt: einen Kleiderständer neben einem Sofa, auf dessen Lehne ein Motorradhelm liegt. Die nächste Einstellung zeigt erneut ihren Blick, bevor ein zweiter *POV shot* die Schwangere zeigt, an der Stelle, an der zuvor der Kleiderständer stand. Dass es sich um eine Einbildung handelt, ist sowohl durch die Einstellungsfolge als auch durch den Kontext markiert. Da hier allerdings die Größen-, Licht- und Inszenierungsverhältnisse übereinstimmen, wirkt es so, als bewege sich die eingebildete Figur tatsächlich durch die diegetische Realität. Hier wird eine entscheidende Grenze überschritten: Eine eingebildete Figur, die einen metadiegetischen Status hat, weil sie (in diesem Moment) nur in der Imagination einer anderen Figur existiert, verhält sich wie eine diegetische Figur. Es handelt sich also um eine metaleptische Struktur im Genette'schen Sinne,[51] weshalb sich für derartige Konstellationen der Begriff einer *mentalen Metalepse* anbietet (vgl. Abb. 17 in 4.5.3).

Mentale Metalepsen liegen vor, wenn von einer Reflektorfigur *eingebildete* Figuren (und Gegenstände) so inszeniert werden, dass sie wie Elemente der *diegetischen Realität* wirken und agieren. In À LA FOLIE … PAS DU TOUT handelt es sich um eine kurze mentale Metalepse, die eindeutig als solche zu entschlüsseln ist, deren ‚Zustandekommen' gezeigt wird, die durch die Phantasie der Protagonistin beglaubigt ist und die nur in einem einzigen *POV shot* gezeigt wird, bevor sie wieder verschwindet.[52] Mentale Metalepsen können von der extradiegetischen VEI aber auch unvermittelt und ohne Bindung an subjektive Einstellungsfolgen wie diegetische Figuren

51 Das allgemeine Konzept der Metalepse wird in 6.5 erörtert und binnendifferenziert. Grundlegend ist die Definition Genettes (1994: 167 ff.).

52 Die mentale Metalepse ist zugleich ein Hinweis auf die Unzuverlässigkeit des Erzählens in À LA FOLIE … PAS DU TOUT, namentlich auf das Faktum, dass viele Zusammenhänge, die im ersten Teil des Films als real gezeigt werden, ausschließlich der Phantasie Angéliques entspringen – v. a. ihre Affäre mit Loïc – was aber erst im zweiten Teil entlarvt wird. Der zweite Teil ist eine Art ausgedehnte *Offenbarungssequenz*, die Schritt für Schritt die erzählerische Unzuverlässigkeit des ersten Teils entschlüsselt.

gezeigt werden. In THE BEACH bildet sich Richard, während er sich im Wald seinen psychotischen Kampfphantasien hingibt (s. o.), die am Anfang des Films verstorbene Figur Bugs ein, die in *nobody's shots* wie eine reale Figur agiert, aber durch den Kontext als Einbildung gekennzeichnet ist. In einer Binnenerzählung von DEAD OF NIGHT (Alberto Cavalcanti u. a., GB 1945) bildet sich der passionierte Golfer George Parratt seinen verstorbenen Golfpartner Larry Potter ein, der zuvor Selbstmord begangen hat, weil er in der entscheidenden Partie um die Frau seines Lebens gegen Parratt verloren hat. Kurz nach dem Selbstmord steht der tote Larry plötzlich wieder neben George, was in *nobody's shots* gezeigt wird. Die mentale Metalepse Larry Potter, die durch die Handlung, die Gespräche und die Reaktion Georges als Erscheinung eines Toten gekennzeichnet ist (obwohl sie wie eine lebende Figur agiert), wird endgültig als mentale Metalepse entlarvt, wenn *POV shots* dritter Figuren (Barkeeper, Ehefrau) zu sehen sind, auf denen Larry in derselben Szene, in der zuvor George und Larry zu sehen waren, nicht mehr vorhanden ist, sondern nur George, der Selbstgespräche führt. Ohne dieses Zeigen einer ‚normalen' Sichtweise hätte es sich bei Larry auch um eine von allen Figuren wahrnehmbare diegetisch-reale Geistererscheinung handeln können (was im Realitätskosmos von DEAD OF NIGHT durchaus im Rahmen des Möglichen läge). Der Film FEAR AND LOATHING IN LAS VEGAS ist eine Fundgrube mentaler Metalepsen. Die Protagonisten Raoul Duke und Dr. Gonzo unternehmen einen Trip im doppelten Sinne des Wortes: Während sie aufgrund eines ominösen journalistischen Auftrags nach Las Vegas reisen, konsumieren sie große Mengen Drogen, sodass ihre reale Reise zugleich zu einem Trip durch verschiedene Drogenvisionen wird, die mit einer Vielzahl mentaler Metalepsen und verspielter Formen der mentalen Projektion visuell umgesetzt sind. Realität und Vision sind nicht als zwei getrennte Ebenen inszeniert. Stattdessen wird die Diegese mit mentalen Erscheinungen ‚bevölkert', die selten einer subjektiven Kamera zugeordnet sind, sodass sich Vision und Realität teilweise ununterscheidbar vermengen.

Werden *mentale Metalepsen* erst im Nachhinein als solche markiert, handelt es sich um eine in einem *final twist* aufgelöste Form des unzuverlässigen visuellen Erzählens: der zentrale ‚Clou' von Filmen wie FIGHT CLUB, SECRET WINDOW (David Koepp, USA 2004) oder A BEAUTIFUL MIND (Ron Howard, USA 2001), in denen die schizophrenen Projektionen des Protagonisten über weite Strecken des Films wie diegetisch-reale Figuren inszeniert werden. Der Status der mentalen Metalepsen kann trotz vielfältiger Hinweise und Vorausdeutungen kaum vor der *Offenbarungssequenz* entschlüsselt werden, weil grundlegende Regeln einer ‚realen' Inszenierung auf einer einzigen diegetischen Ebene eingehalten werden.[53] In allen drei Filmen wirken die eingebildeten Figuren u. a. deshalb ‚real', weil sie nicht an subjektive Einstellungsfolgen und *POV shots* gebunden sind, sondern vor allem einer Nullokularisierung/Nullfokalisierung zuzuordnen sind, die erst durch die Offenbarungssequenz nachträglich umbewertet wird.

Emotionale und geistige Befindlichkeiten von Figuren werden nicht nur durch *mentale Metadiegesen*, *mentale Projektionen*, *mentale Einblendungen* und *mentale Metalepsen* repräsentiert, obwohl sich viele subjektivierende Stilfiguren auf eines oder eine Kombination dieser Grundmuster zurückführen lassen. Auch die Mise-en-scène kann zur Subjektivierung oder Introspektion funktionalisiert werden.[54] Sämtliche Formen der Introspektion können wiederum durch eine entsprechende Schauspielführung unterstützt werden. Umgekehrt lässt sich eine schauspielerische Repräsentation veränderter Geistes- oder Wahrnehmungszustände auch mit formalen Mitteln kombinieren, z. B. wenn der szenische Auftritt eines torkelnden Betrunkenen mit Formen der mentalen Projektion (einer ‚torkelnden' Kamera, die die Figur von außen zeigt) oder einer internen Okularisierung (einem ‚torkelnden' *POV shot*) verknüpft wird. In letzterem Fall zeigt die subjektive Kamera nicht nur, was die Figur sieht, sondern auch wie sie sieht.

4.3.3 Formen der externen Fokalisierung

Eine eindeutig nachweisbare *externe Fokalisierung* ist relativ selten, weil durch zusätzliche Merkmale *explizit* angezeigt sein muss, dass es überhaupt *etwas* gibt, das die Figur weiß, die VEI aber nicht preisgibt (VEI < F). Darüber hinaus kann eine externe Fokalisierung durch den Handlungsverlauf auf histoire-Ebene *impliziert* sein, wenn die Aufmerksamkeit auf eine Figur gelenkt wird, von der in der Diegese vermutet wird, dass sie ein

53 In SECRET WINDOW weisen verschiedene innere Stimmen, die mit dem Protagonisten Mort Rainey sprechen und kurze mentale Metalepsen – in *POV shots* sieht er Figuren, über die er als Romanautor gerade schreibt, neben ihm stehen – auf die krankhafte Einbildungstätigkeit des Protagonisten hin, die in der Offenbarungssequenz entschlüsselt wird, wenn sich sein Gegenspieler als bloße Phantasie herausstellt. In FIGHT CLUB gibt es ein komplexes System an Hinweisen und Indikatoren, jedoch ebenso viele ‚Inszenierungstricks', die die ‚wahre' Realität der zentralen mentalen Metalepse Tyler Durden als schizoide Phantasie seines Freundes verschleiern; in A BEAUTIFUL MIND gibt es eine Reihe teilweise vergleichbarer Hinweise, die im Verlauf des Films zunehmend deutlicher werden, sodass eine sukzessive Enttarnung der drei zentralen mentalen Metalepsen ermöglicht wird, die je nach Rezipient verschieden ausfällt.

54 Z. B. wenn das Splittern eines Spiegels eine aufkeimende Schizophrenie symbolisiert. Derartige den mentalen oder emotionalen Zustand einer Figur anzeigende Symbole sind an die Mise-en-scène gekoppelte Stilmittel der Subjektivierung. Ganze Raumausstattungen können innere Figurenzustände symbolisieren (wie z. B. in BERLIN ALEXANDERPLATZ).

Geheimnis hat oder etwas verschweigt. Modellhaft hierfür ist die Figur „Mundharmonika“ in C’ERA UNA VOLTA IL WEST (Sergio Leone, I/USA 1968), über deren in der Vergangenheit liegende, geheimnisumwitterte Handlungsmotivation erst eine Analepse am Ende des Films aufklärt (vgl. 6.2.1.2), sodass man über weite Strecken von einer externen Fokalisierung auf die Figur sprechen kann (VEI < $F^{\text{Mundharmonika}}$).

Mikro-Formationen der *externen Fokalisierung* ergeben sich, wenn die VEI zeigt, wie eine Figur einen Brief liest, aber *nicht* zeigt, was in dem Brief steht oder wie die Figur den Brief vorliest (VEI < F) und auch kein Voice-over den Inhalt des Briefs ergänzt. Ähnlich funktionieren Telefonanrufe, bei denen man nicht hört, was die Figur hört oder wenn der Figur von einer anderen etwas ins Ohr geflüstert wird, das nicht zu hören ist. Alle diese Formen der externen Fokalisierung hängen mit *sprachlichen Informationen* zusammen, die die Figur erhält, ohne dass die extradiegetische VEI (oder eine ergänzende SEI) diese an den extradiegetischen Adressaten weitergibt. Diejenigen Formen, die eine *auditive* sprachliche Vermittlung zwischen den Figuren anzeigen, deren Inhalt nicht vermittelt wird, also ein Hören repräsentieren, ohne auch das zu präsentieren, was gehört wird, können als *externe Aurikularisierung* bezeichnet werden.

Wahrnehmungsreflexive Varianten der *externen Fokalisierung* im Zusammenspiel mit der Okularisierung ergeben sich dagegen, wenn die VEI eine Figur zeigt, die in eine spezifische Richtung blickt, nicht aber das, was die Figur sieht (VEI < F). In diesem Fall handelt es sich um ein Wissen, das die Figur durch Wahrnehmung erlangt und das dem Adressaten von der VEI vorenthalten wird. In einer POV-Struktur wird Einstellung A auf das wahrnehmende Subjekt gezeigt und Einstellung B auf das Objekt der Wahrnehmung weggelassen (vgl. 4.3.2.1); ein *POV shot* wird also durch das Zeigen einer blickenden Figur anfangs- und/oder endmarkiert, ohne eingelöst zu werden (Variante 5a des *offenen POV shot*). Hierfür kann der Begriff der *externen Okularisierung* verwendet werden.[55] Die Plausibilität der Annahme, dass es etwas Relevantes gibt, das die Figur im Kamera-*Off* erblickt, ist dabei vom Verhalten (Gesichtsausdruck, Gestik, Sprechen etc.) der blickenden Figur abhängig: Schaut sie nur unbewusst oder gedankenverloren ins Kamera-*Off* oder erblickt sie etwas, dass sie bewusst

55 Da Formen einer *externen Okularisierung* wie die einer *externen Aurikularisierung* relativ selten sind, ist infrage zu stellen, ob die Unterdifferenzierung einer schon recht seltenen *externen Fokalisierung* in *externe Aurikularisierung* und *externe Okularisierung* notwendig ist; da sie jedoch häufig analytisch zu treffen ist, habe ich sie vorerst berücksichtigt. Im Falle des Briefs, den eine Figur liest, ohne dass er gezeigt wird (s. o.), liegt eine *externe Okularisierung* vor. Im Falle einer filmisch umgesetzten *Teichoskopie*, in der eine Figur (als SEI) genau schildert, was sie im Kamera-*Off* erblickt, wird das Informationsdefizit durch die SEI aufgelöst, sodass trotz der *externen Okularisierung* (VEI < F) im Zusammenspiel keine *externe Fokalisierung* mehr vorliegt ($\text{VEI+SEI}^{\text{intrad}} \approx \text{F}$); dasselbe gilt, wenn eine SEI den Inhalt des Briefs vermittelt.

wahrnimmt, also auch kognitiv und emotional verarbeitet? Expressive Reaktionen (wie ein Schreien, ein schockhaftes Erstarren, eine Entscheidung zur Flucht etc.) zeigen in der Regel an, dass die Figur etwas Entscheidendes erblickt hat. Geräusche aus dem szenischen Kamera-*Off* können diese Annahme unterstreichen.

Klassisch für diese Art der *externen Fokalisierung* ist die Konstellation, in der eine Figur eine Tür öffnet und ihren Mörder erblickt, ohne dass dieser gezeigt wird (es gibt unendlich viele Spielarten dieser Grundkonstellation, die häufig am Anfang von Krimis eingesetzt wird). Obwohl die VEI nicht das Wissen preisgibt, wer der Mörder ist, ist sie immerhin ‚dabei', wenn die Figur ihren Mörder erblickt und deutet eventuell sogar an, wie der Mord stattfindet. Es handelt sich also um eine Form der *externen Fokalisierung* im Mikrobereich (VEI < F), die zugleich als *Paralipse* bewertet werden kann, *wenn* zuvor *intern* auf die Figur fokalisiert wurde, die ermordet wird (es werden weniger Informationen gegeben, als an sich gegeben werden müssten, weil die Figur den nicht gezeigten Mörder erblickt).[56]

Der Film THE BLAIR WITCH PROJECT endet mit einer markanten externen Fokalisierung. Das letzte Geheimnis des Falls bleibt unaufgeklärt, was die höchstspezifische Erzählkonstellation des Films zugleich beglaubigt und durch diese beglaubigt wird. Aufgrund des pseudo-dokumentarischen Ansatzes des Films – drei Jugendliche ziehen in den Wald, um mit zwei Kameras eine Dokumentation über den Mythos der „Blair-Hexe" zu drehen – bekommt der Adressat den ganzen Film über nur das zu sehen, was die beiden Kameras aufgezeichnet haben. Wenn die drei am Ende ihren mutmaßlichen Mördern in die Falle gehen, zeigen die Kameras nicht mehr alles, was die Figuren wahrnehmen, insbesondere dann nicht mehr, wenn die Kameras kurz vor Schluss zu Boden fallen, weil den Figuren mutmaßlich etwas ‚Schreckliches' angetan wird, während die Kameras nackte Wände zeigen. Es ist davon auszugehen, dass die Figuren in den letzten Minuten mehr wahrnehmen konnten, als die auf die beiden Kame-

56 Soll diese Sequenz als Metadiegese einer Rahmenhandlung untergeordnet sein, in der eine andere Figur als homodiegetischer Erzähler ebendieser Geschichte gezeigt wird, kann eine derartige Konstellation die Erzählsituation wiederum unterlaufen: Eine andere Erzählerfigur kann nicht wissen, wie die Begegnung einer inzwischen toten Figur mit dem Mörder abgelaufen ist, wenn es keine Zeugen gibt, die es ihr berichtet haben, und die Sequenz auch nicht intradiegetisch gefilmt worden ist. Die letzten Wahrnehmungen und Gedanken eines Sterbenden sind einer homodiegetischen Erzählerfigur in einer realistisch aufgelösten rahmenden Erzählsituation nicht zugänglich. Insofern wäre das Nichtzeigen der Identität des Mörders durch die Erzählsituation beglaubigt, nicht jedoch, dass der Ablauf des Mordes angedeutet wird. Diese Konstruktion kann variiert und bezüglich der Informationspolitik beglaubigt werden: Der Mord wurde minutiös von der Polizei rekonstruiert; es gab zwar Zeugen, die den Mörder aber aufgrund der räumlichen Distanz, der Dunkelheit, einer Maskierung nicht erkennen konnten; die erzählende Figur malt sich den Ablauf des Mordes aus oder ist gar selbst der Mörder, der sich als unzuverlässiger Erzähler tarnt etc.

ras reduzierte VEI zeigt; der Adressat/Zuschauer weiß nur aufgrund des Gesamtkonstrukts, der Ankündigung am Anfang des Films und der im Internet kursierenden Gerüchte, dass die drei Protagonisten den Wald, in dem sie nach dem Geheimnis der „Blair-Hexe" geforscht haben, niemals wieder verlassen haben, nicht aber warum (vgl. 4.4.1.2).

Eine für die narrative Struktur eines gesamten Films essenzielle Variante der *externen Fokalisierung* in Zusammenhang mit Wahrnehmungsstrukturen ergibt sich am Anfang von THE USUAL SUSPECTS. Es werden zwar einige *POV shots* aus der Sicht Dean Keatons – des letzten und ‚wichtigsten' Opfers einer Verbrechensserie – auf den mysteriösen Mörder „Keyser Soze" gezeigt, allerdings sind von letzterem in einer Reihe von Einstellungen nur der Körper bis zum Hals, die Füße, ein Arm und eine schattenartige Silhouette zu sehen. Selbst als er sich mit dem Feuerzeug vor den Augen Keatons eine Zigarette anzündet, bevor er ihn tötet, ist sein Kopf nicht zu erkennen. Auch seine flüsternde Stimme lässt sich nicht identifizieren. Es handelt sich um eine *externe Fokalisierung* (VEI $< F^{Keaton}$), die zugleich *Paralipse* ist, denn der Code des visuellen Erzählens des Films gibt vor, dass man zumindest mit der internen Okularisierung, also den *POV shots* aus Keatons Sicht, den Mörder einschließlich Gesicht sehen müsste, den Keaton ganz offensichtlich sieht und erkennt (er spricht ihn mit „Keyser Soze" an). Andererseits wird die Eröffnungssequenz nachträglich als Metadiegese an die Erzählungen der homodiegetischen Erzählfigur der Rahmenhandlung – des Protagonisten Roger Kint, genannt „Verbal" – gebunden, die am Ende des Films in einem unerwarteten *final twist* als unzuverlässig enttarnt wird. Da diese sprachliche Erzählerinstanz aus am Ende evidenten Gründen die wahre Identität „Keyser Sozes" am Anfang nicht preisgeben möchte, lässt auch die ihr zugeordnete VEI die Identität weg, was die scheinbare *Paralipse* im Nachhinein zumindest teilweise aufklärt. Die Eröffnungssequenz des Films (die das Finale des Haupthandlungsstrangs der *histoire* (t_{end}) vorwegnimmt) wird durch eine abschließende Überblendung auf das Verhör der Figur Verbal vor dem Staatsanwalt bezogen, das die *erste* rahmende Gesprächssituation des Films konstituiert.[57] Der Rest des Films wird einer zwischendurch häufig gezeigten *zweiten* Erzählsituation zugeordnet: dem verhörähnlichen Gespräch des Zollinspektors Kujan mit Verbal, in dem Verbal die Ereig-

57 Die nachträgliche Zuordnung der Eröffnungssequenz zu den Erzählungen „Verbals" ist im Vergleich zu den anderen Metadiegesen des Films, die anfangsmarkiert sind, nicht genauso eindeutig, zumal die Eröffnung mit einem scheinbar neutralen Textinsert („San Pedro, California – last night") eingeleitet wird. Jedoch verweist die anaphorische Zeitangabe „last night" bereits auf den angenommenen Narrationszeitpunkt (Verbal sitzt dem Staatsanwalt einen Tag nach dem Ereignis, das er erzählt, gegenüber); außerdem werden im Lauf des Films einige eindeutig der Erzählerfigur zugeordnete Metadiegesen ebenfalls durch Inserts raumzeitlich verortet, was die komplexe Erzählstruktur deutlicher machen soll.

nisse vom Anfang der *histoire* (t_{start}) bis zum Finale (t_{end}) berichtet. Der unerwartbare Trick des Films besteht darin, dass die VEI dem *under-* und *misreporting* der intradiegetischen SEI Verbal in den meisten Sequenzen folgt, sodass sich der eigentliche Kopf der geschilderten Verbrechen, der unbekannte, ungreifbare „Keyser Soze", hinter der Erzählerfigur verbergen kann.[58]

Eine verspielte Variante der *externen Fokalisierung* gibt es in INLAND EMPIRE (David Lynch, USA/P/F 2006): In der Eröffnungssequenz sind die Köpfe der gezeigten Figuren digital ‚verwischt' – wie in Dokumentationen, in denen die Identität der befragten Personen geschützt wird. Die VEI zeigt so an, dass sie die Identität der Figuren nicht preisgeben will, was insofern vorausweisend für den Film ist, als ein Grundprinzip des visuellen Erzählens von INLAND EMPIRE vorweggenommen wird: die Verschleierung von Identitäten, Zusammenhängen und Ebenen bei gleichzeitiger Suggestion, dass es etwas zu verschleiern gibt (vgl. 6.4.2.4).

Mit Vorsicht im Hinblick auf eine eventuelle *externe Fokalisierung* sind Einstellungen zu bewerten, die ein mutmaßlich ‚denkendes' Gesicht zeigen, ohne dass zu erfahren ist, was die Figur denkt (was, wenn diese Form eindeutig aufzulösen wäre, eine externe Fokalisierung bilden würde: VEI < Gedanken der Figur). Die Anführungszeichen bei ‚denkend' deuten jedoch eine Schwierigkeit dieser Klassifizierung an: Wann handelt es sich bei einem gezeigten Gesicht um ein *‚denkendes'* Gesicht? Wodurch weiß man, ob die gezeigte Figur etwas Konkretes oder Entscheidendes denkt oder einfach nur ‚neben sich steht' und sich nicht darüber bewusst ist, gerade etwas zu denken? Denkt der Angeklagte in TWELVE ANGRY MEN (Sidney Lumet, USA 1957) beispielsweise etwas, wenn sein Gesicht markant und lange in Nah gezeigt wird, während sich die zwölf Geschworenen zur Beratung über Leben und Tod in den Sitzungsraum zurückziehen? Oder zeigt diese Einstellung eher seine Gefühle an, also einen inneren Zustand (interne Fokalisierung)? Es gibt Schauspieler – wie Alain Delon oder Humphrey Bogart – denen unterstellt wird, häufig harte, kalte Charaktertypen zu verkörpern, hinter deren emotionale und mentale Fassade man nicht blicken könne. Wenn Bogart in THE MALTESE FALCON (John Huston, USA 1941) mit Sam Spade eine Figur spielt, die bezüglich der zugrunde liegenden Romanvorlage von Dashiell Hammett als Figur gilt, auf die häufig extern fokalisiert wird,[59] liegt dann auch im Film eine

58 Das Verhältnis zwischen der intradiegetischen SEI Verbal und der VEI ist *en dètail* jedoch ambivalenter: So gibt die VEI vorsichtige Hinweise, die auf die Identität „Keyser Sozes" und die Unzuverlässigkeit vorverweisen; so ist die VEI auch einigen Erzählungen Inspektor Kujans zugeordnet. Die VEI suggeriert immer wieder, sich den sprachlichen Erzählungen unterzuordnen, gibt aber in entscheidenden Momenten zusätzliche Informationen.

59 Vgl. Vogt (1990: 56 f.); vgl. *The Maltese Falcon* (Dashiell Hammett, 1930).

externe Fokalisierung vor, weil sich durch Bogarts Schauspielstil seine Gedanken und Emotionen nicht ergründen lassen? Ähnliches lässt sich beim glatten, scheinbar gefühlskalten Gesicht Alain Delons in LE SAMOURAÏ (Jean-Pierre Melville, F/I 1967) oder PLEIN SOLEIL (René Clément, F/I 1960) fragen. In diesen Fällen gilt jedoch zuallererst: Es wird *nicht* gezeigt, *dass* die Figur etwas denkt, das dem Zuschauer vorenthalten wird, sondern es ist nicht zu sehen, *ob* die Figur etwas denkt und fühlt. Eine weitere Schwierigkeit der Einordnung eines ‚denkenden' Gesichts ergibt sich aus dem werkinternen Kontext. Eine Einstellung auf ein angeblich denkendes Gesicht kann (z. B. durch mentale Metadiegesen, die durch denselben Gesichtsausdruck eingeleitet wurden) derart aufgeladen sein, dass der Adressat/Zuschauer weiß, was die Figur denkt oder fühlt, wenn dieser Gesichtsausdruck erneut gezeigt wird. Bei Einstellungen auf Gesichter, die den Prozess des Denkens oder Fühlens anzeigen sollen, ist die Grenze zwischen Analyse und Interpretation durchlässig. Im Zweifelsfall ist die Fokalisierung ambivalent und muss durch Beschreibung von Art und Spektrum der Ambivalenz (mehrdeutig zwischen welchen Polen der Fokalisierung; geht es um das Wissen, Wahrnehmen, Denken oder Fühlen der Figur?) charakterisiert werden.

4.3.4 Doppelte, mehrfache und vorgetäuschte Fokalisierung

Bei verschiedenen Varianten der Fokalisierung können VEI und SEI *komplementär* zusammenspielen oder in einem *überlappenden* Verhältnis stehen, sodass die Fokalisierungen der VEI und der SEI im Einklang stehen und beide zusammen eine weitgehend stabile Fokalisierungstendenz konstituieren, die wiederum an eine weitgehend homogene Erzählsituation gebunden sein kann (vgl. 3.4.2). Es ist aber auch möglich, dass beide Instanzen unterschiedlich bis widersprüchlich fokalisieren. In Fassbinders BERLIN ALEXANDERPLATZ ergeben sich verschiedene Konstellationen, insbesondere in TEIL IV und XIV. Wenn in den Schlachthof-Sequenzen in TEIL IV: EINE HANDVOLL MENSCHEN IN DER TIEFE DER STILLE ein extra-heterodiegetisches Voice-over und eine extra-heterodiegetische SEI auf zwischengeschnittenen Schrifttafeln Szenen und Statistiken der Großschlachthöfe Berlins präsentieren, liegt teilweise eine *Null*-, teilweise eine *externe* Fokalisierung vor, während die VEI biblisch-symbolisch aufgeladene Opferszenen eines Lammes durch einen bärtigen alten Mann zeigt, die zwischen *interner* und *Null*-Fokalisierung schwanken. Hier und in anderen Teilen der Serie BERLIN ALEXANDERPLATZ kann neben der sukzessiven Fluktuation der Fokalisierung, die vor allem TEIL XIV (EPILOG) prägt, auch von einer doppelten oder mehrfachen Fokalisierung gesprochen werden – mehrfach in dem Sinne, dass zugleich zwei oder drei narrative Instanzen unterschiedlich fokalisieren.[60] Bei derart komplexen Formationen muss die Fokalisierung von VEI und SEI(en) getrennt erfasst und ihr dynamisches Zusammen- und Widerspiel analysiert werden. Möglich ist, dass die SEI einen anderen Erzählstrang verfolgt als die VEI, wobei beide Instanzen unterschiedlich fokalisieren können, aber nicht müssen. Wenn die VEI die gegenwärtigen Handlungen einer Figur zeigt, während die SEI ihre Erinnerungen an vergangenes Geschehen ausspricht, können beide *sich ergänzend* intern auf dieselbe Figur fokalisieren, wenn sie ungefähr das präsentieren, was die Figur weiß (VEI $\approx F_{\text{Gegenwart}}$; SEI $\approx F_{\text{Vergangenheit}}$).

4.3.4.1 Voice-over-Dialoge und Voice-over-Szenen

Noch radikaler kann die Spannung zwischen visueller und sprachlicher Erzählung bei nicht ans Bild gekoppelten *Voice-over-Dialogen* sein – wie markant in PIERROT LE FOU (Jean-Luc Godard, F/I 1965) – oder wenn auf auditiver Ebene mit asynchronen Dialogen, Geräuschen und Tonräumen (vergleichbar mit akustischen Ereignissen und Räumen des Hörspiels) gearbeitet wird, wie am Anfang von KLEINRUPPIN FOREVER (Carsten Fiebeler, D 2004): Ein junges Paar vergisst wegen eines Streits ihre eineiigen Baby-Zwillinge auf einer Autobahnraststätte; die VEI zeigt, wie die Eltern in ihr Auto steigen, losfahren und den Korb mit den Zwillingen auf einer Bank zurücklassen; während die VEI ohne Schnitt bei den schlafenden Babys bleibt, hört man, wie die Eltern im Gespräch feststellen, dass sie ihre Kinder vergessen haben und mutmaßlich wegen eines waghalsigen Wendemanövers – weil die Frau ihrem Mann ins Steuer greift – einen tödlichen Unfall erleiden. Es dominiert die auf auditiver Ebene repräsentierte akustische Szene über die visuell gezeigte. Für komplexe Voice-over-Dialoge und vom Bild gelöste auditiv repräsentierte Szenen schlage ich den Begriff *Voice-over-Szenen* vor. Visuelle Szene und asynchrone Voice-over-Szene können unterschiedliche zusammenhängende oder nicht zusammenhängende Ereignisse, Geschichten, Episoden und Erzählstränge bei gleichem oder unterschiedlichem Fokalisierungstyp zeigen.

---

60 Eine auditiv-phonetische SEI in Form eines Voice-overs kann tatsächlich zeitgleich zur VEI vorkommen, ebenso eine SEI in Form von über das Filmbild projizierten Textinserts. Eine schriftsprachliche SEI auf einer zwischenmontierten Schrifttafel kommt dagegen *per se* geringfügig zeitversetzt zu den vorherigen und nachfolgenden Einstellungen vor, steht mit diesen hier aber in unmittelbarem Zusammenhang, weil sie durch Einstellungen gerahmt wird, die die gleiche Szene (Opferung des Lamms) zeigen.

4.3.4.2 Split Screen

Auch Formen des *Split Screens* können doppelte Fokalisierungen konstituieren, die sich wiederum zu einer komplexen (Gesamt-)Fokalisierung zusammenfügen können. Wenn auf drei Abschnitten des Kaders z. B. die Handlungen von drei Figuren verfolgt werden, wobei in jedem Abschnitt ungefähr das gezeigt wird, was die jeweilige Figur weiß (jeweils interne Fokalisierung), ergibt sich insgesamt eine Art multiperspektivische Nullfokalisierung (F1 + F2 + F3 = VEI/A^{extrad} > F1, F2 oder F3). Beim Split Screen ist zu unterscheiden, ob es sich bei den in den unterschiedlichen Bildabschnitten gleichzeitig gezeigten Sequenzen um verschiedene Geschichten, Episoden, Erzählstränge der gleichen Erzählung, unterschiedliche Fokalisierungen oder lediglich unterschiedliche Okularisierungen handelt. So ist es möglich, dass auf der linken Hälfte des Kaders eine Figur von außen gezeigt wird (Nullokularisierung) und rechts ein *POV shot* aus ihrer Sicht (interne Okularisierung). So können subjektive Einstellungen verschiedener Figuren den subjektiven Blick auf das gleiche Geschehen zeigen (jeweils interne Okularisierung) oder zwei Figuren gezeigt werden, die an unterschiedlichen Orten einer Handlung nachgehen, die aufeinander bezogen ist, wie in LOLA RENNT: Manni wartet darauf, dass Lola mit dem dringend benötigten Geld bei ihm eintrifft, während Lola um ihr Leben rennt, um rechtzeitig bei ihm zu sein. Der verzweifelte Manni kann im Gegensatz zum extradiegetischen Adressaten nur ahnen, was Lola gerade macht, und entschließt sich in der ersten Variante fatalerweise den Supermarkt zu überfallen, kurz bevor Lola ihn erreicht (vgl. 5.3.5).[61] In der ‚Echtzeit-Serie' 24 (USA seit 2001) werden Split Screens häufig – vor allem vor den Werbeblöcken und dem Ende einer Folge – dazu eingesetzt, das zu zeigen, was die verschiedenen Figuren zur gleichen Zeit machen, ohne dass sie alle gegenseitig davon wüssten, was zu einer auktorialen Übersicht des Zuschauers führt (Nullfokalisierung).[62] In vier gleichmäßige Rechtecke ist das Filmbild in TIMECODE (Mike Figgis, USA 2000) aufgeteilt: In jedem dieser vier Split Screens werden vier Handlungsstränge in ungeschnittenen Digitalkameraaufnahmen präsentiert. Die Handlungsstränge, die gleichzeitig stattfindendes Geschehen repräsentieren, ergeben ein zunehmend dichter gewebtes Handlungsgeflecht. Gesteuert wird der

61 Bei im *Split Screen* gezeigten Telefongesprächen (z. B. in HAPPINESS, Todd Solondz, USA 1998) können die Figuren ihren Gesprächspartner zwar nicht wie der Zuschauer sehen, wissen aber aufgrund des Gesprächs ungefähr, wie es ihm gerade ergeht.

62 Teilweise wird aber auch nur die Handlung einer einzigen Figur aus verschiedenen Kameraperspektiven in verschiedenen Einstellungsgrößen präsentiert, sodass eine Übersicht fingiert wird, ohne dass die zusätzlichen Bildabschnitte mehr Informationen liefern würden.

Zuschauer einzig durch gezielte Tonmodulation: Durch das wechselnde Hervorheben des Tons einer der vier Split-Screen-Szenen wird eine steuernde, den Zuschauer lenkende Instanz erkennbar (die man als *impliziten Autor* analysieren kann). Präsentationsformen der Videokunst auf mehreren Monitoren und Internetprojekte ermöglichen weitere Varianten des perspektivischen Auffächerns, die vom Konzept der Fokalisierung erfasst werden können, oft aber über dieses hinausweisen und im Zusammenspiel der unterschiedlichen Instanzen beschrieben werden müssen.[63]

4.3.4.3 Angetäuschte und vorgetäuschte Fokalisierung

Bei konventionellen *mentalen Metadiegesen* ist der mit der Anfangsmarkierung etablierte Fokalisierungscode der einer *internen Fokalisierung* bei *Nullokularisierung*. In Erinnerungsflashbacks beispielsweise sieht man die Figur in der Regel (aufgrund allgemein etablierter Erzählkonventionen) von außen, erfährt aber kaum mehr als die Figur weiß. Diese *Präfokalisierung* kann jedoch so deutlich durch eine dann meistens *nullfokalisierende* VEI unterlaufen werden, dass man von einer doppelten Fokalisierung sprechen muss. Hierbei können sich wiederum verschiedene ambivalente und/oder unzuverlässige Formen des Erzählens ergeben, die nicht immer systematisch voneinander abzugrenzen sind (vgl. Kap. 6).

---

63 Ein Beispiel aus der Videokunst ist die Videoinstallation *Aus der Transitbar* von Vera Frenkel auf der *documenta IX*: In einer Bar, die nicht als Kunstwerk gekennzeichnet ist, sind mehrere Fernsehmonitore aufgestellt, auf denen die Aufnahmen von Gesprächen verschiedener Emigranten über die Probleme ihres Lebens nach Verlassen des Geburtslandes zusammenmontiert sind. Da die verschiedenen Monitore das etwa einstündige Band zeitversetzt präsentieren, ist der Betrachter, der gleichzeitig Barbesucher ist, immer dem Gespräch mehrerer Personen gleichzeitig ausgesetzt, wie es in einer realen Bar der Fall wäre (vgl. Frenkel, Vera, *From the Transit Bar* (13.6-20.9. 1992), in: Ausstellungskatalog *documenta IX* (Bd. 2): 186-189). Auf ein Experiment, das ARD und ZDF anhand des Fernsehspiels MÖRDERISCHE ENTSCHEIDUNG (Oliver Hirschbiegel, D 1991) versucht haben, indem „auf beiden Kanälen unterschiedliche Teile des Geschehens" gezeigt wurden, verweist Hickethier (2007a: 138): „Anfang und Ende sowie einzelne Sequenzen in der Mitte waren jeweils einheitlich, zwischen ihnen teilte sich das Geschehen in parallel geführte Handlungen auf. Der Zuschauer konnte sich mit seiner Fernbedienung nach eigener Entscheidung in die einzelnen Handlungsstränge einschalten und auf diese Weise virtuell eine Parallelmontage erzeugen." Etwas komplexer war das „Dogma"-Experiment D-DAG konzipiert, das zum Millennium im dänischen Fernsehen ausgestrahlt wurde. „Zu diesem Zweck wurden sieben Fernsehsender zu einer siebzig Minuten dauernden Zusammenarbeit gewonnen. Am Abend des 1. Januar 2000 strahlten vier von ihnen zur gleichen Zeit vier simultan ablaufende Geschichten aus. Durch Umschalten zwischen den vier Kanälen konnte der Zuschauer ‚seine' Version wählen. Auf dem fünften Sender liefen ebenfalls mittels Split Screen die vier Geschichten im gleichen Bild vereinigt, während Kanal 6 und 7 einen Blick hinter die Kulissen des Projekts [...] gewährten" (Christen 2008: 504). Die vier aufeinander bezogenen Handlungsstränge hatten „jeweils eine Person im Zentrum" (ebd.: 505).

In CRASH (Paul Haggis, USA 2004) kommt es zu einer Art *angetäuschter* Fokalisierung. Nach der Exposition, die einen Unfall und den Fund der Leiche Peter Waters' durch seinen Bruder Detective Graham Waters zeigt, wird die Analepse, die den Hauptteil des Films bildet, durch eine Fahrt auf das nachdenklich wirkende Gesicht Graham Waters' eingeleitet, was eine intern präfokalisierte mentale Metadiegese andeutet. Aber bereits das Insert „Yesterday", der auf eine auffällig lange Weißblende folgende *establishing shot*, der die Analepse einleitet und die Tatsache, dass darauf zwei Szenen gezeigt werden, in denen Graham keine Rolle spielt und von denen er nichts wissen kann (bevor eine Szene folgt, in der er vorkommt, die aber nicht hervorgehoben wird), verweisen auf die nullfokalisierende VEI, die dann den Großteil des episodenhaften Films mit großer mehrwissender Übersicht präsentiert und die Kette von zufälligen Begegnungen vorführt, die zum Tod Peters geführt hat, die keine der Figuren in ihrer Komplexität nachvollziehen könnte (VEI >> $F_{1,\ldots,n}$)(vgl. 6.3.5).

Vorgetäuschte Fokalisierungen, die sich im Zusammenhang mit Formen der Unzuverlässigkeit ergeben, bilden eine Art doppelte Fokalisierung im Sinne zweier Lesarten: *Erstens* der in der Sukzession des Films/der Sequenz durch eine falsche oder fehlende Anfangsmarkierung vorgetäuschten Lesart, mit der der Erstrezipient in den Film/die Sequenz einsteigt und *zweitens* der Lesart, die sich durch eine widersprüchliche nachträgliche Markierung/Entschlüsselung ergibt. Bei einer Zweit- oder Drittrezeption hat der Rezipient dann allerdings von vornherein das Wissen um die vorgetäuschte Fokalisierung. Filme mit einer sogenannten *Final-twist*-Struktur, in denen eine *Offenbarungssequenz* gegen Ende die nachweisbare Täuschung des Zuschauers entschlüsselt und eine unerwartete neue Lesart der zuvor gezeigten Ereignisse liefert, spielen oft in den Bereich der vorgetäuschten Fokalisierung wie auch die erwähnten Beispiele, in denen schizophrene Wahrnehmungen als mentale Metalepsen inszeniert werden (A BEAUTIFUL MIND, FIGHT CLUB, SECRET WINDOW).

4.4 Handkamera- und Ich-Kamera-Filme

4.4.1 Handkamerafilme

Die Begriffe *Handkameraeffekte* und *Handkamerafilme* dienen als Oberbegriffe, unter denen verschiedene Formen des tatsächlichen oder fingierten Einsatzes von leichten, besonders beweglichen Kameras, Hand-, Video- und Digitalkameras gefasst werden sollen. Weil der tatsächliche Einsatz von leichten Handkameras analytisch nicht immer vom Fingieren einer beweglichen Handkamera zu unterscheiden ist, spreche ich von Handkamera*effekten*. Dominieren Handkameraeffekte einen ganzen Film, lässt sich dieser als *Handkamerafilm* bezeichnen. Hauptmerkmale einer Handkamera bzw. notwendige, im Werk nachweisbare Indikatoren für Handkameraeffekte sind die Beweglichkeit und Bewegtheit der Kamera bzw. des Bildausschnitts – also schnelle und häufige, zum Teil hektische manuelle Fahrten/Bewegungen auf jeglichen Achsen und in jegliche Richtungen sowie ein Zittern oder Wackeln des Bildes, das vor allem dann auffällt, wenn die Bewegungen zwischenzeitlich reduziert werden.[64] Nicht-notwendige Indikatoren sind die Grobkörnigkeit der Bilder, verschiedene Unschärfeeffekte (Verwischen der Bilder, Konturen, Lichter), schnelle und hektische Zooms und die Wahl eines anderen Bildformats, die durch zusätzliche Rahmung des Bildausschnitts hervorgehoben werden kann.

Soll der Einsatz der Handkamera gleichzeitig einen pseudo-dokumentarischen und/oder Authentizitäts-Effekt erzielen, können als weitere Indikatoren hinzukommen: der Verzicht auf künstliches Licht, die Verwendung eines Minimums an technischer Apparatur, der ausschließliche Einsatz von O-Ton/Bildton (selten jedoch ohne zugleich auf ein nachträgliches Voice-over zu verzichten), ein unausgewogener Bildton (z. B. störende Windgeräusche, Gespräche, die vom Lärm übertönt werden), die Thematisierung des Aufnehmens durch die Figuren oder ein erkennbares Bewusstsein der Figuren, dass sie gerade gefilmt werden, die Reduktion nachträglicher Montage, der Verzicht auf effektvolle Montage etc.

Die Bewegtheit und Hektik der Handkamera kann a) durch eine ebenso sprunghafte und flexible Montage unterstützt werden oder b) durch Reduktion und/oder Unauffälligkeit der Montage im Vordergrund stehen. Häufig gehorcht die Montage eines Handkamerafilms den Regeln des *continuity systems*, sodass sie kaum und die Kamerabewegungen umso mehr auffallen. Selten kommt eine längere Handkamerasequenz ganz ohne Schnitte aus, wie in den einzelnen Abschnitten von IRRÉVERSIBLE (vgl. 5.1.3). Bei pseudo-dokumentarischen Varianten müssen nachträgliche Montagen als Eingriffe in das Material beglaubigt werden, um nicht mit

64 Vom Wort her gedacht ist *Handkamera* ein produktionstechnischer Begriff: Es geht um eine Kamera, die beim Filmen in der *Hand* gehalten wird. Aber selbst diese Bestimmung ist nicht eindeutig: Es besteht ein großer Unterschied etwa zwischen einer tragbaren analogen 16mm-Arriflex aus den 1960er Jahren und einem digitalen DV-Camcorder, beides Kameras, die beim Filmen in der Hand gehalten werden können. *Handkamera* ist produktionstechnisch gesehen sowohl ein *Sammelbegriff*, der ein Spektrum an Kameras umfasst, das von tragbaren analogen 35mm- über leichte 16-mm-, Super-8-, VHS-Video, digitale DV-, bis hin zu speicherbasierten Kleinstkameras reicht, als auch ein an den Grenzen durchlässiger Begriff. Der Einsatz einer Handkamera bewirkt eine spezifische *im Werk nachweisbare* Bild- und Bewegungsästhetik. Auch wenn ich zu deren Beschreibung zum Teil auf produktionstechnische Begriffe zurückgreife, meine ich, wenn ich von einer *Handkamera* spreche, die im filmischen Werk nachweisbaren Handkamera*effekte* und fasse die genannten Merkmale *graduell* auf, um den Begriff analytisch verwendbar zu machen.

der dokumentarischen Unmittelbarkeit zu brechen: Wer hat das Material wann geschnitten? Wem kann die Montage zugeschrieben werden? Wer birgt für die fingierte Authentizität des montierten Films? Gab es genügend Kameras, um die unterschiedlichen Perspektiven zu erfassen? Filme, in denen die Bearbeitung des Materials innerhalb des Films selbstreflexiv thematisiert und dadurch (teilweise) beglaubigt wird, sind DAVID HOLZMAN'S DIARY (Jim McBride, USA 1967) und KEINE LIEDER ÜBER LIEBE. In THE BLAIR WITCH PROJECT brechen einige nachträgliche Montagen mit der Unmittelbarkeit des Materials, das von zwei Kameras aufgezeichnet wurde (vgl. 4.3.3). Da die drei Hauptfiguren, denen der Filmdreh zugeschrieben wird, die Aufnahmen angeblich nicht überlebt haben, bleibt zu fragen: Wer ist für die Montage des angeblich gefundenen Materials verantwortlich? Da das An- und Abschalten der Kameras von den Figuren vor der Kamera jedoch meist thematisiert wird, fallen viele der nachträglichen Montagen kaum ins Gewicht, weil es so wirkt, als sei das Ausgangsmaterial, bei dem die Einstellungslänge durch das An- und Abschalten der Kamera definiert wurde, nicht beschnitten worden.[65]

Handkameraeffekte können eine subjektivierende (IDIOTERNE) oder anthropomorphisierende Funktion (M*A*S*H, Episode POINT OF VIEW) erfüllen, dies allerdings nicht notwendig (MIFUNES SIDSTE SANG; Søren Kragh-Jacobsen, Dk 1999). Sie können eine hohe Unmittelbarkeit suggerieren (teilweise: IRRÉVERSIBLE) oder auf die erzählerische Vermittlung hindeuten (FESTEN). Sie können in komplexe Erzählstrukturen eingebettet sein (CIDADE DE DEUS). Sie können Realitätseffekte im Sinne des

---

65 Die angeblich auf Tatsachen beruhende, tatsächlich aber fiktionale Begleitgeschichte zu THE BLAIR WITCH PROJECT, die u. a. von den Regisseuren Dan Myrick und Ed Sanchez im Internet verbreitet wurde, umfasst, dass die drei Studenten beim Versuch, die Dokumentation „The Blair Witch Project" zu filmen, im Wald verschollen wären. Einzig ihr Filmmaterial, das Tagebuch von Heather, das geparkte Auto und weitere Spuren wären gefunden worden. Das somit als ‚authentisch' fingierte Filmmaterial kam allerdings geschnitten ins Kino, wobei der größte Eingriff darin bestand, das Material von zwei Kameras durch Montage in die richtige chronologische Reihenfolge zu bringen; in einigen Sequenzen kommt es jedoch zu Montagen, die zu ausgefeilt sind, um als reines Zusammenfügen von Material durchzugehen, so z. B. eine Schuss-Gegenschuss-Folge am Anfang, bei der zwei Figuren mit je einer der beiden Kameras sich gegenseitig filmen. Über die angebliche Vorgehensweise beim Montieren gibt es keine werkinternen Angaben. Eine Schrifttafel vor der ersten Einstellung des Films greift die Begleitgeschichte auf: „Im Oktober 1994 verschwanden drei Studenten spurlos im Wald von Burkittsville, Maryland, während der Dreharbeiten zu ihrem Dokumentarfilm BLAIR WITCH PROJECT. Ein Jahr später fand man dieses Filmmaterial." Es wäre zu diskutieren, inwiefern die Authentizitätsfiktion durch werkinterne Angaben zum Umgang mit dem Material hätte gesteigert werden können; denkbar wären eine Herausgeberfiktion, ein kommentierendes Voice-over, ein Herausgeberepilog, eine rahmende Berichterstattung etc. Dass das Schneiden des Materials im realen Produktionsvorgang anders und aufwendiger gewesen ist (einschließlich mehrerer grundverschiedener Versionen des Films), spielt für die Authentizitätsfiktion keine Rolle.

Fingierens dokumentarischer Formen bilden (DAVID HOLZMAN'S DIARY) oder eine Authentifizierungsfunktion erfüllen (THE BLAIR WITCH PROJECT). Sie können sowohl auf die physiologische Wahrnehmung eines Menschen verweisen (M*A*S*H: POINT OF VIEW) als auch auf eine von Menschen gehaltene Kamera (THE BLAIR WITCH PROJECT).

4.4.1.1 Von der entfesselten Kamera zur Handkamera der „Dogma 95"-Gruppe

Schon das filmhistorisch frühe Beispiel einer „entfesselten Kamera", Friedrich W. Murnaus DER LETZTE MANN, zeigt, dass bewegliche Kameras nicht zwangsläufig der Wahrnehmung einer bestimmbaren Figur zugeordnet sein müssen, sondern verschiedene Funktionen erfüllen können: Mal verselbständigt sich die Kamera figurenungebunden, mal suggeriert sie den Blick des Protagonisten – des namenlosen Hotelportiers, der aus Altersschwäche seinen Beruf und damit seine soziale Stellung verliert –, mal liegt eine Zwischenform vor, eine Art Subjektivierung ohne Subjekt wie in der berühmten Eröffnungssequenz: In der ersten Einstellung ‚fährt' die Kamera mit dem Fahrstuhl und einigen Figuren hinab ins Foyer des Hotels und scheint das Treiben im Foyer zu beobachten. Nach einem Schnitt ‚geht' sie durchs Foyer, bleibt vor der Drehtür stehen und beobachtet die Hotelgäste, die durch die Tür gehen, sowie den Protagonisten, der vor der Tür arbeitet. Die Kamera erzeugt die Illusion eines Beobachters, eines Menschen, der mit dem Fahrstuhl ins Foyer fährt, ohne dass die subjektiv wirkenden Einstellungen durch eine Markierung einer konkreten Beobachterfigur zugeordnet wären.[66]

Auch bei IDIOTERNE kann gezeigt werden, dass der Einsatz einer im Vergleich zu DER LETZTE MANN selbstverständlich viel beweglicheren Handkamera subjektivierend wirkt, aber nur selten als *POV shot* einer konkreten Beobachterfigur bestimmt werden kann. IDIOTERNE ist ein nach dem „Dogma 95" gedrehter Film über eine Gruppe junger Erwachsener, die mit gesellschaftskritischem Ansatz vorspielen, geistig behindert zu sein, um Unbeteiligte mit gesellschaftlichen Ausgrenzungsmechanismen zu konfrontieren. Die VEI in Form der flexiblen Handkamera ist sehr beweglich. Die Aufnahmen wirken oft so, als hätte ein Mensch eine Videokamera in der Hand und würde einfach mitfilmen, was passiert. Theoretisch könnte es jeweils einer aus der Gruppe sein, der die Kamera hält

66 In anderen Sequenzen von DER LETZTE MANN nimmt die teilweise bewegliche Kamera dagegen die Wahrnehmungspositionen der Hauptfigur oder einiger Nebenfiguren wie dem Hoteldirektor ein. Derartige *POV shots* können mit Formen des Mindscreen kombiniert sein, z. B. wenn die Betrunkenheit des Portiers nach einer Hochzeitsfeier angezeigt wird.

(einer von denjenigen, die gerade nicht zu sehen sind), was eine variable interne Okularisierung darstellen würde; explizite Markierungen gibt es jedoch nicht. In anderen Sequenzen liegt eine klar erkennbare Nullokularisierung vor. Die Fokalisierung, die hier nahezu mit der Okularisierung gleichzusetzen ist, schwankt in IDIOTERNE also zwischen *variabel intern* und *Nullfokalisierung*. Da sich das Mehrwissen der VEI im Fall der Nullfokalisierung allerdings auf eine Art gruppenbezogenes Mehrwissen beschränkt, erzeugt die Handkamera den Effekt des Dabeiseins, ohne konstant einer Beobachterfigur zugeordnet zu sein. Man könnte diese Art des Handkameraeinsatzes als Subjektivierung ohne Subjekt oder Beobachterposition ohne Beobachter einordnen. Der latente Eindruck einer *Anthropomorphisierung der Kamera* erzeugt eine Beobachter-Leerstelle, die nicht oder nur temporär besetzt wird.

Ein Film, in dem die Handkamera in ihrer extremen Beweglichkeit und ihrem Zeigeduktus trotz aller Unmittelbarkeit auf die extradiegetische VEI und ihre Nullfokalisierung verweist, ist der ebenfalls nach dem „Dogma 95" gedrehte Film FESTEN. Die hektische, oft und viel heran und weg zoomende, sich ständig in Bewegung befindliche, irritierende Fahrten vollziehende Handkamera kann fast nie einer subjektiven Wahrnehmung zugeschrieben werden, es liegt fast immer eine *Nullokularisierung* vor. Den Handlungskern des Films bildet die Familienfeier zum 60. Geburtstag des dänischen Hoteliers Helge Klingenfeldt-Hansen in einem herrschaftlichen Landgasthaus. In drei Tischreden enthüllt der älteste Sohn Christian Klingenfeldt der Festgesellschaft, dass er und seine Schwester, die wenige Monate zuvor Selbstmord verübt hat, als Kinder sexuell vom Vater missbraucht worden sind. Alle unmittelbar Beteiligten, allen voran Christians Eltern und zwei weitere Geschwister, versuchen, die Reden von Christian als unangenehmen Vorfall zu überspielen, seiner überreizten Phantasie zuzuschreiben und die Feier fortzusetzen, während Christian bemüht ist, seine Vorwürfe aufrechtzuerhalten und dabei an die Grenzen seiner labilen psychischen Verfassung geht. Die extreme Anspannung, die bei allen Figuren auf Handlungsebene vorherrscht, überträgt sich sozusagen auf die VEI, die in Form der höchst beweglichen, ‚nervösen' Handkamera alle Emotionen und Regungen entlarvt, die sich hinter der Fassade einer festlich inszenierten Feier abspielen. Die Handkamera-VEI ist es, die in entscheidenden Momenten auf subtile, aber entscheidende Gesten und Regungen der Beteiligten verweist, immer dort ist, wo gerade ein entscheidendes Gespräch, eine wichtige Begebenheit oder emotionale Entladung stattfindet. Die Bewegungen der Kamera werden von einer ebenso flexiblen Montage unterstützt. Somit liegt in FESTEN eine vor allem Handkameraeffekte einsetzende VEI vor, die zwischen Unmittelbarkeit und mittelbarer Distanz changiert, den Adressaten auktorial durch das emotionale Nadelöhr führt und auf eine hochgradig steuernde und ‚selbstbewusste' Weise audiovisuell erzählt und dem Zuschauer ihre wertende Perspektive ‚kommuniziert'. Viele weitere „Dogma 95"-Filme (z. B. MIFUNES SIDSTE SANG; LOVERS, Jean-Marc Barr, F 1999; ITALIENSK FOR BEGYNDERE, Lone Scherfig, Dk 2000) verwenden die Handkamera nicht oder nur selten derart subjektivierend wie IDIOTERNE, sondern als eigenständige, oft hochgradig erzählökonomisch agierende extradiegetische VEI, die zumeist nullfokalisiert. Vergleichbar mit dem radikalen entlarvenden auktorialen Erzählen in FESTEN sind sie dabei jedoch selten.[67]

Mit den beiden „Dogma 95"-Beispielen IDIOTERNE und FESTEN könnte der Eindruck entstehen, dass ein Film die Handkamera *entweder* subjektivierend einsetzt und somit tendenziell den Figuren zuordnet *oder* auktorial und somit einer extradiegetischen VEI, die tendenziell nullfokalisiert. Es kommt zwar vor, dass bestimmte Filme konsequent eine einmal etablierte Art des Handkameraeinsatzes durchhalten, aber viele andere Beispiele zeigen, dass auch der Einsatz der Handkamera zwischen externer, interner und Nullfokalisierung und externer, interner und Nullokularisierung schwanken kann. So etwa in vielen Sequenzen in CIDADE DE DEUS bei einer Gesamttendenz zur Nullfokalisierung (vgl. 5.4.4). Flexibel innerhalb einer Sequenz fluktuiert eine Handkamera in CHUNG KING EXPRESS (Wong Kar Wai, Hk 1994): Bei einer kurzen Verfolgungsjagd durch Gänge und U-Bahn-Schächte wechselt die hektische, der Dynamik der sprintenden Beteiligten folgende Kamera zwischen kurzen *POV shots* aus der Sicht von Verfolgern und verfolgter Figur (variable interne Okularisierung), ‚verselbständigten' Einstellungen (die mehrere Figuren teilweise von oben, teilweise von vorne zeigen), *nobody's shots* aus der Vogelperspektive (Nullokularisierung), nicht figural zuzuordnenden ‚verrissenen' Aufnahmen (die verwischte Konturen zeigen) und anthropomorph wirkenden Einstellungen, als ob weitere Figuren durch die Gänge rennen würden (Beobachter-Leerstelle/*Anthropomorphisierung der Kamera*).

67 Die „Dogma 95"-Bewegung, die von Lars von Trier und Thomas Vinterberg ins Leben gerufen wurde, basiert auf einem am 13.3.1995 gezeichneten Regelkatalog, dem sich alle Filme verpflichtet haben, die das „Dogma 95"-Siegel erhalten haben. Die künstliche Selbstbeschränkung durch die zehn einfachen Regeln verstand die Gruppe als Ansporn, um kreatives Potenzial zu aktivieren. Zu den Regeln zählen das Verbot von Fremdton, Spezialeffekten und Filtern, künstlicher Beleuchtung, Sets und Requisiten sowie Gebote wie das ausschließliche Drehen mit Handkameras, an Originalschauplätzen, im Hier und Jetzt der Gegenwart, ausschließlich mit Bildton-Musik. Die einzelnen Regeln des Manifests sind nicht neu, nur das Zusammenführen der Regeln in der zertifizierten Form. Ein Teil des Regelkatalogs (Handkamera, Originalschauplätze, Bildton, keine Requisiten und Effekte) ist beispielsweise mit dem dokumentarischen *Direct Cinema* vergleichbar. Trotz der Nähe dieses Teils der Regeln zu dokumentarischen Formen, sind die „Dogma 95"-Filme fiktional. Zur „Dogma 95"-Bewegung vgl. u. a. Christen (2008).

4.4.1.2 Fiktionale (Selbst-)Dokumentation mit der Handkamera

Jenseits der oben aufgeworfenen Frage, wem die Montage des Materials von THE BLAIR WITCH PROJECT zugeschrieben werden kann, arbeitet der Film mit einer konsequent durchgestalteten dokumentaristischen Illusion. Die drei Hauptfiguren Heather Donahue, Josh und Mike wollen mit einer 16mm- und einer Video-Kamera eine semi-professionelle Dokumentation über den Mythos der „Blair-Hexe" produzieren. Sie befragen zuerst einige Anwohner in Burkittsville, die widersprüchliche Geschichten über den „Blair-Witch-Kult" erzählen, und ziehen schließlich mit Rucksack und Zelt in den „Black Hill Forest", in dem die Blair-Hexe einst ihre Opfer gefangen und gequält haben soll. Beim Versuch, den Rückweg aus dem Wald zu finden, machen sie zunehmend obskurere Beobachtungen: mythische Steinhaufen, bizarre Geräusche, Spuren neben dem Zelt, die am Abend zuvor nicht da waren. Sie verirren und zerstreiten sich, brechen psychisch zusammen, verlieren einen Mitstreiter, dessen gequälte Stimme sie bald darauf zu hören glauben und gehen mit letzten Kräften den vermuteten Spuren nach bis es zum in 4.3.3 erörterten Ende kommt.

Die Einschränkung, dass nur das gezeigt wird, was die drei mit ihren beiden Kameras aufgezeichnet haben, ist konsequent durchgehalten. Die *externe Fokalisierung*, die in 4.3.3 für das Ende des Films nachgewiesen wurde, ist ein Grundprinzip des Films: Die Kameras (und damit die VEI) zeigen meist weniger, maximal genau so viel wie die Figuren wahrnehmen und wissen (VEI $\leq$ F). Immer wieder stellen die drei Figuren die Kameras an, um nachzuzeichnen, was sie bereits wahrgenommen haben; oft muss beglaubigt werden, wieso eine der Kameras in intimen Momenten an ist; und trotzdem gibt es immer wieder Szenen, die nicht gefilmt worden sind: Ellipsen, die als solche eindeutig markiert sind. Oft werden die Ellipsen im Nachhinein durch die Informationen gefüllt, die die Figuren im direkten *Gespräch mit der Kamera* oder in szenischen Dialogen kommunizieren (in Form von kurzen kompletiven sprachlichen Analepsen), sodass der Adressat teilweise fast auf das Wissensniveau der Figuren gehoben wird und streckenweise beinahe eine *interne Fokalisierung* vorliegt.

Die extreme Beschränkung, die vielfältigen rhetorischen ‚Verrenkungen', die notwendig sind, um das ‚Draufhalten' mit der Kamera zu beglaubigen, wenn Heather Donahue in Tränen ausbricht, die Bitte an den jeweils Filmenden, doch bitte endlich die Kamera abzuschalten, die kreischenden Stimmen in Schocksituationen machen die Rezeption des Films zwar zu einem teilweise mühsamen Unterfangen, beglaubigen aber die Annahme einer authentischen (Selbst-)Dokumentation. Außerdem nutzt THE BLAIR WITCH PROJECT die Beschränkungen, die der Film sich durch den pseudo-dokumentarischen Realismus auferlegt, zum Spannungsaufbau. Die Leerstellen, die sich durch die perspektivische Verengung und die notwendigen Ellipsen ergeben, werden zu Projektionsflächen für den Rezipienten. Die Figuren wissen nicht, was die Geräusche bedeuten, die sie nachts gehört haben, bevor sie hektisch die Kameras anstellen und das Zelt verlassen, um die Geräusche aufzuzeichnen und in der Dunkelheit nach den Urhebern zu forschen. Der Zuschauer weiß immer etwas weniger, wird immer erst kurz *nachdem* die Figuren etwas bemerkt haben durch das Anschalten der Kamera ‚zugeschaltet'. Er muss jedes Mal mit dem Schlimmsten rechnen, wenn die Kamera plötzlich angestellt wird, und ein ängstliches „Was war das?" auf das schockartige Aufwachen der Figuren verweist. Je nach Phantasie kann der Zuschauer schrecklichere Vorstellungen entwickeln als die beteiligten Figuren, die er hypothetisch auf diese (rück-)übertragen kann. So kann sich die szenisch inszenierte Angst der unwissenden Figuren unmittelbar auf den noch etwas weniger wissenden Zuschauer übertragen. Dass die zentralen Zusammenhänge bis zum Ende unaufgelöst bleiben, aufgrund der formalen Beschränkung überhaupt nicht aufgelöst werden dürften, ermöglicht Vorstellungen, die über den Film hinausweisen und durch bewusst übers Internet gestreute Gerüchte schon vor der Ausstrahlung des Films katalysiert wurden. In dieser Bindung der formalen Beschränkung an die Spannungsstruktur weist THE BLAIR WITCH PROJECT über KEINE LIEDER ÜBER LIEBE und andere Formen fiktionaler Selbst-Dokumentation hinaus (vgl. 6.4.4).[68]

Ein extremes Beispiel ausgestellter filmischer Selbst- und Alltagsdokumentation ist das fiktionale filmische Tagebuch DAVID HOLZMAN'S DIARY. Gezeigt wird die fiktive Figur David Holzman beim Produzieren einer Dokumentation ihres Privatlebens, die mit dem Film, den der Zuschauer zu sehen bekommt, bereits fertig vorzuliegen scheint. Ein Großteil der Sequenzen besteht aus Einstellungen, in denen David vor der Kamera sitzt und sein Filmprojekt, seine Gefühle, seinen Alltag, seine Beziehungen erörtert; er spricht im Plauderton, ohne Skript, wiederholt sich, stockt, trinkt etwas, wird persönlich und wendet sich direkt an den angenommenen Zuschauer. Als Tagebuch markiert sind die Sequenzen durch Davids Datumsangaben; weitere Zeitreferenzen ergeben sich durch die Radionachrichten vom Vietnamkrieg, die teilweise im Hintergrund zu hören sind. In anderen Sequenzen ist als *POV shot* zu sehen, was David filmt: seine Freundin, Menschen auf der Straße, das Viertel, seine Freunde.

68 Der Einsatz von Handkameras und dokumentarischen Formen in THE BLAIR WITCH PROJECT wurde stilbildend für einige Horrorfilme, wobei diese selten so konsequent gestaltet waren und mit derart reduzierten Mitteln zur symbolischen Umsetzung archaischer Angststrukturen gerieten. Zu nennen wären Handkamera-Horrorfilme wie DIARY OF THE DEAD (George A. Romero, USA 2007), [REC] (Jaume Balagueró, Paco Plaza, S 2007), CLOVERFIELD (Matt Reeves, USA 2008) und QUARANTINE (John E. Dowdle, USA 2008).

Die Konstruktion und das Produzieren des Films werden immer wieder selbstreflexiv ausgestellt: Auf als Standbilder zwischenmontierten Fotos sieht man David mit der Kamera vor dem Haus, die Bedienungsanleitungs-Grafik der Kamera, die verwendete Linse, das Tonbandgerät und das Mikrofon, mit denen er den Sound aufnimmt, während das Voiceover von David die jeweiligen technischen Details erklärt. Ein Spiegel zeigt die Kamera, während David vor der Kamera sitzt und redet, sodass zugleich das zu sehen ist, was die Kamera aufzeichnet sowie – im Spiegel – die technische und perspektivische Konstellation, in der die Kamera aufzeichnet. Als David seine Freundin bittet, ein Foto von ihm zu machen, während er sie filmt, wird in dem Moment, in dem sie den Auslöser betätigt, genau das Foto zwischenmontiert, das sie von ihm beim Filmen gemacht hat. Dieses verspielte Stilmittel, das wie eine Schuss-Gegenschuss-Montage von Kamera zu Kamera wirkt, führt vor, dass es bei Davids Filmprojekt nicht nur um das Aufzeichnen, sondern auch um das Montieren des Materials geht. Die Montage stellt hier keinen Bruch mit der Authentizität dar, weil David als fiktiver sich selbst inszenierender Dokumentarfilmer sowohl für das Filmen als auch das Montieren und nachträgliche Kommentieren der Bilder durch ein Voice-over verantwortlich sein soll. Das An- und Abschalten der Kamera wird meist explizit gezeigt; das Zusammenfügen des Materials wird durch lange Schwarz- oder Weißblenden markiert; kommt es zu auffälligen Montagen (wie der des Fotos beim Filmen), sind diese als stilistisches Spiel motiviert, sodass die Zuschreibung der Montage zu David größtenteils beglaubigt ist.

Die konzeptuellen Probleme von Davids Filmprojekt, die sich im Spannungsfeld von faktualem und fiktionalem Erzählen und im Rahmen des spezifischen Authentizitätskonzepts des Film ergeben, werden von David oftmals reflektiert und von anderen Figuren kommentiert. An einer Stelle fasst ein skeptischer Freund, den David filmt, zusammen:

> This is not a good movie […]. You want to understand something about you. But you don't understand the basic principle. As soon as you start filming something what happens in front of the camera, it's not reality anymore. It becomes part of something else. It becomes a movie. […] And your whole life stops being your life and becomes […] a work … a very bad work.

Davids Freundin, ein professionelles Fotomodel, möchte sich nicht privat von David filmen lassen, was sie vor der Kamera mehrfach wiederholt. Da David trotzdem nicht davon ablassen kann – weil sie, wie er erklärt, ein wichtiger Aspekt seines Privatlebens sei, dass er minutiös dokumentieren wolle – führen die Streitereien mit ihr schließlich zur Trennung. DAVID HOLZMAN'S DIARY endet erst und erneut selbstreflexiv, als Davids Kameraequipment gestohlen wird, was seine Stimme vor einem Blackscreen am Ende erklärt. Es gibt keine werkinternen Indizien, die darauf verweisen, dass es sich bei DAVID HOLZMAN'S DIARY tatsächlich um eine Fiktion handelt, in der jemand anderes (Jim McBride) Regie geführt hat.[69]

Eine fiktionale Dokumentation, die die für DAVID HOLZMAN'S DIARY prägende Spannung zwischen fiktionalem und faktualem Erzählen auf verschiedene werkinterne *und* werkexterne Ebenen ausweitet, ist der Film KEINE LIEDER ÜBER LIEBE, der noch unter dem Aspekt der Selbstreflexion betrachtet wird (vgl. 6.4.4). Es wird sich zeigen, dass bestimmte formale und thematische Strukturen, die in DAVID HOLZMAN'S DIARY und THE BLAIR WITCH PROJECT festgestellt werden konnten, auch dort wiederkehren: so das umständliche Beglaubigen des Filmens in intimen Situationen, die Bitte der ungewollt Gefilmten an die Filmenden, endlich die Kamera auszustellen, die Beglaubigung von Schnitten durch das An- und Abschalten der Kamera.[70] Alle drei Filme sind selbst- und autoreflexiv, stellen teilweise die Grenze zwischen Dokumentation und Spielfilm infrage und lösten entsprechende Diskussionen und Irritationen aus.

Die hier gebildete Gruppe an fiktionalen Selbst-Dokumentationen mit der Handkamera ist von der narrativen Struktur her zu unterscheiden von fiktionalen Filmen, die sowohl die Produktion einer Dokumentation als auch Teile der im Film produzierten Dokumentation zeigen (wie im zweiten Abschnitt von STORYTELLING, Todd Solondz, USA 2001), die also auf zwei diegetischen Ebenen operieren, um Produktion (meist Diegese) und Produkt (meist Metadiegese) zu thematisieren und die strukturell mit anderen Film-im-Film-Strukturen wie in LA NUIT AMÉRICAINE vergleichbar sind (vgl. 6.4). Außerdem bilden die genannten fiktionalen Selbst-Dokumentationen mit der Handkamera eine Untergruppe von Filmen, die mit Hickethier (2007a: 187 ff.) als „Konstruktion der Fiktion im Modus

69 Vgl. Brinckmann (1988: 91), die zur Reaktion des zeitgenössischen Publikums bemerkt: „Die fingierte Authentizität dieses Films hat viele Zuschauer tatsächlich getäuscht, die sich betrogen fühlten, als im Nachspann deutlich wurde, daß es sich um einen Spielfilm handelt. Dies liegt einmal an der Plausibilität des Konzepts und der lebensnah gelungenen Durchführung, vor allem aber an dem Umstand [...], daß der visuelle Stil [...] auf glaubhafte Weise persönlich getönt ist. Indem der Film an die Ästhetik freischaffender Dokumentar- und Experimentalfilmer anknüpft, ihren technischen Zwängen, geringen Mitteln [...] folgt [...], verwirklicht er eine Filmsprache, die seinem Protagonisten entspricht."

70 Es ist zu vermuten, dass die (seltene) Form konsequenter fiktionaler Selbst- und Privat-Dokumentation vergleichbare formal-thematische Muster hervorbringt. Brinckmann (1988: 90) nennt zwei weitere Filme, auf die sie bei Kawin (1978: 65 ff.) und Hogue (1974: 43) gestoßen ist: COMING APART (Milton M. Ginsberg, USA 1969) und BRANDY IN THE WILDERNESS (Stanton Kaye, USA 1971). Zu ersterem erörtert Brinckmann (ebd.): „[Der Film] zeigt einen abartig veranlagten Psychiater, der im Zuge sexualwissenschaftlicher Untersuchungen seine Versuchspersonen und sich selbst mit einer versteckten Kamera aufnimmt. Der Film besteht aus diesen Aufnahmen und dokumentiert die zunehmend voyeuristische und narzisstische Haltung des Psychiaters, bis es zur Krise und Zerstörung der Kamera kommt". Die beiden Filme waren mir nicht zur Analyse zugänglich.

des Dokumentarischen" bezeichnet werden können, die wiederum eine Untergruppe von „dokumentarisch-fiktionalen Mischformen" ist.[71]

4.4.2 Ich-Kamera-Filme

Filme, die insgesamt oder in längeren Abschnitten aus Einstellungen bestehen, die als subjektive Kamera/*POV shots* eingeordnet werden können, lassen sich als *Ich-Kamera-Filme* oder *Point-of-view-Kamera-Filme* bezeichnen; beide Begriffe sind als Hilfsbegriffe zu verstehen. Der weniger umständliche Begriff des Ich-Kamera-Films ist dabei der problematischere, weil das ‚Ich' metaphorisch zu verstehen ist: Die ‚Kamera' kann nicht ‚Ich' sagen, sondern nur eine figurenbezogene, scheinbar anthropomorphe Sichtweise einnehmen. Deshalb ist, wenn am ‚Ich' festhalten werden soll, der Zusatz ‚Kamera' sinnvoll und *Ich-Kamera-Film* geeigneter als Brinckmanns (1988) Vorschlag des „Ichfilms".[72] Noch unmissverständlicher ist der zwar etwas sperrige, aber durch die Bekanntheit von Branigans Ansatz zur Point-of-view-Struktur (1984) weitgehend verständliche Begriff des *Point-of-view-Kamera-Films*. Beide Begriffe, die ich synonym verwende, haben den Vorteil, dass sie die Verwechslung der seltenen Form von Filmen mit aus-

---

71 Pseudo-dokumentarische filmische Selbstporträts, die hier als Untergruppe des Handkamerafilms untersucht werden, sind nur eine von mehreren Möglichkeiten, in denen sich fiktionale Filme dokumentarischer Formen bedienen. Zum einen ist das Arbeiten mit *Handkameraeffekten* nur eine von vielen Varianten dokumentarischen Filmens. Zum anderen sind diese spezifischen *Selbst*porträts zu unterscheiden von fiktionalen Dokumentationen, in die ein fiktiver Filmemacher nicht als Figur eingeschrieben ist, die das Produzieren des Films also nicht zeigen, sondern in Form einer fertigen fingierten Dokumentation vorliegen. Hickethier (2007a: 188 f.) nennt ZELIG (Woody Allen, USA 1983) und den Fernsehfilm ALMA MATER (Rolf Hädrich, BRD 1969) als Beispiele: „[ALMA MATER] bedient sich [...] der Erzählkonventionen der Reportage, der Rekonstruktion einer Lebensgeschichte, die er durch Inserts, Standbilder, fiktive Lebensläufe, Interviews immer wieder beschwört. Der Film gibt sich – obwohl fiktionaler Herkunft – den Anschein einer Fernsehdokumentation" (ebd.: 189). Hickethier (ebd.: 188 ff.) bildet fünf Gruppen „dokumentarisch-fiktionaler Mischformen": 1.) die „nachgestellte, fiktive Dokumentation"; 2.) der „dokumentarische Einschub innerhalb einer Fiktion"; 3.) die „Konstruktion der Fiktion im Modus des Dokumentarischen"; 4.) das „gleichberechtigte Nebeneinander von Fiktion und Dokumentation"; 5.) „andere Dokumentationsformen in Verbindung mit der Fiktion".

72 Brinckmann, die „Ichfilm" als Neuprägung bezeichnet (1988: 83), leitet den Begriff vom Konzept des „Ichromans" ab, den sie – in Anlehnung an Käte Hamburgers (1968) „Icherzählung" – als Roman definiert, „der vorgibt, von einer der Personen generiert zu sein, die in ihm vorkommen" (Brinckmann 1988: 85). Somit ist der „Ichfilm" bei ihr weitaus spezifischer definiert als das Phänomen eines dominierenden Einsatzes der subjektiven Kamera über mehrere Sequenzen, das hier durch den Begriff *Ich-Kamera-Film* abgedeckt werden soll. Entsprechend ihrer restriktiven Definition findet Brinckmann mit DAVID HOLZMAN'S DIARY denn auch nur „ein[en] einzige[n] Fall [...], in dem die Situation [einer konsequenten filmischen Icherzählung] überzeugend konstruiert" ist (ebd.: 90).

schließlichem oder ausführlichem Einsatz einer *subjektiven Kamera* mit den weitaus häufigeren Filmen vermeiden, die durch ein homodiegetisches Voice-over und eine fakultative Rahmenhandlung eine *Ich-Erzählsituation* konstituieren, die mit erzählliterarischen Ich-Erzählsituationen bedingt vergleichbar ist (vgl. Hurst 1996: 106 ff.).[73]

In frühen Beispielen für Ich-Kamera-Filme wie DER FLORENTINER HUT (Wolfgang Liebeneiner, D 1939), THE LADY IN THE LAKE oder DARK PASSAGE (Delmer Daves, USA 1947) lässt sich weder vom produktions- noch vom werkanalytischen Standpunkt von einer Handkamera oder Handkameraeffekten sprechen. *Ich-Kamera-Filme* sind deshalb analytisch von *Handkamerafilmen* abzugrenzen. Die Grenze ist jedoch nicht immer eindeutig zu ziehen, zumal die Markierung einer subjektiven Kamera auch durch Handkameraeffekte geleistet werden kann und in vielen historisch späteren Beispielen auch geleistet wird.[74] Ich-Kamera-Filme bestehen selten aus einer einzigen subjektiven Einstellung (Ausnahme: die lange Kamerafahrt in RUSSKIJ KOVCHEG); meist werden verschiedene, oft zu subjektiven Fahrten ausgedehnte subjektive Einstellungen durch unauffällige Montage aneinandergereiht (*kontinuierlicher POV shot*; vgl. Abb. 13). Eine derartige Folge von (der gleichen wahrnehmenden Figur zuzuschreibenden) subjektiven Einstellungen, kann auch als *subjektive Einstellungsfolge* bezeichnet werden; der Einfachheit halber benutze ich im Folgenden jedoch *subjektive Kamera* als Oberbegriff für einzelne subjektive Einstellungen *und* subjektive Einstellungsfolgen und Fahrten. Da eine auffällige Montage mit der Illusion der subjektiven Wahrnehmung brechen würde, werden die Einstellungen in Ich-Kamera-Filmen, die keine Handkameraeffekte aufweisen, in der Regel ausgedehnt und nur durch wenige, stilistisch unauffällige Schnitte zusammengefügt. Bei Ich-Kamera-Filmen mit

---

73 Ein besonderer Dank geht an dieser Stelle an Karsten Lenz, mit dem ich im Rahmen meines Seminars „Ansätze und Aspekte einer Filmnarratologie" über Fragen zum Ich-Kamera-/Point-of-View-Kamera-Film diskutieren konnte, der angeregt durch meine Filmvorschläge eine Seminararbeit und später eine unveröffentlichte Bachelorarbeit zum Thema „Point-of-View-Kamera-Film" (Medien- und Kommunikationswissenschaft, Universität Hamburg) geschrieben hat. Der Begriff *Point-of-View-Kamera-Film* war seinerzeit mein, *Ich-Kamera-Film* sein Vorschlag.

74 Viele Handkamerafilme sind, wie gezeigt worden ist, keine Ich-Kamera-Filme, verwenden die Handkamera höchstens für einige *POV shots* und einige Ich-Kamera-Filme arbeiten wiederum ohne Handkameraeffekte. Es gilt also zu allererst zu unterscheiden zwischen a) Formen, in denen eine Handkamera manuell eingesetzt oder die Illusion erzeugt wird, dass eine Sequenz/ein Film mit einer manuellen Kamera produziert worden ist, b) Formen, in denen eine Einstellung/Einstellungsfolge nachweisbar einer diegetischen Figur zugeordnet ist und ihre Wahrnehmung vermitteln soll sowie c) Formen, in denen eine Kamera den Eindruck anthropomorpher Wahrnehmung erweckt, ohne einer Figur zugeordnet zu sein. Im Fall a spreche ich von *Handkameraeffekten/Handkamerafilmen*, im Fall b von einer *subjektiven Kamera*/einem *Ich-Kamera-Film* und im Fall c von einer *Anthropomorphisierung der Kamera*.

dominierender hektischer Handkamera fallen dagegen auch häufigere Montagen weniger heraus.[75]

Ich-Kamera-Filme haben ein Zuordnungsproblem: Wie kann ohne eine rahmende Anfangs- und/oder Endmarkierung der subjektiven Kamera überhaupt erkennbar sein, wessen Wahrnehmung die subjektive Kamera repräsentieren soll? Es handelt sich bei nicht anfangs- und endmarkierten Ich-Kamera-Filmen um eine extrem ausgedehnte POV-Struktur ohne Einstellung A auf ein Subjekt der Wahrnehmung (Variante 5b des *offenen POV shot* kombiniert mit Variante 6; vgl. Abb. 13). Es fehlt also die Einstellung auf die wahrnehmende Figur, der das mit der subjektiven Kamera Gezeigte, also das potenziell Wahrgenommene, zuzuschreiben ist. Zwei Fragen, die sich daraus ergeben, sind: A) Wie leisten diese Filme trotzdem die Zuordnung zu einer Figur der Wahrnehmung? Und als Präsupposition eng damit in Zusammenhang: B) Woran ist überhaupt erkennbar, dass es sich um eine subjektive Kamera handeln soll? Die Markierung einer subjektiven Kamera *als solche* (Frage B) kann jenseits von Anfangs- und Endmarkierungen durch verschiedene Stilmittel erreicht werden:

a) die Verwendung von menschenmöglichen Kameraperspektiven, die nicht mit den räumlichen und figuralen Gegebenheiten brechen;
b) die Vermeidung auffälliger Montagen und Einstellungsgrößenwechsel;
c) die Vermeidung extremer, in Bezug auf die menschliche Größe und Wahrnehmung unrealistischer Einstellungsgrößen bzw. die Verwendung von Einstellungsgrößen, die den Abstand zwischen Objekt und Betrachter abbilden und nur dann extrem sind, wenn auch der Betrachterabstand extrem ist;
d) die Verwendung von Kamerafahrten, die das Umherblicken der wahrnehmenden Figur anzeigen und Kamerabewegungen, die unvermittelten Geräuschen und Ereignissen folgen;
e) auffällige Rahmungen des Kaders, die ein eingeschränktes Blickfeld anzeigen;
f) ggf. verschiedene Handkameraeffekte;
g) dass die anderen Figuren auf die wahrnehmende Figur reagieren, mit ihr sprechen, in ihre Richtung blicken etc. sowie vor allem:
h) dass die wahrnehmende Figur selbst nicht zu sehen ist. Diese für eine subjektive Kamera, die den Blick *von innen* repräsentiert, notwendige Abwesenheit der wahrnehmenden Figur im Bild lässt die Zuordnungsfrage (A) überhaupt erst aufkommen.[76]

---

75 Auffällig, aber nicht illusionsdurchbrechend sind in beiden Fällen die Montagen, die einen Szenenwechsel und damit eine zeitliche Ellipse und/oder einen Raumwechsel markieren, der wie bei anderen narrativen Spielfilmen durch Hinweise auf Inhaltsebene, z. B. durch Figurenrede, verständlich wird (vgl. 5.2). Selten sind die Ellipsen, die sich durch die Montage ergeben, unmittelbar durch die Handlung motiviert, wie in THE LADY IN THE LAKE, wenn die Reflektorfigur Marlowe niedergeschlagen wird und ein kurzer *blackscreen* die Ellipse zwischen Ohnmacht und Erwachen markiert.

76 Bei langen subjektiven Einstellungsfolgen/Fahrten, die zwar anfangs- und/oder endmarkiert sind, kann die Markierung durch die genannten Stilmittel unterstützt werden.

Häufig wird die Zuordnung der subjektiven Kamera zu einer *bestimmten* wahrnehmenden Figur (Frage A) durch ein Voice-over geleistet (z. B. in LA FEMME DÉFENDUE). Während das zu sehen ist, was die subjektive Kamera zeigt, ist die Stimme der Figur zu hören, der sie zugeschrieben werden soll. Differenziert man *Voice-over* von *Voice-off* handelt es sich hier streng genommen um ein Voice-off, denn die Stimme kommt von einer Figur, die als in der Szene präsent, also als innerdiegetisch, angenommen werden soll, die sich bei einer subjektiven Kamera aber per se im Kamera-*Off* befindet, also jenseits des ‚Kamerablicks', aber im selben Raum.[77]

Ein auffälliges Stilmittel, dass die Zuordnung der subjektiven Kamera ermöglicht, ist der Spiegelblick (wie in DER FLORENTINER HUT, THE LADY IN THE LAKE, LA FEMME DÉFENDUE): Zu sehen ist die wahrnehmende Reflektorfigur, wie sie sich selbst im Spiegel wahrnimmt. Durch einen Spiegelblick wird zugleich die Anthropomorphisierung der Kamera unterstützt, denn man sieht die wahrnehmende Figur, wie sie ohne Kamera in den Spiegel blickt (was der Produktionssituation widerspricht). So wird verstärkt, dass das, was zu sehen ist, der physiologischen Wahrnehmung einer menschlichen Figur zugeschrieben werden soll.[78]

Weitere Merkmale können auf die Subjektivität der Wahrnehmung verweisen und die Zuordnung der subjektiven Kamera zu einem Menschen markieren: Zigarettenrauch, der vor der Kamera zu sehen ist; die Schatten der Figur; eine erschütterte Kamera, wenn die Figur geschlagen wird oder eine Granate neben ihr einschlägt; verschwommene Bilder, wenn ihr Bewusstsein eingetrübt ist, ein *blackscreen*, wenn sie ihr Bewusstsein verliert; die Hände der Figur, wenn sie etwas vor dem Oberkörper verrichtet; die Füße beim Gehen und Laufen etc. Neben der Funktion, die subjektive Kamera als solche zu markieren, leisten diese Merkmale eine bedingte Zuordnungs- und Charakterisierungsfunktion bezüglich der Reflektorfigur: Sind es männliche oder weibliche Hände, kräftige oder zarte? Auch voyeuristische Blicke auf die Beine der Vorzimmerdame, gedankenloses Umherschweifen des Blicks im Gespräch und ängstliches Suchen nach der Quelle eines Geräuschs lassen auf den Betrachter schließen.

Nicht zuletzt kann die Zuordnung der subjektiven Kamera zu einer bestimmten Figur durch einen erzählerischen Rahmen geleistet werden

77 Eine derartige Voice-off-Stimme kann durch einen angepassten szenischen Raumklang markiert sein, d. h. sie klingt von der Tonmischung wie die Stimmen diegetischer Figuren im szenischen Dialog, während *Voice-over*-Stimmen z. B. als *innere Stimmen* häufig durch Halleffekte markiert sind und sich so von szenischen Stimmen abheben (vgl. 4.5.2).

78 Pseudo-Dokumentationen, in denen eine Figur dagegen eine Kamera vors Auge hält, können dies ebenso durch den Spiegelblick andeuten: Zu sehen wäre die filmende Figur, wie sie sich selbst mit einer Kamera im Spiegel filmt wie der Außerirdische Gordon Shamway alias Alf im Vorspann der ersten Staffel der Serie ALF (USA 1986ff.). Bevor er den Rest der Familie aufzeichnet, filmt er sich mit der Videokamera auf der Schulter im Spiegel.

wie auffällig selbstreflexiv in THE LADY IN THE LAKE, wenn Marlowe die spezifische Rezeptionssituation des Films im Gespräch ‚mit der Kamera' erörtert (vgl. 3.7.4). In DER FLORENTINER HUT ist die längere subjektive Kamera im ersten Viertel des Films als metadiegetische Analepse den Erzählungen der intradiegetischen Hauptfigur Theo Farina (Heinz Rühmann) zugeordnet. Frontal in die Kamera blickend beginnt Farina dem extradiegetischen Adressaten, den er explizit dazu auffordert, sich in seine Lage zu versetzten („Stellen Sie sich vor, Sie sind ich"), zu erzählen, wie er seine Verlobte kennen gelernt hat. Seine Erzählungen werden bald darauf mit einer subjektiven Kamera aus seinem Blickwinkel ‚bebildert'.

Es ist fast immer (nur) THE LADY IN THE LAKE, der erwähnt wird, wenn es um einen Film geht, der fast ausschließlich mit einer subjektiven Kamera auskommt.[79] Dabei wird meist auf die zeitgenössische Kritik und das kommerzielle Scheitern verwiesen. Beides wird über die unflexible Kameraperspektive erklärt, die beim Versuch, menschliche Wahrnehmung zu repräsentieren, scheitern musste:

> Man hat auch nicht den Eindruck, den wirklichen Augenbewegungen eines Menschen zu folgen. Denn stets bleibt die Kamera ans Stativ gefesselt, vollführt nur technisch gesteuerte Schwenks oder Fahrten und folgt auch in der Schärfe der Einstellungen dem Prinzip höchster Präzision. Die Folge ist eine kühle Sterilität der Bilder, die in nichts an die natürliche Seherfahrung erinnert. (Brinckmann 1988: 99)

Dieser Erklärungsansatz verweist auf den entscheidenden Unterschied zwischen subjektiver Kamera und menschlicher Wahrnehmung und darauf, dass der Einsatz einer subjektiven Kamera nicht nur in diesem Film, sondern *immer* nur eine Annäherung an anthropomorphe Wahrnehmung sein kann und letztlich eine mehr oder weniger deutliche Metapher bleibt: Die subjektive Kamera steht für den menschlichen Blick, kann ihn nur suggerieren, nicht aber vollkommen nachahmen, denn die Art des Blickens ist eine grundverschiedene.[80] Weitere Filmbeispiele werden selten

---

79 Etwa bei Wilson (1986: 86), Brinckmann (1988: 96 ff.), Peters (1989), Branigan (1992: 142-146), Lohmeier (1996: 197), Griem (2000: 308 f.), Griem/Voigts-Virchow (2002: 171 ff.) und Kühnel (2004b: 223 f.). Hurst (1996: 98) bezeichnet den Film fälschlicherweise sogar als „einziges bekanntes Beispiel", das „seine ganze Handlung nur aus der subjektiven Sicht eines Protagonisten erzählt".

80 Nicht ohne Wertung bemerkt Lohmeier (1996: 198): „Die […] ‚leibliche' Identifikation des Apparats mit einem menschlichen Subjekt […] drängt die Kinematographie in die Rolle einer (schlechten) Dublette menschlicher Wahrnehmung und unterwirft die Kameraführung einem Programm, das, indem es größtmögliche Ähnlichkeit mit menschlichen Wahrnehmungsbildern zu seinem höchsten Ziel erklärt, […] auf eine Vertuschung des artifiziellen Charakters der kinematographischen Wahrnehmung hinausläuft." Und: „Der rechteckige Bildausschnitt, die bis zu den Bildrändern reichende gleichmäßige Bildschärfe […], die Kontinuität von Schwenkbildern (anstelle der Sakkaden des menschlichen Auges) u. v. m.

ins Auge gefasst, obwohl die tendenziell normative Betrachtung des „Scheiterns“ von THE LADY IN THE LAKE überdeckt, dass der filmhistorisch relativ seltene Einsatz einer längeren oder ausschließlichen subjektiven Kamera nicht bedeutet, dass es keinen größeren Spielraum an Möglichkeiten des Einsatzes geben könnte und in weniger bekannten Filmen auch gibt. Eine komplexe und strukturell verspielte Konstellation ergibt sich beispielsweise in RUSSKIJ KOVCHEG. Eine konsequentere Bindung der Beschränkungen einer subjektiven Kamera an inhaltliche Elemente findet sich in der Fernsehserie M*A*S*H, Episode POINT OF VIEW, in der die subjektive Kamera einem verletzen Soldaten im Krankenhausbett zugeordnet wird, sodass die Unflexibilität und Statik der Kamera durch die Zwangslage des Soldaten motiviert ist; oder in LE SCAPHANDRE ET LE PAPILLON (Julian Schnabel, F/USA 2007), in dem ungefähr das erste Drittel des Films von einer subjektiven Kamera dominiert wird, die inhaltlich dadurch gerechtfertigt ist, dass der aus dem Koma erwachte Protagonist nahezu vollständig gelähmt ist und bis auf ein Blinzeln mit dem Auge keine Kommunikationssignale emittieren kann (vgl. Kuhn 2009c).

Es folgt eine offene Liste an Filmen, die als Ich-Kamera-Filme eingeordnet werden können. Die formale Umsetzung der subjektiven Kamera und deren thematische und strukturelle Verankerung sind jeweils knapp skizziert. Angedeutet werden soll das Forschungspotenzial, das sich ergibt, weil die subjektive Kamera flexibler verwendet werden kann, als der ‚Klassiker‘ THE LADY IN THE LAKE vermuten lässt.

DER FLORENTINER HUT (1939): Im ersten Viertel des Films beginnt Protagonist Theo Farina im *Gespräch mit der Kamera* rückblickend zu erzählen, wie er seine Verlobte Helene kennen gelernt und bei ihrem Vater um ihre Hand angehalten hat. Große Abschnitte dieser Erzählung werden bald darauf zu beinahe konstantem Voice-over mit *subjektiven Einstellungsfolgen* aus seiner Sicht komödienhaft-übertrieben ‚bebildert‘.

THE LADY IN THE LAKE (1947): Die *subjektive Kamera* repräsentiert die Wahrnehmung des Protagonisten Philippe Marlowe. Sie ist unterbrochen von vier rahmenden Sequenzen (*Diegese*), in denen Marlowe die spezifische Wahrnehmungs- und Rezeptionssituation und den handlungsdominierenden Kriminalfall im *Gespräch mit der Kamera* erörtert (vgl. 3.7.4). Alle Binnensequenzen (*Metadiegesen*) bilden eine der Reflektorfigur Marlowe zugeordnete *subjektive Kamera* (die durch viele der oben genannten Mittel markiert ist); lange Einstellungen dominieren; es gibt wenige, unauffällige Schnitte; oft entspricht eine Szene einer Plansequenz.

DARK PASSAGE (1947): Der erste Abschnitt besteht aus einer *subjektiven Kamera*, die bedingt thematisch motiviert ist: Protagonist Vincent Parry unterzieht sich einer Gesichtsoperation und erst nachdem er sein neues Gesicht nach ca. 30 Filmminuten im Spiegel betrachtet hat, ist Parry auch von außen zu sehen. Allerdings

erscheinen plötzlich als Defizit, weil sie der Wahrnehmungsweise des menschlichen Auges, als das die Kamera sich hier nun beglaubigen soll, widersprechen“ (ebd.: 197).

ist die subjektive Kamera durch Einstellungen unterbrochen, die Parry von außen zeigen, jedoch nur von hinten, sodass sein Gesicht unsichtbar bleibt.

M*A*S*H, Episode POINT OF VIEW (1978): Konsequente *subjektive Kamera* aus der Sicht des im Koreakrieg verwundeten Soldaten Rich, der bei einem Einsatz verletzt, im Hubschrauber abtransportiert und im Lazarett behandelt wird. Handkameraeffekte und eine konsequente Untersicht markieren die subjektive Kamera. Es gibt *keine* Rahmenhandlung. Rich selbst ist in keiner Einstellung zu sehen; die Zuordnung erfolgt weitestgehend über Fremdkommentare der anderen Figuren. Die Beschränkungen der subjektiven Kamera werden durch seine Bettlägerigkeit beglaubigt und symbolisieren seine Hilflosigkeit; ein *Voice-off* ist nur selten zu hören, weil Rich am Hals verletzt ist und kaum sprechen kann.

LA FEMME DÉFENDUE (1997): Eine flexible, durchgehaltene *subjektive Kamera* repräsentiert die Sicht des verheirateten Familienvaters François, 39 Jahre, in einer Liebesaffäre mit der 17 Jahre jüngeren Muriel; es gibt *keine* Rahmenhandlung; die Zuordnung läuft über *Voice-off* und wenige Blicke in spiegelnde Scheiben; die Beschränkung der subjektiven Perspektive wird ausgeglichen durch die hohe Dialogdichte: Die meisten Handlungen sind Sprachhandlungen (Gespräche im Café, Telefongespräche, bei denen der Blick des Protagonisten gedankenverloren umherschweift, Anrufbeantwortermitteilungen etc.). Liebesakte werden elliptisch ausgelassen. Die Kamera ist zwar flexibel in ihrer Bewegung, aber nicht hektisch und selbst beim Autofahren gedämpft, also weitgehend unverwackelt, sodass man nur selten von Handkameraeffekten sprechen kann.

BEING JOHN MALKOVICH (1999): Die *subjektive Kamera* kommt nur in den Sequenzen vor, in denen einige der Hauptfiguren des Films in die fremde Identität der Figur John Malkovich ‚eintauchen'; sie ist durch eine maskenartige Rahmung des Kaders markiert und durch Filmhandlung und Erklärungen in den Dialogen als innerhalb der filmischen Welt *logisch möglich* beglaubigt.

SU ZHOU HE (Lou Ye, Ch/D/N/J/F 2000): *Subjektive Kamera* aus der Sicht des erzählenden Protagonisten, der das Geschehen mit einer Handkamera aufzuzeichnen scheint; viele Schnitte; mit Voice-off, teilweise Voice-over. Da der Protagonist zugleich zum Autor einer eingebetteten Erzählung wird, die visuell umgesetzt ist und mit Ambivalenzen spielt (die gleiche Schauspielerin spielt zwei Rollen etc.), ist nicht eindeutig aufzulösen, was filminterne Fiktion und Realität ist.

THOMAS EST AMOUREUX (Pierre-Paul Renders, Bel/F 2000): *Subjektive Kamera* aus Sicht des Protagonisten Thomas (vgl. 6.4.1). Die Beschränkung wird thematisch beglaubigt (Thomas leidet unter Agoraphobie und verlässt sein Zimmer nicht) und wirkt realistisch, weil er sein Leben vor dem Bildschirm gestaltet und mit der Außenwelt nur über Bildtelefone, Internet etc. Kontakt hat; nur am Ende sieht man ihn beim Verlassen des Zimmers.

RUSSKIJ KOVCHEG (2002): Die namenlose Reflektorfigur, dessen Sicht die *subjektive Kamera* in der einzigen Einstellung einnimmt, aus der der Film besteht (vgl. 3.2.1), wandelt durch den St. Petersburger Winterpalais und beobachtet in verschiedenen Räumen verschiedene Szenerien der russischen Geschichte. Der Unsichtbarkeit der Reflektorfigur, die sich durch die konsequente subjektive Kamera ohne Spiegelbilder ergibt, entspricht auf Inhaltsebene, dass sie von den meisten Figuren, denen sie begegnet, nicht wahrgenommen wird. Es ist nicht zu klären, ob es sich um einen Traum oder bei der Reflektorfigur um eine Art Geist handelt. Dass sich die Reflektorfigur nur an einen Unfall erinnert und nicht weiß, wie sie in diese Lage gekommen ist, könnte auf ihren Tod verweisen und entspricht dem anfänglichen Wissensstand des Adressaten (*interne Fokalisierung*). Im Verhältnis zum gezeigten Geschehen bleiben beide unwissende Beobachter, wobei beide durch die *interne Okularisierung* ihren Wissensstand parallel mehren, sodass die *interne Fokalisierung* weitgehend beibehalten wird. Interaktionen der Reflektorfigur gibt es nur mit einer mysteriösen zweiten Beobachterfigur. Es gibt ausschließlich Bildton-Musik und keine Montage; nur die Wechsel von Raum zu Raum markieren Zäsuren; aufgrund der Dämpfungen des Steadycam-Systems scheint die subjektive Kamera in fließenden Bewegungen durch den Palais zu schweben, was die Körperlosigkeit der Reflektorfigur unterstützt. Eigenschaften bekommt die Reflektorfigur nur durch wenige Voice-off-Passagen und Dialoge mit der zweiten Beobachterfigur zugeschrieben.

LE SCAPHANDRE ET LE PAPILLON (2007): Die *subjektive Handkamera* dominiert das erste Drittel. Sie ist thematisch verankert, weil sie an die Wahrnehmung eines gelähmten Locked-in-Syndrom-Patienten gebunden ist: Seit seinem Schlaganfall kann Protagonist Jean-Dominque Bauby nur noch hören, mit einem Auge sehen, nur die Wimper seines linken Auges bewusst bewegen und damit bedingt kommunizieren; Zuordnung durch Voice-over und Spiegelblicke; vgl. Kuhn (2009c).

4.5 Der narratologische Distanz-Begriff im Film?

Unter *Distanz*, neben Fokalisierung dem zweiten großen Unterpunkt des *Modus*, geht Genette der Frage nach, wie mittelbar das Erzählte präsentiert wird (1994: 116 ff., 221 ff.). Genette formuliert seine Vorbehalte gegenüber dem auf Platon zurückzuführenden Gegensatzpaar *mimêsis* vs. *diegesis* und dem aus der angelsächsischen Tradition stammenden Gegensatzpaar *showing* (zeigen) vs. *telling* (erzählen), unterscheidet die „Erzählung von Ereignissen" von der „Erzählung von Worten" und erklärt, warum die „Erzählung von Ereignissen" in der Erzählliteratur stets Umsetzung von Nichtsprachlichem in Sprachliches ist, ihre ‚Mimesis' also immer nur ein *Realitätseffekt*[81] oder eine *Mimesis-Illusion* sein kann.[82] Im Abschnitt „Erzählung von Worten" beschäftigt sich Genette mit den Formen der *Redewie-*

81 Der Begriff „Realitätseffekt" („l'effet de réel") stammt von Barthes (1968). In der deutschen Übersetzung von Genette (1994: 118) wird er mit „Wirklichkeitseffekt" übersetzt.

82 Vgl. Genette (1994: 116 f.): „Im Gegensatz zur dramatischen Darstellung kann keine Erzählung ihre Geschichte ‚zeigen' oder ‚nachahmen'. Sie kann nur möglichst detailliert, präzise oder ‚lebendig' erzählen und dadurch eine *Mimesis-Illusion* hervorrufen, die die einzige Form narrativer Mimesis ist, aus dem einzigen, aber hinreichenden Grund, weil alle Narration, mündliche sowohl wie schriftliche, sprachlicher Natur ist und weil die Sprache bezeichnet ohne nachzuahmen. Es sei denn, der bezeichnete (erzählte) Gegenstand gehört zur Sprache."

dergabe, die in anderen Erzähltheorien unter „Erzähler- und Personenrede" oder „Gedanken- und Bewusstseinsdarstellung" abgehandelt werden (z. B. Cohn 1978; Vogt 1990). Er unterscheidet erstens die *narrativisierte* oder *erzählte* Rede, die die distanzierteste und am stärksten reduzierte Form ist, zweitens die *transponierte* Rede, die als *indirekte* Rede (gesprochene oder innere Rede) und als *erlebte* Rede auftreten kann und drittens die *berichtete* Rede dramatischen Typs, die „mimetischste Form", zu der er bedingt auch die *unmittelbare* Rede/den *Inneren Monolog* zählt (1994: 122 f.). Alle diese Formen der *Erzählung von Worten* können in längeren sprachlichen Abschnitten des Films vorkommen: Sowohl in einem Voice-over als auch, wenn eine intradiegetische Figur eine sprachliche Erzählung hervorbringt sowie auf Schrifttafeln und Textinserts. Filme mit komplexen Voice-over-Erzählern wie NAKED CITY, L'ANNÉE DERNIÈRE À MARIENBAD oder LE FABULEUX DESTIN D'AMÉLIE POULAIN, Fassbinders BERLIN ALEXANDERPLATZ mit verschiedenen Voice-over-Erzählern und Schrifttafeln oder die Verwendung unterschiedlicher Möglichkeiten der Redewiedergabe auf den Schrifttafeln eines Stummfilms wie DIE FREUDLOSE GASSE (Georg W. Pabst, D 1925) zeigen, dass es durchaus komplexe Varianten einer SEI im Film gibt, die in Fokalisierung und Distanz flexibel fluktuiert.

Darüber hinaus ist es jedoch problematisch, den literaturwissenschaftlich-narratologischen Distanz-Begriff auf den Film zu übertragen. Mechanismen der Wirklichkeitsillusion und des Realitätseffekts hängen im Film, bei dem in der Regel eine Ähnlichkeitsrelation zwischen Zeichen und Bezeichnetem vorliegt, von anderen Faktoren ab als in der Erzählliteratur. Beinahe jedes Filmbild stellt als primär ikonisches Zeichen eine ‚Mimesis-Illusion' dar, weshalb der narrative Film mitunter sogar den mimetischen Medien zugeschlagen oder fälschlicherweise als Medium ohne Vermittlung eingeordnet wird (vgl. 2.1/3). Der narrative Film kann nicht-sprachliche Ereignisse abbilden bzw. vorführen und unterscheidet sich damit eklatant von der Erzählliteratur, die Nichtsprachliches immer in Sprache transponieren muss. Hier setzen auch die Ansätze an, die dem Film eine grundsätzliche Unmittelbarkeit oder Gleichzeitigkeit bescheinigen (vgl. 5.4.1). Auch wenn man deren grundsätzlichen Postulaten nicht folgen muss, liegt hier der Grund, warum sich der streng sprachbezogen definierte Distanzbegriff von Genette nicht unmittelbar auf den Film übertragen lässt.

4.5.1 Distanz und Einstellungsgrößen

Eine Möglichkeit, die verschiedentlich vorgeschlagen wurde, ist, die räumliche Distanz zwischen Kamerastandort und Objekt, die sich durch verschiedene *Einstellungsgrößen* ergibt, unter dem narratologischen Distanzbegriff zu fassen (z. B. Kühnel 2004b: 219).[83] Mehrere Probleme dieser Zuordnung drängen sich auf: *Erstens* sind die Einstellungsgrößen selten über längere Abschnitte konstant; die Fluktuation ist der Regelfall und es lassen sich nur schwer spezifische Dominanzen und Tendenzen eines Films oder eines Abschnitts bestimmen. *Zweitens* müsste man, um Auffälligkeiten zu bestimmen, die Einstellungsgrößenstatistik und -entwicklung des jeweiligen Films mit anderen Filmen des Genres, des Produktionssystems und der Epoche vergleichen. Nur so ließe sich eine verlässliche Bezugsgröße gewinnen, zu der man vermutete Abweichungen in Relation setzen kann. Die Verteilung der Einstellungsgrößen in einem Film ist niemals ausgeglichen, eine ungleiche Verteilung (Σ Weit $\neq$ Σ Total $\neq \ldots \neq$ Σ Nah $\neq$ Σ Detail) und gewisse Entwicklungen im Film sind vielmehr der unmarkierte Normalfall. *Drittens* lässt sich anhand der Einstellungsgröße allein nur selten das Vermittlungsverhältnis zwischen narrativer Instanz und Figur ablesen. Eine Totale ($\approx$ große räumliche Distanz) – z. B. in einem *establishing shot*, die den Protagonisten an einem neuen Schauplatz zeigt – bedeutet nicht unbedingt, dass eine große Mittelbarkeit zwischen VEI und Figur vorliegen muss. Eine Detaileinstellung des Gesichts oder der Augen einer Figur ($\approx$ äußerst geringe räumliche Distanz) – wie z. B. in C'ERA UNA VOLTA IL WEST oder SEUL CONTRE TOUS (Gaspar Noé, F 1998) – bedeutet nicht zwangsläufig, dass eine hohe Unmittelbarkeit zwischen VEI und Figur vorliegt, manchmal sogar das Gegenteil.

Es soll hier nicht ausgeschlossen werden, dass die Distanz qua Einstellungsgröße bei auffälligen oder auffällig seltenen Wechseln durchaus eine Bedeutung für die Distanzrelation zwischen VEI und Figur haben kann, nur ist die Möglichkeit eines unmittelbaren Vergleichs derselben mit der Distanz qua *Erzählung von Worten* und den Funktionsweisen von Realitätseffekten in der Erzählliteratur nicht gegeben. Selbst wenn die Distanz zwischen VEI und Figur in einigen Fällen eine Funktion der Einstellungsgröße ist, dann wäre sie nicht unabhängig von anderen Variablen wie der jeweiligen Fokalisierung und Okularisierung sowie den Zuordnungsfragen, die im Zusammenhang mit den POV-Strukturen diskutiert worden sind (vgl. 4.3.2), die wiederum von der Montage und dem werkinternen Kontext abhängig sind. Wird das Beobachten und Beobachtetwerden durch Variation verschiedener POV-Strukturen repräsentiert, kann die Verwendung spezifischer Einstellungsgrößen oder eine Konstanz von Einstel-

83 Zur Nomenklatur der Einstellungsgrößen vgl. Hickethier (2007a: 54 ff.), der darauf verweist, dass sich die ursprünglich produktionsbezogenen Begriffe im „Wandel der Produktionsweisen" geändert haben, weshalb es mitunter zu „variierende Begriffszuordnungen" kommt (ebd.: 54). Hickethier unterscheidet acht Kategorien (ebd.: 55 f.), auf die ich mich in dieser Studie beziehe: Weit (W), Totale (T), Halbtotale (HT), Amerikanisch (A), Halbnah (HN), Nah (N), Groß (G) und Detail (D).

lungsgrößen bestimmte Beobachterstandpunkte und Beobachter-Objekt-Relationen etablieren. Diese ins Feld der Okularisierung spielende *visuelle Distanz* kann durch eine ins Feld der Aurikularisierung spielende *akustische Distanz* paraphrasiert oder konterkariert werden, wenn szenische Geräusche a) in Relation zum größer werdenden räumlichen Abstand leiser werden oder b) unabhängig vom Abstand gleich bleiben.

Es gibt zwar einige filmische Wahrnehmungskonstellationen, die mit Formen der Redewiedergabe verglichen werden können – so hatte ich den potenziellen Vergleich von *over-the-shoulder-shots* und *erlebter Rede* angedeutet (vgl. 4.3.2.2) –, aber nur bis zu einem gewissen Grad und auf abstrakter Ebene. Eben weil die *Erzählung von Ereignissen* in der Literatur strenggenommen unmöglich ist, Literatur immer ein (graphemischer) Sprechakt ist und Realität niemals nachgeahmt, sondern nur mit Realitätseffekten illusioniert werden kann – es sei denn, es handelt sich um Sprachereignisse –, hat sich Genette unter *Distanz* auf die *Erzählung von Worten* konzentriert. Sprachereignisse sind die einzigen Ereignisse, die in der Sprache exakt oder modifiziert nachgeahmt werden können. Film dagegen kann sowohl Sprachereignisse als auch Ereignisse im weiteren Sinne – *Handlungen* und *Vorkommnisse* – nachahmen. Man kann die Schwierigkeiten der Anwendung des Genette'schen Distanzbegriffs auf das audiovisuelle Erzählen auf die unterschiedliche semiotische Struktur von Erzählliteratur und Film zurückführen.[84]

4.5.2 Formen der Redewiedergabe im Film: Voice-over, Voice-off und inszeniertes Sprechen

Was den Skopus eines sprachbezogen verstandenen narratologischen Distanzbegriffs im Film jedoch tangieren würde, wären Fragen des Verhältnisses und der Zuordnung von *Voice-over*-Passagen und szenischen (*Voice-on-*)Dialogen. Hier ergeben sich verschiedene Konstellationen der

---

84 Das Problem der *Distanz* in Literatur und Film ist abhängig von der unterschiedlichen Art des Zeichentyps: Wo die Sprachzeichen symbolische Zeichen sind, bei denen die Beziehung zwischen Signifikant und Signifikat arbiträr ist, sind die Filmzeichen tendenziell ikonisch, das heißt, der Signifikant stellt das Signifikat hauptsächlich durch seine Ähnlichkeit mit ihm dar. Wenn also die kameratechnisch determinierte Nähe zum Objekt durch verschiedene Einstellungsgrößen mit Distanz bezeichnet wird (was der Begriff durchaus konnotiert), ist damit die Distanz im Sinne des suggerierten räumlichen Abstands des Zuschauers zum im Bild Dargestellten gemeint, die menschliche Sehgewohnheiten abbildet (ist man ‚nah dran', kann man die Augenfarbe erkennen; aus der Luft gesehen, werden Menschen zu Punkten), während der Begriff in der Erzählliteratur im übertragenen Sinne zu verstehen ist: Der auf ein Sprachereignis bezogene Distanzbegriff meint den Grad der Nachahmung eines den Figuren zugeschriebenen Sprechaktes, der entweder kopiert, modifiziert, zusammengefasst oder erwähnt werden kann.

Redewiedergabe, die aufgrund der technischen Möglichkeiten des Films und der auditiven Verwendung von Stimmen – also des Einsatzes menschlicher Stimmen in unterschiedlichen Klanghöhen, Stimmfärbungen, Raumklängen usw. – über erzählliterarische Formen der Redewiedergabe hinausweisen. Es geht bei der Bestimmung der Mittelbarkeit der *Erzählung von Worten* im Film also nicht nur um die Analyse verschiedener Formen der Redewiedergabe innerhalb der sprachlichen Passagen, sondern auch um Fragen der Verankerung und Realisierung von auditiven Stimmen. Diese vermischen sich mit Aspekten der *sprachlichen Erzählinstanz*, der *Aurikularisierung* und der *Ebenen* (vgl. 3.3-3.4.; 4.2.1; 6.1-3). Die wichtigsten Differenzierungen, die analytisch zu treffen sind, wären: A) homo-/auto- vs. heterodiegetisches Voice-over (vgl. 3.3), B) *extra*diegetisches Voice-over vs. *intra*diegetisches szenisches Sprechen (vgl. 6.1) sowie C) Voice-over vs. Voice-off.

Gerade für die Unterscheidung *homo-/autodiegetisch* vs. *heterodiegetisch* (A) – ein zentraler Aspekt der Kategorie sprachliche Erzählinstanz – ist die Frage nach den akustischen Stimmenqualitäten wichtig; die Zuordnung eines Voice-overs zu einer Figur der Diegese (= *homodiegetisch*) läuft häufig, teilweise ausschließlich, über die akustische Zuordnung der Voice-over-Stimme zur Stimme einer diegetischen Figur, zumindest immer dann, wenn die Zuordnung über Personalpronomen nicht eindeutig ist; nicht selten benutzt auch ein *heterodiegetisches* Voice-over Personalpronomen in der ersten Person Singular oder Plural (‚Ich'/‚Wir'). Ähnlichkeiten verschiedener Stimmen können die eindeutige Zuordnung aber auch verhindern oder mehrdeutig aufladen. Darüber hinaus wird jedes, auch ein von den Sprachaussagen her so unpersönlich wie möglich gestaltetes extra-heterodiegetisches Voice-over durch die Qualität der Stimme zu einem gewissen Grad personalisiert (Geschlecht, Stimmhöhe, Intonation, usw.).

Die Unterscheidung von *Voice-over* und *szenischem Sprechen* (B) wird in der Regel durch die Ebenenzuordnung einer SEI bedingt (vgl. ausführlich 6.1). Zur Unterscheidung von *Voice-over* und *Voice-off* (C) gilt: Im Fall eines Voice-overs liegt der Ursprung der zu hörenden Stimme jenseits der diegetischen Welt, im Fall eines Voice-offs ist er innerhalb der diegetischen Welt *anzunehmen*; in beiden Fällen ist der Ursprung der Stimme in dem Moment nicht zu sehen (≈ *off-screen*), in dem die Stimme zu hören ist; letzteres Faktum unterscheidet *beide* Formen von szenischem *Voice-on* bzw. inszeniertem Sprechen.[85] Es kann sich beim ‚Ursprung der Stimme' so-

85 Die Entscheidung, ob es sich um szenisches Sprechen oder Voice-over/Voice-off handelt (B), liegt in der Regel vor der Binnendifferenzierung (C), ob es sich um ein Voice-over *oder* Voice-off handelt; man könnte Voice-over/Voice-off auch unter dem Begriff *Off-screen*-Stimmen subsumieren und von *On-screen*-Stimmen unterscheiden. Inszeniertes bzw. szenisches Sprechen (Voice-on) ist in der Regel *lippensynchron*; Verfremdungseffekte, z. B. durch

wohl um eine Figur (Urheber), als auch um ein technisches Gerät wie ein Radio, eine Musikanlage, einen Lautsprecher oder ein Fernsehgerät handeln. Damit eine Stimme als *Voice-off* bestimmbar ist, muss sie zusätzlich markiert sein: Entweder dadurch, dass man vor oder nach der entsprechenden Sequenz eine Figur oder ein Gerät gesehen hat/sieht, dem die Stimme zugeschrieben werden kann, durch die Reaktion einer anderen diegetischen Figur auf die zu hörende Stimme oder aber durch spezifische Klangqualitäten: Eine Voice-off-Stimme ist durch einen angepassten szenischen Raumklang markiert, d. h. sie klingt hinsichtlich der Tonmischung wie die anderen Figuren im szenischen Dialog, während Voice-over-Stimmen oft durch auffällige Raumeffekte markiert sind und sich so von den szenischen Stimmen abheben.[86] Auch bei der Differenzierung von Voice-over und Voice-off gibt es einen Übergangs- und Grenzbereich. Ist die Zuordnung des nicht gezeigten Ursprungs der Stimme zur Diegese nicht nachweisbar, in Zweifelsfällen oder in Fällen, in denen eine weitere Differenzierung nicht notwendig ist, spreche ich von einem Voice-over. Nur wenn durch zusätzliche Markierung auf die Präsenz der nicht gezeigten Quelle in der Diegese unmissverständlich verwiesen wird, von einem Voice-off.

Innerhalb einer Sequenz, die einen inszenierten Dialog zweier oder mehrerer Figuren zeigt, kommt es immer wieder vor, dass die gerade sprechende Figur kurzzeitig nicht in einer der Einstellungen zu sehen ist (z. B., wenn das Gespräch in einem Schuss-Gegenschuss-Verfahren umgesetzt ist, das nicht dialogsynchron von Sprecher zu Sprecher wechselt). Bezogen auf die jeweilige Einstellung wäre die sprechende Figur im Falle ihrer Abwesenheit *off-screen* und ihre Stimme folglich ein *Voice-off*. Eine derartige mikroskopische Analyse konventioneller Gesprächssequenzen, d. h. hier eine Fluktuation von *Voice-on* und *Voice-off* nachzuweisen, dürfte nur in Ausnahmefällen sinnvoll sein – sicher ist dagegen, dass es sich in derartigen Fällen um einen in der Diegese anzunehmenden Ursprung der Stimmen, also *kein* Voice-over, handelt. Ich bevorzuge deswegen die Begriffe *szenisches/inszeniertes Sprechen* bzw. *szenischer/inszenierter Dialog*. Ein inszenierter Dialog besteht zu großen Teilen, aber nicht ausschließlich, aus Formen des *Voice-on* (vgl. Abb. 16).

---

leichte Zeitversetzung von Lippenbewegung und zu hörender Stimme sind denkbar. Ist absolut nicht zu erkennen, *ob* sich die Lippen bewegen, spreche ich von einem *Pseudo-voice-over*; diese und weitere Formen des *Gedankenmonologs* werden in 6.1.2 diskutiert.

86 Ähnliches gilt für die geringfügig anders gelagerte Differenzierung von Bildton-Musik (≈ Quelle innerhalb der Diegese) und Fremdton-Musik (≈ Quelle außerhalb der Diegese), die in der Regel durch verschiedene Tonmischungen und Raumklänge akustisch zu differenzieren sind.

	Ursprung/Urheber der Stimme in der Diegese anzunehmen (durch Merkmale angezeigt)	Ursprung/Urheber der Stimme *nicht* in der Diegese anzunehmen (Stimme in der Diegese nicht akustisch-real)
Ursprung/Urheber der Stimme gleichzeitig zu sehen (*on-screen*)	Voice-on (≈ szenisches Sprechen)*	*Filmischer innerer Monolog* (wenn der Urheber zu sehen ist, aber nicht die Lippen bewegt)**
Ursprung/Urheber der Stimme nicht gleichzeitig zu sehen (*off-screen*)	Voice-off	Voice-over

*) *Szenisches Sprechen* (*inszenierter Dialog*): Eine unmissverständliche Form des innerdiegetischen Sprechens, bei der eine, zwei oder mehrere sprechende Figuren eindeutig in der Szene zu identifizieren sind, aber mitunter trotzdem nicht in jeder Einstellung der Sequenz zu sehen sind (*en détail* eine Mischform aus *Voice-on* und *Voice-off*).

**) *Filmischer innerer Monolog*: Sonderform, die diese Position innerhalb der Tabelle nur bedingt besetzt: Zu sehen ist der Urheber der Stimme, der aber nicht spricht, während seine Stimme zu hören ist (die Lippen bewegen sich nicht; die Zuordnung der Stimme muss vorher etabliert worden sein). Die Stimme ist kein Element der Diegese, weil sie innerhalb der Diegese nicht zu hören ist (und nur im übertragenen Sinne als innere Stimme im Kopf der Figur angenommen werden kann). Der *filmische innere Monolog* wird als extradiegetische SEI mit interner Fokalisierung auf das erzählte Ich eingeordnet und bildet eine von verschiedenen Möglichkeiten der *inneren Stimme* (vgl. 6.1).

Abb. 16: Formen der Redewiedergabe im Film

4.5.3 Filmische Formen der Gedankenwiedergabe

Ein weiteres, eng mit Formen der Stimmenwiedergabe zusammenhängendes Feld der *Erzählung von Worten* im Film betrifft die Frage nach den Möglichkeiten der *Gedanken*wiedergabe (vgl. ausführlich 6.1; 6.2). Einerseits kann der Film auf mit dem Drama oder der Erzählliteratur vergleichbare Muster zurückgreifen (Innerer Monolog, Theatermonolog, Selbstgespräch, Beiseite-Sprechen; vgl. Pfister 1997: 180 ff.), andererseits hat er eigenständige Formen ausgebildet wie den *filmischen inneren Monolog* und das *Gespräch mit der Kamera* (vgl. 3.7.4; 6.1). Darüber hinaus besitzt der Film visuelle Möglichkeiten der Darstellung von Gedanken und Vorstellungen von Figuren wie *mentale Metadiegesen*, *Projektionen, Einblendungen* und *Metalepsen* (vgl. 4.3.2.5 f.; 6.2.1). Inwiefern davon auszugehen ist, dass bei der visuellen Darstellung von Gedankenwelten im Film eine Transformation von sprachlichen Gedanken in visuelle Formen und somit eine visuelle Repräsentation von *Sprach*ereignissen vorliegt, ist Interpretationssache und hängt davon ab, ob unterstellt werden kann, dass die Gedankenwelten im Kopf der Figur aus sprachlichen Informationen bestehen oder aber unartikulierte schematische und bildhafte mentale Muster sind. Eine Übersicht über teilweise noch zu exemplifizierende Formen bietet Abbildung 17.

Bezeichnung	Beschreibung	Klassifizierung/Untergruppen
Formen *sprachlicher* Gedanken-repräsentation:	Verschiedene filmische Formen, in denen die Gedanken einer Figur sprachlich repräsentiert werden (*Gedankenmonolog*)	
Szenischer Monolog	Die Figur spricht (ihre Gedanken) lippensynchron in der Szene aus	Selbstgespräch, Theatermonolog; Beiseite-Sprechen; Gespräch mit der Kamera, dem Spiegelbild etc.
Pseudo-voice-over	Es ist nicht zu sehen, ob die Figur in der Szene spricht oder nicht und es gibt keine weiteren Merkmale, die darauf verweisen	Zwischenform zwischen szenischem Monolog und filmischem inneren Monolog
Filmischer innerer Monolog	Es ist zu sehen, dass eine Figur nicht spricht (keine Lippenbewegung), während ihre Stimme ihre Gedanken formuliert	Form des Voice-overs: *interne Fokalisierung* auf die Gedanken des *erzählten Ichs*; Variante der *inneren Stimme*
Innere Stimmen	Zu sehen ist eine Figur A, die nicht spricht; zu hören ist ihre Stimme oder die Stimme einer anderen Figur B, an die Figur A mutmaßlich denkt	Kurze Voice-overs, die als Gedanken der zu sehenden Figur anzunehmen sind; häufig eingesetzt beim Lesen von Brieftexten
Formen *visueller* Gedanken-repräsentation:	Verschiedene filmische Formen, in denen die Gedanken/Vorstellungen einer Figur visuell repräsentiert werden	
Mindscreen	Oberbegriff für verschiedene Formen, in denen subjektive Wahrnehmungs- und Bewusstseinszustände, Gedanken, Vorstellungen, Erinnerungen und Einbildungen visuell auf dem Bildschirm repräsentiert, angezeigt oder symbolisiert werden	Formen der Introspektion, in denen im übertragenen Sinn emotionale/mentale Zustände (*Mind*-) auf dem Bildschirm (*screen*) angezeigt werden. *Mentale Metadiegese*, *Projektion*, *Einblendung* und viele Formen der *mentalen Metalepse* bilden Untergruppen
Mentale Metadiegese	Eine in der Regel anfangs- und endmarkierte metadiegetische Sequenz repräsentiert die Gedanken oder Erinnerungen einer Figur; dabei ist die Figur in der Regel von außen zu sehen (Introspektion ohne den Blick *von innen*)	Form der Introspektion durch *ontological embedding*, d. h. der Wechsel der diegetischen Ebene ist geprägt durch den Wechsel der Fiktionsebene; die Metadiegese repräsentiert die *Imagination* einer Figur; vgl. 6.2.1
Mentale Projektion	Verzerrungen, Filter, digitale Effekte etc. symbolisieren den inneren Zustand einer Figur, die in der Regel von außen in der diegetischen Welt zu sehen ist	Form der Introspektion ohne Ebenenwechsel; Nullokularisierung bei interner Fokalisierung
Mentale Einblendung	Die Projektion von visuellen Einbildungen oder Phantasien einer Figur in oder auf das Filmbild; *Mentale Einblendungen* können durch Rahmung vom restlichen Kader abgetrennt sein, auf einen Gegenstand der Diegese oder in einen unwichtigen Bereich des Filmbilds eingeblendet werden	*Mentale Einblendungen* kommen häufig in *POV shots* vor, die der Figur zugeordnet sind, der auch die *eingeblendete* Einbildung zugeordnet wird; interne Okularisierung und Introspektion spielen zusammen (interne Fokalisierung)
Mentale Metalepse	Die figurale Einbildung einer Figur wird szenisch-real inszeniert, z. B. ein Alter Ego, das von einer schizophrenen Figur projiziert wird	Form des Ebenenkurzschlusses (Metalepse): eine Figur von anderem diegetischen/ontologischen Status kommt in der Diegese vor

Abb. 17: Formen sprachlicher und visueller Repräsentation von Gedanken(welten) im Film

4.5.4 Die Vernetzung von Voice-over und szenischem Sprechen

Aus der Tatsache, dass im Film einerseits verschiedene Formen sprachlicher Redewiedergabe innerhalb einer Voice-over-Passage möglich sind (*Distanz* im Genette'schen Sinne), andererseits zwischen Voice-over und szenischer wörtlicher Rede gewechselt werden kann, ergeben sich teilweise ironische, teilweise verspielte Mischformen. So am Anfang von FEAR AND LOATHING IN LAS VEGAS: Ein durch die Verwendung der Personalpronomen „Wir" und „Ich" sowie durch Stimmenähnlichkeit bald nach Beginn zuzuordnendes extra-homodiegetisches Voice-over beginnt nach dem Vorspann zu einem *blackscreen* zu sprechen: „Wir waren irgendwo in der Gegend von Barstow, am Rande der Wüste, als die Drogen zu wirken begannen." In der ersten Einstellung der Filmhandlung sieht man daraufhin Protagonist Raoul Duke (das zugehörige szenische Ich zum erzählenden Voice-over) und Dr. Gonzo im Cabrio über den Highway fahren. Das Voice-over fährt nach kurzer Pause fort: „Ich weiß noch, dass ich irgend so etwas sagte wie …", woraufhin das szenische Ich der Figur Duke (d. h. der reale Schauspieler in der Rolle) unmittelbar lippensynchron ergänzt: „… Mir ist irgendwie schwindlig. Du solltest fahren."

Hinter dem ersten „Ich" in der Voice-over-Passage („*Ich* weiß noch") verbirgt sich das *erzählende Ich*, hinter dem zweiten („… dass *ich* irgend so etwas sagte…") das *erzählte Ich* und die folgende wörtliche Rede wird vom *szenischen/gezeigten Ich* ausgesprochen. Trotz der konventionellen filmischen Ich-Erzählsituation, die in diesem Film vorliegt, in der von einer Identität des *erlebenden Ichs* auszugehen ist (erlebendes Ich = erzähltes Ich + gezeigtes Ich), sorgt die einleitende Vermittlung einer wörtlichen Rede durch ein *verbum dicendi* im Voice-over, die dann nicht im Voice-over, sondern in der Szene stattfindet, für einen Verfremdungseffekt. In FEAR AND LOATHING IN LAS VEGAS steht dieser mehrfach eingesetzte Verfremdungseffekt in engem Zusammenhang mit dem Drogenkonsum der Hauptfiguren (vgl. 4.3.2.6). Die Doppelung von Selbstwahrnehmung und Fremdsteuerung der Figuren durch Drogen wird angezeigt, wenn das Voice-over zur Beschreibung einer Drogenvision aus unzähligen fliegenden Fledermäusen beginnt: „[…] der Himmel war voll von riesigen Fledermäusen, die kreischend um das Auto herumschwirrten. […] Meine Stimme schrie … " und dann das Voice-over *und* die szenische Figur gemeinsam skandieren: „Grundgütiger, was sind das für Viecher". Das Übereinanderblenden der Stimmen ist hier eindeutig erkennbar, weil extradiegetisches Voice-over und intradiegetische szenische Stimme durch unterschiedliche Klangqualitäten und eine geringfügig zeitversetzte Dopplung gekennzeichnet sind. Dieses Stilmittel kommt mehrere Male zum Einsatz. Später wird durch uneindeutige Mundbewegungen und Tonmodulationen damit gespielt, dass nicht mehr zu entscheiden ist, was die Figur denkt und was sie davon ausspricht: eine zusätzliche Verwirrung, der sich die drogengesteuerte Figur im Nachhinein immerhin noch bewusst wird: „Habe ich das gesagt? Oder nur gedacht? Habe ich gesprochen? Haben die mich gehört?“[87]

In THE LADY FROM SHANGHAI verstärkt die Vernetzung der Stimmen die Selbstreflexion des Erzählaktes. Anders als in vielen Vertretern des *film noir* mit homodiegetischem Voice-over wird der Akt des Erzählens nicht in Form einer Rahmenhandlung thematisiert (wie in THE LADY IN THE LAKE) oder in eine rahmende Situation eingebettet (wie die Tonbandaufnahme in DOUBLE INDEMNITY, Billy Wilder, USA 1944 oder das Verhör in MURDER, MY SWEET) und doch betont, wenn der Voice-over-Erzähler unmittelbar nach der deutlich auf das Mehrwissen des erzählenden Ichs verweisenden Eingangspassage (vgl. 5.4.2.3) dazu übergeht, das Sprechen des Protagonisten Michael durch berichtete und indirekte Rede zu vermitteln, während die Figur in der Szene bereits beginnt, sich so zu verhalten, als spräche sie selbst, dabei aber stumm bleibt:

> „Guten Abend“, *sagte ich* und kam mir dabei wie ein ausgesprochener Draufgänger vor. Es war ein schönes Mädchen, ganz allein. Und ich hatte sehr viel Zeit und nichts Anderes zu tun, als mir Unannehmlichkeiten zu bereiten. Manche Leute können eine Gefahr riechen, ich nicht. Ich *fragte sie*, ob ich ihr eine Zigarette anbieten dürfte.

Erst dann beginnen die Figuren im szenischen Dialog selbst zu sprechen:

> Michael: Es ist meine letzte. Aber wenn Sie sie nehmen, würde ich mich freuen.
>
> Elsa: Wissen Sie denn, ob ich rauche?

Dieser in Spannung zum Bild stehende, durch den Voice-over-Erzähler vermittelte Beginn des Dialogs vor dem eigentlichen szenischen Gespräch verstärkt die Fiktionalität und Künstlichkeit der gezeigten Situation, der beinahe märchenhaft überzeichneten ersten Begegnung des Protagonisten Michael O'Hara mit Elsa Bannister, der „Lady aus Shanghai“, die in einer Kutsche durch das moderne New York fährt. Es wirkt fast so, als wären die Figuren/Schauspieler nur allmählich bereit, die Erzählungen des Voice-overs umzusetzen.

Die auffällige Wirkung dieser Sequenz zeigt, dass der Übergang von großer Distanz durch Erzählerbericht im Voice-over und geringer Distanz durch szenischen Dialog immer ein abrupter ist und durch den Einsatz von Vermittlungsformen mittlerer sprachlich-narrativer Distanz wie der

87 Der erste Satz dieser Passage („Habe ich das gesagt?“) wird markanterweise erneut vom Voice-over *und* der szenischen Stimme ausgesprochen. Die Verdopplung der Stimmen und die Unentscheidbarkeit zwischen Denken (≈ Einbilden) und Sprechen bereiten darauf vor, dass mit der Ankunft der Figuren in Las Vegas der Großteil des Films auch auf visueller Ebene mit der Gleichzeitigkeit von Einbildung und Realität spielt, realisiert vor allem durch mentale Metalepsen und Formen des Mindscreen (vgl. 4.3.2.6).

indirekten Rede im Voice-over („Ich fragte sie, ob …") eher verstärkt als abgeschwächt oder vorbereitet wird. Hier liegt eine Differenz zur Erzählliteratur vor. *Zitierte* wörtliche Rede innerhalb eines Voice-overs hat eine andere Funktion als *umgesetzte* wörtliche Rede im szenischen Dialog, die eine von der *visuellen Erzählinstanz* vorgeführte, d. h. von ihr *vermittelte* Form der Rede ist. Die Grenze zwischen Vermittlung der Figurenrede durch die wortsprachlich-erzählende *sprachliche* Erzählinstanz und Vermittlung der Figurenrede durch die zeigende *visuelle* Erzählinstanz wird hier besonders deutlich, weil sie zugleich die Grenze zwischen *erzähltem* Ich und *gezeigtem* Ich markiert. Erst beim verzahnten Zusammenspiel der Instanzen tritt diese ansonsten durch Konventionen überdeckte Grenze filmischer Voice-over-Narration hervor.[88]

88 Eine andere Form des Zusammenspiels ergibt sich in BERLIN ALEXANDERPLATZ: Im EPILOG sind einige Passagen der auktorialen extra-heterodiegetischen Voice-over-Erzählerstimme derart mit szenischen Äußerungen der Figur Franz Biberkopf verzahnt, dass es zu einer beinahe dialogischen Situation kommt: Abwechselnd sprechen der extradiegetische Erzähler im Voice-over und Biberkopf in der Szene. Da beide Instanzen allgemeine Erkenntnisse aus der zurückliegenden Geschichte Biberkopfs ableiten, sind die Aussagen inhaltlich aufeinander bezogen und da Biberkopf ohne Gesprächspartner gezeigt wird, wird ein Dialog über die diegetische Grenze hinweg suggeriert, der eine metaleptische Tendenz hat und mit der Montage verschiedener Stimmen in Döblins Roman *Berlin Alexanderplatz* (1929) vergleichbar ist.

5. Zeit

Genette widmet der *Zeit*, die er in die Kategorien *Ordnung*, *Dauer* und *Frequenz* unterteilt, die drei ausführlichsten Kapitel des „Discours du récit" (1994: 21-114). Da sich alle Kategorien der Zeit auf das temporale Verhältnis des *discours* zur *histoire* bzw. die Modulation des Verhältnisses von *erzählter Zeit* und *Erzählzeit* beziehen und man diese Konzepte transmedial auf *dargestellte Zeit* und *Darstellungszeit* erweitern kann (vgl. Chatmans Definition der Narrativität über die doppelte Chronologie, die in 2.1 erörtert wurde), lassen sich die meisten Aspekte des Zeitkonzepts von Genette auf das Medium Film übertragen. Deshalb sollen in diesem Kapitel die grundlegenden Definitionen von Genette zusammengefasst und nur spezifisch kinematographische, d. h. mit visueller Umsetzung realisierte Konstellationen betrachtet werden. Theoretisch denkbar sind daneben alle von Genette beschriebenen Varianten auf rein sprachlicher Ebene des Films.

Die grundsätzliche Differenz zwischen erzählliterarischer und kinematographischer Indikation von Zeit wird in diesem Kapitel mehrfach eine Rolle spielen, vor allem bei der Bestimmung des zeitlichen Verhältnisses der Narration (vgl. 5.4). „Cinema has no built-in tense system as language does", bemerkt Brian Henderson (1983: 57) und ergänzt: „One cannot write a sentence without indicating tense but one can apparently make a shot, and therefore perhaps a film, without indicating tense." Auch wenn Henderson die Möglichkeit eines ‚zeitlosen' Films überschätzt, so verweist er hier auf einen essenziellen Unterschied zwischen Erzählliteratur und Spielfilm: die grammatische Tempusmarkierung des Verbs. Der Unterschied liegt also weniger in den strukturell denkbaren Möglichkeiten von Zeitumstellung und Zeitmodulation im Verhältnis des *discours* zur *histoire*, als in der Art und Weise der Realisierung und Markierung derselben.

5.1 Ordnung

„It is not difficult to apply Genette's basis concepts of order to cinema", schreibt Henderson (1983: 56). Dieser an sich zutreffenden Aussage wäre noch hinzuzufügen, dass sich auch die Filmwissenschaft – auf die Henderson nicht verweist –, ohne auf Genette zurückzugreifen, recht ausführlich mit Phänomenen der *Ordnung* beschäftigt hat, die zumeist unter den Begriffen *Flashback* (*Rückblende* oder *Rückwendung*) und *Flashforward* (*Vorausblende* oder *Vorgriff*) gefasst wurden (vgl. u. a. Hickethier 2007a: 133 ff.), sowie dass Genettes Konzept der Ordnung sich nur durch eine gesteigerte oder anders gelagerte Feinabstimmung von anderen, teilweise älteren erzähltheoretischen Systemen zur Zeitordnung unterscheidet (z. B. Lämmert 1955: 100 ff.; vgl. dazu Vogt 1990: 118).

> Die temporale Ordnung einer Erzählung zu studieren, heißt die Anordnung der Ereignisse oder zeitlichen Segmente im narrativen Diskurs mit der Abfolge derselben Ereignisse oder zeitlichen Segmente in der Geschichte zu vergleichen, sofern sie sich explizit an der Erzählung ablesen oder durch den einen oder anderen indirekten Hinweis erschließen läßt. (Genette 1994: 22)

5.1.1 Analepsen und Prolepsen

Die Grundkategorien der Ordnung sind die *Analepse* und die *Prolepse.* „Mit *Prolepse* bezeichnen wir jedes narrative Manöver, das darin besteht ein späteres Ereignis im voraus zu erzählen oder zu evozieren, und mit *Analepse* jede nachträgliche Erwähnung eines Ereignisses, das innerhalb der Geschichte zu einem früheren Zeitpunkt stattgefunden hat als dem, den die Erzählung bereits erreicht hat" (Genette 1994: 25). Der allgemeine Oberbegriff für „sämtliche Formen von Dissonanz zwischen den beiden Zeitordnungen" ist *Anachronie* (ebd.: 25 f.), nicht zu verwechseln mit dem Begriff der *Achronie* für unentscheidbare Fälle (ebd.: 54 ff.), wenn sich „aus den einzelnen erzählten Ereignissen keine chronologisch geordnete Gesamthandlung rekonstruieren lässt" (Martinez/Scheffel 1999: 33 f.). Der Begriff der Analepse entspricht grob dem des *Flashbacks*/der *Rückblende* in der Filmwissenschaft oder dem der *Rückwendung* bei Lämmert (1955: 100 ff.), die Prolepse etwa dem *Flashforward*/der *Vorausblende* oder der *Vorausdeutung* bei Lämmert (ebd.: 139 ff.), auch wenn sich die Konzepte im Detail unterscheiden.

Die wichtigsten Merkmale zur Unterdifferenzierung von Ana- und Prolepsen, die Genette vorschlägt, sind die *Reichweite* und der *Umfang*:

> Eine Anachronie kann sich [...], mehr oder weniger weit vom „gegenwärtigen" Augenblick entfernen, d. h. von dem Augenblick der Geschichte, wo die Erzählung unterbrochen wird, um ihr Platz zu machen: Wir werden diese zeitliche Distanz die *Reichweite* der Anachronie nennen. Diese kann wiederum eine mehr oder weniger lange Dauer der Geschichte abdecken: was wir ihren *Umfang* nennen werden. (Genette 1994: 31)

Sind Reichweite und Umfang einer Anachronie identisch, liegt eine *komplette* Ana- oder Prolepse vor, ist die Reichweite größer eine *partielle* (ebd.: 41 f.), d. h. dass eine *komplette* Analepse ihren Ausgangspunkt am Ende wieder erreicht und eine *partielle* vor Erreichen des Ausgangspunktes endet. Weitere Unterdifferenzierungen gewinnt Genette aus dem Verhältnis der Anachronien zur Basiserzählung. Die *Basiserzählung* ist „jene temporale Erzählebene", in „Bezug auf die sich eine Anachronie als solche definiert" (ebd.: 32). Da Analepsen weitaus häufiger sind als Prolepsen (ebd.: 45) und da das für den Film erst recht gilt (vgl. Henderson 1983: 56; Hickethier 2007a: 134), entwickele ich die weiteren Unterdifferenzierungen in Bezug auf Analepsen und verweise auf die potenzielle Anwendbarkeit derselben Differenzierungen auf Prolepsen.

Bleiben Analepsen in ihrem ganzen Umfang außerhalb der Basiserzählung, handelt es sich um *externe* Analepsen, bewegen sie sich innerhalb der Basiserzählung, beginnen sie also erst nach dem Ausgangspunkt der Erzählung (t_0), sind sie *intern*. Auch *gemischte* Analepsen sind möglich (Genette 1994: 32 f.). Interne Analepsen können *heterodiegetisch* sein, wenn sie „einen Strang der Geschichte bzw. einen diegetischen Inhalt betreffen, der sich von dem (oder denen) der Basiserzählung unterscheidet" und *homodiegetisch*, wenn sie „den Handlungsstrang der Basiserzählung betreffen" (ebd.: 33). Homodiegetische interne Analepsen werden unterschieden in *kompletive* Analepsen, die „jene retrospektiven Segmente" umfassen, „die nachträglich eine frühere Lücke der Erzählung füllen, die demnach mit provisorischen Auslassungen arbeitet" (ebd.: 34) und *repetitive* Analepsen, die nachträglich etwas bereits Erzähltes erneut erzählen, darauf anspielen oder zurückgreifen und zwangsläufig bis zu einem gewissen Grad redundant sind (ebd.: 36), wobei die Wiederholung abhängig von Fokalisierung und Okularisierung neue, noch nicht gezeigte Details vorführen kann und somit nicht vollkommen repetitiv sein muss.[1]

Kompletive Analepsen sind nur möglich, wenn zuvor etwas ausgelassen wurde, das später nachgeliefert werden kann. Diese Auslassungen können zeitliche *Ellipsen* sein (vgl. 5.2) oder *Paralipsen*, d. h. Auslassungen „eines für die Situation wichtigen Elements, innerhalb eines Zeitraums, der von der Erzählung prinzipiell abgedeckt wird" (ebd.: 34; vgl. 4.2.1). Wie das Zusammenspiel zwischen Ellipsen und Paralipsen mit nachträglichen kompletiven internen Analepsen subtil zur Spannungssteigerung, Lenkung des Zuschauers und Ausdifferenzierung der Erzählung eines Geschehens zur Episodenhaftigkeit genutzt wird, zeigt der Film CIDADE DE DEUS: Viele der teilweise äußerst kurzen, aus wenigen Einstellungen oder Bildern bestehenden, teilweise ausführlicher eine andere Perspektive

1 Genette schlägt für kompletive Analepsen auch den Begriff „Rückblenden" (franz. „renvois) vor (1994: 34) und für repetitive Analepsen „Rückgriffe" (franz. „rappels")(ebd.: 36), die Lämmert (1955: 122 ff.) ebenso bezeichnet. Auf diese Differenzierung werde ich verzichten, weil die Gefahr der Verwechslung mit dem weiter gefassten Begriff der Rückblende (des Flashbacks) in der Filmwissenschaft besteht.

aufgreifenden kompletiven Analepsen des Films führen zu einer nachträglichen Umbewertung der Zusammenhänge, die am Ende zur Erkenntnis der Kausalketten und milieudeterminierenden Umstände führt (vgl. 5.1.2).

Beispiele für *externe Analepsen* finden sich a) in CITIZEN KANE, THE KILLERS (Robert Siodmak, USA 1946) und weiteren Filmen, die nach dem *Citizen-Kane-Muster* konstruiert sind (vgl. 5.4.2): In der Rahmenhandlung erzählt eine Reihe von befragten intradiegetischen Figuren rückblickend einen Teil der Lebensgeschichte des Protagonisten (der selbst nicht erzählt und oft bereits verstorben ist); die den Figuren zugeschriebenen externen Analepsen werden in Form von visuellen Flashbacks umgesetzt. Filme, die b) mit einer Rahmenhandlung beginnen, die eine Figur, meist die Hauptfigur, beim Erzählen, bewussten Denken oder Schreiben zeigt (vgl. 6.3.2), bilden in der Regel eine *komplette* externe Analepse: Von der Rahmenhandlung ausgehend wird rückblickend erzählt, wie es dazu gekommen ist, dass sich die Figur zum Zeitpunkt des Erzählens (Denkens/Schreibens) in genau jener Lage befindet. Die größtenteils oder ganz visuell umgesetzte Analepse bildet den Hauptteil des Films. In der Regel wird zwischendurch mehrfach kurz die Situation des Erzählens (Denkens/Schreibens) gezeigt. Am Ende, nachdem die Analepse die Rahmenhandlung wieder eingeholt hat, wird die Rahmenhandlung ein kleines Stück weitergeführt. Beispiele für dieses Muster sind HOMO FABER, DOUBLE INDEMNITY und etwas komplexer ALL ABOUT EVE.[2]

Auch in SMULTRON STÄLLET (Ingmar Bergman, Schw 1957) gibt es externe Analepsen. Während einer Reise erinnert sich der Protagonist, der ehemalige Medizinprofessor Dr. Isak Borg, mehrfach an seine Kindheit und Jugend. Der Unterschied zu den beiden anderen genannten Gruppen der externen Analepse besteht darin, dass in diesem Fall nicht suggeriert wird, dass eine Figur bewusst eine zurückliegende Geschichte erzählt, sondern dass sich eine Figur halb- oder unterbewusst erinnert und teilweise träumt. Erinnerungen bilden eine Untergruppe von mentalen Metadiegesen: Es handelt sich um Sequenzen, die einen mentalen Prozess repräsentieren und auf einem anderen diegetischen Niveau angenommen werden können, also um Analepsen, die zugleich Metadiegesen sind (vgl. 6.2.1). Bei Erinnerungssequenzen ist der Fiktionsstatus jedoch auch bei eindeutiger Figurenzuordnung nicht immer klar zu bestimmen: Einerseits handelt es sich um Ereignisse, die tatsächlich in der fiktionalen Welt des Films passiert sein sollen, andererseits kann die Erinnerung einer Figur subjektiv verzerrt sein, bis hin zur bewussten oder unbewussten Lüge.

2 FRIDA (Julie Taymor, USA/Kan/Mex 2002) gehört zu den seltenen Fällen, in denen diese Erzählstruktur ohne Unterstützung durch eine SEI rein visuell umgesetzt ist. Die Zeitstruktur dieser Filmgruppe lässt sich auf die Formel abstrahieren: Rahmen (t_0, …, t_n) – Analepse (t_{-n}, …, t_0) – Rahmen (t_0, … t_{n+x}) (vgl. 5.4.2 sowie 6.1.3 und 6.3.2).

Alle bisherigen Beispiele einer externen Analepse waren einer erzählenden, denkenden, sich erinnernden oder träumenden Figur zugeordnet. Das unterscheidet sie als *figurengebundene* oder *figurale* Analepsen von *narrationalen* oder *auktorialen* Analepsen, also Analepsen, die von einer extradiegetischen Erzählinstanz geschaltet werden, meist um dem extradiegetischen Adressaten Ursachen und Hintergründe für die Situation der Basiserzählung zu liefern. Im Fall einer *narrationalen* Anachronie handelt es sich um eine reine Zeitumstellung durch die narrative Instanz, also um ein Phänomen der Zeitordnung ohne Wechsel der diegetischen Ebene, im Fall einer *figuralen* um eine Zu-/Unterordnung der anachronischen Sequenz zu einer erzählenden oder denkenden Figur. Es gibt dabei keine klare Distinktion: Kollektive und ambivalente Zuordnungen einer Erinnerungssequenz nähern diese auf einer Skala einer narrationalen Analepse an. Je vager die Bindung einer Erinnerungssequenz an eine Figur bzw. je deutlicher der Eingriff der extradiegetischen VEI, desto schwieriger wird die Unterscheidung einer personengebundenen *figuralen* Erinnerung (Metadiegese+Analepse) von einer *narrationalen* Zeitumstellung (Diegese+Analepse) (vgl. 6.2.1).

Diese Unterscheidung einer narrationalen von einer figuralen Anachronie ist angewendet auf Prolepsen von zentralerer Bedeutung. Denn nur eine durch ihr Mehrwissen und das Erzählkonstrukt logisch privilegierte nullfokalisierende extradiegetische Erzählinstanz kann *zukunftsgewisse* Vorausdeutungen treffen; handelt es sich um figurengebundene Prolepsen, kann es sich nur um *zukunftsungewisse* Vorausdeutungen im Modus des Wünschens, Träumens, Prophezeiens oder Spekulierens handeln.[3] *Sprachliche* zukunftsungewisse Vorausdeutungen in Form von Träumen, Hoffnungen oder Vermutungen, die von intradiegetischen Figuren erzählt werden, kommen im Mikrobereich verschiedener Filme vor, *visuelle* Formen der figurengebundenen zukunftsungewissen Vorausdeutung sind dagegen seltener. Ein komplexes Beispiel findet sich am Ende von 25TH HOUR: Der Film schildert die letzten 25 Stunden des Protagonisten Monty Brogan in New York, bevor er eine siebenjährige Haftstrafe wegen Drogendealens antreten muss. 25 Stunden bleiben Monty, um Abschied zu nehmen von seinen Freunden, seiner puertoricanischen Freundin und seinem irischstämmigen Vater und über seinen Lebensweg und das Abrutschen ins Dealermilieu nach dem Tod der Mutter nachzudenken, aber auch, um von ehemaligen Komplizen auf die Brutalitäten der Gefängnis-

3 Die sinnvolle Differenzierung von Prolepsen in *zukunftsgewisse* und *zukunftsungewisse Vorausdeutungen* ist von Lämmert (1955: 143 ff., 175 ff.) abgeleitet und wird auch von Martinez/Scheffel (1999: 36 ff.) verwendet. Ausnahmen einer ontologisch-unmöglichen figurengebundenen zukunftsgewissen Vorausdeutung sind denkbar: Hickethier (2007a: 134) nennt als seltenes Beispiel den Film DER JUNGE FREUD (Axel Cortis, Ö/BRD 1976).

haft vorbereitet zu werden, die ihn erwartet. Im Morgengrauen, kurz vor Ende der Frist, fährt ihn sein Vater zum Gefängnis, biegt dann jedoch – scheinbar – nicht an der entsprechenden Autobahnabfahrt ab, weil er den Staat New York verlassen und in eine ländliche Gegend fahren möchte, wo er dem Sohn unter falscher Identität einen Neuanfang ermöglichen will. Während der Fahrt phantasiert der Vater nun, wie dieses neue Leben seines Sohnes aussehen könnte, was allmählich visuell umgesetzt wird. Diese subtil durch ein Gespräch eingeleitete, von einigen irritierenden, in ihrem Status zwischen Einbildung und Realität schwankenden Sequenzen der VEI begleitete, zunehmend unrealistisch wirkende längere Episode spielt damit, dass sie anfangs nicht als Vision markiert bzw. in ihrer Markierung verschleiert ist, also auch den realen Fortgang der Handlung repräsentieren könnte. Die VEI *illustriert* dabei eine visionäre Prolepse des Vaters, dessen Voice-over teilweise als intra-homodiegetische SEI im Futur zu hören ist. Der Vater malt Montys Leben aus, bis er ein alter Mann mit Kindern und Enkelkindern ist. Erst am Ende zeigt die VEI eindeutig, was im Verlauf der Sequenz zunehmend klarer wurde: dass der Vater Monty noch immer Richtung Gefängnis fährt, dass also schon das Verpassen der Abfahrt zum Gefängnis Bestandteil der Vision war.

Zukunftsgewisse Vorausdeutungen liegen vor, wenn eine nullfokalisierende extradiegetische VEI und/oder eine extra-heterodiegetische SEI ein späteres Ereignis vorwegnehmen wie die VEI in VANILLA SKY (die vorab die schicksalhafte Brücke des Unfalls zeigt), die VEI in LOLA RENNT (die narrational verspielt als ‚erzählerischen Machtbeweis' zeigt, wie sich die Nebenfiguren, an denen Lola vorbeirennt, in Zukunft entwickeln werden) oder VEI und SEI in LE FABULEUX DESTIN D'AMÉLIE POULAIN (wenn die SEI zu den vorausdeutenden Bildern der VEI kommentiert: „In 48 Stunden wird das Schicksal Amélie Poulains eine unerwartete Wendung nehmen").[4] In Filmen mit extra-homodiegetischem Voice-over sowie Rahmenhandlungsstrukturen mit intra-homodiegetischer SEI – bei einer erkennbaren *späteren sprachlichen* Narration – können zukunftsgewisse Vorausdeutungen auch figurengebunden dem *erzählenden Ich* zugeschrieben werden, etwa wenn die SEI im Voice-over mit dem Mehrwissen des erzählenden Ichs im Vergleich zum erzählten Ich spielt, wie am Anfang von THE LADY FROM SHANGHAI: „Aber ich habe nicht gewusst, wohin dies führen wird, sonst hätte ich es wohl nicht dazu kommen lassen."

Visuell realisierte Anachronien sind oft mehrfach markiert und somit überdeterminiert. Möglich sind formale Anfangs-/Endmarkierungen der Anachronie (wie Überblendungen, Trickblenden, Trickübergänge, ein

4 Auch wenn in einem Vorspann oder zu den Credits des Films vorausdeutende visuelle Hinweise geschaltet werden, handelt es sich meist um zukunftsgewisse Vorausdeutungen.

Zoom auf ein denkendes/erzählendes Gesicht; vgl. 6.2.1), formale Markierungen der anachronischen Sequenz selbst (schwarz-weiß im Farbfilm, braunstichige Farben, Farbüberzeichnungen, Rahmung des Kaders, Spezialblenden etc.), explizite und implizite sprachliche Markierungen (durch Voice-over, Texttafeln, Inserts und/oder Figurenrede), thematische Markierungen (Bezüge innerhalb der diegetischen Welt, durch den Plotverlauf; thematische Motive, Alterungs- und Wachstumsprozesse, z. B. Figuren, die deutlich jünger/älter sind etc.) sowie rhetorische und stilistische Markierungen (szenische Parallelismen; sprachlich-stilistische Bezüge; Mise-en-scène; Bildton- oder Fremdton-Musik etc.). Explizite sprachliche Markierungen der Zeitabschnitte durch Inserts (z. B. „vor 15 Jahren"; „heute Vormittag"; „am 17. 3. 1299" etc.) verweisen auf eine ordnende extradiegetische Instanz oder den impliziten Autor, werden aber nicht nur bei narrationalen Anachronien eingesetzt, sondern auch, um die Zeitstruktur bei figuralen Anachronien hervorzuheben wie in THE USUAL SUSPECTS (vgl. 4.3.3). Eine thematische Markierung einer Anachronie, also die Möglichkeit des Zuschauers, die Anachronie aus der *histoire* zu erschließen, ist meistens gegeben, die Überdeterminierung der Markierung durch formale, sprachliche, rhetorische oder stilistische Merkmale dürfte dagegen filmhistorisch abgenommen haben.[5] Weiterführend zu untersuchen wären die Hypothesen, dass Anachronien im Laufe der Filmgeschichte im narrativen Spielfilm statistisch betrachtet zugenommen hätten[6] und dass komplexere Zeitstrukturen erst durch die Gewöhnung des Zuschauers an Konventionen der zeitlichen Umgruppierung möglich geworden seien. Unabhängig davon hat sich nach einer Vielzahl von narratologischen Zeitanalysen zumindest die Hypothese bestätigt, dass der unmarkierte Normalfall die chronologische Reihung ist und die Annahme der Chronologie erst hinterfragt wird, wenn Markierungen oder thematische Hinweise auf potenzielle Anachronien schließen lassen.[7]

---

5 Vgl. Hickethier (2007a: 132 f.): „Noch bis in die 1960er Jahre hinein verlangte die Filmkonvention, dass diese zeitlichen Sprünge für den Betrachter deutlich von der filmischen Gegenwart abgesetzt zu sein hatten. [...] Mit der wachsenden Filmerfahrung des Publikums konnte die Verwendung solcher die Rückblende markierenden Stilmittel reduziert bzw. ganz auf sie verzichtet werden. In den 1990er Jahren sind die Markierungen nur noch kurz, vielfach wird schon ganz auf sie verzichtet, sodass sich der Zuschauer selbst den Rückblendenstatus aus dem Geschehen erschließen muss."

6 Vgl. Henderson (1983: 57): „[Analepses] are extremely rare in the first twenty years of film history, although one does find there dreams, visions, and even ‚reviews' of material shown earlier in some sequels, episodes of serials, etc. [...] The greatest period for analepsis in classical cinema was undoubtedly 1941-1957, that maturity of the sound film marked by CITIZEN KANE and HOW GREEN WAS MY VALLEY [John Ford, USA 1941]".

7 Vgl. Henderson (1983: 58): „In cinema, one is tempted to say, if the camera keeps running or if there is a cut to another angle within a scene, continuous temporality is the result; the cut to another sequence is read as straight chronological order, unless otherwise marked."

5.1.2 Zeitdiagramme

Der bereits mehrfach erwähnte Film CIDADE DE DEUS weist eine komplexe Zeitstruktur auf. Er zeigt die Geschichten eines Dutzend jugendlicher Straßenkinder aus einer Favela von Rio de Janeiro, die „Cidade de deus" („Stadt Gottes") genannt wird. Der Film beginnt mit einer Szene, in der der Hobbyfotograf Buscapé durch einen unglücklichen Zufall direkt zwischen die Fronten einer Straßenschlacht gerät: auf der einen Seite die ‚bis an die Zähne' bewaffnete Drogenbande des gefährlichen Favelabosses „Locke", auf der anderen Seite eine wehrhafte Polizeitruppe. Locke ist Protagonist des Films, Buscapé – dessen Voice-over als homodiegetische SEI weite Strecken des Films begleitet – hat die Funktion des beteiligten Beobachters, dem große Teile der Erzählung zugeschrieben werden.[8]

Während Buscapé in Todesangst zwischen den Fronten steht, beginnt die SEI das erste Mal zu erzählen: „Es gibt bei uns einen Spruch. Wenn du wegläufst, fangen sie dich. Und wenn du bleibst, fressen sie dich. So war es schon immer. Seit ich denken kann." Während dieser Voice-over-Passage umkreist die VEI den zwischen den bewaffneten Reihen gefangenen Buscapé und blendet nach dem Ende der Passage – die kreisende Bewegung beibehaltend – über zu Buscapé als kleinem Jungen, der in gleicher Körperhaltung auf einem Fußballbolzplatz im Tor steht, sodass die kunstvolle Überblendung wie eine Verwandlung wirkt: Die Figur der Rahmenhandlung geht über in die kindliche Figur der Binnenhandlung. Der Startpunkt der *histoire* (t_{start}) wird durch ein zusätzliches Insert auf das Jahr 1968 datiert. Den Hauptteil des Films bildet die mit dieser Überblendung eingeleitete komplette Analepse von großer Reichweite und großem Umfang. Gegen Ende des Films kehrt die *histoire* zur Ausgangsszene zurück, in der Buscapé zwischen den Fronten steht, die dann in ihren Zusammenhängen zu durchschauen ist und weitergeführt wird.

Innerhalb dieser rahmenden Analepse kommt es zu einer Vielzahl von Ellipsen und Analepsen (vor allem kompletive, teilweise auch repetitive). Es handelt sich dabei um Analepsen innerhalb der umfassenden ‚Hauptanalepse': $A_{(A)}$.[9] Daneben gibt es einige Vorausdeutungen, die Prolepsen innerhalb der Analepse bilden: $P_{(A)}$ (z. B. zukunftsungewisse Vorausdeutungen, wenn die Kinder darüber reden, was sie später werden wollen

8 Ob das Voice-over Buscapés eine extra- oder intradiegetische SEI darstellt, hängt u. a. von der Bewertung der Erzählzeitpunkte ab (vgl. 5.4). Das Verhältnis der VEI zur SEI ist insgesamt dynamisch. Teilweise suggeriert die SEI, alle Geschichten zu erzählen, teilweise zeigt die VEI deutlich mehr als die SEI.

9 $A_{(A)}$ (gelesen: A innerhalb von A oder A in A) steht für eine Analepse in einer übergeordneten Analepse; $P_{(A)}$ für eine Prolepse innerhalb der Analepse; $A_{(A(A))}$ für eine Analepse in einer übergeordneten Analepse, die in eine weitere übergeordnete Analepse eingebettet ist.

oder zukunftsgewisse, wenn das Voice-over Andeutungen zu einer Nebenfigur macht und dann ankündigt: „seine Geschichte kommt erst später“). In den komplexeren visuellen Analepsen innerhalb der großen Analepse können durch Hinweise der Figuren weitere kurze und angedeutete Analepsen und Prolepsen vorkommen, die dann als Analepsen/Prolepsen in der Analepse der Analepse bestimmt werden müssten: $A_{(A(A))}/P_{(A(A))}$. Bereits hier deutet sich an, dass den Möglichkeiten verschachtelter Zeitstrukturen theoretisch keine Grenzen gesetzt sind und Filme wie MEMENTO (Christopher Nolan, USA 2000) oder 11:14 zeigen, dass davon exzessiv Gebrauch gemacht werden kann (vgl. 5.1.3/4). Anders als in Filmen, die eine eindeutige zeitliche Zuordnung verschleiern wie L'ANNÉE DERNIÈRE À MARIENBAD oder OTTO E MEZZO (Federico Fellini, I/F 1963) und als teilweise *achronisch* eingeordnet werden müssen, lässt sich die zeitliche Struktur von CIDADE DE DEUS, MEMENTO und 11:14 analytisch rekonstruieren. Weil hierbei jedoch ein Operieren mit Genettes Begriffen mitunter zu terminologischen Ungetümen wie einer ‚kompletten homodiegetischen internen repetitiven Analepse in einer externen partiellen Analepse‘ führen würde, bietet es sich alternativ an, die entscheidenden Zeitpunkte der Geschichte durchzunummerieren und mit Zeitreihen zu operieren, wie sie in den Naturwissenschaften in Form von mathematischen Reihen üblich sind, die gegebenenfalls in Diagrammen dargestellt werden können. Dieses prinzipiell simple Verfahren, das ich oben bereits verwendet habe und nur kurz andeuten möchte, basiert darauf, dass die Zeitpunkte der Geschichte relativ zum Startzeitpunkt der Erzählung gesetzt und durchnummeriert werden (Startzeitpunkt der Erzählung = t_0; „t“ mathematisch für „time“) und dann in der Reihenfolge ihres Erscheinens in der Erzählung angeordnet werden. Das heißt: Das Ereignis der Geschichte, mit dem die *Erzählung* beginnt, wird als Nullpunkt (t_0) gesetzt;[10] alle zeitlich markierten oder bestimmbaren Ereignisse der *Geschichte* werden relativ zu t_0 negativ (t_{-n}) oder positiv (t_n) durchnummeriert und in der Reihenfolge der Erzählung dargestellt. Die Nummerierung – angezeigt durch die Indizes – orientiert sich also an der Reihenfolge der Ereignisse in der *histoire*, die Darstellung der Reihe am Erscheinen der Ereignisse im *discours*.[11] Ana- und Prolepsen, Ellipsen, mehrfach gezeigte Ereignisse,

10 Alternativ könnte man natürlich auch den ersten Zeitpunkt der Geschichte als t_0 setzen, was einer chronologisch der *Erzählung* folgenden Analyseweise allerdings Probleme bereiten würde, weil sich dieser Bezugszeitpunkt erst im Laufe der Filmerzählung ergibt.

11 Dieses bei genauer Analyse zugegebenermaßen aufwendige Verfahren scheint mir übersichtlicher zu sein, als das Buchstaben-Zahlen-System, dass Genette ausprobiert (1994: 24 ff.). Er verwendet eine alphabetische Buchstabenfolge (A, B, C...) für die Bezeichnung der Segmente in der Reihenfolge des *discours* (der Textoberfläche) und eine positive Nummerierung der Zeitpunkte (in *ganzen Zahlen*) bezüglich der Reihenfolge der *histoire* (1, 2, 3...). Ein praktisches Problem dabei ist, dass sich die Nummerierung nur auf den gewählten

verschachtelte Anachronien etc. könnten durch eine Auffächerung der Geschichte in Zeitpunkte markiert werden, was je nach Analyseziel minutiös oder mit größerem Abstrahierungsgrad durchgeführt werden kann. Zur Kennzeichnung spezifischer Zeitpunkte können weitere Indizes verwendet werden; zur Übersicht folgen die in dieser Arbeit verwendeten Indizes:

- „t_0" markiert den Zeitpunkt der Geschichte, mit dem die Erzählung (der Film/der Roman) beginnt.
- „n" in t_n steht für Aufzählungen/Reihungen in natürlichen/ganzen Zahlen; auch in Kombinationen wie „n+1", „n-2", „n+x".
- „x" steht als allgemeiner Platzhalter für eine konkrete ganze Zahl.
- „t_{erz}" markiert den Zeitpunkt des Erzählens in Fällen, in denen eine konkrete Situation des Sprechens, Schreibens oder Denkens als Rahmen gezeigt wird. Beginnt der Film mit dem Rahmen, dann ist $t_{erz} = t_0$.
- „t_a" markiert den Anfangszeitpunkt von Minimalgeschichten, Ereignissen, Episoden; der korrespondierende Endzeitpunkt wird mit „t_e" bezeichnet.
- „t_{start}" markiert den Anfangszeitpunkt der *histoire*, bezeichnet also den frühesten Zeitpunkt/das früheste Ereignis der repräsentierten Geschichte, der nicht am Anfang stehen muss ($t_{start} = t_0$, wenn ein Film *ab ovo* beginnt).
- „t_{end}" markiert den Endzeitpunkt der *histoire*; den spätesten Zeitpunkt der repräsentierten Geschichte (der nicht am Ende des Films stehen muss).
- Zur Aufzählung einer Reihe von analeptischen oder diegetischen/metadiegetischen Abschnitten in der Reihenfolge, wie sie in der *Erzählung* erscheinen, habe ich dagegen Großbuchstaben mit Indizes versehen, z. B.: $A_1, A_2, \ldots, A_n$; $D_1, MD_1, D_2, MD_2, \ldots, D_n$ (A = Analepse; D = Diegese; MD = Metadiegese).

Die meisten der in 5.1.1 beschriebenen Untergruppen von Analepsen und Prolepsen lassen sich auch durch Zeit-Reihen beschreiben. Weitere Anwendungsbeispiele ergeben sich im Folgenden.

5.1.3 Varianten des Rückwärtserzählens

Kann ein Film rückwärts erzählen? Die Filme, die innerhalb der letzten zehn Jahre unter dem Label „rückwärts erzählen" vermarktet und von der Filmkritik beschrieben wurden wie MEMENTO, IRRÉVERSIBLE oder 5 X 2: CINQ FOIS DEUX (François Ozon, F 2004) erzählen nicht rückwärts im buchstäblichen Sinne, sondern ‚nur' durch das schrittweise Zurückspringen innerhalb des Erzählverlaufs. Die jeweiligen Sequenzen/Erzählabschnitte selbst werden chronologisch erzählt. Die zweite Sequenz ist im

---

Textauszug beziehen lässt und bei Variation der zu untersuchenden Passagen neu angefertigt werden muss, während man bei der Setzung von t_0 als Anfangsereignis der Erzählung feinere und gröber Differenzierungen immer bezüglich dieses Referenzpunktes anlegen und ggf. mit Dezimalzahlen operieren kann.

Verhältnis zur ersten eine Analepse, die dritte zur zweiten etc., sodass die letzte Sequenz eine Analepse der Analepse der Analepse usw. wäre.[12] Das ergibt eine rückwärtsgewandte Schleifenstruktur; dadurch, dass stufenweise immer weiter zurückgesprungen wird, entsteht der Eindruck eines zyklischen oder spiralförmigen Rückwärtserzählens.

In IRRÉVERSIBLE wird dieses Schema der rückwärtsgewandten Schleifenstruktur weitgehend eingehalten. Der Film kehrt das alttestamentarische Tat-und-Vergeltungs-Prinzip um: Aufgeteilt in etwa ein Dutzend Abschnitte wird zuerst die brutale Rache gezeigt, die die männlichen Protagonisten Marcus und Pierre am vermeintlichen Täter einer Vergewaltigung verüben,[13] dann Schritt für Schritt die Verfolgung des Täters, die Ermittlung des Täters, die Entdeckung des Verbrechens, das Verbrechen: eine brutale Vergewaltigung der Freundin von Marcus bzw. der Exfrau von Pierre; dann erst folgt die Einführung der Figuren und ihrer Beziehungen zueinander und die Inszenierung der ‚Illusion einer heilen Welt' vor dem grauenhaften Verbrechen, dessen Opfer die Frau durch einen banalen Zufall wird. Die Schleifenstruktur wird durchgehalten; die einzelnen Abschnitte dauern durchschnittlich (mit Ausnahmen) zwischen fünf und zehn Minuten; der Anschluss an die jeweils nächste Szene ist schlüssig, obwohl es kaum Überlappungen gibt, die für zusätzliche Orientierung sorgen. Das Prinzip des Rückwärtserzählens – dass zuerst die Wirkung, dann die Ursache präsentiert wird – lässt sich aufgrund von thematischen und räumlichen Bezügen nach anfänglicher Orientierungslosigkeit zunehmend durchschauen; die Abschnittsübergänge sind auffällig durch eine irritierende loopingartige Kamerabewegung markiert, bei der die kreisende Kamera gleichzeitig nach hinten wegkippt. Die Darstellungszeit entspricht in etwa der dargestellten Zeit, da innerhalb der einzelnen Abschnitte *zeitdeckend* erzählt wird und es fast keine Schnitte innerhalb der mit der Handkamera aufgezeichneten Szenen gibt (die Handkamera ist jedoch keiner subjektiven Sicht zugeordnet; vgl. 4.4.1). Der Zeitlogik entsprechend beginnt der Film mit dem Abspann und endet mit dem Vorspann; einzig eine Art Prolog mit einer aus anderen Filmen des Regisseurs bekannten Figur (u. a. aus SEUL CONTRE TOUS) fällt aus dem Rahmen, lässt sich aber in die Zeit- und Erzähllogik integrieren; die Figur greift einen Slogan auf, der dem Film als Insert vorangestellt ist und das pessimistische Weltbild des Films expliziert: „Le temps détruit tout".

---

12 Formal ausgedrückt: $A_{(A(A(A(\dots))))}$; oder: t_0 bis t_1, t_{-1} bis t_0, t_{-2} bis t_{-1}, ... , t_{-n} bis $t_{-(n+1)}$.

13 Dass es sich bei dem am Anfang des Films Ermordeten nicht um den tatsächlichen Täter der Vergewaltigung handelt, arbeitet Marcus Stiglegger (2005: 329) heraus. Dass diese sich zuspitzende gewalttätige Szene, die sich gleich zu Beginn in einem kaum beleuchteten Sexclub abspielt, Zuschauer zum Wegschauen und zu dem Fehlschluss verleitet hat, der zum Schluss Ermordete sei tatsächlich der Vergewaltiger, mag jedoch nicht verwundern.

In 5 X 2: CINQ FOIS DEUX wird die oben genannte Grundstruktur des rückwärtsgewandten Erzählens prinzipiell eingehalten, allerdings liegen längere Ellipsen zwischen den jeweiligen Erzählphasen. Die Beziehung der beiden Protagonisten Marion und Gilles wird in fünf Phasen aufgeteilt, die in umgekehrt chronologischer Reihenfolge gezeigt werden: Scheidung, Ehealltag, Geburt des Kindes, Hochzeit und Kennenlernen. Innerhalb der Phasen wird chronologisch erzählt, meist szenisch und zeitdeckend, allerdings mit kleinen handlungslogischen Zeitsprüngen (z. B. Gäste werden erwartet, Schnitt, Gäste sind da) und Parallelmontagen (z. B. wenn die verschiedenen Handlungswege der Hauptfiguren bei der Geburt des Kindes verfolgt werden). Jeder der fünf Erzählabschnitte stellt die thematische Verdichtung der jeweiligen Lebensphase in einer oder wenigen Szenen dar, die metonymisch für den jeweiligen Beziehungsabschnitt stehen. Das Rückwärtsspringen zwischen den fünf, durch je einen ca. drei Sekunden langen *blackscreen* getrennten Phasen (nur der letzte Übergang ist kürzer), ist durch thematische Bezüge leicht zu durchschauen, insbesondere, weil die Protagonisten jeweils erkennbar jünger geworden sind. Eine handlungslogische Begründung für die Inversion der Szenen einer sich allmählich auflösenden Ehe gibt es nicht. Die Reflexion über die Missverständnisse und Enttäuschungen einer Beziehung und die Zerbrechlichkeit von Gefühlen, die der Film thematisch leistet, bekommt durch die Zeitstruktur jedoch eine weitere Dimension: Die rückwärtsgewandte Hoffnung, die der Film durch die umgekehrte Reihung der Ereignisse abbildet, dürfte einige Jahre die Triebfeder für das Aufrechterhalten der Beziehung gewesen sein und scheint noch in der Frage des Mannes durch, die er in einem Hotelzimmer nach der Scheidung allen Desillusionierungen zum Trotz an seine Exfrau richtet: „Und wenn wir es nochmal versuchen?" Am intensivsten kommt die paradoxe rückwärtsgewandte Hoffnung zur Wirkung, wenn die beiden frisch verliebten Protagonisten in der letzten Einstellung des Films gemeinsam dem Sonnenuntergang entgegenschwimmen: Ein Happy End, wenn doch das eigentliche Ende der Geschichte nicht bekannt wäre.[14]

14 Auch 11:14 wurde verschiedentlich als Film interpretiert, der ‚rückwärts erzählt'. In einer Kette von teilweise repetitiven Analepsen wird eine nicht absolut deckungsgleiche Zeitspanne aus Sicht verschiedener Episodenfiguren erzählt, die größtenteils vor 23:14 Uhr einsetzen und bis nach 23:14 Uhr reichen, wobei einige – im Film früher platzierte – Episoden später abbrechen und andere – im Film später platzierte – früher einsetzen, sodass die Tendenz eines rückwärtsgewandten Erzählens erkennbar ist. Diese Tendenz wird durch die gezielte Fokalisierung verstärkt, denn erst Schritt für Schritt werden dem Adressaten genügend Informationen geliefert, um die Zufallsketten entschlüsseln zu können, die zu den sich um 23:14 Uhr verdichtenden Ereignissen geführt haben (vgl. 4.3.1).

5.1.4 Zeit, Gedächtnis und kognitive Unzuverlässigkeit: das Rückwärtserzählen in MEMENTO

In MEMENTO ist die Zeitstruktur komplexer, weil der rückwärtige Erzählverlauf der Handlungssequenzen durch schwarz-weiße Zwischensequenzen unterbrochen wird.[15] Die *Handlungssequenzen* folgen dem Prinzip der rückwärtsgewandten Schleifenstruktur, wobei es im Gegensatz zu IRRÉVERSIBLE zu einigen Überlappungen kommt: Der Anfang der im Filmverlauf vorangehenden Handlungssequenz und das Ende der folgenden zeigen repetitiv kurz die gleiche Übergangsszene. Die *Zwischensequenzen*, die den Protagonisten Leonard in Telefongesprächen mit einem Unbekannten zeigen, sind dagegen chronologisch gereiht.

Die Eröffnungssequenz des Films ist die einzige Sequenz, die tatsächlich rückwärts abläuft (so als würde der Film in einfacher Geschwindigkeit zurückgespult): Zu sehen ist – während die letzten Credits eingeblendet werden – das Polaroid-Foto eines toten Mannes, das in einer Hand gehalten wird und immer unschärfer und blasser wird (der rückwärts ablaufende Entwicklungsprozess), bevor das Foto in der Polaroidkamera verschwindet, die Protagonist Leonard bedient und das Erschießen des Mannes rückwärts abläuft, bis die Patronenhülse der Kugel, die den Mann tötet, wieder in Leonards Waffe steckt. Der Tote ist, wie sich später herausstellen wird, Teddy Gammel, eine Art Gegenspieler des Protagonisten Leonard Shelby. Auf diese Eröffnungssequenz folgen alternierend die kürzeren schwarzweißen Zwischensequenzen, die Leonard im Hotelzimmer zeigen, und die invers gereihten Handlungssequenzen (jeweils 21 Handlungs- und 21 Zwischensequenzen). Dass die Zwischensequenzen chronologisch und die Handlungssequenzen invers gereiht sind und der zeitliche Bezug der Zwischen- zu den Handlungssequenzen vorerst unbestimmbar ist, verstärkt den verwirrenden Effekt der Zeitstruktur. Erst am Ende, in einer Art 22. Zwischensequenz, wird klar, dass die Zwischensequenzen bezüglich der *histoire* vor den Handlungssequenzen liegen, d. h. die Handlung der 22. Zwischensequenz geht über in die Handlung der 22. Handlungssequenz, die bezogen auf die *histoire* die erste, bezogen auf den *discours* die letzte Handlungssequenz bildet und somit den Film abschließt. Die erste Zwischensequenz am Anfang des Films hat also den ersten Abschnitt der *histoire* der Haupthandlung des Films gezeigt. Für zusätzliche Verwirrung sorgt, dass es sowohl in den Handlungs- als auch in den Zwischensequenzen weitere *externe Analepsen* gibt, die zeitlich vor den Haupthandlungsstrang zurückgreifen.

15 „Handlungssequenz" und „Zwischensequenz" sind als reine Hilfsbegriffe zur leichteren Beschreibung der komplexen Zeitstruktur des Films zu verstehen.

Die Orientierungslosigkeit, die der Zuschauer bei der Erstrezeption des Filmes hat, dürfte gewollt sein; sie korrespondiert mit der Orientierungslosigkeit, die der Protagonist Leonard in der diegetischen Welt des Films hat. Da sein Kurzzeitgedächtnis gestört ist, kann er sich keine alltäglichen Dinge merken. Was er eben gerade erfahren oder wahrgenommen hat, ist wenige Minuten später wieder vergessen. Mit einem komplizierten System aus beschrifteten Polaroids, Notizzetteln und Tätowierungen versucht er, trotz der Störung seines Kurzzeitgedächtnisses, weiterführende Zusammenhänge zu durchschauen. Kamera und Stift hat er immer dabei; von jedem Menschen, dem er begegnet, macht er ein Polaroid und beschriftet es mit Namen und kurzen Anweisungen wie „du kannst ihr vertrauen" oder „hör' nicht auf seine Lügen". Nur durch Routine, Konditionierung und sein Aufzeichnungssystem ist er in der Lage, das Alltagsleben zu bewältigen. Sein Langzeitgedächtnis scheint dagegen zu funktionieren: Er erinnert sich daran, dass seine Frau vergewaltigt und ermordet wurde und will den zweiten Täter finden und töten. Beim Versuch, seine Frau vor den Vergewaltigern zu retten, habe er, nachdem der erste Täter von ihm erschossen wurde, auch den entscheidenden Schlag auf den Kopf bekommen, der die Störung seines Kurzzeitgedächtnisses ausgelöst habe. Vor allem in den Zwischensequenzen erklärt Leonard – teilweise im Gedankenmonolog, teilweise im Telefongespräch mit einem unbekannten Anrufer – wichtige Zusammenhänge seines Ermittlungs- und Erinnerungssystems. Der Zuschauer beginnt zu vermuten, dass die Ermordung Teddys durch Leonard, die er am Anfang des Films gesehen hat, Leonards Rache für den Mord an seiner Frau gewesen sein könnte. Dass dem nicht so ist und Leonards Erinnerungsstörung eine ganz andere Dimension aufweist, als anfangs zu vermuten war, wird erst in der letzten Sequenz deutlich, denn es handelt sich um eine zugespitzte Form des unzuverlässigen Erzählens mit einem *final twist*, der erst bei der zweiten (oder dritten) Rezeption vollkommen durchschaut werden kann.

In MEMENTO wird die Zeitstruktur genutzt, um die Erinnerungsstörung des Protagonisten formal durchzuspielen und die Orientierungslosigkeit des Protagonisten auf den Zuschauer zu übertragen. Indem sie den kognitiven Zustand einer Figur anzeigt, hat die formale Umsetzung eine mit einem Mindscreen vergleichbare Funktion. Die Zeitstruktur bildet Leonards kognitive Störung jedoch nicht unmittelbar ab; seine Geistesstörung besteht nicht darin, dass er rückwärtsgewandt wahrnimmt. Auch entsprechen die Erzählzyklen nicht eins zu eins Leonards Erinnerungs-Blackout-Rhythmen; teilweise wird er in den Momenten gezeigt, in denen er gerade entscheidende Zusammenhänge vergisst, die er eben noch notieren wollte. Aber das Zerstückeln der Handlung in kleine Abschnitte, in denen sich der Zuschauer wie Leonard immer erst neu orientieren muss

(Leonard wegen seiner Amnesie, der Zuschauer, weil er nicht gewohnt ist, dass Sequenzen rückwärts gereiht sind), drängt den Zuschauer in eine höchstspezifische Rezeptionssituation, die über ein rein symbolisches Abbildungsverhältnis hinausweist. Die vom Film postulierte Wirkung einer Störung des Kurzzeitgedächtnisses wird formal transformiert.

Eine weitere Funktion des Rückwärtserzählens in MEMENTO ist, dass der Zuschauer zuerst mit einer Tat konfrontiert wird, deren Ursachen er durch das rückwärtsgewandte Erzählen geliefert zu bekommen glaubt. Dieser Grundmechanismus analytischen Erzählens drängt ihn in die Rolle des Ermittlers. Schritt für Schritt versucht der Zuschauer die Fakten zu rekonstruieren, die dazu geführt haben, dass Leonard Teddy umgebracht hat und kommt dabei im Verlauf des Films zu einer beinahe kohärenten Erklärung, die – da er durch eine weitgehend interne Fokalisierung nur die Informationen besitzt, die Leonard hat – in etwa der Version entspricht, die Leonard mit seinem Erinnerungssystem entwickelt.[16] Der Zuschauer wird zuerst also förmlich in Leonards Lesart ‚gezwängt'. Erst später, vor allem beim *final twist* am Ende, beginnt er zu ahnen, dass Leonard und einige Nebenfiguren, die seine Gedächtnisstörung auszunutzen wussten, erst die angeblichen ‚Fakten' geschaffen und Fährten gelegt haben, die Leonard später rekonstruiert hat, um ihnen zu folgen, als seien sie unumstößlich. Teddys Tod ist mit der (auf Histoire-Ebene) ersten Handlungssequenz am Ende des Films bereits vorausdeterminiert, weil Leonard sein Erinnerungssystem durch das Verbrennen zweier Fotos und das Notieren von Teddys Nummernschild als Tätowierungsvorlage – in diesem Moment bewusst – mit falschen Fährten implementiert.

Eine weitere falsche Fährte wird in den Zwischensequenzen etabliert, in denen Leonard als intradiegetische SEI fungiert und zur Verdeutlichung

16 Die Fokalisierung von MEMENTO ist mehrfach verschachtelt. Innerhalb der Sequenzen gibt die VEI in etwa so viele Informationen preis, wie Leonard weiß (≈ interne Fokalisierung); insgesamt bekommt der Zuschauer im Verlauf des Films in der Summe jedoch zunehmend mehr Informationen als Leonard haben kann, der das meiste, was er erfährt, wieder vergisst (wenn er es nicht notiert), was sich wiederum in der Struktur des Rückwärtserzählens spiegelt: Der Zuschauer weiß, wie es weitergehen und enden wird, Leonard nicht – eine Schere, die immer mehr auseinander klafft, je weiter der Film voranschreitet. Trotzdem ist der Erkenntnismoment am Ende des Films wiederum keine reine Zuschauerepiphanie, weil auch Leonard durch die Informationen, die er von Teddy bekommt, einen kurzen Moment der Erkenntnis hat, den er allerdings – wie der Film gezeigt hat – sofort wieder vergisst. Die Tatsache, dass er am Ende des Films, also am Anfang der Handlung, im Moment der Erkenntnis einige Fakten bewusst beeinflusst, denen er später – nicht bewusst – wieder begegnen wird, diese also in sein Erinnerungs- und Handlungssystem implementiert, setzt die Basisgeschichte des Films überhaupt erst in Gang. Trotzdem wird Leonard nie wieder so viele Informationen zu einer Erkenntnis zusammenführen können wie am Anfang der gezeigten Handlungskette, weil er am Ende der Handlung, also am Anfang des Films, mit Teddy die Person tötet, die ihn am längsten zu kennen und am tiefgründigsten durchschaut zu haben scheint.

seines „Zustands“ die Geschichte von Sammy Jankis erzählt, einem Fall, den Leonard als Versicherungsermittler vor seinem Unfall betreut habe. Bei Sammy Jankis habe ein ähnlicher Kurzzeitgedächtnisverlust vorgelegen, den Leonard mit seinem Krankheitsbild vergleicht. Der durch die Zeitstruktur beanspruchte, um Übersicht ringende Zuschauer, hat kaum eine andere Wahl, als sich auf die Erklärungen Leonards zu stützen und diese in seine Hypothesenbildung einzubinden, weil ihm dort die einzige Möglichkeit geboten wird, Leonards kompliziertes Erinnerungssystem zu durchschauen und damit die Handlungsstruktur des Film zu erklären. Dass die logisch privilegierte VEI Leonards sprachliche Erzählungen und Erinnerungen in Form von mentalen Metadiegesen (Erinnerungsflashbacks) umsetzt, sie also nicht nur sprachlich von Leonard sondern auch visuell erzählt werden, verstärkt die Plausibilität und Glaubwürdigkeit der von Leonard gelieferten Erklärungen, was insbesondere auch für Leonards Erinnerungen an seine Frau und deren Vergewaltigung gilt.

Wenn sich am Ende andeutet, dass auch Leonards Erklärungen und die mentalen Metadiegesen die *gestörte* Erinnerungsfähigkeit Leonards repräsentiert haben, dann dürfte das seitens der thematischen Logik keine Überraschung sein, weil die von vornherein bekannte, massive Gedächtnisstörung Leonards seine Glaubwürdigkeit in jeglicher Hinsicht hätte infrage stellen müssen: Wie kann man einem Mann glauben, der eine derart massive Gedächtnisstörung hat, dass bei der Vergewaltigung seiner Frau ein zweiter Mann dabei gewesen sei, der in keiner Polizeiakte auftaucht? Im Verlauf des Films mehren sich Sequenzen, die zeigen, wie manipulierbar Leonard ist, wenn er sein System erst einmal einem anderen Menschen erklärt hat. Natalie, die Frau, der Leonard zu vertrauen beschließt, erklärt ihm explizit, dass sie ihn benutzen wird, und noch bevor er diese für ihn entscheidende Betrugsabsicht notieren kann, hat er sie wieder vergessen, weil Natalie zuvor seine Stifte versteckt hat. Diese fatale Anfälligkeit seines Systems und die Tatsache, dass die einzige Handlungsmöglichkeit, die Leonard besitzt, darin besteht, seinem System absolut zu vertrauen, stecken den paradoxen Teufelskreis ab, in dem Leonard gefangen ist. Trotzdem sind die bewussten Täuschungen des Films zwar allmählich zu erahnen, aber kaum im Voraus zu entschlüsseln, weil der in der Erstrezeption verwirrte Zuschauer keine andere Möglichkeit hat, als die wenigen Erklärungszusammenhänge aufzugreifen, die ihm geboten werden. Der Zuschauer ist durch die spezifische Erzähl- und Zeitstruktur gefangen im beinahe hermetisch verschlossenen Erinnerungsteufelskreis Leonards, ohne sich dieses Fakts bewusst zu sein. Seine Aufmerksamkeit wird von der komplizierten narrativen Struktur und den Erklärungshypothesen, zu denen sie anstößt, ausgereizt und absorbiert. Aber selbst *nach* der *Erst*rezeption dürften viele Zuschauer noch nicht alle Zusammenhänge durchschaut haben, weshalb sich MEMENTO einreiht in eine Gruppe an Filmen, deren tendenziell interpretationsoffene Struktur zur Zweit- und Drittrezeption anregen will. Ein weiterer ‚Clou', der die Interpretationsoffenheit des Films steigert, liegt darin, dass ausgerechnet Teddy Gammell – der zwar letztlich zu Unrecht als Vergewaltiger von Leonards Frau ermordet wird, trotzdem aber als unsympathischer Charakter inszeniert wird, der Leonard für seine kriminellen Zwecke instrumentalisiert und für sich morden lässt – derjenige ist, der am Ende die andere, vielleicht wahre Lesart von Leonards Fall erörtert, was man gerade ihm nicht glauben will.

5.1.5 Rückwärtsspielen und Rückwärtsspulen

Nur selten wird der Eindruck des Rückwärtserzählens durch den Effekt des Zurückspulens bzw. des rückwärtigen Abspielens des Films angezeigt wie in der ersten Sequenz von MEMENTO. Während das scheinbare schnelle *Zurückspulen* in À LA FOLIE ... PAS DU TOUT, das die zwei großen Erzählabschnitte des Films trennt, die eine Liebesaffäre aus unterschiedlichen Sichtweisen zeigen, eher auf das narrationale Schalten einer Analepse durch die VEI verweist – in dem Duktus: ‚Drehen wir das Ganze doch noch einmal zurück und schauen genauer, wie es so weit kommen konnte' –, gibt es die Möglichkeit eines längeren rückwärtigen Abspielens von Episoden oder ganzen Filmen in einer weitgehend normalen Geschwindigkeit, die mir zumindest aus dem Musikvideo bekannt ist (potenziell ist sie im Spielfilm, wie MEMENTO zeigt, ebenso denkbar).[17] Das Musikvideo zum Song *Return to Innocence* der Gruppe *Enigma* (Julien Temple, 1994) zeigt das Leben eines Mannes rückwärts: Am Anfang steht der Tod, am Ende die Taufe. Der Effekt der rückwärtsgewandten Reihung von kurzen Szenen, die exemplarische Phasen des Lebens eines spanischen Landwirts und seiner Frau vorführen (die *Ordnung* ist vergleichbar mit der Zeitstruktur in 5 X 2: CINQ FOIS DEUX), wird dadurch verstärkt, dass alle Sequen-

17 Hickethier (2007a: 129) nennt den Fernsehfilm VORWÄRTS (René Perraudin, D 1990) als seltenes Beispiel für ein rückwärtiges Abspielen im Spielfilm, das allerdings nicht den Effekt eines rückwärtigen Erzählens hat: „René Perraudin zeigt z. B. in seinem Fernsehfilm VORWÄRTS [...] eine Welt, in der sich die Menschen rückwärts bewegen, rückwärts sprechen, alles rückwärts geschieht, nur einer (gespielt von Udo Samel) bewegt sich als Außenseiter vorwärts. Der Film ist umgekehrt aufgenommen: alles bewegt sich vorwärts, nur Samel spielte Rückwärtsbewegungen. Aber gerade dieser Film demonstriert in seinen Merkwürdigkeiten, die sich aus der doppelten Verschränkung ergeben, deutlich die Bindung des Erzählens selbst an den Zeitpfeil, denn die Abfolge der Handlungen mit Anfang und Ende bleibt sowohl im Ablauf des Films als auch in seiner Rezeption weiterhin vorwärts gerichtet." Letzteres unterscheidet diesen Film von den in 5.1.3 genannten Beispielen, die durch eine Schleifenstruktur ohne rückwärtiges Abspielen den Eindruck rückwärtsgewandten Erzählens vom Ende zum Anfang suggerieren.

zen des Videos in sich rückwärts abgespielt werden: Äpfel ‚fallen' an Bäume ‚zurück', zerbrochene Flaschen werden wieder ganz; geschnittene Haare wachsen dank einer Schere an den Kopf zurück, Menschen und Tiere laufen rückwärts etc.[18] Das formale Stilmittel ist, wie der Songtitel andeutet, Programm: das umgekehrte Leben als symbolische Rückkehr zur Unschuld, aufgeladen durch die esoterisch-sphärischen Klänge, die *Enigma* popmusikalisch verarbeitet.[19]

5.2 Dauer

Die Bestimmung des Verhältnisses der zeitlichen Dauer des *discours* zur zeitlichen Dauer der *histoire* wird seit Genette unter dem Terminus der *Dauer* oder der *narrativen Geschwindigkeit* bzw. des *narrativen Tempos* gefasst. Dass Genette (1994: 21) zur Einführung in die Problematik der doppelten Temporalität von Erzählungen Christian Metz (1972) zitiert, der mit einer transmedialen Vorstellung von Narrativität operiert und das Medium Film in den Mittelpunkt rückt, deutet zumindest an, dass sich die Unterscheidung von *Erzählzeit* und *erzählter Zeit* – die über Metz hinaus bis auf Günther Müller (1948) zurückzuführen ist – sowie die davon abgeleiteten Genette'schen Kategorien der Dauer (Genette 1994: 61 ff.) grundsätzlich auch auf den Film übertragen lassen. Fasst man den Begriff im engeren Wortsinne auf, ergeben sich auf dem Feld der Erzählliteratur sogar gene-

18 In dem Musikvideo zum Song *The Scientist* der Gruppe *Coldplay* (Jamie Thraves, 2002) wird mit ähnlichen Effekten des Rückwärtsablaufens, v. a. aber mit dem Rückwärtslaufen des Protagonisten, gearbeitet (am markantesten am Ende, wenn ein Autounfall rückwärts gezeigt wird). Weitere Musikvideos, die ähnliche, oft weiter verfremdete Effekte einsetzen, sind die Videos zu *Drop* von *The Pharcyde*, *The Second Summer of Love* von *Danny Wilson*, *Sitting, Waiting, Wishing* von *Jack Johnson* und *Me, Myself and I* von *Beyoncé Knowles*.

19 Die Nähe von Tod und Geburt wird dadurch betont, dass der ca. 20 Sekunden lange Auftakt des Videos, bevor der Hauptteil des Songs beginnt, aus der Struktur herausfällt und vorwärts gerichtet zeigt, wie der alte Mann unter einem Birnbaum stirbt. Mit Einsetzen des chorartigen Hauptmotivs des Songs beginnt das Video bis zur letzten Einstellung rückwärts abzulaufen, sodass der alte Mann sofort wieder ‚aufersteht'; am Ende des Videos, in der vorletzten Einstellung, steht dieselbe Figur als kleiner Junge unter demselben Baum und isst eine Birne, bevor die letzte Einstellung ihr Eintauchen ins Taufbecken zeigt. Diese durch weitere Szenen unterstützte symbolische Aufladung kann in verschiedene Richtungen interpretiert werden (der Tod als Neuanfang, Wiedergeburt etc.) und mit dem Text des Songs rückgekoppelt werden, der eine Anweisung zur Selbstfindung und optimistischen Schicksalsergebenheit ist: „[...] / Just look into your heart, my friend / That will be the return to yourself / The return to innocence // If you want, then start to laugh / If you must, then start to cry / Be yourself, don't hide / Just believe in destiny. / Don't care what people say / Just follow your own way / Don't give up, and use the chance / To return to innocence. // That's not the beginning of the end / That's the return to yourself / The return to innocence. / [...]".

rellere Probleme der Bestimmung einer Erzähl*zeit* als im Film, weil geschriebener Text an sich eine räumliche, aber keine zeitliche Dimension besitzt. „Der narrative Text hat, wie jeder andere Text, keine andere Zeitlichkeit als die, die er metonymisch von seiner Lektüre empfängt" (ebd.: 22). Dieses Problem, das kein genuin narratologisches, sondern derart betrachtet ein Problem der Messung ist, weil Lektürezeiten „von Fall zu Fall variieren" können und sich „keine ‚normale' Aufführungsgeschwindigkeit festlegen lässt" (ebd.: 61), existiert im Film nicht: „Films, of course, have fixed viewing times. One may compare a length of film, measured in minutes and seconds or in feet, to a portion of story, or vice-versa" (Henderson 1983: 61). Das heißt, die *Darstellungszeit* des Films lässt sich messen und ins Verhältnis zur *dargestellten Zeit* setzen, sodass sich – sollte die dargestellte Zeit der *histoire* explizit oder implizit markiert sein – das narrative Tempo sowohl eines Segments als auch des gesamten Films bestimmen und darstellen lässt.

5.2.1 Ellipse, Zeitraffung, Zeitdeckung, Zeitdehnung und Pause

Martinez/Scheffel (1999: 39 ff.) schlagen in Anlehnung an Genette fünf Grundtypen zur Beschreibung des Verhältnisses von *Erzählzeit* zur *erzählten Zeit* vor, die ich leicht modifiziert bezüglich *Darstellungszeit* und *dargestellter Zeit* übernehmen möchte:[20]

1. *Zeitdeckendes Erzählen* (*szenisches Erzählen*; *Szene*) liegt vor, wenn die dargestellte Zeit ungefähr der Darstellungszeit entspricht. [Darstellungszeit ≈ dargestellte Zeit]
2. *Zeitdehnendes Erzählen* (*Dehnung*) liegt vor, wenn die Darstellungszeit größer ist als die dargestellte Zeit; der *discours* ist länger als die *histoire*. [Darstellungszeit > dargestellte Zeit]
3. *Zeitraffendes Erzählen* (*Raffung*; *summarisches Erzählen*; *Summary*) liegt vor, wenn die Darstellungszeit kleiner ist als die dargestellte Zeit; der *discours* ist kürzer als die *histoire*. [Darstellungszeit < dargestellte Zeit]
4. Eine *Ellipse* (*Zeitsprung*; *Auslassung*) liegt vor, wenn ein beliebig großer Teil der *histoire* übersprungen wird; der *discours* steht still, die *histoire* geht weiter. [Darstellungszeit = 0; dargestellte Zeit beliebig groß]
5. Eine (*deskriptive*) *Pause* liegt vor, wenn der *discours* weitergeht, während die *histoire* stillsteht. [Darstellungszeit beliebig groß; dargestellte Zeit = 0]

Wenn das *narrative Tempo* bzw. die *narrative Geschwindigkeit* (v_{narr}) für den Film als Quotient aus dargestellter Zeit und Darstellungszeit definiert wird ($v_{narr} = t_{dargestellt}/t_{Darstellung}$), lassen sich sowohl die fünf Grundtypen bezüg-

20 Genette (1994: 68), der von narrativen *Tempi* spricht, verwirft den Typus der Dehnung.

lich der Geschwindigkeit zueinander in Beziehung setzen, als auch Filme oder Filmsegmente, die dem gleichen Grundtypus angehören, untereinander.[21] Bezogen auf die fünf Grundtypen ergibt sich – absteigend sortiert nach der narrativen Geschwindigkeit – folgende Reihung:

Ellipse ($v_{narr} = x/0 \rightarrow \infty$) – *Raffung* ($v_{narr} > 1$) – *Deckung* ($v_{narr} \approx 1$) – *Dehnung* ($0 < v_{narr} < 1$) – *Pause* ($v_{narr} = 0/x = 0$)[22]

In dieser Auflistung deutet sich bereits an, dass eine *Ellipse* (v_{narr} sehr groß bis unendlich >> 1) auch als Extremform der *Raffung* ($v_{narr} > 1$) verstanden werden kann und manche markierte Ellipse nicht grundsätzlich von einer extremen Raffung getrennt werden kann. Markiert z. B. eine drei Sekunden eingeblendete Schrifttafel mit der Aufschrift („Sie lebten 2 Wochen glücklich als Paar") eine Ellipse oder eine Raffung? Bestimmte Formen der *Dehnung* durch extreme Zeitlupe ($v_{narr} << 1$) können sich einer deskriptiven Pause in Form eines *freeze frames*, also eines ‚eingefrorenen' Standbildes ($v_{narr} = 0 < 1$) annähern. Weitere Formen der *deskriptiven Pause* im Film sind jegliche Varianten des Standbilds, bestimmte Arten der Symbolmontage oder die Montage von fotographischen Bildern oder Abbildern von Kunstwerken.[23] Je nach Analyseziel und Markiertheit der Zeitpunkte in-

21 Die Formel ist eine Modifikation der ‚Geschwindigkeitsrechnungen' bei Genette (1994: 61 ff.). „Die Geschwindigkeit der Erzählung definiert sich […] durch das Verhältnis zwischen einer Dauer, der der Geschichte […], und einer Länge, der des Textes […] (ebd.: 62)." Dieses Verfahren wurde bereits von Müller (1948) und Barthes (1967) vorgeschlagen. Der von mir verwendete Begriff der narrativen Geschwindigkeit ist im Verhältnis zum physikalischen Geschwindigkeitsbegriff (der eine Weg*strecke* pro *Zeit*einheit erfasst), metaphorisch (in etwa im Sinne einer ‚Erzähl-/Darstellungs*strecke*' je Darstellungs*zeit*) zu verstehen und weist andere Einheiten und Dimensionen auf. Mit dem Quotienten aus dargestellter Zeit durch Darstellungszeit ($v_{narr} = t_{dargestellt}/t_{Darstellung}$) – und nicht, wie an anderen Stellen vorgeschlagen, umgekehrt – erhält man hohe Werte, wenn in einem kurzen Filmsegment viel Handlungszeit dargestellt wird und niedrigere, wenn in einem Segment der gleichen Länge weniger Handlungszeit dargestellt wird, was mir die Vorstellung einer hohen/niedrigen narrativen Geschwindigkeit eher zu treffen scheint als umgekehrt. Die narrative Geschwindigkeit hängt so definiert nicht – oder wenn dann oft umgekehrt proportional – von ‚actiongeladener Unmittelbarkeit' ab, d. h. in vielen Segmenten mit ‚actiongeladener Handlung' ist die narrative Geschwindigkeit eher gering.

22 Mit der Formel $v_{narr} = t_{dargestellt}/t_{Darstellung}$ lässt sich die Dauer einzelner Abschnitte oder ganzer Filme relativ genau bestimmen, sofern explizite Markierungen auf Ebene der *histoire* vorhanden sind, um die *dargestellte Zeit* der *histoire* bezogen auf einzelne Abschnitte oder den ganzen Film zu bestimmen. Die *Darstellungszeit* lässt sich anhand der Abspieldauer von Filmen und Sequenzen bestimmen, wobei es zu geringen Differenzen durch verschiedene Normen der Abspielgeschwindigkeit (24Bilder/sec.; 26 Bilder/sec; etc.) und bei Videofassungen durch Alterung der Bänder oder Laufwerkungenauigkeiten kommen kann.

23 Die genannten Varianten der deskriptiven Pause ($v_{narr} = 0$) durch *freeze frame* und Standbilder dürften relativ unstrittig sein. Anders ist das mit Passagen, in denen ein ‚deskriptiver Darstellungsmodus' angenommen werden könnte, etwa wenn die VEI ein Gebäude ohne Figuren präsentiert. Hier von einer reinen Deskription zu sprechen, also einem Stillstand der *histoire*, dürfte ebenso schwierig sein wie im umgekehrten Fall vom Fehlen einer De-

nerhalb der *histoire* eines Films können über die vorgeschlagene Formel auch feinste Differenzen herausgearbeitet werden.

Bezüglich des Films werden die Begriffe *Raffung* und *Dehnung* häufig mit *Zeitraffer* (*fast motion*) und *Zeitlupe* (*slow motion*) assoziiert, die im narrativen Spielfilm jedoch selten eingesetzt werden. Die technische Möglichkeit, einzelne Sequenzen oder ganze Abschnitte schneller oder langsamer abzuspielen, kann die Funktion der Modulation narrativer Dauer – also des zeitraffenden oder zeitdehnenden Darstellens – aufweisen, hat aber in vielen Fällen auch oder primär einen Verfremdungs- oder Markierungseffekt. Zeitraffer und insbesondere Zeitlupe werden beispielsweise häufig zur Markierung mentaler Wahrnehmungen oder Empfindungen, also für Formen der Introspektion, manchmal aber auch zur Markierung des visuellen Erzählvorgangs und somit der VEI eingesetzt. Zur Steigerung der Verfremdungseffekte von *fast* und *slow motion* können nur einzelne Ausschnitte des Kaders bzw. Elemente der Szene beschleunigt oder verlangsamt werden (z. B. nur die ins Bild gestanzten Figuren) oder *Zeitraffer* und *Zeitlupe* in derselben Einstellung kombiniert werden wie in einer Szene in CHUNG KING EXPRESS: Während der Polizist am Tresen eines Fastfood-Restaurants in Zeitlupe einen Kaffee trinkt, betreten und verlassen andere Menschen das Restaurant in kaum erkennbarem *Zeitraffer*. Hickethier (2007a) erklärt, dass die Modulation der Dauer in Form von *fast* und *slow motion* nur selten eingesetzt wird, weil sie den Realitätseindruck mindere:

> Zwar kann die Audiovision durch Beschleunigung („fast motion") und Verlangsamung („slow motion") auch die Zeit der Darstellung verändern, doch wird dadurch der Realitätseindruck stark gemindert, sodass diese Techniken immer nur in Ausnahmesituationen eingesetzt werden. Beschleunigungen (es werden bei der Aufnahme die Bewegungen mit einer geringeren Bildzahl pro Sekunde, z. B. 16/s, gedreht als in der Projektion gezeigt, z. B. 24/s) erwecken dabei häufig den Eindruck des Komischen (Slapstick-Effekt), Verlangsamungen (es werden umgekehrt mehr Bilder pro Sekunde gedreht als nachher gezeigt) erscheinen als ein Anhalten der Zeit, als Ausdruck einer veränderten psychischen Situation der Filmfiguren, häufig in Situationen der Angst [...] eingesetzt, aber auch um schnellere Bewegungen nun als fast tänzerisch langsam erscheinen zu lassen. (ebd.: 129 f.)

---

skription in eindeutig narrativen Passagen, denn jede filmische Einstellung ist multifunktional und hat neben narrativen und dramaturgischen immer auch deskriptive Funktionen. Henderson (1983: 64) schreibt dazu: „Description poses special problems for film analysis, because every shot serves a descriptive function, whatever else it may do. At the same time no shot is entirely descriptive, therefore cannot be a true descriptive pause, because the fixed time of film viewing makes it dramatic also. Even if no action occurs in this shot or in this setting, the time devoted to them builds expectations for action to come". Vgl. zur Frage nach deskriptiven Formen im Film auch Chatman (1990a: 38 ff.). Die von mir als problematisch eingestufte Abgrenzung eines rein deskriptiven von einem rein narrativen Modus im Film konnte ich in dieser Studie durch die positivistische und graduelle Definition der Narrativität umgehen (vgl. 2.1).

5.2.2 Zeitraffendes Erzählen durch Alternation von Szene und Ellipse

Die Bestimmung der narrativen Dauer und deren Aussagekraft und Vergleichbarkeit hängen von der Segmentierung und der dadurch geschaffenen Bezugseinheit ab.

Nimmt man den *gesamten Film* als Bezugsgröße, gibt es im narrativen Spielfilm fast ausschließlich den Typus des *zeitraffenden* Erzählens, äußerst selten ein *zeitdeckendes* Erzählen (und wahrscheinlich nur im Experimentalfilm ein *zeitdehnendes* Erzählen). ROPE, NICK OF TIME (John Badham, USA 1995) und TIMECODE sind seltene Beispiele für Filme, in denen Darstellungszeit und dargestellte Zeit beinahe zur Deckung kommen ($v_{narr} \approx 1$). Die ‚Echtzeit-Serie' 24 ist ein Beispiel aus dem Fernsehbereich, in dem die als ‚Echtzeit' bezeichnete Zeitdeckung als Serienkonzept in den Mittelpunkt gerückt wird und sowohl die thematische und formale Struktur determiniert als auch den Kern der Vermarktungsstrategie bildet. Erzählt wird dabei zwar nicht vollständig, aber zumindest annähernd zeitdeckend: Jede Folge einer aus 24 Folgen bestehenden Staffel stellt in ca. 42-45 Minuten eine Stunde Handlungszeit dar ($v_{narr} \approx 1{,}3 \geq 1$), sodass jede Staffel einen Tag aus dem Leben von Jack Bauer zeigt, der als Agent der fiktiven Anti-Terror Einheit CTU im Handlungsmittelpunkt steht. Die erste Folge der ersten Staffel umfasst die Handlung von 0:00 bis 1:00 Uhr nachts, die zweite von 1:00 bis 2:00 Uhr etc., wobei nicht jede Staffel um die gleiche Zeit beginnt. Ansonsten weisen selbst weitgehend szenisch gestaltete Filme wie TWELVE ANGRY MEN als Ganzes betrachtet eine geringe Zeitraffung auf: Die dargestellte Zeit vom Ende des Prozesses, von dem sich die Geschworenen in das Verhandlungszimmer zurückziehen, bis zum Verlassen des Gerichtsgebäudes nach der getroffenen Entscheidung ist etwas länger als die Darstellungszeit, wobei auch hier, vor allem während der Diskussionen unter den Geschworenen, noch von einem annähernd zeitdeckenden Erzählen gesprochen werden kann.

Die *Zeitraffung*, der häufigste Fall beim narrativen Spielfilm, kann von Film zu Film extrem verschieden sein. COLLATERAL (Michael Mann, USA 2004) erzählt, wie der Profikiller Vincent in einer Nacht in Los Angeles fünf Menschen töten will und dazu einen Taxifahrer als Geisel nimmt in ca. 120 Minuten ($v_{narr} < 8$). Der Film MENSCHEN AM SONNTAG (Robert Siodmak (u. a.), D 1930) zeigt ein Wochenende von fünf jungen Berliner Angestellten und umfasst in ca. 74 Minuten einen Samstagnachmittag, einen Sonntag und einen kurzen Ausschnitt vom darauffolgenden Montagmorgen ($v_{narr} \approx 32{,}4$), 8 MILE (Curtis Hanson, USA 2002) zeigt in rund 110 Minuten in etwa eine Woche des Lebens von Rapper „B-Rabbit" ($v_{narr} \approx 91{,}6$), THE AGONY AND THE ECSTASY (Carol Reed, USA 1964) etwa vier Jahre aus dem Leben des Künstlers Michelangelo in 138 Minuten ($v_{narr} \approx 15.235$), ein Biopic wie REMBRANDT (hier die Fassung von Charles Matton) das Leben eines mit 63 Jahren verstorbenen Menschen von seiner Kindheit bis zum Tod in ca. 110 Minuten ($v_{narr} \approx 272.356$), ein Film wie 2001: A SPACE ODYSSEY im Endeffekt die Geschichte der Menschheit in ca. 141 Minuten ($v_{narr} > 7{,}5 \cdot 10^9$), wenn der Anfang des Films, der die prähistorische Affenhorde zeigt, mit eingerechnet wird.[24]

Anders sehen Verhältnis und statistische Häufigkeit aus, wenn kleinere Segmente innerhalb eines Films herausgegriffen werden. Eine Film*szene* ist der theoretische Idealfall, in dem die dargestellte Zeit der Darstellungszeit entspricht (weshalb man auch von *szenischem* Erzählen spricht).[25] Mit Ausnahme von Montagesequenzen und Sonderformen umfasst eine *Sequenz* (nach einer engen Begriffsdefinition)[26] die Länge einer Filmszene. Bezogen auf die Bezugsgröße der Sequenz dominiert also der Typus des *zeitdeckenden* bzw. *szenischen* Erzählens ($v_{narr} = 1$).

Allerdings liegt zwischen zwei filmischen Sequenzen in der Regel eine kleine oder größere zeitliche Lücke: eine *Ellipse*. Das heißt, den filmischen Regelfall bildet ein Wechselspiel von *Szene* und *Ellipse*. Bezogen auf einen längeren Abschnitt des Films (Episode, Akt, Abschnitt etc.), der aus mehreren Sequenzen besteht, bedeutet das, dass sich je nach Länge und Verhältnis von Szenen und Ellipsen und je nach der Länge des Abschnitts der *histoire*, den die Ellipsen auslassen, wiederum eine größere oder geringere *Zeitraffung* ergeben kann. So können nicht nur ähnlich lange Filme ganz unterschiedliche Zeitspannen erzählen, auch die Raffung einzelner Abschnitte eines Films kann differieren. Der erste Teil von ATONEMENT

24 Externe Analepsen wurden in dieser schematischen Rechnung nicht berücksichtigt; es geht hier jeweils nur um die *Basiserzählung*.

25 Die Begriffe *szenisches Erzählen* oder *Szene* synonym für *zeitdeckendes Erzählen*, die von Genette (1994: 67) und Martinez/Scheffel (1999: 43) vorgeschlagen werden, sind abgeleitet von der *Szene* im *Drama*, die als vergleichbare Einheit auch im Film definierbar ist.

26 Ich fasse *Sequenz* im Rahmen dieser Studie als Struktureinheit des Films auf, die durch Orts- und/oder Zeit-Wechsel begrenzt ist und meist aus mehreren Einstellungen besteht. Ein zeitlicher und/oder räumlicher Wechsel markiert nach meiner Definition den Wechsel einer Sequenz, *es sei denn* formale Markierungen sprechen für eine andere Segmentierung der Oberfläche; eine Ausnahme bilden z. B. *Montagesequenzen*, bei denen formale und stilistische Markierungen den Zusammenhalt zeitlich und räumlich nicht kohärenter Einstellungen herstellen. Ein derart eng definierter Sequenzbegriff unterscheidet sich vom weiter gefassten Sequenzbegriff, wie ihn Metz im Modell filmischer Syntagmen vorschlägt (1966; 1972: 165 ff.), der seinerseits nicht unumstritten ist (vgl. Möller-Naß 1986: 164 ff.). Metz unterscheidet unter den *linearen narrativen Syntagmen* zeitlich kontinuierliche *Szenen* und diskontinuierliche *Sequenzen im eigentlichen Sinn*, die eine „einzige, aber diskontinuierliche zeitliche Abfolge darstellen" (Metz 1972: 179). Nach der von mir gewählten Definition entspricht die Einheit einer Szene (in der am Drama angelehnten Auffassung) häufig der Einheit einer Sequenz. Da der Sequenzbegriff hier nur arbeitspragmatisch zur Segmentierung der Oberflächenstruktur des filmischen Texts verwendet wird, müssen die vielfältigen Abgrenzungsschwierigkeiten nicht diskutiert werden (vgl. Möller-Naß 1986: 192 ff.).

(Joe Wright, GB/F 2007) zeigt einen *einzigen* Nachmittag und Abend des Jahres 1935 in ca. 48 Minuten, der zweite Teil mehrere Monate innerhalb des Zweiten Weltkriegs (vor allem die Schlacht um Dünkirchen im Jahr 1940) in ca. 55 Minuten und der dritte Teil vor allem ein Fernsehinterview mit der alt gewordenen Protagonistin in ca. acht Minuten.[27] Die signifikante Differenz zwischen erstem und zweitem Teil wird durch eine Ellipse von ca. vier Jahren betont. Der dritte Teil, der die Protagonistin als alte Frau zeigt, ist durch eine lange Ellipse zwischen zweitem und drittem Teil, die fast 50 Jahre auslässt, als epilogartiges Nachspiel herausgehoben (er bietet eine andere Lesart der zuvor gezeigten Ereignisse und damit eine unerwartete Wendung). Die Modulation der Dauer steigert die Wirkung der thematischen Bezüge, die sich alle auf den einen schicksalhaften Sommertag am Anfang zurückbeziehen lassen, der durch große Detaildichte bei geringer Erzählgeschwindigkeit herausgehoben ist.

Zeitraffendes Erzählen ist im Film von der Ellipsenstruktur abhängig, weil die Zeitraffung in den meisten Fällen erst durch die Modulation des Verhältnisses von Szene und Ellipse zustande kommt.

5.2.3 Formen der Ellipse

Mit Genette lassen sich verschiedene Formen der *Ellipse* – die man auch als *Aussparung* oder *Zeitsprung* bezeichnen kann (vgl. Vogt 1990: 104) – unterscheiden: Ist die Zeitspanne angegeben, die ausgespart bleibt, liegt eine *bestimmte* Ellipse vor, ist dies nicht der Fall, eine *unbestimmte* (Genette 1994: 76). Bei einer *expliziten* Ellipse ist das Faktum des Auslassens explizit markiert, bei einer *impliziten* nicht; eine *gekennzeichnete* Ellipse ist eine Sonderform der expliziten Ellipse, wenn „die reine Zeitangabe im übrigen durch eine Information über den diegetischen Inhalt“ angereichert ist wie in „einige *glückliche* Jahre vergingen“ (ebd.: 76 ff.).[28]

---

27 Die Analepsen wurden nicht mitgerechnet; der zweite Teil besteht aus mehreren Phasen.

28 Genette führt darüber hinaus „als impliziteste Form der Ellipse“ die *hypothetische* Ellipse an, „die sich nicht genau lokalisieren, manchmal auch überhaupt nicht unterbringen läßt, und auf die erst nachträglich eine Analepse aufmerksam macht. [...] Hier haben wir offensichtlich die Grenzen der Kohärenz der Erzählung erreicht“ (1994: 78). Diese Form dürfte im Film jedoch selten „die Grenzen der Kohärenz“ erreichen, weil zwischen den Szenen in der Regel Ellipsen liegen, die im Nachhinein als ‚Platzhalter‘ für ausgelassene Ereignisse, die in einer Analepse nachgeschoben werden, gelten können. Ein Film, der das Nachschieben von unerwarteten Ereignissen, die die Ellipsen zwischen den Sequenzen im Nachhinein ausfüllen, als Grundprinzip durchspielt, ist À LA FOLIE ... PAS DU TOUT, in dem zweimal das gleiche Geschehen aus unterschiedlichen ‚Perspektiven‘ gezeigt wird. Die erste, letztlich falsche Lesart ergibt sich im ersten Teil oft dadurch, dass entscheidende Ereignisse elliptisch ausgelassen werden und Montagen zwischen zwei Sequenzen deshalb anders vom Rezipienten bewertet und in Kausalketten eingebettet werden als im zweiten

Der häufigste Fall einer *expliziten* Ellipse im Film ist ein Insert, das auf die Ellipse verweist (*bestimmt*: „5 Jahre später"; *unbestimmt*: „einige Jahre später"). Aber auch ein Schnitt von einer Uhr, die drei Uhr zeigt, zur selben Uhr, die fünf Uhr zeigt, eine Uhr, deren Zeiger im Zeitraffer von drei auf fünf Uhr kreisen oder ein Kalender, von dem Blätter wie von Geisterhand abgerissen werden (wie in DER BLAUE ENGEL; Josef von Sternberg, D 1930), können eine Ellipse explizit anzeigen. Dabei kann die kurze Sequenz, die das Vergehen der Zeit anzeigt, auch als extrem starke Zeitraffung gewertet werden. Überhaupt stellen viele Formen der expliziten Ellipse eine extreme Form der Zeitraffung dar, weil die dargestellte Zeit einen geringen Wert aufweist – es sei denn, die Angabe über die verflossene Zeit wird *nach* einem Schnitt in Form eines über das Filmbild geblendeten Inserts (wie „vier Jahre später") nachgeliefert, wenn mit der ersten Einstellung nach dem Schnitt bereits die *Histoire*-Zeitphase *nach* der Auslassung fortgesetzt wird. In diesem Fall ist die eigentliche Auslassung von vier Jahren genau mit dem Schnitt gesetzt und erst im Nachhinein expliziert. Die Darstellungszeit einer Schrifttafel (wie „Einige Jahre vergingen") umfasst dagegen immerhin die Zeitspanne, die die Schrifttafel zwischen vorangegangener und folgender Sequenz stehen bleibt. Wenn die Ellipse in Form einer Blende oder eines digitalen Trickübergangs realisiert ist, hat die Darstellungszeit ebenfalls einen, wenn auch noch so geringen, zeitlichen Wert. Selbst ein Schnitt hat, auch wenn die Darstellungszeit relativ gesehen gegen Null tendiert, rein theoretisch eine minutiöse Dauer. Weil die dargestellte Zeit in diesen Fällen jedoch viel größer ist als die sich dem Wert Null annähernde Darstellungszeit, nimmt die narrative Geschwindigkeit äußerst hohe Werte ein und tendiert mathematisch gesehen gegen unendlich ($v_{narr} = k/0 \rightarrow \infty$),[29] was narratologisch gesehen heißt, dass in allen diesen Fällen von einer Ellipse gesprochen werden kann.

Der Normalfall beim Übergang von einer zeitdeckenden Szene zur nächsten ist jedoch die *implizite*, weitgehend *bestimmte Ellipse*, deren ungefähre Dauer aus der Handlung oder aufgrund von thematischen Bezügen bestimmt werden kann: Ein Auto fährt vom Haus der Familie los – Schnitt/Ellipse – ein Auto kommt am (im Dialog zuvor) geplanten Zielort an; ein Flugzeug fliegt los, ein Flugzeug landet am (zuvor genannten) Ein-

---

Abschnitt, der die ausgelassenen Ereignisse ebenso zeigt. So kommt es dazu, dass es in der ersten Hälfte ein *unzuverlässiges Erzählen* im Sinne einer Täuschung des Zuschauers gibt, das ohne ‚lügende' Einstellungen auskommt, also ohne Einstellungen, die sich im Nachhinein, bezogen auf die diegetische Welt, als falsch herausstellen. Alle zur Repräsentation der ersten Version verwendeten Einstellungen halten auch der zweiten Version stand (vgl. Thoene 2006). Diese Form der Unzuverlässigkeit durch gezieltes und funktionalisiertes *underreporting* macht den Beitrag der Montage am filmischen Erzählvorgang und die narrative Funktion klassischer Montagen besonders deutlich.

29 Der mathematische Grenzwert (lim) der ‚Formel' k/x für $x \rightarrow 0$ tendiert gegen unendlich.

satzort eines Agenten; eine Familie beginnt das Abendessen, die Teller sind leer; zwei Figuren verabreden sich, zwei Figuren sitzen im Café etc. Ist die elliptisch übersprungene Dauer nicht exakt zu bestimmen, spielt sie in den meisten Fällen keine wichtige Rolle. Kommt es zu entscheidenderen oder längeren Ellipsen, als vorher im Film etabliert worden sind, werden diese oft formal und thematisch hervorgehoben; z. B. wenn eine Figur eine neue Lebensphase in einer anderen Stadt beginnt, durch eine Serie von *establishing shots* oder dadurch, dass Figuren von einer Einstellung zur nächsten deutlich gealtert sind wie in der ‚Thatcher-Metadiegese' in CITIZEN KANE: Eine Einstellung zeigt Mr. Thatcher, wie er dem kindlichen Kane frohe Weihnachten wünscht; die nächste zeigt einen deutlich gealterten Thatcher, wie er einen Brief mit ergänzenden Wünschen zum frohen neuen Jahr diktiert, der – wie etwas später zu erfahren ist – an den 25-jährigen Kane gerichtet ist. Formal können entscheidende Ellipsen durch Überblendungen, lange Ab- und Aufblenden oder monochrome Zwischenbilder markiert sein.

Es kann aber auch mit einer unvermittelt geschalteten umfassenderen impliziten Ellipse gespielt werden, indem in den Einstellungen nach der entsprechenden Ellipse erst allmählich erkennbar wird, dass der Zeitsprung deutlich größer war als erwartet – beispielsweise, wenn die Ellipsen zwischen den Sequenzen zuvor maximal einen halben Tag umfasst haben und plötzlich unvermittelt ein Jahr zwischen zwei Sequenzen liegt. Ein auffälliges Beispiel für ein gezieltes Wechselspiel zwischen erwartbaren und nicht-erwartbaren Zeitsprüngen ist der Film CLOSER (Mike Nichols, USA 2004), der die wechselhaften und sich mehrfach überkreuzenden ‚Wahlbeziehungen' zweier Paare – Alice und Dan, Anna und Larry – in London durchspielt. *Implizite* bestimmte oder vage bestimmbare *Ellipsen* zwischen zwei Sequenzen sind der im Film etablierte Regelfall. Die Ellipsen sind anhand der Handlung oder der Figurenrede nachvollziehbar und in den Erzählduktus einer konventionellen *découpage classique* eingebettet: Zwei Figuren verabreden sich, Schnitt, man sieht die verabredete Begegnung; die Folgeszene eines Unfalls findet im Krankenhaus statt etc. Mehrfach im Film findet zwischen zwei Sequenzen jedoch plötzlich ein ungewöhnlich großer, unvermittelter Zeitsprung statt, der formal nur selten gekennzeichnet ist und sich erst im Verlauf der nachfolgenden Sequenz durch die Figurendialoge erkennen und in seiner Dauer bestimmen lässt, z. B. wenn eine Sequenzenfolge konventionell das Kennenlernen von Dan und Alice zeigt (Dan hilft Alice beim Unfall – beide sitzen im Wartezimmer eines Krankenhauses – gemeinsamer Spaziergang etc.) und ein Schnitt zu einer Sequenz führt, in der Dan als erfolgreicher Schriftsteller von Anna fotografiert wird und erst im Verlauf des Dialogs klar wird, dass Dan schon über ein Jahr mit Alice zusammen ist (obwohl ihre Beziehung doch gerade erst angefangen zu haben scheint). Oder wenn unmittelbar auf eine längere Szene, die die Begegnung aller vier Figuren auf Annas Vernissage gezeigt hat, eine Sequenz folgt, in der Dan Alice seine Affäre mit Anna beichtet: „Wir treffen uns seit einem Jahr. [...] Es hat auf ihrer Vernissage angefangen." Die Ellipsentechnik, die in eine Zeitstruktur eingebettet ist, die später durch ebenso unvermittelt geschaltete Analepsen und parallele Handlungsstränge weiter konturiert wird, hat die Funktion, die Gefühlsentwicklungen und Beziehungen der Figuren schnell und erzählökonomisch voranzutreiben, denn der Film interessiert sich mit der einer Versuchsanordnung gleichenden Figurenkonstellation nicht für die Phasen einer Beziehung, in denen alles ‚normal' verläuft. Er konzentriert sich auf die Zufälle der Begegnung, den Anfang und das Ende von Gefühlen und deren Wechselwirkungen. Durch die ausgefeilte Zeitstruktur werden Akzente gesetzt, die mit der thematischen Struktur korrelieren.[30]

Ellipsen können durch kinematographische, technische und digitale Stilmittel und deren Kombination realisiert und damit heraus- oder hervorgehoben werden. Die elliptische Auslassung eines Lebensabschnitts kann durch einen extrem beschleunigten Alterungsprozess einer Figur repräsentiert werden, der durch computeranimiertes *morphing* realisiert wird (wie etwas komplexer in LA MALA EDUCACIÓN; vgl. 6.3.3.1). Berühmt ist der elliptische *match cut* in 2001: A SPACE ODYSSEY. Am Ende der Eröffnungssequenz wirft ein Affe einen Knochen in die Luft, der mehrfach durch die Luft kreist. Per *match cut* wird die Einstellung eines Raumschiffs angeschlossen, dessen kreisende Bewegung mit der des Knochens korrespondiert. Der Schnitt überbrückt die Geschichte der Menschheit von den Menschenaffen – die gerade erkannt haben, wie man Knochen eines erlegten Tieres als Waffe einsetzen kann und damit einen entscheidenden Selektionsvorteil erlangt haben, der die Evolution beeinflussen wird – zur Zukunft des Jahres 2001 (wobei die Evolutionstheorie dieses elliptischen Schnitts eher als verspielt, denn als wissenschaftlich korrekt gelten dürfte). In CITIZEN KANE gibt es einige berühmte Formen der extremen und elliptischen Zeitraffung. Kane und seine Partner Leland und Bernstein stehen vor dem Schaufenster der Konkurrenzzeitung „Chronicle" und betrachten ein Foto der erstklassigen Journalisten dieses Blatts – eine Überblendung führt zu einer Einstellung, die zeigt, wie dieselben Journalisten in derselben Aufstellung für ein Zeitungsfoto von Kanes „New York Inquirer" posieren. Die Ellipse und deren thematischer

30 CLOSER spielt sukzessive Möglichkeiten durch, die sich aus der Figurenkonstellation ergeben: Mann A (Dan) kommt mit Frau A (Alice) zusammen, Mann B (Larry) lernt Frau B (Anna) durch Mann A kennen; Mann A hat eine Affäre mit Frau B; Mann B lernt Frau A kennen; Mann A und Mann B kämpfen um Frau B … bis Mann A und Frau A am Ende wieder getrennt und Mann B und Frau B verheiratet sind.

Bezug werden expliziert, indem Kane erklärt: „Six years ago, I looked to the picture of the world's greatest newspapermen. I felt like a kid in front of a candy. [...] Well tonight, six years later, I got my candy. All of it."

5.2.4 Montagesequenzen und Sonderformen des summarischen Erzählens

Der Begriff der *Montagesequenz* wird hier als Oberbegriff für Sequenzen verwendet, die die Zusammenfassung eines längeren Handlungsabschnitts, einer Episode oder eines andauernden oder wiederkehrenden Prozesses von längerer Dauer in einer formal oder stilistisch geklammerten Einstellungsfolge leisten. Eine strenge Einheit von Ort und Zeit ist im Gegensatz zur klassischen Sequenz oder Szene nicht vorhanden. Bezüglich der narrativen Dauer handelt es sich um Sequenzen, die primär oder sekundär eine klar erkennbare *zeitraffende* Funktion haben. In der Regel liegt eine im Vergleich zu anderen Abschnitten des Films deutliche Steigerung der Zeitraffung, also eine weitaus größere narrative Geschwindigkeit, vor.

Eine *Montagesequenz* besteht aus einer Aneinanderreihung von Kleinst- oder Mikroszenen, die einzelne Ereignisse oder Handlungen zeigen, die thematisch, räumlich, figural, mental und/oder zeitlich gebündelt sind, aber nur selten eine kontinuierliche und/oder kausale Ereignisfolge bilden. Zeigt eine Montagesequenz in verschiedenen Szenen, wie der Protagonist den Sommer mit seiner neuen Liebe in Paris verbringt, dann ist sie thematisch (Darstellung der Liebesbeziehung), räumlich (Paris), zeitlich (Sommer) und figural (Protagonist und ‚Objekt' der Liebe) zentriert; eine Montagesequenz, die Erinnerungsfetzen einer Figur an einen zuvor Verstorbenen zeigt, ist mental (Erinnerung der Figur) und figural (an den Verstorbenen) zentriert. Vieles wird in Montagesequenzen nur angedeutet. Genutzt wird dabei die metonymische, metaphorische und/oder symbolische Aussagekraft der kurzen Mikroszenen: Das Unterschreiben eines Vertrags steht für den Kauf eines Hauses, das Anstecken der Ringe für die Hochzeit; längere Entwicklungen können durch Steigerungsketten symbolisiert werden: der Aufstieg eines Zeitungsverlags durch nacheinander zwischenmontierte steigende Auflagezahlen, das Schreiben eines Romans durch das Wachsen des Zettelbergs neben dem Schreibenden usw. Viele Anspielungen und Bezüge innerhalb der Montagesequenz sind konnotativ oder assoziativ. Oft kommt es in Montagesequenzen zum *iterativen* Erzählen (mehrere vergleichbare Ereignisse werden einmal repräsentiert), z. B. wenn eine Figur einmal dabei gezeigt wird, wie sie die Schule als kleiner Junge betritt, und diese Einstellung ihre Schulzeit, also das x-malige Betreten der Schule repräsentiert, weil sie in der folgenden Mikroszene bereits den Abschluss in den Händen hält und deutlich älter geworden ist. Viele

Montagesequenzen lassen sich mit Lämmert (1955: 84) als Form der *iterativ-durativen* Zeitraffung einstufen, denn oft ist nicht zu unterscheiden, ob eine Einstellung der Montagesequenz für wiederkehrende (iterative) oder dauerhafte (durative) Ereignisse/Begebenheiten steht (vgl. 5.3.3). Häufig ist ein andauernder Zustand durch auf Dauer wiederkehrende Ereignisse geprägt wie die Dauer der Schulzeit durch die Iteration der täglichen Schulbesuche, sodass nicht systematisch zu unterscheiden ist, ob eine *durative* oder eine *iterative* Raffung vorliegt.[31]

Formal können Montagesequenzen durch Musik oder spezifische Anfangs- und Endmarkierungen geklammert sein. Die Zusammengehörigkeit der einzelnen Einstellungen einer Montagesequenz kann durch im Vergleich zum Rest des Films auffällige, innerhalb der Montagesequenz konsequent und konstant verwendete Stilmittel und/oder spezifische, oft ineinander verschachtelte Übergänge von Einstellung zu Einstellung bis zum Verschwimmen der Einstellungsgrenzen angezeigt sein (technisch durch Mehrfachbelichtungen, Split Screen, Stanzen und digitale Stilmittel realisiert). Oft wird eine Montagesequenz von einem Voice-over begleitet oder bildet – je nach Verhältnis der Instanzen – lediglich die Illustration einer dominierenden Zeitraffung durch eine SEI.

In FRIDA, einem Biopic über die mexikanische Künstlerin Frida Kahlo (1907-1954), werden die Lebensphasen der Künstlerin in New York und Paris durch zwei Montagesequenzen zusammengefasst, was in erster Linie eine erzählökonomische Funktion hat und sich in die verdichtete Handlungsstruktur des Films einbettet, der im normalen Spielfilmformat von ca. 123 Minuten Länge eine Vielzahl von Lebensabschnitten des Künstlerehepaares Frida Kahlo und Diego Rivera (1886-1957) darzustellen versucht. In beiden Montagesequenzen wird Fridas Stimme als Voice-over eingesetzt, realistisch beglaubigt als innere Stimme der von ihr geschriebenen Briefe und Postkarten, in denen sie über ihr Lebensgefühl in der jeweiligen Stadt berichtet. Die Montagesequenzen sind räumlich und figural zentriert, musikalisch geklammert und fassen einen Teil der Zeit zusammen, die Frida mit ihrem Ehemann, dem seinerzeit weitaus erfolgreicheren Maler Diego Rivera, in New York bzw. Jahre später allein in Paris verbringt.

Vor allem die New-York-Montagesequenz hebt sich stilistisch vom Rest des Films ab: Mikroszenen mit Frida und Diego werden mit Comickollagen, Szenen zeitgenössischer Filme wie KING KONG (Merian C.

31 Vgl. Lämmert (1955: 84), der sich auf die Erzählliteratur beschränkt: „Beide Formen [die iterative und die durative Raffung] treten nicht selten eng verflochten auf und haben die gleiche Grundtendenz, ruhend Zuständlichkeit zu veranschaulichen; daher sind sie in einer Kategorie zusammengefaßt. Ihre Grundformeln sind: ‚*Immer wieder in dieser Zeit …*‘ oder ‚*Die ganze Zeit hindurch …*‘“.

Cooper, Ernest B. Schoedsack, USA 1933), dokumentarischen Bildern und Postkarten, in die Diego und Frida hineinmontiert werden, kombiniert. Surreale Kollagen der bildenden Kunst werden durch digitale Techniken filmisch umgesetzt. Die Erzähldichte ist hoch: So werden beispielsweise Diegos und Fridas Affären mit verschiedenen fremden Partnern in wenigen Einstellungen angedeutet, indem beide zuerst auf einer luxuriösen Champagnerparty gezeigt werden und dann hintereinander in einer Einstellungsserie, wie sie mit wechselnden Partnern durch die gleiche Drehtür die Party verlassen: zuerst Diego dreimal mit verschiedenen Frauen im Arm, dann Frida mit einer der Frauen, die Diego dabei hatte (ihre Art, auf sein Fremdgehen zu reagieren, war, wie der Film mehrfach zeigt, dieselben Frauen ebenfalls zu verführen). Leitmotivisch für die gesamte Sequenz ist der Einsatz von farblichen Elementen in schwarzweißen Filmbildern, etwa wenn Frida digital in eine King-Kong-Variation hineingestanzt wird, in der Diego als Monster sie aufs Empire State Building entführt. Der Erfolg Diegos als Künstler in New York wird durch die zwischenmontierten Stimmen eines Radiointerviews angedeutet. Neben der Funktion der Zeitraffung und der Vermittlung handlungsrelevanter Informationen repräsentiert die verspielte Montagesequenz sowohl ein Lebensgefühl als auch die kreativ-neugierige Sicht des Künstlerpaars, das New York als Inspirationsquelle nutzt.

In der Paris-Montagesequenz dominiert die Zusammenfassung durch das Voice-over Fridas; die Bilder der VEI sind größtenteils *illustrierend,* teilweise *ergänzend* eingesetzt. Ein von der Sängerin Josephine Baker gesungener Song, der in wenigen Einstellungen als Bildton verankert wird, klammert den Großteil der Sequenz musikalisch zusammen. Die Sängerin wird durch eine Liebesnacht, die sie mit Frida verbringt, in die Handlung integriert. Beide Montagesequenzen radikalisieren die erzählökonomische Verdichtung, die den gesamten Film prägt.

Eine berühmte Zeitraffung, die im weitesten Sinne als Montagesequenz aufgefasst werden kann, ist die Darstellung von Kanes erster Ehe in CITIZEN KANE: Eine Folge von sechs Mikroszenen, die durch Reißschwenks miteinander verbunden sind, zeigt verschiedene Frühstücksbegegnungen von Kane mit seiner ersten Ehefrau Emily, der Nichte des amtierenden Präsidenten. In der ersten Szene sitzen sie nah und verliebt beisammen, in den folgenden zunehmend zerstritten immer weiter auseinander. Den Kern der Auseinandersetzungen bildet Kanes Zeitung „Inquirer", die ihn sein Privatleben vernachlässigen lässt, mit der er Attacken auf Emilys Onkel anzettelt. In der letzten Szene sitzen beide an den gegenüberliegenden Stirnseiten des Tisches und lesen stumm ihre Zeitung: Kane den „Inquirer", Emily das Konkurrenzblatt „Chronicle".

5.2.5 Modulation der Dauer durch sprachliche Mittel

Die Dauer eines Films kann, wie mehrfach angedeutet, auch durch den Einsatz sprachlicher Mittel moduliert werden. Neben der Möglichkeit, dass Figuren im Dialog wichtige Informationen vermitteln, die zur impliziten Bestimmung der zeitlichen und thematischen Bezüge von Szene zu Szene sowie zur Bestimmung von Ellipsen und Zeitpunkten der *histoire* notwendig sind, gibt es die *expliziten* Kennzeichnungen von Ellipsen durch Schrifttafeln und Inserts. Eine SEI kann darüber hinaus Teile der Geschichte in Form eines *summarischen* sprachlichen Erzählerberichts übernehmen, sowohl auf Schrifttafeln/Inserts als auch im Voice-over. In LA MARQUISE D'O ... (Eric Rohmer, D/F 1976) gibt es eine Vielzahl zwischenmontierter *Schrifttafeln,* die Teile der *histoire* im extra-heterodiegetischen Erzählerbericht zusammenfassen und größere Zeiträume überbrücken, z. B.: „Der Graf bezog eine Wohnung in M ..., in welcher er mehrere Monate zubrachte. [...] Erst nach der Taufe eines Sohnes, stand das Haus, auf Wunsch der Obristin, seinem Eintritt offen." In JULES ET JIM fasst eine extra-heterodiegetische SEI in Form eines Voice-overs Abschnitte der Geschichte zusammen: „Ein paar Tage danach brach der Weltkrieg aus. Jules und Jim wurden eingezogen. Lange Jahre blieben sie ohne Nachricht voneinander." Und: „Im Anfang schien es nur eine große Schlacht zu sein, die gewonnen werden musste. Aber der Krieg nahm kein Ende. Nach und nach begann sich das Leben zu normalisieren. Es gab Offensiven und Rückzüge, aber auch Ruhepausen und bescheidene Vergnügungen."[32]

In Filmen mit außerfilmischen biographischen Bezügen oder in Filmen, die derartige Bezüge fingieren, kann am Ende des Films in Form eines Inserts oder einer Schrifttafel berichtet werden, was aus den (überlebenden) Figuren über die im Film repräsentierte Geschichte hinaus geworden ist/sein soll, wobei meist eine Steigerung der Zeitraffung vorliegt, etwa am Ende von POLLOCK (Ed Harris, USA 2000) (mit realem biographischen Bezug): „Lee Krasner lived for another 28 years during which she managed the Pollock estate." Oder am Ende von LA MALA EDUCACIÓN (mit fingiertem biographischen Bezug) auf drei Inserts: 1.) „Nach der

---

32 Das Verhältnis von SEI und VEI in JULES ET JIM ist hochgradig dynamisch und deckt ein Spektrum von *sich ergänzend* über *verzahnt* bis hin zu *paraphrasierend* und *illustrierend/umschreibend* ab (vgl. Abb. 11 in 3.4.1), liegt aber meistens irgendwo zwischen klar bestimmbaren Positionen und fluktuiert von Segment zu Segment. Während der oben zitierten Voice-over-Passagen lässt es sich zwischen *paraphrasierend* und *sich ergänzend* einordnen. Wenn die SEI von „bescheidenen Vergnügungen" spricht, sieht man die Soldaten beim Kauf von Kinotickets und bei einem ‚Musikvergnügen'. Die VEI zeigt Aufnahmen von Offensiven und Rückzügen in den Schützengräben der Stellungsschlachten des Ersten Weltkriegs, die SEI spricht (zeitlich etwas versetzt) von „Offensiven und Rückzügen" usw.

Premiere […] wurde Ángel Andrade ein gefeierter Filmstar. […] Sein Ruhm währte zehn Jahre lang. In den 90ern litt seine Karriere. […]"; 2.) „Señor Berenguer […] verschwand nicht aus Ángels […] Leben. Er begann, Ángel zu erpressen. Eines Nachts wurde Berenguer überfahren. Am Steuer saß Ángel Andrade. Er beging Fahrerflucht."; und 3.): „Enrique Goded macht immer noch Filme – mit derselben Leidenschaft."

Auch ein Voice-over, gesprochen über die letzte(n) Einstellung(en) eines Films, kann die Geschichte mit erhöhter narrativer Geschwindigkeit fortsetzen wie markant in L'AMANT (Jean-Jacques Annaud, F/GB 1992). Nachdem der Hauptteil visuell und sprachlich die Erfahrungen eines fünfzehnjährigen französischen Mädchens mit ihrem chinesischen Liebhaber in Indochina geschildert hat, fasst das Voice-over kurz vor Ende, als die Protagonistin Indochina endgültig verlässt, große Teile ihres späteren Lebens zusammen und vertieft durch die Zeitmodulation den Eindruck dauerhafter Gefühle:

> Jahre nach dem Krieg, nach den Ehen, den Kindern, den Scheidungen, den Büchern, war er [der Liebhaber] mit seiner Frau nach Paris gekommen. Er hatte sie [die Protagonistin] angerufen. Er war verschüchtert, seine Stimme zitterte. Und mit diesem Zittern hatte sie plötzlich den chinesischen Akzent wieder gefunden. Er wusste, dass sie begonnen hatte, Bücher zu schreiben. Er wusste auch um den Tod des kleinen Bruders. Er war traurig gewesen um ihretwillen. Dann wusste er nicht mehr, was er sagen sollte. Und dann sagte er es. Er sagt ihr, dass es wie früher sei. Dass er sie immer noch liebe. Dass er nie aufhören werde, sie zu lieben. Dass er sie lieben werde, bis zu seinem Tod. (L'AMANT, ca. 01:46:40 ff.)[33]

Der Effekt des Voice-overs wird dadurch verstärkt, dass kurz nach dem letzten Satz der Abspann beginnt. Die VEI unterstreicht die *Zeitraffung*: Zu Beginn der Voice-over-Passage sieht man noch das fünfzehnjährige Mädchen auf der Schiffsüberfahrt nach Europa – die letzte Einstellung der in Indochina angesiedelten Haupthandlung – bevor auf eine schwarz-weiße Einstellung übergeblendet wird, die eine alte Frau zeigt: In einer Halbtotalen sitzt sie mit dem Rücken zur Kamera vor einem Schreibtisch in einer Pariser Altbauwohnung. Durch das Schwarz-weiß ist die Einstellung vom Rest des Films abgehoben. Sie wird nicht szenisch ausgestaltet und liefert

33 Die Grenze zwischen *zeitraffendem* und *elliptischem* Erzählen ist jedoch fließend und die Modulation der Dauer bei genauerer Analyse von Segment zu Segment verschieden. Der erste Satz markiert mit dem „Jahre nach …" einen neuen Zeitpunkt nach einer sehr langen Ellipse, schiebt dann allerdings sofort nach, was in der ausgelassenen Zeit alles passiert ist („Krieg", „Kinder", „Ehen", „Scheidungen", „Bücher"), sodass der erste Satz insgesamt als *summarisch* gewertet werden kann. Die Schilderung des Anrufs in den folgenden Sätzen ist dann beinahe *szenisch*, bevor eine *repetitive Analepse* („dass sie begonnen hatte, Bücher zu schreiben") nochmals ihre schriftstellerische Karriere betont und eine *kompletive Analepse* den Tod des Bruders erwähnt. Das Schweigen und das Ansetzen zur Beichte seiner Liebe sind erneut *szenisch*, die *zukunftsungewisse Vorausdeutung* in den letzten zwei kurzen Sätzen („Dass er nie aufhören werde, sie zu lieben …") hat erneut eine *zeitraffende* Tendenz.

deshalb nur die *Illustration* zum Telefonanruf des Liebhabers, der von der an dieser Stelle *dominierenden* SEI in indirekter Rede wiedergegeben wird.[34]

Die Beziehungen zwischen Sprache und Bild sind oft deutlicher und komplexer angelegt als in diesem Beispiel. Eine Zeitraffung durch die SEI in Form eines Voice-overs kann durch eine *komplementäre* VEI in Form einer Montagesequenz unterstützt werden (wie in FRIDA, wo das Verhältnis zwischen SEI und VEI beinahe ausgeglichen ist oder in FIGHT CLUB, wo VEI und SEI hochgradig komplementär vernetzt sind) oder durch die VEI ausführlich *paraphrasiert* oder *illustriert* werden. So fasst die SEI in der Exposition von THE LORD OF THE RINGS – THE FELLOWSHIP OF THE RING große Teile der Vorgeschichte zusammen, die von der VEI Segment für Segment bebildert werden:

> Alles begann mit dem Schmieden der großen Ringe. Drei wurden den Elben gegeben – unsterblich und die weisesten und reinsten aller Lebewesen. Sieben den Zwergenherrschern [...]. Und neun, neun Ringe wurden den Menschen geschenkt, die vor allem anderen nach Macht streben [...]. Doch sie wurden alle betrogen, denn es wurde noch ein Ring geschmiedet. [...] Ein Ring, sie zu knechten. Der Reihe nach gerieten die freien Länder Mittelerdes unter die Herrschaft des Ringes. (THE FELLOWSHIP OF THE RING; 00:00:00 ff.)

Die Bilder, die unmittelbar an die sprachliche Schilderung gekoppelt sind – und das Schmieden der Ringe zeigen, wenn die SEI vom Schmieden spricht, Elben zeigen, wenn sie von Elben spricht etc. –, liefern kaum Informationen von narrativer, dramaturgischer oder handlungsrelevanter Funktion, die über die sprachliche Vermittlung hinausweisen. Man kann das Verhältnis der Instanzen in der Exposition also als *illustrierend* bis *paraphrasierend* und weniger als *komplementär* einordnen, wobei sich die Wirkungen von legendenhafter sprachlicher Darstellung und digital nachbearbeiteter, bildgewaltiger filmischer Sequenzen jedoch zu großem darstellerischen Pathos ergänzen, was den Eindruck einer homogenen auktorial-allwissenden Erzählsituation hervorruft.[35]

---

34 Die Frau greift zwar auch im Bild zum Telefonhörer, was einen Bezug zur sprachlichen Ausführung herstellt; diese unauffällige Geste geht aber unter, weil die Wirkung der Frau durch die Einstellungsgröße von den Details des Zimmers abgeschwächt wird, die Stimme des ins Telefon sprechenden Liebhabers nicht zu hören ist und auch ihre Reaktionen in der Szene weder zu hören noch zu sehen sind. Die Voice-over-Stimme prägt die letzten Eindrücke des Films; die schwarzweiße Einstellung ist atmosphärischer Hintergrund, der vage sowohl auf die sprachlichen Schilderungen als auch auf die am Anfang des Films gezeigte Schreibsituation an einem ähnlichen Schreibtisch verweist.

35 Nimmt man die Exposition für sich, gibt es keine Merkmale, die darauf verweisen, dass die allwissende feminine Voice-over-Erzählerin *homodiegetisch* sein könnte. Im Verlauf des Films wird allerdings nachträglich erkennbar, dass es sich in der Exposition um die Stimme einer zentralen Elben-Figur gehandelt hat, sie also *homodiegetisch* im Verhältnis zur diegetischen Welt des gesamten Films ist. Handlungslogisch lässt sich das Allwissen der Erzählerin mit

Der zeitraffende Erzählerbericht eines Voice-overs kann auch zu ‚neutralen' Hintergrundeinstellungen wie Landschafts- oder Stadtansichten, Kamerafahrten durch Wohnungen und Gebäude, Detailaufnahmen von Gegenständen etc. geschaltet werden, die dann als Hintergrundbilder primär eine mit dem Beispiel aus L'AMANT vergleichbare atmosphärische Funktion haben. Oft ergänzt ein summarischer Erzählerbericht auch Einstellungen, die länger gehalten werden, als von der narrativen oder dramaturgischen Funktion dieser Einstellung her zu erwarten wäre und/oder die erste(n) oder letzte(n) Einstellung(en) eines Films. In THE LADY FROM SHANGHAI beginnt das Voice-over die Geschichte am Anfang zu einem *establishing shot* zu erzählen und bringt die Geschichte zu Ende, während der Protagonist in der letzten Einstellung Richtung Meer schreitet (vgl. 5.4.2.3). Theoretisch kann die SEI auch ohne Filmbilder zu monochromem Hintergrund zeitraffend erzählen. Henderson (ebd.: 66f.) weist darauf hin, dass – umgekehrt herum betrachtet – genau dieselben Bilder einer VEI je nach sprachlicher Zuordnung exemplarisch für dauerhafte und sich wiederholende Ereignisse stehen und somit Teil einer zeitraffenden Erzählung sein *oder* singulativ ein einzigartiges Ereignis darstellen und somit zeitdeckend oder zumindest weniger stark zeitraffend erzählen können. Die Markierung der visuellen Ebene durch Sprache als exemplarisch/iterativ oder einmalig/singulativ spielt bereits in das Feld der *Frequenz*, das im folgenden Kapitel bearbeitet wird.

5.3 Frequenz

Unter *narrativer Frequenz* geht Genette (1994: 81 ff.) den „Wiederholungsbeziehungen zwischen Erzählung und Diegese" nach. Es gilt das Verhältnis zu bestimmen, wie oft „sich wiederholende oder nicht wiederholende Ereignisse in einer Erzählung dargestellt" werden (Martinez/Scheffel 1999: 45), also wie oft ein einmaliges oder sich wiederholendes Ereignis der *histoire* auf Ebene des *discours* repräsentiert wird. Genette unterscheidet drei Typen der Frequenz (1994: 82 f.), die ich etwas modifiziert wiedergebe:[36]

---

der Weisheit der unsterblichen Elbengattung auflösen, die alle Ereignisse des Kontinents Mittelerde erlebt und im kulturellen Gedächtnis gespeichert hat.

36 In den von Genette (1994: 82 f.) eingeführten „pseudo-mathematischen" Formeln bzw. der deutschen Version des Übersetzers steht „E" für die Erzählung eines Ereignisses auf Ebene der *Erzählung* (discours/récit), „G" für das Ereignis auf Ebene der *Geschichte* (histoire); d. h. „1E/1G" ist zu lesen als „ein Ereignis wird einmal erzählt", „1E/nG" als „n Ereignisse werden einmal erzählt" usw.

a) *Singulative Erzählung*: *Einmal* erzählen/repräsentieren, was *einmal* passiert ist [1E/1G]
   a_1) *N-mal* erzählen, was *n-mal* passiert ist [nE/nG][37]
b) *Repetitive Erzählung*: *N-mal* erzählen/repräsentieren, was *einmal* passiert ist [nE/1G]
c) *Iterative Erzählung*: *Einmal* erzählen/repräsentieren, was *n-mal* passiert ist [1E/nG]

Darüber hinaus gibt es noch die Formation „nE/mG" für $n \neq m$, „wo man mehrmals erzählt, was mehrmals passiert ist, aber mit einer unterschiedlichen (höheren oder niedrigeren) Anzahl von Malen" (ebd.: 82), für die Genette keine Beispiele findet. Zumindest für den Fall $n < m$ lassen sich einige filmische Kandidaten nennen, die jedoch auf Spielarten iterativer Erzählung zurückgeführt werden können, weshalb ich keine weitere Kategorie für notwendig erachte (vgl. 5.3.2). Der Typus a_1 – also n-mal erzählen, was n-mal passiert ist –, den Genette auf eine Kette singulativer Erzählungen zurückführt und als Grundtypus verwirft, ist zumindest in den spezifischen Konstellationen signifikant, in denen zugleich mit der Ähnlichkeit und der Differenz in der sukzessiven Repräsentation *vergleichbarer* Ereignisse gespielt wird – wenn es also um eine Art Variation in der Wiederholung der repräsentierten Ereignisse geht (vgl. 5.3.5).

Bei der dem *iterativen* Erzählen (c) zugrunde liegenden Annahme, dass sich ein Ereignis wiederholen kann, muss grundsätzlich von einem gewissen Abstraktionsgrad ausgegangen werden. Auch wenn jeden Tag die Sonne untergeht, ist ein Sonnenuntergang von einem Punkt der Erde meteorologisch oder mit dem menschlichen Auge betrachtet strenggenommen keinem anderen vollkommen gleich (vgl. Martinez/Scheffel 1999: 45), was sich ganz anders darstellt, wenn man die physikalischen Vorgänge betrachtet, die einem Sonnenuntergang zugrunde liegen, d. h. die zyklisch-dynamische Rotation der Erde, die schräg gestellte Achse, das zyklisch-dynamische Kreisen der Erde um die Sonne etc. Bei Einnahme eines gewissen Abstraktionsgrades kann man unabhängig von derartigen physikalischen Voraussetzungen von einer hohen Ähnlichkeit bestimmter Ereignistypen ausgehen, eine Wiederholung des gleichen Ereignisses annehmen (die letztlich immer ‚nur' eine Wiederholung des gleichen Ereignis*typs* ist) und *iterative* Aussagen formulieren wie „jeden Tag ging die Sonne auf", „jeden Abend bin ich früh schlafen gegangen" oder „jeden zweiten Sonntag kommt er vorbei", in denen ein sich wiederholendes Ereignis nur einmal repräsentiert wird. Betont wird beim iterativen Erzählen also die Ähnlichkeit, nicht die Differenz verschiedener Ereignisse.

37 Dieser Fall kann auf eine Folge von n singulativen Erzählungen zurückgeführt werden – $nE/nG = n\cdot(1E/1G)$ – und bildet deshalb eine Untergruppe der singulativen Erzählung.

Schwieriger zu klären ist die Frage, wann eine Einstellung oder eine Einstellungsfolge, die eine untergehende Sonne zeigt, als singulative Darstellung exakt des einen Sonnenuntergangs an einem bestimmten Abend oder als iterative Darstellung, sagen wir, aller Sonnenuntergänge der Ferien, die der Protagonist in der Karibik verbringt, aufgefasst werden kann. Da beim rein audiovisuellen Erzählen die Möglichkeit expliziter temporaler Angaben (wie „jeden Tag"; „jeden zweiten Sonntag"; „immer am Montag") oder grammatischer Markierungen durch Hilfsverben oder Verbtempora (wie dem Imperfekt/Perfekt in der französischen Sprache) nicht wie im Sprachsystem gegeben ist, kann eine Iteration im Film nur durch zusätzliche sprachliche, kontextuelle, formale oder stilistische Merkmale angezeigt werden.

5.3.1 Singulatives und pseudo-iteratives Erzählen im Film

Der Regelfall des filmischen Erzählens ist die *singulative* Frequenz: Ein *Histoire*-Ereignis wird in seiner Spezifität genau ein einziges Mal repräsentiert. Radikal betrachtet kann eine filmische Einstellung (außer im abstrakt gezeichneten Cartoon oder Trickfilm), aufgrund der Fülle an visuellen Informationen, die mit einer einzigen Einstellung vermittelt werden, prinzipiell nur das *eine* Ereignis in seiner spezifischen Ausprägung anzeigen, das die jeweilige Einstellung/Einstellungsfolge repräsentiert. Zeigt eine Einstellung das frühmorgendliche Aufstehen eines Mannes und soll diese Szene durch zusätzliche Markierung als *iterativ* für das tägliche Aufstehen dieses Mannes gelten, muss man sich fragen: Wird er jeden Morgen den gleichen Pyjama tragen? Wird er jeden Morgen die Decke in genau demselben Winkel wegklappen, zuerst mit dem linken Bein hinaustreten und ein derartiges Gesicht machen? „Some might take an ultra-literal position and say that this makes the iterative impossible in cinema; its images and sounds are always singulative" (Henderson 1983: 67). Allerdings gibt es vergleichbare Formen in der Erzählliteratur, die Genette (1994: 86 f.) als *pseudo-iterativ* bezeichnet: „Szenen, die [...] als iterative präsentiert werden, obwohl wegen des Reichtums an äußerst genauen Details kein Leser ernsthaft meinen wird, daß sie sich mehrmals ohne jede Variation so und nicht anders ereignet haben." Man kann also sagen, dass iterative Formen im Film immer bis zum gewissen Grad pseudo-iterativ sind, dass Szenen, die durch zusätzliche Markierung eine iterative Frequenz anzeigen sollen, immer zu verstehen geben „dergleichen geschah alle Tage, wofür dies hier ein Fall unter anderen ist" (ebd.: 87), der sich nicht genau so, sondern nur *so ähnlich* wiederholt hat (vgl. Henderson 1983: 67). Wenn ich im Folgenden also von iterativen Konstellationen im Film spreche, meine ich iterativ im Sinne einer dem Medium eingeschriebenen Pseudo-Iteration.[38]

5.3.2 Varianten des iterativen Erzählens

Wirksame Formen des iterativen Erzählens im Film können durch verschiedene Stilmittel im Zusammenspiel mit Markierungen innerhalb der *histoire* erzielt werden.

Am Anfang von LA NUIT AMÉRICAINE wird gezeigt, wie eine aufwendige Plansequenz des *Binnen*films „Meine Ehefrau Pamela", dessen Dreh Handlungskern des *äußeren* Films LA NUIT AMÉRICAINE bildet, in mehreren *takes* aufgenommen wird. Die entsprechende Plansequenz wird am Anfang von LA NUIT AMÉRICAINE derart gezeigt, dass der Zuschauer sie für die diegetische Realität halten könnte und nicht für eine Filmproduktion im Film: Ein junger Mann kommt die Treppe einer Metrostation hinauf, schreitet über einen belebten Platz in Paris und begegnet schließlich einem älteren Mann (seinem Vater, wie sich später herausstellt), dem er eine Ohrfeige gibt. Eine ausführliche Zwischensequenz, die in die Umstände des Filmdrehs einführt (vgl. 6.4.2.1), vermittelt unmittelbar im Anschluss, dass es sich bei der Eröffnungssequenz um einen ersten Aufnahmeversuch, einen ersten *take* der Plansequenz des Binnenfilms gehandelt hat. Die Plansequenz wird daraufhin ein zweites Mal aufgenommen, wobei die Produktionsumstände dieses Mal durch zu hörende Regieanweisungen angedeutet werden, also unmittelbar zu erkennen ist, dass es sich um einen Filmdreh im Film handelt. Bis hierhin werden also *zwei* (vergleichbare) diegetische Ereignisse *zweimal* gezeigt (2E/2G). Der erste *take* scheint für das diegetische Filmteam allerdings als eine Art Probe oder ‚nullter' Versuch zu gelten, weil die *zweite* gezeigte Variante der Plansequenz durch eine am Anfang der Sequenz vor die Kamera gehaltene Filmklappe mit der Nummer „1/1" versehen wird, was nach der im Ver-

38 Das Problem der Iteration im Film ist vergleichbar mit dem Problem der Deskription bzw. der Bestimmung des deskriptiven Anteils im Film: Jede filmische Einstellung hat eine so hohe Informationsdichte, dass fast immer Informationen mitvermittelt werden, die keine narrative, dramaturgische oder handlungsrelevante Funktion im weitesten Sinne haben, die also eine rein deskriptive Funktion besitzen und der Szene als *Realitätseffekt* im Sinne Barthes' (1968) einen Wirklichkeits- und Einmaligkeitsgrad verleihen. Es sind genau diese ‚zusätzlichen' deskriptiven Informationen – die von einem Blumentopf im Hintergrund über die Farbe eines Pullovers bis hin zum Lichteinfall durch das Fenster reichen können –, die der Auffassung einer Szene als beispielhaft für eine Kette von gleichen Szenen entgegenstehen, also auch der Bewertung des in der Szene gezeigten Ereignisses als beispielhaft für eine Reihe gleicher Ereignisse. Dennoch gibt es auch im Film Formationen, die sich durch eine zusätzliche Markierung trotz deskriptiven Informationsüberschusses und Detailreichtums als (pseudo-)iterativ auffassen lassen.

lauf des Films erkennbaren Nummerierungslogik des diegetischen Filmteams dem *ersten* Versuch (*take*) entspricht.

In einer Kette von schnell aneinander geschnittenen Einstellungen, wird nun durch weitere nummerierte Filmklappen und das Zwischenrufen einer Regieassistentin angedeutet, dass im Anschluss sechs weitere *takes* der Sequenz versucht werden. Genau genommen wird jeweils nur der minutiöse Ausschnitt vom Ende der Plansequenz gezeigt, in dem der junge Mann dem alten Mann die Ohrfeige gibt, im schnellen Wechsel geschnitten zu einer Einstellung, die im Vordergrund die vor die Kamera gehaltene Filmklappe zeigt. Dieser Vorgang wird innerhalb von ca. fünf Sekunden viermal wiederholt, mit den Klappen-Aufschriften „1/2", „1/3", „1/5" und „1/7" sowie den entsprechenden Zwischenrufen der Assistentin („Pamela eins die zweite, Pamela eins die dritte, Pamela eins die fünfte, Pamela eins die siebte"). Daraufhin meint der junge Schauspieler, dass diese Version gut gewesen sei; einer der Regieassistenten kündigt an, dass man sie trotzdem noch einmal drehen werde. Nach einem Schnitt rennen alle Beteiligten erneut auf ihre Anfangsposition und die Assistentin, die die Klappe hält (die dieses Mal nicht genau zu erkennen ist), ruft „Pamela eins die vierzehnte", was andeutet, dass sechs weitere *takes* elliptisch übersprungen wurden. Das Drehen des Anfangs der Plansequenz wird nun erneut gezeigt – dieses Mal als Totale in Aufsicht, sodass Scheinwerfer und Kamerakran des Filmteams zu erkennen sind –, bevor ein Schnitt die expositorische Episode abschließt und zur nächsten Handlungssequenz des äußeren Films führt.

Hier wird also ein sich *mehrfach* wiederholendes Ereignis der histoire (das Drehen der Plansequenz) *wenige* Male repräsentiert. Streng genommen wird ein Ereignis, das mindestens *15 Mal* auf histoire-Ebene stattgefunden hat, *zweimal* ganz und ein *drittes* Mal halb sowie *viermal* in kürzesten Bruchstücken repräsentiert.[39] Der expositorische Abschnitt von LA NUIT

39 Man könnte die Sequenz von der Frequenz her weiter aufschlüsseln und sagen, dass zuerst a) die Probe einer Plansequenz singulativ gezeigt wird, dann b) das Aufnehmen von sieben *takes* iterativ (1E/7G), dann c) die nächsten sieben Versuche erneut iterativ (1E/7G), wobei der 14. Versuch, der diese sieben Versuche repräsentiert, elliptisch verkürzt wird, was nur geht, weil der Ablauf der Dreharbeiten für diese Sequenz inzwischen etabliert ist. Abschnitt b ließe sich weiter ausdifferenzieren, weil der erste *take* ganz und vom 2., 3., 5., und 7. kürzeste Ausschnitte, jedoch vom 4. und 6. nichts repräsentiert wird. Abschnitt c besteht wiederum aus einer Ellipse von sechs und einem teilweise repräsentierten siebten *take*. Es gibt einige seltsame räumliche Bezüge, sodass auch vermutet werden könnte, dass in Abschnitt b tatsächlich nur die Ohrfeigenszene gedreht wird und nicht die gesamte Plansequenz, was aber sowohl der Zählung als auch der Logik der Plansequenz widersprechen würde, wie sie zuvor in den beiden komplett gezeigten Versionen etabliert wurde: Die Plansequenz bezieht ihren ästhetischen und dramaturgischen Reiz ja gerade daraus, dass sie den jungen Mann im Gewusel eines belebten Platzes zielstrebig auf den alten Mann ‚prallen' lässt, was in der Ohrfeige als symbolischem Höhepunkt der Sequenz kulminiert.

AMÉRICAINE führt durch die derart modulierte Darstellungsfrequenz die Schwierigkeiten vor, die beim Drehen einer aufwendigen Plansequenz auftreten können und deutet die Verbesserungsversuche von Aufnahme zu Aufnahme an.[40] Ich ordne diese Form der Frequenz, die nach Genettes Formel in etwa 2½E/15G ergeben würde, als Spielart des *iterativen* Erzählens ein, weil *mehrere* Histoire-Ereignisse *wenige* Male repräsentiert werden. Das stilistische Mittel der Markierung durch die Nummerierung der diegetischen Filmklappe würde auch funktionieren, wenn das Drehen der Plansequenz nur ein einziges Mal ganz gezeigt würde, und dann per Klappe angedeutet, dass man sie 14 weitere Male versucht habe, also 1E/15G. Jedoch ist gerade das teilweise wiederholte Zeigen des Drehens dieser Plansequenz, also die gestufte Modulation der Frequenz wichtig, um Vorgehensweise und Probleme des werkinternen Filmdrehs, also das zentrale Thema von LA NUIT AMÉRICAINE, zu vertiefen. Es zeigt sich, dass zur Bestimmung der *narrativen Frequenz* die drei aufgestellten Grundtypen singulativ, iterativ und repetitiv nur eine erste Orientierung geben und die Formation und Funktion der Repräsentation und Nicht-Repräsentation einer Kette vergleichbarer Ereignisse gegebenenfalls genauer analysiert werden muss sowie, dass das iterative Erzählen unter dem Aspekt der *Dauer* eine *zeitraffende* Funktion hat.

Das iterative und nicht-iterative Erzählen hat in LA NUIT AMÉRICAINE insgesamt eine besondere Relevanz, weil durch das Thema Filmdreh im Film die Wiederholung verschiedener *takes* der gleichen Szene auf Handlungsebene eine große Rolle spielt. Das heißt, die ständige Wiederholung von diegetischen Ereignissen, die thematisch vorgegeben ist, markiert die zentrale Gestaltungsaufgabe, die vom äußeren Film jeweils durch singulative, iterative oder gemischte Darstellung gelöst werden muss. Die Form des iterativen Raffens am Anfang von LA NUIT AMÉRICAINE steht im Kontrastverhältnis zu einer anderen Szene des Films im Film, die etwas später in mehreren *takes* versucht werden muss. Es geht um eine prinzipiell einfache Dialogszene, in der die in die Jahre gekommene, angetrunkene Filmdiva Séverine in ihrer Rolle als Mutter des Protagonisten im Gespräch mit dem Vater entweder ihre Texte vergisst oder den Raum am Ende durch eine falsche Tür verlassen will, die nur in einen Abstellschrank führt. Die vier vergeblichen Versuche, die Szene abzudrehen, werden vier Mal ohne Auslassung repräsentiert, einschließlich einiger abgebrochener Proben. Die Nervosität der Schauspielerin und die zunehmende Genervtheit des Filmteams, die durch professionelle Beteuerungen kaschiert wird, wird nicht nur angezeigt, sondern beinahe spürbar, wenn beim zweiten

40 Es gehört zur inhärenten Ironie von LA NUIT AMÉRICAINE, dass ausgerechnet die Filmrollen zu dieser Szene des Binnenfilms später im Kopierwerk wegen eines Stromausfalls beschädigt werden und die kostspielige Plansequenz erneut gedreht werden muss.

und dritten Versuch alles klappt, bis Séverine am Ende doch die falsche Tür wählt. Es handelt sich um eine signifikante Variante der Frequenz-Untergruppe A_1 (nE/nG) mit n ≈ 4 (+ ca. 1 Probe), die in der zeitdeckenden Repetition sich wiederholender Ereignisse die ausbleibende positive Entwicklung von Versuch zu Versuch gestaltet, die die Anspannung erhöht. Die Szene ist an diesem Drehtag nicht zu retten und muss schließlich verschoben werden.

Die unterschiedliche narrative Frequenz beider betrachteter Beispiele aus LA NUIT AMÉRICAINE zeigt exemplarisch, dass der Film die Darstellung der Wiederholung von *takes* derselben Szene jeweils verschieden handhabt, vom beinahe zeitdeckenden Ausspielen aller *takes* bis zu zeitraffenden Montagesequenzen, die zu klammernder Fremdtonmusik mehrere Szenendrehs zusammenfassen und jede potenziell mehrfach gedrehte Szene des Binnenfilms nur durch eine kurze Einstellung andeuten. Im Kontrast zu den Szenen, die in mehreren *takes* gedreht werden können, steht wiederum eine, die zwangsweise singulativ bleibt: Die Szene, die den Absturz eines Autos von einer kurvenreichen Bergstraße zeigt und mit einem Stuntman gedreht wird. Es ist die titelgebende Szene, denn hier wird mit einem speziellen Filter und gezielter Unterbelichtung nach dem Prinzip der *amerikanischen Nacht* eine Nachtszene am Tag gedreht (engl. „Day for Night“). Der Dreh dieser Szene soll nur einmal durchgeführt werden, weil ein Auto den Abhang hinabstürzt und eine Wiederholung aufgrund der Material- und Stuntmankosten das Budget der kleinen französischen Filmproduktion des Binnenfilms sprengen könnte. Also kann das Ereignis auch nur einmal im äußeren Film repräsentiert werden. Die Besonderheit der Szene ist so auch formal hervorgehoben, weil zuvor die Wiederholungen der *takes* durch iterative und nicht-iterative Repräsentationen mehrfach und selbstreflexiv betont worden sind.

5.3.3 Iterativ-durative Zeitraffung

In THE GRADUATE beginnt der Collegeabgänger Benjamin Braddock, der trotz seines elitären Abschlusses keine Zukunftsvision hat und sich nicht für ein von den wohlhabenden Eltern erwünschtes Studium interessieren will, aus Langeweile eine Affäre mit der 20 Jahre älteren attraktiven Mrs. Robinson, einer Freundin seiner Eltern, bevor er sich in deren Tochter Elaine verliebt, die er allen Umständen zum Trotz gegen den Willen der Robinsons heiraten will. Die über Wochen andauernde Affäre zwischen Benjamin und Mrs. Robinson wird durch verschiedene durative und iterative Stilmittel zusammengefasst. Nachdem eine lange, beinahe *zeitdeckende* Szene die erste Begegnung des naiven Benjamin mit der erfahrenen Verführerin Mrs. Robinson in einem Hotel gezeigt hat (mit elliptischer Auslassung des sexuellen Akts), schildert eine Montagesequenz (vgl. 5.2.4) zu zwei Songs von *Simon and Garfunkel* das tägliche Dahintreiben Benjamins zwischen Elternhaus und Hotelzimmeraffäre.

Eine Einstellungsfolge zeigt Benjamin, wie er auf einer im Pool des Elternhauses schwimmenden Luftmatratze liegt und schläft, Bier trinkt oder sich sonnt. Einstellungen, die nur das sonnenglitzernde Wasser des Pools zeigen, fluktuieren mit Einstellungen, die Benjamin in verschiedenen Haltungen auf der Luftmatratze zeigen. Das langwierige In-der-Sonne-Dahindämmern und das Vergehen von Zeit werden durch die äußerst langsamen Überblendungen mit langen Phasen der Doppelbelichtung angezeigt, durch die die Einstellungen verbunden sind.[41] Man sieht nicht, wie Benjamin sich auf der Luftmatratze bewegt oder ein Bier holt, sondern nur, wie er sich bereits umgebettet oder ein Bier geholt hat oder wie seine Eltern am Poolrand unbemerkt einen Barbecue-Grill aufgebaut haben (≈ elliptische Raffung zur Anzeige eines durativen Zustands).

Schließlich verlässt Benjamin den Pool, geht auf das Haus zu, streift sich dabei ein Hemd über, öffnet die Verandatür und tritt ins Haus, zumindest vermeintlich, denn tatsächlich tritt er nach einem unauffälligen *match cut* aus einem Badezimmer in ein Hotelzimmer, in dem Mrs. Robinson auf ihn wartet. Nachdem er sich aufs Bett gelegt hat, knöpft sie ihm, in Unterwäsche neben ihm sitzend, dasselbe Hemd wieder auf. Die kunstvolle Ellipse durch den so unauffälligen wie überraschenden Schnitt markiert nicht nur das Vergehen von Zeit, sondern stellt Bezüge her und gibt den Rhythmus von Benjamins Tagesablauf vor: Vom gedankenlosen Dahindämmern am Tag zur scheinbar emotionslos erlebten Affäre am Abend. Während Mrs. Robinson Benjamins Oberkörper massiert, lehnt er sich mit dem Kopf an eine schwarze Bettbrüstung. Die folgende Nahaufnahme zeigt Benjamins unbeteiligt wirkendes Gesicht vor schwarzem Hintergrund, während er – scheinbar – von Mrs. Robinson massiert wird. Ein *zoom-out* und eine Benjamins Bewegungen folgende Kamerafahrt zeigen jedoch an, dass er sich in dieser Einstellung bereits im Haus seiner Eltern befunden und wahrscheinlich vor schwarzem Hintergrund auf einen Fernseher gestarrt hat, was er nur kurz unterbricht, um eine Tür zum Nebenraum zu schließen, damit er das Gespräch der Eltern nicht mithören muss. Das ist erneut ein kunstvoll gestalteter Übergang, der den Rhythmus von Benjamins Lebensphase bestätigt: Vom Pool der Eltern ins Hotelzimmer, zurück ins Elternhaus (entweder am folgenden oder einem der folgenden Tage). Der nächste, ähnlich gestaltete versteckte Übergang

41 Das Sonnenglitzern des Wassers, das sich durch die Doppelbelichtung der langsamen Übergänge zeitweise über das Gesicht Benjamins legt, zeigt darüber hinaus als Variante des *Mindscreen* den inneren Zustand träger Gedankenlosigkeit an.

über Benjamins Kopf in *Groß* vor schwarzem Hintergrund führt aus dem Haus der Eltern wieder in ein Hotelzimmer: Mrs. Robinson geht verschieden be- und entkleidet viermal zwischen Benjamin und einem Fernseher vorbei, auf den er ebenso gedankenverloren starrt wie zuvor im Haus der Eltern.[42] Hierdurch wird die iterative Frequenz das erste Mal deutlich markiert: Es handelt sich nicht nur um einen Abend mit Mrs. Robinson, sondern um mehrere, verschiedene, also auch um verschiedene Wechsel zwischen Elternhaus am Tag und Hotelzimmer am Abend.

Ein vergleichbarer Übergang führt wieder in das Haus der Eltern. Benjamin geht dort aus seinem Jugendzimmer erneut zum Pool und springt ins Wasser. Als er aus dem Wasser bäuchlings auf eine Luftmatratze gleitet, zeigt ein *match cut*, wie er plötzlich statt auf der Luftmatratze auf Mrs. Robinson im Hotelbett liegt, was eine mentale Metadiegese darstellt, denn kurz darauf, noch während er auf Mrs. Robinson liegt, hört er die Stimme seines Vaters. Dieser reißt ihn, wie wenig später auch das Bild zeigt, am Poolrand stehend mit Ermahnungen aus seinen Tagträumen. Ebensogut hätte auch dieser Schnitt einen Wechsel zwischen Elternhaus und Hotelzimmer anzeigen können, wobei es an dieser Stelle, nachdem das Prinzip der Wiederholung von Benjamins Tagesablauf etabliert worden ist, keine große Rolle mehr spielt, ob der Übergang nur assoziiert oder vollzogen wird. Dass die komplette Montagesequenz damit endet, dass Benjamin wie zu Beginn auf einer Matratze im Pool treibt, bildet eine ringschlussartige motivische Klammer; der erste Satz des Vaters setzt genau mit dem Ende der die Montagesequenz formal klammernden Musik ein. Damit steht das szenengebundene Ansprechen Benjamins zugleich für den Versuch des Vaters, Benjamin mit grundsätzlichen Karrierefragen aus der andauernden Lethargie zu reißen.[43]

In dem auf die Montagesequenz folgenden Dialog spricht Benjamins kritischer Vater von „ein paar Wochen“, in denen Benjamin „sich erholt und amüsiert“ habe. Die visuell gestalteten Wechsel zwischen Pool, Hotelzimmer und Elternhaus, also sowohl sein gedankenloses Verdämmern

42 Ob der Fernseher dabei läuft, wird nicht gezeigt. Benjamins ewig starrender Blick (auf Fernseher, Gegenstände, sein Aquarium, durch die Windschutzscheibe etc.) zieht sich leitmotivisch durch den Film und korrespondiert mit seiner Unentschlossenheit.

43 Die erste Frage des Vaters „Ben, was tust du da?“ beantwortet Benjamin mit „Na ja, ich würde sagen, ich träume so vor mich hin.“ – Der Vater: „Warum?“ – Benjamin: „Weil es sehr angenehm ist, hier auf dem Wasser vor sich hinzuträumen.“ – Der Vater: „Denkst Du dabei vielleicht auch mal an Dein Studium?“ – Benjamin: „Nein.“ Neben dem konkreten Bezug zur Poolszene, verweist bereits die erste Frage des Vaters, die schon zu hören ist, während Benjamin visuell noch auf Mrs. Robinson liegt, auch auf die moralische Dimension der Affäre und spielt damit auf die Generationenfrage und die Doppelmoral der Elterngeneration an: Mrs. Robinson, die Freundin von Benjamins Eltern, verführt deren Sohn und verbirgt ihren Alkoholismus, während der Vater in seinen Ermahnungen die integren Werte seiner Generation hochhält und Benjamin für sein Handeln tadelt.

der Tage, als auch seine Affäre (von der der Vater nichts weiß), haben also „ein paar Wochen“ angedauert. Auch die Neugierde der Mutter, die sich in der nächsten Szene darüber erkundigen will, was Benjamin tue, wenn er abends ausgehe, speist sich aus der Beobachtung mehrerer Abende. Nach diesen beiden Zwischenszenen ist erneut eine ausführliche Hotelzimmerszene mit Mrs. Robinson zu sehen, in der Benjamin versucht, vor dem sexuellen Akt ein Gespräch zu beginnen: „Hören Sie. Seit Monaten tun wir nichts anderes als hier rauf zu kommen und zusammen ins Bett zu gehen. […] Meinen Sie nicht, dass wir es zur Abwechslung mal mit etwas Konversation beleben könnten?“ Wie viel zeitliche Differenz zwischen den „ein paar Wochen“, von denen der Vater spricht, und dem „seit Monaten“, von dem Benjamin spricht, liegt, ist nicht genau zu bestimmen. Also ist auch nicht zu sagen, wie viele Hotelzimmerbegegnungen zwischen dem Gespräch mit dem Vater, dem Gespräch mit der Mutter und der letzten gezeigten Hotelszene ausgelassen wurden.[44]

Insgesamt liegt eine *iterative* Frequenz vor: *Viele* Hotelzimmernächte mit Mrs. Robinson (und die dazugehörigen Tage im Elternhaus) werden *wenige* Male gezeigt. Die narrative Dauer entspricht erneut einer *iterativ-durativen* Zeitraffung (vgl. 5.2.4). Verschiedene Stilfiguren zeigen innerhalb der Montagesequenz sowohl das Andauern von Zuständen – z. B. das Sonnen im Pool – als auch die Wiederkehr der gleichen Ereignisse an; explizite Verweise in den Dialogen spezifizieren die Zeitphasen etwas genauer. Hier gilt streng genommen erneut die Formel „nE/mG“ für $n < m$, also der Fall, den Genette nicht explizit behandelt; allerdings reicht auch hier die Klassifizierung der Frequenz als tendenziell *iterativ* bzw. der narrativen Dauer als *iterativ-durativ* zur groben Charakterisierung aus. Zwei beinahe zeitdeckend gezeigte Abende im Hotelzimmer, der erste und der vermeintlich letzte, rahmen eine Montage- und eine Zwischensequenz, die das Vergehen der Zeit mit vergleichbaren Erlebnissen anzeigen.[45]

5.3.4 Iteratives Erzählen durch den Einsatz sprachlicher Mittel

Das iterative Erzählen in THE GRADUATE kommt ohne Voice-over aus und wird *sprachlich* nur durch szenische Dialoge markiert; anders die Iteration am Anfang von HOW GREEN WAS MY VALLEY. Henderson (1983:

44 Auch in den darauffolgenden Gesprächen zwischen Benjamin und seinen Eltern gibt es nur vage Zeitangaben, sodass auch *nach* der letzten *gezeigten* Hotelzimmerszene noch einige weitere auf Handlungsebene stattgefunden haben könnten.

45 Die Montagesequenz deutet über ihre zeitmodulierende Funktion hinaus die Zusammenhänge zwischen Benjamins Affäre, seiner inneren Leere und dem distanzierten Verhältnis zu seinen Eltern an, die in der Figuration und thematischen Entwicklung angelegt sind.

65 ff.) führt vor, wie dort die gleiche Art von Einstellungen durch *sprachliche* Markierungen per Voice-over zuerst als iterativ, später als singulativ gekennzeichnet sein kann. Entscheidend ist dabei die grammatische Markierung der Iteration durch das Verb „would" („the principal verb form for the frequentive in English") in Sätzen wie „Someone would strike up a song ..." sowie explizite Angaben wie „There was *always* ..." oder „There was *never* any talk while we were eating" (ebd.). Der Umschwung zum singulativen Erzählen wird mit dem Satz „It was on this afternoon that I first met Bron" eingeleitet. Der Übergang vom iterativen zum singulativen Erzählen durch grammatische Markierung des Voice-overs in HOW GREEN WAS MY VALLEY entspricht dem klassischen Muster iterativen Erzählens am Anfang von Filmen: Eine dominierende SEI in Form eines Voice-overs betont zuerst die iterative Frequenz, also die exemplarische oder metonymische Bedeutung der Einstellungen der paraphrasierenden VEI. Dieselbe SEI leitet später noch den Umschwung zum singulativen Erzählen ein, bevor sie sich zunehmend zurückhält und die Geschichte vorwiegend szenisch von der dominierenden VEI fortgesetzt wird.[46]

Viel deutlicher als in HOW GREEN WAS MY VALLEY betont ein Voice-over am Anfang von STRANGER THAN FICTION (Marc Forster, USA 2006) die *iterative* Frequenz und hebt dadurch hervor, dass der Protagonist, der Finanzbeamte Harold Crick, ein absolut einförmiges Leben führt, in dem sich alle Tätigkeiten von Tag zu Tag exakt gleichen:

> Dies ist die Geschichte über einen Mann namens Harold Crick. [...] Werktag für Werktag, zwölf Jahre lang, putzte Harold jeden seiner 32 Zähne 76 Mal. 38 Mal hin und her, 38 Mal hoch und runter. Werktag für Werktag, zwölf Jahre lang, band Harold seine Krawatte zu einem einfachen Windsorknoten statt eines doppelten, was zu einer Zeitersparnis von 43 Sekunden führte. [...] Werktag für Werktag, zwölf Jahre lang, lief Harold in einer Geschwindigkeit von etwa 57 Schritten pro Block sechs Blocks weit um gerade noch den acht Uhr 17 Bus [...] zu erwischen. [...] Und Werktag für Werktag, zwölf Jahre lang, prüfte Harold als leitender Beamter für das Finanzamt 7,134 Steuerakten. [...] Im Übrigen führte Harold ein Leben in Einsamkeit. Er ging stets allein nach Hause. Er aß stets allein. Und Abend für Abend um exakt 23 Uhr 13 ging Harold schlafen, allein. (STRANGER THAN FICTION, ca. 00:00:55 ff.)

Das wie ein Mantra wiederholte „Werktag für Werktag", das „stets" und „Abend für Abend" markieren die Wiederkehr der immergleichen Ereignisse, die „12 Jahre lang" angedauert hat. Die übertriebene Exaktheit der übrigen Beschreibungen charakterisiert den Zahlenfetischismus des technokratischen Beamten. Die iterative Erzählung der SEI wird von einer illustrierenden VEI bebildert. Formal-stilistische Mittel wie *Split Screens*, die

46 Szenische Dialoge können den Beginn singulativen Erzählens in den Fällen markieren, in denen das Voice-over den Umschwung zum singulativen Erzählen nicht einleitet, sondern einfach verstummt.

die tagtägliche Morgentoilette oder die Mittagspause aus verschiedenen Blickwinkeln zeigen, und grafisch-mathematische Zeichen, die über die Filmbilder geblendet werden, um zu unterstreichen, dass Crick auf seinem Weg zur Bushaltestelle tatsächlich immer die gleiche Zahl an Schritten macht oder beim Zähneputzen jede Seite mit der gleichen Zahl an Bürstenbewegungen reinigt, steigern die Wirkung auf Kosten des Realismuseffekts. Zum einen brechen die grafischen Zeichen selbst mit dem Realismus des Films, obwohl sie sich als Mindscreen teilweise noch auf die Figur beziehen lassen, zum anderen ist eine derartige Gleichförmigkeit bis zu den Putzbewegungen der Zahnbürste kaum noch möglich. Es stellt sich die Frage, wer überhaupt weiß, wissen will und kann, wie viele Schritte Crick zur Bushaltestelle macht und warum überhaupt darüber berichtet wird. Die Künstlichkeit der Figur, die auf den thematischen Kern des Films vorverweist, wird somit bereits in der Exposition vorbereitet. Im Verlauf des Films geht es nämlich genau darum: Dass Harold Crick, der eines Tages in einem metaleptischen Kurzschluss die Voice-over-Stimme der Erzählung seines Lebens zu hören beginnt (vgl. 6.5.2), einsehen muss, dass er nichts weiter ist als eine Kunstfigur, genauer: Die Schöpfung der unter Ideenlosigkeit leidenden depressiven Schriftstellerin Karen Eiffel, auf deren Suche er sich im Laufe des Films machen wird.

Am Anfang von STRANGER THAN FICTION liegt also eine extreme Form *iterativen* Erzählens vor: Sich Hunderte von Malen wiederholende Ereignisse werden einmal repräsentiert und durch das Voice-over und die graphischen Stilspiele als iterativ überdeterminiert. Die iterativ erzählte Exposition verstärkt kontrastiv, wie das unerhörte Ereignis des Hörens einer Voice-over-Erzählerin dieses einförmige Leben durcheinander bringen und einmalig machen wird, weshalb der Rest des Films folglich *singulativ* erzählt wird. Vorbereitet wird der Übergang zum singulativen Erzählen durch das Voice-over: „Aber so war es natürlich nur bis Mittwoch. […] Hätte man Harold gefragt, wäre seine Antwort gewesen, dass dieser besagte Mittwoch sich in nichts von allen vorherigen unterschieden habe.“ STRANGER THAN FICTION zeigt so deutlich, was für alle erörterten Beispiele zum iterativen Erzählen im Film gilt: Dass die iterativen Segmente eine den singulativen Szenen dienende Funktion haben und sich in diesem Punkt wenig von iterativen Segmenten in der Erzählliteratur unterscheiden, für die Genette feststellt:

> Doch in der klassischen Erzählung […] sind die iterativen Segmente fast immer den singulativen Szenen funktionell untergeordnet, denen sie eine Art Rahmen oder informativen Hintergrund geben […]. Die klassische Funktion der iterativen Erzählung ähnelt also stark derjenigen der Beschreibung […]. Wie die Beschreibung steht die iterative Erzählung im traditionellen Roman *im Dienst* der „eigentlichen“, d. h. der singulativen Erzählung. (Genette 1994: 83 f.)

5.3.5 Formen der Repetition und des repetitiven Erzählens

RASHÔMON wird selbst bei Genette, der den Film weitgehend unbeachtet lässt, als Klassiker für *repetitives* Erzählen bei *multipler* Fokalisierung angeführt (1994: 82, 135): *Ein* Ereignis (die Ermordung eines Samurais im Wald) wird (aus unterschiedlichen Perspektiven und in verschiedene rahmende Erzählsituationen eingebettet) insgesamt *vier*mal erzählt (vgl. ausführlicher in 6.3.2.2). Durch die narrative und thematische Konstruktion des Films wird allerdings die hochgradig selbstreflexive Frage aufgeworfen, ob es sich – angesichts der verschiedenen Erzählungen – überhaupt um dasselbe Ereignis handelt bzw. ob dieses Ereignis ohne Wahrnehmung und erzählerische Repräsentation überhaupt existiert, was durch die Gespräche der drei Figuren in der äußeren Rahmenhandlung in die philosophische und epistemologische Dimension der Frage gehoben wird, ob es so etwas wie Wahrheit überhaupt gibt oder ob sich jeder seine eigene Wahrheit im Prozess des Wahrnehmens und Erzählens selbst konstruiert.

Die Konstruktion einer subjektiven, in diesem Fall geistig gestörten Wirklichkeit spielt auch in der *repetitiven* Erzählung von À LA FOLIE ... PAS DU TOUT eine Rolle. Hier wird eine Dreiecksbeziehung (Ehemann – Ehefrau – zweite Frau, die den Ehemann liebt) nacheinander zweimal gezeigt. Die erste Variante folgt der Wirklichkeitsinterpretation von Angélique, der zweiten Frau, und zeigt, wie sie ihre Liebe zu Ehemann Loïc zur romantischen Affäre mit beiderseitigen Gefühlen verklärt, die auf die Scheidung hinauslaufen wird. Die zweite Variante zeigt, wie Loïc und seine schwangere Ehefrau unter den massiven Belästigungen der Stalkerin Angélique leiden müssen, der Loïc nur durch Zufall begegnet ist. Beide Filme, RASHÔMON und À LA FOLIE ... PAS DU TOUT, thematisieren so auf höchst unterschiedliche Weise die Konstruktion von Wirklichkeit durch menschliche Wahrnehmung und die erzählerische Rekonstruktion derselben. Sie zählen zu den Filmen, die in jüngster Zeit als Beispiele unzuverlässigen Erzählens diskutiert worden sind (vgl. Liptay/Wolf 2005; Helbig 2006b). In beiden Fällen handelt es sich um an Subjekte und deren Wahrnehmungen gebundene Formen des unzuverlässigen Erzählens, die unterschiedlich realisiert werden: Bei RASHÔMON wird die subjektive Gebundenheit der sprachlichen Erzählerfiguren dadurch entlarvt und zugleich verstärkt, dass die VEI in ihrer Informationsvermittlung den subjektiv verzerrten Versionen folgt, also jeweils intern fokalisiert. Durch das *repetitive* Erzählen wird offensichtlich, dass einige oder alle Figuren gelogen haben müssen, weil der Mord des Samurais jedes Mal anders dargestellt wird. In À LA FOLIE ... PAS DU TOUT täuscht die VEI durch irreleitende Montagen und Fokalisierungen sowie den ‚Missbrauch' filmischer Konventionen im ersten Teil eine falsche Lesart der Ereignisse vor, die der Lesart der psychisch gestörten Angélique entspricht. Im zweiten Teil entlarvt die VEI diese falsche Lesart und die kinematographischen Täuschungsmanöver, indem sie die objektive Lesart der Ereignisse mit denselben Bildern präsentiert.

In LOLA RENNT wird die gleiche Konstellation – Lolas Freund Manni braucht dringend 100.000 Mark, um nicht von einem Dealer erschossen zu werden und Lola versucht diese in einer wilden Hetzjagd von 20 Minuten aufzutreiben – dreimal durchgespielt, wie sie in Abhängigkeit von kleinsten zeitlichen Koinzidenzen zu ganz unterschiedlichen Resultaten führt (sie stirbt, er stirbt, beide überleben). Es ist ein Spiel mit der Repetition, allerdings streng genommen kein repetitives Erzählen im engeren Sinn, weil zwar die abstrakte Grundkonstellation, aber gerade nicht dieselbe kausale Ereigniskette wiederholt wird bzw. weil sich aus kleinen Differenzen große schicksalhafte Folgen ergeben.[47] Hier zeigt sich die oben erwähnte Abhängigkeit der Kategorien der Frequenz vom Abstraktionsgrad, der bei der Betrachtung angesetzt wird.[48]

Ein weiteres Erzählspiel, das auf den ersten Blick repetitiv sein könnte, ist der Film GROUNDHOG DAY (Harold Ramis, USA 1993). Der Protagonist Phil Connors durchlebt immer wieder denselben Tag, den 2. Februar, der an seinem Aufenthaltsort als „Groundhog Day" bezeichnet wird. Das heißt, derselbe Tag wird *repetitiv* wiederholt, allerdings einschließlich der ontologischen Unmöglichkeit, dass nicht nur derselbe Tag im Leben der Hauptfigur mehrfach *erzählt* wird, sondern dass der in einer „Zeitfalle" gefangene Protagonist diesen auch auf Handlungsebene mehrfach *erlebt* und schon bald – allerdings erfolglos – damit beginnt, sein dem wiederholten Erleben zu verdankendes Mehrwissen einzusetzen. Während sich sein Umfeld nicht verändert, wird der zynische Menschenfeind Connors durch das Durchleben des immergleichen Tages zum toleranten Menschen geläutert, was ihm schließlich die Erlösung, also sozusagen die Rückkehr ins singulative Leben bringt. Bezogen auf die Erlebens-

47 Der Film 11:14, dem eine beinahe *repetitive* Struktur zugrunde liegt (vgl. 4.3.1), spielt ähnlich wie LOLA RENNT mit den Zusammenhängen von Zufällen und Begegnungen. Allerdings werden mit der Thematisierung der Abhängigkeit eines Handlungsverlaufs von kleinen Koinzidenzen bei LOLA RENNT auch philosophische Fragen nach der Abhängigkeit des Lebens von Zufällen und dem Verhältnis von Kontingenz und Schicksal aufgeworfen, während 11:14 auf genrebasierte Unterhaltung abzielt.

48 Auch FLIRT (Hal Hartley, USA/D/J 1995) spielt mit der Wiederholung, ohne repetitiv zu erzählen: Die gleiche Figurenkonstellation (Figur A muss sich in anderthalb Stunden für oder gegen Partner B entscheiden, da dieser verreisen und seiner alten Beziehung C wiederbegegnen wird; die Entscheidung von Figur A ist abhängig von Figur D) wird drei Mal in verschiedenen Städten (New York, Berlin, Tokio) und Milieus mit Figuren unterschiedlicher sexueller Orientierung zu verschiedenen Jahreszeiten inszeniert. Durchgespielt wird so u. a. die Milieuabhängigkeit von Handlungsverläufen.

perspektive Connors ließe sich aber auch beim sukzessiven Durchleben des gleichen Tages von einem singulativen Erleben sprechen, denn für ihn ist das Erleben jeden 2. Februars einzigartig. Nur so ist zu erklären, dass er sich überhaupt entwickeln kann. Auch hier hängt die Bewertung der Frequenz also vom Betrachtungs- und Abstraktionsgrad ab.

Ein Film wie FOUR WEDDINGS AND A FUNERAL (Mike Newell, GB 1994) erzählt dagegen – auch wenn es so scheint – nicht repetitiv. *Vier* vergleichbare Hochzeiten werden *vier* Mal erzählt. Anders als bei GROUNDHOG DAY handelt es sich hier um verschiedene Ereignisse und nicht um die Wiederholung desselben Ereignisses, auch wenn es in beiden Fällen um *Variationen in der Wiederholung* geht. FOUR WEDDINGS AND A FUNERAL liegt ein Prinzip zugrunde, dass auch in einigen der oben erörterten Darstellungsvarianten von LA NUIT AMÉRICAINE eine Rolle gespielt hat: n Ereignisse werden n-mal erzählt (nE/nG). Hier liegt also erneut der Fall einer Kette singulativer Erzählungen vor, den Genette (1994: 82) nicht weitergedacht hat. Zu unterscheiden ist diese Form der *Variationen in der Wiederholung* von Konstellationen, die z. B. der oben erwähnten Frühstückssequenz in CITIZEN KANE zugrunde liegt (vgl. 5.2.4): Auch dort werden mehrere Frühstücksszenen zwischen Kane und seiner ersten Ehefrau mehrfach repräsentiert, allerdings geht es im Fall der Frühstückssequenz darum, die Entwicklung der Ehe in der Wiederkehr des Frühstücks zu charakterisieren und einen durativen Effekt zu erzielen, also letztlich um eine Variante, die als *iterativ-durative Zeitraffung* eingestuft wurde; von der Frequenz liegt bei der Frühstückssequenz der Fall „nE/mG" mit n sehr viel kleiner als m vor, weil die wenigen gezeigten Frühstücksszenen für eine Vielzahl vergleichbarer Szenen stehen. In FOUR WEDDINGS AND A FUNERAL geht es dagegen um genau vier Hochzeiten, die nicht für weitere Hochzeiten stehen sollen. Vier Hochzeiten, die zwar ähnlich verlaufen – sodass sich Korrespondenzen herstellen lassen und die Inszenierung mit komischen Wiederholungseffekten spielen kann –, die aber letztlich als Kette von *vier* singulativen Erzählungen *vierer* Hochzeiten eingeordnet werden können, zwischen denen thematische Bezüge bestehen.

5.4 Der Zeitpunkt des Erzählens

Genette (1994: 153 ff.) unterscheidet bezüglich der relationalen Zeitposition des Narrationsakts bzw. der narrativen Instanz zur erzählten Geschichte vier Narrationstypen:

a) die *spätere Narration* („die klassische Position der Erzählung in Vergangenheitsform"),
b) die *frühere Narration* („die prädiktive Erzählung, die im Allgemeinen im Futur steht, die aber auch im Präsens vorgetragen werden kann"),
c) die *gleichzeitige Narration* („Erzählung im Präsens, die Handlung simultan begleitend") und
d) die *eingeschobene Narration* (die „zwischen die Momente der Handlung" eingeschoben wird).

Alle vier Typen lassen sich, da die Ebenen des Erzählens im vorliegenden Modell weitgehend mit Genette kompatibel sind (vgl. 2.2.1), prinzipiell auch auf den Film anwenden. Hinzugefügt werden muss jedoch sogleich, dass es im Film jenseits der Sprache keine derartig eindeutigen Markierungen geben kann wie die Tempusmarkierung des Verbs. Denn während „es mir [in der Sprache] so gut wie unmöglich ist [die Geschichte] nicht in Bezug auf meinen narrativen Akt zu situieren, da ich sie notwendigerweise in einer Zeitform der Gegenwart, Vergangenheit oder Zukunft erzählen muß" (ebd.: 153), ist ein filmisches Erzählen ohne zeitliche Markierungen möglich. So ist der häufigste Fall in der Erzählliteratur die *spätere* Narration im Präteritum, während dem Film eine zeitliche Unmarkiertheit oder Zeitlosigkeit eingeschrieben ist, die eine Tendenz zur *gleichzeitigen* Narration hat, zumindest so lange keine weiteren sprachlichen oder nichtsprachlichen Markierungen auf einen anderen Typus verweisen.

Jeder Film, der neben der visuellen Erzählinstanz eine sprachliche Erzählinstanz einsetzt, kann zumindest im Fall eines *überlappenden* und *komplementären* Verhältnisses der beiden Instanzen durch die grammatische Tempusmarkierung der Erzählung der SEI wie in der Erzählliteratur als *spätere*, *gleichzeitige*, *frühere* oder *eingeschobene* Narration markiert sein.[49] Das heißt, die (in visueller Hinsicht) gleiche Sequenz kann durch den fakultativen Einsatz einer SEI eine spätere, gleichzeitige, frühere oder eingeschobene Narration repräsentieren. Das gilt auf verschiedenen diegetischen Ebenen für auditive und graphemisch-visuelle sprachliche Erzählinstanzen (Voice-over, Inserts, Schrifttafeln), sofern tempusmarkierte Verben vorkommen. Oft dienen kurze Inserts und Schrifttafeln wie „Rom im Jahre

49 Stehen SEI und VEI allerdings in einem *disparaten* (*widersprüchlichen*, *verschiedenen*) Verhältnis, kann die Tempusmarkierung der SEI uneindeutig sein oder sogar zur Uneindeutigkeit und/oder Widersprüchlichkeit des Films oder der Sequenz beitragen wie teilweise in L'ANNÉE DERNIÈRE À MARIENBAD.

50 nach Christus“ oder „New York, Oktober 2166“ dagegen einzig der zeitlichen und räumlichen Einordnung der *histoire* (und müssen nicht als eigenständige SEI analysiert werden, weil sie keine Minimalgeschichte repräsentieren und eindeutig der VEI untergeordnet sind). Derartige zeitliche Markierungen von Histoire-Zeitpunkten ohne tempusmarkiertes Verb haben allein keinen Aussagewert bezüglich des Verhältnisses der *narration* zur *histoire*. Die *histoire* eines Science-Fiction-Films kann z. B. von einem noch weiter in der Zukunft liegenden Zeitpunkt rückblickend erzählt werden. Komplexere Inserts können dagegen den Zeitpunkt der Narration markieren. Das expositorische Insert von STAR WARS (George Lucas, USA 1977), das – digital animiert – wie ein Schriftteppich oder Fließband in den Hintergrund des Bildraums zu schweben scheint, ist ein Beispiel dafür, dass die in der *Zukunft* angesiedelte *histoire* des Weltraumkriegs als *spätere* Narration präsentiert wird, angezeigt durch die Vergangenheitsform des Inserttexts.

Beim Einsatz einer SEI ist immer zu fragen, ob das *komplementäre*, *überlappende* oder *polarisierende* Verhältnis zur VEI derart stabil ist, dass über die gesamte Strecke des Films von einem einzigen Zeitpunkt der Narration gesprochen werden kann oder ob VEI und SEI ein wechselhaftes Verhältnis zur *histoire* haben, das entweder zur Etablierung verschiedener Narrationszeitpunkte führt (die sich logisch nur selten widerspruchsfrei auflösen lassen) oder zur vollständigen Ambivalenz oder Verschleierung des Narrationszeitpunkts. Im Bereich des *disparaten* Verhältnisses von SEI und VEI lässt sich selten ein einziger eindeutiger Narrationszeitpunkt bestimmen. Bei STAR WARS wäre z. B. zu fragen, ob ein Insert am Filmanfang reicht, den gesamten Film als spätere Narration zu markieren.

Grundsätzlich konstituieren sich die meisten Formen zeitlich markierter Narration durch das Zusammenspiel von VEI und SEI, durch verschachtelte Ebenenstrukturen, durch spezifische Fokalisierungen und/oder durch Enunziationsmarkierungen. Dieses Teilkapitel verhandelt deshalb nicht nur Zeitaspekte und verweist in einigen Punkten bereits auf komplexe Kommunikations- und Ebenenstrukturen, die in Kapitel 6 ausführlicher besprochen werden. In dieser Hinsicht stellt 5.4 eine Art Überleitung dar, die über narratologische Zeitaspekte hinausweist.

5.4.1 Zwischen zeitlich unmarkierter und gleichzeitiger Narration

Dem kinematographischen Erzählen durch audiovisuelles Zeigen (ohne sprachliche Instanzen) wird mitunter sowohl eine tendenziell „objektive Erzählweise“ (Deleyto 1996: 222; Griem/Voigts-Virchow 2002: 169), eine hohe „Illusion der Unmittelbarkeit" (vgl. Hurst 1996: 50 ff., 89 ff.)[50] oder das Fehlen narrativer Vermitteltheit (Mahler 2001: 264 ff.; Wolf 2002a) unterstellt, als auch eine Dominanz des gleichzeitigen Erzählens (Kühnel 2004b: 227 f.; Steinke 2007: 64). Teilweise wird die angenommene „Unmittelbarkeit", „Unvermitteltheit" oder „Objektivität" mit der Tendenz zur „Gleichzeitigkeit" in Verbindung gebracht, vor allem wenn über die Gleichzeitigkeit des Rezeptionsaktes argumentiert wird. Alle diese Positionen sind – wie in Kapitel 2 und 3.2. argumentiert worden ist – problematisch, wenn sie absolut gesetzt werden.

Die visuelle Erzählinstanz kann jedoch so erzählen,[51] dass – vergleichbar mit Varianten in der Erzählliteratur – von der ‚Illusion einer hohen Unmittelbarkeit' gesprochen werden kann (was dem Konzept einer neutralen Erzählsituation oder eines *covert narrator* entspricht und in anderen Terminologien als „objektive Erzählweise" bezeichnet wird). Dies ist häufig, aber nicht immer in Filmen der Fall, deren Montage den Regeln der konventionalisierten *découpage classique* folgt. Der Akt der filmischen Narration ist in diesen Filmen nur selten markiert, was die unmittelbare Wirkung der gezeigten *histoire* verstärkt und den Eindruck von ‚Gleichzeitigkeit' hervorrufen kann, weil bei marginaler Markierung der *narration* auch der Zeitpunkt der *narration* marginal markiert ist. Ich würde in solchen Fällen lieber von einer Zeitlosigkeit oder zeitlichen Unbestimmtheit mit Tendenz zur Gleichzeitigkeit sprechen als von einer grundsätzlichen Gleichzeitigkeit und schlage den Begriff der *zeitlich unmarkierten Narration* vor. Die so verstandene zeitlich unmarkierte Narration ist im narrativen Spielfilm der empirisch nachweisbare Regelfall so wie die spätere Narration der Regelfall der Erzählliteratur ist.

Der Rezeptionsvorgang findet bei der zeitlich unmarkierten Narration scheinbar zeitgleich zur filmischen Handlung statt – es handelt sich also, wenn überhaupt, um die Illusion der Gleichzeitigkeit zwischen den Ereignissen der erzählten Welt und dem Zeitpunkt der Rezeption. Allerdings sieht der Zuschauer dabei *nie* die Ereignisse an sich, sondern *immer* die durch Kamera und Montage vermittelten Ereignisse. Bezogen auf den Produktionsprozess eines Spielfilms findet die Kameraarbeit wiederum zeitgleich zu den inszenierten Ereignissen der *histoire*, die Montage nachträglich statt. In einer Art zeitlicher Rückkopplung kann die VEI das Prä-

50 Hurst (1996: 50 ff., 89 ff.) listet verschiedene historische Positionen auf, die dem Film eine ‚hohe' Unmittelbarkeit zugeschrieben haben, geht selbst aber von der Mittelbarkeit des Mediums aus (ebd.: 50 ff.), die er mit Stanzels „Erzählsituationen" modelliert (ebd.: 85 ff.). Hurst erklärt, wie trotz der „hinlänglich bewiesen[en]" Mittelbarkeit, die „Illusion der Unmittelbarkeit" entstehen kann (ebd.: 89 ff.); vgl. Hurst (2001).

51 Die aktive Verbindung von *VEI* und *erzählen* bezieht sich immer auf den in Kapitel 2 und 3.2 definierten Akt des kinematographischen Erzählens durch audiovisuelles Zeigen.

sentische der Handlung betonen, indem auffällige Montage und alle Nachträglichkeit anzeigenden Stilmittel zurückgenommen werden – so als würde die Kamera eine gleichzeitig zur Rezeption stattfindende Handlung mitfilmen (*Live-Effekt*).[52] Umgekehrt kann die VEI selbst im rein visuellen Fall durch Querverweise, Parallelismen und Vorausdeutungen darauf verweisen, dass sie, die Handlung überblickend, das Ende kennend im Nachhinein erzählt, also eine spätere Narration vorliegt (vgl. 5.4.2).

Die in einigen dieser Beispiele mitschwingende Tendenz, dass Montage Nachzeitigkeit und Kamera Gleichzeitigkeit anzeigen kann, stellt die in 2.3 und 3.2 getroffene Zuordnung von Kamera *und* Montage zu einer einzigen VEI nicht infrage, weil sie normalerweise nur graduell erkennbar ist oder in Sonderfällen aktualisiert wird. In Handkamerafilmen wie BLAIR WITCH PROJECT (vgl. 4.4.1.2), Filmen, die die Produktion des Films selbstreflexiv thematisieren und ausstellen wie KEINE LIEDER ÜBER LIEBE (vgl. 6.4.4.) sowie Filmen, die die Produktion eines Films oder einer Fernsehserie auf verschiedenen innerdiegetischen Ebenen zeigen (vgl. 6.4), kann die Gleichung ‚*Kamera* = gleichzeitige Unmittelbarkeit vs. *Montage* = nachzeitige Vermitteltheit' jedoch gültig sein, wenn auch selten für die gesamte Länge des Film. In diesen Fällen können längere Sequenzen, die ohne Montage auskommen, Gleichzeitigkeit und Unmittelbarkeit anzeigen, etwa weil die Handkamera einer Figur der Handlung zugeordnet wird. Jede Form der Montage deutet dann einen nachträglichen Eingriff an und bricht mit der zeitlichen Unmittelbarkeit der in der diegetischen Welt verankerten Kamera. In IRRÉVERSIBLE gibt es innerhalb längerer Sequenzen keine Montagen, was in Zusammenhang mit einer Handkamera den Eindruck des ‚Dabeiseins' verstärkt sowie aufgrund des zeitdeckenden Erzählens die Wirkung unmittelbarer Authentizität hervorruft, obwohl die Kamera keiner Figur zugeordnet werden kann; allerdings sind die fünf- bis zehnminütigen Erzählabschnitte invers angeordnet, was – da dadurch mit dem Ende begonnen wird – den erzählerisch-gestalterischen Eingriff deutlich ausstellt (vgl. 5.1.3). Der Zusammenhang, der in diesen Ausnahmefällen zwischen Unmittelbarkeit und Gleichzeitigkeit sowie Vermitteltheit und Nachzeitigkeit besteht, ist kein allgemeiner. Beispiele für einen hohen Grad an Vermitteltheit durch die VEI, bei denen trotzdem die Wirkung von Gleichzeitigkeit und Atemlosigkeit der Handlung betont wird, sind mit technischen Effekten bearbeitete Kampfsequenzen: In MATRIX (Larry und Andy Wachowski, USA 1999) werden einzelne Handlungen durch Zeitlupe und technische Effekte hervorgehoben, ohne dass die VEI Nachzeitigkeit anzeigen oder mit der actiongeladenen Un-

---

52 Eine auffällige *Kamerabewegung* kann beim *Live-Effekt* den Akt der Narration betonen, ohne den Eindruck der Gleichzeitigkeit abzuschwächen, ebenso bestimmte Formen der Montage (vgl. 4.4.1).

mittelbarkeit der Szene brechen will (wobei zugleich die Mittelbarkeit des Erzählakts betont wird).

Die meisten visuellen Formen der zeitlichen Orientierung der Narration sind *graduelle* Markierungen einer primär zeitlich unmarkierten Narration. Auch eindeutige Formen einer gleichzeitigen Narration entstehen erst durch zusätzliche Markierungen wie in den genannten Sonderformen des Handkamerafilms oder bei selbstreflexiver Thematisierung des Filmens auf einer oder mehreren Ebene(n). Radikale Formen der gleichzeitigen Narration sind im Fernsehfilm möglich, entweder bei tatsächlichen Live-Produktionen oder fingierten Live-Effekten, die mit Berg (1972: 106 ff.) als „fiktive Gegenwart" bezeichnet werden können (vgl. Hickethier 2007a: 136 f.). Die zusätzlichen Markierungen einer gleichzeitigen Narration könnten auch sprachlich sein – z. B. eine extra-heterodiegetische SEI, die im Präsens berichtet, als erörtere sie die gleichzeitig stattfindenden Ereignisse, die die komplementäre VEI zeigt, wie in einigen Abschnitten von LE FABULEUX DESTIN D'AMÉLIE POULAIN oder über weite Strecken des Films NAKED CITY, etwa in den Metalepsen, in denen die SEI die Hauptfigur Garzah direkt anspricht und somit unmittelbar auf die Handlung reagiert: „The cops are on a manhunt, Garzah. You need a plan. You've got to get out of this neighborhood." Die Dringlichkeit, mit der die SEI der Figur hier Handlungsanweisungen erteilt, verstärkt diesen Effekt.

5.4.2 Spätere Narration

Eindeutige Formen einer *späteren* Narration im Film entstehen durch sprachliche Markierung oder durch Ebenenschachtelung. Sie bilden neben den *zeitlich unmarkierten* Narrationen die zweite große Gruppe im Spielfilm.

5.4.2.1 Spätere Narration durch extradiegetische Instanzen

Eine extra-heterodiegetische SEI in Form eines Voice-overs (also ein extra-heterodiegetischer Voice-over-Erzähler)[53] kann im Präteritum erzählen. Bezogen auf die SEI liegt damit eine spätere Narration vor. Stehen VEI und SEI in einem komplementären, polarisierenden oder überlappenden Verhältnis und ist die SEI dabei mehrfach im Film präsent, lässt sich der spätere Narrationszeitpunkt auch für die VEI annehmen. Beide Instanzen konstatieren dabei eine weitgehend homogene Erzählsituation.

53 Ich benutze den an Kozloff (1988) angelehnten Begriff „Voice-over-Erzähler" („voice-over-narrator") teilweise als Hilfsbegriffe für eine *SEI* in Form eines Voice-overs.

Beispiele wären BARRY LYNDON, LE PARFUM. HISTOIRE D'UN MEURTRIER[54] und – mit einer auffällig auktorialen, flexibel mit ihrem Allwissen spielenden SEI – Y TU MAMÁ TAMBIÉN (Alfonso Cuarón, Mexiko 2001) sowie viele weitere Spielfilme, die einen extra-heterodiegetischen Voice-over-Erzähler aufweisen. Die SEI kann dabei zu Beginn des Films einsetzen (LE FABULEUX DESTIN D'AMÉLIE POULAIN mit der Aufblende der ersten Einstellung), direkt nach dem Vorspann (JULES ET JIM) oder auch später (Y TU MAMÁ TAMBIÉN: nach einer Eröffnungsszene; LE PARFUM. HISTOIRE D'UN MEURTRIER: nachdem das Ende in einem proleptischen Auftakt szenisch vorweggenommen wurde). LA MARQUISE D'O ... ist ein Beispiel für eine spätere Narration mit einer extra-heterodiegetischen SEI in Form zwischengeschnittener *Schrifttafeln*.[55]

Bei THE ROYAL TENENBAUMS wird die ca. 15-minütige Exposition[56] von einem extra-heterodiegetischen Voice-over-Erzähler dominiert, dem die VEI meist *illustrierend* oder *verzahnt* untergeordnet ist, sodass mit dem Präteritum der SEI eine spätere Narration gekennzeichnet ist.[57] Allerdings verschiebt sich das Verhältnis der Instanzen im Verlauf des Films. Nach der Exposition dominiert die VEI die seltener werdenden Voice-over-Passagen der SEI, die jeweils zwischengeblendeten Buchseiten zugeordnet sind und oft die szenische Unmittelbarkeit betonen, indem sie aktualisierend im Präsens stehen.[58] Erst im Schlussteil nehmen die Voice-over-

54 Wie in BARRY LYNDON und LE PARFUM. HISTOIRE D'UN MEURTRIER wird ein heterodiegetisches Voice-over oft bei Literaturadaptionen verwendet, um Duktus und Stil der heterodiegetischen *Stimme* der Literatur in den Film zu importieren (vgl. 6.3.2).

55 In LA MARQUISE D'O ... stehen die meisten Texttafeln im Präteritum, z. B. „Die Familie *mußte* das Kommandantenhaus räumen und *bezog* ein Haus in der Stadt."; oder: „Durch diese schöne Anstrengung mit sich selbst bekannt gemacht, *hob* sie sich plötzlich, wie an ihrer eigenen Hand, aus der ganzen Tiefe, in welche das Schicksal sie herab gestürzt hatte, empor" [Hervorhebungen von mir]. Viele Texttafeln repräsentieren Minimalgeschichten oder Ereignisketten; sie sind beinahe wörtlich der gleichnamigen Erzählung Heinrich von Kleists (1808) entnommen. Ausnahmen bilden kurze zeitanzeigende Texttafeln wie „Einige Tage später ...". Die spätere Narration kann für den gesamten Film angenommen werden, weil die Vergangenheitsmarkierung durch die regelmäßige Montage von Texttafeln im Präteritum häufig aktualisiert wird.

56 Die *Exposition* besteht aus dem Abschnitt, der durch zwischengeschnittene Buchseiten als „Prolog" bezeichnet wird (bis ca. 0:06:30), dem Abschnitt „Darsteller (22 Jahre später)", in dem die *Credits* im visuellen Stil des Films gestaltet werden (bis ca. 0:07:30) und dem „1. Kapitel" (bis ca. 0:15:50).

57 Das Voice-over wird wiederum Buchseiten zugeordnet, die zwischen die Szenen geschnitten sind, sodass der Eindruck erweckt wird, der Film repräsentiere einen Roman (vgl. 6.2.2).

58 Der Voice-over-Erzähler strukturiert den Hauptteil des Films, indem er nach der Montage einer Buchseite, die ein neues Kapitel anzeigt, kurz in die Situation einführt. Er liefert zeitlich verzögert die deutsche Übersetzung eines Teils der Sätze, die auf den Buchseiten zu erkennen sind. Insofern hat er (für das deutsche Publikum) auch die Funktion eines Dolmetschers. In der englischsprachigen Fassung werden in der Mitte des Films nur die Buch-

Passagen wieder zu, was mit einer zunehmenden Wichtigkeit der SEI im Verhältnis zur VEI einhergeht, aber nicht die gleiche Dimension erreicht wie am Anfang;[59] außerdem dominiert erneut das Präteritum. Die Entwicklung des Verhältnisses der Instanzen läuft synchron zur Modulation der *Dauer*: Die Zeitraffung ist am Anfang und Ende größer als in der Mitte des Films. Die SEI hat in der Exposition und im Schlussteil die Funktion, die Vor- und Nachgeschichte der verschiedenen Figuren zusammenzufassen und wird dabei von der VEI unterstützt. Im Mittelteil führt die VEI den Kern der Handlung szenisch vor und wird dabei von der SEI unterstützt. Der Bruch der Erzählsituation zwischen Anfang/Ende und Mitte ist jedoch abgefedert, weil die am Anfang hochgradig selbstreflexive und etablierte auktoriale sprachliche Erzählsituation durch das gelegentliche Voice-over auch im Mittelteil (der deutschen Synchronfassung) aktualisiert wird. Außerdem ‚spielt' die nullfokalisierende VEI im Mittelteil mit ihrem vorausdeutenden Mehrwissen und ihrer Handlungsübersicht, wenn sie die Emotionen entlarvend zwischen den Figuren hin- und herschwenkt und mit Zeigegestus auffällig häufig heran- und wegzoomt, sodass trotz der Verschiebungen der Instanzen und der Tempuswechsel der SEI von einer späteren Narration bei auktorialer Erzählsituation mit Tendenz zur Gleichzeitigkeit im Mittelteil gesprochen werden kann (vgl. 6.2.2).[60]

Die Verteilung einer SEI über den Film kann gleichmäßig oder gewichtet sein. Eine Akkumulation sprachlicher Erzählung am Anfang und Ende wie bei THE ROYAL TENENBAUMS ist in vielen fiktionalen Spielfilmen mit Voice-over nachzuweisen, bis hin zu Filmen, in denen die SEI nur am Anfang und/oder am Ende vorkommt. Bei Filmen, in denen die SEI nur am Anfang vorliegt und einen Großteil der expositorischen Funktionen übernimmt – wie STAR WARS (SEI in Form eines graphischen Inserts; s. o.) oder THE LORD OF THE RINGS: THE FELLOWSHIP OF THE RING (SEI in Form eines Voice-overs) – muss gefragt werden, ob die gesamte folgende visuelle Erzählung als spätere Narration eingeordnet werden kann, nur weil die SEI am Anfang im Präteritum erzählt. Bleibt die Markierung der Nachzeitigkeit durch die SEI den Film über wirksam? Wird sie in irgendeiner Form aktualisiert?

Ein Spielfilm kann mit einer Schrifttafel abgeschlossen werden, die berichtet, wie es über die visuell gezeigte Geschichte hinaus mit den Figu-

---

seiten zwischengeblendet; in der Exposition und am Schluss spricht der Voice-over-Erzähler dagegen kurz nach der Buchseitenmontage genau den Text, der zuvor zu lesen war. Im Folgenden beziehe ich mich vorwiegend auf die deutsch synchronisierte Version.

59 Das dominierende Voice-over setzt wieder ein im „8. Kapitel" (ca. 1:35:30) und setzt sich fort in den als „Epilog" gekennzeichneten letzten Abschnitt des Films.

60 In der englischsprachigen Fassung, in der es in der Mitte des Films kein Voice-over gibt, ist der Bruch zwischen Epilog und Ende auffälliger; die Erzählsituation wird nur bedingt durch die zwischengeschnittenen Buchseiten aufrecht erhalten.

ren ‚weitergegangen' ist. Das Präteritum der SEI auf der Tafel markiert den Erzählzeitpunkt als späteren – z. B. in POLLOCK nach dem finalen Autounfall: „Jackson Pollock and Edith Metzger died in the crash. Ruth Kligman survived." (auf einer ersten Schrifttafel) und: „Lee Krasner lived for another 28 years during which she managed the Pollock estate [...]" (auf einer zweiten). Der Erzählzeitpunkt der SEI einer abschließenden Schrifttafel hängt genau wie ihr Erzählduktus und ihre Fokalisierung selten direkt mit dem der VEI und weiterer fakultativer SEI(en) des restlichen Films zusammen, wenn nicht im Laufe des Films mit ähnlichen Schrifttafeln erzählt wurde. Selbst Filme, die zuvor einen Narrationszeitpunkt etabliert oder die Situation des Erzählens gezeigt haben, können mit Schrifttafeln enden, die einen konkurrierenden Narrationszeitpunkt etablieren, wie LA MALA EDUCACIÓN (wo die Komplexität durch mehrere interne Erzählzeitpunkte nochmals gesteigert ist; vgl. 6.3.3.1).

LE FABULEUX DESTIN D'AMÉLIE POULAIN beginnt mit einem nullfokalisierenden extra-heterodiegetischen Voice-over-Erzähler, der selbstreflexiv, flexibel und ironisch mit seinem Überblickswissen spielt, dem die Bilder weitgehend illustrierend untergeordnet sind. Somit wäre mit dem Präteritum der SEI eine spätere Narration gekennzeichnet. Nach den Credits und der Geburt der Hauptfigur Amélie Poulain fährt der ebenso ironische und allwissende Voice-over-Erzähler allerdings im Präsens fort, was seine Erzählungen und die Bilder der verzahnten VEI präsentisch erscheinen lässt und als gleichzeitige Narration eingeordnet werden kann. Diese Tendenz wird noch auffälliger, wenn die Erzählgeschwindigkeit langsamer wird, nachdem die Erzählung von Amélies Kindheit abgeschlossen ist und ihr Leben als Angestellte eines Bistros erzählt und gezeigt wird; eine klare Dominanz von SEI oder VEI ist dann nur noch stellenweise auszumachen. Das Verhältnis der Instanzen ist ab und zu überlappend, meist aber komplementär und dabei hochgradig verzahnt. Die VEI zeigt eine neue Figur, die SEI stellt sie vor: „Dieser junge Mann, der unter dem Foto-Fix-Automaten herumstochert, heißt Nino Quincampoix." Die VEI zeigt, wie sich Amélie und Nino anblicken, die SEI ergänzt: „In dem Alter, in dem Amélie der Kontakt zu anderen Kindern verwehrt blieb, hätte der kleine Nino gerne darauf verzichtet." Die VEI zeigt, wie Nino von seinen Mitschülern gehänselt wird usw. SEI und VEI beweisen an vielen Stellen, dass sie nicht nur wie hier alle Details der Vergangenheit, sondern auch die Zukunft kennen (SEI: „29. August. In 48 Stunden wird das Schicksal Amélie Poulains eine unerwartete Wendung nehmen"; die VEI nimmt einige Bilder von Amélies Zukunft vorweg). Beide Instanzen müssten also rückblickend erzählen, weil sonst keine zukunftsgewissen Vorausdeutungen möglich wären. Das zeitliche Verhältnis zwischen *narration* und *histoire* changiert also im Verlauf des Films zwischen späterer und gleichzeitiger Narration, lässt sich auf den gesamten Film bezogen aber vor allem wegen des enormen Detailwissens und Vorausdeutens von SEI und VEI als *tendenziell* spätere Narration einordnen.

In Filmen mit einer nullfokalisierenden VEI, die ihr Mehrwissen zu erkennen gibt – z. B. indem sie in Episodenfilmen Zusammenhänge zwischen den Episoden aufzeigt, die keine Figur wissen kann und die erst im Nachhinein erklärbar sind –, führt die Markierung des visuellen Erzählaktes auch *ohne* den Einsatz einer SEI zum Eindruck der Nachzeitigkeit, also zu einer tendenziell späteren Narration (so etwa in MAGNOLIA; vgl. 6.3.5).

5.4.2.2 Spätere Narration durch Etablierung einer Rahmenhandlung

Ein häufiger Fall der späteren Narration, wenn nicht der häufigste, kombiniert den Einsatz eines *homodiegetischen* Voice-overs mit einer *Rahmenhandlung*, die den nachträglichen Erzählvorgang zeigt, bevor die eigentliche Geschichte in Form einer kompletten Analepse durch VEI und SEI erzählt wird. Dieses klassische Muster sei anhand von HOMO FABER illustriert: In der Eröffnungsszene zeigt die extradiegetische VEI den Protagonisten Walter Faber mit Hannah auf dem Athener Flughafen (Kennzeichnung durch schwarz-weiß). Er verabschiedet sich von Hannah und setzt sich allein auf die Wartebank. Ein autodiegetisches Voice-over beginnt als *innere Stimme* Fabers zu erzählen.[61] Die VEI zeigt sein Gesicht in Groß, zoomt heran, und blendet über vom Erzählzeitpunkt (t_{erz}) zum Startzeitpunkt (t_{start}) der *histoire* (Kennzeichnung durch Farbe): Faber befindet sich auf dem Flughafen in Caracas und wartet auf seinen Flug. Die folgende Handlung wird von der VEI gezeigt, streckenweise begleitet von der komplementären SEI in Form des Voice-overs von Faber, das weitgehend im Präteritum berichtet. In den Voice-over-Passagen lässt sich zwischen *erzählendem* und *erzähltem Ich* unterscheiden. Am Ende kommt die Basisgeschichte, die zwar weitere Anachronien enthält, aber eine chronologische Folge erkennen lässt, beim Erzählzeitpunkt (t_{erz}) an; die Szene auf dem Athener Flughafen ist jetzt in Farbe zu sehen. Der Hauptteil des Films ist durch diese Rahmung in Verbindung mit dem Präteritum des Voice-overs als spätere Narration gekennzeichnet.

Das Voice-over repräsentiert im Fall von HOMO FABER den Prozess des Denkens der Hauptfigur (Walter Faber sitzt auf dem Athener Flugha-

---

61 Es handelt sich beim Voice-over um die Stimme des Schauspielers, der Walter Faber spielt (bzw. je nach Filmfassung seines Synchronsprechers). Immer wenn ich von einem *homo-* oder *autodiegetischen* Voice-over spreche, gehe ich davon aus, dass die Zuordnung der Stimme eindeutig ist. Man sieht hier, dass sich Fabers Mund nicht bewegt; deshalb handelt es sich um eine *innere Stimme* (vgl. 6.1.2).

fen und erinnert sich). Es kann in ähnlichen narrativen Konstruktionen auch den Prozess des Schreibens (OUT OF AFRICA, Sydney Pollack, USA 1985) oder sprachlichen Erzählens im Gespräch repräsentieren wie in AMADEUS: Der Komponist Antonio Salieri erzählt dem Beichtvater die Geschichte des von ihm verhassten Genies Wolfgang Amadeus Mozart.[62] In allen diesen Rahmenkonstruktionen wird die rückblickend erzählte Geschichte nie nur von der SEI erzählt, sondern vor allem von der VEI gezeigt. Meist wird zwischendurch mehrmals zur rahmenden Situation des Denkens, Schreibens oder Erzählens zurückgesprungen, wenn nicht, sorgt das wiederkehrende Voice-over für Kontinuität und Stabilität der Erzählsituation. Das Präteritum der homodiegetischen SEI und der Beginn des Films mit dem Erzählzeitpunkt, von dem zurückgeblickt wird, zeigen die *spätere* Narration an. Genauer – vor allem im Hinblick auf den Status der Ebenen – werden derartige narrative Konstruktionen in 6.2 und 6.3.2 untersucht.

FRIDA konstruiert eine spätere Narration durch Rahmenhandlung *ohne* sprachliche Instanzen. Zu Beginn ist die kranke Frida Kahlo zu sehen, wie sie kurz vor ihrem Tod im Bett zur ersten Ausstellung ihrer Bilder in Mexiko getragen wird. Die VEI zeigt ihr Gesicht, fährt näher heran und ein unauffälliger Schnitt (‚über' das Schwarz ihrer Haare) führt zur jungen Frida, die durch einen Patio rennt: Die von der VEI gezeigte Analepse ist als rückblickende Erinnerung und somit als spätere Narration gekennzeichnet. Der Film kehrt allerdings erst kurz vor Schluss zur Ausgangssituation zurück, sodass die Kennzeichnung als rückblickende Erinnerung im Laufe des Films verblasst.

5.4.2.3 Spätere Narration mit homodiegetischem Voice-over

WONDER BOYS (Curtis Hanson, USA 2000) ist ein Beispiel für den Einsatz einer extra-homodiegetischen auditiven SEI (Voice-over), die rückblickend im Präteritum erzählt (spätere Narration), ohne dass die Situation des Erzählens vorweggenommen würde. Erst am Ende des Films wird gezeigt, dass der Film den Roman repräsentieren soll, den die Hauptfigur, der Schriftsteller Grady Trip, den ganzen Film über schreiben wollte und

62 Das Voice-over Salieris ist *homo*diegetisch, aber *nicht auto*diegetisch, weil Salieri zwar in der Geschichte vorkommt, aber nicht ihr Protagonist ist. Da jede autodiegetische SEI auch homodiegetisch ist, aber nicht umgekehrt, habe ich homodiegetisch in vielen Fällen, in denen eine weitere Differenzierung nicht notwendig ist, als Oberbegriff benutzt und nicht weiter gekennzeichnet, ob die SEI zugleich autodiegetisch ist oder nicht. Die Unterscheidung der *Person* (*homo*- vs. *hetero*diegetisch) liegt vor der Frage, ob die homodiegetische SEI auch autodiegetisch ist.

in einer Ellipse kurz vor Ende geschrieben hat: Nach dem thematisch gekennzeichneten elliptischen Zeitsprung sieht man Grady vor seinem Laptop die letzten Sätze schreiben und schließlich die entsprechende Datei abspeichern. Das Gleiche gilt für THE POSTMAN ALWAYS RINGS TWICE (Tay Garnett, USA 1946): Die rückblickende extra-homodiegetische SEI wird erst am Ende als Erzählung aus der Todeszelle verankert. In THE LADY FROM SHANGHAI, GILDA (Charles Vidor, USA 1946), FEAR AND LOATHING IN LAS VEGAS oder THE BEACH zeigt das Präteritum der den Film begleitenden extra-homodiegetischen auditiven SEI an, dass eine spätere Narration vorliegt, *ohne* dass eine Situation des Erzählens oder Schreibens gezeigt wird.[63] Beinahe klassisch führt die extra-homodiegetische SEI am Anfang von THE LADY FROM SHANGHAI kurz nach den Credits zu einem *establishing shot* in die spätere Narration ein:

> Wenn ich mich einmal in eine unsinnige Idee verrannt habe, gibt es kaum etwas, was mich wieder davon abbringen kann. Aber ich habe nicht gewusst, wohin dies führen wird, sonst hätte ich es wohl nicht dazu kommen lassen. Ich hätte meinen Verstand gebrauchen sollen, aber nachdem ich sie einmal gesehen hatte, ein einziges Mal, war ich für lange Zeit nicht mehr in der Lage vernünftig zu denken. (THE LADY FROM SHANGHAI, ca. 00:56:00 ff.)

Die Distanz zwischen *erzählendem* und *erzähltem Ich* wird deutlich markiert; der Hinweis auf das Nichtwissen des erlebenden Ichs („Aber ich habe nicht gewusst") und bessere Verhaltensweisen („Ich hätte meinen Verstand gebrauchen sollen") weisen auf den Wissensvorsprung des im Nachhinein mehrwissenden erzählenden Ichs, von dem letzteres allerdings nichts Konkretes preisgibt. Die visuelle Erzählung beginnt mit der nächsten Einstellung, die zum ersten Mal das *gezeigte Ich*, also das szenisch-erlebende Ich in Form der vom Schauspieler verkörperten Figur, präsentiert. Trotz des ausgefeilten Erzählduktus der extra-homodiegetischen SEI, die den Film als regelmäßig wiederkehrendes Voice-over begleitet, wird die spätere Narration in keiner Rahmenhandlung verankert oder anderweitig beglaubigt. Auch die letzte Voice-over-Passage, die die letzte Einstellung begleitet und den Narrationszeitpunkt auf einen unbestimm-

---

63 In vielen Filmen mit einer extra-homodiegetischen auditiven SEI, die im Präteritum erzählt, wechselt die SEI zwischendurch in andere Tempusgruppen. Am Anfang von THE BEACH beginnt die SEI z. B. im Präsens, um die Verzahnung mit der VEI zu unterstreichen: „Mein Name *ist* Richard. Tja, was *müssen* Sie sonst noch wissen? Nach 18 Stunden im hinteren Teil eines Flugzeugs [...] bin ich endlich gelandet: in Bangkok. Und das hier *ist* es" [Hervorhebungen von mir]. Neben dem Präsens wird die Verzahnung mit der VEI durch den expliziten deiktischen Verweis auf die Bilder („Das hier") unterstrichen. Allerdings geht die SEI dann bald in den für den Rest des Films prägenden Erzählduktus im Präteritum über, der nicht mehr explizit an die Bilder gekoppelt wird, wiewohl teilweise ein komplementäres Erzählen von SEI und VEI vorliegt. Eine Funktion des extra-homodiegetischen Voice-overs ohne Verankerung in einer Rahmenhandlung ist bei entsprechendem Erzählduktus oft, z. B. bei Literaturadaptionen, eine (Pseudo-)Literarisierung des Films.

ten Moment nach Abschluss der im Film gezeigten Handlungen verschiebt, von dem das erzählende Ich prophetisch in die Zukunft blickt, reflektiert keine Situation des Erzählens oder Denkens, der man die Filmerzählung zuschreiben könnte:

> Ich war wieder frei. Der Brief an den Staatsanwalt musste beweisen, dass ich unschuldig war. Ein großes Wort: Unschuldig. Dumm würde besser passen. Die einzige Möglichkeit, die Unvernunft zu überwinden, ist alt zu werden. Darauf werde ich mich beschränken. Vielleicht werde ich einmal so alt, dass ich sie vergesse. Vielleicht werde ich aber auch über diesem Versuch sterben. (THE LADY FROM SHANGHAI, ca. 0:76:50)

CITIZEN KANE und THE KILLERS konstruieren dagegen je mehrere eingebettete spätere Narrationen. Verschiedene Figuren erzählen einer befragenden Figur (einem Journalisten/einem Versicherungsagenten) in der *Diegese* ihre Erfahrungen mit der bereits verstorbenen Hauptfigur (Kane/der „Schwede" Andersen). Die visuell umgesetzten Analepsen, die Ausschnitte aus dem Leben der Hauptfigur zeigen, werden den befragten Figuren durch Überblendung zugeordnet und sollen das repräsentieren, was die jeweilige Figur in der *Diegese* zu erzählen beginnt. Sie bilden somit *Metadiegesen*, die jedoch vor allem von der VEI gezeigt werden, nur teilweise begleitet von der Stimme der befragten Figur (vgl. 6.3).

Der Zeitpunkt der Narration kann vom Voice-over auch selbstreflexiv thematisiert werden, wie am Anfang von DER GETEILTE HIMMEL (Konrad Wolf, DDR 1964): „So begann ihre Geschichte. Eine banale Geschichte, wenn man will. Übrigens liegt sie hinter ihr. Zwei Jahre ihres Lebens." Trotz der dritten Person Singular („sie") bildet das weibliche Voice-over eine homodiegetische SEI, weil die Voice-over-Stimme unmissverständlich der Figur Rita Seidel zuzuordnen ist; streckenweise wechselt die SEI auch in die dritte Person Plural („wir").[64] Durch ein nicht immer eindeutiges Verhältnis der SEI zur VEI und kaum gekennzeichnete, unvermittelte Zeitebenssprünge wird ein eindeutiger späterer Narrationszeitpunkt allerdings nicht konstant aufrechterhalten.

5.4.2.4 Tote Voice-over-Erzähler

Auch bei – ontologisch unmöglichen, logisch möglichen – ‚toten' homodiegetischen Voice-over-Erzählern liegt eine *spätere* Narration vor, so in SUNSET BOULEVARD (Billy Wilder, USA 1950) und AMERICAN BEAUTY

64 Die SEI bleibt unabhängig von den grammatischen Wechseln *homodiegetisch*, weil die Stimme des Voice-overs eindeutig ist. Die von Genette (1994: 174 ff.) betonte Unabhängigkeit der Unterscheidung *homo-* vs. *heterodiegetisch* von der Unterscheidung *Ich-* vs. *Er-Erzähler* gilt auch, vielleicht noch auffälliger, für den Film (vgl. 4.5).

(Sam Mendes, USA 1999). SUNSET BOULEVARD ist beinahe klassisch gerahmt. Am Anfang ist eine in einem Pool schwimmende Leiche zu sehen. Der noch unbekannte Voice-over-Erzähler tarnt sich durch das Personalpronomen in der dritten Person als scheinbar heterodiegetisch und berichtet über den Toten, einen zweitklassigen Drehbuchautor. Er spricht den Zuschauer explizit an, verspricht zu erzählen, was wirklich geschehen ist, bevor es durch Gerüchte aufgebauscht wird und schließt: „Der arme Phantast. Er hatte sich immer ein Schwimmbassin gewünscht. Und als er es endlich bekam, musste er es mit einem hohen Preis bezahlen." Mit Beginn der durch Überblendung eingeleiteten kompletten Analepse, die die Haupthandlung zeigt – eine groteske Affäre zwischen dem Protagonisten und der verblühten Stummfilmdiva Norma Desmond –, gibt sich der Voice-over-Erzähler dann als homodiegetische Stimme eben jenes Drehbuchautors Joe Gillis zu erkennen, der zum Zeitpunkt des Erzählens bereits tot ist: „Drehen wir das Rad der Zeit um sechs Monate zurück, bis zu dem Tag, wo es begann. Ich bewohnte ein möbliertes Zimmer im Zentrum der Stadt. Und es ging mir nicht gerade gut. Ich hatte schon lange keinen Filmstoff mehr verkauft." Die SEI mischt sich häufig und fast immer im Präteritum in die Erzählung der VEI ein. Am Ende erreicht die Haupthandlung die Ausgangssituation und die SEI bemerkt: „Da bin ich also. Zurückgekehrt in das Schwimmbassin, das ich mir so gewünscht hatte. Es dämmert und man hat mich mindestens 1000 Mal fotografiert. [...] Wie höflich doch die Leute mit einem umgehen, wenn man tot ist."[65] Die ontologische Unmöglichkeit eines zurückblickenden toten Ich-Erzählers entspricht vergleichbaren Fällen in der Literatur.[66]

In AMERICAN BEAUTY gibt es keine Rahmung. Das homodiegetische Voice-over des Protagonisten Lester Burnham setzt (nach einer vorausdeutenden Handkamera-Sequenz) mit Beginn der ‚eigentlichen' visuellen

---

65 Der Zeitpunkt des Erzählens ist am Anfang durch die Angaben des Voice-over-Erzählers auf kurz nach dem Tod, aber bevor „die Zeitungen über den Fall berichten", auf „etwa fünf Uhr morgens" taxiert. Da die SEI am Ende aber über diesen Zeitpunkt hinaus weiter erzählt, ist kein eindeutiger Zeitpunkt des Erzählens zu bestimmen: Liegt der Zeitpunkt unmittelbar nach dem Tod, während die Leiche im Pool schwimmt (angezeigt durch das Präsens und die Angaben der SEI am Anfang und bei der Rückkehr zur Ausgangssituation)? Oder später, weil die SEI noch erzählt, wie es der Filmdiva nach dem Tod von Gillis ergangen ist? „Auch die Jungs von der Wochenschau kamen angebraust. [...] Und nun begannen sie doch zu laufen, diese Kameras. Das Leben, das oft seltsam gnädig ist, hatte Mitleid mit Norma Desmond." Das Präteritum zeigt Nachzeitigkeit an und markiert somit einen Zeitpunkt, der *nach* dem letzten erzählten Ereignis der *histoire* liegt, das nach dem Leichenfund im Pool liegt. Die Frage ist jedoch, ob im Fall eines toten Ich-Erzählers überhaupt von einer irdisch-chronologischen Zeitlogik ausgegangen werden sollte.

66 Z. B. in *Die neuen Leiden des jungen W.* von Ulrich Plenzdorf (1972; Theaterstück), in *Nox* von Thomas Hettche (1995; Roman), in *Benim Adim Kirmizi* (*Rot ist mein Name*) von Orhan Pamuk (1998; Roman), in *Oberland* von Marcus Jensen (2004; Roman).

Erzählung der VEI ein: „Mein Name ist Lester Burnham. Das ist mein Stadtviertel. Das ist meine Straße. Das ist mein Leben. Ich bin 42 Jahre alt. In weniger als einem Jahr bin ich tot."[67] Einerseits weiß der Ich-Erzähler paradoxerweise, dass er in einem Jahr tot sein wird, andererseits erzählt er im Präsens, was zusammen mit den Bildern der komplementären VEI im Laufe des Films oft den vergegenwärtigenden Effekt einer gleichzeitigen Narration hat. Erst als die VEI den niedergeschossenen Körper Lesters gegen Ende des Films zeigt, wechselt die SEI ins Präteritum und erzählt rückblickend, was angeblich in der letzten Sekunde vor dem Tod zu sehen sei: „Ich habe ständig gehört, dass in der Sekunde, bevor du stirbst, dein ganzes Leben vor deinen Augen abläuft. Zunächst einmal ist jene Sekunde gar keine Sekunde. Sie zieht sich ewig hin. [...] Ich sah, wie ich in einem Pfadfinderlager auf meinem Rücken lag und Sternschnuppen beobachtete. Und wie gelbes Laub von den Ahornbäumen fiel." Die Logik einer späteren Narration wird somit gestützt und der Erzählzeitpunkt im Jenseits verankert.[68] Allerdings lässt sich der Widerspruch zwischen der späteren Narration aus dem Jenseits und dem Zusammenspiel aus SEI und VEI, das über weite Strecken des Films eine gleichzeitige Wirkung hat, nicht vollständig auflösen.[69]

Auch in HEAVEN CAN WAIT (Ernst Lubitsch, USA 1943) erzählt ein toter Ich-Erzähler seine Lebensgeschichte; allerdings handelt es sich in diesem Fall um einen *intra*-homodiegetischen Erzähler, weil die ironische Gesprächssituation der Hauptfigur Henry van Cleve mit dem Teufel als szenische Rahmenhandlung gestaltet ist. Eingeleitet durch das Insert: „Als Henry Van Cleve die Schwelle zum Jenseits überschritt ..." betritt der

67 Die Aufsicht der Kamera, die während der Voice-over-Passage von oben über das Wohngebiet ‚schwebt', verweist auf die metaphorische Vorstellung einer Seele, die ‚von oben' auf die Welt hinabblickt; im Laufe des Films, besonders nach dem Tod des Protagonisten, gibt es einige derartige Einstellungen.

68 Das Ende von AMERICAN BEAUTY ist *en détail* komplexer. Einerseits ergänzen sich SEI und VEI, wenn die VEI in schwarz-weißen Einstellungen zeigt, woran sich die SEI gerade erinnert (den in den Himmel blickenden Pfadfinder, die Ahornbäume usw.). Andererseits zeigt die VEI etwas *Verschiedenes*, wenn sie die schwarz-weißen Erinnerungsbilder durch kurze farbige Szenen unterbricht, die zeigen, wie die noch lebenden Figuren den Schuss wahrgenommen haben, der Lester getötet hat.

69 Weitere Filme mit toten Voice-over-Erzählern sind: PALERMO FLÜSTERT (Wolf Gaudlitz, D/I 2001) und PAROXISMUS (Jesus Franco, GB/BRD/I 1969). Eine Fernsehserie mit einer toten Voice-over-Erzählerin ist DESPERATE HOUSEWIVES (USA 2004 ff.). Eine ähnliche Grundstruktur wie SUNSET BOULEVARD weisen Filme auf, deren Erzähler *im Moment des Todes* die Basisgeschichte erzählen, wie THE MILLION DOLLAR HOTEL (Wim Wenders, D/USA 2000). Es wird suggeriert, dass der Erzählvorgang während eines Sprungs vom Hochhaus stattfindet. In THE SIXTH SENSE (M. Night Shyamalan, USA 1999) und LOS OTROS (Alejandro Amenábar, S/USA 2001) sind die Hauptfiguren auch von Anfang an tot, was allerdings erst gegen Ende in einem *final twist* entschlüsselt wird. Beide Filme kommen ohne Voice-over und Rahmenhandlung aus, werden nur von einer VEI erzählt.

Lebemann Henry in der ersten Szene des Films das Vorzimmer zur Hölle und begehrt freiwillig Einlass. Sein Gesprächspartner (und intradiegetischer Adressat) ist der Teufel, den er mit seiner Lebensgeschichte überzeugen will. Diese wird als *Metadiegese* szenisch-visuell gezeigt, teilweise begleitet vom Voice-over Henrys; zwischendurch wird auch die Gesprächssituation erneut gezeigt. Nach Abwägung seiner Sünden und Tugenden verweist der Teufel Henry schließlich in den Himmel.

5.4.3 Eingeschobene und frühere Narration

5.4.3.1 Intradiegetische Brief- und Tagebuchkommunikation

Beispiele für eingeschobene Narration finden sich in der Erzählliteratur u. a. in Brief- und Tagebuchromanen wie *Les liaisons dangereuses* (P. Choderlos de Laclos, 1782), *Die Leiden des jungen Werthers* (Johann Wolfgang von Goethe, 1774), *Das kunstseidene Mädchen* (Irmgard Keun, 1932) und *Stiller* (Max Frisch, 1954). Brief- und Tagebucherzählungen können auch im Film vorkommen, sind dann aber meist intradiegetisch, d. h. gezeigten Figuren der Diegese zugeordnet. Der eingeschobene Zeitpunkt des Tagebuch- oder Briefschreibens und/oder -lesens ist innerhalb der *Diegese* szenisch gestaltet und bezüglich der im Brief/Tagebuch geschilderten Ereignisse – also der *Metadiegese*, die im Brief/Tagebuch erzählt wird – meist als *späterer* bestimmbar. Er hängt *nicht* mit dem Erzählzeitpunkt der extradiegetischen VEI des Films zusammen. Der Schreibende kann beim Schreiben in der Szene laut sprechen, der Lesende in der Szene laut lesen. Häufiger wird zur Darstellung des Brief-/Tagebuchschreibens oder -lesens jedoch ein Voice-over eingesetzt, wobei zu unterscheiden ist, ob beim *Lesen* eines Texts die Stimme des *Lesenden* (als innere Stimme) oder die Stimme des *Texturhebers* (als innere vorgestellte Stimme) zu hören ist (vgl. 4.5.3 und 6.1.2).[70] Möglich ist auch eine Übereinanderprojektion der Stimmen[71] und ein schneller Wechsel, wie er mehrfach in der Romanadap-

---

70 Es kommt auch vor, dass die Stimme eines inzwischen verstorbenen Briefautors beim *Lesen* (als die vom Lesenden vorgestellte Stimme) zu hören ist wie in LA MALA EDUCACIÓN oder IMMORTAL BELOVED.

71 Eine Übereinanderprojektion zweier Stimmen durch Tonmodulation und Echoeffekt findet sich in BECOMING JANE (Julian Jarrold, GB 2007). Die Figur Jane Austen liest einen Roman, den ihr der Bonvivant Tom Lefroy empfohlen hat, zu dem sie sich zunehmend emotional hingezogen fühlt. Zu hören ist ihre innere Stimme (als klassische Stimme der Lesenden), die allerdings mit seiner Stimme vermischt wird. Dadurch wird angezeigt, dass sie beim Lesen an Tom Lefroy denkt, der ihr den aus ihrer Sicht ästhetisch und moralisch gewagten Roman empfohlen hat. Durch Lautstärkemodulation beider Stimmen ist mal ihre, mal seine Stimme dominant, was die wechselhaften kognitiven und emotionalen Pro-

tion DANGEROUS LIAISONS (Stephen Frears, USA/GB 1988) vorkommt: Die VEI zeigt zuerst den Briefschreibenden; seine Stimme ist szenisch oder als Voice-over zu hören. Während die Stimme des Schreibers als Voice-over fortfährt, zeigt die VEI kurz den Briefempfänger beim Lesen, um am Ende der Sequenz zum Schreiber zurückzukehren (es handelt sich dabei um eine kurze Prolepse, weil der gezeigte Lesevorgang erst nach dem Schreib- und Zustellungsvorgang stattfinden kann).

Wird der Inhalt des Briefs/Tagebuchs innerhalb des Films nur sprachlich erzählt, also durch szenisches Sprechen einer diegetischen Figur oder innere Stimmen, kann die Brief- oder Tagebucherzählung, die eine kurze Binnenerzählung darstellt, ausschließlich der *intradiegetischen SEI* zugeschrieben werden. Wird der Inhalt auch visuell präsentiert, ist die Erzählsituation komplexer, weil das Verhältnis von VEI und intradiegetischer SEI verschieden organisiert sein kann (vgl. 6.1 und 6.3). Konstruiert der Film eine Rahmenhandlung, die den Prozess des Tagebuchschreibens zeigt, kann bezüglich der Binnenhandlung eine *spätere* Narration für SEI und VEI angenommen werden, vergleichbar mit der in HOMO FABER (vgl. 5.4.2.2).

5.4.3.2 Die eingeschobene Tagebuch-Narration auf ‚äußerer Ebene'

Komplexere filmische Beispiele eingeschobener Tagebuch-Narrationen auf *äußerer* Ebene bilden BULLETS OVER BROADWAY (Woody Allen, USA 1994) und TAXI DRIVER (Martin Scorsese, USA 1976).

In BULLETS OVER BROADWAY, einer Komödie im Mafia- und Theatermilieu, wird das Tagebuchschreiben durch einen extra-homodiegetischen Voice-over-Erzähler repräsentiert. Im Gegensatz zu TAXI DRIVER wird die Schreibsituation niemals gezeigt. Das Voice-over des Protagonisten David Shayne beschränkt sich auf die Szenen, in denen Proben des Theaterstücks, das er geschrieben hat und am Broadway inszenieren will, gezeigt werden. Die dramaturgischen Verwicklungen der Handlung des (durch die Theaterinszenierung im Film) bedingt medienreflexiven Films bestehen darin, dass sich die Theaterproduktion nur mithilfe der Mafia finanzieren lässt und nur unter der Bedingung, dass Olive Neal, die untalentierte Geliebte eines Mafiabosses, die Hauptrolle spielt.

---

zesse Janes beim Lesen repräsentieren soll (u. a. den inneren Widerstreit von Norm und Gefühl bezüglich Lefroy). Eine Variation dieses Musters findet sich in CARNE TRÉMULA (Pedro Almodóvar, S/F 1997): David bekommt im Gefängnis den Abschiedsbrief seiner todkranken Mutter; der Inhalt des Briefes wird von der Stimme der Mutter als Voice-over gelesen (vorgestellte Stimme des Lesenden), die allmählich immer leiser wird (symbolisch für die ‚Auslöschung' der Stimme durch den Tod); plötzlich ist gleichzeitig die Stimme Davids zu hören, die als Voice-over seinen Antwortbrief liest (innere Stimme des Schreibenden), die relativ zur Stimme der Mutter immer lauter wird, bis letztere verstummt.

Wie ist die Tagebucherzählung eingebettet? Der extra-homodiegetische Voice-over-Erzähler setzt nach etwa einem Drittel des Films ein und teilt mit, dass er ein Tagebuch schreiben wolle: „Montag, 10. Oktober. Heute fingen die Proben an und ich habe beschlossen, Tagebuch zu führen. [...] Die Proben fingen pünktlich um zehn an. Warner Purcell traf als erster ein." In einer kurzen Sequenz zeigt die VEI wie Warner Purcell eintrifft. Die VEI beginnt zwar zeitgleich mit dem Voice-over-Erzähler, braucht aber länger für das Zeigen der Szene, sodass die SEI eine Pause macht, bevor sie fortsetzt: „Eden Brent, die die andere Frau spielt, traf als zweite ein." Die VEI zeigt nun ihre Begrüßung bevor die SEI nach einer erneuten Pause fortführt („Olive Neal kam hinzu. Natürlich mit der Wucht eines Orkans") und die VEI eine Szene mit Olive Neal zeigt. Das Wechselspiel setzt sich fort, bis die Schauspieltruppe zusammen ist und die SEI erklärt: „Ich wollte am ersten Tag keinen der Schauspieler überfordern. Also hatten wir nur eine Leseprobe." Nach einigen Szenen der Leseprobe beendet die SEI die Sequenz: „Nach der Probe war mir euphorisch zumute." Die VEI *illustriert* vor allem, was die SEI erzählt und ergänzt kaum etwas Handlungsrelevantes, das die SEI nicht erzählt hat, sodass der in Bezug auf den restlichen Film *eingeschobene* Zeitpunkt der Tagebucherzählung auch für die Erzählsituation dieser Sequenz insgesamt und damit quasi auch für die illustrierende VEI angenommen werden kann, was sich jedoch nicht realistisch auflösen lässt.

In anderen Tagebuchsequenzen geht das Verhältnis der VEI zur SEI über ein illustrierendes hinaus und ist *komplementär*, sowohl *verzahnt* als auch *sich ergänzend*. Die SEI beginnt in einem neuen Tagebuchabschnitt: „Heute kam Ellen mit zur Probe. Sie war unglaublich gespannt die Truppe kennenzulernen, besonders Warner Purcell." Die VEI zeigt die Begrüßung von Ellen, der Freundin des Protagonisten, und Warner Purcell. Die SEI fährt fort: „Eine halbe Stunde lang verlief der Vormittag reibungslos, aber dann ereignete sich ein weiterer Zwischenfall." Die SEI zeigt, wie sich Cheech, der Leibwächter des Mafiabosses, der Olive Neal bewacht, das erste Mal in die Proben einmischt, die Realitätsferne der Dialoge bemängelt und einen Verbesserungsvorschlag macht. Hier ergänzt die VEI ein handlungsrelevantes Faktum, dass die SEI nicht erzählt hat, aber etwas später aufgreifen kann: „24. Oktober. Ich verteilte die Änderungen an die Schauspieler. Alle schienen angetan zu sein." Die VEI zeigt, wie alle Figuren über die neue Version schwärmen (der Mafialeibwächter Cheech wird später das gesamte Stück umschreiben). Auch durch diese Form der Verzahnung wird die VEI innerhalb der Tagebuchabschnitte an die immer noch leicht dominierende SEI gebunden, sodass auch hier eine eingeschobene Narration angenommen werden kann.

Dass die SEI eine Tagebucherzählung repräsentieren soll, wird zuerst explizit von ihr angekündigt und später durch die Zeitangaben am Anfang jeder Tagebuchpassage aktualisiert. Das vergegenwärtigende „heute" bei rückblickendem Präteritum kennzeichnet die Narration als *eingeschoben*, so als ob der Protagonist jeden Abend den Tag im Tagebuch resümieren würde. Bezüglich dieser leichten Zeitverschiebung gilt, was Genette für die eingeschobene Narration in der Erzählliteratur erörtert:

> Die sehr große Nähe zwischen Geschichte und Narration [bewirkt] hier sehr oft [...] einen sehr subtilen Reibungseffekt zwischen der leichten Zeitverschiebung in der Erzählung von Ereignissen („heute ist mir dies und das passiert") und der strikten Gleichzeitigkeit in der Mitteilung der Gedanken und Gefühle („heute Abend denke ich so und so darüber"). Das Tagebuch und der vertrauliche Brief verknüpfen ständig das, was man in der Rundfunksprache Direktübertragung und Übertragung zu einem späteren Zeitpunkt nennt, eine Art inneren Monolog mit einem nachträglichen Bericht. (Genette 1994: 155)

Ein neuer, vom Voice-over gesprochener Tagebucheintrag wird visuell mit einem Schnitt in eine neue Szene im Theater eingeleitet. Die Tagebucherzählung prägt nicht den gesamten Film. Zwar sind die Szenen während der Voice-over-Passagen immer an den Text gebunden, aber das Voice-over beschränkt sich auf die Theaterproben. Alle anderen, in Bezug auf den Protagonisten privaten Sequenzen (sein Flirt mit der Schauspieldiva Helen Sinclair; die Beziehung zu seiner Frau etc.) sowie die Szenen im Mafiamilieu werden nur von der zeitlich nicht markierten VEI gezeigt.

Im Gegensatz zu BULLETS OVER BROADWAY wird in TAXI DRIVER der Protagonist Travis Bickle stellenweise auch als Schreibender gezeigt. Die ersten Einstellungen des Films, die die VEI während der Credits zeigt (dunstige Straßen, ein Taxi, die müden Augen des Protagonisten, Lichter der Stadt, verschwommen durch die regennasse Scheibe eines Taxis usw.), sind narrationale Vorausdeutungen, weil sich Travis Bickle erst in der ersten Sequenz nach den Credits, die ebenfalls nur von der VEI gezeigt wird, um den Job als Taxifahrer bewirbt und diesen schließlich bekommt.

Erst in der darauf folgenden Sequenz wird ein extra-homodiegetisches Voice-over eingesetzt: Die VEI beginnt einen Kameraschwenk durch einen Innenraum; etwa nach der Hälfte des Schwenks setzt die auditive SEI ein: „10. Mai. Endlich hat es geregnet. Dreck und Abfälle wurden von den Bürgersteigen gespült. Ich arbeite bis zur Erschöpfung." Die VEI setzt den Schwenk fort, bis sie schließlich das erste Mal zeigt, wie Travis in einem notizheftartigen Tagebuch schreibend vor einem Tisch sitzt. Man sieht, dass sich sein Mund nicht bewegt, während seine Stimme weiterhin zu hören ist. Es handelt sich bei dieser SEI also um die *innere Stimme* des Tagebuch schreibenden Taxifahrers Travis. Unmittelbar nach dem Ende der Voice-over-Passage führt ein Schnitt in die nächste Sequenz: Die VEI zeigt ein Taxi, das durch die Nacht fährt. Die auditive SEI mischt sich nach einer kurzen Pause wieder ein, als Travis aus dem Taxi die Prostituierten beobachtet. Die VEI zeigt Travis bei seinen Nachtschichten, beim Dienstschluss im Morgengrauen, in einem Porno-Kino und dabei, wie er die Wahlkampfhelferin Betsy, in die er sich später verlieben wird, das erste Mal erblickt. Die SEI mischt sich ab und zu dazwischen, markant vernetzt in der ersten ‚Betsy'-Sequenz: Während die SEI sagt: „Ich sah sie zum ersten Mal im Hauptquartier der Wahlkampfleitung" zeigt die VEI in einem Travis' Blick repräsentierenden *POV-shot* zuerst eine Menschenmenge auf dem Bürgersteig und dann wie Betsy auffällig aus der Menge heraus plötzlich in sein Blickfeld tritt, genau während die SEI sagt: „In ihrem weißen Kleid erschien sie mir wie ein Engel, der sich in die schmutzigste Hölle hinabgewagt hat. Sie ist allein, dachte ich."

Noch während dieser sprachlichen Passage und während Betsy über die Straße schreitet, die Tür des Wahlkampfbüros öffnet und dabei kurz Richtung Kamera blickt, wird auf einen von Travis handbeschriebenen Notizzettel in Detail geschnitten. Unmittelbar darauf zeigt die VEI Travis erneut beim Tagebuchschreiben. Durch diese kurze, aber eindeutige Rückkehr zur *Schreibsituation* wird das Voice-over auch rückwirkend noch einmal als SEI der Tagebucherzählung markiert.[72] Die *erste* und die *zweite* Schreibsituation könnten identisch sein, angezeigt durch ähnliche Gegenstände auf dem Tisch und ein ähnliches Hemd, das Travis trägt; allerdings muss zumindest etwas Zeit von der ersten bis zur zweiten Schreibsituation vergangen sein, weil eine Kaffeetasse und eine Essensverpackung fehlen und eine geöffnete Chipstüte hinzugekommen ist (≈ die Zeit des Schreibens). Mit dieser Rahmung werden die Sequenzen zwischen erster und zweiter Schreibsituation als *Pseudo-Metadiegese* markiert, die visuell das repräsentieren soll, was die SEI sprachlich erzählt hat, also die Tagebucheintragungen. Dasselbe gilt für die darauffolgende Handlungssequenz. Aber bereits zwischen erster und zweiter Schreibsituation ist die Vernetzung von VEI und SEI nicht derart eindeutig, dass jede Sequenz dem Tagebuch zugeschrieben werden kann. Deshalb ist der Abschnitt keine eigentliche, der Schreibsituation unterstehende Metadiegese, sondern ‚nur' eine Pseu-

72 Während der Überblendung von Betsy auf den Notizzettel spricht die SEI immer langsamer, so als spreche sie Worte, die sie gerade beim Schreiben formuliere (auf Deutsch: „sie ist un-be-rühr-bar"; auf Englisch: „They cannot touch her"). Die allmähliche Überblendung wird erst zum Ende der Einstellung abgeschlossen, sodass das Wort „her" auf dem Notizzettel zu lesen ist, als die SEI „her" sagt. Ein Schnitt führt zur kurzen Einstellung, die Travis beim Schreiben zeigt (die Kamera ‚blickt' von hinten oben über seine Schultern auf den Tisch mit Notizheft). Ein weiterer Schnitt führt zu einer Einstellung, die das Wahlkampfbüro von außen zeigt, in dem Betsy arbeitet, so als sei diese Einstellung die Fortsetzung der Tagebucherzählung. Kurz danach zeigt die VEI allerdings Dialoge, bei denen Travis nicht dabei war, die also so nicht in seinem Tagebuch stehen können und die Erzählsituation unterlaufen (ein Hinweis auf die tendenzielle Autonomie der VEI).

do-Metadiegese, in der sich die VEI – teilweise die Erzählsituation unterlaufend – verselbständigt (*visueller Ebenenkurzschluss*; vgl. 6.3.3). Diese Tendenz nimmt zu. Im Verlauf des Films können viele Sequenzen nicht mehr einer der wechselnden Schreibsituationen zugeordnet werden, sodass die VEI als zunehmend autonom erzählend gelten muss. Das an verschiedenen Stellen wiederkehrende Voice-over, das nicht immer an eine gezeigte Schreibsituation gebunden ist, ist zumindest durch aufeinanderfolgende Datumsangaben und Verwendung des Präteritums als Reihe verschiedener nachträglicher Tagebucheintragungen markiert: ein Hinweis auf die Sukzession *eingeschobener* Erzählungen.

Die *dritte* Schreibsituation ist nur eine angedeutete: Die VEI zeigt Travis' Zimmer; er ist zwar nicht zu sehen, aber sein zu hörendes Voice-over formuliert so verzögert, als ob die Worte gleichzeitig geschrieben würden – ein Stilmittel, das in der zweiten Schreibsequenz kurz, aber eindeutig ans Tagebuch gebunden wurde, indem die VEI in einer Detaileinstellung die von Travis geschriebenen Worte gezeigt hat, während seine Stimme diese Silbe für Silbe, wie beim gleichzeitigen Formulieren, gesprochen hat.[73] Es ist anzunehmen, dass er sich im gezeigten Raum befindet. Die vertrockneten Blumen, die jetzt im Zimmer stehen und von der Kamera abgefahren werden, während Travis' Stimme zu hören ist, sind diejenigen, die Betsy zurückgeschickt hat. Diese Schreibsituation muss also nach den ersten beiden liegen. Bis zur zweiten Schreibsituation hatte Travis Betsy noch nicht angesprochen, während er es jetzt, nach dem einzigen Rendezvous, bereits bei ihr verdorben hat: ein erneuter Hinweis auf die Sukzession der eingeschobenen Schreibsituationen. Die *vierte* Schreibsituation ist eindeutiger als die dritte. Die VEI zeigt, wie Travis schreibt, während die SEI erzählt: „8. Juni. Öde verstreichen die Tage. […] Ein Tag ist wie der andere.[…]" Andere Gegenstände auf dem Schreibtisch zeigen die vergangene Zeit an. Das „öde verstreichen die Tage" verweist darauf, dass VEI und SEI in dieser Phase *iterativ* erzählen, um das Vergehen immer gleicher Tage anzuzeigen. Ein „plötzlich passiert etwas" am Ende des Abschnitts

73 Je nach Zugänglichkeit von Filmfassungen konnte ich Voice-over-Passagen und szenische Dialoge nur auf Deutsch oder in der Originalsprache erfassen. Teilweise – wie hier bei TAXI DRIVER – waren mir die Filme erst später auch auf Englisch zugänglich. Filme, die ich in einer Sprache zu analysieren begonnen habe, habe ich konsequent in derselben Sprache weiterbearbeitet. Die Analyseergebnisse und Interpretationen beziehen sich strenggenommen nur auf die bearbeitete Fassung, lassen sich aber häufig übertragen. Dabei kann es – wie hier bei TAXI DRIVER angedeutet – zu leichten Differenzen kommen. So lässt sich in der deutschsprachigen Fassung nur ahnen, dass Travis das gleiche spricht wie er in sein Tagebuch schreibt. In der englischen Fassung handelt es sich tatsächlich um dieselben Wörter. Allerdings legt selbst in der deutschen Fassung das Silbe-für-Silbe-Sprechen zur langsamen Überblendung ein paralleles Schreiben nahe.

betont das Singulative und baut eine Spannung auf, die die VEI mit dem Zeigen des anschließenden Waffenkaufs aufgreift.

Neben dieser teilweise autonom sprachlichen, teilweise gleichzeitig gezeigten und teilweise mit den Erzählungen der VEI verwobenen eingeschobenen Narration des Tagebuchschreibens kommt es im letzten Drittel des Films zur Briefkommunikation. Während die VEI eine Wahlkampfveranstaltung zeigt, der Travis beiwohnt, beginnt sein Voice-over: „Lieber Vater und liebe Mutter. Ich wünsche Euch zu Eurem Ehrentage alles Gute [...].“ Erst später ist Travis zu sehen, der eine Grußkarte, die er offensichtlich geschrieben hat, zu Ende liest. So wird dieses Voice-over nachträglich als SEI der Grußkarte markiert, was eine weitere eingeschobene Narration darstellt. Das Verhältnis von SEI und VEI ist während der Wahlkampfveranstaltung *disparat* (*verschieden* mit Tendenz zur *Widersprüchlichkeit*), denn dem zunehmend psychopathischen Travis geht es, wie die VEI vorzeigt, eindeutig nicht so gut, wie die SEI der Grußkarte behauptet. Neben dieser Grußkarte und einem Brief, den Travis später an die junge Prostituierte Iris schreibt (die er vor ihrem Zuhälter retten will), gibt es noch einen Brief mit einem anderen Urheber als Travis, der auch eine eingeschobene Narration bildet. Nach der ‚Blutbad‘-Sequenz, in der Travis den Zuhälter von Iris und weitere Beteiligte aus dem Zuhältermilieu tötet, hört man eine fremde Männerstimme als Voice-over, die sich als dankbarer Vater von Iris zu erkennen gibt, die wieder zu ihren Eltern zurückgekehrt ist. Während die Stimme von Iris’ Vater berichtet, wie es ihr geht, zeigt die VEI Zeitungsausschnitte über das Blutbad, die an einer Pinnwand hängen. Diese feiern – wie der Vater von Iris – Travis mit Headlines wie „Taxi Driver Battles Gangsters“; „Taxi Driver – Hero to Recover“ als einen Helden, der er der vorangegangenen Erzählung der VEI nach nicht war. Am Ende dieser Sequenz zeigt die VEI einen Brief, der an der Pinnwand hängt, während das Voice-over die letzten Sätze spricht, die den letzten Sätzen des Briefs entsprechen.[74] So wird das Voice-over hier, wie zuvor die Grußkarte an Travis’ Eltern, nachträglich als homodiegetische SEI des Briefs markiert. Die SEI liefert außer der wertenden Meinung der Eltern einige ergänzende Informationen, die nicht von der VEI gegeben wurden (z. B. dass Travis zwischendurch einige Zeit im Koma lag).

Den Rest des Films zeigt die VEI ohne weitere Voice-over-Passagen. Auch das Blutbad selbst wurde nur von der VEI mit deutlicher Nullfokalisierung und autonomer Positionierung gezeigt. Die Grausamkeit des Blutbads – dadurch betont, dass die Kamera den Weg, den Travis zuvor gegangen ist, nach der Tat noch einmal ‚zurückfährt’ und langsam die Pis-

74 Hier gilt erneut, dass der Bezug für einen Zuschauer der deutschen Fassung sprachlich nicht unmittelbar herzustellen ist, aber durch das Zeigen des Briefs eindeutig markiert wird; auch die in beiden Sprachfassungen gleichen Namen lassen sich aufeinander beziehen.

tole, das Blut und die Leichen vorführt – steht in Widerspruch zur heroischen Bewertung von Travis' Tat durch Iris' Eltern und die Journalisten.

Es liegt also eine Kombination aus *eingeschobener* Tagebuch- und Brieferzählung durch verschiedene sprachliche Erzählinstanzen (Travis, Iris' Vater, bedingt: die Zeitungsjournalisten) und autonomer *zeitlich unmarkierter* Narration durch eine extradiegetische VEI vor. Man kann nicht von einem Ebenenwechsel zwischen Schreibsituation als Diegese und eigentlicher Handlung als Metadiegese sprechen, wenn überhaupt, dann höchstens bei den von erster und zweiter Schreibsituation gerahmten Sequenzen von einer *Pseudo-Metadiegese.* Im ersten Teil des Films ist die VEI teilweise noch an die SEI gebunden, am Ende löst sie sich bis zum direkten Widerspruch zu den Behauptungen der subjektiv gebundenen SEIen. Mit dieser Dominanz im Einklang steht, dass die VEI Anfang und Ende des Films allein erzählt. Die eingeschobenen Schreibsituationen werden von der VEI auf der Zeitachse eingereiht.

5.4.3.3 Eingeschobene Sequenzen in pseudo-dokumentarischen Handkamerafilmen

Zu fragen bleibt, ob es in Filmen, die durch den Einsatz von Handkameraeffekten eine dokumentarische Nähe und/oder Anthropomorphisierung der Kamera suggerieren, auch zu Formen eingeschobener Narration kommen kann. Ein Kandidat wäre IDIOTERNE, der „Dogma 95"-Film über eine Gruppe junger Menschen, die vorspielen, behindert zu sein. Wie in 4.4.1 erörtert, erzeugt die subjektivierend eingesetzte Handkamera, die keinem Beobachtersubjekt zugeordnet ist, den Eindruck unmittelbaren Dabeiseins. Montagen, durch die das gefilmte Material zusammengefügt wurde, brechen jedoch mit der Unmittelbarkeit: Streckenweise gibt es viele und auffällige Schnitte, die einen klaren Bruch darstellen, streckenweise nur wenige und unauffällige, die die Illusion einer immer wieder an- und abgestellten Handkamera nicht zerstören. Der Narrationszeitpunkt schwankt so zwischen *gleichzeitig*, *zeitlich unmarkiert* und durch die nachträgliche Montage angezeigter Tendenz zur *späteren* Narration. Eingeschoben in diese pseudo-dokumentarischen Sequenzen sind etwa zehn Interview-Sequenzen, in denen jeweils eine oder zwei der am Experiment beteiligten Figuren vor der Kamera sitzen, um über das ‚Idioten'-Projekt Auskunft zu geben. Die Kamera wackelt leicht, als versuche ein Mensch, sie möglichst ruhig zu halten. Dieser unbekannte, nur anzunehmende Kamerahalter könnte zugleich der nicht im Bild zu sehende Fragesteller sein. Die Befragten sitzen auf einem Sofa vor neutralem Hintergrund und blicken in die Kamera, als würden sie mit dieser kommunizieren – vergleichbar der

Verhörsituation in RASHÔMON. Das Präteritum der Erzählenden zeigt eine Nachzeitigkeit an, allerdings ist der Moment des Erzählens nicht immer eindeutig festzumachen. Die Frage, ob die Interviews während des Experiments (also auch während der gezeigten Handlung, die bis zum Ende des Experiments reicht) stattfinden und in die Handlung *eingeschoben* sind oder danach, lässt sich nicht für alle Interview-Sequenzen beantworten. Allerdings weisen die Bemerkungen der meisten Befragten darauf hin, dass das Experiment mittlerweile abgeschlossen ist (z. B.: „Ich spreche nicht mehr mit den anderen aus der Gruppe"; „Ja, wir waren eine Familie"; „Ich verbrachte den letzten Tag mit Karen"). Deshalb müssen diese für sich genommen späteren Narrationen zwar als in die teilweise gleichzeitige Narration der VEI eingeschoben gelten, nicht aber als „zwischen die Momente der Handlung" eingeschoben (Genette 1994: 155). Sie bilden also keine eingeschobene Narration im oben definierten Sinne.[75]

Ein experimentelleres Beispiel für eine filmische Tagebucherzählung ist DAVID HOLZMAN'S DIARY (vgl. 4.4.1.2). Zumindest die Sequenzen, in denen David vor der Kamera sitzt und momentane Alltagssituationen kommentiert, können als eingeschobene Narration gewertet werden, einige andere auch, sodass dieser Film zwar nicht die Eindeutigkeit erreicht, die im Brief- oder Tagebuchroman möglich ist, aber doch einige in die Handlung eingeschobene, audiovisuell vermittelte sprachliche Narrationen vorweist.

Mit einem Tagebuch vergleichbare, eingeschobene Narrationen (entweder dezidiert filmische oder filmisch vermittelte sprachliche) ergeben sich in den fiktionalen Web-Serien, die eine Nähe zu Webtagebüchern oder seriellen *YouTube*-Postings haben wie LONELYGIRL15 oder PIETSHOW (vgl. Kuhn 2010).

5.4.3.4 Frühere Narration

Beispiele für *frühere* Narration sind im Film selten, vielleicht noch seltener als in der Erzählliteratur, wo die „prädiktive Erzählung" laut Genette (1994: 156 f.) „sehr viel seltener zum Einsatz gekommen" sei „als die anderen" und auch „fast nur auf der zweiten Ebene auf[taucht]". Dass – vergleichbar mit Genettes Beispielen – eine intradiegetische SEI, also eine szenische Figur eine prophetische Geschichte erzählt, dürfte – z. B. in Verfilmungen religiöser Geschichten – relativ häufig sein, so die Prophezeiungen in THE TEN COMMANDMENTS (Cecil B. DeMille, USA 1957):

75 Ausnahmen könnten diejenigen Interview-Sequenzen bilden, die in ihrem Zeitpunkt nicht eindeutig festzumachen sind, wobei die Markierung einiger Interview-Sequenzen nahelegt, für die anderen, die nicht eindeutig markiert sind, auch diesen Zeitpunkt anzunehmen.

Moses erzählt mehrfach *früher*, was erst später passieren wird, sowohl im Modus der Drohung (bei den Plagen) als auch des Versprechens (bei der Ankündigung des Auszugs aus Ägypten). Beispiele für komplexe Formen *früherer* Narration intradiegetischer Figuren, die von der VEI mit umgesetzt werden, sind selten. Der Ansatz eines Beispiels findet sich in 25TH HOUR, wenn der Vater des Protagonisten Monty Brogan seinen Sohn ins Gefängnis bringen muss und sich dabei ausmalt, was alles passieren könnte, wenn er an der entsprechenden Autobahnausfahrt zum Gefängnis vorbeifahren würde (vgl. 5.1.1). Im Zusammenspiel von SEI und VEI liegt hier, wenn der Vater bebildert von der VEI Montys Zukunft ausmalt bis dieser als alter Mann Kinder und Enkelkinder hat, eine *frühere* Narration vor, die allerdings bald als Wunschvorstellung des Vaters, also als zukunftsungewisse Vorausdeutung zu entschlüsseln ist und im Verlauf der Visionssequenz zunehmend, am Ende eindeutig als *unwahrscheinlicher* Wunschtraum markiert wird.

Vorausdeutungen der extradiegetischen Instanzen wie die einzelnen kurzen Einstellungen, die am Anfang von VANILLA SKY den späteren handlungsentscheidenden Unfallort vorwegnehmen, die Vorausdeutungen durch VEI und SEI in LE FABULEUX DESTIN D'AMÉLIE POULAIN oder die Exposition in CRASH, die den Unfall einer der Hauptfiguren vorwegnimmt, dessen Zustandekommen von einer nullfokalisierenden VEI im Hauptteil des episodenhaften Films gezeigt wird, müssen als *Prolepsen* oder Formen *zukunftsgewisser Vorausdeutungen* einer tendenziell rückblickend erzählenden extradiegetischen VEI analysiert werden.

5.4.4 Verdopplung und Vervielfältigung des Narrationszeitpunkts

Die Verdopplung, Vervielfältigung oder Ambivalenz des Erzählzeitpunkts resultiert oft aus der Tatsache, dass das Verhältnis von VEI und SEI in einem Film dynamisch ist. In den bisher erwähnten Beispielen ließ sich mit unterschiedlicher Sicherheit angeben, ob im Falle eines späteren Narrationszeitpunkts der SEI auch für die VEI ein späterer Zeitpunkt anzunehmen ist. Diese Tendenz kann bis zur Widersprüchlichkeit gesteigert werden, wenn die VEI den Narrationszeitpunkt der SEI unterläuft. Darüber hinaus gibt es Filme, in denen durch das komplexe Zusammenspiel beider Instanzen mehrere plausible Narrationszeitpunkte angegeben werden können, die im Widerspruch zueinander stehen und nicht aufzulösen sind. Zwei dieser nicht seltenen Beispiele, zu denen einige der bis hier auf den Narrationszeitpunkt hin befragten Filme auch schon gezählt werden können, seien kurz erörtert.

CIDADE DE DEUS beginnt mit der in 5.1.2 geschilderten Rahmenhandlung: Die Reflektorfigur Buscapé befindet sich durch eine Kette unglücklicher Umstände zwischen den Fronten des Straßenkriegs: auf der einen Seite die bewaffnete Favelabande des Drogenbosses „Locke", auf der anderen die wehrhafte Polizeieinheit. Sein Voice-over als innere Stimme leitet in diesem Moment den Übergang in die Analepse ein, die bis zu seiner Kindheit zurückführt und den Hauptteil des Films ausmacht. Visuell wird der Übergang durch eine Tricküberblendung geleistet. Somit wäre ein *erster* Narrationszeitpunkt markiert: Buscapé sieht im Moment der Todesangst, vielleicht des sicher geglaubten Todes, sein Leben an sich vorbeiziehen. Das ist eine Form der durch Einsatz von Voice-over und Rahmenhandlung konstituierten *späteren* Narration, wie sie in 5.4.2.2 anhand verschiedener Beispiele erörtert wurde. Die *Analepse*, die zugleich *Metadiegese* wäre, repräsentiert in dieser Lesart den ‚inneren Film' oder die ‚mentale Vorstellungswelt' Buscapés.

Kurz vor Ende des Films kommt die Analepse wieder bei der rahmenden Situation an: Buscapé steht zwischen den Fronten. Durch einige Zufälle, vor allem durch die Entscheidung der Polizisten, hier nicht ihr Leben zu riskieren, sondern die rivalisierenden Banden aufeinander zu hetzen und erst dann einzugreifen, kann Buscapé entkommen. Der Rest des Films zeigt das Ende des Drogenbosses Locke und wie Buscapé durch entscheidende Fotos vom Bandenkrieg in den Favelas ein Praktikum als Fotograf einer großen Zeitung bekommt; ein entscheidender erster Schritt, um der ‚Hölle der Favelas' zu entkommen. Das Ende wird allerdings nicht nur von der VEI gezeigt, sondern vom Voice-over Buscapés begleitet, das zur letzten Einstellung mit den Sätzen schließt: „Fast hätt' ich's vergessen. Keiner nennt mich mehr Buscapé. Ich bin jetzt Winston Rodriguez, Fotograf." Mit diesem Teil des Films wird ein *zweiter* Narrationszeitpunkt angedeutet: Der ganze Film könnte die *spätere* Narration des Fotografen Winston Rodriguez repräsentieren. Der Zeitpunkt der Narration wäre entweder mit der letzten Einstellung des Films erreicht, die zeigt, wie Buscapé/Rodriguez mit seiner Kamera durch die Gassen schreitet, oder er liegt *nach* der gezeigten Handlung in einer unbestimmten Zukunft, in der Buscapé ein etablierter Fotograf ist. Ein Argument für letztere Variante wäre, dass Buscapé sich in der letzten gezeigten Einstellung noch nicht weiterentwickelt hat und nicht wie ein professioneller Fotograf wirkt, der mit dem Künstlernamen „Winston Rodriguez" operiert.

Für die Annahme einer Ich-Erzählsituation mit dem *ersten* Narrationszeitpunkt spricht die auffällige visuelle Etablierung der rahmenden Situation, das erste Einsetzen des Voice-overs von Buscapé im Moment der Todesangst kurz vor Beginn der Analepse und die Tatsache, dass diese Erzählsituation etwa drei Viertel des Films durch das häufige, oft die VEI dominierende Voice-over Buscapés im Präteritum aufrechterhalten wird. Für den nicht visuell etablierten *zweiten* Narrationszeitpunkt am Ende oder nach dem Ende der Rahmenhandlung bzw. *gegen* den *ersten* Narrationszeitpunkt spricht die Komplexität der Erzählvorgänge. Das episodenhafte, systematisch strukturierte Zusammenspiel von VEI und SEI sowie die komplexe Fokalisierungsstruktur sperren sich der Interpretation der Binnenerzählung als ‚innerem Film' angesichts des Todes, der kaum derart artifiziell vorstellbar ist: Das Verhältnis von VEI und SEI ist dynamisch und fluktuiert ständig; teilweise berichten die Instanzen verzahnt und erzählökonomisch, teilweise setzen sie gezielt *Ellipsen* ein, um Informationsdiskrepanzen aufzubauen, die später durch *kompletive Analepsen* aufgelöst werden, sodass Perspektiven vorstrukturiert und Spannungsbögen aufgezogen werden. Durch die vielen Analepsen innerhalb der rahmenden Analepse wird die übersichtliche Zeitstruktur aufgebrochen; kurze Inserts unterteilen das Geschehen in Episoden. Teilweise zeigt die VEI etwas, das das *erzählende* Ich der SEI nicht erfahren haben kann. Inhaltlich argumentiert gibt es keine kategoriale Trennung zwischen Binnen- und Rahmenhandlung, weil die wichtigsten Erzählstränge der Binnengeschichte erst im Rahmen aufgelöst werden, so z. B. wie der Bandenkrieg ausgegangen und wie es mit Locke zu Ende gegangen ist.

Alles das bricht mit der Glaubwürdigkeit der Ich-Erzählsituation mit dem *ersten* Narrationszeitpunkt. Nimmt man den späteren *zweiten* Narrationszeitpunkt an – der etablierte Fotograf Rodriguez erinnert sich an seine Jugend in den Favelas, schreibt diese womöglich sogar nieder – lassen sich einige der Ungereimtheiten aufklären. Die Strukturierung der Geschichte, das episodenhafte Erzählen und das Wissen um Zusammenhänge, die der Fotograf recherchiert haben könnte, dürften als beglaubigt gelten. Andere Aspekte, vor allem die letzten Gedanken Sterbender oder die visuell gezeigte Motivierung bestimmter Taten der Beteiligten, die den Bandenkrieg nicht überlebt haben, lassen sich dennoch nicht auflösen[76] oder höchstens als Erfindung eines Literaten, der einen biografischen Roman schreibt, was jedoch bereits ein größerer Interpretationsschritt wäre. Kontextfaktoren, wie der dem Film zugrunde liegende Roman *Cidade de Deus* (Paulo

76 Hier liegen *Paralepsen* vor, d. h. es werden mehr Informationen gegeben, als der Fokalisierungscode, der das Ganze beherrscht, eigentlich zulässt; man könnte von einer *Präfokalisierung* sprechen; vgl. Genette (1994: 244): „Vom homodiegetischen Erzähler indes wird erwartet, dass er alle Informationen rechtfertigen kann (‚Woher weißt du das?'), die er den Lesern über Szenen gibt, in denen ‚er' als Figur nicht anwesend war, oder über die Gedanken anderer, usw., und jeder Verstoß dagegen stellt eine Paralepse dar [...]. Man könnte also sagen, dass mit der vokalen Wahl der homodiegetischen Erzählung a priori eine modale Einschränkung einhergeht, die sich nur durch Verstöße [...] aufheben lässt. Vielleicht sollte man, um diesen Zwang zu bezeichnen, von *Präfokalisierung* sprechen?"

Lins, 1997), der auf wahren Begebenheiten beruht, könnten diese Lesart jedoch untermauern.

Analytisch festzuhalten bleibt, dass hier mindestens zwei, streng genommen drei Narrationszeitpunkte etabliert werden, die nicht vollständig in Einklang zu bringen sind. Der *erste* durch die wiederkehrende Rahmensituation, an die eine intra-homodiegetische SEI (Buscapé) gebunden wird, die im Präteritum berichtet und eine Ich-Erzählsituation konstituiert; ein *zweiter* durch die extra-homodiegetische SEI, die über die Rahmensituation hinaus weiter erzählt (Rodriguez) und eine vergleichbare sprachliche Ich-Erzählsituation bildet, ohne jedoch visuell verankert zu sein; und ein *dritter* durch die VEI, die auch über die Rahmensituation hinaus erzählt, über weite Strecken des Films eine große erzählerische Potenz und Übersicht besitzt und eine Wissenspolitik betreibt, die nur durch nachträgliches Mehrwissen erklärt werden kann. Der in dieser Zählung *zweite* Narrationszeitpunkt wird durch das verwendete Präsens mit den letzten Einstellungen der VEI synchronisiert, könnte also mit dem der VEI übereinstimmen und während oder kurz nach der letzten Einstellung erreicht sein, sodass *zweiter* und *dritter* Erzählzeitpunkt als Varianten eines einzigen *zweiten* Narrationszeitpunkts *gedeutet* werden können. Eine derartige Vervielfältigung des Narrationszeitpunkts kann in anderen Filmen bis zur Unerkennbarkeit weitergetrieben sein, ist kein seltener Sonderfall, fällt bei CIDADE DE DEUS aber deshalb auf, weil das Erzählen und Strukturieren von Geschichten selbstreflexiv behandelt und viele Mittel sprachlichen und kinematographischen Erzählens eingesetzt werden, um flexibel und erzählökonomisch die Geschichten vieler an den Drogenkriegen beteiligter Figuren und Figurengruppen (von den Straßenkindern über die Drogenbosse bis hin zur Polizei und Presse) mit hoher Intensität in einem 130-minütigen Spielfilm zu erzählen.

Keine Ausnahme wäre die reine Verdopplung des Narrationszeitpunkts auf zwei unterscheidbaren diegetischen Ebenen, die bei CIDADE DE DEUS immerhin abstrakt erkennbar ist und folgende Makrostruktur bildet: Der Film beginnt mit einer Rahmenhandlung, die eine sprachliche Erzählsituation gestaltet (Gespräch, Romanschreiben etc.), geht über in eine Analepse, die der rahmenden Erzählung als Metadiegese zugeordnet und von SEI und VEI erzählt wird, kommt gegen Ende wieder bei der Rahmensituation an und wird etwas über den Rahmen hinaus visuell weitererzählt. Der Narrationszeitpunkt der *intra*diegetischen SEI ist dann in der Rahmenhandlung verankert, der der extradiegetischen VEI liegt ‚außerhalb' der Diegese und kann zeitlich markiert oder unmarkiert sein. Er fällt desto mehr als Bruch mit dem Narrationszeitpunkt der intradiegetischen SEI auf, je eigenständiger und auffälliger die VEI erzählt.

ALL ABOUT EVE liegt diese Makrostruktur zugrunde, allerdings komplexer ausdifferenziert, weil drei verschiedene homodiegetische SEIen vorkommen. Alle drei SEIen erzählen rückblickend vom Zeitpunkt einer Theaterpreisverleihung aus, die den Rahmen bildet, was sie über die Schauspielerin und Intrigantin Eve wissen. Aber nur die VEI, die als einzige wirklich ‚alles über Eve' weiß, erzählt über diesen Zeitpunkt hinaus. Die erzählerische Potenz der VEI fällt besonders im Wechselspiel zu einer der drei SEIen auf, die die anderen auffällig dominiert: ALL ABOUT EVE beginnt mit dieser herausragenden SEI, die zuerst vortäuscht, heterodiegetisch und allwissend zu sein, sich bald darauf aber als Stimme der in der Diegese vorhandenen Figur Addison DeWitt vorstellt. Anfangs dominiert diese SEI die VEI, scheint buchstäblich über die Bilder zu verfügen und behauptet, mehr über Eve zu wissen als alle anderen Figuren und Erzähler. Dieser Eindruck wirkt nach, bis die subjektiv gefärbte Erzählweise dieser SEI und ihre Gebundenheit schrittweise von der VEI entlarvt wird, die anfangs rezessiv war und am Ende dominiert. Sie zeigt den Rest des Films *nach* der Rückkehr zur Theaterpreisverleihung derart entlarvend und vorausdeutend, dass der Eindruck entsteht, sie erzähle von einem *deutlich späteren* Zeitpunkt.

Derart eindeutig ist die Bestimmung zweier widersprüchlicher Zeitpunkte des Erzählens jedoch nicht immer, wiewohl die Struktur, dass bei einer erzählerischen Rahmung gegen Ende des Films zur Ausgangssituation zurückgekehrt wird, bevor die VEI den Schluss zeigt, der Normalfall dieser Konstruktionsform ist, was sich im nächsten Kapitel anhand der Ebenenstruktur verschiedener Varianten bestätigen wird. Es hat sich gezeigt, dass viele Fragen, die den Narrationszeitpunkt betreffen, erst aufkommen, wenn komplexe filmische Formen der Voice-over-Erzählung und/oder Ebenenschachtelung vorliegen, die nun in Kapitel 6 systematisch vertieft werden.

6. Komplexe Kommunikations- und Ebenenstrukturen

6.1 Extra- und intradiegetische sprachliche Erzählinstanzen

Bezogen auf im Film etablierte *sprachliche Erzählinstanzen* gilt folgende Ebenennomenklatur: Eine sprachliche Erzählinstanz (SEI) in Form eines Voice-overs ist jenseits der gezeigten Diegese angesiedelt und somit *extradiegetisch*, sofern sie nicht visuell verankert wird.[1] Eine SEI, die im Laufe des Films mindestens einmal innerhalb der Diegese verankert wird, ist *intradiegetisch.* Und eine SEI, die entweder durch eine intradiegetische SEI hervorgebracht wird oder innerhalb einer kinematographischen Metadiegese vorkommt, wäre *metadiegetisch* und würde ihrerseits eine *Metametadiegese* hervorbringen etc.[2] Hieraus ergeben sich einige Zuordnungsschwierigkeiten, die im Laufe des Kapitels behandelt werden.

6.1.1 Extradiegetische auditive sprachliche Erzählinstanzen

In Filmen mit homodiegetischen Voice-over-Passagen besteht ein Unterschied darin, ob ein Voice-over a) nur einmal kurz – etwa als innere Stimme der Figur – vorkommt oder b) große Teile bzw. den ganzen Film begleitet. In beiden Fällen handelt es sich jedoch um eine *extra*-homodiegetische SEI (zumindest wenn keine weitere Ebenenschachtelung etabliert worden ist).[3] Der Unterschied ist kein grundsätzlicher, sondern liegt zum einen in der Quantität des Voice-overs, zum anderen in der Fokalisierung und teilweise im Zusammenspiel von SEI und VEI begründet. Bei der temporären *inneren Stimme* (a) handelt es sich um eine extra-homodiegetische SEI, die intern auf das *erzählte Ich* fokalisiert, das dem

1 Ein Voice-over wird vorerst als extradiegetisch angenommen, weil es technisch gesehen kein Element der diegetischen Welt ist; allerdings kann diese Annahme je nach Form und Funktion des Voice-overs infrage gestellt werden, wie verschiedene Beispiele in diesem Kapitel zeigen werden. Auch sprachliche Erzählinstanzen auf Schrifttafeln und Inserts sind extradiegetisch, sofern keine weiteren Indizien dagegen sprechen.

2 Zu sprachlichen Erzählinstanzen und diegetischen Ebenen im Film vgl. auch 3.3 und 3.5.

3 Auch bei Filmen mit heterodiegetischem Voice-over handelt es sich um eine *extra*-heterodiegetische SEI, sofern keine weiteren Rahmenebenen etabliert worden sind.

zeitgleich von der VEI *gezeigten Ich* (der szenischen Figur) entspricht: Das Voice-over repräsentiert dann Gedanken der gezeigten Figur wie in TODO SOBRE MI MADRE (Pedro Almodóvar, S/F 1999): Die VEI zeigt das Gesicht der Protagonistin Manuela, deren Lippen sich nicht bewegen, während ein Voice-over ihre Gedanken in erster Person Singular Präsens wiedergibt. Im Fall eines den ganzen Film begleitenden homodiegetischen Voice-overs (b) lassen sich gewöhnlich ein *erzählendes* und ein *erzähltes Ich* unterscheiden. Dabei kann das erzählte Ich auch erwähnt sein, wenn das zugehörige gezeigte Ich nicht zeitgleich zu sehen ist. In einer Voice-over-Passage wie „Ich schwöre, dass ich zu diesem Zeitpunkt keine Ahnung hatte, dass dies ein großes Problem werden würde" verbirgt sich hinter dem ersten, schwörenden „Ich" das erzählende Ich, hinter dem zweiten „ich zu diesem Zeitpunkt" das erzählte Ich. Die Fokalisierung der filmbegleitenden homodiegetischen auditiven SEI ist selten konstant, fluktuiert oft zwischen interner und Null-Fokalisierung wie in HOMO FABER.[4]

Weitere Spielarten ergeben sich, wenn ein homodiegetisches Voice-over zu hören ist, während eine andere Figur zu sehen ist. Je nach werkinternem Kontext kann die VEI hier signalisieren, dass das Voice-over als *eingebildete* Stimme der gezeigten Figur gelesen werden soll. Eindeutig ist dies, wenn die gezeigte Figur einen Brief liest und dabei die homodiegetische Stimme des Briefschreibers zu hören ist (vgl. 5.4.3.1). Aber auch, wenn die VEI das nachdenkliche Gesicht einer Figur zeigt, während die Stimme des Ex-Liebhabers zu hören ist, der sie kurz zuvor verlassen hat, lässt sich die SEI als innere Stimme der gezeigten Figur einordnen. In TODO SOBRE MI MADRE ist an verschiedenen Stellen die Stimme des zu Anfang des Films verstorbenen Sohns von Manuela zu hören. Diese SEI lässt sich, vorgegeben durch den Kontext, als von Manuela eingebildet bewerten, obwohl dies nicht jedes Mal signalisiert wird.[5]

---

4 Ein filmbegleitendes homodiegetisches Voice-over, das in der Fokalisierung schwankt und erzählendes und erzähltes Ich erkennen lässt, kann streckenweise wie eine *innere Stimme* wirken, wenn die SEI in einer Szene, in der die VEI die Figur ‚beim Denken' zeigt, intern auf das erzählte Ich fokalisiert; grammatisches Präsens kann unterstreichen, dass es sich um Gedankendarstellung der gezeigten Figur handeln soll. Einige Beispiele gibt es in HOMO FABER, noch auffälliger in LOLITA (Stanley Kubrick, GB 1962), wo ein längerer *filmischer innerer Monolog* mit interner Fokalisierung auf das erzählte Ich die Gedanken des gezeigten Ichs repräsentiert und mit der Fokalisierung des übrigen Voice-overs bricht.

5 Weitere Spielarten sind durch den Einsatz unerwarteter homodiegetischer Voice-overs denkbar. In der Komödie WHAT WOMEN WANT (Nancy Meyers, USA 2000) hört der Protagonist die Gedanken der ihn umgebenden Frauen, was dadurch umgesetzt wird, dass ein Voice-over der jeweiligen Frauenfigur zu hören ist, wenn sie vom Protagonisten visuell wahrgenommen wird – oft markiert durch einen die Wahrnehmung des Protagonisten darstellenden *POV shot* auf die jeweilige Frauenfigur.

6.1.2 Formen sprachlicher Gedankenrepräsentation im Film

Der Unterschied zwischen 1.) der *intra*diegetischen *szenischen Stimme* einer Figur und 2.) einer *extra*-homodiegetischen *inneren Stimme* als kurzes Voice-over lässt sich meist daran festmachen, ob sich die Lippen der gezeigten Figur stimmensynchron bewegen (1) oder nicht (2).[6] Eine seltenere Zwischenform ergibt sich 3.), wenn nicht zu erkennen ist, ob sich die Lippen bewegen. In diesem Fall spreche ich von einem *Pseudo-voice-over* (Beispiele finden sich in TAXI DRIVER und BERLIN ALEXANDERPLATZ). Ein Pseudo-voice-over lässt sich allerdings durch akustische Stimmqualitäten (etwa Raumklang, Halleffekte) und Kontextfaktoren als nicht-szenisches, jenseits der Diegese angesiedeltes Voice-over (um)markieren (vgl. 4.5.2).[7]

Den Fall einer homodiegetischen inneren Stimme (2.) bezeichne ich auch als *filmischen inneren Monolog*. Der filmische innere Monolog ist – neben der Nicht-Simultanität der Lippenbewegungen – meist durch zusätzliche Merkmale wie Stimmqualität und Intonation überdeterminiert. Als wichtiges Mittel sprachlicher Gedankenrepräsentation im Film ist er zu unterscheiden vom *szenischen Monolog*, wenn eine Figur ihre Gedanken lippensynchron in der Szene – primär für sich selbst sowie den Zuschauer und nicht für eine weitere Figur – ausspricht. Im Film sind verschiedene Formen des szenischen Monologs denkbar, von denen viele, nicht alle, mit Formen der Gedankendarstellung im Theater vergleichbar sind. In BERLIN ALEXANDERPLATZ gibt es einige *Selbstgespräche* des Protagonisten Franz Biberkopf, z. B. in TEIL IX: Biberkopf besucht Reinhold das erste Mal nach dem ‚Unfall', bei dem er von Reinhold aus dem fahrenden Auto gestoßen wurde. Nach einem kurzen szenischen Dialog wendet sich Biberkopf von Reinhold ab, starrt auf einen Fenstervorhang und spricht zu sich selbst: „Du hast zwei Hände, Reinhold, und zwei Arme und ich hab bloß einen. Mit deinen zwei Händen hast du mir vor den Wagen geschmissen, Reinhold."[8] Reinholds nachträgliches Fragen („Franz? Hör doch. Franz?") und Biberkopfs Antwort („Entschuldige bitte! Ich war 'n bisschen weggetreten.") codieren das szenische Sprechen als Gedankenrepräsentation: Biberkopf versucht sich in laut artikulierten Gedanken seiner Situation bewusst zu werden: ein innerer Monolog, der hier als realisti-

---

6 Die Unterscheidung von *szenischer Stimme* und *Voice-over* deckt sich je nach Definition nicht hundertprozentig mit den Unterscheidungen *on-screen* vs. *off-screen* und *lippensynchron* vs. *nicht-lippensynchron*. Zur weiteren Differenzierung vgl. Kap. 4.5.2, u. a. Abb. 16.

7 Z. B. in BERLIN ALEXANDERPLATZ, TEIL I: Auf dem Weg vom Gefängnis in die Stadt spricht Biberkopfs Stimme die Gefängnisregeln, ohne dass zu sehen ist, ob sich seine Lippen bewegen. Durch einen anderen Tonmix (Raum- und Halleffekte), den flüsternden Tonfall und die Intonation ist das Voice-over jedoch von der szenischen Stimme Biberkopfs abgehoben.

8 TEIL IX, ca. 0:16:47 bis 0:19:10.

sches Selbstgespräch aufgelöst wird, das auch von Reinhold, der anderen Figur im Raum, wahrgenommen wird. Szenische Monologe können auch artifizieller eingesetzt werden und mit der Realitätslogik brechen.

Sonderformen eines szenischen Monologs ergeben sich, wenn eine Figur zur Seite spricht (*Beiseite-Sprechen*), in den unbekannten Raum jenseits der Einstellung (‚Ins-*Off*-Sprechen')[9] oder in Richtung Kamera spricht (*Gespräch mit der Kamera*). Das Gespräch mit der Kamera ist metaleptisch, weil ein *extra*diegetischer Adressat angesprochen wird (vgl. 3.6.4).

Als Oberbegriff für sämtliche Formen des filmischen inneren Monologs und des szenischen Monologs kann der Begriff des *Gedankenmonologs* verwendet werden, wenn die Hauptfunktion der extra- und/oder intradiegetischen sprachlichen Varianten die Gedankenrepräsentation ist (vgl. Abb. 17 in 4.5.3). In LA MARQUISE D'O ... gibt es eine Sequenzenfolge, in der kurz nacheinander drei Formen des Gedankenmonologs vorkommen. Nachdem die schwangere Marquise des Elternhauses verwiesen wurde und sich selbstbewusst entschlossen hat, sich ihrer prekären Situation zu stellen, sitzt sie nachdenklich mit ihren Kindern im Garten und überlegt, wie sie dem ungeborenen Kind einen Vater verschaffen könne: Zuerst ist ihre Stimme als nicht-lippensynchroner *filmischer innerer Monolog* zu hören (ihr Mund bewegt sich nicht); nach einer kurzen Pause folgt ein lippensynchroner *szenischer Monolog* (ihr Mund bewegt sich); nach einem Schnitt ist zu sehen, wie sie die Suchanzeige nach dem Vater schreibt, die den Angelpunkt des Films bildet, während ihre Stimme das spricht, was sie gerade schreibt: ein *Pseudo-voice-over*, weil nicht zu sehen ist, ob sich ihr Mund bewegt (*over-the-shoulder-shot* auf den Schreibtisch) und keine akustischen Merkmale eine Einordnung der Stimme als *Voice-on* oder *Voice-over* ermöglichen.[10] Eine Variante, in der ein szenischer Monolog und ein filmischer innerer Monolog übereinandergeblendet werden, findet sich in HAPPINESS. Auf den ersten Blick handelt es sich um einen Dialog: Allen berichtet seinem Psychiater Bill Maplewood seine quälenden sexuellen Phantasien. Der Psychiater hört nach einer Weile nicht mehr zu, was dadurch angezeigt wird, dass seine Stimme lauter als Voice-over zu hören ist als Allens szenische Stimme. Es handelt sich um einen filmischen inneren Monolog, der Bills Gedanken repräsentiert, die um Dinge kreisen, die er

9 Bei Gesprächen in Richtung *off-screen* kann sich *eine* vorher oder hinterher gezeigte (= Dialog) oder *keine* Figur (= Monolog) im architektonisch definierten Raum jenseits der Einstellung befinden oder aber offen bleiben, ob sich dort eine Figur befindet.

10 Das Muster, dass beim Schreiben (eines Briefs, Romans etc.) die Stimme des Schreibenden zu hören ist und Wort für Wort mitspricht, was geschrieben wird, ist konventionalisiert. Ob die schreibende Figur dabei mit*spricht* oder mit*denkt* ist oft nachrangig, weshalb häufig ein *over-the-shoulder-shot* verwendet wird, der nicht zeigt, ob sich der Mund bewegt.

abends noch zu erledigen hat. Allens an Bill gerichtete Schilderung wird so zu einer Art Selbstgespräch, was Allen jedoch nicht bewusst ist.

Denkbar sind auch durch die VEI unterstützte Varianten des Gedankenmonologs, wie das ‚Gespräch mit einem Spiegel', in dem das Gegenüber im Spiegel nicht der in den Spiegel blickenden Figur entspricht oder andere Bewegungen vollführt, oder aber, wenn die VEI zugleich Einbildungen der blickenden Figur im Spiegel zeigt. Ein Beispiel findet sich in 25TH HOUR: Protagonist Monty, der in wenigen Stunden seine Haftstrafe antreten muss, blickt im Waschraum in einen Spiegel und beginnt eine Hasstirade auf New York, in der er über sämtliche Subszenen New Yorks flucht („Scheiß auf die pakistanischen Taxifahrer, deren nuschelndes Englisch niemand versteht"; „Scheiß auf die gelifteten Upperclass-Ladys im Central Park"). Dazu wechselt die VEI zwischen Bildern der von Monty beschriebenen Szene (*illustrierend* zur SEI) und dem Spiegelbild Montys, das der Figur Monty zunehmend aggressiver entgegenbrüllt (während sich die szenische Figur vor dem Spiegel kaum bewegt). Dieses sich fluchend verselbstständigende Spiegelbild ist eine Art ‚zweites Ich', ein eingebildetes Alter Ego, das visuell umgesetzte ‚Du' eines Selbstgesprächs.[11]

6.1.3 Intradiegetische sprachliche Erzählinstanzen

Unabhängig von allen Sonder- und Ausnahmefällen gilt: Sämtliche gezeigte szenische Figuren, die innerhalb der Diegese mindestens eine Minimalgeschichte erzählen, bilden eine *intradiegetische SEI*. Es handelt sich dabei um Erzählerfiguren im engeren, anthropomorphisch zu verstehenden Sinn. Die Erzählungen einer intradiegetischen auditiven SEI können theoretisch so komplex sein wie ein gelesener Erzähltext in Extremform sein kann. Gedruckten Formen sprachlichen Erzählens, die in der Diegese vorkommen – z. B. ein Roman, von dem einige Seiten zu lesen sind oder ein Zeitungsartikel, den die VEI lange genug zeigt – können sprachliche Erzählinstanzen zugeordnet werden (wenn mindestens eine Minimalgeschichte erzählt wird), die dann ebenso intradiegetisch, aber selten personalisiert oder anthropomorphisiert sind. Häufiger ist jedoch der Fall, dass derartige Artikel von einer Stimme (Voice-over/szenische Figur) gelesen

11 Bedingt vergleichbar ist diese Sequenz mit einer ‚homodiegetischen Du-Erzählsituation' bzw. einem inneren Monolog in der zweiten Person Singular, in der sich eine homodiegetische Erzählerfigur selbst mit „du" anspricht. Weitere Formen einer visuellen Unterstützung des Selbstgesprächs einer Figur durch die VEI sind denkbar, z. B. wenn die sprechende Figur ein eingebildetes Gegenüber zu sehen glaubt, was die VEI dadurch unterstreicht, dass sie das Bild der eingebildeten, nicht anwesenden Figur einblendet oder diese als mentale Metalepse inszeniert (wie z. B. in FIGHT CLUB).

werden und somit einer auditiven SEI zugeordnet sind. Auch ein in der Diegese vorkommendes telekommunikatives System kann intradiegetische SEIen konstituieren. So sind der Sprecher einer Nachrichtensendung im Radio oder eine anonyme Lautsprecherstimme intradiegetische SEIen; genau wie ein Nachrichtensprecher im Fernsehen, dieser allerdings im Zusammenspiel mit einer VEI (vgl. 6.4).

Im Fall einer figuralen intradiegetischen SEI im Film ist zuallererst analytisch festzuhalten, ob sie a) alleine erzählt und die eingebettete Erzählung somit *nur sprachlich* hervorgebracht wird oder ob b) ihre Erzählung sofort oder im Laufe des Erzählens *von einer visuellen Erzählung unterstützt* wird, die einer VEI zuzuschreiben wäre. Fälle, in denen intradiegetische SEIen längere Erzählungen ohne visuelle Unterstützung erzählen (a), kommen im amerikanischen Mainstreamkino relativ selten vor, sind in anderen Filmtraditionen jedoch keine Ausnahme. Die dialoglastigen Filme Eric Rohmers, in denen viele Figuren Geschichten erzählen und somit intradiegetische SEIen bilden, kommen fast immer ohne visuelle Umsetzung der Geschichten aus – z. B. LE RAYON VERT (F 1986), L'AMI DE MON AMIE (F 1987) und CONTE D'ÉTÉ (F 1996). Dasselbe gilt für neuere französische Filme wie 5 X 2: CINQ FOIS DEUX, in dem der Protagonist Freunden erzählt, wie er seine Frau mit ihrem Einverständnis betrogen hat oder CONFIDENCES TROP INTIMES (Patrice Leconte, F 2004), in dem eine Frau, die sich in der Tür geirrt hat, einem Rechtsanwalt, den sie für einen Psychiater hält, in mehreren Sitzungen ihre Ehegeschichte erzählt. Beinahe alle „Dogma 95"-Filme kommen bei innerdiegetischen sprachlichen Erzählungen ohne visuelle Umsetzung aus (vgl. 4.4.1.1). Kurze intradiegetische sprachliche Erzählungen ohne visuelle Umsetzung sind auch im Mainstreamkino keine Ausnahme, längere schon.

Paradigmatische Fälle, in denen *intradiegetische SEIen* zu erzählen beginnen, dann aber von einer VEI begleitet oder abgelöst werden (Fall b), finden sich in CITIZEN KANE und THE KILLERS. Das konventionalisierte Zuordnen einer visuellen Metadiegese (Binnengeschichte) zu einer erzählenden diegetischen Figur ist über Produktionssystem-, Genre- und Nationengrenzen hinaus nachzuweisen und nicht an das Kino gebunden, sondern wird auch in Fernsehfilmen und -serien vielfach eingesetzt. Formen des Übergangs werden im Anschluss erörtert (vgl. 6.3). Auffällig ist, wenn in einem Film, in dem viele intradiegetische sprachliche Erzählinstanzen Geschichten erzählen, die nicht visuell umgesetzt werden, plötzlich und unvermittelt der Teil einer erzählten Geschichte visuell gezeigt wird. So in THE DOOR IN THE FLOOR (Tod Williams, USA 2004): Die drei Hauptfiguren erzählen im Laufe des Films einige kurze Geschichten, ohne dass die VEI etwas davon zeigt. Erst als Ted Cole die lange Geschichte des Autounfalls erzählt, bei dem er seine beiden Söhne verloren hat, und erst nachdem er große Teile dieser Geschichte bereits berichtet hat, gibt es einen auffälligen Wechsel auf visueller Ebene. Mitten in den Ausführungen des erzählenden Ted Cole schneidet die VEI auf eine Szene des Unfalls und zurück zu Ted Cole, danach erneut. Diese zwei kurzen visuellen Ebenenwechsel haben derart unvermittelt einen Schockeffekt. Die Wahrnehmung des Zuschauers wird durch die VEI gesteuert und die erzählte Geschichte strukturiert und dramatisiert. Die weiteren der insgesamt fünf Ebenenwechsel zwischen Diegese (Ted erzählt) und Metadiegese (Unfallszenen) sind dann klassisch umgesetzt. Ein derartiges langes Hinauszögern eines visuellen Ebenenwechsels spielt mit den Konventionen und verstärkt den Effekt der visuellen Übergänge. Ähnlich effektvolle Ebenenwechsel setzt die VEI in PHILADELPHIA (Jonathan Demme, USA 1993) ein. In den Gerichtsszenen, in denen Zeugen, Verteidiger, Staatsanwalt, Angeklagte und der Protagonist und Kläger Andrew Beckett als intradiegetische SEIen verschiedene Geschichten erzählen, gibt es nur selten einen Wechsel auf visueller Ebene. Auch hier wechselt die VEI dann plötzlich auf Ebene der Metadiegese: Und zwar als der homosexuelle, aidskranke Beckett erzählt, wie er beobachtet hat, auf welch schmierige Art seine Chefs über Homosexuelle gelästert haben. Die Szene erzeugt eine abneigende Wirkung gegenüber den Chefs, gegen die Beckett einen Prozess wegen Mobbings führt. Hier hat das die Wahrnehmung des Zuschauers steuernde Wechseln der Ebenen durch die VEI mitten in der sprachlichen Passage eine bewertende und sympathielenkende Funktion: Der Zuschauer soll auf Becketts Seite gezogen werden.

Gerichtsfilme gehören allgemein zu den thematisch definierten Filmgruppen, in denen diegetische Figuren Geschichten erzählen und somit intradiegetische SEIen bilden. Beinahe jede sprachliche Darstellung eines Falls vor Gericht – ob durch den Verteidiger, den Kläger oder einen Zeugen – bildet mindestens eine Minimalgeschichte, die sich von anderen Darstellungen desselben juristischen Falls vor allem durch eine andere Perspektive unterscheidet. Es gibt Gerichtsfilme, in denen die sprachlichen Erzählungen teilweise visuell umgesetzt werden (wie in PHILADELPHIA) und solche, in denen dies nicht der Fall ist (TWELVE ANGRY MEN).[12] Detektivfilme nach dem klassischen *Whodunit*-Muster und Krimiserien mit ermittelndem Kommissar gehören zu den Filmen, in denen ein Befragender die Befragten zur Erzählung ihrer Version von angeblichen Begebenheiten, also von Geschichten, nötigt, z. B. in DEATH ON THE NILE (John Guillermin, GB 1978) oder EVIL UNDER THE SUN (Guy Hamilton, GB 1982), jeweils mit visueller Umsetzung. Der Befragende muss

12 TWELVE ANGRY MEN kommt vollständig ohne visuelle Umsetzung der Überlegungen aus, die die zwölf Geschworenen anstellen, um den anfangs klar scheinenden Mordfall zu rekonstruieren, die jeweils kleine Minimalgeschichten aus verschiedenen Perspektiven bilden.

nicht unbedingt ein Detektiv sein, sondern kann auch Journalist, Psychiater, Versicherungsagent, Forscher, FBI-Agent, Anwalt oder Testamentsvollstrecker sein.[13] Ähnlich funktionieren Filme, die ein Verhör zeigen, das meist den erzählerischen Rahmen bildet, wie in MURDER, MY SWEET oder THE USUAL SUSPECTS (mit visueller Umsetzung) oder am Anfang von LA FILLE SUR LE PONT (ohne visuelle Umsetzung des Erzählten).

Auch in Filmen, in denen technisch vermittelte sprachliche Kommunikationsformen gezeigt werden (Brief-, Telefon-, E-Mailkommunikation etc.), erzählen intradiegetische SEIen Geschichten. Diese intradiegetischen Kommunikationssituationen sind deswegen komplexer als dialogische Gesprächssituationen, weil es sich um eine räumliche und/oder zeitliche Trennung der Kommunikationspartner handelt, die verschieden dargestellt werden kann. In DANGEROUS LIAISONS, der Adaption des Briefromans von Choderlos de Laclos, wird z. B. bei konstantem Voice-over des Schreibenden visuell zwischen Briefschreibendem und -lesendem gewechselt, ohne den Inhalt des Geschriebenen visuell umzusetzen (vgl. 5.4.3.1). Bei diegetischen Telefongesprächen erzählen sich die Figuren selten längere Geschichten, die auch visuell umgesetzt werden. Häufiger ist, dass eine extradiegetische VEI zwischen den Teilnehmern eines Telefongesprächs hin- und herschaltet und einen Quasi-Schuss-Gegenschuss-Wechsel imitiert, so als sprächen sie ohne räumliche Distanz miteinander. In HAPPINESS werden beide Gesprächspartner im *Split Screen* gleichzeitig gezeigt: Der Anrufer ist von Anfang an zu sehen, der Angerufene wird von der Seite ins Bild ‚geschoben', nachdem er ans Telefon gegangen ist, sodass das Bild ungefähr in der Mitte geteilt ist und beide Gesprächspartner zeigt.

6.1.3.1 Der Ebenenstatus sprachlicher Erzählinstanzen bei visueller Umsetzung

Wenn eine in der Diegese szenisch repräsentierte Figur ohne Unterstützung einer VEI eine Geschichte erzählt, ist der Ebenenstatus der Figur, die die SEI bildet, eindeutig *intradiegetisch*. Wird die sprachliche Erzählung jedoch teilweise oder ganz von einer VEI begleitet, kann der Ebenenstatus der SEI verschieden bewertet werden. Zur Illustration das schematische Beispiel eines klassischen Übergangs: Mann A beginnt in der szenischen Diegese die Geschichte G seiner ersten Liebe zu erzählen, in der Mann A als Jugendlicher selbst vorkommt; es ist zu sehen, dass sich die Lippen von Mann A synchron zur Stimme bewegen: Mann A bildet eine *intra-*

13 Vgl. den Journalisten in CITIZEN KANE, den Versicherungsagenten in THE KILLERS, den Testamentsvollstrecker in IMMORTAL BELOVED, den Psychiater in DON JUAN DEMARCO (Jeremy Leven, USA 1995) etc.

homodiegetische SEI; die sprachlich-erzählte Jugendgeschichte eine *Metadiegese*. Mann A erzählt von seinem ersten Kuss in der Schule, seinem ersten Tanz mit einem Mädchen, der ersten Party. Bis hierhin ist die Ebenenstruktur eindeutig. Nach einer Weile blendet die VEI jedoch über von einer Einstellung auf den erzählenden Mann A in der Diegese (die Situation des Erzählens) zu einer Einstellung auf Mann A als Jugendlichen, wie er das erste Mal seiner großen Liebe begegnet. Diese Einstellung, die aufgrund verschiedener thematischer Merkmale eindeutig Geschichte G zuzuschreiben sei, bildet eine der Erzählung von Mann A zugeordnete *visuelle Metadiegese*, die zusätzlich durch schwarz-weiß im Farbfilm gekennzeichnet ist. Während die VEI nun ununterbrochen weitere Einstellungen zeigt, die Geschichte G repräsentieren – das Kennenlernen, das erste Rendezvous, die erste Liebesnacht –, ist immer noch die Stimme von Mann A zu hören, die jetzt ein Voice-over bildet. Da das Voice-over kein Element der visuell repräsentierten Welt der Jugendgeschichte ist, könnte es nach der oben postulierten Definition technisch gesehen als *extradiegetisch* bewertet werden.[14] Genauso gut ließe sich aber auch sagen, dass die Stimme von Mann A weiterhin als *intradiegetisch* aufzufassen ist, weil sie einmal an Mann A in der rahmenden Diegese gebunden wurde und eines der Merkmale ist, die die visuelle Metadiegese als der Diegese untergeordnete und den Erzählungen von Mann A zugeordnete Ebene überhaupt erst markiert. Die Metadiegese ist hier zwar zusätzlich durch die Einstellung auf den erzählenden Mann, von der übergeblendet wird zur ersten Einstellung der Metadiegese – also durch visuelle Rahmung – markiert und zugeordnet, eindeutiger ist aber die Zuordnung der Metadiegese zur erzählenden Stimme, die von der Diegese auf die Metadiegese *überlappt* und so von einer *szenischen* zu einer *Voice-over*-Stimme wird.

Ich entscheide mich, ein derartiges Voice-over als *intradiegetisch* zu klassifizieren, wenn die zugehörige SEI mindestens einmal in der Diegese verankert worden ist, weil ich die durch eine *intradiegetische* SEI (mit oder ohne Unterstützung der VEI) hervorgebrachte erzählte Welt im unmarkierten Normalfall als der *Diegese* untergeordnete *Metadiegese* (erzählte Welt

14 Eine solche Auffassung eines Wechsels im Status der Stimme hat z. B. Schweinitz (2005: 94), wenn er am Beispiel des Films THE END OF THE AFFAIR (Neil Jordan, GB 1999) argumentiert: „In Anlehnung an die Terminologie von Genette ist der erzählende Bendrix als (etwas spezielle) homodiegetische Erzählerfigur beschreibbar, die in den Momenten an der Schreibmaschine intradiegetisch repräsentiert wird. Eine der wichtigsten Funktionen dieser Instanz ist es nun aber, zu helfen, eine komplizierte szenische Struktur von Flash-backs – motiviert als persönliche Erinnerung – in Gang zu setzen. Dabei hören wir seine Stimme dann überwiegend als zwischen Sequenzen überleitende oder sich von Zeit zu Zeit kommentierend einschaltende Voice-over. In den Voice-over-Passagen hat Bendrix' Erzählstimme ihren Status verändert, sie funktioniert hier extradiegetisch."

in einer erzählten/gezeigten/filmischen Welt) einordne.[15] Der *metadiegetische* Status einer sprachlichen Erzählung, die von einer szenischen Figur erzählt wird, ist unstrittig. Warum sollte der Status der erzählten Geschichte dann plötzlich ein anderer sein, nur weil die VEI einige Teile der Geschichte bebildert? Ab wann würde das gelten? Bei einer langen sprachlichen Erzählung, sobald die VEI ein einziges Bild zeigt oder erst wenn die VEI die Geschichte übernimmt? Ab wann lässt sich von ‚Übernehmen' sprechen? Trotz der genannten Argumente ist diese Entscheidung eine definitorische Setzung, die auch anders getroffen werden könnte. Durch meine Definition lässt sich zwar ein diegetisches Ebenenmodell für komplexe Filme aufrechterhalten, aber nicht jede Ambivalenz beseitigen.[16]

Wenn ich eine mindestens einmal in der Diegese verankerte SEI als intradiegetisch definiere, heißt das auch, dass die Unterscheidung, die in 6.1.2 im Hinblick auf Voice-over und szenische Stimme getroffen wurde, im Fall eines erzählerischen Rahmens, also einer Ebenenschachtelung des gesamten Films, nicht auf die Zuordnung ‚Voice-over = extradiegetisch vs. szenisches Sprechen = intradiegetisch' hinausläuft. Im Falle eines einfachen Rahmens (kurze Diegese rahmt Metadiegese, die den Hauptteil des Films bildet) bedeutet das bezüglich der Metadiegese, dass ein *intra*diegetisches Voice-over (im Falle eines filmischen inneren Monologs) von einem *meta*diegetischen szenischen Ich (im Falle eines szenischen Monologs) zu unterscheiden wäre bzw. bei doppelter Rahmung ein *meta*diegetisches Voice-over von einem *metameta*diegetischen szenischen Ich etc. Das heißt, ich definiere die unmittelbar der filmischen Welt zugeordneten Stimmen relativ zum definierten Ebenenstatus der zeitgleich gezeigten filmischen Welt. Das kann jedoch zu weiteren verschachtelten Zuordnungen führen: In einem Film wird eine Metadiegese einer intra-homodiegetischen SEI zugeordnet, die als Figur X in der Diegese zu sprechen beginnt, bevor die VEI in die Metadiegese überblendet. Die Gedanken einer anderen gezeigten Figur Y aus der Metadiegese werden später in Form eines filmischen inneren Monologs (also eines kurzen homodiegetischen Voice-overs mit der Stimme von Figur Y) repräsentiert. Dieses Voice-over wäre dann – bezogen auf die gezeigte *meta*diegetische Figur Y – eine Ebene höher, also

---

15 Deshalb sind die hier kursiv markierten Zusätze in den eingangs in 6.1 formulierten Definitionen notwendig: „Eine SEI in Form eines Voice-overs ist jenseits der gezeigten Diegese angesiedelt und somit extradiegetisch, *sofern sie nicht visuell verankert wird*. Eine SEI, die im Laufe des Films *mindestens einmal* innerhalb der Diegese *verankert* wird, ist intradiegetisch."

16 Es gibt z. B. Filme, in denen ein homodiegetisches Voice-over erst am Ende des Films in der Diegese verankert wird (z.B. WONDER BOYS; vgl. 6.3.2); hier gilt wie bei allen rückwirkenden Markierungen von Ebenen, Fokalisierungen etc. und komplexen *final twist*-Strukturen, dass von einer Doppelmarkierung bzw. zwei Lesarten gesprochen werden kann: der chronologischen (der normalen Erstrezeption entsprechenden) und der rückwirkenden (einer wissenden Zweit- oder Drittrezeption entsprechenden).

als *intra*diegetisch, anzunehmen. Allerdings kann es sich dabei um die Stimme einer Figur handeln, die *nicht* in der Diegese verankert ist, wenn es in der Diegese keine Figur Y gibt, weil diese ausschließlich in der fiktionalen Welt der Metadiegese existiert. Das heißt, dieses homodiegetische Voice-over liegt einerseits eine Ebene höher als die Metadiegese, müsste also intradiegetisch sein, ist andererseits aber gerade nicht intradiegetisch, weil die zugehörige Figur nicht in der Diegese verankert ist. Es ist sozusagen *extra-meta*diegetisch und zugleich *nicht intra*diegetisch. In diesem recht seltenen, aber existierenden Fall (z. B. in CIDADE DE DEUS, in dem Gedanken metadiegetischer Figuren als filmischer innerer Monolog realisiert sind) müsste streng genommen von einer *extra-meta*diegetischen homodiegetischen SEI die Rede sein. Da aber der Begriff *filmischer innerer Monolog* – so wie er oben eingeführt worden ist – die gedankendarstellende Funktion sowie das Verhältnis des Voice-overs zur Figur in der Szene (ob diese diegetisch, metadiegetisch oder metametadiegetisch ist) hinreichend bestimmt, reicht er hier aus, um dieses Phänomen zu benennen.

Dass die einer intradiegetischen SEI zuzuordnende Metadiegese im Falle einer teilweisen visuellen Umsetzung allerdings grundsätzlich von einer VEI (mit)gezeigt wird, die nicht an ein diegetisches Ebenenniveau gebunden ist, weil sie kein Element der Diegese ist und im Gegensatz zur SEI nirgends innerhalb der Diegese verankert wird, also als extradiegetisch eingeordnet werden kann, bezeichne ich als *latenten visuellen Ebenenkurzschluss*, der allerdings nicht immer ‚zum Tragen' kommen muss. Der unmarkierte Fall *ohne wirksamen* visuellen Ebenenkurzschluss ist der Normalfall. Die visuelle Metadiegese kann sich von der visuellen Diegese unterscheiden (wie in dem Idealbeispiel durch Schwarzweiß-Markierung); konventionalisierte Markierungen gibt es jedoch nicht. Die VEI kann beide Ebenen – die Diegese und die Metadiegese – auch im selben Erzähl- und Zeigeduktus repräsentieren. Im Fall eines *wirksamen* visuellen Ebenenkurzschlusses unterläuft die VEI die durch die intra- oder metadiegetische SEI etablierte Ebenen(zu)ordnung (vgl. ausführlich in 6.3.3).

6.1.3.2 Der Ebenenstatus beim visuell umgesetzten Gedankenmonolog

Ähnlich verwickelt ist eine Statusbestimmung des Voice-overs in HOMO FABER (vgl. 5.4.2.2). Das Voice-over, das in der rahmenden Diegese auf dem Flughafen in Athen einsetzt, ist zuerst *extra*-homodiegetisch, weil zu sehen ist, dass sich Fabers Lippen nicht bewegen. Es repräsentiert seine Gedanken zu diesem Zeitpunkt der Diegese (t_{erz}). Eine Überblendung führt zum Startpunkt der Geschichte (t_{start}): Die anschließenden Sequenzen sind durch das wiederkehrende Voice-over und die visuelle Markierung (Fahrt auf Fabers Gesicht, Überblendung) als Fabers Erinnerung markiert (die er hat, während er auf dem Flughafen in Athen sitzt); entsprechend dieser Zuordnung wären sie als *Metadiegese* aufzufassen. In Bezug auf die *Meta*diegese wäre das filmbegleitende Voice-over später jedoch *intra*-homodiegetisch.

Auch hier entscheide ich mich für die Klassifizierung des Voice-overs als *intra*diegetisch, oder – um den Unterschied anzuzeigen – als *pseudo-intra*diegetisch, weil die sprachliche Erzählung an die rahmende Diegese gebunden wird und kein kategorialer Unterschied darin besteht, ob die Erzählerfigur in der rahmenden Erzählsituation lippensynchron spricht oder nicht-lippensynchron denkt (oder auch schreibt). Das erzählende Ich dieser sprachlichen Ich-ES ist unabhängig von der Form des Sprechens, Denkens oder Schreibens zeitlich und räumlich an die rahmende Diegese gebunden und deshalb nicht *extra*diegetisch. Nicht zuletzt ist die Ebenenstruktur in HOMO FABER stabil, eindeutig und wird kaum von der VEI unterlaufen. Die visuelle Metadiegese repräsentiert die Erinnerungen; SEI und VEI bilden eine weitgehend homogene Erzählsituation.[17]

6.1.3.3 Sprachliches vs. audiovisuelles Erzählsystem

Bei der Analyse komplexer Ebenenstrukturen mit intradiegetischen sprachlichen Erzählinstanzen muss unabhängig von der Bestimmung des diegetischen Status' der SEI die Art der rahmenden Erzählsituation mit betrachtet werden, also festgestellt werden, ob es sich um spezifische Formen des Denkens, Schreibens oder Sprechens der Figur handelt (vgl. 6.3). Es muss gefragt werden, ob die audiovisuelle Erzählung der VEI die durch die sprachliche Erzähl-/Gesprächssituation konstituierte Ebenenstruktur stabilisiert und zur Bildung einer homogenen Erzählsituation beiträgt oder unabhängig von der sprachlich konstituierten Erzählsituation agiert und die Ebenenstruktur unterläuft (und der *visuelle Ebenenkurzschluss* wirksam wird). Davon hängt letztlich auch die Glaubwürdigkeit der Erzählsituation ab, die der Film zu illusionieren vorgibt, denn ein Film ist

17 Die homogene, weitgehend statische Erzählsituation (ES) in HOMO FABER ist eine Kombination zweier Stanzel'scher Erzählsituationstypen: eine *Ich-ES* auf sprachlicher und eine tendenziell *auktoriale ES* auf visueller Ebene (vgl. Hurst 1996: 219 ff.). Die Tatsache, dass die nullfokalisierende VEI mehr weiß und zeigt als die nullfokalisierende SEI (bei der das erzählende Ich wiederum mehr erzählt, als das erzählte Ich weiß), ist in durch Rahmenhandlung und Voice-over konstruierten filmischen Ich-Erzählsituationen der Normalfall. Von einer homogenen filmischen ES lässt sich dennoch sprechen, wenn das Verhältnis von VEI und SEI wie in HOMO FABER weitgehend *komplementär* ist, und die VEI die sprachlich konstituierte Ich-ES trotz ihres Mehrwissens nicht unterläuft, weil das Mehrwissen figuren- und handlungsbezogen funktionalisiert wird und der Erzählökonomie dient.

natürlich niemals ein Roman, eine sprachlich erzählte Geschichte oder ein Gedankenmonolog, sondern bleibt immer ein Film (vgl. 6.3.3).

In IMMORTAL BELOVED, einem Biopic über den Komponisten Ludwig van Beethoven, wird eine scheinbar eindeutige Erzählstruktur etabliert: Der ehemalige Butler Beethovens, Anton Felix Schinder, sucht nach Beethovens Tod nach einer in Beethovens Briefen erwähnten „unsterblichen Geliebten", der Beethoven sein Erbe übertragen hat. Auf der Suche erzählen verschiedene Figuren nach dem ‚Citizen-Kane-Muster' von ihren Erlebnissen mit Beethoven (intradiegetische SEIen mit visueller Umsetzung). Diese Erzählstruktur, die einerseits bis zum Ende beibehalten wird, wird andererseits durch die dominierende nullfokalisierende VEI unterlaufen, die beliebig zwischen Diegese und Metadiegese hin- und herschaltet. Die VEI bietet Informationen, die weit über das Wissen der Erzählerfiguren hinausweisen, vollzieht Ebenenwechsel nach dramaturgischen und stilistischen Regeln und flechtet mentale Metametadiegesen in die Metadiegesen ein, um Beethovens intime Gefühle und Gedanken anzuzeigen, die den Erzählerfiguren nicht bekannt gewesen sein können. Die Gesprächssituationen, die zwischendurch zu sehen sind, werden von einer zunehmend dominierenden auktorialen VEI – unterstützt durch die dramaturgisch strukturierende Musik des Komponisten als Fremdton-Musik – zum Erzählanlass degradiert, das heißt die sprachliche Erzählung initiiert eine visuelle Erzählung, die ihr nicht mehr unter- und oft kaum noch zugeordnet werden kann. Trotzdem oder gerade wegen der dominierenden VEI stellt der Film keine allzu hohen Anforderungen an die Verstehensleistungen des Rezipienten.

Aus genannten Gründen ist die diegetische Ebenenzuordnung also nur im Zusammenhang der gesamten Filmstruktur zu treffen. Deshalb kann das technisch als Fremdton definierte – also *in diesem Sinne* immer *extra*diegetische – Voice-over in meinem Modell einer *intra*diegetischen SEI zugeordnet werden, sodass ich auch von einem *intradiegetischen* Voice-over spreche. Diese terminologischen Hilfskonstrukte sind der ‚Preis' der Übertragung eines diegetischen Ebenenmodells von einem Monokanal- auf ein Multikanal-Medium bzw. der Tatsache geschuldet, dass VEI und SEI zwar teilweise hochgradig vernetzt und komplementär sein und eine einzige homogene Erzählsituation und Ebenenstruktur bilden können, teilweise aber auch voneinander divergieren und unterschiedliche, parallel ‚nebeneinanderher' laufende Erzählsysteme ausbilden, die in Spannung zueinander stehen können bis hin zum offensiven Widerspruch. Ein Film kann von einer extradiegetischen VEI dominiert werden, obwohl über sprachliche Erzählinstanzen eine klare Ebenenschachtelung installiert wird; ein technisch gesehen extradiegetisches Voice-over kann als intra- oder metadiegetische SEI fungieren; eine Metadiegese kann zur Pseudo-

Metadiegese werden; ein filmischer innerer Monolog kann extra-metadiegetisch sein.[18] Die unterschiedlichen sprachlichen und audiovisuellen Erzählsysteme eines narrativen Spielfilms können auch eingesetzt werden, um mit erzählerischer und/oder visueller Unzuverlässigkeit zu spielen. So hängt zum Beispiel die Lenkung der Hypothesenbildung des Zuschauers und die Glaubwürdigkeit eines Verdächtigen in Ermittlungsfilmen nach dem *Whodunit*-Muster extrem davon ab, was die VEI von dem zeigt, was eine SEI lügend erzählt, um ein gutes Alibi zu haben.

Zwei Punkte bleiben dessen ungeachtet festzuhalten. Erstens: Ein Großteil aller Spielfilme installiert eindeutige Ebenenstrukturen, die sich klar mit der hier vorgeschlagenen Ebenennomenklatur beschreiben lassen. Zweitens: Die Untersuchung komplexer Beispiele zeigt, dass trotz hochgradig verschachtelter und ambivalenter Ebenenstrukturen das vorliegende Ebenen- und Instanzenverständnis dazu beiträgt, die jeweiligen Funktionsweisen der narrativen Struktur zu beschreiben, die Unbestimmtheitsstellen zu markieren und damit den spezifischen narrativen ‚Clou' eines Films zu erfassen.

6.2 Visuelle Formen der Ebenenschachtelung

6.2.1 Mentale Metadiegesen

Sequenzen und Episoden können durch Anfangs- und/oder Endmarkierungen sowie weitere formale und inhaltliche Merkmale derart gekennzeichnet sein, dass sie Träume, Erinnerungen oder verschiedene Arten mentaler Vorstellungen und Gedankengänge (Phantasien, Einbildungen, Visionen, Gedankenwelten, Tagträume, Angstzustände etc.) einer Figur repräsentieren sollen. Sie *sind* allerdings niemals diese Träume, Erinnerungen oder Vorstellungen, sondern stehen nur für sie. Eine audiovisuelle Markierung kinematographischer Sequenzen oder Episoden als Traum, Erinnerung oder Vorstellung einer Figur kann durch sprachliche Markierungen in einfacher oder komplexer Form unterstützt werden. Die Markierungen können deutlicher oder undeutlicher, eindeutig oder mehrdeutig sein. Der Normalfall ist eine zugleich *deutliche* (also auffällige, deutlich wahrnehmbare) und *eindeutige* Markierung. Der Grad der Markierung ist allerdings nicht unabhängig von Zeit-, Genre- und Studiokonventionen und die Wahrnehmung einer Markierung nicht unabhängig von den Rezeptionserfahrungen und Verstehensprozessen des Zuschauers. Werkim-

18 Dies alles sind Fälle, die mehr oder weniger eindeutig mit dem Phänomen zusammenhängen, das ich als *visuellen Ebenenkurzschluss* bezeichne (vgl. 6.3.3).

manent-analytische Befunde sollten in einem nächsten Schritt in den Rahmen von Genre- und Zeitkontext gestellt werden. Die im Folgenden angeführten Varianten umreißen strukturell denkbare Möglichkeiten.[19]

Das Paradigma der Zuordnung einer visuellen Sequenz zu einer Figur lässt sich wie folgt paraphrasieren: Die VEI zeigt ein ‚schlafendes', ‚sich erinnerndes' oder ‚denkendes' Gesicht, fährt näher heran und ein Schnitt oder eine Überblendung führen in die Traum-, Erinnerungs- oder Vorstellungssequenz. Am Ende der Sequenz kehrt die VEI mit einem Schnitt oder einer Überblendung wieder zum jeweiligen Gesicht zurück. Genauso ambivalent, wie ein gezeigtes Gesicht im Hinblick auf die Einordnung als ‚schlafend', ‚sich erinnernd' oder ‚denkend' sein kann, genauso unbestimmt kann auch sein, ob die Sequenz, die über eine derartige Rahmung einer Figur zugeordnet wird, einen Traum, eine Erinnerung oder eine Vorstellung repräsentiert. Es gibt Filme, in denen Träume, Erinnerungen und Vorstellungen bewusst ambi- oder polyvalent angelegt sind oder miteinander verschwimmen. Die Einordnung der Sequenz ist abhängig von thematischen Zusammenhängen und Histoire-Elementen, ebenso wie von der visuellen Gestaltung: So zeigt ein Übergang, der von einem ‚denkenden Gesicht' auf ein spielendes Kind führt, in der Regel eine Kindheitserinnerung an; eine visuell überzeichnete Sequenz kann einen irrealen Wunschtraum oder eine subjektiv verklärte Erinnerung markieren. Ein fliegender Mensch dürfte Element eines Traums oder einer blühenden Phantasie sein, eine einleitende Einstellung auf einen starren Blick, unterstützt durch ein *freeze*, signalisiert mentale Bilder etc.

Alle *figurengebundenen* Sequenzen und Episoden, die Träume, Erinnerungen oder Vorstellungen repräsentieren, werden als *Metadiegesen* eingeordnet. Diese Ebenenzuordnung könnte infrage gestellt werden, denn eigentlich bildet die jeweilige Sequenz keine filmische Diegese innerhalb einer filmischen Diegese, weil sie keiner in der Diegese verankerten audiovisuellen Kommunikationsinstanz untersteht, sondern eine von einer unabhängigen VEI gezeigte Sequenz ist. Die Sequenz steht hier – wie bei den einer sprachlichen Erzählung zugeordneten Formen (vgl. 6.1, 6.3) – für etwas, das sie selbst nicht ist: einen Traum, eine Erinnerung oder mentale Gedankenwelten. Auch hier kann der *visuelle Ebenenkurzschluss* wirksam werden. Entsprechende Sequenzen werden trotzdem als Metadiegesen eingeordnet, weil sie einer Figur zu- und untergeordnet sind, eine geträumte/erzählte/vorgestellte/(un-)bewusst imaginierte Welt in der Welt der filmischen Diegese darstellen und Ereignisse abbilden, die nicht als ‚real' im aktuellen diegetischen Moment des Träumens, Erinnerns oder

19 Demarkationen im Grenzbereich undeutlicher und mehrdeutiger Markierungen können nur im werkinternen und/oder werkexternen Bezugsrahmen getroffen werden und sind meist interpretationsabhängig.

Vorstellens gelten. Ich spreche diesbezüglich auch von *mentalen Metadiegesen* (vgl. 4.3.2.4/5).[20] Die fakultative Markierung mentaler Metadiegesen durch schwarz-weiß, braunstichige oder übersteuerte Farben, spezielle Linsen oder Rahmung des Filmbildes ist arbiträr: In dem einen Film signalisiert eine Schwarz-weiß-Markierung Erinnerungen einer Figur, in einem anderen steht sie für Traumsequenzen verschiedener Figuren, im nächsten für narrationale Analepsen, dann wieder für figurale Phantasien.

Mentale Metadiegesen können klassisch gerahmt, aber auch nur am Anfang oder am Ende markiert sein. Eine Sequenz, die erst durch Endmarkierung einen eindeutigen Status erlangt, kann zu Irritationen führen, weil sie anfangs anders bewertet wird, z. B. ein Traum, der zuerst für die Realität gehalten wird, wie am Anfang von ABRE LOS OJOS (Alejandro Amenábar, S/F/I 1997) und VANILLA SKY. In beiden Filmen wird der wiederholte Einsatz derartiger Endmarkierungen bei fehlender Anfangsmarkierung zum strukturbildenden Prinzip (vgl. Kuhn 2009b). Anfangs- und Endmarkierungen einer einzigen mentalen Metadiegese können in Spannung oder Widerspruch zueinander stehen. Mentale Metadiegesen können ganz ohne Markierungen auskommen und nur durch Histoire-Elemente und thematische Bezüge als solche bestimmbar sein.

Ein Problem, das sich unabhängig davon stellt, ob die mentale Metadiegese Träume, Erinnerungen oder Vorstellungswelten repräsentiert, ist die Frage der *Zuordnung*. Mentale Metadiegesen können einer Figur (Regelfall) oder zwei Figuren (Ausnahme) zugeordnet sein, z. B. die Hochzeitserinnerung in TROIS COULEURS: BLANC (Krzysztof Kieslowski, F/P/Schweiz 1994) oder die Erinnerungen an vergangene Messerwerfszenen in LA FILLE SUR LE PONT. Eine doppelte Zuordnung kann entweder durch divergierende Anfangs- und Endmarkierung erreicht werden (Gesicht von Figur A in Groß, *zoom in*, Schnitt – mentale Metadiegese – Schnitt, Gesicht von Figur B in Groß, *zoom out*),[21] durch eine zur visuellen Markierung divergierende sprachliche Markierung (Gesicht von Figur A, Schnitt – mentale Metadiegese – Schnitt, Gesicht von Figur A bei gleichzeitigem Voice-over von Figur B), durch verzahnte, schnelle Wechsel zwischen Rahmen und mentaler Metadiegese, bei der im Rahmen zwischen zwei Figuren gewechselt wird, durch rahmende Einstellungen auf zwei Figuren, die ‚nachdenklich' aussehen etc. Denkbar ist auch die Zuordnung zu mehr als zwei Figuren – wie die durch Einstellungen auf *drei* Figuren gerahmten

---

20 *Mentale Metadiegesen* sind zu unterscheiden von den Formen des *Mindscreen* (*mentale Projektion, Einblendung*), in denen kein Ebenenwechsel anzunehmen ist (vgl. 4.3.2.5; Abb. 17 in 4.5.3).

21 In TROIS COULEURS: BLANC gibt es während der Scheidung von Karol und Dominique zwei kurze Erinnerungssequenzen ihrer Hochzeit, die beiden Figuren zugeordnet sind: Beim ersten Mal wird zuerst das traurige Gesicht Karols gezeigt, dann folgt die mentale Metadiegese, dann das nachdenkliche Gesicht Dominiques, beim zweiten Mal umgekehrt.

Erinnerungen der drei Hauptfiguren in DARJEELING LIMITED (Wes Anderson, USA 2007) an die Beerdigung des Vaters.

6.2.1.1 Diegetische Ebenen vs. Fiktionsebenen

In vielen Filmen decken sich die *diegetischen Ebenen* mit den *Fiktionsebenen* – d. h. die Diegese entspricht einer Fiktionsebene ersten Grades, die Metadiegese einer Fiktionsebene zweiten Grades, eine Metametadiegese einer Fiktionsebene dritten Grades. Filme, die eine Vermengung von Traum und Realität formal durchspielen oder inhaltlich thematisieren (wie ABRE LOS OJOS; VANILLA SKY; OTTO E MEZZO; PERSONA, Ingmar Bergman, Schw 1966) oder auch die Trennung virtueller Welten von realen Welten unterlaufen (wie THE GAME, David Fincher, USA 1997; EXISTENZ, David Cronenberg, USA/Kan/GB 1999), lassen es jedoch notwendig erscheinen, *diegetische Ebenen* und *Fiktionsebenen* gegebenenfalls voneinander zu differenzieren.[22] In ABRE LOS OJOS werden eine Diegese (das Gespräch des Protagonisten César mit seinem Psychiater) und eine Metadiegese (die erzählten Erlebnisse und Träume Césars, die auch visuell gezeigt werden) etabliert. Nicht deckungsgleich damit sind die Wechsel kurzer, nur endmarkierter Traumsequenzen mit der metadiegetischen Realität und die Bewertung der Phasen des Films als aufeinanderfolgende Fiktionsebenen erster und zweiter Ordnung (zuerst Realität, später virtuelle Traumwelt) nach dem *final twist* am Ende des Films (vgl. Kuhn 2009b). Ich beziehe unter dem Begriff der *Fiktionsebene zweiten Grades* sämtliche mentale und fiktionale Vorstellungswelten von Figuren mit ein, also sowohl von diegetischen Figuren *imaginierte* Welten, als auch die durch *fiktionale* Produkte in der Diegese (Romane, Theaterstücke, Gesellschafts-/Computerspiele) konstituierten *fiktiven* Welten. Der Normalfall im Spielfilm ist eine *Deckung* der jeweiligen diegetischen Ebene mit der Fiktionsebene/dem Fiktionsgrad; nur in komplexen Fällen muss weiter ausdifferenziert werden.[23]

Kommen fiktionale Produkte im Film vor, dann kann die *histoire* des Films von der *histoire* des innerdiegetischen fiktionalen Produkts unter-

---

22 Diese Differenzierung wird von Ebenenmodellen, die sich auf Genette beziehen, vernachlässigt, obwohl auch in der Erzählliteratur verschiedene Formen aufzufinden sind, die sie notwendig erscheinen lassen würden, worauf u. a. Nelles (2005: 135) verwiesen hat.

23 Gegebenenfalls könnte es in seltenen Fällen nützlich sein, den Begriff der *Fiktionsebene* weiter aufzuspalten in *Fiktionalitätsgrad/-ebene* und *Imaginationsgrad/-ebene*, sodass ein Traum im Film dann als *imaginiert* in der *Fiktionalität* des Films und ein Film im Film *fiktional* in der *Fiktionalität* des Films, also *doppelt fiktional* gelten würde. Eine derartige Differenzierung vollzieht z. B. Pfister (1997: 294 ff., 299) in Bezug auf das Drama, um die „Traumeinlage" vom „Spiel im Spiel" zu differenzieren. Allerdings ist das Verhältnis von *Fiktivität* und *Fiktionalität* umstritten (vgl. 2.2.3), was eine weitere Differenzierung erschweren würde.

schieden werden. Die Integration des fiktionalen Produkts in den Film kann so gestaltet sein, dass keine klar zu unterscheidenden diegetischen Ebenen nachzuweisen sind. Theaterstücke im Film (im Sinne eines Stücks, das innerhalb der Diegese geprobt oder aufgeführt wird) bilden häufig eine *Fiktionsebene zweiten Grades* (die Fiktion des Theaters in der Fiktion des Films), *ohne* eine metadiegetische Ebene auszubilden. Sie werden von der extradiegetischen VEI im gleichen Duktus vermittelt wie der Rest des Films (Montage, Kamerabewegung, Fokalisierung etc. können vollkommen gleich sein), bilden eher eine räumlich begrenzte Welt innerhalb der filmischen Welt, also einen räumlich definierten *Teil*bereich der Diegese – z. B. in ALL ABOUT EVE, BULLETS OVER BROADWAY oder OPENING NIGHT (John Cassavetes, USA 1977). In diesen Fällen kann nicht von einem Wechsel der diegetischen Ebene gesprochen werden, obwohl die Auszüge des geprobten oder aufgeführten Stücks eine eigenständige fiktive *histoire* repräsentieren, wie ein Theaterstück im Theaterstück als fiktionales Spiel im Spiel funktionieren und eine Verdopplung der Schauspielerrollen erkennen lassen: der reale Schauspieler in der Rolle der filmischen Figur und (die filmische Figur) in der Rolle der Figur im Theaterstück.

Die diegetischen Ebenen werden über den Akt der Vermittlung/Darstellung definiert, die Fiktionsebenen über den Status des Vermittelten/Dargestellten. Ist eine Fiktion zweiten Grades nachzuweisen, *ohne* dass der Akt der Vermittlung in der Diegese nachweisbar repräsentiert wird, liegt *kein* Wechsel der diegetischen Ebene vor. Wird der Akt der Vermittlung in der Diegese teilweise repräsentiert (und ich zähle in einem weitgefassten Sinne auch Zuordnungen zu mentalen Vorgängen als Vermittlungsakt), liegt ein Wechsel der diegetischen Ebene vor. Wird der Vermittlungsakt zwar repräsentiert, aber durch die extradiegetische VEI unterlaufen, liegt ein *visueller Ebenenkurzschluss* vor und ich spreche von einer *Pseudo-Metadiegese* (vgl. 6.3.3). Nelles (1997: 121 ff.) schlägt eine der Distinktion von diegetischer und Fiktionsebene vergleichbare Differenzierung vor, wenn er eine „epistemische" („epistemic") und eine „ontologische Einbettung" („ontological embedding") unterscheidet:

> Epistemic embedding by means of a shift in narrator is characterized by emphasis on the process of communicating knowledge: who imparts what to whom; ontological framing, as in dreams, hallucinations, or science-fiction stories of alternate dimensions, is characterized by emphasis on modes of being, by the shifting of levels or reality or existence. (ebd.: 134)

Nelles' „epistemische Einbettung" entspricht in etwa der Differenzierung verschiedener *diegetischer Ebenen*, seine „ontologische Einbettung" der Differenzierung verschiedener *Fiktionsebenen*; die klassifikatorische Trennung beider Formen (entweder epistemisch oder ontologisch), die Nelles' Vorschlag impliziert, ist jedoch fragwürdig, weil eine epistemische Einbettung oft zugleich auch eine ontologische Einbettung bedeutet.[24] Nelles' Kategorien überzeugen bezüglich der Erzählliteratur dennoch, weil er noch einen Schritt weitergeht und sich bei der Bestimmung „narrativer Ebenen" („levels") auf das eindeutige Strukturmerkmal konzentriert, ob in der Diegese eine eingebettete *Stimme* vorkommt, also streng an Genettes Frage „Wer spricht?" orientiert, weshalb er „epistemic embedding" auch als „verbal embedding" bezeichnet.[25] Auf den Film ist diese strikt sprachbezogene Argumentation aufgrund der Hybridität und des Zusammenspiels sprachlichen und audiovisuellen Erzählens jedoch nicht direkt anwendbar.

Die drei Gruppen 1.) Erinnerungen, 2.) Träume und 3.) Vorstellungs-, Phantasie- und Gedankenwelten, die im Folgenden zur Erörterung verschiedener Formen der mentalen Metadiegese gebildet werden, sind keine definitorisch abgrenzbaren Klassen. ‚Vorstellungen' wird als Oberbegriff für sämtliche mentale Metadiegesen verwendet, die *bewusste* mentale Prozesse repräsentieren und *keine* Erinnerungen sind. Zu ‚Träumen' werden *un-* und *nicht bewusste* Formen mentaler Metadiegesen gezählt; viele Sequenzen haben einen ambivalenten Zwischenstatus wie etwa Darstellungen von geistigen Krankheiten oder Drogenräuschen.

6.2.1.2 Erinnerungssequenzen

Erinnerungssequenzen sind an eine Figur gebundene Metadiegesen, die zugleich eine Analepse bilden, weil von einem Zeitpunkt der Geschichte (t_x) auf einen davor liegenden Zeitpunkt (t_{x-n}) oder ein Zeitintervall (Δt von t_{x-n} bis t_{x-m}; $0 \leq m < n$) zurückgeblickt wird. Eine Erinnerungssequenz ist immer *präfokalisiert*, weil sie einer Figur zugeschrieben wird, d. h. es ist davon auszugehen, dass die VEI in etwa *genauso viel* zeigt, wie die Figur weiß, der die Erinnerung zugeschrieben wird (*interne Präfokalisierung*). Allerdings ist dabei erstens die Wissensrelation zwischen erzählendem (in diesem Falle *sich erinnerndem*) und erlebendem Ich zu berücksichtigen und zweitens zu fragen, ob mit der Präfokalisierung gebrochen wird, was im Spielfilm keine Seltenheit darstellt. Die Tatsache, dass die Figur in einer

---

24 Ein weiteres Problem ist die Zuordnung der Begriffe (epistemic/ontological), die leicht zu Verwirrung führen kann, wie sich an Fluderniks (2006: 40) verquerer Interpretation der Nelles'schen Begriffe zeigt: „Nelles unterscheidet des Weiteren zwischen epistemischer und ontologischer Rahmung, d. h. zwischen gerahmten Geschichten, die nur in der Gedankenwelt einer Figur existieren, und solchen, die tatsächlich in der fiktionalen Welt stattgefunden haben." Dieses Benennungsproblem umgeht Nelles (1997: 134), indem er „epistemic" später durch „verbal" und „ontological" durch „modal" substituiert.

25 Nelles' Gruppen „epistemic/verbal embedding" und „ontological/modal embedding" entsprechen in etwa die „illocutionary" und „ontological boundaries", von denen Ryan (2002) in ihrem von Genette unabhängigen Modellentwurf spricht.

Erinnerungssequenz in der Regel von außen gezeigt wird, hat keinen Einfluss auf die Fokalisierung (Informationsrelation), sondern bezieht sich auf die Okularisierung: Die Nullokularisierung bildet den Normalfall; selten wird eine Erinnerung ausschließlich mit einer subjektiven Kamera gezeigt.

Eine prominente Erinnerungssequenz findet sich in C'ERA UNA VOLTA IL WEST. Über die Handlungsmotive des geheimnisvollen Mundharmonikaspielers „Harmonica“, der sich auf einem Rachefeldzug befindet, ist über weite Strecken des Films kaum etwas zu erfahren. Vor dem finalen Duell fragt ihn sein Gegenspieler, der Gangster Frank, dessen Pläne Harmonica durchkreuzt hat, ein letztes Mal nach dem ‚Warum'. Nach einigen Schuss-Gegenschuss-Wechseln zeigt die VEI Harmonicas Gesicht in Groß, ein Zoom vergrößert den Ausschnitt, bis eine Detailaufnahme nur noch seine Augen erfasst. Ein Schnitt führt in die Metadiegese, die Frank und Harmonica als junge Männer vorführt. Verschiedene eindrucksstarke Sequenzen zeigen, wie Harmonica von Franks Bande gezwungen wurde, an der Hinrichtung seines Vaters aktiv teilzunehmen. Im darauffolgenden Duell auf diegetischer Ebene tötet Harmonica Frank, der erst mit dem letzten Atemzug einen Hinweis darauf bekommt, wieso er sterben muss, wohingegen der Zuschauer bereits durch die mentale Metadiegese erfahren hat, warum Harmonica so gehandelt hat. Durch die Erinnerungssequenz weiß der Adressat *mehr* als Frank und (bezüglich der aufgebauten Erwartungshaltung endlich) *genauso viel* wie Harmonica.

Hier wird die Erinnerung deutlich der Figur Harmonica zugeordnet, weshalb ich sie als Metadiegese bezeichne. Allerdings erzählt die VEI innerhalb dieser mentalen Metadiegese über die Figur hinausweisend und hat – wie ein Blick auf die Informationsrelationen zwischen Figuren, Erzählinstanz und Adressat/Zuschauer zeigt – primär die Funktion, dem extradiegetischen Adressaten wichtige Informationen zu liefern. Der Ebenenstatus der Sequenz ‚kippt' deshalb etwas in Richtung einer *narrationalen* Analepse (vgl. 5.1.1), die der extradiegetischen narrativen Instanz zuzuschreiben wäre. Unterstützt wird diese Tendenz durch die Fremdton-Musik, die die gesamte Duellsequenz einschließlich Erinnerungsanalepse einrahmt. Sie ist komplementär zu den Bildern eingesetzt, scheint den Schnittrhythmus vorzugeben und prägt eine übergeordnete Spannungsdynamik, was den Eindruck stützt, hier kommuniziere eine auktoriale extradiegetische VEI bewusst mit dem extradiegetischen Adressaten.

Je vager die Bindung einer Erinnerungssequenz an eine Figur und je deutlicher der Eingriff der extradiegetischen VEI erkennbar ist, desto schwieriger wird die Unterscheidung einer personengebundenen *figuralen* Erinnerung (Metadiegese+Analepse) von einer *narrationalen* Zeitumstellung

(Diegese+Analepse).[26] Weist die VEI bei etablierter Figurenbindung deutlich über die Figur hinaus, spreche ich von einer *Pseudo-Metadiegese*. Geschieht das Einholen der Vorgeschichte in Form einer figurenungebundenen aufbauenden Rückwendung oder werden figurenungebundene Vergangenheitsmomente zur Erklärung der diegetischen Gegenwart geschaltet, spreche ich von einer ‚reinen' oder *narrationalen Analepse*, also einer Zeitumstellung (Anachronie) *ohne* Wechsel der diegetischen Ebene und nicht mehr von einer Erinnerungssequenz.[27] Weder der narratologische Begriff Analepse, noch der in der Filmwissenschaft übliche Begriff Rückblende (*flashback*) differenzieren zwischen figuralen Erinnerungssequenzen und figurenungebundenen narrationalen Analepsen (vgl. 5.1).

Die Skala reicht also von einer Erinnerung als mentaler *Metadiegese*, über eine Erinnerung als mentaler *Pseudo-Metadiegese* bis zu einer narrationalen Analepse als *Diegese*. Beispiele für narrationale Analepsen finden sich in 25TH HOUR: Den Handlungskern bilden die letzten 25 Stunden des Drogendealers Monty Brogan in New York, bevor er eine Haftstrafe antreten muss. Die Informationen, wie die Polizei das Rauschgift bei Brogan gefunden hat, wie er seine Freundin kennengelernt hat und auf die schiefe Bahn geraten konnte, liefert die VEI im Laufe der Handlung in *visuellen Analepsen* nach, die als externe Analepsen vor den Startzeitpunkt der Basiserzählung (t_0) hinausweisen. Hier kommuniziert die extradiegetische VEI wichtige, die Geschichte erklärende Hintergründe an den extradiegetischen Adressaten. Die Analepsen sind keiner der diegetischen Figuren zugeordnet und deshalb keine Erinnerungssequenzen/Metadiegesen.[28]

Bei Erinnerungssequenzen ist der Fiktionsstatus der Metadiegese nicht immer klar zu bestimmen: Einerseits handelt es sich um Ereignisse, die tatsächlich in der fiktionalen Welt des Films passiert sein sollen (*Fiktionsebene ersten Grades*), andererseits kann die Erinnerung subjektiv verzerrt sein, bis zur bewussten oder unbewussten Lüge. Im Falle einer Lüge handelt es sich tendenziell um eine Fiktion in der Fiktion des Films, also eine *Fiktionsebene zweiten Grades*. Eine kurze Erinnerungssequenz wie in C'ERA UNA VOLTA IL WEST unterscheidet sich strukturell nicht grundlegend von einem Film, der als Ganzes eine Erinnerung mit einer kurzen Rahmenhandlung repräsentiert wie FRIDA. Es handelt sich in beiden Fällen um die

---

26 Eine *narrationale* Analepse ist eine diegetisch nicht untergeordnete, sondern den anderen Sequenzen *beigeordnete* Sequenz.

27 Der hierfür oft verwendete Begriff der „Zeitebene" ist verwirrend, weil die Zeit im mathematischen Sinne eindimensional ist und in der modellhaften Darstellung *eine* Achse bzw. *einen* Zeitstrahl (in Graphen die x-Achse) bildet (vgl. Kap. 5).

28 In Filmen, in denen Erinnerungssequenzen primär eine den extradiegetischen Adressaten informierende und Zusammenhänge aufklärende Funktion haben, ist die Differenzierung von Erinnerungs-Metadiegese und narrationaler Analepse nicht immer notwendig, weshalb Analepse als Oberbegriff zur analytischen Beschreibung ausreichend sein kann.

gleiche Ebenenstruktur; der Unterschied liegt in der quantitativen und thematischen Gewichtung. Zur Bezeichnung der quantitativ und thematisch dominierenden Ebene wird mitunter der Begriff *Basisgeschichte* verwendet, den ich in diesem Sinne benutzen werde.[29]

6.2.1.3 Traumsequenzen

Repräsentiert die figurengebundene mentale Metadiegese einen Traum, dann liegt mit dem Wechsel der diegetischen Ebene auch ein Wechsel der Fiktionsebene vor. Beispiele wären die expressiv-surrealen Träume des Kriegsheimkehrers Beckmann in LIEBE 47 (Wolfgang Liebeneiner, D 1949), der Traum am Anfang von SMULTRONSTÄLLET und der Alptraum, den Richard in THE BEACH hat, nachdem das Paradies, das der Strand der geheimen thailändischen Trauminsel darzustellen schien, durch die bei einer Haiattacke verunglückten Mitstreiter erste ‚Risse' bekommen hat. Träume sind oft symbolisch überhöht; nicht jede Traumsequenz kann eindeutig als Metadiegese bestimmt werden. Gekennzeichnet werden können Träume u. a. durch a) szenische Überzeichnung (surreale Bildelemente, künstliche Mise-en-scène), b) einen auffälligen visuellen Stil (Mehrfachbelichtungen, Tricküberblendungen, Stanztechniken, übersteuerte Farben, digitale Bildbearbeitung), c) spezifische narrative Strukturen (Minimalgeschichten und Episoden werden assoziativ aneinandergereiht, Anachronien dominieren, Kausalzusammenhänge sind kaum erkennbar), d) werkinterne thematische Zusammenhänge (Verarbeitung von diegetischen Erlebnissen der Figuren), e) mythologische und archetypische Motive, f) ontologisch unmögliche *events* und *existents* und g) verzerrte Größenverhältnisse etc. Träume können wie Erinnerungssequenzen erst im Nachhinein markiert sein wie mehrfach in ABRE LOS OJOS und VANILLA SKY. Dort bereitet die sukzessive Fluktuation in der Bewertung ein und derselben Sequenz als diegetische Realität (durch fehlende Anfangsmarkierung und scheinbar realistische Inszenierung) und Traum (durch eindeutige Endmarkierung) den zentralen *final twist* der Filme vor, denn am Ende sollen

29 Teilweise wird auch die Unterscheidung getroffen zwischen a) einer *Rahmenerzählung* (engl. *framed narrative*), wenn der Rahmen (*narrative frame*) den quantitativ kleineren und thematisch weniger wichtigen Teil des Werkes ausmacht und die Metadiegese (*framed story*) quantitativ und thematisch dominiert (wie bei FRIDA oder HOMO FABER); und b) einer *Binnenerzählung* (*embedded narrative*), wenn der Rahmen die quantitativ und thematisch dominierende Basisgeschichte bildet, und nur eine oder mehrere kurze, oft Hintergründe liefernde Metadiegese(n) eingebettet sind (wie in C'ERA UNA VOLTA IL WEST). Genette (1994: 253) benutzt den Begriff „erste oder Basiserzählung" allerdings bezüglich des diegetischen Niveaus und meint, dass man „den Widerspruch zwischen der unleugbaren narrativen Unterordnung und dem möglichen thematischen Vorrang einfach akzeptieren" müsse.

rückwirkend nicht nur die kurzen mentalen Metadiegesen, sondern große Teile des Films eine virtuelle Traumwelt darstellen (vgl. Kuhn 2009b).

Träume sind häufig nicht von Tagträumen, bewussten Vorstellungen, Wünschen und Phantasien zu unterscheiden. Ein Traum hängt von *un-* und *vorbewussten* Phantasien einer Figur ab, lässt sich aber im Film wie in der Literatur als *bewusst* von der Figur wahrgenommen und erinnert darstellen bzw. sogar von der Figur erzählen (wie der erste lange Traum, den Kriegsheimkehrer Beckmann in LIEBE 47 dem Oberst erzählt). Traum und Erinnerung können sich vermengen wie in BROKEN FLOWERS (Jim Jarmusch, USA/F 2005): Der Film erzählt die Geschichte des in die Jahre gekommenen Lebemanns Don Johnston, der in einem anonymen Brief von einer Frau erfährt, dass er einen erwachsenen Sohn hat und daraufhin zu vier Ex-Geliebten reist, um zu erfahren, wer die Mutter ist. Während er im Flugzeug sitzt und schläft, kommt es zu einer mentalen Metadiegese, in der sich mehrere Ereignisse vermischen, die zuvor in der Diegese gezeigt worden sind. Es handelt sich um eine Traumsequenz mit Anfangs- und Endmarkierung durch Einstellungen auf das schlafende Gesicht Johnstons, in der gezeigt wird, wie der Protagonist Erinnerungen im Traum verarbeitet, die zugleich eine interne Analepse ist, weil alle in der Traumsequenz gezeigten Ereignisse zuvor im Film zu sehen waren und nicht vor dem Startzeitpunkt der Erzählung (t_0) liegen.

Eine Symbolmontage lässt sich nicht immer von einer Traumsequenz unterscheiden. Symbolische Sequenzen sind oft wie Träume inszeniert, aber keiner Figur zugeordnet oder nur vage an eine Figur gebunden, also von der VEI geschaltet und deshalb narrational. Das heißt, dass zwar oft zwischen *figuralen Traumsequenzen* (mentalen Metadiegesen) und *narrationalen Symbolsequenzen* unterschieden werden kann, dass die entsprechenden Sequenzen aber auch im Grenzbereich liegen können. In BASQUIAT (Julian Schnabel, USA 1996), einem Biopic über den Künstler Jean-Michel Basquiat, werden zwischen die Handlung verschiedene unvermittelte Sequenzen zwischengeschaltet bzw. teilweise über das Bild geblendet: so die Bilder eines Wellenreiters auf einer riesigen Welle vor Hawaii und die mit archetypischen Symbolen durchzogenen märchenartigen Sequenzen über einen im Turm gefangenen Prinzen. Beide Symbolkomplexe sind metaphorisch und durch thematische Bezüge mit der Geschichte des Künstlers verknüpft. So surft der Wellenreiter je nach mentaler Verfassung des drogensüchtigen Künstlers ‚oben auf', wird von der Welle verfolgt oder unter ihr begraben. Beide werden aber (bis auf eine vage formale Verbindung der Wellenreiter-Sequenz) nicht als figurengebunden markiert und lassen sich – im Gegensatz zu anderen symbolischen Elementen des Films – nur bedingt als Drogenvisionen der Figur interpretieren. Ähnlich narrational sind einige symbolische Sequenzen in Fassbinders BERLIN ALEXANDER-

PLATZ, z. B. die biblischen Sequenzen in TEIL IV, in denen ein alter Mann ein Lamm opfert. Andere Symbolelemente des Films werden dagegen figurengebunden inszeniert, so das Motiv der Hure Babylon in TEIL IX und der Alptraum des in der Nervenheilanstalt liegenden Biberkopf in TEIL XIV, der aufgrund der komplexen Erzählweise von VEI und SEI jedoch größtenteils zu einer narrationalen Symbolsequenz changiert.

6.2.1.4 Vorstellungs-, Phantasie- und Gedankenwelten

Mentale Metadiegesen, die *bewusste* ‚Vorstellungs-, Phantasie- und Gedankenwelten' repräsentieren (zu denen Tagträume, Wunschvorstellungen, visualisierte Gedanken, bewusste Einbildungen etc. gezählt werden können), sind nicht kategorisch von Traumsequenzen zu unterscheiden. Die Differenzierung bewusster, halb- oder scheinbar bewusster Vorstellungen von un-, vor- und nicht bewussten mentalen Träumen und Visionen ist oft von vagen thematischen Hinweisen abhängig und bedingt breite Zonen des Übergangs. Was Zuordnungs- und Markierungsfragen betrifft, gilt für Vorstellungs- und Phantasiesequenzen das gleiche wie für Traumsequenzen. Vorstellungs- und Phantasiewelten bilden in der Regel einen Wechsel der Fiktions- und meist auch einen der diegetischen Ebene.

In EYES WIDE SHUT (Stanley Kubrick, USA/GB 1999) erzählt Alice Harford ihrem Mann Bill im Streit eine bisher geheim gehaltene erotische Phantasie mit einem Matrosen, dem sie in einem gemeinsamen Urlaub mit ihrem Mann begegnet ist. Die lange Erzählung der realen Begegnung, die ihre Phantasien ausgelöst hat, und der Phantasien selbst kommt ohne visuellen Ebenenwechsel aus (Alice bildet eine intra-homodiegetische SEI, die in der Szene erzählt). Später gibt es einige durch schwarz-weiß im Farbfilm gekennzeichnete und durch Rahmung Bill Harford zugeordnete Sequenzen, in denen Alice mit einem Matrosen Sex hat. Fünf Mal wird diese kurze Phantasiesequenz insgesamt zwischenmontiert, vier Mal ist sie als mentale Metadiegese Bills gekennzeichnet, häufig eingeleitet durch ein Zoom auf sein nachdenkliches Gesicht. Hier liegt eine latente Doppelmarkierung vor. Alice hat die Geschichte zuerst als ihre erotische Phantasie erzählt, später wird sie Bill zugeordnet, als bewusste Vorstellung, die ihn quält und dazu treibt, die erotische Geheimgesellschaft aufzusuchen, die im Mittelpunkt der Filmhandlung steht. Diese latente Doppelmarkierung wird in EYES WIDE SHUT aber nicht aktualisiert und zunehmend unwirksam. Mehrmals im Film schwarz-weiß markiert und Bill durch Anfangs- und Endmarkierung zugeschrieben, kann ihm die Sequenz später auch zugeordnet werden, wenn die Rahmung nicht mehr eindeutig ist.[30]

In die Zukunft gerichtete Vorstellungs- und Phantasiesequenzen bilden mentale Metadiegesen, die zugleich Prolepsen sind. Figurengebundene Zukunftsvisionen sind immer *zukunftsungewisse* Vorausdeutungen. Sie können einen werkintern markierten Wahrscheinlichkeitswert haben, sodass zwischen *unwahrscheinlichen* und *wahrscheinlichen* Zukunftsvisionen/Hoffnungen differenziert werden kann. Das in 5.1.1 erörterte Beispiel der intradiegetischen Erzählung des Vaters von Monty Brogan in 25TH HOUR ist eine auch visuell umgesetzte figurengebundene Zukunftsvision. *Zukunftsgewisse* visuelle Vorausdeutungen sind dagegen *narrationale Prolepsen*, die von einer extradiegetischen VEI geschaltet werden (vgl. 5.1.1).

Es gibt viele Zwischenformen zwischen unbewussten und bewussten mentalen Metadiegesen, die mal in die eine, mal in die andere Richtung ausschlagen, z. B. Drogensequenzen. Meist ist nicht klar, wie bewusst sich eine Figur darüber ist, dass sie gerade einen Drogenrausch erlebt, was davon abhängen kann, ob sie selbst wissentlich Drogen genommen hat oder unwissentlich unter Drogen gesetzt wurde. So wurde Marlowe in der Halluzinationssequenz von MURDER, MY SWEET zwar ungewollt im bewusstlosen Zustand unter Medikamente gesetzt, weiß aber hinterher, dass die wirren Visionen auf diese Fremdeinwirkungen zurückzuführen sind (vgl. 4.3.2.4). So nimmt der Teenager Scooby Livingston im zweiten Teil von STORYTELLING bewusst Drogen und sieht daraufhin, wie ein von ihm bewunderter Talkmaster ihn zu seinem Assistenten macht, was seinem an anderer Stelle vage formulierten Berufswunsch entspricht, sodass die Sequenz zwischen bewusstem Tagtraum und unbewusster Drogenvision einzuordnen ist. Die Bewertung derartiger Sequenzen als Darstellung unbewusster oder bewusster Vorgänge ist abhängig von Histoire-Elementen, thematischen Bezügen und der Interpretation.

6.2.2 Figurenungebundene visuelle Metadiegesen

Mentale Metadiegesen sind eine häufige Form der visuellen Metadiegese im Spielfilm, eine andere, seltenere, kommt vor, wenn eine visuelle Sequenz derart der Diegese untergeordnet wird, dass sie ein intradiegetisches *Medium* darstellt. Sie repräsentiert in diesem Fall zwar das jeweilige intra-

30 So sehr allgemeine Zuordnungen von stilistischen Mitteln zu Grundfunktionen und von Markierungen zu spezifischen Phänomenen (wie schwarz-weiß für einen Traum, vergilbte Farben für eine Erinnerung etc.) für den Spielfilm an sich *nicht* möglich sind, so eindeutig und konsequent werden einmal etablierte Markierungen meist innerhalb *eines* fiktionalen Films verwendet, was zumeist einer effektiven Erzählökonomie geschuldet ist.

diegetische Medium, gehorcht als kinematographische Sequenz aber selbst anderen Gesetzen der Medialität. Die VEI zeigt eine Romanseite in Groß, bleibt eine Weile stehen und blendet über zu einer Sequenz, in der andere Figuren vorkommen als in der Diegese, die in einer anderen historischen Zeit angesiedelt ist. Die Sequenz soll in diesem Fall den intradiegetischen Roman repräsentieren, der aufgeschlagen gezeigt wurde. Das gleiche ist möglich mit einem Gesellschafts- oder Computerspiel, Gemälde, Comicstrip, Tonbandgerät etc., indem von einer Einstellung auf das jeweilige technische Gerät oder mediale Produkt übergeblendet wird in die Metadiegese. Die ‚mediale Nähe' der filmischen Metadiegese, die immer eine audiovisuelle Sequenz ist, zu dem Medium, das sie repräsentieren soll, kann größer (Comic) oder kleiner (Tonbandgerät) sein.

In THE ROYAL TENENBAUMS gibt es eine Szene, in der der Ehemann und der Bruder von Margot Tenenbaum den schriftlichen Bericht einer Agentur vorgelegt bekommen, die Margots Leben seit ihrer Kindheit überwacht hat. Die beiden schlagen den Bericht auf und beginnen zu lesen (Diegese). Ein Schnitt führt zu einer Einstellung, die Margot als Mädchen zeigt, wie sie sich verbotenerweise Zigaretten kauft; ein zeitgleiches Insert signalisiert, dass es sich bei der visuellen Umsetzung um ebenjenen Bericht handeln soll: „Tenenbaum, M., Hintergrundakte". In einer Serie von Einstellungen ist nun zu sehen, wie Margot als Teenager auf dem Dach des Hauses raucht, wie sie aus dem Elternhaus wegläuft und wie sie mit verbotenen Liebhabern in verschiedenen, chronologisch gereihten kurzen Szenen auftaucht, die jeweils durch ein Insert beschriftet und zeitlich durch Margots Alter einzuordnen sind („19 Jahre, erste Eheschließung", „Papa Neuguinea, 25 Jahre" u. a.). Am Ende der durch Fremdton-Musik geklammerten Einstellungsfolge führt ein Schnitt zur Diegese zurück: Ehemann und Bruder schlagen die Akte zu. Die Sequenz ist eine Metadiegese, die in erster Linie ein Schriftstück repräsentiert und erst sekundär den Leseprozess des Schriftstücks.[31] Die gleiche Struktur ist

31 Ob eine derartige Metadiegese den Inhalt eines Schriftstücks oder den Leseprozess eines Schriftstücks repräsentiert, ist in den meisten Fällen nur tendenziell zu bestimmen. Durch die Inserts und die explizite Zuschreibung „Tenenbaum, M., Hintergrundakte" wird hier zumindest suggeriert, dass die Metadiegese das Schriftstück selbst repräsentiert. Die erste metadiegetische Analepse in CITIZEN KANE, wenn der Journalist Mr. Thompson das Tagebuch von Walter Thatcher in der Thatcher-Gedächtnisstätte durchgeht, wird durch eine Überblendung von einer Tagebuchseite auf einen im Schnee spielenden Jungen eingeleitet, was dafür spricht, dass die Metadiegese auch hier das Tagebuch repräsentiert. Dass gegen Ende der Metadiegese zur Markierung einer Ellipse erneut eine Tagebuchseite zwischenmontiert ist, verstärkt die Bindung an das Schriftstück. Allerdings wird die Buchseite vor der ersten Überblendung in einer Detaileinstellung derart abgefahren, dass auch der dem Satz Wort für Wort folgende Leseprozess angezeigt wird. Somit steht die Sequenz für beides: das Schriftstück und den Leseprozess. In der deutschsprachigen Version wird der Bezug zum Leseprozess durch die innere Stimme des Lesenden verstärkt.

mit verschiedensten Schriftstücken denkbar: Zeitungsartikel, Gerichtsakten, historische Berichte, Briefe, Tagebücher, Fotoalben, Lebensläufe etc. Ein Zusammenhang zu einer Figur, die das vorliegende Schriftstück rezipiert, ist in den meisten Fällen allerdings vorhanden, sodass nur von einer tendenziellen Figurenungebundenheit gesprochen werden kann.

THE ROYAL TENENBAUMS ist darüber hinaus ein Film, der als Ganzes mit der Illusion spielt, dass er die ‚Bebilderung' eines Romans sein könnte. Der Film beginnt mit einer Einstellung auf den Tresen einer Bibliothek, auf den zwei Hände einen Roman mit dem Titel „The Royal Tenenbaums" legen. Zwei weitere Hände (die einer Bibliothekarin zugeordnet werden können), wenden das Buch, schlagen es auf, nehmen eine der Leihkarten heraus, stempeln die Leihkarten mit dem Datum der Leihfrist, schlagen es zu und drehen es dem Ausleihenden wieder entgegen: Ein Leser hat einen Roman ausgeliehen, der den Titel „The Royal Tenenbaums" trägt. Ein Schnitt führt zu einer Einstellung auf einen Büchertisch (oder eine Bücherwand oder ein Plakat), auf dem sich nebeneinander ca. 15 Exemplare/Cover desselben Buchs „The Royal Tenenbaums" befinden; die folgende Einstellung geht näher heran, sodass nur noch fünf Cover zu erkennen sind; die nächste zeigt das Coverbild des Romans in Groß,[32] bevor eine aufgeschlagene Buchseite zu sehen ist, auf der neben einer schematischen Skizze, die die drei Kinder der Familie Tenenbaum zeigt, Titel („The Royal Tenenbaums"), Seitenzahl („5") und Kapitelüberschrift („Prologue") sowie die ersten Sätze des Prologs zu lesen sind: „Royal Tenenbaum bought the house on Archer Avenue in the winter of his 35th year. Over the next decade, he and his wife had three children. And then they separated." Darauf folgt eine sekundenkurze Einstellung über die Dächer der Stadt, bevor eine weitere das Dach des Familienhauses zeigt. Während die Kamera nun die Hausfassade Etage für Etage nach unten fährt und die hinter erleuchteten Fenstern sitzenden Kinder zeigt, spricht der extra-heterodiegetische Voice-over-Erzähler den ersten Satz des zuvor abgebildeten Prologs: „Royal Tenenbaum bought the house on Archer Avenue in the winter of his 35th year." (bzw. in der deutschen Version die Übersetzung) und nach einer kurzen Pause den zweiten Satz: „Over the next decade, he and his wife had three children." Der Voice-over-Erzähler könnte als innere Stimme desjenigen Lesers interpretiert werden, der den Roman anfangs in der Bibliothek entliehen hat und nun

32 Ein Verfremdungselement dieser Einstellung besteht darin, dass es sich nicht mehr um das Cover als solches handeln kann, weil sich eine Maus im Bild bewegt und die Kerzen brennen; es ist sozusagen eine filmische Mikroszene, die das Cover umsetzt und die selbstreflexiv darauf verweist, dass in THE ROYAL TENENBAUMS das ‚stillstehende' Medium Buch in ein ‚Medium der Bewegung' übertragen wird; ein dem Cover vergleichbares Arrangement wird gegen Ende des Films in der Diegese arrangiert.

zu lesen beginnt. Die hochgradige Verzahnung von VEI und auditiver SEI, die die ganze Exposition begleitet, koppelt die Einstellungen innerhalb des sprachlich dominierten Prologs und des ersten Kapitels eng an die Erzählungen des Voice-overs, die wiederum an die zwischengeblendeten Romanseiten gebunden sind (vgl. 5.4.2.1), sodass die Illusion aufgebaut wird, der Film könne den Roman oder das Lesen des Romans repräsentieren. Es handelt sich hierbei jedoch eher um ein Spiel mit der Illusion, als um den tatsächlichen Versuch, zu suggerieren, der Film sei die Repräsentation eines Buchs, weil trotz der Romanseiten, des Voice-overs und der Beschriftung von Gegenständen in den ersten Filmbildern zunehmend mehr durch längere Szenen, also kinematographisch erzählt wird. Trotzdem halten die zwischengeschnittenen Buchseiten die Illusion aufrecht und gliedern den Film in Prolog, acht Kapitel und Epilog.[33]

Die Zuordnung einer Metadiegese zu einem Roman, der innerhalb der Diegese in *Buchform* vorliegt, ist im Vergleich zur Zuordnung zu einem in der Diegese *gelesenen* oder *geschriebenen* Buch im Spielfilm relativ selten.[34] Letztere Möglichkeit wird wie erstere meist selbstreflexiv inszeniert (LE MAGNIFIQUE, Philippe de Broca, F/I 1973; WONDER BOYS) und kommt selten in rein visueller Form ohne den Einsatz eines Voice-overs vor. Für sämtliche kinematographische Metadiegesen, die innerhalb eines Films vortäuschen, ein anderes Medium zu repräsentieren, gilt auch bei klarer Unterordnung unter die diegetische Welt des Films, dass sie von einer VEI gezeigt werden, die nicht in der Diegese vorkommt, also nicht als intradiegetisch angenommen werden kann. Die visuelle Umsetzung eines Romans ist technisch nicht mehr als eine filmische Sequenz, die von anderen filmischen Sequenzen gerahmt wird.

Die VEI kann die durch Rahmung und/oder Sprache suggerierte Ebenenunterordnung der Metadiegese, die die erzählte Welt des Romans repräsentiert, unter die Diegese des Films a) unterstützen, indem sie entsprechend der anzunehmenden Erzählsituation fokalisiert und komplementär oder paraphrasierend zur SEI erzählt oder b) diese mehr oder

33 Das selbstreflexive Spiel mit der Ambivalenz Roman/Film wird durch die Vielzahl diegetischer Bücher, die im Laufe des Films geschrieben werden, vertieft. Die meisten Figuren publizieren ein Buch oder mehrere Bücher (so die Mutter Etheline Tenenbaum, der Freund der Mutter Henry Sherman, der Ehemann von Margot Tenenbaum Raleigh St. Clair, der Freund der Familie Eli Cash) oder schreiben ein Theaterstück wie Margot Tenenbaum. Die Bücher werden jeweils in einer Einstellung gezeigt, die der ‚Büchertisch'-Einstellung zu Anfang des Films mit einem anderen Buchcover entspricht.

34 Das Muster, dass vor, während oder kurz nach den Credits eine Romanseite, ein Romancover oder das Aufblättern eines Romans gezeigt wird, ist zwar durchaus üblich, muss aber eher als stilistische Spielerei denn als Etablierung einer medialen Zuschreibung oder Erzählsituation gewertet werden, wenn es nicht durch weitere Merkmale im Laufe des Films aktualisiert wird wie in THE ROYAL TENENBAUMS.

weniger stark und auffällig unterlaufen. Im Fall a liegt ein *latenter* Ebenenkurzschluss vor, im Fall b wird der Ebenenkurzschluss *wirksam* (vgl. 6.3.3). Da der erste Fall der unmarkierte Normalfall ist, muss nur der wirksame Ebenenkurzschluss, also Fall b, gesondert betrachtet werden. Die Metadiegese wird im Fall eines wirksamen Ebenenkurzschlusses zur *Pseudo-Metadiegese.* Aber selbst bei einem wirksamen Ebenenkurzschluss fallen Elemente, die die Ebenengrenze überschreiten (sogenannte *Metalepsen*; vgl. 6.5), als Regelbrüche auf (denn zumindest eine Fiktionsebene zweiten Grades liegt bei einem intradiegetischen Roman im Film vor).

Eine Metadiegese kann die virtuelle Welt eines Computerspiels, ein Gesellschaftsspiel, ein Gemälde, ein Hörspiel, ein vernetztes Internetspiel, ein inszeniertes Rollenspiel etc. repräsentieren. EXISTENZ und MATRIX wären mehr oder weniger eindeutige Beispiele, in denen die Metadiegese für Computer- oder Cyberspacewelten steht. Alle derartigen Filme bilden eine freie Variation des folgenden Grundmusters: Es werden zwei diegetische Ebenen etabliert, die diegetische Realität des Films und die metadiegetische Welt des Spiels oder Cyberraums, die zugleich eine Fiktionsebene zweiten Grades bildet. Ist die Ebenenstruktur etabliert und an den Adressaten kommuniziert, wird sie durch Metalepsen unterlaufen, bevor sich die Ebenen zunehmend vermengen und die Pointe entweder darin besteht, dass diegetische ‚reale' Figuren in der metadiegetischen Welt des Spiels gefangen werden, Gefahren aus der ‚Welt des Spiels' in die ‚reale Welt' der Spieler dringen, Folgen in der einen Welt durch ein Eingreifen in der anderen verhindert werden sollen oder dass beide Welten vollständig verschmelzen und bis zum Ende oder über das Ende hinaus nicht mehr zu entscheiden ist, ob es sich noch um die filminterne Realität oder ein Spiel/eine Fiktion im Film handelt. In EXISTENZ soll sich die virtuelle Welt darüber hinaus in den Köpfen der Protagonisten abspielen. Strukturell unterscheiden sich Filme, in denen Gesellschafts- oder Computerspielwelten in der diegetischen Realität eingebettet und/oder mit ihr vermengt werden, kaum von Filmen, in denen sich Traum und Realität ambivalent durchdringen wie in DEAD OF NIGHT, OTTO E MEZZO oder ABRE LOS OJOS; einige dieser Formen lassen sich auch als *unzuverlässig* bezeichnen.

Alle Varianten der in 6.2 erörterten visuellen Ebenenzu- und Ebenenbeiordnung können, wie angedeutet, durch sprachliche Formen unterstützt sein. Die scheinbare Verdopplung meiner Argumentation liegt an der Möglichkeit zweier sich spiegelnder Blickrichtungen: Fasst man primär eine intradiegetische SEI ins Auge (wie in 6.1), dann kann sie entweder mit oder ohne Unterstützung einer VEI im Film vorkommen. Umgekehrt können Formen der visuellen Zuordnung mit oder ohne Unterstützung durch eine oder mehrere SEIen auskommen. Welche Blickrichtung für die Analyse die entscheidende ist, hängt von der Fragestellung ab und davon, welche Instanz die auffälligere und dominierende ist, also auch von der Bestimmung des Verhältnisses von SEI und VEI im Verlauf des Films.

6.3 Ebenenübergänge, Rahmenhandlungen und der visuelle Ebenenkurzschluss

6.3.1 Einfache Formen des Ebenenwechsels

Konventionelle Formen eines Ebenenwechsels von einer höheren auf eine tiefere diegetische Ebene – ich argumentiere hier mit den Begriffen Diegese und Metadiegese, aber es gilt auch für Meta- und Metametadiegese – wurden bereits exemplifiziert und müssen nur noch zusammengefasst werden. Strukturell zu unterscheiden ist, ob A) nur visuell (und wenn ja, dann wie: Schnitt/Überblendung/Kombination/Trick), B) nur sprachlich oder C) visuell *und* sprachlich von der Diegese in die Metadiegese übergeleitet wird. Im ersten Fall (A) handelt es sich um eine audiovisuelle Metadiegese ohne Voice-over, im zweiten (B) um eine durch eine szenische Figur als intradiegetischer Erzähler rein sprachlich konstituierte Metadiegese (also eine sprachliche Erzählung im Film). Im Fall eines kombinierten Ebenenwechsels (C) ist zu unterscheiden ob a) mit Schnitt/Überblendung unmittelbar nach der sprachlichen Äußerung oder b) mit überlappender sprachlicher Äußerung übergeleitet wird (aus einer szenischen Stimme wird ein Voice-over). In letzterem Fall ist festzustellen, an welcher Stelle der sprachlichen Äußerung der visuelle Übergang gesetzt ist: An einer Satzgrenze; nach einem bestimmten Wort, einer bestimmten Behauptung?

Bei der Rückkehr von einer tieferen diegetischen Ebene zu einer höheren ist zu fragen, ob am Ende des jeweiligen metadiegetischen Abschnitts I) wieder zur diegetischen Ausgangssituation zurückgekehrt wird, die die Metadiegese eingeleitet hat, oder II) nicht. Falls ja (I), ist der Übergang von der Metadiegese zur Diegese dann i) eine (Achsen-)Spiegelung des einleitenden Übergangs oder ii) anders gestaltet? Und: Wird durch eine Veränderung im Vergleich zur diegetischen Ausgangssituation das Vergehen von Zeit, also der diegetischen Zeit des Erzähl-, Schreib- und Denkprozesses oder eines medialen Vorgangs angezeigt, etwa indem eine Kerze inzwischen niedergebrannt, der Stapel beschriebener Seiten gewachsen oder eine Figur hinzugekommen ist? Falls nicht zur Ausgangssituation zurückgekehrt wird (II), ist zu fragen, ob die Metadiegese i) überhaupt nicht in einer diegetischen Situation aufgelöst wird (z. B. indem unvermittelt eine andere Episode beginnt oder eine lange Zwischenblende eine Zäsur markiert), es also nur eine Anfangsmarkierung gibt, ii) ambivalent aufgelöst wird oder iii) widersprüchlich aufgelöst wird.

Wird eine visuelle Metadiegese erst durch eine Endmarkierung als solche markiert und zugeordnet, ergibt sich bei allen Formen (rein visuell/sprachliche Erzählsituation mit visueller Umsetzung/Film im Film) ein Irritationsmoment und evtl. eine rückwirkende Umbewertung der gerade gezeigten Sequenz. Natürlich definiert eine *eindeutige* rückwirkende Markierung eine Sequenz eindeutig als Traum-/Erinnerungssequenz, Gespräch, Film, Roman etc., allerdings kann sie zuvor anders – meist als diegetische Realität – wahrgenommen werden. Das Umbewerten des diegetischen Status bzw. die Fluktuation der Bewertung kann zum wiederkehrenden Muster eines Films werden. Eine Irritation durch nachträgliche Endmarkierung einer metadiegetischen Sequenz kann ‚nur' als origineller Effekt eingesetzt werden (z. B. wenn sich Miss Moneypenny in DIE ANOTHER DAY einen romantischen Kuss mit Bond vorstellt oder die Schriftstellerin in STRANGER THAN FICTION Unfälle für ihren Roman phantasiert, die erst im Nachhinein als Phantasien markiert sind), aber auch den ganzen Film strukturieren (wie in ABRE LOS OJOS oder INLAND EMPIRE) oder einen *final twist* darstellen, der den gesamten Film unter ‚einem anderen Licht' erscheinen lässt und eine Zweitrezeption des Films unter kategorial anderen Vorzeichen ermöglicht (LOS OTROS, THE SIXTH SENSE).

Alle Varianten des Verhältnisses von Anfangs- und Endmarkierung (eindeutig/ambivalent/widersprüchlich/nur am Anfang oder Ende), können in einem Film einheitlich verwendet oder variiert werden. Markierungen bestimmter Fokalisierungen und Okularisierungen sind oft mit Ebenenmarkierungen vergleich- und verwechselbar und können ebenso eindeutig, ambivalent oder widersprüchlich sein. Zu unterscheiden sind *figurale* Metadiegesen von *narrational* geschalteten Sequenzen. Figurale Metadiegesen (mentale Metadiegesen/sprachliche Erzählungen mit/ohne visuelle Unterstützung) sind einer/mehreren Figuren zugeordnet. Narrationale Analepsen, Symbolsequenzen, parallele Handlungsstränge, Episoden werden von der/den extradiegetischen narrativen Instanz(en) (und gegebenenfalls dem impliziten Autor) geschaltet und können keiner oder nur durch Interpretation einer Figur zugeordnet werden.

Das Grundmuster eines Übergangs von der Diegese in die Metadiegese (vgl. 6.2.1) kann auf vielfältige Weise variiert werden. In IMMORTAL BELOVED ist die Empfangsdame eines Hotels in Karlsbad zu sehen, die von der befragenden Figur Schindler zum Erzählen ihres Wissens über Beethoven animiert wird (vgl. 6.1.3.3). Eine Überblendung führt zu einer Einstellung, die die Hotellobby voller *diegetischer* Figuren zum Erzählzeitpunkt (t_{erz}) zeigt. Die Einstellung wird gehalten, während die diegetischen Figuren ausgeblendet werden. Der Raum bleibt kurz leer, bis andere *meta-*

diegetische Figuren hineingeblendet werden und das Voice-over der Empfangsdame zu erzählen beginnt: „Da gab es eine Frau …“. Ein Schnitt führt mit Ende des Satzes zur Einstellung dieser Frau in Halbnah. Die Metadiegese, die in diesem Fall die sprachlich erzählte Erinnerung einer befragten Figur repräsentiert, wird sprachlich und visuell fortgesetzt. In CIDADE DE DEUS steht die mutmaßliche ‚Erzählerfigur‘ Buscapé in Todesangst einer Straßenbande gegenüber (Diegese). Während eines in die Vergangenheit verweisenden Voice-overs von Buscapé umkreist die VEI den bedrohten Buscapé und blendet nach dem Ende der Voice-over-Passage – die kreisende Bewegung beibehaltend – über zu Buscapé als kleinem Jungen (Metadiegese), der in derselben Körperhaltung auf einem Fußballbolzplatz im Tor steht, sodass die kunstvolle Überblendung wie eine Verwandlung der Figur vom Jugendlichen zum Kind wirkt (vgl. 5.1.2). In BROKEN FLOWERS schläft die Hauptfigur Don Johnston während eines Flugs ein. Die Farben verblassen, die Konturen verschwinden fast bis zu einer Weißblende, bevor ein Schnitt schlagartig den Beginn der Traum-Metadiegese markiert, die wiederum durch leicht übersteuerte Farben und Lichtwerte gekennzeichnet ist. Weitere verspielte Übergänge finden sich etwa in TITANIC (James Cameron, USA 1997) oder ADAPTATION. Einige, teilweise komplexere Formen werden anhand von LA MALA EDUCACIÓN vorgestellt (vgl. 6.3.3.1). Formale Formen des Übergangs lassen sich selten getrennt von thematischen Zusammenhängen und Gegebenheiten der *histoire* (Figuren, *setting*) betrachten. Die radikalste Form des Übergangs ist ein unvermittelter Schnitt von der Diegese auf eine nicht markierte Metadiegese, die nur durch thematische Bezüge oder werkinterne Kontexte zugeordnet werden kann. Außer in Filmen, in denen bewusst keine eindeutige Ebenenstruktur etabliert werden soll, wie in einigen Filmen von David Lynch (LOST HIGHWAY, USA 1997; MULHOLLAND DRIVE, USA/F 2001; INLAND EMPIRE), sind Markierungen und Zuordnungen eindeutig und durch analytisches Beschreiben mit dem vorgeschlagenen Vokabular zu erfassen.[35]

35 Eine weiterführende historisierende Analyse des Zusammenspiels von SEI und VEI bei Ebenenübergängen könnte untersuchen, wie bestimmte Formen in verschiedenen Epochen, Genres und Produktionstraditionen etabliert und variiert worden sind. Ein Anschlusspunkt zu rezeptionsbezogenen Ansätzen wäre damit insofern markiert, als die komplexeren Ebenenstrukturen, die sich spätestens seit den 1990er Jahren im Mainstreamfilm und in Fernsehserien nachweisen lassen, nur funktionieren, weil sich die Sehgewohnheiten des Publikums weiter- und parallel zu technisch bedingten stilistischen Innovationen mitentwickelt haben und auch verschachtelte und unmarkierte Ebenenwechsel von einer Vielzahl von Zuschauern verstanden werden können.

6.3.2 Rahmen- und Binnenhandlungen

6.3.2.1 Von der einzelnen Metadiegese zur Rahmen-Binnen-Struktur

Theoretisch gibt es zu jeder Metadiegese, die einer Figur des Films oder einem intradiegetischen Medium zugeschrieben werden kann (mentale Metadiegesen; Film im Film; erzählte/gedachte/geschriebene Geschichten), einen diegetischen Rahmen (im Falle einer einzigen kurzen Metadiegese handelt es sich um den gesamten übrigen Film). Bezüglich der Diegese kann jedoch erst dann von einem erzählerischen Rahmen oder einer Rahmenhandlung die Rede sein, wenn die Metadiegese quantitativ und/oder thematisch dominiert und die *Basisgeschichte* bildet. Ist die Metadiegese kürzer und ‚unwichtiger' als der Rest des Films, wird die Diegese als Basisgeschichte bezeichnet. In beiden Fällen ist die Metadiegese in die Diegese *eingebettet*. Begriffe wie *Rahmenhandlung* und *Basisgeschichte* bezeichnen keine abgrenzbaren Klassen, sondern liefern lediglich Richtwerte (vgl. 6.2.1.2).

Eine Metadiegese, die die Basisgeschichte bildet, kann durch Rücksprünge in die Rahmenhandlung unterbrochen sein, sodass Metadiegese/Basisgeschichte und Diegese/Rahmenhandlung in mehrere Abschnitte aufgeteilt werden können (D_1-MD_1-D_2-MD_2-…-MD_n-D_{n+1}).[36] Die Übergänge zwischen Basis und Rahmen können den ganzen Film über ähnlich sein oder variiert werden. Sind beide Ebenen im Film erst einmal etabliert, kann auch unvermittelt zwischen ihnen hin- und hergeschnitten werden. Ist die Metadiegese eine Erinnerungssequenz und ist diese durch mehrere Rücksprünge in den Rahmen unterbrochen, handelt es sich zugleich um eine Kette von Analepsen. Etwas anderes sind *analytische* Filme nach dem *Citizen-Kane-Muster* oder Kriminalfilme nach dem *Whodunit-Muster* wie EVIL UNDER THE SUN, in denen die jeweiligen Erinnerungssequenzen verschiedenen im Rahmen erzählenden Figuren zugeschrieben werden.

Da eine kurze Metadiegese, die in die Haupthandlung eines Films eingebettet ist, sich strukturell nicht von einer gerahmten Basisgeschichte unterscheidet, die im Endeffekt eine ausgedehnte und/oder ‚zerstückelte' eingebettete Metadiegese bildet, sind Formen des Übergangs von der diegetischen Rahmenhandlung in die Metadiegese vergleichbar mit den Formen, die bezüglich einzelner Metadiegesen diskutiert worden sind. Das Zusammenspiel von VEI und SEI(en) sollte an den Übergangsstellen genau überprüft werden, insbesondere wenn Gesprächs- oder Schreibsituationen die Rahmenhandlung bilden, wenn die visuelle Metadiegese also einer sprachlichen Erzählsituation zugeordnet sein soll.

36 „D" steht für Diegese; „MD" für Metadiegese. Die Zählung bezieht sich auf ein Beispiel, das mit dem Rahmen beginnt und auch damit endet.

6.3.2.2 Sprechen, Schreiben, Denken: sprachliche Erzählsituationen als Rahmenhandlung

Die folgende, offene Liste fasst verschiedene Formen des sprachlichen Erzählens in der Rahmenhandlung eines Spielfilms schematisch zusammen. Jede Variante kann es mit einer heterodiegetischen oder homodiegetischen (sowohl autodiegetischen als auch nicht-autodiegetischen) SEI geben. Das Grundmuster ist das folgende: Sprachliche Erzählsituation in der rahmenden Diegese – Übergang – audiovisuelle Metadiegese, die die sprachliche Erzählung repräsentiert – Übergang – sprachliche Erzählsituation als Rahmen. Meist kommt es im Laufe des Films zu mehreren Wechseln nach dem zitierten Muster: D_1-MD_1-D_2-MD_2-…-MD_n-D_{n+1}. Bei Varianten mit Voice-over kann die rahmende, sprachliche Erzählsituation zusätzlich durch das sporadisch wiederkehrende Voice-over aktualisiert werden. Als Übergänge sind alle in 6.3.1 erörterten Varianten denkbar.

1. Mündliches Erzählen/Sprechen

a) *Ein Erzähler im Gespräch/Dialog*: Eine häufig als Rahmenhandlung eingesetzte Erzählsituation ist das szenische Gespräch: Ein anthropomorpher Erzähler erzählt einem oder mehreren Zuhörern eine Geschichte. Untertypen lassen sich bilden, je nachdem, ob es sich um einen Erzähler handelt, der a_1) einem einzigen Zuhörer vis-à-vis eine Geschichte erzählt, a_2) mehreren Zuhörern eine Geschichte erzählt oder a_3) einer anonymen Zuhörerschaft eine Geschichte erzählt, die nicht gezeigt wird. Darüber hinaus können verschiedene thematische Varianten unterschieden werden (Lebensgeschichte, Geständnis, Erinnerung, Alibi, unerhörte Begebenheit).

a_1) *Ein Erzähler – ein Zuhörer* wie in AMADEUS, wo der Komponist Salieri dem Beichtvater von seinen Erlebnissen mit Mozart berichtet (vgl. 5.4.2.2), in CHRISTMAS HOLIDAY (Robert Siodmak, USA 1944), wo eine Nachtclubsängerin einem jungen Soldaten ihr Leben erzählt oder im letzten Teil von LA MALA EDUCACIÓN, wenn Berenguer Enrique erzählt, wie Ignacio umgekommen ist (vgl. 6.3.3.1). In allen drei Fällen wird im Verlauf des Films mehrfach in die Gesprächssituation zurückgekehrt.

a_2) *Ein Erzähler – mehrere Zuhörer* wie in MURDER, MY SWEET oder THE USUAL SUSPECTS, wo eine Figur (Marlowe/Verbal) in einem Verhör mehreren Polizisten ihre Version eines Kriminalfalls berichtet.[37]

a_3) *Ein Erzähler – unbekannte Zuhörer* wie in RASHÔMON: Derjenige/diejenigen, denen die jeweilige Figur berichtet, ist/sind nicht zu sehen/zu hören, aber durch Anredeformeln als präsent anzunehmen. Diese Variante hat oft eine Nähe zu 1.c – in RASHÔMON sprechen die Figuren z. B. direkt in die Kamera.

37 In THE USUAL SUSPECTS hat der ‚Erzähler' Verbal Kint im vis-à-vis-Gespräch nur streckenweise mehrere Zuhörer, denn der verhörende Zollinspektor Kujan schickt seinen Partner bald aus dem Zimmer, damit er ‚besser an Verbal herankommt'. Der Partner kann das Gespräch jedoch weiter mithören, weil der Raum abgehört und das Gespräch aufgezeichnet wird, womit zugleich eine Version von 1.b_1 vorliegt; zwischendurch wird mehrfach in den Raum geschnitten, in dem die Aufzeichnung läuft.

b) *Ein Erzähler im Selbstgespräch/Monolog*: Eine Figur erzählt eine Geschichte im Selbstgespräch wie der alte Rembrandt in REMBRANDT (Charles Matton), der die Erzählung seiner Lebensgeschichte, die den Hauptteil bildet und visuell umgesetzt ist, mit Kindheitserinnerungen einleitet. Eine Sonderform ergibt sich, wenn der Erzähler die Geschichte mit technischen Hilfsmitteln aufzeichnet:

b_1) *Ein Erzähler, der eine Geschichte mit einem technischen (Speicher-)Medium aufzeichnet (oder überträgt)* wie in DOUBLE INDEMNITY: Der angeschossene Walter Neff spricht auf ein Tonbandgerät, wie er verleitet durch die *femme fatal* Phyllis Dietrichson zum Mörder ihres Ehemanns werden konnte. Denkbar sind weitere auditive oder audiovisuelle Speicher- und Übertragungsmedien wie das Telefonat mit unbekanntem Zuhörer in MEMENTO. Eine Nähe zu dialogischen Formen (1.a) ist oft vorhanden.

c) *Ein Erzähler, der dem extradiegetischen Adressaten eine Geschichte erzählt* wie in der Rahmenhandlung von LADY IN THE LAKE: Marlowe erzählt frontal in die Kamera, was er über den Kriminalfall weiß, spricht den Adressaten (Zuschauer) explizit an (vgl. 3.7.4). Es handelt sich um eine *metaleptische* Konstellation.

d) *Zwei (oder mehrere) Erzähler, die in einer Gesprächssituation eine Geschichte erzählen*: In IMMORTAL BELOVED sitzen sich Beethovens Sekretär Schindler und Beethovens Geliebte Gräfin Erdödy gegenüber und berichten sich gegenseitig über ihre Erfahrungen mit Beethoven; beide Erzählungen werden visuell umgesetzt und fügen sich zu einem Teil von Beethovens Lebensgeschichte.

e) *Zwei (oder mehrere) Erzähler, die in einer Gesprächssituation verschiedene Geschichten erzählen* wie in MELINDA UND MELINDA (Woody Allen, USA 2004), wo zwei Figuren einer Abendgesellschaft im fluktuierenden Wechsel eine Geschichte erzählen, die jeweils visuell umgesetzt wird.[38] Das Muster eines Novellenzyklus - eine Gruppe von Figuren kommt an einem Ort zusammen und jede erzählt je eine Geschichte (das ‚*Decamerone*-Muster') – wäre im Film ebenso denkbar.

f) *Zwei (oder mehrere) Erzähler, die in verschiedenen Gesprächssituationen eine Geschichte erzählen* wie in Filmen nach dem *Citizen-Kane-Muster* (CITIZEN KANE, THE KILLERS), das auch für Ermittlungsfilme üblich ist: Ein Fragender befragt nacheinander Zeugen, die er in verschiedenen Situationen trifft und die ihm Teile der Geschichte erzählen (vgl. 6.1.3). Es handelt sich oft um personenzentrierte Lebensgeschichten. Insbesondere bei Kriminalfällen geht das kollektive Erzählen *einer* Geschichte jedoch ins individuelle Erzählen *verschiedener* Geschichten über.

2. Schriftliches Erzählen/Schreiben

a) *Romanschreiben*: In der Rahmenhandlung eines Films wird ein Roman geschrieben (häufig, aber nicht ausschließlich bei Literaturadaptionen mit biographischen Stoffen). Man kann nach den technischen Mitteln unterscheiden, ob der Roman mit Feder oder Stift (L'AMANT), mit der Schreibmaschine (STRANGER THAN FICTION) oder mit dem Laptop (WONDER BOYS) geschrieben wird. Sonderformen ergeben sich, wenn eine nur durch Voice-over etablierte Erzählerstimme erst am Ende in der Diegese verankert wird (WONDER BOYS) oder eine Rahmenhandlung erst am Ende zur Niederschrift des Romans führt (STAND BY ME; Rob Reiner, USA 1986).

---

38 In MELINDA UND MELINDA gibt es jedoch viele Parallelen zwischen den beiden Geschichten: Hauptfiguren und *setting* stimmen überein. Nur erzählt der eine Erzähler eine tragische, der andere eine komische Variante derselben Ausgangssituation.

b) *Tagebuch- und Briefschreiben*: In der Rahmenhandlung eines Films wird ein Brief oder ein Tagebuch geschrieben. Auch die mediale Transformation eines Briefromans wäre im Film denkbar.

c) *Drehbuchschreiben* wie in ADAPTATION, wo die Rahmenhandlung jedoch Basisgeschichte ist und es mehr als zwei diegetische Ebenen gibt.

Das Schreiben weiterer Schriftstücke (Zeitungsartikel, Reportagen etc.) ist denkbar (vgl. 6.2.2). Bei allen Varianten des gezeigten Schreibens ist zu unterscheiden, ob diese mit oder ohne Voice-over auskommen. Obwohl der Akt des Schreibens rein visuell gezeigt werden kann, wird oft das Voice-over des Schreibenden als filmischer innerer Monolog eingesetzt, was mit Variante 3 vergleichbar ist:

3. Sprachlich umgesetztes Denken und Erinnern

a) *Erinnern/Denken*: In der Rahmenhandlung wird eine Situation des Erinnerns/Denkens gezeigt, die mit Voice-over umgesetzt wird (filmischer innerer Monolog) wie in HOMO FABER (vgl. 6.1.3.2).[39]

b) *Gedanken eines Lesenden*: In der Rahmenhandlung werden Schriftstücke gelesen wie die literarische Erzählung in LA MALA EDUCACIÓN. Eine innere Stimme repräsentiert die Gedanken des Lesenden. Es kann sich dabei b_1) um das Voice-over des Texturhebers handeln (≈ der Leser bildet sich die Stimme des Schreibers beim Lesen ein) oder b_2) um das des Lesenden (≈ seine Gedanken beim Leseakt/filmischer innerer Monolog). Zu unterscheiden sind Formen mit *innerer Stimme* vom szenischen *Vorlesen* (eine Variante von 1). Formen des (Text-)*Lesens* mit innerer Stimme unterscheiden sich in der filmischen Umsetzung kaum von Formen des *Schreibens* mit innerer Stimme (eine Variante von 2).

Alle genannten Varianten beziehen sich auf sprachliches Erzählen in der filmbegleitenden Rahmenhandlung, sind aber ebenso auf Sequenzen- oder Episodenlänge möglich. Eine mehrfache Schachtelung ist in jeglicher Kombination denkbar. In RASHÔMON (vgl. 5.3.5) gibt es *drei* diegetische Ebenen: die Begegnung des Holzfällers, des jungen Mönchs und des Vagabunden (*Diegese*), die vor sintflutartigem Regen im zerfallenen Steintor „Rashômon“ Zuflucht suchen und über einen vergangenen Vorfall diskutieren (programmatisch die Frage: „Wie ist die Geschichte wirklich gewesen?“). Der Holzfäller und der Mönch berichten nacheinander von einem Prozess gegen den der Vergewaltigung und des Mordes angeklagten Räuber Tajômaru, der visuell umgesetzt wird (*Metadiegese*), bei dem Zeugen und am Verbrechen beteiligte Täter und Opfer verhört worden sind: der Holzfäller, der Mönch und ein Polizist als Zeugen; der Räuber, die Frau und der Geist des toten Samurai (durch ‚das Medium‘ eines Geisterbeschwörers) als Beteiligte.[40] Die Zeugen erzählen nur kurze Einzelereignis-

39 Zu unterscheiden davon sind Filme, die eine *rein visuelle* Form der Metadiegese *ohne* sprachliche Unterstützung zur Darstellung von Erinnerungen einsetzen wie FRIDA (vgl. 5.4.2).

40 Auf metadiegetischer Ebene kommt es zum Gespräch der Figuren in die Kamera, hinter der hier ein Gericht, das durch eine oder mehrere Person(en) verkörpert wird, vermutet werden kann ($1.a_3$/1.c), während die Gesprächssituation am Steintor Variante $1.a_2$ (ein Erzähler, mehrere Zuhörer) entspricht.

se, die *drei* Beteiligten (der Räuber/die Frau/der Geist des toten Samurai) jeweils ihre Version der zentralen Ereignisse des Verbrechens (der Mord am Samurai und die zuvor erfolgte Vergewaltigung seiner Frau). Alle Erzählungen vor Gericht sollen Erzählungen in den Erzählungen des Holzfällers und Mönchs am Steintor sein (*Metametadiegesen*) und werden ebenfalls visuell umgesetzt. Am Ende gibt der Holzfäller am Steintor zu, mehr gesehen zu haben, als er vor Gericht ausgesagt hat, um nicht mit hineingezogen zu werden, und erzählt aus der Diegese heraus eine weitere *vierte* Version der Ereignisse (*Metadiegese*). Die Ermordung des Samurai kommt in jeder der vier Erzählungen vor, die Vergewaltigung der Frau nur in den ersten beiden (die dritte und vierte implizieren diese, indem sie kurz danach einsetzen). In jeder der vier Varianten ist der Mord auf unterschiedliche Weise (im ehrenvollen Kampf/aus Verzweiflung/als Selbstmord/im lächerlichen Kampf) und durch unterschiedliche Täter (der Räuber/die Frau/der Samurai/der Räuber) geschehen. Die subjektive Gebundenheit der Erzähler wird von einer *unzuverlässigen* VEI unterstrichen, indem sie bei der Vermittlung zentraler Informationen den jeweiligen subjektiven Behauptungen folgt (*multiple interne Fokalisierung*) und keine Signale kommuniziert, die eine der Versionen als diegetisch-objektive hervorhebt.[41]

6.3.2.3 Zwei-Ebenen-Filme

Filme, in denen eine Rahmenhandlung quantitativ und/oder thematisch wichtiger wird und die Basisgeschichte (oder zumindest eine den metadiegetischen Binnengeschichten quantitativ und thematisch gleichwertige parallele Geschichte) bildet, lassen sich als *Zwei-Ebenen-Filme* bezeichnen.

In LE MAGNIFIQUE schreibt der Bestsellerautor François Merlin (Jean-Paul Belmondo) seinen 43. Bob-Saint-Clair-Agentenroman. Begonnen wird

41 Da bei der letzten Erzählung des Holzfällers eine Erzählebene weniger zwischengeschaltet ist, könnte diese Variante der von den drei Männern am Steintor gesuchten ‚Wahrheit' am nächsten kommen. Nach seiner Erzählung wird der Holzfäller vom Vagabunden jedoch der Lüge überführt. Trotzdem hat diese vierte Version aufgrund der Ebenenkonstellation einen etwas höheren Wahrscheinlichkeitswert, unterstützt dadurch, dass der Holzfäller (bis auf den im Vergleich zu Mord und Vergewaltigung geringfügigen Diebstahl eines Dolchs) nicht an den Ereignissen beteiligt war und sich deshalb bei der Schilderung des Mords nicht in einem besseren Licht darstellen musste wie die drei unmittelbar Beteiligten in ihren Erzählungen. In entscheidenden Punkten folgt die VEI der Version des jeweils Erzählenden, d. h. intra- und metadiegetische SEIen erzählen vernetzt mit der VEI; insofern ‚lügt' die VEI, wenn die Erzählerfiguren lügen; innerhalb der einzelnen visuellen Abschnitte mischt sich die Stimme des jeweiligen Erzählers teilweise als Voice-over dazwischen. Die Summe der Geschichten, die dem Adressaten/Zuschauer präsentiert werden, versetzt ihn in die Position eines Richters, die im Film nicht durch eine Figur, nur funktional (durch eine hinter der Kamera anzunehmende fragende Figur) besetzt ist.

der Film allerdings nicht mit der Rahmenhandlung des Schreibens, sondern mit der Binnenhandlung rund um den multitalentierten Superagenten Bob Saint-Clair (Jean-Paul Belmondo), die als thematisch und stilistisch schrill überzeichnete Agentenfilmparodie angelegt ist. Beide Ebenen sind eindeutig zuzuordnen. Scheint die Agentenroman-Metadiegese anfangs noch die wichtigere Ebene darzustellen, verschieben sich im Verlauf des Films die Gewichte: Die diegetische Geschichte rund um den Schriftsteller Merlin und seine innere Beziehung zu einer fragwürdigen Titelfigur, die ihm einen Bestseller nach dem anderen beschert, aber verhindert, dass er endlich das ‚große Buch' schreibt, von dem er sein Leben lang träumt, steht zunehmend im Mittelpunkt. Beide Ebenen werden ironisch aufeinander bezogen: Ist die Schreibmaschine des Schriftstellers kaputt, stockt die Handlung der Metadiegese, geht ein Buchstabe nicht mehr, sprechen die metadiegetischen Figuren die Wörter ohne den entsprechenden Buchstaben, verbrennt der Autor einige nicht gelungene Seiten, läuft die filmische Sequenz, die die Metadiegese repräsentiert, im Schnelldurchlauf rückwärts bis zu dem Punkt, an dem er wieder zu schreiben beginnt. Formal sind die Bezüge durch schnelle und häufige Wechsel zwischen den beiden etablierten diegetischen Ebenen umgesetzt. Jeder Figur auf diegetischer Ebene kann eine Figur auf metadiegetischer zugeordnet werden, indem sie von denselben Schauspielern gespielt werden. Das Romanschreiben und seine Bedingungen werden in vielfacher Hinsicht thematisiert, vor allem wenn Merlin Alltagssituationen, in denen er keine gute Figur macht, unmittelbar in den Roman überträgt, der sein literarisches Alter Ego als Held und Verführer dastehen lässt. Der Film ist durchdrungen von verschiedensten Metalepsen (vgl. 6.5).

In DON JUAN DEMARCO glaubt ein schizophrener junger Mann (Johnny Depp), der Frauenverführer Don Juan zu sein. Nach einem Selbstmordversuch wird er in die Psychiatrie eingewiesen, wo er dem kurz vor der Rente stehenden Psychiater Dr. Jack Mickler (Marlon Brando) in täglichen Pflichtgesprächen seine angebliche Lebensgeschichte erzählt. Die seiner Erzählung zugeordnete *Metadiegese* wird so überzeichnet von der VEI gestaltet, dass die Erzählungen ‚Don Juans' automatisch als Phantasie entlarvt werden.[42] Die ‚wahre' Geschichte rund um den jungen Mann

42 Die Überzeichnung der metadiegetischen Ebene wird vor allem durch die symbolisch überhöhte Mise-en-scène und einen übertriebenen Schauspielstil realisiert. Viele dieser Elemente entsprechen dem überhöhten Pathos der sprachlichen Erzählungen Don Juans. Durch verspielte Elemente wird die gezeigte Metadiegese zusätzlich an die sprachliche Erzählung gebunden. So erklärt Don Juan, von Dr. Mickler auf eine Ungereimtheit seiner Geschichte hingewiesen („Augenblick, Sie hatten doch gesagt, ihre Mutter hätte in der Sonne gesessen?"): „Das hat mein Vater erzählt; meine Mutter sagt, es war Nacht." In diesem Moment schneidet die VEI von einer Einstellung, die das tanzende Paar bei Tag zeigt, per *match cut* auf die Szene des tanzenden Paars bei Nacht bei gleichen Einstellungsparame-

deckt Dr. Mickler auf *diegetischer* Ebene auf. Dennoch übt der eigentliche Patient auf den Arzt mindestens so viel Einfluss aus wie umgekehrt, was sich in vielen täglichen Dingen zeigt, die Dr. Mickler neu bewertet und neuen Verhaltensweisen, die er annimmt. Beide Ebenen werden kontrastierend ineinander gespiegelt, was formal, z. B. durch Übergänge von einer grotesken Liebesszene zwischen Dr. Mickler und seiner Frau in der Diegese zu Don Juan und einer Geliebten in der Metadiegese, unterstrichen wird. Der Film mündet schließlich in eine überzeichnete Sequenz, die an die Metadiegese anknüpft und Don Juans Geschichte verspielt-reflexiv zu einem Happy End führt: zur ersehnten Vereinigung mit Doña Ana, begleitet von Dr. Mickler und seiner Frau, die auf einer tropischen Insel ihren dritten Frühling erleben. Trotz aller Übertreibung wird dadurch die psychiatriekritische Frage aufgeworfen, inwiefern es eine ‚richtige' und eine ‚falsche', also auch eine ‚gesunde' und eine ‚kranke' Weltsicht gibt. Das ‚reale' Ende auf diegetischer Ebene wird dagegen nur angedeutet bzw. mündet aufgrund ebenenambivalenter Details in das phantasiegeschaffene Happy End, dessen Ebenenstatus in der Schwebe bleibt: Das Ende wird der Erzählung Micklers zugeordnet, die einen anderen Ebenenstatus hat als die Erzählungen Don Juans, da sie vom *extra*-homodiegetischen, also nicht in der Diegese verankerten Voice-over Micklers begleitet wird. Die Werteebene des Films wird so durch eine narrative Struktur unterstrichen, die konstruiert wird, obwohl sie zugleich als unmöglich in der innerfilmischen Realitätslogik entlarvt wird. Mit diesem auf zwei Ebenen realisierten romantischen Konzept der Macht der Phantasie über die Realität spielt auch FINDING NEVERLAND (Marc Forster, USA 2004).

Alle denkbaren Formen einer Ebenenschachtelung, die weit über einen Zwei-Ebenen-Film hinausgehen können, sind strukturell möglich.[43] Bei RASHÔMON liegen drei Ebenen vor, bei ADAPTATION bis zu vier und in LA MALA EDUCACIÓN bildet eine *Metameta*diegese die thematisch dominierende Basisgeschichte (vgl. 6.3.3.1).

tern. So wird einerseits die Metadiegese an die SEI gebunden, andererseits auf die Phantasietätigkeit Don Juans angespielt, der seine Geschichte erst im Gespräch mit Dr. Mickler entwickelt und Ungereimtheiten, auf die er gestoßen wird, mit neuen Ideen ausbügelt.

43 Das Format und die zeitliche Begrenzung eines konventionellen kommerziellen Kinospiel- oder Fernsehfilms dürften allzu komplexe Ebenenstaffelungen jedoch verhindern, wobei gerade der verspielte Einsatz in neuesten Filmen und Serien zeigt, dass es sich um keine grundsätzliche Beschränkung handelt.

6.3.3 Der visuelle Ebenenkurzschluss

Auf den visuellen Ebenenkurzschluss in spezifischen Konstellationen (intradiegetische sprachliche Erzähler/visuelle Ebenenschachtelung/Medien im Film) wurde bereits hingewiesen. Der visuelle Ebenenkurzschluss kann wie folgt definiert werden:

> Der *visuelle Ebenenkurzschluss* besteht darin, dass eine *visuelle Erzählinstanz* (VEI), die kein Element der diegetischen Welt ist, nicht in der diegetischen Welt verankert ist und deshalb auf *extradiegetischer* Ebene angenommen werden muss, Geschichten durch kinematographisches Zeigen erzählt, die durch spezifische sprachliche und nicht-sprachliche Markierungen *intradiegetischen* sprachlichen Erzählinstanzen, Figuren, Medien oder Kommunikationssystemen zugeordnet werden, von diesen aber nicht oder nur in Auszügen sprachlich erzählt oder audiovisuell kommuniziert werden (vgl. Abb. 18 und 19).

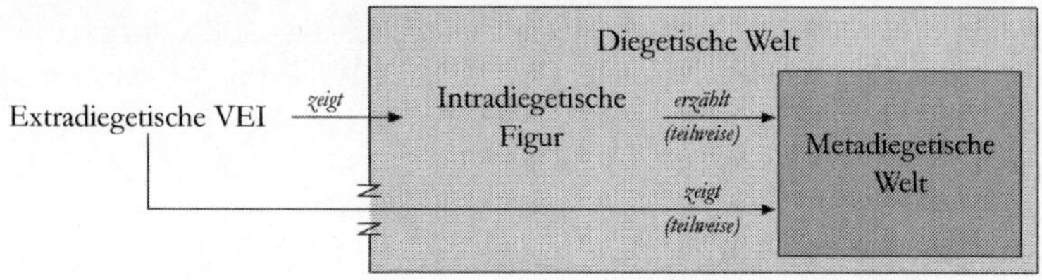

Abb. 18: Der visuelle Ebenenkurzschluss bei einer intradiegetischen sprachlichen Erzählinstanz

Es handelt sich beim visuellen Ebenenkurzschluss um keine Metalepse im engeren Sinn (vgl. 6.5), allerdings besitzt der visuelle Ebenenkurzschluss eine metaleptische Grundstruktur und kann metaleptische Kurzschlüsse bedingen sowie ebenenübergreifende Zusammenhänge herstellen. Das Phänomen, das ich unter dem Begriff erfassen möchte, ist abhängig von der Medialität des Films. Das Phänomen des visuellen Ebenenkurzschlusses kann von verschiedenen ‚Blickrichtungen' her aufgeschlüsselt werden; einige wurden bereits angedeutet.

In der *Erzählliteratur* kann eine anthropomorphe Figur durch ihre Sprachfähigkeit zum erzählten Erzähler werden. Die Figur erzählt dann in demselben Zeichensystem/Medium eine *innere* Geschichte, in dem auch die *äußere* Geschichte erzählt wird, in der sie vorkommt: der Sprache. Die innere Geschichte kann vom erzählten Adressaten verstanden werden, weil auch dieser gewöhnlich die entsprechende Sprachkompetenz besitzt. Wenn intradiegetische Figuren Erinnerungsbilder und visuelle Vorstellungen vermitteln wollen, müssen sie diese paraphrasieren, also in Sprache transponieren. Auch im *Film* kann eine Figur einer anderen eine Geschichte sprachlich erzählen, die diese verstehen kann, wenn sie eine vergleichbare Sprachkompetenz besitzt. Will eine intradiegetische Figur einer anderen Figur visuelle Phantasien oder innere Bilder vermitteln, kann sie das ebenso wie in der Erzählliteratur nur in sprachlicher Form, indem sie die Phantasien und Bilder in Sprache transponiert. Zugleich kann ‚der Film' bzw. die VEI des Films diese inneren Vorstellungen und/oder die sprachliche Erzählung einer Figur allerdings auch audiovisuell umsetzen und an den extradiegetischen Adressaten audiovisuell kommunizieren. Die Figur selbst kann – auch wenn sie visuelle Vorstellungen vermitteln möchte – innerhalb eines Films nicht audiovisuell erzählen, also nicht so, wie der Film, in dem sie vorkommt, erzählt wird, zumindest nicht ohne technische Hilfsmittel. Und der intradiegetische Adressat kann die von der intradiegetischen Figur scheinbar erzählte Geschichte im Fall einer audiovisuellen Umsetzung durch die VEI nicht so wahrnehmen wie der extradiegetische Adressat. Die audiovisuelle Umsetzung einer intradiegetischen Geschichte repräsentiert die Erzählung, die der intradiegetische Erzähler scheinbar sprachlich vermittelt, meist ohne dass zugleich die eigentliche sprachliche Vermittlung vom intradiegetischen Erzähler zum intradiegetischen Adressaten vollständig realisiert würde. Oft beginnt der intradiegetische Erzähler eine Geschichte zu erzählen, die nach einer Überblendung und einem kurzen überlappenden Voice-over zu großen Teilen nur noch audiovisuell gezeigt wird. Der extradiegetische Adressat kann sowohl die sprachliche Erzählung der Figur, als auch die audiovisuelle Erzählung der extradiegetischen VEI wahrnehmen, der intradiegetische Adressat nur die sprachliche, obwohl *vorgegeben* wird, dass er auch das sprachlich erzählt bekommt, was der extradiegetische Adressat audiovisuell vermittelt bekommt.

Eine *intradiegetische audiovisuelle Kommunikation* von einer Figur zur anderen ohne technische Hilfsmittel gibt es *nicht.* In diesem Sinne kann es keine audiovisuell gezeigte audiovisuell zeigende anthropomorphe Erzählinstanz geben (also keinen gezeigten kinematographischen Erzähler), sondern nur einen audiovisuell gezeigten Erzähler, der sich der Sprache bedient. Wird die Geschichte, die der gezeigte Erzähler sprachlich erzählt, nach einem Übergang auch audiovisuell gezeigt, dann kann es nicht der erzählte Erzähler sein, der diese zeigt, auch keine andere intradiegetische Instanz, sondern nur die extradiegetische audiovisuelle Erzählinstanz, die das Gezeigte der Erzählerfigur lediglich zuschreibt. Eine *intradiegetische audiovisuelle Instanz* gibt es nur im Fall eines gezeigten, also in der Diegese verankerten audiovisuellen Kommunikations- oder Filmsystems (Film im Film; gezeigte Videotelefonie; Überwachungskamerasysteme; vgl. 6.4).

Der einer erzählenden Figur zugeschriebene audiovisuelle Ebenenwechsel ist bezüglich der audiovisuellen Erzählinstanz nur ein fingierter

Ebenenwechsel. Es liegt ein visueller Ebenenkurzschluss vor, weil die einer *intradiegetischen* Figur zuzuschreibende *Metadiegese* größtenteils von einer *extradiegetischen* VEI gezeigt wird, die nicht in der Diegese verankert ist (vgl. Abb. 18). Die so erzeugte Metadiegese wäre also – visuell gesehen – nur eine *Pseudo-Metadiegese*. Andererseits können sowohl der Ebenenwechsel als auch der anders geartete Status der Metadiegese eindeutig und deutlich durch sprachliche und nicht-sprachliche Mittel markiert sein (Übergänge, schwarz-weiß, etc.; vgl. 6.2). Es handelt sich also paradoxerweise um *Meta*diegesen, die zugleich von einer *extra*diegetischen VEI gezeigt werden. Genau dieses Phänomen wird als *visueller Ebenenkurzschluss* bezeichnet, ohne bezüglich der ‚inneren Geschichten' auf die diegetischen Ebenenbegriffe zu verzichten, weil in den meisten Fällen eine diegetische Ebenenlogik angezeigt wird, auch wenn es letztlich ‚nur' *eine* VEI ist, die die verschiedenen Ebenen zeigt.[44] Den Zusatz *extradiegetisch* lasse ich bei der VEI deshalb weitgehend weg und spreche von einer einzigen VEI, die eine etwaige Ebenenstruktur anzeigt und dabei meist durch sprachliche Instanzen und Signale unterstützt wird. Wenn es keinen Film im Film und kein gezeigtes audiovisuelles Kommunikationssystem innerhalb des Films gibt, dann gibt es auch keine intradiegetische VEI.

Am unmittelbarsten ist der visuelle Ebenenkurzschluss aus der Variante mit einer sprachlichen Erzählinstanz ableitbar, weswegen ich vor allem anhand dieses Phänomens argumentiert habe: Eine intradiegetische Figur beginnt in der diegetischen Szene eine Geschichte zu erzählen. Ein

---

44 Der visuelle Ebenenkurzschluss ist mit dem Phänomen vergleichbar, das Genette (1994: 169) als „pseudo-diegetisch" bezeichnet: „Diese Narrationsformen, in denen die metadiegetische Zwischenstation, ob sie explizit erwähnt wurde oder nicht, sogleich zugunsten des ersten Erzählers ausgeschaltet wird, so daß man sich gewissermaßen eine (oder zuweilen mehrere) narrative Ebenen erspart, wollen wir *reduziert metadiegetische* (nämlich aufs Diegetische reduzierte) oder *pseudo-diegetische* nennen" (ebd.). Ein Unterschied besteht erstens darin, dass der visuelle Ebenenkurzschluss im Film im Falle intradiegetischen sprachlichen Erzählens, das audiovisuell umgesetzt wird, immer latent vorhanden ist und zweitens darin, dass der visuelle Ebenenkurzschluss im Gegensatz zum pseudo-diegetischen Fall in der Erzählliteratur trotzdem in Formen vorkommen kann, in denen eine *metadiegetische* Sequenz eindeutig als solche gekennzeichnet ist, was auch Genette eingesteht: „[D]er Unterschied zwischen metadiegetischer und pseudo-diegetischer Narration ist im literarischen Text nicht immer erkennbar, der (anders als der Film) nicht über Merkmale verfügt, die den metadiegetischen Charakter eines Segments anzeigen könnten" (ebd.). Ich spreche im Fall eines *wirksamen* Ebenenkurzschlusses also von einer *Pseudo-Metadiegese* (und nicht von *pseudodiegetisch*), um zu betonten, dass die Zu- bzw. Unterordnung einer Sequenz zu einer Figur nicht vollständig unterlaufen wird. Extremformen, in denen nicht mehr von einer *Pseudo-Metadiegese* gesprochen werden kann, sind möglich: Bei den eingeschobenen Tagebuch-Narrationen in TAXI DRIVER (vgl. 5.4.3.2) ist der visuelle Ebenenkurzschluss z. B. ins andere Extrem ‚gekippt': Die VEI erzählt weitgehend unabhängig von den gezeigten Schreibsituationen; die Handlungssequenzen können weder den gezeigten Schreibsituationen, noch dem Voice-over untergeordnet werden. Die VEI entlarvt vielmehr die sprachlichen Erzählungen des zunehmend psychopathischen Protagonisten Travis Bickle.

Übergang leitet die darauffolgende Sequenz ein, die die von der Figur erzählte metadiegetische Geschichte repräsentiert und zugleich von einer extradiegetischen VEI gezeigt wird (vgl. Abb. 18). Aber auch bei Film-im-Film-Strukturen kann teilweise nachgewiesen werden, dass die extradiegetische VEI Sequenzen zeigt, die von der Ebenenlogik einer intradiegetischen VEI in Form eines diegetischen Film- oder Überwachungskamerasystems zugeschrieben werden müssen, aber eindeutig in einer Art präsentiert werden, zu der das gezeigte intradiegetische Kommunikationssystem nicht in der Lage wäre (vgl. 6.3.3.1; 6.4 und Abb. 19).

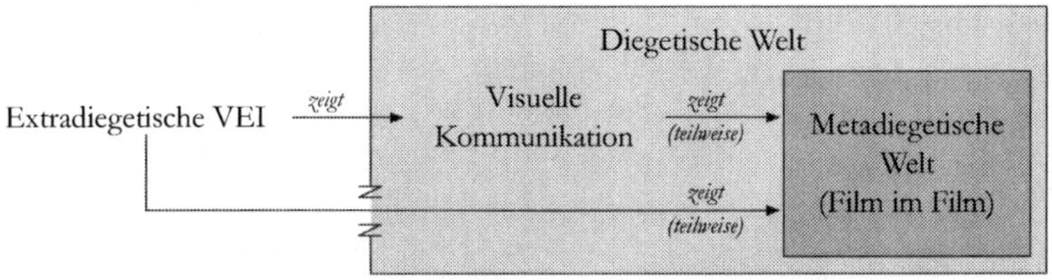

Abb. 19: Der visuelle Ebenenkurzschluss bei intradiegetischer audiovisueller Kommunikation

Wenn die Staffelung der Ebenen – ob beim intradiegetischen sprachlichen Erzählen oder beim Film im Film – dagegen eindeutig und der visuelle Ebenenkurzschluss nur *latent* vorhanden ist, wenn also das Ebenensystem visuell nicht unterlaufen, sondern gestützt wird, kann der visuelle Ebenenkurzschluss bei der Analyse der Ebenenstruktur vernachlässig werden und eine eindeutige Ebenenstruktur nachgezeichnet werden. Da dieser Fall der Normalfall ist, hebe ich nur den *wirksamen* Ebenenkurzschluss in der Analyse hervor und spreche nur in diesem Fall von einer *Pseudo-Metadiegese.*

Ein *latenter* visueller Ebenenkurzschluss liegt also bei jedem an eine intradiegetische SEI gebundenen visuell unterstützten Ebenenwechsel vor, ein *wirksamer* nur, wenn die VEI die sprachlich konstituierte Ebenenschachtelung nachweisbar unterläuft, indem sie Informationen vermittelt, die der sprachlichen Ebenenlogik oder Erzählsituation entgegenlaufen oder über sie hinausweisen. Im Fall eines latenten Ebenenkurzschlusses kann eine eindeutige diegetische Ebenenstruktur nachgezeichnet werden. Im Fall eines wirksamen Ebenenkurzschlusses wird die untergeordnete Ebene als *Pseudo*-Metadiegese bezeichnet; nur in Extremfällen ist keine Ebenenstaffelung mehr nachweisbar.[45]

45 Diese terminologische Entscheidung ist keine prinzipielle; ebenso könnte man wie Black (1986: 22 f.) mit Bezug auf Genette (1994: 169) auch von *Pseudo-Diegesen* sprechen. Wichtig ist, das Verhältnis von VEI und SEI zu bestimmen und auf mögliche Ambiguitäten des

Der visuelle Ebenenkurzschluss muss als ‚Resultat' der Übertragung eines narratologischen Modells auf das Medium Film ‚in Kauf genommen' werden. Die Kohärenz des Modells scheint dadurch zwar ‚aufgeweicht' zu werden und einige Kategorien werden komplizierter, andererseits kann das mehrkanalige Erzählen des Films nicht unreflektiert in das Korsett eines narratologischen Modells gepresst werden, das anhand der Erzählliteratur entwickelt wurde. Werden die implementierten ‚Störstellen' nicht nur akzeptiert, sondern markiert und erörtert, dann hat man zugleich Eigenheiten des filmischen Erzählens und Differenzen zum literarischen Erzählen gekennzeichnet.

Die Spielfilme, die bisher als Grenzfälle diskutiert worden sind und noch diskutiert werden, zeigen, dass sich auch vonseiten der Filmproduktion selbstreflexiv mit den Möglichkeiten filmischen Erzählens beschäftigt wird und dass Grenzbereiche, die oft durch Konvention nicht als solche wahrnehmbar sind, als kreatives Potenzial kinematographischen Erzählens fruchtbar gemacht werden können. Der latent vorhandene Ebenenkurzschluss wird in der Regel so unauffällig wie möglich gestaltet – sozusagen ‚übertüncht' – und wurde durch konventionalisierte Formen derart ‚unwirksam' gemacht, dass er von einem Teil des Publikums nicht wahrgenommen wird und erst auffällt, wenn spezielle Spielfilme das erzählerische Potenzial des Mediums reaktivieren. Der unmarkierte Normalfall ist eine diegetische Ebenenstaffelung, die von der VEI unterstützt und nicht unterlaufen wird. Aber in jedem Mehrebenenfilm ‚schlummert' die Möglichkeit des wirksamen Ebenenkurzschlusses, die metaleptische, selbstreflexive oder unzuverlässige erzählerische Strukturen ausbilden kann. Dazu ein Filmbeispiel, dessen Ebenenstruktur untersucht werden soll.[46]

6.3.3.1 Der visuelle Ebenenkurzschluss im Mehrebenenfilm: LA MALA EDUCACIÓN

LA MALA EDUCACIÓN erzählt auf drei ineinander verschachtelten diegetischen Ebenen. Die Diegese wird nach den Credits mit einem Insert verortet: „Madrid 1980". Der erfolgreiche Regisseur Enrique Goded ist auf der Suche nach einem Stoff für den nächsten Film. Durch Zufall taucht sein

---

Ebenenstatus zu verweisen; vgl. Black (1986: 23): „[T]he possibility of the voice-over's lingering or returning during the enacted flashback makes available a continuum of nuance and strategy […]. Most cases […] are ambiguous or hybrid, in such a way that the agency of the invoked passage is made to give the impression of remaining unresolved or shared."

46 Einen Teil von Kapitel 6.3.3.1 zu LA MALA EDUCACIÓN habe ich als Teil eines Sammelbandbeitrags leicht verändert vorab veröffentlicht (vgl. Kuhn 2007; die gleiche Analyse liegt auch einem Teil des englischsprachigen Beitrags Kuhn 2009a zugrunde).

Jugendfreund Ignacio auf, ein Schauspieler, der sich den Künstlernamen Ángel gegeben hat. Er gibt Enrique seine Erzählung „Der Besuch", die auf ihrer gemeinsamen Kindheit basiert. Als Metadiegese werden Teile dieser Erzählung gezeigt: Ignacio kommt als Transvestit „Zahara" in die Stadt seiner Schulzeit zurück und will seinen ehemaligen Lehrer Pater Manolo mit einer Geschichte über seine Kindheit erpressen. Auf Ebene einer Metametadiegese wird auch diese fiktive Kindheitsgeschichte gezeigt: Die Knaben Enrique und Ignacio entdecken auf der Klosterschule erste Blüten ihrer zarten homosexuellen Liebe. Ihre Freundschaft wird von Pater Manolo im Keim erstickt, der sich seinerseits in den Knaben Ignacio verliebt und seine Machtstellung als Schulleiter ausnutzt, um Ignacio zu missbrauchen. Ob Ignacio auf Ebene der Metadiegese Erfolg mit der Erpressung hat, wird nicht gezeigt, allerdings wird später von einem Happy End der Erzählung „Der Besuch" gesprochen.

Enrique entscheidet auf diegetischer Ebene, die Erzählung „Der Besuch" zu verfilmen und stellt dazu Recherchen an, die ihn ins Elternhaus seines Schulfreundes Ignacio führen. Dort erfährt er, dass Ignacio seit drei Jahren tot ist und dass sich Ignacios jüngerer Bruder Juan den Namen Ángel gegeben hat. Ein Foto beseitigt letzte Zweifel: Ángel hat ihn betrogen, als er sich als Ignacio ausgegeben hat. Die Erzählung „Der Besuch" ist jedoch tatsächlich von Ignacio geschrieben worden. Ein nicht angekommener Brief von Ignacio an Enrique, den Ignacios Mutter nun aushändigt, erklärt, dass Ignacio tatsächlich versucht hat, Pater Manolo mit „Der Besuch" zu erpressen. Für die Verfilmung schreibt Enrique das Ende der Erzählung um. Bei ihm endet „Der Besuch" tragisch: Pater Manolo ermordet den Transvestiten Ignacio, weil er befürchtet, dass dieser ihn immer wieder erpressen würde. Am Ende der Dreharbeiten zum Film im Film, die teilweise gezeigt werden (es kommt zur zweiten Metadiegese),[47] taucht Señor Berenguer auf, der sich später als neue Identität Manolos zu erkennen gibt. In einem Gespräch erzählt er Enrique, wie Ignacio vor drei Jahren ‚wirklich' umgekommen ist, was in einer dritten Metadiegese gezeigt wird: Ignacio versucht als drogenabhängiger Transvestit, Berenguer/Manolo mit der Erzählung „Der Besuch" zu erpressen. Als Berenguer regelmäßig zu Ignacio geht, um ihn hinzuhalten, lernt er dessen jüngeren Bruder Juan/Ángel kennen, mit dem er eine Liebesaffäre beginnt. Gemeinsam mit Juan bringt Berenguer Ignacio mit einer gestreckten Dosis Rauschgift um.

Als erster analytischer Befund lässt sich festhalten: So komplex die Ebenenstruktur auch ist, es sind alle Ebenen eindeutig markiert, in ihrer

47 Die Zählung der größeren Metadiegesen bezieht sich lediglich auf die Reihenfolge ihres Vorkommens im Film. Ihr diegetischer Ebenenstatus wird im Folgenden thematisiert.

Hierarchie zu bestimmen und alle Meta- und Metametadiegesen jeweils in eine Erzählsituation auf nächsthöherer diegetischer Ebene eingebettet. Das Erzählen und Inszenieren von Geschichten ist zentrales Thema des Films: auf Inhaltsebene, indem mit Enrique ein Regisseur gezeigt wird, der auf der Suche nach Filmstoffen ist und über die Eignung von Geschichten für Verfilmungen diskutiert; auf formaler Ebene, weil es verschiedene eingebettete literarische Erzählungen sowie einen Film im Film gibt; und nicht zuletzt, weil die fiktiven Erzählungen Auswirkungen auf den Handlungsverlauf auf der jeweils höheren diegetischen Ebene haben. Auch das Spannungsfeld zwischen faktualem und fiktionalem Erzählen wird angedeutet: So wird der Tod Ignacios sowohl als Fiktion verarbeitet, als auch als Erinnerung vermittelt. So ist die Erzählung der Kindheit von Ignacio und Enrique einschließlich des einschneidenden Missbrauchs Ignacios durch Pater Manolo zwar ‚nur' eine erzählte erzählte Erzählung (Metametadiegese), die aber für die diegetischen und metadiegetischen Figuren so viel ‚faktualen Wahrheitswert' besitzt, dass sie Erpressungen dienen kann.

Die Diegese, also die Handlungsebene um Regisseur Enrique Goded, wird von der extradiegetischen VEI gezeigt. Im zweiten Drittel des Films mischt sich kurz eine extra-homodiegetische SEI in Form des Voice-overs von Enrique dazwischen, die seine Eindrücke während der Dreharbeiten zum Film im Film zusammenfasst und weitgehend intern fokalisiert (sie ist komplementär/sich ergänzend zur VEI). Der konventionellste *Ebenenwechsel* des Films ist der in die dritte Metadiegese: Señor Berenguer und Enrique sitzen in Enriques Büro (Diegese) und Berenguer, der inzwischen in einem Verlag tätig ist, will Enrique erzählen, wie Ignacio umgekommen ist. Berenguer beginnt als intra-homodiegetische SEI szenisch zu erzählen: „Vor etwa drei Jahren bekam ich die Erzählung ‚Der Besuch' auf den Tisch …". Mit dem letzten Wort seiner Äußerung („Ignacio Rodríguez") wechselt die VEI in die Metadiegese: Berenguer sitzt als Lektor in seinem Büro und bekommt einen Anruf von Ignacio Rodríguez, der ihn erpressen will. Durch das sich zwischendurch immer wieder einschaltende Voice-over und durch häufige kurze Wechsel in die Gesprächssituation der Diegese (insgesamt fünf Mal), wird die lange visuelle Metadiegese an die Gesprächssituation gebunden. Bei einigen Übergängen ist die Stimme Berenguers überlappend eingesetzt.

Ähnlich konventionell ist der erste Ebenenwechsel des Films. Die VEI zeigt Enrique, der den Text „Der Besuch" vor sich liegen hat. Er liest den Titel „Der Besuch", wobei sich sein Mund noch synchron zur Stimme bewegt. Dann beginnt seine Stimme als Voice-over, die Erzählung zu lesen (*filmischer innerer Monolog*). Die VEI blendet allmählich über auf die erste Einstellung der Metadiegese und das Voice-over setzt bald darauf aus. Die Metadiegese ist hier eindeutig an den lesenden Enrique gebunden, was dadurch verstärkt wird, dass die VEI im Laufe der Sequenz mehrfach zur ‚Lesesituation' zurückspringt. Es ist Enriques *lesende* Stimme, die als Voice-over beim Übergang zu hören ist und nicht die Stimme des Text*urhebers*. Die erste Metadiegese ist zusätzlich dadurch markiert, dass das Filmbild rechts und links gerahmt wird. Ein schwarzer Balken schiebt sich von rechts und links ins Bild, wenn in die Metadiegese gewechselt wird und wieder aus dem Bild, wenn in die Diegese zurückgewechselt wird. Bei der zweiten und dritten Metadiegese des Films gibt es keine derartige Rahmung (auch der Übergang von der Metadiegese in die Metametadiegese ist nicht durch zusätzliche Rahmung markiert). Die ambivalente Rahmung der ersten Metadiegese könnte mit Blick auf das Verhältnis von faktualem und fiktionalem Erzählen als Indikator für die Fiktionalität der visuell umgesetzten Erzählung „Der Besuch" interpretiert werden.

Auffälliger ist der erste Übergang von der Metadiegese in die Metametadiegese: Innerhalb der gezeigten Metadiegese geht Ignacio als Transvestit „Zahara" mit einem Text über seine Kindheit zu Pater Manolo, um diesen zu erpressen. Er gibt ihm den Text und fordert ihn auf zu lesen. Die VEI zeigt, wie Ignacio mit seinem Finger auf eine Textstelle deutet. Eine Kinderstimme beginnt als homodiegetisches Voice-over, den Text zu lesen (exakt das, was von dem Text in dieser Einstellung zu sehen ist). Nach einem Schnitt zeigt die VEI das lesende Gesicht Manolos (immer noch in der Metadiegese), während die Kinderstimme ununterbrochen weiterliest. Dann führt ein Schnitt zur Ebene der Metametadiegese, auf der spielende Kinder gezeigt werden. Das Voice-over fährt noch etwas fort, setzt dann aus und der szenische Ton der Metametadiegese ist zu hören. Die Verzahnung von Voice-over und VEI entspricht zwar einem konventionellen Ebenenübergang, allerdings hören wir dieses Mal nicht die innere Stimme des lesenden Manolo, sondern die hohe Kinderstimme des homodiegetischen Text*urhebers* (denn die Erzählung, mit der Ignacio Manolo bestechen will, ist bereits vom Schuljungen Ignacio geschrieben worden). Das heißt, das erzählende Ich der Metametadiegese ist die Stimme des Schuljungen Ignacio, der die Geschichte aufgeschrieben hat, kurz nachdem er sie erlebt hat. Das erlebende Ich der Metametadiegese ist vor allem der szenisch gezeigte Knabe Ignacio. Die visuelle Metametadiegese wird sowohl an die erzählende Kinderstimme gebunden, die sich immer wieder als Voice-over einschaltet, als auch an den lesenden Manolo, zu dem die VEI zwischendurch erneut wechselt.

Die verzahnten Ebenenwechsel konstituieren also die eindeutige Ebenenschachtelung dreier diegetischer Ebenen. Alle Meta- und Metametadiegesen werden lesenden, schreibenden oder erzählenden Figuren zugeordnet und meist durch eine SEI eingeleitet. Allerdings wird der größte Teil derselben von einer VEI gezeigt, die eindeutig mehr durch visuelles

Zeigen von Situationen und Dialogen erzählt, als die kurzen Voice-overs sprachlich erzählen. Hier zeigt sich der *latente visuelle Ebenenkurzschluss*: Einerseits sind die Ebenen durch Zuordnung zu Figuren der Handlung eindeutig in ihrem diegetischen Niveau bestimmt, andererseits werden sie von einer VEI gezeigt, die nicht an ein inneres Ebenenniveau gebunden ist. Die Art, wie die VEI die Meta- und Metametadiegesen zeigt, unterscheidet sich in Zeigeduktus, Fokalisierung, Mise-en-scène und Schnittrhythmus kaum von der Art wie sie die Diegese zeigt. Hier lässt sich also deutlich erkennen, was für jeden latenten Ebenenkurzschluss gilt: dass der suggerierte Medienwechsel immer nur ein fingierter ist. Die audiovisuelle Metadiegese innerhalb der filmischen Diegese bleibt unabhängig davon, ob sie eine mündliche Erzählung, einen geschriebenen oder gelesenen Text oder Gedanken darstellen soll, immer ‚nur' eine unter- oder beigeordnete *filmische* Sequenz innerhalb eines *Films*. Der seltene Fall eines eindeutigen audiovisuellen Ebenenwechsels, also ein ‚gezeigtes visuell zeigendes Erzählen', kommt in LA MALA EDUCACIÓN in zwei Formen vor: Zum einen, indem die Dreharbeiten des Films im Film gezeigt werden, zum anderen, indem Figuren zu sehen sind, die einen Kinofilm schauen.

Der *visuelle Ebenenkurzschluss* kann für einen Film unerheblich sein, im Fall von LA MALA EDUCACIÓN führt er zu einer klaren visuellen Dominanz: Das meiste, das auf den verschiedenen Ebenen erzählt wird, wird von der VEI im selben Duktus gezeigt und fokalisiert. Dadurch bekommt die Kindheits-*Metameta*diegese einen größeren ‚Realitätsgrad' zugeschrieben, als sie von der Ebenenlogik her hätte, was wiederum für die Bewertung des angesprochenen Verhältnisses von fiktionalem und faktualem Erzählen von Bedeutung ist. Die doppelt gerahmte Kindheits- und Missbrauchsgeschichte wird als thematischer Kern hervorgehoben, indem sie szenisch nachhaltig ausgestaltet wird. Auch die Präsenz von intra- und metadiegetischen Figuren kann durch die Inszenierung herausgestellt werden: so der Transvestit Zahara durch seine eindrucksvolle Performance in der ersten (Pseudo-)Metadiegese oder der Knabe Ignacio, wenn er in der (Pseudo-)Metametadiegese für Pater Manolo im Kreise feister Geistlicher mit seiner unschuldigen, schneidend hohen Stimme vorsingen muss.

Eine von einigen markanten Sequenzen, die die ‚über den Ebenen' stehende Potenz der VEI und damit den wirksamen Ebenenkurzschluss demonstriert, ist eine spezifische Form der Rückkehr aus der Pseudo-Metametadiegese in die Diegese, die die Pseudo-Metadiegese überspringt.[48] Im Schuss-Gegenschuss-Wechsel werden die Knaben Ignacio

48 Wegen des im oben erörterten Sinne teilweise wirksamen Ebenenkurzschlusses spreche ich ab hier von *Pseudo*-Metadiegesen und einer *Pseudo*-Metametadiegese, obwohl die etablierte Ebenenstruktur nicht vollständig unterlaufen wird und durch die genannten Markierungen

und Enrique gezeigt, die von Pater Manolo gewaltsam getrennt wurden (Pseudo-Metametadiegese). Dann bleibt die VEI bei Ignacio stehen und zeigt, wie sich sein Gesicht durch schnelle Alterung in das angebliche Gesicht Ignacios auf Ebene der Diegese (also in das Gesicht Ángels) verwandelt. Im Anschluss zeigt sie analog, wie sich das Gesicht des Knaben Enrique in das Gesicht Enriques auf Ebene der Diegese verwandelt. Daraufhin wird die Diegese mit den verwandelten Figuren szenisch fortgesetzt. Dieser durch technische Effekte realisierte Übergang von der Pseudo-Metametadiegese in die Diegese ist für die Bewertung der folgenden Sequenzen nicht unerheblich, denn er gibt vor, dass Ángel tatsächlich Ignacio ist, was sich im Verlauf der Handlung als Irrtum herausstellt. Der Adressat der extradiegetischen VEI wird genauso getäuscht wie Enrique auf Handlungsebene. Der Zusammenhang, der dadurch von der VEI hergestellt wird, weist deutlich über die etablierte Ebenenstaffelung hinaus.

Die Dominanz der extradiegetischen VEI fällt noch deutlicher auf in der einzigen Sequenz, in der eine *intradiegetische VEI* in Form einer *gezeigten Kamera* vorliegt, also während der Dreharbeiten des *Films im Film*. Zu Beginn der Sequenz wird exakt das gezeigt, was die intradiegetische Kamera des Filmteams aufzeichnet: eine Einstellung auf Ignacio beim Versuch, Manolo zu erpressen. Die Klappe im Kamerabild und einige Stimmen im szenischen *off* („Ruhe“; „Kamera ab“) markieren, dass es sich um einen Filmdreh handelt. Dann wird das Filmteam einschließlich Kamera gezeigt, dann wieder das, was die Kamera des Filmteams aufzeichnet. Nach zwei weiteren Wechseln wird nur noch die gefilmte Szenerie, also die scheinbare Metadiegese, gezeigt. Bis hier liegen Einstellungen vor, die im Wechsel der extradiegetischen VEI oder der intradiegetischen Kamera zugeschrieben werden können. Konsequenterweise müsste in der nun folgenden Sequenz, in der nur noch die Szene aus dem Film im Film gezeigt wird, die Einstellung der intradiegetischen Kamera vorherrschen. Im Verlauf der Szene kommt es jedoch zu auffälligen Montagen: Das Gespräch zwischen Manolo, seinem Gehilfen und Ignacio wird im Schuss-Gegenschuss-Wechsel gezeigt (wofür in diesem Fall mindestens zwei, eher drei in der Diegese positionierte Kameras notwendig wären). Da im Anschluss an den Filmdreh eindeutig zu sehen ist, dass nur *eine* Kamera innerhalb der Diegese postiert wurde, kann die Sequenz nicht dieser einen intradiegetischen Kamera zugeschrieben werden. Das bedeutet, dass die extradiegetische VEI das Zeigen der Szene des Films im Film übernommen hat (ohne mit der Illusion der Pseudo-Metadiegese zu brechen und die intradiegetische Kamera erneut von außen zu zeigen).

---

den ganzen Film über erkennbar bleibt; es handelt sich um Grenzfälle – eine Benennung ohne „Pseudo-“ wäre hier ebenso denkbar.

Auch hier liegt ein *visueller Ebenenkurzschluss* vor: Die extradiegetische VEI zeigt Teile der Pseudo-Metadiegese und zwar derart, dass dieser Film im Film visuell so erzählt wird wie die erste Pseudo-Metadiegese der gelesenen Geschichte. So könnte der Film im Film auch als Fortsetzung der gelesenen Geschichte interpretiert werden oder aber das Lesen der Geschichte durch Enrique als sein ‚innerer Film' (die Vision des Films, die er beim Lesen hat und später verwirklichen wird). Für beide Lesarten gibt es weitere Indizien. LA MALA EDUCACIÓN wird zu einem reflexiven Film über das visuelle Erzählen von Geschichten. Die Ambivalenz kann hier nicht durch Analyse, nur durch Interpretation aufgelöst werden.[49]

Es bleibt festzuhalten, dass die VEI die verschiedenen extra-, intra- und metadiegetischen SEIen dominiert. Allerdings korrespondiert eine nachweisbare Tendenz der VEI zur *internen Fokalisierung* auf Enrique mit dem zeitweiligen Einsatz von Enriques Stimme als extra-homodiegetischer SEI mit *interner Fokalisierung* auf das erzählte Ich von Enrique. Nimmt man hinzu, dass die erste und längste Pseudo-Metadiegese (die gelesene Erzählung) mit Enriques Stimme eingeleitet und ihm als lesender Instanz zugeordnet wird, dass er es ist, der den Film im Film inszeniert und dass er der Zuhörer der Gesprächssituation ist, der die letzte Pseudo-Metadiegese untergeordnet ist, rückt er durch die Erzählstruktur in den Mittelpunkt des Films. Nimmt man des Weiteren hinzu, dass Enrique auf Handlungsebene Regisseur ist, von dem in einem über die gezeigte Geschichte hinausweisenden Insert am Ende gesagt wird „Er macht immer noch Filme – mit derselben Leidenschaft", woraufhin nach einer kurzen Abblende als erster Schriftzug des Abspanns „Ein Film von Pedro Almodóvar" folgt, könnte man den Bogen weiterspannen und nach autobiographischen Zusammenhängen zwischen dem realen Filmregisseur Pedro Almodóvar und dem fiktiven Filmregisseur Enrique Goded suchen. Zumindest aber ist LA MALA EDUCACIÓN Bericht und Ergebnis der im Film angestellten Reflexionen über das filmische Umsetzen einer Geschichte.[50]

---

49 Die Rahmung der ersten Pseudo-Metadiegese durch die sich ins Bild schiebenden Balken betont die Unabhängigkeit derselben vom filminternen Filmdreh. Ein klares Argument für eine Korrespondenz besteht dagegen in der Wahl der Schauspieler: Pater Manolo wird in der ersten Pseudo-Metadiegese, in der Pseudo-Metametadiegese und im Film im Film von dem gleichen Schauspieler gespielt, der sich von Berenguer im Rahmen und der dritten Pseudo-Metadiegese nicht nur aufgrund der Augenfarbe so auffällig unterscheidet, dass als unmöglich anzunehmen ist, dass Berenguer einem älteren, inkognito lebenden Manolo entsprechen könnte. Ignacio wird in der ersten Pseudo-Metadiegese und im Film im Film von dem Schauspieler verkörpert, der in der Diegese den Schauspieler Ángel repräsentiert. So sprechen insgesamt mehr Argumente dafür, die erste Pseudo-Metadiegese des Romanlesens als ‚inneren Film' des Regisseurs Enriques zu interpretieren.

50 Autobiographische Bezüge werden auch durch eine vergleichbare Rahmung am Filmanfang nahegelegt: Am Ende der Credits steht vor einer grobkörnigen Kollage in schwarzweiß auf zwei Schriftbalken: „Guión y dirección: Pedro Almodóvar" (dt.: „Drehbuch und

6.3.4 Funktionale Beziehungstypen zwischen Metadiegese und Diegese

Im „Discours du récit“ unterscheidet Genette (1994: 166 f.) drei Grundtypen von *funktionalen* Beziehungen zwischen eingebetteter Metadiegese und Diegese, die ich anhand von filmischen Beispielen kurz skizzieren werde.[51] Alle Typen sind mit rein sprachlichen, visuell umgesetzten sprachlichen und rein visuellen Metadiegesen möglich. Funktionale Beziehungstypen können im Film auch zwischen Fiktionsebenen unterschiedlicher Grade bestehen, die nicht diegetisch gestaffelt sind.

A) *Explikative Funktion/Kausalverhältnis*

Wenn eine Figur wie Ted Cole in THE DOOR IN THE FLOOR mit der rückblickenden Erzählung des Unfalls, bei dem er und seine Frau ihre beiden Söhne verloren haben, die teilweise visuell gezeigt wird (vgl. 6.1.3), dem jungen Protagonisten Eddie erklären will, wieso die Schuldgefühle seine Ehe zerrüttet haben, dann liegt ein *Kausalverhältnis* oder eine *explikative Funktion* vor. Genette (1994: 166) definiert: „Der erste Typ ist ein unmittelbares Kausalverhältnis zwischen den Ereignissen der Metadiegese und denen der Diegese, das der zweiten Erzählung eine explikative Funktion verleiht.“ Beinahe alle Formen einer analeptischen mentalen Metadiegese (*Erinnerungssequenz*) haben eine explikative (Teil-)Funktion. In dieser funktionalen Hinsicht sind Erinnerungssequenzen nicht von *narrationalen Analepsen* wie in 25TH HOUR (vgl. 6.2.1.2) zu unterscheiden. „Alle diese Erzählungen antworten, ob explizit oder nicht, auf eine Frage vom Typ ‚Welche Ereignisse haben die gegenwärtige Situation herbeigeführt?‘“ (ebd.). Ein Kausalverhältnis liegt also vor, wenn Metadiegesen die Funktion haben, die Ereignisse/Gegebenheiten der gegenwärtigen diegetischen Situation zu erklären. Martinez/Scheffel (1999: 78 f.) nennen diesen Typ mit Lämmert (1955: 43-67) „*konsekutive* Form der Verknüpfung“.

Regie:“); die Schriftbalken fahren nach einer Weile aus dem Bild heraus, die Kollage bleibt stehen. Nach etwa einer Sekunde wird sie allmählich schärfer und farbig; erkennbar wird die Beschriftung: „Guión y dirección: Enrique Goded“. Ein Kameraschwenk verrät, dass es sich um ein in Enriques Büro hängendes, eingerahmtes Plakat handelt. Das ergibt eine weitere formale Rückkopplung, die auf die Nähe der Figur Enrique Goded zu Pedro Almodóvar verweist. Dass Almodóvar in LA MALA EDUCACIÓN tatsächlich biographische Erlebnisse verarbeitet hat, ist an verschiedenen Stellen dokumentiert (vgl. u. a. Chappuzeau 2005; D’Lugo 2006; Acevedo-Muñoz 2007).

51 Genettes Grundtypen decken sich weitgehend mit den Vorschlägen von Martinez/Scheffel (1999: 77 ff.). Für weitere Differenzierungen, wie sie Genette im *Nouveau discours* (1994: 254 f.) und Nelles (1997: 134 ff.) anhand einer Diskussion der Genette’schen Grundtypen vorschlagen, finden sich nicht genügend oder nur seltene spezifische Beispiele im Spielfilm; eine weitere Ausdifferenzierung wäre jedoch prinzipiell möglich.

B) *Thematische Beziehung*

Der zweite Beziehungstyp besteht laut Genette, „in einer rein thematischen Beziehung"; er unterscheidet *Ähnlichkeits- und Kontrastbeziehungen* (1994: 166). Martinez/Scheffel (1999: 78 f.) nennen diesen Typus mit Lämmert (1955: 43-67) die „*korrelative* Form der Verknüpfung". Die metadiegetische Geschichte von Sammy Jankis, die Leonard in MEMENTO erzählt und die teilweise visuell umgesetzt wird, steht in einer *Ähnlichkeitsbeziehung* zu seiner eigenen, von der extradiegetischen VEI gezeigten Geschichte, weil beide Figuren eine vergleichbare Störung des Kurzzeitgedächtnisses haben, worauf Leonard in seiner Geschichte mehrfach verweist. Bei LE MAGNIFIQUE liegt dagegen – bei vorhandener Vergleichbarkeit – eine deutliche *Kontrastbeziehung* vor: Romanautor Merlin, der Held der Diegese, ist ein schlechter Verführer; sein literarisches Alter Ego Bob Saint-Clair, der Held der Metadiegese – die den von Merlin geschriebenen Roman repräsentiert – ein traumhafter Liebhaber. Merlins Nachbarin Christine reagiert schüchtern auf seine Annäherungsversuche, Tatiana – die Einschreibung Christines in den Roman – fließt vor Verlangen dahin (vgl. 6.3.2.3). Die Vergleichbarkeit und die Kontraste werden dadurch hervorgehoben, dass es jeweils die gleichen Schauspieler sind, die die Figuren auf beiden Ebenen spielen (die notwendige Ähnlichkeit in der Kontrastbeziehung).

C) *Keinerlei explizite Beziehung*

Der dritte Typ weist nach Genette „keinerlei explizite Beziehung zwischen den beiden Geschichtsebenen auf. Ohne Rücksicht auf den metadiegetischen Inhalt erfüllt vielmehr der Narrationsakt als solcher eine Funktion in der Diegese, und zwar eine Funktion der Zerstreuung und/oder des Hinauszögerns" (1994: 167). In STAND BY ME erzählt Gordie Lachance, einer der jugendlichen Protagonisten, am Lagerfeuer eine heterodiegetische Geschichte, die auch visuell umgesetzt wird und die vor allem dem Überbrücken von Zeit dient (eine Clique Heranwachsender, die sich beim Zelten im Wald durch das Erzählen von Geschichten unterhält). In OUT OF AFRICA erzählen sich Karen Blixen und Denys Finch Hatton Geschichten zur Zerstreuung, die nicht visuell umgesetzt werden. Die Tätigkeit des Geschichtenerzählens kann allerdings zur rahmenden Erzählsituation der schreibenden Karen Blixen in Beziehung gesetzt werden. Auch Gordon Lachance wird in einer Rahmenhandlung als Schriftsteller gezeigt.

6.3.5 Episodenfilme

Spielfilme, die als *Episodenfilm* bezeichnet werden, bilden in der Regel keine diegetische Ebenenstaffelung aus, d. h. die Episoden selbst stehen in keinem hierarchischen Verhältnis zueinander, sind – im räumlich-metaphorischen Sinne – also nicht *vertikal* zugeordnet sondern *horizontal* beigeordnet. Innerhalb der einzelnen Episoden kann es dabei natürlich zu diegetischen Ebenenstaffelungen kommen wie in der zweiten Episode von STORYTELLING, in der der erfolglose Regisseur Toby eine Dokumentation über die Adoleszenzprobleme amerikanischer Vorstadt-Teenager dreht.[52] Die Übergänge von einer Episode zur nächsten können wie kategoriale Grenzen gestaltet und mit Ebenenübergängen vergleichbar sein. Die verschiedenen Episoden können – vergleichbar verschiedener Ebenen – in einer *thematischen Beziehung* zueinander stehen und sowohl *Kontrast-* als auch *Ähnlichkeitsbeziehungen* ausbilden. So gibt es zwischen den Episoden in SHORT CUTS (Robert Altman, USA 1993) oder MAGNOLIA verschiedene thematische Beziehungen (es ließen sich jeweils einige thematische Gruppen bilden und die Episoden klassifizieren); den übergeordneten Zusammenhang bildet jedoch die räumliche Zentrierung (jeweils in derselben Stadt) und die zeitliche Synchronität der episodischen Ereignisse, die durch Parallelmontagen angezeigt und durch zeitliche Begrenzung unterstützt wird (z. B. die Verdichtung der Handlung auf einen erzählten Tag in SHORT CUTS). Die zeitliche Beziehung der Episoden kann dadurch verstärkt werden, dass dasselbe Ereignis in jedem Episodenstrang vorkommt und alle Figuren darauf reagieren müssen (etwa das Erdbeben am Ende von SHORT CUTS, die Fernsehshow oder der Froschregen in MAGNOLIA). Zusammenhänge zwischen den Episoden können durch formale Mittel unterstützt oder fingiert werden (musikalische Klammern, *Match-cut-*Serien, Parallelismen), die derart übertrieben eingesetzt sein können, dass der Realitätseffekt der diegetischen Welt abgeschwächt wird, wie in MAGNOLIA, wenn alle Figuren, selbst ein schwer Krebskranker, scheinbar ohne Grund das gleiche Lied singen. Über thematische und formale Beziehungen hinaus werden die Episoden oft durch leichte Überschneidungen verbunden, die einem suggerierten Kontingenzprinzip gehorchen:

52 STORYTELLING, ein Film über das sprachliche und filmische Erzählen von Geschichten, besteht nur aus zwei Teilen, die aber als zwei Episoden gedeutet werden können. In der ersten Episode („Fiction") geht es um zwei Studenten, die erfahrenes Leben in Storys umsetzen, die in einem Seminar diskutiert werden; in der zweiten („Nonfiction") um die Produktion einer Dokumentation. Beide Episoden hängen nur über den Aspekt des Erzählens und weitere lockere thematische Bezüge zusammen, sind nicht räumlich, zeitlich und über die Figuration zueinander in Beziehung gesetzt, bilden keine unmittelbare thematische oder formale Spiegelung und stehen in keiner Ebenenhierarchie zueinander.

Figuren verschiedener Episoden begegnen sich per Zufall; Figuren, die in einer Episode Hauptfigur sind, tauchen als unwichtige Neben- oder Servicefigur (etwa als Taxifahrer, Poolreiniger, Krankenpfleger) in einer anderen auf usw. Die Episoden können gleichmäßig parallel geführt werden oder auf einen gemeinsamen dramaturgischen Punkt zulaufen, an dem die Fäden zusammenlaufen und aufgelöst werden wie in CRASH: Eine derartige Handlungskulmination heißt, dass sich im Laufe des Films erkennbare Beziehungen zwischen den Figuren vieler Episoden herausstellen und einige der Figuren im Finale zusammentreffen.

Seltener kommt es vor, dass die Episoden statt in einem thematischen Verhältnis (vergleichbar mit dem funktionalen Beziehungstyp B bei Ebenenschachtelungen in 6.3.4) in einem *Kausalverhältnis* zueinander stehen (vergleichbar mit Typ A), was bedeuten würde, dass eine Episode eine *explikative Funktion* für eine andere erfüllen müsste. Dieses Prinzip eines explikativen Zusammenhangs der Episoden wird teilweise in CRASH durchgespielt, in dem bestimmte Episoden als Resultat anderer gestaltet sind bzw. einige Episoden die Funktion haben, Ereignisse der folgenden Episode zu erklären, sodass eine Kette von Kausalitäten entsteht, die das Zustandekommen des handlungsfinalen Unfalls bedingt, mit dem der Film beginnt (vgl. 4.3.4.3). Die abstrakte Struktur des Films bildet eine Analepse von großem *Umfang*, die von der rahmenden Unfallsituation ausgeht und in eine Kette von Episoden zerfällt, die die rahmende Situation erklären. So führt eine Reihe von Zufällen – metaphorisch angedeutet im Titel als Kette zufälliger ‚Zusammenstöße' – zum Finale des Films.[53]

Filme, in denen dieselbe Handlungs- oder Figurenkonstellation mehrfach nacheinander durchgespielt wird, wie LOLA RENNT, FLIRT oder NIGHT ON EARTH (Jim Jarmusch, USA 1991) bilden Abschnitte, die als Episoden aufgefasst werden *können*.[54] Zumindest stehen die Abschnitte in keiner vertikalen Hierarchie zueinander, sondern sind horizontal nacheinander angeordnet. Während in NIGHT ON EARTH die fünf Taxifahrt-Episoden als zeitlich synchron markiert sind, die sich gleichzeitig in verschiedenen Zeitzonen abspielen (angezeigt durch die Einstellung auf die Uhren von Los Angeles, New York, Paris, Rom und Helsinki, die jeweils zwischen den Episoden gezeigt wird), haben die Episoden in FLIRT und

53 Ein Film, der die *Gleichzeitigkeit* episodischer Ereignisse herausstellt, die trotzdem in einem *explikativen Verhältnis* zueinander stehen, ist 11:14 (vgl. 4.3.1). Die Kausalität ist hier das Resultat einer Ballung mehrerer zeitlich und räumlich zentrierter Zufälle.

54 Auch in Filmen wie PRZYPADEK (Polen 1987) und SLIDING DOORS (GB/USA 1998) werden wie in LOLA RENNT sukzessive verschiedene Entwicklungen durchgespielt, die sich abhängig von Zufällen aus derselben Ausgangssituation entwickeln. Allerdings sind diese Entwicklungen komplexer ausgestaltet und nicht mehr als vergleichbare Handlungs- und Figurenkonstellation angelegt. Derartige Filme als Episodenfilme zu lesen, wäre problematisch, allerdings stehen die jeweiligen Abschnitte auch hier in keinem Hierarchieverhältnis.

LOLA RENNT einen experimentellen Charakter. In FLIRT wird die gleiche Figurenkonstellation in verschiedenen Milieus durchgespielt, in LOLA RENNT die gleiche Grundsituation mit denselben Figuren in ihrer Abhängigkeit von kleinsten Zufällen. In FLIRT wird der spielerische Versuchscharakter durch eine auffällige Metalepse thematisiert (vgl. 6.5), in LOLA RENNT durch selbstreflexive Momente. Auch wenn es keine ebenenhierarchische Gewichtung gibt, kann die zeitliche Anordnung der Episoden zu einer tendenziellen Gewichtung führen: So ist es bei LOLA RENNT kein Zufall, dass die Variante mit Happy End die dritte und letzte ist.

6.4 Film im Film

Wegen des latenten visuellen Ebenenkurzschlusses waren bisher streng genommen nur die rein sprachlichen Formen der Ebenenschachtelung eindeutig in ihrem diegetischen Niveau zu bestimmen. Eindeutige Formen einer rein audiovisuellen bzw. kinematographischen Einbettung können nur dann vorkommen, wenn innerhalb der Diegese ein audiovisuelles oder kinematographisches Kommunikationssystem gezeigt oder etabliert wird.

6.4.1 Filmsehen im Film

Die häufigste Form, in der in einem fiktionalen Film ein intradiegetischer Film vorkommt, ist das *Filmsehen im Film.* Eine diegetische Figur sitzt vor dem Fernsehgerät und schaut einen Film, eine Serie, ein Video, eine Dokumentation; zwei diegetische Figuren gehen ins Kino, eine Familie schaut sich ein Urlaubsvideo an. Oft werden die dispositiven Zusammenhänge des Filmsehens gezeigt. Der Rand der Leinwand oder der Rahmen des Fernsehbildes oder Monitors markieren die Grenze zwischen Diegese und Metadiegese. Diese Grenze kann nur durch metaleptische Konstruktionen überbrückt oder durch Metalepsen überschritten werden.[55] Alle Formen des Filmsehens im Film haben folgende Grundstruktur: Die extradiegetische VEI zeigt den intradiegetischen Adressaten, der den Film im Film schaut, welcher einer intradiegetischen VEI zugeschrieben werden kann, die gegebenenfalls von intradiegetischen SEIen unterstützt wird.

Möglich ist, dass eine Einstellung, die einen in der Diegese platzierten laufenden Fernseher zeigt (der Film X ausstrahlt), überleitet auf eine län-

55 Wie in Buster Keatons SHERLOCK JUNIOR (USA 1924), in dem sich ein Filmvorführer in die Filmhandlung hineinträumt, oder in Woody Allens THE PURPLE ROSE OF CAIRO (USA 1985), in dem eine Figur der Leinwand ins diegetische Leben ‚hinaussteigt' (vgl. 6.5).

gere Sequenz (die Film X zeigt), bei der räumliche Anordnung und Rahmen des Fernsehers aber nicht mehr erkennbar sind. Oft leitet auch ein Zoom auf den im diegetischen Raum platzierten Fernseher oder die Kinoleinwand über zu einer derartigen Sequenz, die angeblich das zeigt, was die diegetischen Figuren schauen, ohne den Rahmen des Fernsehers oder die Ränder der Leinwand und die Situation des Schauens erneut zu zeigen. Erst am Ende der längeren metadiegetischen Sequenz, die einen Teil von Film X gezeigt hat, wird wieder zur rahmenden Situation des Filmsehens im diegetischen Raum zurückgekehrt. Bezüglich der Eindeutigkeit oder Ambivalenz der Markierung derartiger Sequenzen gilt prinzipiell alles, was auch für mentale Metadiegesen gilt (vgl. 6.2/6.3). Auch beim Filmsehen im Film kann der visuelle Ebenenkurzschluss wirksam werden, wenn innerhalb der Metadiegese Informationen vermittelt oder Elemente gezeigt werden, die nach der diegetischen Logik nicht innerhalb des gesehenen Films oder Videos, der gesehenen Sendung oder Show möglich sind. Ein wirksamer Ebenenkurzschluss ist in diesem Fall aber nicht immer leicht nachzuweisen (einige derartige Brüche finden sich in LA FLOR DE MI SECRETO; Pedro Almodóvar, S/F 1995; vgl. 6.4.2.3).

Zwischen- und Sonderformen des Filmsehens im Film sind möglich, wenn diegetische Figuren verschiedene Arten der Internetkommunikation praktizieren oder einfach nur im Internet surfen oder Computerspiele spielen. Dabei kann der spielerische, interaktive oder immersive Aspekt im Mittelpunkt stehen, was einen kategorialen Unterschied zum Filmsehen bedeuten würde, es kann sich aber auch um transponierte Formen des Filmsehens handeln: Denn das, was Figuren auf dem Computermonitor sehen, kann sich potenziell durch diejenigen auditiven, sprachlichen und visuellen Codes auszeichnen, die auch einen Film prägen.[56] In THOMAS EST AMOUREUX kommuniziert die agoraphobische Hauptfigur in einer näheren Zukunft ausschließlich über Video-Telefone und Internet mit ihrer Außenwelt. Das, was ihr Monitor zeigt, repräsentiert Formen audiovisueller Kommunikation. Es handelt sich um an ein technisches System gekoppelte audiovisuelle Metadiegesen, die über *POV shots* allerdings zugleich an die Hauptfigur gebunden werden (vgl. 4.4.2).[57]

---

56 Es kann zur gleichen Konvergenz beider Medien kommen wie bei realen zeitgenössischen medialen Entwicklungen, wofür Fernseh- und Filmformate im Internet, *YouTube*-Clips, Webserien, Nachrichtenspots auf Websites von Printmedien, Filmsequenzen in Computerspielen nur einige Beispiele sind. Sämtliche Formen der öffentlichen und privaten audiovisuellen Tele- und Internetkommunikation sind auch in der Diegese eines Films denkbar.

57 THOMAS EST AMOUREUX besteht fast ausschließlich aus Einstellungen, die Thomas' Monitor aus seiner vermeintlichen visuellen Perspektive zeigen. Dabei handelt es sich jedoch nicht durchgängig um *POV shots* aus Thomas' Sicht, weil der Bildschirm auch dann gezeigt wird, wenn die Voice-Off-Dialoge andeuten, dass Thomas nicht auf den Monitor blickt, weil er andere Tätigkeiten verrichtet.

6.4.1.1 Filmische Zitate

Gesehene Filme im Film stellen einen intertextuellen Zusammenhang her zwischen dem Film, *in dem* ein Film gesehen wird und dem Film, *der* gesehen wird, bilden also eine in der Realitätslogik der Diegese verankerte Form des filmischen Zitats. So schaut der Sohn in TODO SOBRE MI MADRE (auf Deutsch: ALLES ÜBER MEINE MUTTER) am Anfang den Film ALL ABOUT EVE (ALLES ÜBER EVA) und dieses, den Parallelismus der Filmtitel unterstreichende filmische Zitat, liefert eine Interpretationsfolie, die einige thematische und formale Aspekte von TODO SOBRE MI MADRE anders bewerten lässt. So schaut der Lebemann Don Johnston am Anfang von BROKEN FLOWERS ein Don-Juan-Biopic, womit eine thematische Parallele angedeutet ist, die im Film mehrfach wieder aufgegriffen wird und auf den Handlungskern anspielt: die Rundreise des ‚abgehalfterten Don Juan' Johnston zu verschiedenen Ex-Geliebten, um zu erfahren, von welcher der unbekannte erwachsene Sohn sein könnte, von dem er in einem anonymen Brief erfahren hat. Und so läuft auf dem Fernsehschirm in David Aames' Zimmer in VANILLA SKY zu Beginn eine Szene aus dem Film SABRINA (Billy Wilder, USA 1954): Neben thematischen Parallelen beider Filme (der Protagonist in SABRINA heißt auch David und ist ein ebenso reicher Playboy wie David Aames) spiegelt sich in dem diegetischen Raum, der in dem Moment des Zitats *links* von dem überdimensionalen Fernsehschirm gezeigt wird, die Mise-en-scène der metadiegetischen Filmszene aus SABRINA wider, die in der *rechten* Hälfte des äußeren Filmkaders zu sehen ist (vgl. hierzu Helbig 2006a: 179, 185). Damit wird ein Gestaltungsprinzip des Films VANILLA SKY vorwegnehmend ausgestellt: Der Film orientiert sich in der Gestaltung seiner Mise-en-scène an vielen populären ‚Urbildern' und weist ein Netz intertextueller, intermedialer und kultureller Verweise auf. Wie das Beispiel aus VANILLA SKY zeigt, funktioniert das eingebettete filmische Zitat auch, wenn der Fernseher innerhalb der Diegese einfach nur läuft, ohne dass eine intradiegetische Figur bewusst schauen würde, wenn also der Fernseher ‚nur' für den extradiegetischen Adressaten positioniert ist.

Filmische Zitate können auch ohne Vermittlung in einen Film geschnitten werden. Sie bilden dann einen intertextuellen Verweis, der der extradiegetischen VEI (oder dem impliziten Autor) zugeordnet werden muss und sind keine Metadiegesen, sondern beigeordnete narrationale Sequenzen. Die Unterscheidung zwischen narrational geschalteten filmischen Zitaten und in die Diegese eingebetteten Filmen ist ähnlich gelagert wie die Unterscheidung narrationaler Analepsen von figuralen Erinnerungssequenzen sowie narrationaler Symbolsequenzen von mentalen Metadiegesen (vgl. 6.2.1). Verschiedene Beispiele für nicht untergeordnete, narrationale filmische Zitate finden sich in THE DREAMERS (Bernardo Bertolucci, F/I/GB 2003). Dort sind Originalsequenzen von Werken wie À BOUT DE SOUFFLE, BANDE À PART (Jean-Luc Godard, F 1964) oder QUEEN CHRISTINA (Rouben Mamoulian, USA 1933) zwischengeschnitten, die durch das originale schwarz-weiß in den Farbsequenzen von THE DREAMERS, andere Figuren und eine andere Mise-en-scène bei teilweise vergleichbarem *setting* automatisch gekennzeichnet sind. Sie sind allerdings teilweise doppelt codiert: Einerseits sind sie als narrational geschaltete, mit der diegetischen Realität brechende Fremdsequenzen zu identifizieren und der extradiegetischen VEI zuzuordnen, andererseits sind sie teilweise der Phantasie oder den Gesprächen der diegetischen Figuren zugeordnet und damit abgewandelte mentale Metadiegesen (die aber auch bei eindeutiger Rahmung und Zuordnung über die Figuren hinausweisen, weil es sich um Originalsequenzen aus dem jeweiligen Film handelt).

6.4.1.2 Intradiegetische Überwachungskamerasysteme

Intradiegetische audiovisuelle Kommunikationssysteme können auch durch Überwachungskamerasysteme konstituiert werden. Diese können von einer oder mehreren Kamera(s) (*Aufnahmeseite*) und/oder von einem oder mehreren Monitor(en) (*Wiedergabeseite*) repräsentiert werden. In Bank- oder Museumsraubfilmen und Thrillern spielen intradiegetische Überwachungskamerasysteme oft eine handlungsprägende Rolle; entscheidend ist dabei die diegetische Synchronität von Aufnahme und Wiedergabe, also die diegetische Live-Übertragung von der Kamera zum Monitor; in einigen Fällen spielen auch Aufzeichnungen eine Rolle. Die metadiegetischen Sequenzen, die von den Überwachungskameraaufnahmen tatsächlich gezeigt werden, sind gewöhnlich kurz; häufig zeigt die extradiegetische VEI nur, dass es überhaupt Überwachungskameras und Wachpersonal hinter den Monitoren gibt, das überlistet werden muss. In THE MAN WITH THE GOLDEN GUN (Guy Hamilton, GB 1974), SLIVER oder ENEMY OF THE STATE (Tony Scott, USA 1998) kommen auf je verschiedene Weise komplexere Überwachungskamerasysteme mit mehreren Kameras und Monitoren vor. Ein Beispiel sei kurz erörtert.

Die Handlung des Erotikthrillers SLIVER basiert zum großen Teil auf dem formalen und thematischen Spiel mit einem Überwachungskamerasystem, das in einem Hochhaus installiert wurde, das sowohl live überträgt als auch aufzeichnet. Mit den ersten Einstellungen der Exposition werden Thema und Ebenenstruktur proleptisch vorweggenommen. Der Film beginnt mit schwarz-weißen Bildern, die kurz die Illusion erzeugen, es könne sich dabei um die diegetische Welt handeln. Dann fährt die extradiegetische VEI jedoch etwas zurück und zeigt, dass die schwarz-weißen Sequenzen von einem in der Diegese installierten Monitor gezeigt werden, neben dem sich weitere Monitore befinden, die vergleichbare Schwarzweiß-Sequenzen zeigen. Es handelt sich um eine Monitorwand; auf den größeren Monitoren sind im Split-Screen-Verfahren bis zu vier Einstellungen gleichzeitig zu sehen. Die extradiegetische VEI, die die Monitorwand entlangfährt, führt so eine intradiegetische Regiezentrale vor, die zugleich eine Art intradiegetische VEI repräsentiert, die über mehrere Kameras zu verfügen scheint, die sie verschieden miteinander kombinieren kann. Am Ende der Eröffnungssequenz fährt die extradiegetische VEI an einen Monitor heran, der eine Frau zeigt, die einen Fahrstuhl verlässt. Ein Schnitt führt zu einer Farbsequenz, die die gleiche Frau auf dem Weg vom Fahrstuhl zu ihrer Wohnung zeigt. Ab dieser Einstellung wird nur noch die farbmarkierte Diegese gezeigt: Zu sehen ist, wie ein schemenhafter Unbekannter die Wohnung betritt, wie die Frau ihn erschrocken erblickt und wie sie daraufhin vom Balkon stürzt/gestürzt wird. Der Zuschauer erfährt in dieser Sequenz weniger als die Frau kurz vor ihrem Tod weiß und wahrnimmt, denn er kann den mutmaßlichen Mörder nicht identifizieren (externe Fokalisierung).

Eine Überblendung über Schwarz führt zur ersten Sequenz der Haupthandlung. Die extradiegetische VEI zeigt, wie sich Protagonistin Carly Norris (Sharon Stone) dem „Sliver"-Hochhaus nähert, wie sie ihre neue Wohnung bezieht und einige Mitbewohner kennenlernt und schließlich erfährt, dass ihre Vormieterin durch einen Sturz vom Balkon ums Leben gekommen ist. Als sie ein Bad nimmt, werden zum ersten Mal wieder schwarzweiß markierte Überwachungskamerabilder zwischenmontiert, dieses Mal mit voyeuristischer Erotik aufgeladen. Die handlungsbezogene Spannung (War es Mord? Wenn ja, wer war der Mörder? Später: Warum die Folgemorde? Ist die Protagonistin in Gefahr?) überlagert sich zunehmend mit dem durch das intradiegetische Überwachungssystem aufgebauten Mysterium (Wie funktioniert das System? Wer steuert es? Warum tut er/sie das?). Die ambivalente Perversität erotischen Voyeurismus vermischt sich mit dem thrillerüblichen Angst- und Bedrohungspotenzial.

Zwei audiovisuelle diegetische Ebenen sind im gesamten Film eindeutig zu unterscheiden. Ein intradiegetisches audiovisuelles Kommunikationssystem aus Kameras, Monitoren und einer Schaltzentrale wird – zuerst in kryptischen Einstellungen, dann in Einstellungen, die die technischen Zusammenhänge zunehmend entschlüsseln[58] – von der extradiegetischen VEI vorgeführt. Die metadiegetischen Sequenzen sind in diesem Film

58 Die extradiegetische VEI zeigt z. B. einen Badezimmerspiegel, hinter dem sich eine Kamera befinden könnte, und nach einem Schnitt einen Monitor, der einen Blick ins Badezimmer zeigt, der von der räumlichen Logik aus Richtung Spiegel kommt.

genau das, was sie auch innerhalb der Diegese darstellen: filmische Sequenzen in schwarz-weiß, aufgenommen von verschiedenen Kameras, weshalb auch kein latenter visueller Ebenenkurzschluss anzunehmen ist. Die VEI zeigt zwischendurch immer wieder die Monitorwand, teilweise aber auch nur Monitorbilder, die durch schwarz-weiß und/oder Rahmung als metadiegetische Ebene gekennzeichnet sind. Die Markierung wird am Anfang etabliert und durch gezeigte Monitore immer wieder aktualisiert. Im Laufe des Films wird eine die Anlage steuernde Figur hinter den Monitoren erkennbar, die zwischen den Einstellungen wechseln und durch digitale Techniken heran- und wegzoomen kann. Deren Identifizierung wird lange herausgezögert, bis schließlich feststeht, dass es sich um die Figur Zeke Hawkins, den jungen Besitzer des Hochhauses handelt, der pikanterweise eine Affäre mit Carly beginnt. Nach Beantwortung der Frage, wer die überwachende Figur ist, resultiert neues Spannungspotenzial aus dem Mehrwissen des Zuschauers (Nullfokalisierung): Wird die nicht wissende Carly Hawkins früh genug durchschauen? Kann sie der Gefahr entgehen? Die VEI führt vor, dass Hawkins neben Carly auch andere Hausbewohner überwacht. Es gibt längere Monitorsequenzen, die verschiedene Hausbewohner etablieren, die in Form von immer wieder zwischengeschnittenen Nebenhandlungen weiterverfolgt werden. Eine weitere Figur, der Schriftsteller Jack Landsford, wird als verdächtig aufgebaut.

Wenn Hawkins beim Steuern, Zoomen, Bildermischen und Abhören zu sehen ist, wird die zuerst technisch definierte intradiegetische VEI bis zu einem gewissen Grad personalisiert.[59] Durch Kameras, Montage und digitale Bildbearbeitung kann Hawkins das Leben anderer Figuren beobachten und *vorführen*. Anfangs nur sich selbst (und dem extradiegetischen Adressaten), später, wenn er Carly die Überwachungsanlage zeigt, auch ihr. Insofern verkörpert er eine personalisierte audiovisuelle Erzählinstanz, die durch audiovisuelles Material, also durch *visuelles Zeigen* – wie es in 2.3 definiert wurde – *erzählt*. Allerdings gibt es neben diesen Sequenzen, die eine personalisierte intradiegetische VEI zeigen, auch solche, in denen die extradiegetische VEI derart potent über alle Einstellungen verfügt, dass die intradiegetische Kommunikationsinstanz quasi ausgeschaltet wird. Besonders in den erotisch aufgeladenen Voyeurs-Sequenzen, die Carly z. B. beim Baden zeigen, wird so oft, schnell und strukturiert zwischen Farbbild/Diegese und Schwarzweißbild/Metadiegese gewechselt, dass die übergreifende Gestaltung der Sequenz durch die extradiegetische VEI (oder den impliziten Autor) dominiert, unterstützt durch die klammernde Fremdtonmusik, die den Schnittrhythmus vorgibt. Andererseits ist durch

59 Hawkins verfügt auch über die Tonspur. Durch die Anlage kann er wie eine funktional definierte VEI agieren. Da er aufgezeichnete Sequenzen anschauen und zwischenschneiden kann, sind ihm sogar Analepsen möglich.

die vorcodierten Schwarzweißbilder die Beobachterposition zumindest metonymisch auch in diese Sequenzen eingeschrieben.

Die Themen Voyeurismus und Überwachung spielen auch in der *histoire* eine Rolle. Das formale Spiel mit dem intradiegetischen audiovisuellen Überwachungskamerasystem prägt nicht nur die zentralen Spannungsbögen, sondern wird auch auf Handlungsebene aufgegriffen und bildet den thematische Kern des Films, allerdings ohne allzu kritisch und medienreflexiv behandelt zu werden. So spricht Hawkins selbstentlarvend von dem Reiz einer Reality-Show und so ist der letzte Satz von Carly zu Hawkins, als sie die Fernbedienung nimmt und seine Anlage abschaltet: „Fang endlich an zu leben!"[60] Zuvor haben ausgerechnet die aufgezeichneten Bilder der Anlage den Beweis dafür geliefert, dass der Schriftsteller Landsford und nicht der zunehmend psychopathische Hawkins der Serienmörder ist.

Die Variation einer intradiegetischen Überwachungskamerastruktur ergibt sich im ersten Abschnitt von LOST HIGHWAY. Die Protagonisten Fred und Renee bekommen anonym mehrere Videos zugeschickt, die sie in ihrem Videorekorder abspielen und die in ihrer schwarzweißen Körnigkeit einer Überwachungskamera zu entstammen scheinen: Zu sehen ist, wie eine Kamera in Aufsicht durch ihr Haus geführt wird. Nur gibt es weder eine installierte Kamera, wie die Polizei feststellt, noch eine andere realistische Erklärung dafür, wie jemand diese Aufnahmen angefertigt haben könnte. Es handelt sich hierbei um ein erstes von vielen auffälligeren Irritationsmomenten auf thematischer und formaler Ebene, aber eines, das zentrale Aspekte vorwegnimmt. Die Überwachungsvideos sind ein Element des selbstreflexiven Spiels mit intradiegetischen Medien (Telefon, Video, Kino, Fernsehen, Foto), das der Film betreibt und das impliziert, dass es sich auch bei LOST HIGHWAY selbst um ein mediales Produkt handelt, das Unmöglichkeiten auf Handlungsebene einzig deshalb ‚möglich machen' kann, weil es genau das ist: ein artifizielles mediales Objekt.[61]

In der Parkhaus-Sequenz unmittelbar vor dem Finale von FIGHT CLUB wird eine Überwachungskamera zur Herausstellung der Schizo-

---

60 Kleinere selbstreflexive Anspielungen verweisen im Laufe des Films auf die Aspekte Voyeurismus und Kameraüberwachung. Ein alter Mitbewohner hält Vorlesungen über „die Psychologie der Kameralinse". Das Überwachungskamerasystem des Pförtners ist mehrfach zu sehen, die Kamera im Waschsalon wird herausgestellt. Die Protagonistin bekommt zur Einweihungsparty ein Teleskop geschenkt (rund beschnittene *POV shots* markieren den Teleskopblick, mit dem die Nachbarhäuser ausgespäht werden). Ein Rundfunkladen hat eine Live-Kamera installiert, die das Bild des Betrachters wie ein Spiegel auf den betrachteten Monitor im Schaufenster überträgt (mediale Rückkopplung) etc.

61 Höltgen (2001: 93-121) analysiert LOST HIGHWAY in diesem Sinne als Film über Medien, verweist auf den „hohen Grad an medialer Autothematisierung" und spricht von einer „Verdopplung des Mediums". Steinke (2007: 146-189), die den Film dagegen als „Reflexion postmoderner Ästhetik" beschreibt, bietet einen Einblick in die kontroverse Forschungsliteratur zu diesem Film.

phrenie des Protagonisten eingesetzt. Protagonist „Jack" (Edward Norton)[62] will eine Bombe entschärfen, um die Sprengung eines Hauses zu verhindern und wird von seinem projizierten Alter Ego Tyler Durden (Brad Pitt) davon abgehalten. Während die extradiegetische VEI vortäuscht, dass es sich um zwei Figuren handelt, die sich eine nach allen Regeln des Actionkinos inszenierte Schlägerei liefern (obwohl der Zuschauer inzwischen weiß, dass es sich bei Tyler nur um eine Einbildung handelt), zeigt die intradiegetische Überwachungskamera, dass hier eine einzige Figur seltsamste Verrenkungen vollführt, um sich selbst zu verprügeln (obwohl sie inzwischen weiß, dass sie schizophren ist).[63]

6.4.2 Filmproduktion im Film

Filme, in denen die *Produktion* oder das *Drehen eines Films* gezeigt oder vorgeführt werden, können zwei diegetische Ebenen ausbilden. Wie deutlich diese voneinander zu differenzieren sind, hängt von der Markierung ab, aber auch davon, wie explizit das intradiegetische Produktionssystem des Films gezeigt wird. Sind zugleich oder sukzessive die in der Diegese postierten Kameras, und das, was sie aufzeichnen, zu sehen, handelt es sich um zwei diegetische Ebenen. Sieht man nur die Produktion oder nur Teile des fertigen Produkts einer intradiegetischen Produktion, ist die Ebenenzuordnung offener und infrage zu stellen. Der Film im Film und die diegetische Wirklichkeit können auch wie zwei unterschiedliche Fiktionsebenen gestaltet sein, ohne dass sich eine diegetische Ebenenhierarchie bestimmen lässt. In Filmen, in denen nur kurz ein Filmset zu sehen ist – wie in ADAPTATION, in dem einige Figuren am Set von BEING JOHN MALKOVICH stehen oder in SUNSET BOULEVARD, in dem Drehbuchschreiber Joe Gillis und Stummfilmdiva Norma Desmond Cecil B. DeMille im Filmstudio aufsuchen –, kann von keiner zweiten diegetischen Ebene gesprochen werden: Das Filmset oder Filmstudio ist ein räumlich begrenzter Bereich innerhalb der Diegese, ähnlich dem *Theater im Film*. Filme, die das Produzieren oder Drehen eines Films jedoch in den Mittelpunkt rücken, sind immer bis zu einem gewissen Grad selbst- und medienreflexiv und bilden meist, aber nicht immer, zwei diegetische Ebenen aus.

---

62 Die von Edward Norton gespielte namenlose Hauptfigur wird nur im Drehbuch als „Jack" bezeichnet (vgl. Helbig 2005: 136).

63 In diesem Beispiel repräsentiert die intradiegetische Überwachungskamera eine ‚normale' Sicht auf die diegetische Welt. Aufzeichnungen von Überwachungskameras gelten primär als diegetisch-objektiv, was auch die oben genannte Irritation in LOST HIGHWAY auslöst.

6.4.2.1 Der intradiegetische Filmdreh in LA NUIT AMÉRICAINE

François Truffauts LA NUIT AMÉRICAINE (vgl. 5.3.2) ist ein Film über das Produzieren eines intradiegetischen Films, der „Je vous présente Paméla" genannt wird (in der dt. Version: „Meine Ehefrau Pamela"). Neben der autobiographischen Einschreibung (der Regisseur des Films, Truffaut, spielt den Regisseur des Films im Film, Ferrand) erzeugt das die Dreharbeiten erörternde extra-homodiegetische Voice-over Ferrands/Truffauts die Illusion, hier würde die Dokumentation eines realen Filmdrehs gezeigt. Die wenigen pseudo-dokumentarischen Indizien werden jedoch durch eine nullfokalisierende VEI unterlaufen, die über ein Mehrwissen verfügt, das kein Dokumentationsteam haben könnte, die auch bei intimen Situationen dabei ist, in denen keine dokumentarische Kamera geduldet wäre und die im Voraus weiß, wann und wo sich die entscheidenden diegetischen Szenen abspielen. Es handelt sich um einen fiktionalen Spielfilm und eine fiktive diegetische Welt, die hochgradig artifiziell strukturiert ist.

Die Zusammenhänge und Umstände der Produktion des Films „Meine Ehefrau Pamela" stehen im Mittelpunkt und bilden die *Basisgeschichte* von LA NUIT AMÉRICAINE. Es geht um die Beziehungen zwischen den Schauspielern, Produktionsassistenten und Technikern, um die privaten Lebensgeschichten der Schauspieler, um die Problematik der Finanzierung des Films, den Verlust, den eine im Kopierwerk zerstörte Filmrolle darstellt, die Aufnahmen, die den veränderten Drehbedingungen angepasst werden müssen und die Erschütterungen der Filmproduktion, die sich daraus ergeben, dass eine Schauspielerin ihre Schwangerschaft verschwiegen hat und ein Hauptdarsteller-Schauspieler bei einem Autounfall ums Leben kommt. Alle diese Sequenzen werden als *Diegese* von einer extradiegetischen VEI gezeigt. Wenn die VEI das wiederholte Drehen derselben Szene zeigt, in der die exzentrische Filmdiva Séverine einen *take* nach dem anderen verdirbt (vgl. 5.3.2), werden dabei zugleich die in der Diegese postierten intradiegetischen Kameras und Kameramänner, Scheinwerfer, Regiestühle, das gesamte Filmteam und die Kulissenhaftigkeit vorgeführt.

Im Laufe des Films sind aber auch einige Produkte des Filmdrehs als *Metadiegesen* zu sehen, zum einen kurz, wenn der markierte intradiegetische ‚Kamerablick' zu sehen ist, also das, was die zuvor von außen gezeigte Kamera aufzeichnet; zum anderen, wenn das Produktionsteam am Ende eines Drehtages die Ergebnisse sichtet: Die Situation des Sichtens (Diegese) wird dabei genauso gezeigt wie das auf einer Leinwand gesichtete Material (Metadiegese). Das reflektierte Betrachten der Szenen wird thematisiert, indem die gleiche Sequenz in mehreren Versionen zu sehen ist, vor- und zurückgespult wird, Figuren darüber diskutieren und auf das Filmbild weisen, was als Schattenriss vor der Leinwand angedeutet wird.

Quantitativ dominiert jedoch die Diegese, in der die Umstände der Filmproduktion selbstreflexiv thematisiert werden (Umschreiben von Dialogen, Pressekonferenzen, Szenenplanungen, Ideen der Techniker usw.). Die Fiktion in der Fiktion ist vor allem ein Rollenspiel im filmischen Spiel, vergleichbar mit einem Theaterstück im Film. Die Doppelrollen der Schauspieler als Privatperson in der fiktionalen Realität und Figur in der fiktionalen Fiktion markieren die beiden *Fiktionsebenen.* Thematische Spiegelungen zwischen den Fiktionsebenen kommen in beide Richtungen vor: Beziehungen des Films im Film wiederholen sich in der äußeren Fiktionsebene, der Tod eines Schauspielers in der fiktionalen Realität nimmt den Tod der von ihm gespielten Figur im internen Film vorweg.

Der Beginn von LA NUIT AMÉRICAINE spielt mit der Verwechslung der Ebenen: In der langen filmeröffnenden Plansequenz sieht man einen belebten Platz in Paris, Autos, Passanten, eine Metro-Station. Ein junger Mann kommt die Treppe der Metro-Station hinauf, überschreitet den Platz, trifft auf einen älteren Mann, baut sich vor ihm auf und gibt ihm eine Ohrfeige (vgl. 5.3.2). Das Wort „coupez“ durchbricht die Illusion (in der dt. Version, auf die ich mich ab hier beziehe: „Aus“).[64] Es wird von Ferrand gerufen, dessen Gesicht in *Groß* genau mit dem Knall der Ohrfeige kurz und effektvoll zwischengeschnitten wird (es ist der erste Schnitt des Films). Daraufhin ist für ca. zwei Sekunden erneut die letzte Kameraposition der vorherigen Plansequenz zu sehen, dann der Platz in einer *Totale* in leichter Aufsicht. Durch ein Megaphon ruft jemand: „Gut. Alle mal bitte zu mir.“ Man sieht wie etwa hundert Statisten zum Regieassistenten laufen und sich neu in die Szene einweisen lassen. In den folgenden Einstellungen erkennt man einen Scheinwerfer und den Kamerakran, der die Kamera bewegt hat, mit der die Plansequenz gefilmt wurde. Man sieht, wie der Regieassistent den Statisten neue Anweisungen gibt und wie Regisseur Ferrand den beiden männlichen Hauptfiguren erklärt, wie er sich die Ohrfeige in der Szene vorstellt. Der Produzent läuft am Set vorbei, die Lichtassistenten justieren einen Scheinwerfer, die Produktionsassistentinnen protokollieren den Dreh, ein Schauspieler wird geschminkt etc.[65] Die

64 Bei der deutschen Übersetzung der Dialoge aus LA NUIT AMÉRICAINE habe ich mich auf die deutschen Untertitel und nicht auf die deutsche Synchronfassung bezogen. Wenn nicht anders gekennzeichnet, bildet die deutsche Synchronfassung eines Films in dieser Studie jedoch die Referenzfassung für Zitate.

65 Am Rande der Dreharbeiten wird eine Fernsehdokumentation über die Filmproduktion von „Meine Ehefrau Pamela“ durchgeführt, die intradiegetischen Figuren zugeordnet wird: zu sehen sind ein Kameramann, ein Sprecher, der direkt in eine Kamera spricht und ein Dritter, der die Mikrophonangel über die Köpfe hält. Der Sprecher erörtert die Hintergründe der Produktion, erwähnt den Titel des Films und den Produktionsort, die Studios *La Victorine* in Nizza. Die männlichen Hauptdarsteller werden befragt und erklären den Plot des intradiegetischen Films: Es handelt sich um eine ‚klassische‘ Familientragödie. Der

Illusion der ersten Plansequenz ist seit dem „Aus" des intradiegetischen Regisseurs Ferrand durchbrochen und die Plansequenz nachträglich als metadiegetische Sequenz des Films im Film markiert: Sie kann der intradiegetischen Kamera auf dem Kamerakran zugeschrieben werden, die die extradiegetische VEI im Nachhinein gezeigt hat. Die aufwendige Plansequenz wird nun ein zweites Mal versucht: Von der intradiegetischen Kamera gezeigt, wird sie dieses Mal von Regieanweisungen des Assistenten begleitet, die die Sequenz als Filmdreh entlarven („Schneller, die Dame mit dem Hund!"; „Alphonse, komm jetzt aus der Metro!"). Die nächsten Versuche werden nur angedeutet (iteratives Erzählen; vgl. 5.3.2), bevor beim letzten Versuch die Kulissenbauten und die Bewegungen des Kamerakrans von der extradiegetischen VEI in Aufsicht vorgeführt werden.

Obwohl in LA NUIT AMÉRICAINE das Filmproduzieren thematisiert und gezeigt wird, kann mit Ausnahme der ersten im Nachhinein markierten Plansequenz also kaum von zwei getrennten diegetischen Ebenen die Rede sein; eher davon, dass innerhalb der Diegese ein Film gedreht wird. Nur durch die erwähnten intradiegetischen Kommunikationsmittel (Filmvorführungen; markierter intradiegetischer Kamerablick) wird die Metadiegese zwischendurch kurz innerhalb der Diegese präsentiert.[66]

6.4.2.2 Fiktionsebenen in THE FRENCH LIEUTENANT'S WOMAN

THE FRENCH LIEUTENANT'S WOMAN hat eine – auf den ersten Blick – vergleichbare Eröffnung: eine längere Plansequenz, die zeigt, wie Sarah, die „Geliebte des französischen Leutnants", unter bleischwerem Himmel einsam über die Mole aufs Meer zuschreitet. Es handelt sich – wie sich später herausstellt – um eine Szene des Films im Film. Allerdings wird die Plansequenz gleich zu Anfang markiert und zwar durch: a) einen Schminkspiegel, den die Maskenbildnerin der als Sarah verkleideten Anna vorhält, die sich darin betrachtet, b) Regieanweisungen per Megaphon („OK. Bist Du so weit, Anna?"; „OK. Jeder auf seine Ausgangsposition.") und c) eine Handvoll Filmpersonal und Statisten, die nach einem schnellen *zoom out* im Bild zu erkennen sind – alles in einer vor die Plansequenz geschnittenen, kurzen *ersten* Einstellung – sowie d) eine Klappe, die von

junge Alphonse stellt seinen reichen Eltern seine Braut Paméla vor. Sein Vater und Paméla verlieben sich ineinander und fliehen nach Paris, wo Alphonse sie aufspürt und den Vater erschießt. Der Plot spielt auf Werke Truffauts an.

66 Neben den der intradiegetischen Filmproduktion zuzuschreibenden Metadiegesen, gibt es einige *mentale Metadiegesen*, die Träume Ferrands repräsentieren. Hierbei werden intertextuelle Verweise auf Filme von Orson Welles und Jean Renoir eingebunden, so als träume der Regisseur Ferrand in den Ikonographien seiner großen Regievorbilder.

zwei Armen ins Bild gehalten, betätigt und gelesen wird („32 die Zweite") und e) eine Megaphon-Stimme im Kamera-*Off* („Und Action"; „Aufnahme") innerhalb der Plansequenz selbst. Die Credits von THE FRENCH LIEUTENANT'S WOMAN werden erst nach der „Action"-Regieanweisung über das Filmbild geblendet, die Fremdton-Filmmusik beginnt erst mit der „Aufnahme"-Anweisung, so als gehöre die erste vorweggeschobene Einstellung nicht zum ‚eigentlichen' Film dazu. Weitere Markierungen der Sequenz als Filmdreh gibt es nicht. Die Credits werden als Inserts über die Plansequenz geblendet, so als sei der Film im Film der äußere Film. Auf die Plansequenz folgen weitere Sequenzen, die nicht mehr als Dreh gekennzeichnet sind. Der Zuschauer wird vorerst nicht mehr daran erinnert, dass es sich um einen Film handelt, der gerade gedreht wird.[67]

Der Unterschied zu LA NUIT AMÉRICAINE scheint anfangs nur darin zu liegen, dass die Film-im-Film-Sequenz dort durch eine *End-*, hier durch eine *Anfangs*markierung eingeordnet wird. Allerdings schlägt THE FRENCH LIEUTENANT'S WOMAN im Verlauf eine andere Richtung ein. Das Filmdrehen wird nicht mehr formal oder durch das Zeigen von Kameras, Klappen, Filmteam, Scheinwerfern etc. markiert, sondern nur noch auf Handlungsebene thematisiert. Es gibt zwei – sagen wir vorläufig – ‚Erzählstränge': das Leben der fiktiven Schauspieler im England der 1980er Jahre (Hauptfiguren Anna und Mike) und das Leben der von ihnen gespielten Rollen im viktorianischen England (Sarah und Charles). Nach den Credits wird der ‚Strang' viktorianisches England ungebrochen fortgeführt, bis es nach ca. sieben Minuten durch einen unvermittelten Schnitt zum Wechsel kommt: Man sieht Anna und Mike, wie sie zusammen im Bett liegen und vom Telefonanruf des Maskenbildners geweckt werden; das mit Beginn der Einstellung einsetzende Telefonklingeln durchbricht die Illusion des viktorianischen Englands als erstes.

Die beiden Stränge ‚viktorianisches England' und ‚England in den 1980ern' sind zwar klar voneinander zu unterscheiden, aber es liegt keine Staffelung diegetischer Ebenen vor: Beide werden von einer extradiegetischen VEI gezeigt und vermittelt; sie unterscheiden sich nur durch das zeitliche *setting* und dadurch, dass die Figuren aus dem England des 20. Jahrhunderts über den Filmdreh und die Rollen sprechen, die sie in den viktorianischen Szenen spielen. Es handelt sich um zwei *Fiktionsebenen*. Dass die Sequenzen, die das viktorianische England zeigen, ein fiktionales Produkt innerhalb der filmischen Welt darstellen sollen, wird in den Sequenzen, die im 20. Jahrhundert spielen, signalisiert (z. B. durch Anrufe

67 Die beiden vorliegenden deutschsprachigen Versionen (synchronisiert/Original mit Untertitel) unterscheiden sich in den exakten Formulierungen; ich habe mich beim Zitieren an den eindeutigeren deutschen Untertiteln orientiert, weil die Megaphon-Stimme nicht eindeutig zu verstehen ist. Die Funktion der Anweisungen ist in beiden Fällen identisch.

von Beteiligten des Filmteams, die Terminplanungen der Dreharbeiten, das Schneidern von Filmkostümen) und thematisiert: Die Hauptfiguren Anna und Charles sprechen über zeitgeschichtliche Hintergründe, proben verschiedene Szenen, arbeiten mit dem Drehbuch. Obwohl es sich bei beiden Fiktionsebenen nicht um diegetisch gestaffelte Ebenen handelt, kann mit den Übergängen gespielt werden. Etwa, wenn vom privaten Proben einer Szene durch Anna und Charles in Alltagskleidung in der Fiktionsebene ersten Grades unvermittelt und mitten in der Bewegung zu der gerade geprobten Szene in Kostüm und Maske der Fiktionsebene zweiten Grades geschnitten wird. Die Sequenzen beider Ebenen sind derart geschnitten und visuell durchgestaltet, dass es sich – auffällig vor allem bei der Fiktionsebene zweiten Grades – nicht mehr um die Dreharbeiten des Films im Film handeln kann, sondern um den fertigen, vollständig nachbearbeiteten Film. Beide Fiktionsebenen werden von einer extradiegetischen VEI in vergleichbarem Schnitt- und Kameraduktus mit vergleichbarer Fokalisierung und Okularisierung vorgeführt.[68]

Die strukturellen Unterschiede zu LA NUIT AMÉRICAINE liegen u. a. in der Gewichtung: Bei THE FRENCH LIEUTENANT'S WOMAN bildet der Film im Film die quantitativ und thematisch dominierende Basisgeschichte, bei LA NUIT AMÉRICAINE dominiert die rahmende Handlung rund um die Dreharbeiten. Bei THE FRENCH LIEUTENANT'S WOMAN kann von zwei Fiktionsebenen ohne diegetische Ebenenhierarchie gesprochen werden; die beiden Geschichten spiegeln sich eindeutiger ineinander als bei LA NUIT AMÉRICAINE: Die verbotene Affäre zwischen Sarah (der gesellschaftlich geächteten, angeblichen Ex-Geliebten des französischen Leutnants) und dem fest der wohlbetuchten Ernestina versprochene Charles wiederholt sich auf äußerer Ebene zwischen Anna und Mike, die beide in einer bürgerlichen Beziehung leben. Am Ende bietet der Film zwei Enden auf innerer und äußerer Ebene (ja, sie dürfen zusammenleben/nein, sie bleiben nicht zusammen) und setzt so selbst- und medienreflexiv immerhin zwei der drei verschiedenen Enden des der Adaption zu Grunde liegenden Romans *The French Lieutenant's Woman* von John Fowles (1969) um.[69]

---

68 Hier könnte über die Instanz des *impliziten Autors* argumentiert und ihm die Organisation und das Zuordnen der beiden Fiktionsebenen zugeschrieben werden.

69 Die Filmenden können nicht eins zu eins mit den beiden letzten Romanenden verglichen werden, insbesondere nicht das der äußeren Geschichte. Aber zumindest die Reflexion des Endes durch das Angebot mehrerer Möglichkeiten (im Roman gibt es darüber hinaus bereits nach etwa zwei Dritteln ein erstes ironisches Ende). Chatman (1990a) verweist darauf, dass die selbstreflexive Erzählweise des heterodiegetischen Romanerzählers im Film *ohne* Voice-over umgesetzt wird und zwar durch die im Ebenenspiel implizierte Selbstreflexion, zu der das Faktum beiträgt, dass im Film wie im Theater derselbe Schauspieler mehrere Rollen spielen kann (ebd.: 165)(vgl. 6.5.1).

6.4.2.3 Das intradiegetische Rollenspiel in LA FLOR DE MI SECRETO

In vielen Filmen, die bei der Umsetzung des Film-im-Film-Paradigmas auf zwei Fiktions- und/oder diegetischen Ebenen operieren, findet sich eine vergleichbare Täuschung am Filmanfang wie sie in LA NUIT AMÉRICAINE und THE FRENCH LIEUTENANT'S WOMAN variiert wurde: Eine Metadiegese wird als Diegese oder eine Fiktionsebene zweiten Grades als Fiktionsebene ersten Grades fingiert und erst später durch nachträgliche Markierung entschlüsselt. Ein auffälliges Beispiel ist der Anfang von LA FLOR DE MI SECRETO. Zu sehen ist eine Szene, in der die Mutter eines hirntoten Jugendlichen von zwei Ärzten zur Organspende überzeugt werden soll. Erst am Ende der Sequenz sind ein Kameramann, der neben ihnen steht und ein Monitor, der eine Einstellung der Szene live in einen Seminarraum überträgt, zu erkennen. Nach einigen Sequenzen, die andere Handlungsstränge zeigen, wird die Gesprächssituation der Frau mit den zwei Ärzten schließlich als Bestandteil eines Seminars zur Ausbildung junger Mediziner aufgelöst. Es handelt sich um ein Rollenspiel im Film (die Frau hat gespielt; die Ärzte wussten, dass es sich um ein Training handelt). Im Anschluss diskutiert das Seminar das Verhalten der Ärzte. Da ein intradiegetisches Kommunikationssystem zu erkennen ist – eine Kamera und ein Monitor, der überträgt, was die Kamera aufzeichnet sowie die Seminarteilnehmer als intradiegetische Adressaten – könnte die Gesprächsszene der Ärzte mit der Frau eine Metadiegese bilden. Allerdings werden nur ganz kurz die Bilder gezeigt, die das Kamera-Monitor-System überträgt. Der größte Teil der Gesprächssequenz wird ohne weitere Markierungen und wie viele spätere Dialoge des Films im Schuss-Gegenschuss-Verfahren umgesetzt, das mit einer intradiegetischen Kamera live nicht zu realisieren wäre. Es ist also die extradiegetische VEI, der das Gros der Sequenz auch im Nachhinein zugeschrieben werden muss.

Es handelt sich bezüglich des intradiegetischen audiovisuellen Kommunikationssystems also um einen Ebenenkurzschluss, weil die scheinbare Metadiegese unterlaufen wird. Dadurch, dass es um keinen ‚echten' Film im Film, sondern nur um eine einzige Kamera-Monitor-Anlage, die innerhalb der diegetischen Welt überträgt, sowie nur um ein kurzes Rollenspiel ohne komplexe *histoire* geht, greift der Begriff des visuellen Ebenenkurzschlusses jedoch etwas zu weit. Die Schachtelung funktioniert eher wie bei einem Theaterstück im Film: Die extradiegetische VEI zeigt, wie eine Fiktionsebene zweiten Grades durch ein räumlich und zeitlich begrenztes Rollenspiel innerhalb der Diegese eröffnet wird, ohne dass die visuelle Ebene gewechselt wird. Auszüge dieses Spiels werden mit einer Kamera gefilmt und übertragen und nur die wenigen kurzen Monitorbilder sind als Metadiegese zu bestimmen. Der Anfang von LA FLOR DE MI

SECRETO – sowohl das Motiv (eine Frau hilft Ärzte auszubilden, die Angehörige von einer Organspende überzeugen) als auch die kurze Vortäuschung innerfilmischer Realität – ist vergleichbar mit dem Anfang von TODO SOBRE MI MADRE.[70] Das intradiegetische Kamerasystem ist wiederum vergleichbar mit Überwachungskamerasystemen (vgl. 6.4.1.2).

Das Beispiel aus LA FLOR DE MI SECRETO deutet erneut an, dass es auch bei Film-im-Film-Strukturen einen visuellen Ebenenkurzschluss geben kann.[71] Bei einem Film im Film fällt ein visueller Ebenenkurzschluss jedoch nur dann auf, wenn das, was einem intradiegetischen audiovisuellen Kommunikationssystem zugeschrieben wird, von diesem technisch nicht realisiert werden kann, etwa weil die Anzahl und die Position der Kameras, die in der diegetischen Welt gezeigt werden, nicht dazu geeignet wären, die Metadiegese so zu filmen, wie sie tatsächlich zu sehen ist (z. B. Schuss-Gegenschuss-Dialoge bei nur einer diegetischen Kamera, Einstellungen in verstellte Räume, Einstellungswinkel, die der räumlichen Zuordnung widersprechen, unmögliche Kamerapositionen etc.).

6.4.2.4 Die Ebenenambivalenz in INLAND EMPIRE

In INLAND EMPIRE wird das Muster des Vortäuschens, dass der Film im Film die diegetische Realität darstellen könnte, mehrfach durchgespielt und variiert. Ein erster Unterschied zu den bisher besprochenen Beispielen liegt darin, dass die Täuschung nicht am Filmanfang steht, mehrfach wiederholt wird und trotz des Wissens um den etablierten intradiegetischen Filmdreh funktioniert. Den thematischen Kern des ersten Teils von INLAND EMPIRE bildet die Produktion des internen Films „On High in Blue Tomorrows". Zu sehen sind dabei immer wieder Szenen, in denen die intensiven, emotionalen Begegnungen der Protagonisten erst im Nachhinein durch den sich einmischenden Regisseur oder die gezeigte diegetische Kamera als Film im Film aufgelöst werden. Diese Szenen wirken vor der Endmarkierung als Film im Film wie die ‚private' diegetische Realität, weil sich die Affäre, die die Protagonisten Susan Blue und Billy Side im internen Film haben, auch auf äußerer Ebene zwischen Nikki Grace und Devon Berk anbahnt (es gibt Warnungen von Nikkis eifersüchtigem Ehemann und Andeutungen am Rande der Filmproduktion). Das diesen Szenen zugrunde liegende Prinzip des ‚Verschmelzens' der

70 In TODO SOBRE MI MADRE bekommt die Vortäuschung diegetischer Realität zu Anfang einen vorausdeutenden Charakter: Zwar handelt es sich auch hier um ein im Nachhinein gekennzeichnetes Rollenspiel, aber nach dem Unfalltod ihres Sohnes wird die Protagonistin später mit einer vergleichbaren Situation in der diegetischen Realität konfrontiert.

71 Vgl. der Film im Film in LA MALA EDUCACIÓN/Kapitel 6.3.3.1.

diegetischen Schauspieler-Figuren mit ihren Rollen im internen Film wird in einer Szene vorweggenommen, die vor der internen Filmproduktion stattfindet: Bei einer Drehbuch-Leseprobe gerät das Spiel der beiden Hauptdarsteller Nikki und Devon bereits so intensiv, dass die Tränen von Nikki als Susan nicht gespielt, sondern ‚echt' wirken und man eine persönliche Bindung der Schauspieler-Figuren an ihre Rollen vermuten kann.

Das Spiel mit der Filmproduktion im Film ist jedoch in eine derart verschachtelte Ebenenstruktur eingebettet, dass es nur ein Grundmuster bildet, das nach der Anfangsphase etabliert ist und später durch überzeichnete Traumsequenzen, Formen des Filmsehens im Film, ein Hörspiel auf Schallplatte, Gesprächssituationen mit visuellen Metadiegesen, in die Irre führende Markierungen, unmögliche Übergänge, Wiederholungen, Zeitsprünge und Metalepsen weiter aufgefächert wird.[72] Das Nicht-Markieren der Ebenenstrukturen und die Vielzahl von unvermittelten Übergängen lässt INLAND EMPIRE zunehmend zu einem scheinbar beliebigen ‚surrealen' oder ‚postmodernen' Spiel werden, das – noch extremer als in anderen Filmen von David Lynch – nicht mehr eindeutig aufzuschlüsseln ist. Über weite Strecken des Films ist nicht zu unterscheiden, ob die reale Schauspielerin Laura Dern gerade die fiktive Schauspielerin Nikki Grace, die fiktive Rolle Susan Blue oder eine weitere Traumprojektion von Nikki verkörpert. Deshalb bildet die Film-im-Film-Struktur in INLAND EMPIRE nur ein abstraktes Muster, das der Film erkennen lässt, um es bis zur Unkenntlichkeit zu verzerren und im letzten Teil (nach ca. 02:26:00) wie aus dem Nichts noch einmal aufzurufen, wenn Nikki/Susan unter dramatischen Umständen gestorben ist und die Szene erneut im Nachhinein als Film im Film aufgelöst wird. Aber auch diese ‚Auflösung' leitet nur über zu weiteren Ebenenspielen: In einem Filmtheater im Studiogelände sieht Nikki/Susan zuvor im äußeren Film gezeigte Szenen (die nicht als Film im Film markiert waren) auf der Leinwand (womit sie nachträglich als Film

72 Nach einigen zusammenhangslosen Sequenzen beginnt nach ca. 18 Minuten eine Phase, in der der Filmdreh im Film relativ konsequent gezeigt wird: sowohl die gespielten Filmszenen, als auch die Szenen rund um das Filmset. Das Ende dieser Phase ist nicht eindeutig, weil sich allmählich einige ambivalente Sequenzen zwischen die eindeutigen mischen. Nach ca. 50 Minuten beginnt das Verhältnis zu kippen, wenn Nikki/Susan gedankenverwirrt in einer offensichtlich gespielten Szene des internen Films sagt: „Verdammt, das klingt wie ein Dialog aus unserem Drehbuch." In einer wahrscheinlich ‚realen' Bettszene mit Devon spricht Nikki von einer Filmszene, an die sich Devon nicht erinnern kann und von dubiosen Erinnerungen, die deswegen in ihr hochkommen. Devon kommentiert: „Das ergibt keinen Sinn. Was soll das?" Derart eingeleitet, aber doch an die Protagonistin gebunden, folgen zunehmend visionäre Sequenzen, die die räumliche und zeitliche Logik aushebeln und einen Großteil des 180 Minuten langen Films ausmachen. Viele dieser Sequenzen sind an die Protagonistin gebunden, deren szenische Präsenz einen ‚roten Faden' bildet. Die Interpretation des Films als Psychogramm einer Frau, das sich durch verschiedene Schichten ihres Unterbewusstseins schält, wäre eine mögliche Auflösung der Ebenenstaffelung.

im Film markiert wären). Kurz davor war sie wiederum auf dem Fernsehschirm einer anderen, zuvor mehrfach etablierten unbekannten Frau erschienen. Nach weiteren Zwischensequenzen mündet diese Konstellation in eine absurde Mise-en-abyme-Struktur, in der die unbekannte fernsehschauende Frau einen Film sieht, in dem dieselbe Frau einen Film sieht mit derselben Frau, die denselben Film sieht etc. (ca. 02:40:44) – eine Einstellung, die ein Grundprinzip von INLAND EMPIRE symbolisiert. Auf allen erkennbaren Ebenen tritt durch eine Tür Nikki/Susan zu der Frau hinzu, küsst sie und wird aus allen Bildern ausgeblendet, sodass die fernsehschauende Frau auf allen Ebenen allein zurückbleibt.[73]

Die schier unendliche Spiegelung von medialen und mentalen Einschreibungen und Ebenen in INLAND EMPIRE wird thematisch bereits am Anfang vorbereitet, denn die Verdopplung der Affäre der Protagonisten Nikki/Susan und Devon/Billy auf äußerer und innerer Ebene wird dadurch potenziert, dass es sich bei dem produzierten Film „On High in Blue Tomorrows" um ein Remake eines unvollendeten Films handelt, dessen ursprüngliche Darsteller angeblich unter mysteriösen Umständen ermordet wurden (andeutungsweise weil ihnen eine Liebesaffäre zum Verhängnis wurde), wobei das Drehbuch wiederum auf einem Zigeunermärchen aus Polen mit dem Titel „47" basiere, auf dem ein Fluch läge. Viele der surrealen Sequenzen des Films spielen auf die damit aufgerufenen thematischen Assoziationen an. Dabei werden über weite Strecken die Prinzipien der Verdopplung, thematischen und medialen Spiegelung, Verwandlung und offenen Ebenen- und Zeitstruktur so sehr ins Extrem getrieben, dass man kaum noch von Zeiten und Ebenen sprechen kann. Das Ende, das wie ein ‚Heraussteigen' aus dem innersten Kern einer tiefen Ebenenschachtelung inszeniert ist, liefert nur scheinbar eine Entschlüsselung der Ebenenstruktur, deutet aber immerhin einige mögliche Interpretationszugänge an.[74] Hinzu kommt ein dichtes Netz an intertextuellen Verweisen auf amerikanisches Genrekino und Filme von David Lynch.

---

73 Die *Mise-en-abyme*-Einstellung wird eingeleitet durch eine Einstellung auf das auf den Fernseher starrende Gesicht der ‚fernsehschauenden Frau' (äußerste Ebene der Schachtelung); die folgende *Mise-en-abyme*-Einstellung ist somit als *POV shot* markiert und der ‚äußeren fernsehschauenden Frau' zugeordnet: man sieht den Rahmen des Fernsehers bildfüllend auf äußerer Ebene; auf allen weiteren Ebenen sind die fernsehschauende Frau *und* der jeweilige Bildschirm zu sehen, der die nächste Ebene zeigt. Die Protagonistin tritt nun auf allen Ebenen durch eine Tür hinzu und schreitet auf die Frau zu, die ihrerseits aufsteht und ihr entgegengeht. Auf äußerer Ebene wird das zuerst nur durch Schatten angedeutet, die sich vor dem bildfüllenden Fernsehmonitor bewegen, bis ein Schnitt zu einer zweiten *Mise-en-abyme*-Einstellung überleitet, die auch den Raum mit der ‚äußeren Frau' zeigt, aber ansonsten genauso aufgebaut ist. Erst dann küssen sich die beiden Frauen auf allen Ebenen.

74 So die erwähnte Interpretation des Films als Psychogramm einer Frau: Die beschriebene *Mise-en-abyme*-Einstellung könnte als Symbol des Films gewertet werden, der wie bei *chinese boxes* Schicht um Schicht in das unbewusste *‚inland empire'* der Protagonistin vorgedrungen

6.4.2.5 Dokumentarfilm im Film

Wird innerhalb der diegetischen Welt die Produktion eines Dokumentarfilms gezeigt, dann können zwei diegetische Ebenen gebildet werden wie in der zweiten Episode von STORYTELLING, in der Protagonist Toby Oxman eine semi-professionelle Dokumentation über Vorstadt-Teenager dreht. Zwischendurch werden immer wieder Auszüge seines bisher gefilmten und geschnittenen Materials als Metadiegese gezeigt (auf Monitoren oder durch Rahmung gekennzeichnet) und von diegetischen Figuren kommentiert. In anderen Sequenzen sind Regisseur Toby und sein Kameramann beim Filmen auf diegetischer Ebene zu sehen. Der Entstehungsprozess der Dokumentation wird somit sowohl thematisch (durch die Diskussionen des Projekts) als auch durch die Ebenenspiegelung reflektiert: Zu sehen ist die Familie des Teenagers Scooby Livingston, auf den sich Tobys Dokumentarfilm schließlich konzentriert, sowohl auf diegetischer als auch auf metadiegetischer Ebene (von Toby dokumentarisch verarbeitet). Andere selbstreflexive Beispiele thematisieren einen fingierten Dokumentarfilm, indem interner Dokumentarfilm und äußerer Film sich gegenseitig durchmischen, enthalten oder nicht mehr voneinander zu trennen sind. Der äußere Film soll im Extremfall den Dokumentarfilm repräsentieren, den eine diegetische Figur gerade produziert wie in DAVID HOLZMAN'S DIARY, THE BLAIR WITCH PROJECT (vgl. 4.4.1.2) oder KEINE LIEDER ÜBER LIEBE (vgl. 6.4.4).

6.4.3 Fernsehshow im Film: THE TRUMAN SHOW

THE TRUMAN SHOW ist ein Film über das Produzieren einer seriellen Reality-TV-Show, in der einzig die Hauptfigur Truman Burbank nicht weiß, dass es sich um eine fiktionale Serie handelt. Christof, der Erfinder und Produzent der „Truman Show", hat ein gigantisches Studio errichten lassen, in dem ein großes Team an Technikern, Schauspielern und Komparsen daran arbeitet, eine möglichst realistische künstliche Welt zu inszenieren und abzufilmen. Truman, der schon in der Serienwelt geboren ist, hält „Seahaven Island" – so wird die künstliche Welt genannt – fast bis zu seinem 30. Geburtstag für seine reale Heimat, beginnt aber im Verlauf des Films, ausgelöst durch unvorhergesehene Zwischenfälle wie die Wiederkehr des als verunglückt geltenden Vaters als Hausierer oder die Entdeckung, dass seine Ehefrau auf dem Hochzeitsfoto im Moment des Ja-

ist und am Ende wieder Schritt für Schritt ‚hinaussteigt'. Bei einer derartigen Interpretation müsste jedoch die Frage aufgeworfen werden, wie sie mit der durch das Film-im-Film-Muster aufgerufenen Thematik der medialen Selbstreflexion zu verbinden wäre.

Sagens die Finger kreuzt, Verdacht zu schöpfen und sein Leben infrage zu stellen. Da die diegetische Ebenenstruktur noch genauer analysiert werden muss, spreche ich vorläufig von der inneren ‚Truman-Welt' (Fiktionsebene zweiten Grades) und der äußeren ‚Produktions- und Rezeptionswelt' (Fiktionsebene ersten Grades). Eine extradiegetische VEI zeigt teilweise ungebrochen die Truman-Welt, teilweise legt sie eine Ebene audiovisueller Kommunikation dazwischen, indem die Produktion oder Rezeption der Truman-Welt gezeigt wird. Der formal-selbstreflexive Aspekt der Inszenierung in der Inszenierung korrespondiert mit der thematischen und ideologischen Ausrichtung von THE TRUMAN SHOW, weil der Film eine, wenn auch nicht tiefschürfende, Medienkritik versucht.

Neben den Hinweisen während der Credits, die als Art filmische Dokumentation über die werkinterne „Truman Show" gestaltet sind, und einigen metaleptischen Details (Regieanweisungen, die durch eine Funkstörung im Radio zu hören sind; ein Scheinwerfer, der Truman von oben vor die Füße fällt) sind die gezeigten intradiegetischen Zuschauergruppen, die die „Truman Show" innerhalb des Films sehen, die ersten deutlichen und eindeutigen Hinweise auf eine fiktionale und diegetische Ebenenschachtelung. Die Umstände, in denen die jeweilige Zuschauergruppe die Show sieht (zwei alte Frauen im Wohnzimmer/ein Mann in der Badewanne/die beiden Wachmänner beim Dienst/zwei Bedienungen in der „Truman-Bar" u. a.), werden durch wiederholtes Zwischenmontieren zwischen die Haupthandlung der Truman-Welt etabliert; teilweise wird nur kurz eine Zuschauergruppe gezeigt, teilweise mehrere hintereinander; ab und zu kommentieren die Zuschauer dabei die Show. Man kann bei diesen Zuschauersequenzen von einer rahmenden Diegese sprechen.

6.4.3.1 Die Personalisierung der intradiegetischen visuellen Erzählinstanz

Erst nach ca. 55 Minuten des Films ist schließlich auch die intradiegetische Regiezentrale der „Truman Show" zu sehen. Auf Handlungsebene ist Truman verzweifelt, weil ihm sein Leben zunehmend uneigentlich und falsch vorkommt, und führt ein vertrauliches Gespräch mit seinem angeblich besten Freund Marlon. Dabei wird das Produktionsteam rund um Regisseur Christof gezeigt, wie es Marlon über einen versteckten Stöpselkopfhörer einflüstert, was er in dem emotionalisierten Dialog mit Truman zu sagen habe. Die perfide Manipulation der Handlungsentwicklung der Show durch die gesteuerten Schauspieler, die zuvor angedeutet wurde, wird entlarvt und zugleich moralisch abgewertet, wenn Christof Marlon in einer derart persönlichen Szene mit Truman lügen lässt: „Es geht einfach darum, ich würde mich jederzeit vor ein fahrendes Auto für dich werfen.

Und eins würde ich ganz sicher nie tun: dich anlügen." Es wird zuerst gezeigt, wie Christof den jeweiligen Satz in der Regiezentrale vorspricht und dann, wie ihn Marlon in der Szene professionell theatralisch umsetzt.

Das Gespräch mit Marlon leitet eine emotional noch aufgeladenere Szene ein: Truman trifft seinen tot geglaubten Vater wieder, den Marlon angeblich für ihn „gesucht und gefunden" hat. Während dieser Szene, in der Truman langsam auf seinen Vater zuschreitet, wird mehrfach zwischen der Trumanwelt, der Produktionswelt und einigen mitgerissenen Zuschauergruppen geschnitten. Christof gibt Anweisungen wie „Nicht zu viel Nebel!"; „Krankamera Achtung … und drauf!"; „Knopfkamera drei!"; „Musik einblenden!"; „Und jetzt die Nahaufnahme!", die von den Technikern seines Teams umgesetzt werden. Man sieht Christof und die Techniker, dann das, was sie umsetzen, dann wieder die Techniker, dann die Zuschauer etc. Ausgestellt werden so die übertriebenen Effekte, die die Regie in dieser Sequenz einsetzt, die der Begegnungsszene eine kitschige Emotionalität verleihen, sowie die große Wirkung, die sie auf die diegetischen Zuschauer haben. Zwischen Diegese (Produktion; Rezeption) und Metadiegese (Truman-Show) kann klar unterschieden werden, weil die Show im Film direkt der intradiegetischen Regiezentrale untergeordnet wird. Während sich Truman und sein Vater umarmen, feiert das Produktionsteam die Szene und die Zuschauer fallen sich gerührt in die Arme.

Es handelt sich bei der Regiezentrale also um eine *personalisierte intradiegetische VEI*, die über verschiedene Kameras verfügt, die Einstellungen nach Belieben mischen und montieren kann und technische Effekte wie nicht-diegetische Fremdton-Musik und szenischen Nebel einsetzen kann. Auch die Mise-en-scène, die Manipulation, die Studioarchitektur etc. werden dieser VEI zugeschrieben. Christof ist der Kopf eines Produktionsteams, das zusammengenommen die intradiegetische VEI bildet. Die Tatsache, dass eine VEI potenziell immer über verschiedene auditive, visuelle und sprachliche Codes verfügt, wird hier durch die Personalisierung der VEI als großes Team mit einem Chef sinnfällig gemacht. Christof wird als quasi-auktoriale Schöpferinstanz inszeniert. Sein ‚Mehrwissen' ist die technische Fähigkeit, mithilfe verschiedener Kameras hin- und herzuschalten und vor seiner Monitorwand Ereignisse an verschiedenen Orten zur gleichen Zeit zu beobachten. Sequenzen werden aufgezeichnet, können vor- und zurückgespult und erneut gezeigt werden. Seine Macht wird in Einstellungen symbolisiert, in denen er von der Produktionszentrale auf „Seahaven Island" hinabblickt, die wie ein künstlicher Mond über der Truman-Welt schwebt. Nach der Wiederbegegnungsszene gibt es immer wieder Einstellungen, die die Regiezentrale zeigen.

Unmittelbar auf die Schlüsselszene folgt jedoch eine Sequenz, die aus der Grundstruktur von THE TRUMAN SHOW herausfällt, das sogenannte

„Trutalk-Feature": ein durch einen Trailer eingeleitetes, die „Truman-Show" wöchentlich begleitendes intradiegetisches Dokumentations-Fernsehformat zur Diskussion von Hintergründen, das an das expositorische Feature über die Truman Show während der Credits anknüpft. Das „Trutalk-Feature", das in mehreren externen Analepsen erklärend auf Trumans Kindheit bis zu seiner Geburt zurückgreift, ist als Metadiegese gekennzeichnet, weil dieselben Zuschauergruppen das Feature sehen, die zuvor die „Truman-Show" gesehen haben. Es besteht im Kern aus einem Interview mit Christof und hat die primäre Funktion, den extradiegetischen Zuschauer nach der entlarvenden Schlüsselszene über Hintergründe zu informieren und seinen Wissensvorsprung im Vergleich zu Truman weiter zu erhöhen, um neue Spannungsbögen vorzubereiten.

6.4.3.2 Die Logik der intradiegetischen Kamerapositionierung

Der gezeigten intradiegetischen Regiezentrale können, teilweise rückwirkend, alle spezifisch markierten Einstellungen des Films zugeordnet werden. Viele Einstellungen weisen eine an allen vier Ecken leicht beschnittene Kadrierung und auffällige Kamerawinkel auf, sodass sie in der Diegese versteckten Mini-Kameras zugeordnet werden können. Häufig ist zuerst eine beschnittene Einstellung zu sehen, dann eine Einstellung, die die von Truman unbemerkte versteckte Kamera zeigt. Einige spezifische Einstellungen kehren mehrfach wieder. Immer wenn Truman sein Haus verlässt, liefern dieselben Kamerapositionen vergleichbare Einstellungsmuster. Einige Sequenzen, die die Trumanwelt zeigen, sind somit an die intradiegetische Regiezentrale gekoppelt und als *Metadiegese* markiert. In vielen Sequenzen sind diese markierten Einstellungen jedoch mit unmarkierten Einstellungen kombiniert, die sich nur schwer und manchmal gar nicht der intradiegetischen Logik der Kamerapositionierung zuordnen lassen.

Die Sequenzen mit markierten Einstellungen zeichnen sich meist durch unausgewogene Bildkompositionen und auffällige Übergänge aus, um anzuzeigen, wie kompliziert die versteckte Kamerapositionierung ist (Weitwinkellinsen verzerren die Proportionen; Anschlüsse wirken sprunghaft etc.). Daneben gibt es jedoch auch Einstellungsfolgen, die den Regeln der *découpage classique* folgen, was besonders im Vergleich zu den unausgewogenen Sequenzen auffällt. Hinzu kommen die Einstellungen, die die versteckten Kameras vorführen oder andere technische Mittel der Realisierung der „Truman Show" entlarven, die sich in ihrer illusionsdurchbrechenden Funktion eher an die extradiegetischen Adressaten richten. Einige Einstellungen müssen also einer extradiegetischen Instanz zugeordnet werden und es lässt sich, bezogen auf das intradiegetische Kommunikationssystem, von einem wirksamen visuellen Ebenenkurzschluss sprechen. Auffällig sind die Sequenzen, in denen alternierend zwischen markierten und unmarkierten Einstellungen gewechselt wird, wie bei Trumans Gespräch mit seiner Mutter im Schuss-Gegenschuss-Wechsel (ca. 0:15:20): Der *over-the-shoulder-shot* auf die Mutter ist ohne Rahmung, der auf Truman mit beschnittenen Ecken angelegt.[75]

Viele, nicht alle, unbeschnittenen Einstellungen können interpretatorisch in die diegetische Logik ‚eingepasst' werden, wenn man davon ausgeht, dass sie digital herangezoomten Ausschnitten des maximalen Blickfeldes der installierten Kameras entsprechen. Hierfür gibt es zwar keine eindeutigen Indizien, ein solches Vorgehen der intradiegetischen VEI wird aber angedeutet, wenn die Produktionszentrale beim Mischen der Einstellungen vorgeführt wird. Derselben Logik würde entsprechen, dass es verschieden gerahmte Einstellungen gibt: Solche, die bis auf einen schmalen konvexen Schlitz beschnitten sind, weil sie kleinen Knopfkameras mit winzigen Speziallinsen an Schmuckstücken entstammen, solche, die rund beschnitten sind, weil die Kameras in eine Öffnung eingelassen sind, solche, die hinter dickem Glas liegen, weil die Kameras auf einem Boot befestigt sind und solche, die kaum oder nicht beschnitten sind, weil sie größeren versteckten oder am Dach der Produktionshalle befestigten Kameras entstammen, von denen herangezoomt wird. Somit lässt sich eine halbwegs glaubwürdige diegetische Logik der Kamerapositionierung rekonstruieren, die zwar einige Lücken aufweist, aber doch die Staffelung der diegetischen Ebenen und somit die Einordnung der Truman-Welt als *Metadiegese* stützt.

Die Truman-Welt ist an anderen Stellen jedoch wie eine *räumlich* begrenzte, gigantische Theaterbühne innerhalb der Diegese inszeniert, was dadurch unterstrichen wird, dass es sich bei „Seahaven Island" um eine von künstlichem Meer umgebene Insel handelt.[76] Trumans Fluchtversuche aus Seahaven sind Versuche, eine *räumliche Grenze* zu überwinden. Je näher Truman der Grenze kommt, desto massiver hindert ihn das Kom-

75 Das Zusammenspiel von angeschnittenen und nicht-angeschnittenen Einstellungen könnte hier auch durch die Annahme erklärt werden, dass einige Kameras innerhalb des Raums besser versteckt sein müssen als andere. Wenn eine Kamera auf Truman blickt, könnte er sie sehen (⇒ versteckte Mini-Kamera/gerahmte Einstellung); wenn eine Kamera auf die Mutter blickt, die sie ruhig erkennen darf, ist eine größere Kamera möglich (⇒ nicht gerahmt). Allerdings muss das Produktionsteam mit unerwarteten Bewegungen rechnen, sodass diese Interpretation der diegetischen Logik nur bedingt standhält.

76 Die Ränder der Insel bilden für Truman lange Zeit eine unüberwindbare Grenze; nach dem Ertrinken seines Vaters hat er traumatische Angst vor Wasser. Da er als Kind ein „Entdecker" werden wollte, hat das Produktionsteam das Ertrinken des Vaters überhaupt erst inszeniert, um seinen Reisedrang zu zügeln. Seine Ängste werden von Produktionsseite in jeglicher Hinsicht geschürt, angezeigt durch viele Details wie die Plakate im Reisebüro, die auf die Gefahren des Reisens hinweisen.

parsenteam an der Flucht, so schon beim ersten Fluchtversuch mit dem Auto über die Brücke. An einer Stelle des „Trutalk-Features" wird explizit von einer künstlich geschaffenen „Welt in der Welt" gesprochen. Viele Indizien verweisen auf eine Fiktionsebene zweiten Grades, ohne die diegetische Ebenenstaffelung zu aktualisieren, etwa wenn Komparsen, denen Truman noch nicht begegnet ist, seinen Namen wissen.

6.4.3.3 Fokalisierung und Informationsrelationen

Die Ebenenstruktur wird durch die Fokalisierung und spezifische Informationsrelationen unterstützt, die auch die entscheidenden Spannungsbögen bedingen. Truman weiß weniger als die anderen metadiegetischen Figuren, die in der Show vorkommen. Diese wissen weniger als das intradiegetische Produzententeam, das zur gleichen Zeit die gesamte Situation überblicken kann. Selbst die intradiegetischen Adressaten wissen mehr als Truman, wenn auch nicht so viel wie das Produzententeam. Der extradiegetische Adressat/der reale Zuschauer weiß von Anfang an, dass es sich bei der Truman-Welt um eine fingierte Realität handelt (spätestens durch das Feature über die „Truman Show" während der Credits, wenn er nicht durch begleitende Paratexte ohnehin als vorinformiert gelten kann)[77] und somit ebenfalls mehr als Truman, allerdings weniger als die intradiegetischen Produzenten und Rezipienten.[78] Im Laufe des Films wird der äußere Adressat dann sukzessive auf den Wissenslevel der Produzenten gehoben; spätestens nach der Schlüsselszene der Wiederbegegnung mit dem Vater und dem anschließenden „Trutalk-Feature" (vgl. 6.4.3.1) weiß er beinahe so viel wie diese. Insofern wirken die Metalepsen (z. B. die Figur, die sich von außen in die Truman-Welt einschleicht und „Ich bin im Fernsehen" ruft oder das bewusste Product-Placement der eingeweihten Schauspieler, die die Vorzüge eines Produkts wie einen Werbeslogan frontal in die Kamera sprechen)[79] sowie die verschiedenen selbstironischen und selbstreflexiven Momente (technische Pannen wie der Regenschauer, der nur über Truman losbricht) auch weniger als Irritation des Zuschauers denn als spannungssteigernd im Hinblick auf den unwissenden Truman:

77 THE TRUMAN SHOW wurde – vom Trailer bis zum Filmplakat und DVD-Cover – als Film über eine Fernsehshow angekündigt, in der die Hauptfigur nicht weiß, dass es sich um eine Fernsehshow handelt, wie schon der ‚griffige' Slogan „On the air. Unaware" andeutet.

78 Am Anfang ist das Wissensverhältnis gestaffelt: $F^{Truman} < A^{extrad} < A^{intrad} < VEI^{intrad} < VEI^{extrad}$.

79 Im Fall des Product-Placements wenden sich die metadiegetischen Figuren metaleptisch an die intradiegetischen Adressaten; wenn Trumans Frau während eines Streits mit dem skeptisch gewordenen Truman in Richtung Kamera blickt und panikartig „Tut doch was!" ruft, spricht sie dagegen metaleptisch mit dem Produzententeam.

Wann wird er die Illusion durchschauen und was wird er dann tun? Wenn er seine Ehefrau nach einem affektierten Product-Placement fragt „Mit wem redest du?“ ist er kurz davor, außenstehende Kommunikationsinstanzen zu vermuten, wenn er auf der dramatischen Flucht mit der Segelyacht dem Sturm trotzend in den Himmel ruft „Mehr habt ihr nicht zu bieten?“, weiß er, dass da jemand außerhalb seiner Welt sein muss.

Allerdings gibt es Sequenzen, in denen die Wissensrelationen zur Ebenenhierarchie in Spannung stehen. Es handelt sich um scheinbare Erinnerungssequenzen/mentale Metametadiegesen. Truman sitzt am Strand und blickt nachdenklich aufs Meer. Die folgende Sequenz zeigt, wie Truman als kleiner Junge mit seinem Vater auf einem Segelboot in Seenot gerät, wobei der Vater ertrinkt (ca. 0:11:15). Am Ende ist wieder Truman zu sehen, wie er mit gesenktem Kopf am Strand sitzt. Gerahmt ist die ‚Seenot‘-Sequenz also wie eine Introspektion in Form einer mentalen Metametadiegese (*Metameta* in Bezug auf die *Meta*diegese der Truman-Welt). Innerhalb der Sequenz gibt es jedoch viele beschnittene Einstellungen, die als Produkt der intradiegetischen Regiezentrale gelten müssen. Ähnliches gilt für die Sequenz, die rückblickend das Kennenlernen von Lauren zeigt (ca. 0:18:30).[80] Die markierten Einstellungen deuten an: Es handelt sich in beiden Fällen nicht um tatsächliche Erinnerungssequenzen, sondern um von der *intradiegetischen* VEI geschaltete, die Zusammenhänge erklärende narrationale Analepsen, die denselben *metadiegetischen* Ebenenstatus haben wie die Truman-Show-Sequenzen selbst. Die intradiegetische VEI in Form von Christofs Produktionsteam kann nicht wirklich in Trumans Gedankenwelt eindringen, sie kann Introspektion nur spekulativ darstellen: Wenn Truman nachdenklich aufs Meer blickt, könnte er an das Ertrinken des Vaters denken, wenn er Laurens Strickjacke in den Händen hält, an den kurzen Flirt mit ihr. In anderen Momenten, wenn Truman zunehmend skeptisch geworden ist, sieht man ihn nachdenklich, ohne eine Erklärung von der intradiegetischen VEI zu bekommen (die selber am Rätseln ist, wie Gespräche im Produktionsteam andeuten). Zu sehen ist sein nachdenkliches Gesicht und nicht, was in ihm vorgeht. Wenn Truman am Ende des Films zu Christof sagt „Sie hatten nie eine Kamera in meinem Kopf“ verweist er auf genau diese Unfähigkeit zur Introspektion. Trotz der quasi-auktorialen Allmacht des Produzenten konnte – so suggeriert es das moralisierende Ende – Truman ein selbstbestimmtes Individuum werden, dessen Gedanken jederzeit frei von Kontrolle waren.

80 In Lauren (die in der Diegese Sylvia genannt wird) hat sich Truman ungewollt von der intradiegetischen Regie verliebt. Sie wurde daraufhin aus der Serie ‚herausgeschrieben‘ und kämpft seither in der diegetischen Realität ohne Trumans Wissen für seine Freiheit.

6.4.3.4 Film im Film oder Welt in der Welt?

Zum Finale des Films durchdringen sich die Fiktions- und diegetischen Ebenen auf subtile Weise, ohne die Ebenenstruktur vollständig auszuhebeln. Nach der Flucht Trumans aus der offiziellen Kameraüberwachung ist die Truman-Welt als großer Gefängnishof zu sehen, in dem die Produktionszentrale einen Flüchtling mit Hilfe von Kameras und Mitarbeitern suchen lässt. Alle Schauspieler fallen aus ihren Rollen heraus und werden als über Funk gesteuerte Helfer eingesetzt. In der abschließenden Fluchtsequenz, in der Truman mit einer Segelyacht über das Meer entwischen will, wird gleichzeitig die Vorstellung einer räumlichen Grenze zwischen Truman-Welt und äußerer Welt und eines doppelten diegetischen Ebenenniveaus aufrechterhalten. Truman versucht, seine Stadt und damit seine Welt zu verlassen; er strebt eine *räumliche* Veränderung an. Das Regieteam versucht, ihn vom Erreichen der räumlich definierten Grenze abzuhalten, die Truman ahnt, aber nicht kennt. Wenn Christof voller Panik fragt: „Wie nah ist er dran?" und ein Teammitglied antwortet: „Sehr nah" wird auf eben diese Grenze angespielt. Andererseits kann klar zwischen Produzenten-, Rezipienten- und Truman-Ebene unterschieden werden, zwischen denen hin- und hergeschnitten wird, wobei die komplexe Komposition der Einstellungen wiederum nur einer übergeordneten extradiegetischen VEI zugeordnet werden kann. Christof spielt als intradiegetischer Regisseur andererseits erneut seine in Bezug auf die Metadiegese vorhandene Allmacht aus, wenn er die Sonne Stunden früher aufgehen oder einen schweren Gewittersturm losbrechen lässt, der Truman beinahe umbringt, womit offenbar ist, dass es sich trotz der räumlichen Bezüge von Truman-Metadiegese und Produktions-Diegese auch um zwei Seinsbereiche mit unterschiedlichen pseudo-ontologischen Bedingungen handelt.

Der metaleptische Ebenendurchbruch wird visuell symbolisiert, wenn Truman schließlich mit der Spitze seines Boots die getarnte Studiowand durchstößt, förmlich mit der Yacht in der Wand stecken bleibt, an der gigantischen Kulissenwand die sinnbildliche Tür mit der Aufschrift „Exit" entdeckt, die Treppe zu ihr emporsteigt und sie öffnet. Bevor Truman hindurchgehen kann, kommt es zum Dialog zwischen ihm und Christof, der ihn davon abhalten will, die Show zu verlassen. Die Gestaltung dieser Sequenz betont die Bedeutung der Ebenengrenze, die mit der Tür markiert ist. Einerseits trennt Truman, der von Christof erfährt, dass er sich in einer Fernsehshow befindet, nur eine winzige räumliche Distanz von der ‚realen' Welt jenseits der Studiokulisse, andererseits befindet er sich noch immer in der Determiniertheit eines eigenständigen Seinsbereichs und die Kommunikation, zu der er gezwungen wird, ist keine gleichberechtigte. Christof kann Truman sehen und hören, Truman nur seine Stimme hören, die in der Truman-Welt wie ein hallendes Voice-over wirkt. Die Assoziation mit einer Stimme Gottes ist gewollt und wird durch einen *POV shot* in einen Himmel unterstützt, der mit den zwischen Wolken durchbrechenden Sonnenschleiern an verklärende Nazarener-Gemälde erinnert. Einerseits wird das Gespräch in Schuss-Gegenschuss-Wechseln gezeigt, andererseits sind die Einstellungen auf Truman teilweise über Christofs gerahmten Monitor zu sehen, während Christof direkt von der extradiegetischen VEI gezeigt wird. Das Ungleichgewicht der Kommunikation wird durch eine Oben-Unten-Metaphorik unterstrichen: Christof blickt aus dem Studio auf Truman hinab, Truman in den Himmel hinauf, Christof in Untersicht, Truman in Aufsicht. Es handelt sich also um eine ungleich gerichtete Kommunikation über eine intradiegetische audiovisuelle Anlage, die von der extradiegetischen VEI vorgeführt und symbolisch aufgeladen wird. Die Interpretation der Sequenz als Gespräch einer menschlichen Kreatur mit ihrem Schöpfer wird formal vorgegeben und aufgegriffen, wenn Christof erklärt: „Ich bin der Schöpfer … der Fernsehsendung, die Millionen Menschen Hoffnung und Freude bereitet und sie inspiriert. […] Da draußen findest du nicht mehr Wahrheit als in der Welt, die ich für dich geschaffen habe." Die geöffnete Tür ist somit als Grenzübergang in mehrfacher Hinsicht aufgeladen: aus der Show in die ‚Realität', aus der Fiktionsebene zweiten Grades in die Fiktionsebene ersten Grades sowie aus der metadiegetischen Abhängigkeit von einem intradiegetischen Kommunikationssystem in die diegetische Unabhängigkeit.

Truman erscheint auf Christofs Monitor, Christof kann nur vom extradiegetischen Adressaten wahrgenommen und nicht von Truman oder den intradiegetischen Zuschauern, die nur zu sehen bekommen, was Christof zeigen lassen will. Insofern steht der extradiegetische Adressat in dieser Sequenz über Christof, dessen Emotionen von der extradiegetischen VEI durch eine Großaufnahme seines fast vollständig vom Hintergrund losgelösten Gesichts vorgeführt werden. Schließlich verbeugt sich Truman wie beim Abgang von einer Theaterbühne Richtung angenommenem Kamerapublikum und macht den entscheidenden Schritt durch die Tür, woraufhin das gerührte intradiegetische Publikum gezeigt wird und der Studioleiter die Sendung abbricht. Das übertriebene Pathos dieses Abschlusses wird durch die letzte Einstellung etwas abgefedert, die zwei der etablierten intradiegetischen Zuschauer zeigt: Vor dem flimmernden Fernseher sitzend suchen sie nach einer neuen Lieblingssendung: „Was läuft sonst noch? Sieh mal in die Fernsehzeitung."

Insgesamt kann bei der Form von Filmproduktion im Film wie sie in THE TRUMAN SHOW gezeigt wird, von zwei diegetischen Ebenen gesprochen werden, die zwar teilweise unterlaufen werden, aber eindeutig etabliert sind und immer wieder aktualisiert werden. Der Clou von THE

TRUMAN SHOW besteht darin, dass die Grenze zwischen Diegese und Metadiegese, die zugleich die Grenze zwischen Fiktionsebene ersten und zweiten Grades markiert, für den extradiegetischen Adressaten und Zuschauer den ganzen Film über erkennbar ist und immer wieder durch selbstreflexive und metaleptische Elemente thematisiert wird.

Alle Formen, in denen gezeigt wird, was in der Diegese verankerte Kameras, Monitore, Filmproduktionen und Überwachungssysteme aufzeichnen und/oder übertragen, bilden Wechsel der audiovisuellen diegetischen Ebene, denn dabei wird ein vermittelndes kinematographisches oder audiovisuelles Kommunikationssystem in das vermittelnde kinematographische Kommunikationssystem des Films eingebettet. Allerdings haben die meisten Beispiele gezeigt, dass die diegetische Ebenenhierarchie auch in diesen scheinbar eindeutigen Fällen nicht konstant über die Länge des Films aufrecht erhalten wird und oft eher von zwei Fiktionsebenen gesprochen werden muss bzw. nur bedingt und für Teile des Films von zwei diegetischen Ebenen die Rede sein kann. Metalepsen wirken davon unabhängig immer – auch im Fall von zwei nicht diegetisch gestaffelten Fiktionsebenen – als Regelbrüche, mit denen gespielt werden kann und markieren so, dass es überhaupt eine Grenze zwischen zwei Ebenen gibt, die nicht überschritten werden kann, ohne eine auffällige oder spezifische Wirkung zu erzielen. Allerdings sind die wenigsten Spielfilme, in denen mit zwei oder mehr diegetischen und/oder Fiktionsebenen operiert wird, auch Filme, in denen ein Film im Film produziert wird. Meist handelt es sich bei komplexen Ebenenschachtelungen im Spielfilm eher um ein Fingieren von verschachtelter literarischer oder sprachlicher Kommunikation, also einen Roman oder eine mündliche Erzählung im Film (vgl. 6.3).

6.4.4 Filmproduktion als Selbstreflexion und Autofiktion: KEINE LIEDER ÜBER LIEBE

Ein ganz anderer, selbstreflexiver Ausnahmefall, der eine Filmproduktion im Film zeigt, ohne sie als Ebenenwechsel zu inszenieren, liegt im Film KEINE LIEDER ÜBER LIEBE vor, in dem sich nicht nur Produktion des Films und fertiger Film überlagern, sondern auch fiktionales und faktuales Erzählen.[81] KEINE LIEDER ÜBER LIEBE ist die fiktive Dokumentation der Konzerttour einer Musikgruppe, die mit einer Liebesgeschichte kombiniert wird. Die Infragestellung der Grenzen zwischen Dokumentar- und Spielfilm sowie zwischen Realität und Fiktionalität zieht sich in alle Berei-

81 Einen Teil der Analyse des Films KEINE LIEDER ÜBER LIEBE habe ich in dem englischsprachigen Beitrag Kuhn 2009a vorab veröffentlicht.

che der Realisierung: Die nur für den Film gegründete „Hansen Band“ – bestehend aus realen Musikern und Schauspielern – hat eine reale Tour durch Deutschland gemacht, die den Rahmen für eine fiktive Liebesgeschichte um die drei Protagonisten bildet, von denen einer Regisseur eben dieses Films sein soll, ein anderer Leadsänger der „Hansen Band“ ist. Im fertigen Film kamen sowohl in Deutschland populäre Schauspieler als auch das reale Publikum vor, das die Konzerte besucht hat.

Der angehende Filmemacher Tobias Hansen (Florian Lukas) will einen Film über seinen Bruder Markus (Jürgen Vogel) und dessen Musikgruppe „Hansen Band“ produzieren. Dazu begleitet er die Band mit einem kleinen Filmteam auf eine Clubtour durch Deutschland. Er bittet seine Freundin Ellen (Heike Makatsch), ebenfalls mitzukommen. Zwischen Tobias, Markus und Ellen entwickelt sich eine komplizierte Dreiecksbeziehung, deren Wurzeln ein Jahr vor der Filmhandlung liegen: Ellen hat ihren Freund Tobias mit seinem Bruder Markus betrogen, was erst im Lauf des Films deutlich wird. Der Film KEINE LIEDER ÜBER LIEBE wird als der Film fingiert, den Filmemacher Tobias Hansen während der Tour gemacht hat. Da Tobias auch auf Handlungsebene im Mittelpunkt steht, kann man von einem fingierten filmischen Selbstporträt sprechen.

Auf extradiegetischer Ebene liegt eine VEI vor, die flexibel in Fokalisierung und Okularisierung ist und verschiedene visuelle Stilmittel einsetzt, um streckenweise eine hohe Unmittelbarkeit zu suggerieren, streckenweise ihre Präsenz in der Diegese deutlich anzuzeigen. Das Voice-over Tobias Hansens bildet eine extra-homodiegetische SEI, die zwischen interner Fokalisierung auf das erzählte Ich zum jeweiligen Zeitpunkt der Geschichte und Null-Fokalisierung schwankt, wenn das im Nachhinein erzählende Ich mehr sagt, als das erzählte Ich weiß. In vielen Voice-over-Passagen lassen sich beide ‚Ichs‘ klar voneinander differenzieren, etwa in: „Ich schwöre, dass *ich* zu diesem Zeitpunkt keine Ahnung hatte, dass es ein Film über uns drei werden würde“ [Hervorhebung von mir]. Wenn die VEI Tobias zeigt, dann entspricht die gezeigte Figur weitgehend dem erzählten Ich der sprachlichen Erzählsituation; beide bilden zusammen das erlebende Ich. Das gezeigte Ich in der Szene ist sich darüber bewusst, dass es aus dem sich ansammelnden Material später einen Film machen möchte, weshalb es teilweise Zeitangaben in die Kamera spricht oder einmal einen geflüsterten Bericht ablegt, der nur von der Kamera gehört und gesehen werden soll (und nicht von der Freundin im Nebenraum). Das frontal mit der Kamera sprechende gezeigte Ich möchte einen Film machen, der – und hier liegt die erste selbstreflexive Rückkopplung vor – in dem Moment, in dem es von der VEI gezeigt und vom extradiegetischen Adressaten gesehen wird, bereits fertig ist. Das heißt, das Zeigen einer Figur, die einen Film machen möchte, ist bereits der fertige Film.

Die zweite Rückkopplung kommt dadurch zustande, dass Tobias Hansen als fiktionaler Filmemacher, der das gesamte Material im Nachhinein zusammengeschnitten haben soll, scheinbar die Position des *impliziten Autors* einnimmt, der das Zusammenspiel von SEI und VEI organisiert.

Diese Konstellation kann mit Ich-Erzählsituationen in der Erzählliteratur verglichen werden, in denen die Erzählung der Text sein soll, den eine extra-homodiegetische Erzählinstanz im nachhinein geschrieben haben soll und in denen der Akt der Narration gleichzeitig selbstreflexiv thematisiert wird. Der Fall, dass eine derartige literarische Erzählsituation im Medium Film (mit Voice-over und/oder Rahmenhandlung) adaptiert wird, ist vergleichsweise häufig: Der Film soll dann beispielsweise den Roman darstellen, den eine Figur der Handlung am Ende geschrieben hat.[82] Der Fall jedoch, in dem der Film ein *Film* sein soll, den eine Figur der Handlung im Nachhinein gemacht haben soll, ist selten. Mit DAVID HOLZMAN'S DIARY und THE BLAIR WITCH PROJECT wurden in 4.4.1.2 zwei spezifische Handkamerafilme untersucht, die bis zu einem gewissen Grad vergleichbar sind. KEINE LIEDER ÜBER LIEBE kann allerdings nur in wenigen Sequenzen als Handkamerafilm bezeichnet werden, weil kaum Handkameraeffekte nachzuweisen sind und das semiprofessionelle Filmteam, das Tobias Hansen begleitet, über die privaten Produktionsumstände hinausweist, die bei DAVID HOLZMAN'S DIARY und BLAIR WITCH PROJECT suggeriert werden. In KEINE LIEDER ÜBER LIEBE repräsentiert die Kamera nur in der Exposition und in Ausnahmefällen *POV shot/eyeline matches* aus der Sicht Tobias Hansens. In allen drei Filmen kann man jedoch von fingierter oder fiktionaler (Selbst-)Dokumentation sprechen.

Die Thematik des Filmemachens wird in KEINE LIEDER ÜBER LIEBE durch die fingierte Autofiktion, dass Tobias Produzent des vorliegenden Films sein soll, also auf derselben Ebene verhandelt, auf der auch die Haupthandlung der Dreiecksbeziehung gestaltet wird, sodass weder eine diegetische, noch eine Fiktionsebenenstaffelung anzunehmen ist. Zu fragen ist, ob bei KEINE LIEDER ÜBER LIEBE stattdessen die seltene Form eines *extra-homodiegetischen* Film*erzählers* im engeren Sinne vorliegt, also eine ‚menschliche' Figur, die in Form eines Films erzählt? Auf sprachlicher Ebene kann in den Abschnitten mit Voice-over von einer homodiegetischen SEI gesprochen werden. Auf visueller Ebene gibt es nur in Ausnahmefällen eine homodiegetische VEI. Die strukturelle Position des *impliziten Autors* könnte jedoch teilweise mit Tobias, einer Figur der Diege-

82 In WONDER BOYS soll der Film den Roman repräsentieren, den der Protagonist in einer Ellipse kurz vor Schluss geschrieben hat, in ADAPTATION das Drehbuch, das der Protagonist im Laufe der Handlung schreibt, in SWIMMING POOL (François Ozon, F/GB 2003) könnte er den Roman repräsentieren, den die Protagonistin im Laufe des Films geschrieben hat, wobei der Film damit spielt, dass die finale Zuordnung mehrdeutig ist.

se, besetzt sein. Zwischen der fingierten Zuordnung der Figur zur Position des impliziten Autors und der werkstrukturierenden Instanz des impliziten Autors, wie sie in 3.6. beschrieben wurde, gibt es allerdings eine Differenz, die mal gegen Null zu gehen scheint, mal aber nachweisbar ist, vor allem mit Blick auf die Strukturen, die innerhalb des Films fingieren, dass Tobias Regisseur des Films sein soll. Die fiktive Figur Tobias ist *nicht* der implizite Autor, sondern verkörpert stellenweise seine Position, weshalb man eher von einem *fiktionalen Regisseur* sprechen sollte. Man kann Tobias die den Film strukturierenden Prozesse zuschreiben, die gewöhnlich dem impliziten Autor (und/oder den extradiegetischen Instanzen im Zusammenspiel) zugeschrieben werden bzw. ihn als werkimmanentes Bild des Autors/Regisseurs auffassen.[83] Die Frage allerdings, ob Tobias bestimmte filmische Strukturen bewusst verwirklicht hat, fällt im doppelten Sinne in den Bereich der Interpretation: Wie in jedem Selbstporträt lässt sich auch in diesem filmischen Selbstporträt keine klare Grenze zwischen *bewusst* und *unbewusst* oder *zufällig* ziehen, vor allem aber ist Tobias nur eine durch den angeblich von ihm geschaffenen Film geschaffene fiktive Figur.

Es gibt verschiedene audiovisuelle Erzählkonstellationen, zwischen denen gewechselt wird. Erstens durch Lieder der „Hansen Band" geklammerte Montagesequenzen, in denen die VEI und die extra-homodiegetische SEI *verzahnt* längere Entwicklungen der Beziehungen zusammenfassen (hohe *Zeitraffung*; *Null-Fokalisierung*). Zweitens wird in szenischen Diskussionen der Figuren eine große Unmittelbarkeit erzeugt, indem die VEI (ohne begleitende SEI) die Emotionen der Figuren durch langgehaltene Nah- und Großaufnahmen mit nur wenigen unauffälligen Schnitten herausstellt. Drittens gibt es Sequenzen, in denen die szenische Präsenz der Kamera explizit thematisiert wird (ohne dass die Kamera von außen gezeigt würde): Oft wird die Präsenz der Kamera von den gefilmten Figuren thematisiert („Nehmen wir jetzt die Kamera mit ins Bett?"); sie interagieren bewusst mit der Kamera, winken oder sprechen frontal hinein oder wollen nicht mehr von ihr gefilmt werden. In einigen dieser Sequenzen kann tatsächlich von der seltenen Form einer homodiegetischen VEI ohne gleichzeitiges Voice-over gesprochen werden, also einer Art rein visueller Ich-Erzählsituation. Es ist allerdings nicht Tobias, dem die VEI in diesen Sequenzen zugeordnet werden kann, sondern eine anonyme Figur hinter der Kamera (oder die Kamera selbst). Dann, wenn eine Kamera, mit der die Figuren interagieren, ohne Schnitt und nachträgliche Bearbeitung genau das zeigt, was sie gerade aufnimmt (bzw. das, was der Kameramann gerade sieht), ist sie Teil der diegetischen Welt (und deshalb

83 Zu beachten ist außerdem, dass die werkimmanent geschaffene Position des *fiktionalen Regisseurs* klar zu unterscheiden ist vom *realen Regisseur* des Films Lars Kraume (es liegt kein autofiktionaler Kurzschluss vor, sondern nur eine fingierte Autofiktion).

homodiegetisch) und bringt sie gleichzeitig hervor (und deshalb extradiegetisch). Eine Anthropomorphisierung der ‚homodiegetischen Kamera' ist dabei teilweise erkennbar – z. B. wenn sie hektisch spontanen Ereignissen folgt (vgl. 4.4.2) – und teilweise nicht – wenn sie als rein technischer Apparat verwendet wird, der z. B. auf ein Stativ gestellt ist. In diesen wenigen Sequenzen, in denen bedingt von einer homodiegetischen VEI die Rede sein kann, gibt es keine nachträgliche Montage. Das Ende der Sequenzen ergibt sich aus der Szene heraus, etwa wenn Tobias die Kamera, in die er gesprochen hat, abstellt, weil seine Freundin ins Zimmer kommt.

Allerdings sind die Sequenzen, in denen eine beinahe homodiegetische VEI in Form der Kamera vorkommt, nur sehr kurz, denn meistens wird durch nachträgliche Montage eben doch ein Eingriff in die Unmittelbarkeit der Szene angezeigt. Hieraus ergibt sich eine auffällige zeitliche Differenz: die ‚homodiegetische Kamera' befindet sich auf Zeitebene der Diegese, die Montage auf Zeitebene der *späteren* Narration. Diese Zeitdifferenz korrespondiert mit der zeitlichen Differenz zwischen erzählendem und erlebendem (= gezeigtem + erzähltem) Ich: Die Gleichzeitigkeit der *Kamera*aufnahme mit der Gleichzeitigkeit des *erlebenden Ichs*; die Nachzeitigkeit der *Montage* mit der Nachzeitigkeit des *erzählenden Ichs.* Allerdings kann die Sonderform der ‚homodiegetischen Kamera' nur in kurzen Abschnitten der Exposition dem erlebenden Ich Tobias zugeordnet werden. In allen anderen Fällen bleibt sie ein homodiegetischer technischer Apparat bzw. im Fall der Anthropomorphisierung einer anonymen Figur zugeschrieben und bildet ein anonymes ‚homodiegetisches *Beobachter-Ich*'.

Das Zusammenspiel der Instanzen wird in einer Szene deutlich, in der Markus und Ellen in Abwesenheit von Tobias miteinander flirten. Ihnen ist bewusst, dass sie dabei gefilmt werden, d. h. die Kamera ist als ‚Beobachter-Ich' szenisch präsent. Als Markus seine Jacke auszieht, um sie der frierenden Ellen umzuhängen, blickt er in die Kamera und sagt: „Das kann er sich ja angucken. Und wenn's ihm nicht gefällt, weil er eifersüchtig ist, kann er's ja wegschneiden." Das „er", das Markus hier meint, ist Tobias, der im Nachhinein das Filmmaterial bearbeiten wird. Die Tatsache, dass Tobias als *Monteur* es trotz oder wegen des Flirts im Film gelassen hat, lässt Tobias als nachträglichen Bearbeiter präsent sein. Er hat die Szene gesichtet und nicht weggeschnitten. Die Bewusstheit dieses Vorgangs wird dadurch verstärkt, dass unmittelbar *nach* der Äußerung von Markus ein auffälliger Schnitt gesetzt ist. Das nachträglich bearbeitende Ich von Tobias ist präsent, ohne dass das gezeigte Ich von Tobias anwesend ist. Das ‚homodiegetische Beobachter-Ich' ist nicht Tobias, aber auch nicht von seiner nachträglichen Bearbeitung zu trennen.[84]

Der Bruch mit der pseudo-dokumentarischen Erzählkonstellation, der bei THE BLAIR WITCH PROJECT teilweise vorliegt, weil es keine filminterne Zuschreibung der Montage gibt (vgl. 4.4.1.2), wird bei KEINE LIEDER ÜBER LIEBE vermieden, indem mit dem fiktionalen Regisseur eine werkinterne Instanz geschaffen wird, der jeder nachträgliche Eingriff zugeschrieben werden kann. Dass die szenischen Figuren – nicht nur der Filmemacher Tobias selbst – die Produktion thematisieren und sogar auf das nachträgliche Filmschneiden verweisen, verstärkt den Effekt der Zuschreibung sämtlicher filmproduzierender Vorgänge zu einer fiktionalen Figur. Die Frage, wie das Verhältnis des fiktionalen Regisseurs Tobias Hansen zum realen Regisseur Lars Kraume zu bestimmen wäre, weist über den werkinternen Analysekontext hinaus und hängt auch mit der Frage zusammen, inwiefern KEINE LIEDER ÜBER LIEBE als faktualer oder fiktionaler Film gelesen werden kann. Will man den Film als Selbstdokumentation verstehen, müsste er der Figur Tobias Hansen zugeschrieben werden – das ergibt bis zum gewissen Grad eine autodiegetische filmische Erzählsituation. Liest man den Film als fiktionalen Spielfilm, müsste er dem realen Regisseur Lars Kraume zugeschrieben werden, der zur Reflexion der Produktionsthematik die fiktionale Figur Tobias geschaffen hat. Bis zu diesem Punkt ist KEINE LIEDER ÜBER LIEBE mit DAVID HOLZMAN'S DIARY vergleichbar. Auch dort gibt es den realen Regisseur Jim McBride und die fiktive filmproduzierende Figur David Holzman (vgl. 4.4.1.2). KEINE LIEDER ÜBER LIEBE treibt das Spiel aber über den werkinternen Kontext hinaus: Indem die „Hansen Band" auch werkextern eine Tour gemacht hat, bei der in realen Clubs individuelle Konzerte mit realem Publikum stattfanden, die dokumentiert wurden und in den Film mit eingeflossen sind, enthält KEINE LIEDER ÜBER LIEBE tatsächlich auch dokumentarische Anteile. Die meisten Musiker der „Hansen Band" sind Musiker der Gruppen *Kettcar* und *Tomte*, die sich als ‚reale' Musiker definieren. Der Leadsänger der Band, Markus, wird allerdings vom populären Schauspieler Jürgen Vogel gespielt, der auf den Konzerten wiederum tatsächlich gesungen hat. Die fiktive Dreiecksbeziehung wurde während der realen Tour gespielt. Die Protagonisten-Schauspieler wurden in ihren Rollen auch in der Interaktion mit realem Publikum gefilmt; teilweise wurden sie dabei ohne ihr Wissen mit Figuren konfrontiert, die wie reales Publikum agier-

84 Dieser von zwei Ausnahmen geprägte Sonderfall (Figur als *fiktionaler Regisseur* und Kamera als ‚Beobachter-Instanz') ist jedoch eine im Film äußerst seltene Konstellation, die nicht zur Annahme weiterer Instanzen im Kommunikationsmodell führen muss (vgl. 3.2.1).

ten, aber manipulierte Schauspieler mit Rollenauftrag waren.[85] Hier liegt eine Schnittstelle vor, an der eine werkinterne narratologische Analyse mit produktionsästhetischen und realbiographischen Interpretationsverfahren verschränkt werden könnte. Wie gezeigt wurde, lässt sich KEINE LIEDER ÜBER LIEBE aber auch als fiktionaler Film analysieren, was auch der von einigen Paratexten (Programmtext, DVD-Cover) nahegelegten primären Lesart entspricht. Erst durch die Figur des fiktionalen Regisseurs und die damit verbundene werkinterne Selbstreflexion wird das werkexterne Spiel mit faktualen und fiktionalen Elementen im Film verankert und zur Erzeugung einer weiteren Bedeutungsschicht fruchtbar gemacht.

6.5 Metalepsen

Genette fasst das Konzept der *Metalepse* weit, wenn er erörtert:

> Jedes Eindringen des extradiegetischen Erzählers oder narrativen Adressaten ins diegetische Universum (bzw. diegetischer Figuren in ein metadiegetisches Universum usw.) oder auch […] das Umgekehrte, zeitigt eine bizarre Wirkung, die mal komisch ist […], mal phantastisch. Wir wollen den Ausdruck narrative Metalepse so weit fassen, daß er alle diese Transgressionen abdeckt. […] Man denke an Personen, die plötzlich einem Gemälde, einem Buch, einem Zeitungsausschnitt, einer Photographie, einem Traum, einer Erinnerung, einem Phantasma usw. entspringen. Alle diese Spiele bezeugen durch die Intensität ihrer Wirkung die Bedeutung der Grenze, die sie mit allen Mitteln und selbst um den Preis der Unglaubwürdigkeit überschreiten möchten, und *die nichts anderes ist als die Narration (oder die Aufführung des Stücks) selber*; eine bewegliche, aber heilige Grenze zwischen zwei Welten: zwischen der, in der man erzählt, und der, von der erzählt wird. (Genette 1994: 168 f.)

Ich werde den Begriff der Metalepse ähnlich weit auffassen wie Genette, wobei seine Bemerkung, dass die Grenze „*nichts anderes ist als die Narration (oder die Aufführung des Stücks) selber*" schon auf zwei Aspekte verweist, die mit Genettes enger Definition von Narrativität brechen: einerseits die *Narration*, andererseits die *Aufführung eines Stücks*, die nach Genettes enger Definition keine weitere narrative/diegetische Ebene ausbilden dürfte.[86] Da ich im Gegensatz zu Genette von einer weiten Definition von Narrati-

---

85 Die Vermischung von realen und fiktionalen Elementen wurde bei der Vermarktung fortgeführt: Der Soundtrack zu KEINE LIEDER ÜBER LIEBE wurde als gleichnamiges Musikalbum der *Hansen Band* verkauft, der Filmstoff als Buch umgesetzt: in Form eines fiktiven Tagebuchs der Figur Ellen, geschrieben von Heike Makatsch, die Ellen gespielt hat.

86 Nach der sehr engen Auffassung von Narrativität, wie Genette sie vertritt (vgl. 2.1), stellt die Aufführung eines Stücks wie ein Film keine Narration dar, dürfte demnach auch innerhalb eines Werks keinen Wechsel der narrativen Ebene bedeuten, der durch eine Metalepse überschritten werden könnte. Ein Theaterstück und ein Film *erzählen* nach Genette keine Geschichte, sind also nicht *narrativ*, bilden also auch keine Welt, „von der erzählt wird".

vität ausgehe, wie sie in 2.1 getroffen wurde, werde ich die Grenze, die im Fall einer Metalepse überschritten wird, ebenso wie Genette (aber ohne inhärenten Widerspruch) auf beide Aspekte beziehen, also a) auf das Vorhandensein einer werkinternen Narration und damit einer weiteren *diegetischen Ebene* oder b) das werkinterne Aufführen oder Inszenieren eines Stücks und damit einer weiteren *Fiktionsebene* – mit dem Normalfall, dass der Wechsel einer diegetischen Ebene auch den Wechsel der Fiktionsebene bedeutet und allen in 6.1 bis 6.4 erörterten Zwischenformen (etwa wenn der Film im Film ‚nur' eine *Pseudo-Metadiegese* bildet oder bei einer narrationalen Symbolsequenz). Ein Übertritt aus der Metadiegese in die Diegese kann die gleiche „bizarre Wirkung" und Funktion haben wie ein Übergang von einer Fiktionsebene zweiten Grades in eine Fiktionsebene ersten Grades. Auch wenn die in einem Film etablierte diegetische Ebenenstaffelung nicht konsequent durchgehalten wird, kommen Ebenentransgressionen zur Wirkung. Deshalb verwende ich den Begriff der Metalepse bezüglich einer Transgression sowohl verschiedener diegetischer Ebenen als auch verschiedener Fiktionsebenen. Auch bei Pseudo-Metadiegesen kann es zu auffälligen Metalepsen kommen.

Bestimmte Elemente, Stilfiguren und formale Mittel können *metaleptisch* sein, d. h. auch das zugehörige Adjektiv wird von mir verwendet. Wenn es sich um Strukturen handelt, die einen Ebenenwechsel nur andeuten oder implizieren, spreche ich von einer *metaleptischen Tendenz*. Zwischen einer metaleptischen Tendenz und einer ‚vollwertigen' Metalepse gibt es keine absolute Grenze. Das zeigen beispielsweise die bereits erörterten Strukturen, in denen eine Figur frontal in die Kamera spricht und dabei ein Gegenüber explizit anspricht (wie in THE LADY IN THE LAKE; vgl. 3.7.4 und 6.3.2). Hier wird über die visuelle und auditive Kommunikation die Grenze zwischen *intra*diegetischer (Erzähler-)Figur und *extra*diegetischem Adressaten ‚kurzgeschlossen', ohne dass es zu einem Übertritt oder einer Transgression im engeren Sinne kommt. Der ‚Kurzschluss' kann dabei mehr oder weniger deutlich sein, z. B. wenn die Einstellung auf die in die Kamera sprechende Figur zugleich auch der Wahrnehmung eines intradiegetischen Adressaten entsprechen könnte. Eine *metaleptische Tendenz* ist beim expliziten Gespräch einer Figur in die Kamera technisch aber immer vorgegeben.[87] Ein *Übergang* im engeren Sinne liegt vor, wenn eine Figur aus einer Metadiegese in die Diegese übertritt und umgekehrt, wie äußerst verspielt in SHERLOCK JUNIOR, in dem sich ein Filmvorführer in die Filmhandlung hineinträumt, oder – sozusagen um 180° gespiegelt – in THE PURPLE ROSE OF CAIRO, in dem eine metadiegetische Figur der

87 Weitere, teilweise mehrfach verschachtelte Beispiele für Gespräche einer Figur mit der Kamera, die eine metaleptische Tendenz aufweisen, sind: RASHÔMON, IDIOTERNE, LA FILLE SUR LE PONT (am Anfang) und GOODFELLAS (am Ende).

Leinwand ins diegetische Leben ‚hinaussteigt'. Der Begriff der Metalepse umfasst also sowohl Ebenen*kurzschlüsse* als auch Ebenen*übergänge*. Der ‚Ebenenkurzschluss' in diesem Sinne (also als Variante der Metalepse) ist nicht zu verwechseln mit dem spezifischen Phänomen, das ich als *latenten* oder *wirksamen visuellen Ebenenkurzschluss* beschrieben habe (vgl. v. a. 6.3.3). Die begriffliche Nähe ist jedoch gerechtfertigt, weil der wirksame visuelle Ebenenkurzschluss immer eine metaleptische Tendenz hat, indem Bezüge hergestellt werden, die über die (Pseudo-)Ebenengrenzen hinausweisen.[88]

Die Unterscheidung von Metalepsen als Ebenenkurzschlüssen und Metalepsen als Ebenenübergängen könnte ein erstes Klassifizierungsmerkmal abgeben; Metalepsen könnten des Weiteren nach ihrer Funktion oder den Ebenen klassifiziert werden, die sie jeweils überschreiten oder kurzschließen.[89] Ich werde hier, wenn ich *innere* von *äußeren* Metalepsen unterscheide, keine systematische Klassifikation vornehmen, sondern nur eine erste Unterteilung und bei den jeweiligen Metalepsen erörtern, welche Ebenen wie und mit welcher Funktion überschritten werden. Neben den im Verlauf dieser Studie bereits erläuterten Beispielen, seien noch einige spezifisch filmische Varianten vorgestellt.

6.5.1 Kurzschlüsse und Übergänge innerer diegetischer Ebenen: innere Metalepsen

Eine Möglichkeit der inneren Metalepse, die im Film immer wieder Anwendung findet, ist das Besetzen von zwei verschiedenen Figuren auf unterschiedlichen Ebenen mit demselben Schauspieler. Wenn es sich dabei nicht um den Sonderfall eines Films (oder Theaterstücks) im Film handelt, in dem die Doppelrolle des realen Schauspielers als a) diegetische Figur beim Filmdreh und b) Rolle im intradiegetischen Film aufgelöst ist wie in THE FRENCH LIEUTENANT'S WOMAN (vgl. 6.4.2.2), liegt dabei mindestens eine metaleptische Tendenz vor. Im Falle einer derartigen *ebenenübergreifenden Doppelbesetzung* kommt es zu einem potenziellen Kurzschluss der Ebenen, denn eine Beziehung ist über die gleiche Physiognomie, das gleiche Äußere der Figuren und das Wissen um die gleiche außerfilmische Identität hergestellt, wobei es hierbei wiederum eine Skala gibt von einer eindeutigen visuellen Zuordnung des gleichen realen Schauspielers zu zwei Figuren/Ebenen bis zu Doppelbesetzungen, die durch Verkleidung, Maske, Perücke, Technik usw. so sehr verschleiert sind, dass

88 Trotzdem kann es, auch wenn der visuelle Ebenenkurzschluss wirksam ist, beim Ebenenübergang von der Pseudo-Metadiegese zur Diegese zu ‚vollwertigen' Metalepsen kommen.

89 Weitere Klassifizierungsvorschläge macht u. a. Monika Fludernik (2003).

diese nur durch den Film begleitende Paratexte absehbar sind. Bei verschleierten Formen besteht eine starke Abhängigkeit der Zuordnung und Bewertung vom Rezeptionsverhalten und Wissen des Zuschauers.

Zum Einsatz kommt diese Form der *Doppelbesetzung* z. B. in David Lynchs LOST HIGHWAY. Die Figuren Renee Madison im ersten Teil und Alice Wakefield im zweiten werden von derselben Schauspielerin (Patricia Arquette) gespielt, Mr. Eddy und Dick Laurent vom selben Schauspieler (Robert Loggia). In LOST HIGHWAY ist die Metalepse durch die Doppelbesetzung der Frauenfiguren mit einer Figuren-Verdopplung, die quasi eine Spieglung der Doppelbesetzung bildet, kombiniert: Die Hauptfigur des ersten Teils Fred Madison (gespielt von Bill Pullman) verwandelt sich mitten im Film in einer Gefängniszelle in Pete Dayton, eine andere, jüngere Figur, die von einem anderen Schauspieler (Balthazar Getty) gespielt wird und Hauptfigur des zweiten Teils ist. Metaleptische Doppelbesetzung und verdoppelnde Verwandlung treffen sozusagen aufeinander, weil die erste männliche Hauptfigur der Frauenfigur Renee, die zweite Alice zugeordnet wird, der Verwandlungsprozess also mit der Doppelbesetzung rückgekoppelt wird. Im ersten Teil ist Fred mit Renee verheiratet, bis er schließlich unter dem Verdacht, sie ermordet zu haben, verhaftet wird; im zweiten hat Pete eine leidenschaftliche Affäre mit Alice. Man könnte den zweiten Teil des Films rund um die Figur Pete Dayton darauf aufbauend als zweiten mentalen Selbstentwurf des schizophrenen Fred Madison interpretieren, der sich nach dem Mord an seiner Frau in einer Gefängniszelle sitzend in ein jüngeres Ich hineinprojiziert, das ein Abbild seiner Frau emotional und sexuell befriedigen kann, wozu er im ersten Teil nicht mehr in der Lage war. Allerdings wird diese Interpretation durch die Schleifenstruktur des Films (das Ende führt einfach gesagt zum Anfang zurück), die leitmotivische Figur des rätselhaften „Mystery Man" und die Einbettung in weitere Spiegelungs-, Verwandlungs- und Verdopplungsmotive unterlaufen. Das sukzessive Anstoßen von spezifischen Interpretationen durch thematische und formale Mittel (zu denen verschiedene Formen der Metalepse zählen), die durch andere thematische und formale Mittel unterlaufen werden, ist ein Grundprinzip von LOST HIGHWAY. Selbst die Auflösung, dass Fred seine Frau umgebracht hat, also zu Recht am Ende des ersten Teils im Gefängnis sitzt, ist interpretationsabhängig.[90]

Das strukturelle Paradigma, das Lynchs MULHOLLAND DRIVE zugrunde liegt, ist vergleichbar: Die jeweilige Protagonistin zweier Ebenen (Diane Selwyn/Betty Elms) wird von einer Schauspielerin (Naomi Watts) gespielt. Diese metaleptische Beziehung wird thematisch aufgegriffen,

90 Die Zuordnung erster Teil = Renee und Fred, zweiter Teil = Alice und Pete wird unterstrichen durch Verwandlungen der Frauenfiguren auf verschiedenen Fotos, jedoch unterlaufen durch das gemeinsame Auftauchen beider Frauenfiguren auf demselben Foto.

indem die zweite Hauptfigur „Rita“ (Laura Harring) auf beiden Ebenen vorkommt. Die ‚Naomi-Watts-Figur‘ ist als Diane Selwyn von „Rita“ auf der ersten Ebene emotional und sexuell abhängig, während „Rita“ ihr als Betty Elms auf der zweiten Ebene durch Amnesie hilflos ausgeliefert ist. Die in dieser Zählung zweite Ebene könnte man analog zu LOST HIGHWAY als Selbstprojektion oder Traum Diane Selwyns in der ersten Ebene interpretieren. Sowohl bei LOST HIGHWAY als auch bei MULHOLLAND DRIVE ist das Netz an unmarkierten Zuordnungen, unmöglichen Übergängen, widersprüchlichen Hinweisen und metaleptischen Elementen jedoch so dicht gestrickt und in eine ambivalente Zeit- und Raumlogik eingebettet, dass nur schwer von eindeutigen diegetischen Ebenen gesprochen werden kann: Es ist zwar möglich, verschiedene Teile/Episoden/Ebenen zu unterscheiden – einschließlich logisch ‚unmöglicher‘ Kurzschlüsse, die man als Metalepsen bezeichnen kann und die überhaupt erst darauf verweisen, dass es Grenzen gibt –, aber die Zu- bzw. Unterordnung der Episoden/Ebenen fällt je nach Interpretation verschieden aus (vgl. Orth 2005: 15-31).

In LA MALA EDUCACIÓN ergibt sich durch die Besetzung bestimmter Rollen mit gleichen, anderer mit verschiedenen Schauspielern eine Verschiebung des durch Markierungen und Zuordnungen scheinbar eindeutigen diegetischen Ebenensystems. Dadurch, dass die einem Roman zugeschriebene visuelle Metadiegese mit denselben Schauspielern besetzt wird wie die spätere Adaption des zuvor gelesenen Romans in einem Film im Film, lassen sich weiterführende Beziehungen herstellen (vgl. 6.3.3.1).

Weitaus eindeutiger als in den bisherigen Beispielen sind die inneren Metalepsen in LE MAGNIFIQUE aufzulösen, die *Ebenenübergänge* darstellen, sich aber nahtlos in die thematische Struktur des Films einfügen. In dem *Zwei-Ebenen-Film* geht es auf äußerer Ebene um den Bestsellerautor François Merlin, der seinen 43. Agentenroman schreibt, und auf der inneren um den Spezialagenten Bob Saint-Clair, der Hauptfigur eben dieses Romans (vgl. 6.3.2.3). Es gibt einige Figuren der Diegese, die unvermittelt in der Metadiegese auftauchen: So Merlins Putzfrau, die während eines Schusswechsels des Agenten mit seinen Widersachern am Strand mit einem Staubsauger erscheint (und anzeigt, dass der Schriftsteller in der Diegese beim Schreiben von seiner Putzfrau gestört wird, was wenig später auch auf diegetischer Ebene gezeigt wird). Oder Merlins Sohn, der unbeeindruckt von einer blutigen Schießerei durch die metadiegetische Szene wandelt, weil er auf diegetischer Ebene seinen Vater besucht; oder wenn der Elektriker, der seine Hilfe in der Diegese verweigert, in der Metadiegese erschossen wird. Der Unterschied zur Doppelbesetzung liegt darin, dass hier die *Figur* der einen Ebene, also der Schauspieler *in der Rolle*, die er auf der einen Ebene hat, in die andere Ebene hineintritt; also die Putzfrau aus der Diegese *als Putzfrau* in die Metadiegese der Agentenwelt etc.

In LE MAGNIFIQUE sind alle Metalepsen in die enge thematisch-kontrastive Verknüpfung von Schriftstellerleben und Leben der Agentenfigur eingebunden (vgl. 6.3.4), funktional auf eine Vertiefung des Verhältnisses sowie die Symbolisierung des schriftstellerischen Schaffensprozesses angelegt und unterstreichen zugleich die ironische Brechung des gesamten Films. Eine Vielzahl vergleichbarer Metalepsen finden sich im Film FINDING NEVERLAND, in dem der Schriftsteller James M. Barrie (der Schöpfer der Peter-Pan-Fiktionen) im Spiel mit Kindern verschiedenste Phantasiewelten erschafft, die teilweise visuell umgesetzt werden und sich durch Metalepsen mit der diegetischen Realität vermengen. Es schleichen sich sowohl reale Elemente in die Phantasiewelten ein, als auch Phantasieelemente in die diegetische Realität. Der Übergang von einer kurzzeitigen Parallelität zweiter Fiktionsebenen, die sich durch Metalepsen gegenseitig durchmischen, zu einzelnen Phantasieelementen, die in der diegetischen Realität vorkommen, ist jedoch fließend. In letzterem Fall lässt sich teilweise von *mentalen Metalepsen* sprechen, die nach der in 4.3.2.6 getroffenen Definition vorliegen, wenn von einer Reflektorfigur *eingebildete* Figuren und Gegenstände so inszeniert werden, dass sie Elemente der *diegetischen Realität* sein könnten bzw. wie solche wirken. In 4.3.2.6 wurden einige Beispiele aus den Filmen THE BEACH, DEAD OF NIGHT und FEAR AND LOATHING IN LAS VEGAS vorgestellt. Ein Unterschied ist, dass die mentalen Metalepsen des erwachsenen Protagonisten in FINDING NEVERLAND mutmaßlich auch von den Kindern als deren Phantasie angenommen werden, also eine Art kollektive mentale Metalepse bilden.[91]

In den oben genannten Beispielen THE PURPLE ROSE OF CAIRO und SHERLOCK JUNIOR bildet der metaleptische Übergang einer Figur aus bzw. in einen Film im Film den Angelpunkt der Handlung. In JUMANJI (Joe Johnston, USA 1995) bilden einige Metalepsen ebenfalls den Kern der Handlung, allerdings repräsentiert die Metadiegese dort den Kosmos eines Gesellschaftsspiels: Aus der dschungelartigen Metadiegese gelangen wilde Tiere und tropische Insekten als Bedrohung in die diegetische ‚Realität'. Obwohl die virtuelle Welt des Gesellschaftsspiels nicht visuell ausgestaltet wird, bildet der Übertritt des Protagonisten in die Welt des Spiels (in der er 26 Jahre gefangen bleibt) und zurück den zentralen Ausgangspunkt der Handlung. Vergleichbar damit ist die Reise von Marty McFly in BACK TO THE FUTURE (Robert Zemeckis, USA 1985) aus der Gegenwart in die Vergangenheit und zurück. Die beiden zeitlich definierten Epochen

---

91 Werden mentale Metalepsen erst im Nachhinein als solche markiert wie in FIGHT CLUB oder A BEAUTIFUL MIND handelt es sich um eine in einem *final twist* aufgelöste Form des unzuverlässigen visuellen Erzählens (vgl. 4.3.2.6).

(Gegenwart/Vergangenheit vor Martys Geburt) weisen die Qualitäten zweier Fiktionsebenen auf, obwohl es sich im Sinne der Handlungslogik nur um zwei Zeitebenen handelt und Veränderungen in der Vergangenheit auch die Gegenwart beeinflussen. Marty, die Figur aus der Gegenwart, die die Vergangenheitswelt ‚betritt', in der sie nicht existiert, bildet jedoch eine mit einer Figur, die eine diegetische Ebene übertritt, vergleichbare metaleptische Erscheinung.

Alle in diesem Abschnitt beschriebenen Varianten der Metalepse spielen sich zwischen der diegetischen und der metadiegetischen (oder der meta- und der metametadiegetischen) Ebene bzw. zwischen inneren Fiktionsebenen ab. Andere Varianten kommen vor, wenn die äußere diegetische Ebene selbst thematisiert oder überschritten wird.

6.5.2 Kurzschlüsse zwischen diegetischer und extradiegetischer Ebene: äußere Metalepsen

Im episodenartigen Spielfilm FLIRT (vgl. 5.3.5) fangen in der zweiten und mittleren Episode einige scheinbar unwichtige Randfiguren – Bauarbeiter auf einem Gerüst – unvermittelt an, über den äußeren Film zu diskutieren: über die Hauptfiguren, ihre Beziehungen, wie es weitergehen könnte, auch über den Regisseur, sein mögliches Scheitern mit dem Filmprojekt und darüber, was er mit dem Film zeigen will, etwa die Milieuabhängigkeit von Handlungsverläufen. Vergleichbar ist dieses – hier durch den Einsatz philosophierender Bauarbeiter ironisch gebrochene – *Aus-der-Rolle-Fallen* in Kombination mit dem selbstreflexiven Über-das-Werk-Sprechen mit Formen der romantischen Ironie wie in Ludwig Tiecks *Der gestiefelte Kater* (1797) oder noch offensichtlicher mit Varianten des Aus-der-Rolle-Fallens im modernen und postmodernen Theater wie in *Sei personaggi in cerca d'autore* von Luigi Pirandello (1921) (vgl. Genette 1994: 168).

In STRANGER THAN FICTION wird die Grenze zwischen einer *diegetischen* Figur und einer *extradiegetischen* SEI thematisiert und kurzgeschlossen. Der unscheinbare Finanzbeamte Harold Crick hört plötzlich die Voice-over-Stimme einer femininen heterodiegetischen Romanerzählerin, die streckenweise alles, was er denkt und tut, mit minimaler Verzögerung poetisch überformt beschreibt (vgl. 5.3.4). Dieses ontologisch unmögliche Wahrnehmen eines extradiegetischen Voice-overs durch eine intradiegetische Figur bildet die zentrale Metalepse des Films, die zum Movens der Handlungen wird. Crick wird sich durch Konsultation von Psychologen und Literaturprofessoren allmählich darüber bewusst, dass er die Hauptfigur eines Romans ist, die zuerst aus ihrem Alltagstrott gerissen werden und sich verlieben soll, um am Ende auf tragische Weise zu sterben. Er macht sich auf die Suche nach der Schriftstellerin, die als diegetische Figur in einem anderen Handlungsstrang gezeigt wird. Die Metalepse des Stimmenhörens wird schließlich in der Diegese aufgelöst, wenn die *literarische Figur* Harold Crick auf ihre *Urheberin*, die Schriftstellerin Karen Eiffel, trifft. Damit wird die Metadiegese in einer logisch möglichen, ontologisch unmöglichen diegetischen Welt aufgelöst, um anschließend in Form einer *mise en abyme* wieder aufgegriffen zu werden, wenn Harold Crick das Manuskript liest, das seine Geschichte weiterführt, wenn er also in einem intradiegetischen Werk, das eine *metadiegetische* Welt konstituiert, erfährt, wie seine *intradiegetische* Lebensgeschichte mit dem Tod enden wird.

Unterstrichen wird das metaleptische Grundmuster des Films durch verspielte metaleptische Details. Das einförmige, durchorganisierte Alltagsleben des Zahlenfetischisten Crick wird durch extradiegetische Inserts mit mathematisch-grafischen Zeichen symbolisiert, die über das Filmbild geblendet werden und hervorheben, dass Crick jeden Tag die gleiche Zahl an Schritten zur Bushaltestelle oder Bürstenbewegungen beim Zähneputzen macht (vgl. 5.3.4). Wenn diese Zeichen plötzlich ‚ins Filmbild fallen' und auf dem diegetischen Straßenpflaster zerbrechen (weil Cricks Leben das erste Mal durcheinander gerät), wird eine Grenze überschritten und zugleich die Funktion derartiger graphischer Markierungen ausgestellt.

Ein ähnliches, aber anders gerichtetes metaleptisches Spiel zwischen einer applizierten graphischen Markierung und der Diegese ergibt sich in FIGHT CLUB: Eine intradiegetische Figur zeigt mit der Hand auf die von außen applizierte rechte obere Eckmarkierung derjenigen Einstellung, in der sie sich gerade befindet. Diese Metalepse ist in eine höchst spezifische metaleptische Erzählkonstellation eingebunden: Beide Hauptfiguren, „Jack" und Tyler Durden, kommunizieren in der gesamten Sequenz, die Tyler in einigen seiner Teilzeitjobs vorführt, mit dem extradiegetischen Adressaten.[92] Jack beginnt: „Wenn *Sie* darauf achten, sehen *Sie* rechts oben im Bild solche kleinen Markierungen" [Hervorhebungen von mir]. Tyler, mit dem Rücken zur Kamera, zeigt daraufhin mit dem rechten Arm auf die runde Markierung, die kurz in der rechten oberen Ecke erscheint, wendet sich dann über die Schulter blickend an den Adressaten und erklärt: „Wir in der Filmbranche nennen sie Brandlöcher." Jack ergänzt: „Das ist das Zeichen für einen Rollenwechsel. Er stellt den zweiten Projektor an und der Film geht nahtlos weiter." Tyler kann nicht wissen, dass er sich in einem Film befindet, fällt also aus seiner Rolle, wenn er auf eine

92 „Jack" spricht in dieser Sequenz (ca. 0:31:10 ff.) aus dem Vordergrund der Szene heraus wie der Reporter einer Dokumentation direkt in die Kamera, sodass hiermit das metaleptische Muster des Gesprächs mit dem extradiegetischen Adressaten vorliegt, das die anderen Metalepsen dieser Sequenz verstärkt. Auch Tyler bezieht sich mehrfach auf die Zuschauer, z. B. wenn er „Jack" auffordert: „Na los, sag's *ihnen*" [Hervorhebungen von mir].

äußere Einstellungsmarkierung zeigt; allerdings ist er als Filmvorführer, als der er in dieser Sequenz zu sehen ist, mit derartigen Zeichen auf Filmstreifen vertraut, weil er, wie Jack erklärt, anhand dieser Markierungen angezeigt bekommt, wann er die Filmrollen zu wechseln hat. Dass er dabei ein perfides Täuschungsspiel mit dem intradiegetischen Filmpublikum betreibt, indem er zwischen die einzelnen Filmrollen Pornobilder montiert, die nur für den Bruchteil einer Sekunde zu erkennen sind, wird ebenfalls von „Jack" erklärt sowie von der VEI vorgeführt: Zu sehen ist das angesichts eines kurzen Aufflackerns von Pornobildern im internen Film irritierte intradiegetische Filmpublikum.[93] Dass der reale Zuschauer am Ende von FIGHT CLUB mit einem vergleichbar zwischengeschnittenen Pornobild konfrontiert wird, stellt einen weiteren Ebenenbezug her. Derartige Formen sind mit *Mise-en-abyme*-Strukturen vergleichbar, in denen sich der äußere Film oder Strukturen des äußeren Films im Inneren der Diegese spiegeln oder auf einer inneren Ebene vorkommen.

6.5.3 Metalepsen und Mise-en-abyme-Strukturen

Martinez/Scheffel (1999: 79 f.) definieren die *mise en abyme* als „paradoxe Konstruktion", „bei der Binnen- und Rahmenerzählung einander wechselseitig enthalten". Sie beziehen sich darüber hinaus aber auch auf Formen, in denen suggeriert wird, dass das äußere Werk als solches innerhalb des Werks vorkommt wie in *Les faux-monnayeurs* (1925) von André Gide, wenn der intradiegetische Schriftsteller in der Rahmenhandlung beschließt, eben diese Erzählung, deren Element er ist, zu schreiben, also den Roman „Les faux-monnayeurs". Voraussetzungen für derartige Formen der *mise en abyme* seien laut Martinez/Scheffel (ebd.) metaleptische „Grenzüberschreitungen", was etwas unglücklich formuliert ist, weil es sich eher um Ebenen*kurzschlüsse* denn um *-überschreitungen* handelt, aber doch darauf verweist, dass formale Mise-en-abyme-Strukturen eine Variante der Metalepse bilden oder zumindest eine metaleptische Struktur aufweisen, indem kurzschlussartige Relationen zwischen zwei voneinander getrennten Ebenen hergestellt werden. Bezüglich einer weiter gefassten Definition der *mise en abyme*, wie sie etwa Werner Wolf (1998: 373) vorschlägt – in der der Begriff „eine Form […] literarischer Rekursivität und damit Selbstreferenz" bezeichnet, „bei der mindestens ein Element einer übergeordneten Ebene (inhaltlicher oder formaler Natur) analog auf einer untergeordneten Ebene erscheint" –, bilden metaleptische Mise-en-abyme-Strukturen im

93 Die filmprägende Figur Tyler Durden stellt sich in einem *final twist* als schizophrene Projektion „Jacks" heraus, also als rückwirkend markierte *mentale Metalepse* (vgl. 6.5.1).

engeren Sinne die spezifische Variante der *mise en abyme*, die sich durch mindestens ein metaleptisches Element auszeichnet. Für eine *mise en abyme* im weiteren Sinne reicht dagegen nach der Definition von Wolf eine „Ähnlichkeitsrelation" bei „logischer Hierarchie" aus (ebd.), womit die Formen der *thematischen Beziehung* zwischen Diegese und Metadiegese nach Kapitel 6.3.4 auch erfasst wären. Ich habe den Begriff in dieser Studie dagegen auf metaleptische Formen der *mise en abyme* im engeren Sinn beschränkt, die entweder eine oder mehrere innerdiegetische Grenzen und/oder den diegetischen Rahmen selbst überbrücken oder kurzschließen.

Eine formal gestaffelte, scheinbar endlose *mise en abyme* im engeren Sinne liegt in INLAND EMPIRE vor. Es handelt sich um eine visuell konstituierte *mise en abyme*, die vergleichbar ist mit graphischen Varianten, wenn auf einem Bild ein Bild zu sehen ist, das das äußere Bild zeigt etc. Sie wird, wie in 6.4.2.4 erörtert, in eine wahrnehmungsgestaffelte Sequenz eingebettet und als symbolische Verdichtung einer Ebenenschachtelung des gesamten Films gestaltet, sodass Teile des Films als filmstrukturelle Umsetzung einer derartigen graphischen *mise en abyme* gelesen werden können.

Eine Variante einer äußeren Mise-en-abyme-Struktur liegt im Film KEINE LIEDER ÜBER LIEBE vor. Der Film wird, wie in 6.4.4 gezeigt wurde, als der Film fingiert, den Filmemacher Tobias Hansen während der Tour der Band seines Bruders Markus gedreht haben soll. Da Tobias – involviert in die Dreiecksbeziehung zwischen ihm, seinem Bruder und seiner Freundin – auch auf Handlungsebene in den Mittelpunkt ‚seines' Films rückt, kann von einer fiktionalen Selbst-Dokumentation gesprochen werden (vgl. 4.4.1.2). Tobias Hansen tritt als Filmemacher auf, wobei der äußere Film, also KEINE LIEDER ÜBER LIEBE, zugleich der Film über das Produzieren des Films und das Ergebnis, also der produzierte Film, sein soll. Alle Prozesse der Kameraregie, des Arrangierens von Situationen und des Montierens sind so markiert, dass sie der Hauptfigur Tobias Hansen zugeschrieben werden können. Allerdings ist Tobias Hansen zugleich nur eine durch den ihm zugeschriebenen Film geschaffene filmisch-fiktive Figur und somit KEINE LIEDER ÜBER LIEBE eine Art filmisches Pendant zu M. C. Eschers Zeichnung *Zeichnende Hände*.[94]

94 Tobias Hansen wird von Florian Lukas gespielt; produziert wurde der Film von Lars Kraume, Henning Ferber, Sebastian Zühr; Regie führte Lars Kraume. Produktionsästhetisch gesehen handelt es sich weder um eine (reine) Dokumentation, noch um ein filmisches Selbstporträt; viele werkinterne Hinweise signalisieren jedoch das Gegenteil (vgl. 6.4.4).

7. Schlussbetrachtung: Das Potenzial der Filmnarratologie

Mit dem filmnarratologischen Modell, das in diesem Werk entwickelt wurde, konnte eine Forschungslücke geschlossen werden, die – wie das erste Kapitel gezeigt hat – trotz aller transmedialen Bestrebungen der Narratologie national wie international nachzuweisen war. Durch grundlegende theoretische Reflexionen und Definitionen der Narrativität und der narrativen Vermittlung im Film in Kapitel 2 wurde das Fundament geschaffen, um eine Methode aus dem Kontext einer langen literaturwissenschaftlichen Forschungstradition und von ihrem primären Untersuchungsgegenstand der Erzählliteratur zu lösen und auf einen anderen Gegenstand, in diesem Fall den narrativen Film, anzuwenden. Über eine Definition der Narrativität wurden die notwendigen und hinreichenden Bedingungen diskutiert, die ein Werk aufweisen muss, damit es als narrativ betrachtet und mit einem narratologischen Modell analysiert werden kann. Im Gegensatz zu abgrenzenden Definitionen oder einem Textsortenmodell konnte das Gegenstandsfeld des filmnarratologischen Modells potenziell offen und erweiterbar gehalten werden. Auch wenn der vorliegende Entwurf einer Filmnarratologie anhand von Spielfilmen entfaltet wurde, können damit potenziell auch andere audiovisuelle Darstellungsweisen untersucht werden. Das gilt, wie angedeutet wurde, mit geringfügigen Modifikationen sowohl für faktuale filmische Formate, Mischformen zwischen Spielfilm und Dokumentation oder Fernsehfilme und -serien als auch – mit etwas mehr methodologischem Aufwand – für Bereiche der Videokunst, des Experimentalfilms, Videoclips oder filmische Formen im Internet wie Webserien oder *YouTube*-Files (vgl. Kuhn 2010), um nur einige Beispiele zu nennen. Alle Varianten audiovisuellen Erzählens, auch solche die in Computerspielen genutzt werden, können Objekte einer weiterführenden filmnarratologischen Analyse sein, wenn sie die Minimalbedingungen der Narrativität erfüllen. An der ‚Schnittstelle' Minimalbedingung könnte eine transmediale Narratologie ansetzen, die weitere, auch rein visuelle Formen des Erzählens umfassen will.

Da alle Kategorien des Modells aufbauend auf den theoretischen Debatten der Narratologie entwickelt und im Hinblick auf ihre transmediale Eignung reflektiert wurden sowie in ihrer analytischen Wirksamkeit anhand des Gegenstands überprüft worden sind, handelt es sich bei der vorliegenden *Filmnarratologie* um eine *Erzähltheorie* des Films, die zugleich filmnarratologisches *Analysemodell* ist, das Kategorien für die praktische Untersuchung narrativer Filme anbietet, deren heuristischer Wert vorgeführt wurde. Dementsprechend wurden in den Kapiteln 3, 4 und 5 die grundlegenden Aspekte einer klassisch-strukturalistischen Discours-Narratologie in der Tradition Gérard Genettes diskutiert und für die Anwendung auf narrative Filme aufbereitet, indem Terminologien und Klassifizierungen präzisiert oder neu entwickelt und anhand von Beispielen geprüft und gegebenenfalls modifiziert wurden. Die Hypothese, die der Entwicklung des filmnarratologischen Modells zugrunde lag, dass sich aufgrund der Hybridität des filmischen Mediums bzw. der Komplexität kinematographischer Zeichen(systeme) und Codes im Vergleich zum ‚Einkanalmedium' Erzählliteratur, das auf sprachlichen Zeichen und Codes basiert, *per se* komplexere Modelle ergeben müssen als in der literaturbasierten Narratologie, hat sich bestätigt. Das Medium Film erfordert mit seinen bereits im konventionellen Spielfilm nachweisbaren narrativen Erscheinungsformen umfassendere Betrachtungsmodelle als die Erzählliteratur. So mussten Fragen der Fokalisierung mit den Phänomenen der visuellen Perspektivierung, filmischen Subjektivierung und des Handkamerafilms oder Fragen der Zeit mit dem Wechselspiel zwischen audiovisueller Gestaltung und sprachlicher Markierung konfrontiert werden.

Der wissenschaftliche Blickwinkel wurde also im Laufe der Studie geringfügig verschoben: von einer Herangehensweise, die mit einem theoretisch hochentwickelten Modell aus der Erzählliteratur ein anderes Medium betrachtet, in einer allgemeinen medienübergreifenden Erzähltheorie gründet und auch auf eine Vergleichbarkeit von Erzählvorgängen in den Medien Literatur und Film abzielt, hin zu einer Betrachtungsweise, die ausgehend von spezifischen erzählerischen Phänomenen im audiovisuellen Medium Film die jeweilige Modellierung infrage stellt und zu weiteren Modifizierungen anregt. Im Kern hat sich dadurch ein Modell ergeben, das sowohl einer Vergleichbarkeit der Erzählvorgänge in der Erzählliteratur und im narrativen Film als auch den spezifischen Strukturen des Films gerecht wird. Jedoch haben einige durch die Zeichenstruktur bedingte komplexe filmische Formationen eine vertiefte Betrachtung notwendig erscheinen lassen, sodass sich die Notwendigkeit des sich anschließenden sechsten Kapitels zwangsläufig aus der Verschiebung des Blickwinkels ergeben hat. Unter dem Oberbegriff „Komplexe Kommunikations- und Ebenenstrukturen" wurde untersucht, wie das Erzählen im Film durch die Gleichzeitigkeit zweier (oder mehrerer) Kommunikationssysteme – vereinfacht gesagt dem kinematographischen Erzählen durch Kamera, Montage und Mise-en-scène und dem sprachlichen Erzählen durch auditive

Dialoge und Voice-over sowie durch schriftliche Texte – einfache und komplexe narrative Formen hervorbringen kann. Es wurde gezeigt, welche Folgen das kombinatorische visuelle und sprachliche Erzählen für ein Ebenen- und Instanzenmodell hat, das klassischen Narratologien zugrunde liegt. Ins Auge gefasst wurden dabei Phänomene wie Voice-over-Erzählungen, gezeigte und thematisierte sprachliche und literarische Kommunikation im Film, gezeigte und thematisierte audiovisuelle und filmische Kommunikation im Film sowie Varianten der Ebenenschachtelung und Spannungen zwischen visuellen und sprachlichen Erzählinstanzen, einschließlich des visuellen Ebenenkurzschlusses und der Metalepse. Ergeben haben sich vielfältige Konstellationen, die nicht mehr unmittelbar auf Ebene der narratologischen Kategorie, sondern nur noch funktional mit narrativen Mustern in der Erzählliteratur vergleichbar sind.

Bereits in diesem, tendenziell ausblickend angelegten sechsten Kapitel konnten einige Anschlusspunkte für weitere filmnarratologische Forschungsarbeiten angedeutet werden, so die Untersuchung von selbst- und medienreflexivem und paradoxalem Erzählen im Film. Die Behauptung, dass mit dem vorliegenden filmnarratologischen Modell derartige Erzählformen systematisch untersucht, klassifiziert und taxiert werden können, wurde exemplarisch untermauert. Breite Forschungsfelder wie das des unzuverlässigen Erzählens bieten sich für weiterführende Analysen an, wobei sich gerade die Breite des Feldes erzählerischer Unzuverlässigkeit – über die sich die narratologische Forschung durchaus uneinig ist (vgl. Fludernik 2005b) – auch daraus ergibt, dass Phänomene unter dem *Label* ‚Unzuverlässigkeit' abgehandelt werden, die, wie Kapitel 6 gezeigt hat, gezielter durch die Untersuchung paralleler Kommunikations- und Ebenensysteme vertieft werden können.[1] Betrachtet man die zeitgenössische Filmproduktion, scheint vielschichtiges, paradoxales und selbstreflexives Erzählen im Spielfilm nicht nur in anspruchsvollen Nischenproduktionen zuzunehmen, sodass sich das Analysekorpus für filmnarratologische Arbeiten ständig erweitert. Spätestens seit Mitte der 1990er Jahre gibt es eine zunehmende Anzahl kommerzieller Spielfilme, die teilweise selbstreflexiv mit den Mitteln filmischen Erzählens spielen, um hochgradig verdichtete Erzählungen zu konstruieren und Spannung durch die narrative Realisierung zu erzeugen.[2] Auch das Fernsehen bietet filmnarratologisches For-

---

1 Einen Überblick, welche Filmtypen unter ‚erzählerischer Unzuverlässigkeit' abgehandelt werden, geben u. a. die Sammelbände von Liptay/Wolf (2005) und Helbig (2006b) sowie die Monographie von Laass (2008)(vgl. 1.3.5).

2 Es gab zwar in verschiedenen filmhistorischen Phasen immer wieder Filme, die das Spektrum erzählstruktureller Möglichkeiten des Films ausgelotet haben – man denke an die im Laufe der Arbeit betrachteten Filme wie DEAD OF NIGHT, RASHÔMON oder THE NAKED CITY –, dass derartige Formen aber zunehmend auch in populären Mainstreamfilmen vor-

schungspotenzial, beispielsweise die narrativen Strukturen seriellen Erzählens. Die in der Arbeit erwähnten Serien wie M*A*S*H oder 24 verdeutlichen, dass auch im Fernsehen höchstspezifische narrative Formen genutzt und zugleich mit beinahe spielerischer Leichtigkeit in den Dienst des unterhaltsamen filmischen Erzählens gestellt werden. Weitere aktuelle Serien wie SIX FEET UNDER (USA 2001-2005), CIDADE DOS HOMENS/CITY OF MEN (Brasilien 2002-2005) oder THE SOPRANOS (USA 1999-2007) unterstreichen, dass hier untersuchungsrelevante erzählerische Innovationen vorliegen.[3]

Blickt man über das Einzelwerk hinaus, ergeben sich Anschlusspunkte auf dem Feld der Untersuchung intertextueller und intermedialer Zusammenhänge, für die das vorliegende filmnarratologische Modell als Grundlage dienen kann. Sowohl der Film nach dem Film, also das Remake, als auch der Film nach der Literatur, die Literaturadaption, als auch der Film nach dem Comicband oder dem Computerspiel – also sämtliche Formen des Medienwechsels – werfen Fragen auf, ob bei werk- und medienübergreifenden Stofftransfers auch die narrativen Zeit-, Ebenen-, Perspektiv- und Vermittlungsstrukturen mit adaptiert werden, welche strukturellen Differenzen sich durch die Einbettung von Stoffen in andere Medien ergeben und inwiefern die medialen Strukturen eine Veränderung der thematischen Ausrichtung bedingen. Wird der Blickwinkel erweitert, kann darüber hinaus untersucht werden, welchen Einfluss kulturelle und historische Umfelder bei einer Stoffadaption auf die narrativen und thematischen Strukturen der Repräsentation haben und inwiefern narrative Strukturen stoffgebunden oder abhängig von kulturellen und historischen Kontexten sind.[4]

Anzustreben wäre in einem nächsten Schritt also eine Kontextualisierung, Historisierung und Kulturalisierung der Filmnarratologie mit dem Versuch, allgemeine kinematographische Erzähltechniken von spezifisch historisch, kulturell oder anderweitig kontextuell geprägten Erzählmustern

---

kommen, dürfte eine in der vorliegenden Häufung neue Entwicklung sein. Viele der behandelten Filme unterstreichen diese Hypothese, z. B. THE USUAL SUSPECTS, MEMENTO, FIGHT CLUB, VANILLA SKY oder ADAPTATION, um nur einige zu nennen.

3 Vgl. u. a. Creeber (2004); Allrath/Gymnich (2005); Hammond (2005); MacCabe/Akass (2007); Seiler (2008). Dabei muss es sich nicht zwangsweise um sogenannte „Quality Television Series" handeln, auch als seichter geltende *dramedies* wie ALLY MCBEAL, DESPERATE HOUSEWIVES oder PUSHING DAISIES nutzen – verspielt und durchschaubar – verschiedene erzählstrukturelle Möglichkeiten, um auch auf formaler Ebene zu unterhalten und ein wiedererkennbares Profil zu entwickeln.

4 Untersuchungsrelevant wären diesbezüglich beispielsweise die Filmstoffe, die Hollywood schon immer aus anderen national-kulturellen Filmtraditionen adaptiert hat: von THE MAGNIFICENT SEVEN (John Sturges, USA 1960) basierend auf dem Film SHICHININ NO SAMURAI (Akira Kurosawa, Japan 1954) bis zu VANILLA SKY basierend auf dem Film ABRE LOS OJOS, um nur das Spektrum anzudeuten.

zu differenzieren. Bringt der lateinamerikanische oder indische Film andere narrative Strukturen hervor als der nordamerikanische? Gibt es historisch nachweisbare Entwicklungslinien bezüglich der Häufigkeit und der Art des Einsatzes bestimmter Perspektiv- und Ebenenstrukturen?[5] Ähnliche Untersuchungen wären im Kontext bestimmter Filmgenres möglich. So könnte die Filmnarratologie einen Beitrag dazu leisten, Genredefinitionen durch Präzisierungen in der Beschreibung konstituierender narrativer Strukturen zu konkretisieren. Vergleichbares gilt für den Zusammenhang von narrativen Strukturen und Studiosystemen, Personalstilen, filmhistorischen Epochen und thematisch definierten Filmgruppen etc. Auch die Erzählvorgänge im Stummfilm, das sukzessive Wechselspiel aus schriftsprachlicher Erzählung auf Texttafeln und audiovisuellem Erzählen ohne Sprache, die Paraphrasierung angezeigter sprachlicher Gesprächssituationen durch visuelle Sequenzen und die visuelle Einbettung mentaler Metadiegesen und Projektionen könnten, wie anhand einzelner Kategorien angedeutet wurde, filmnarratologisch ausdifferenziert werden.

Weitere Anschlusspunkte ergeben sich im Forschungsumfeld der *new narratologies*. Ein filmnarratologisches Modell, wie das hier entwickelte werkintern-strukturalistische, könnte an kognitive und rezeptionsorientierte Ansätze und Projekte der Emotions- und Wirkungsforschung sowie der Kognitionspsychologie angeschlossen werden. Ein nicht zu unterschätzender Beitrag der Filmnarratologie wäre dabei, die Untersuchungsfelder einer empirisch vorgehenden Rezeptions- und Wirkungsforschung vorzustrukturieren. Nicht zuletzt lässt sich die hier entwickelte Filmnarratologie immer auch als Teil eines Programms einer breitgefächerten transmedialen Narratologie auffassen, welche wiederum Teil einer umfassenden transmedialen Medientheorie sein sollte, die angesichts einer voranschreitenden medialen Vernetzung notwendig erscheint. Fragen nach den Funktionen von Literaturverfilmungen, nach dem Kino als Institution der Massenunterhaltung und der Filmindustrie als Verwertungsapparat von literarischen, biographischen, historischen und zeitgenössischen Stoffen lassen Anfang des 21. Jahrhunderts ganz neue trans- und intermediale sowie transkulturelle Dimensionen erkennen. Sie sind nicht mehr von Fragen multimedialer Mehrfachverwertung zu trennen, weil das Bestreben nach medienübergreifenden Synergieeffekten immer neue Formen annimmt: das Computerspiel, die Website, der Soundtrack, das Forum, das Weblog, das Buch, der Podcast, das Handygame zum Film; der Kinofilm zur TV-Serie, zur

---

5 Durch die vorliegende Discours-Narratologie können einerseits diejenigen Studien, die sich primär der thematischen Ebene gewidmet und Paradigmen der Handlungsstruktur herausgearbeitet haben, ergänzt werden, andererseits kann auch das vorliegende Modell durch Ansätze zur Histoire-Ebene und zur Analyse der thematischen, Figuren- und Raumstrukturen ergänzt werden.

Popband, zum Comic-Helden, zum Bestseller, zum Musical, zum *YouTube*-Erfolg; die reale Zeitschrift zur virtuellen Realität; der Popstar als Filmstar als Medienstar als Superstar – der multimedialen Vernetzung und kommerziellen Auswertung scheinen wenige Grenzen gesetzt, was nicht nur die Vermarktungsstrategien im Medienverbund um die LORD OF THE RINGS-Trilogie veranschaulicht haben (vgl. Thompson 2007). In sämtlichen multimedialen Formen können Geschichten durch sprachliche, auditive, visuelle und audiovisuelle Mittel repräsentiert und miteinander vernetzt werden. Das Internet ist ein nahezu unbegrenzter Kosmos verschiedenster transmedialer Erzählformen und -formate oder, um in einer Metapher zu sprechen, ein gigantischer, ohne Pause laufender Erzählgenerator. Webserien und narrative *YouTube*-Clips sind nur einige Beispiele von vielen.

Aufbauend auf verschiedenen Feldern der klassischen Narratologie konnte mit dem Fokus auf Phänomene des kinematographischen Erzählens eine Erzähltheorie des Films von hohem analytischem Wert entwickelt werden. Einer weiterführenden narratologischen Film- und Medienforschung sollte mit dem vorliegenden Entwurf einer Filmnarratologie und seinen Modellen und Kategorien somit der Weg bereitet sein.

8. Film- und Literaturverzeichnis

8.1 Filme

Die Filme sind alphabetisch nach Originaltiteln geordnet. Der deutsche Titel wird bei fremdsprachigen Produktionen immer dann angegeben, wenn er vom Originaltitel abweicht. Die Jahreszahl bezieht sich auf das Datum der internationalen Erstveröffentlichung (*release date*). Im Text wurden Regisseur, Produktionsland und Erstveröffentlichungsdatum nur bei der ersten Erwähnung eines Films genannt. Im Text wurden folgende Abkürzungen verwendet: Bel = Belgien, Br = Brasilien, BRD = Bundesrepublik Deutschland (Filme von 1949-1989), Ch = China, D = Deutschland, DDR = Deutsche Demokratische Republik (Filme von 1949-1989), Dk = Dänemark, F = Frankreich, G = Griechenland, GB = Großbritannien, Hk = Hongkong, I = Italien, J = Japan, Kan = Kanada, Mex = Mexiko, N = Niederlande, Ö = Österreich, P = Polen, R = Russland, S = Spanien, Schw = Schweden.

5 X 2: CINQ FOIS DEUX (François Ozon, Frankreich 2004, *5 x 2 – Fünf mal zwei*).

8 MILE (Curtis Hanson, USA 2002).

11:14 (Greg Marcks, USA/Kanada 2003, *11:14 – elevenfourteen*).

24 (USA 2001 ff.; TV-Serie, bis 2010 acht Staffeln; verschiedene Regisseure, Entwickler: Robert Cochran/Joel Surnow).

25TH HOUR (Spike Lee, USA 2002, *25 Stunden*).

2001: A SPACE ODYSSEY (Stanley Kubrick, GB 1968, *2001: Odyssee im Weltraum*).

À BOUT DE SOUFFLE (Jean-Luc Godard, Frankreich 1960, *Außer Atem*).

À LA FOLIE … PAS DU TOUT (Laetitia Colombani, Frankreich 2002, *Wahnsinnig verliebt*).

ABRE LOS OJOS (Alejandro Amenábar, Spanien/Frankreich/Italien 1997, *Open Your Eyes: Virtual Nightmare*; auch: *Öffne die Augen*).

ABSCHIED VON GESTERN (Alexander Kluge, BRD 1966).

ADAPTATION (Spike Jonze, USA 2002, *Adaption: Der Orchideendieb*).

THE AGONY AND THE ECSTASY (Carol Reed, USA 1964, *Michelangelo – Inferno und Ekstase*).

ALF (USA 1986-1990; TV-Serie, vier Staffeln; verschiedene Regisseure); erwähnte Staffel: 1. Staffel (USA 1986-1987).

ALL ABOUT EVE (Joseph L. Mankiewicz, USA 1950, *Alles über Eva*).

ALLY MCBEAL (USA 1997-2002; TV-Serie, fünf Staffeln; verschiedene Regisseure, Entwickler: David E. Kelley).

ALMA MATER (Rolf Hädrich, BRD 1969).
AMADEUS (Milos Forman, USA 1984).
L'AMANT (Jean-Jacques Annaud, Frankreich/GB 1992; *Der Liebhaber*).
AMERICAN BEAUTY (Sam Mendes, USA 1999).
AN AMERICAN IN PARIS (Vincente Minnelli, USA 1951, *Ein Amerikaner in Paris*).
L'AMI DE MON AMIE (Eric Rohmer, Frankreich 1987, *Der Freund meiner Freundin*).
L'ANNÉE DERNIÈRE À MARIENBAD (Alain Resnais, Frankreich/Italien 1961, *Letztes Jahr in Marienbad*).
ANY GIVEN SUNDAY (Oliver Stone, USA 1999, *An jedem verdammten Sonntag*).
ASPHALT (Joe May, Deutschland 1929).
ATONEMENT (Joe Wright, GB/Frankreich 2007, *Abbitte*).
BACK TO THE FUTURE (Robert Zemeckis, USA 1985, *Zurück in die Zukunft*).
BANDE À PART (Jean-Luc Godard, Frankreich 1964, *Die Außenseiterbande*).
BARRY LYNDON (Stanley Kubrick, GB 1975).
BASQUIAT (Julian Schnabel, USA 1996).
THE BEACH (Danny Boyle, USA 2000).
A BEAUTIFUL MIND (Ron Howard, USA 2001, *Beautiful Mind: Genie und Wahnsinn*).
BECOMING JANE (Julian Jarrold, GB 2007, *Geliebte Jane*).
BEING JOHN MALKOVICH (Spike Jonze, USA 1999).
BENJI (Joe Camp, USA 1974, *Benji: Auf heißer Fährte*).
BERLIN ALEXANDERPLATZ (Rainer Werner Fassbinder, BRD 1980, Fernsehfilm in 13 Teilen und einem Epilog); erwähnte Folgen: 1, 4, 9, 14.
THE BLAIR WITCH PROJECT (Daniel Myrick/Eduardo Sánchez, USA 1999).
DER BLAUE ENGEL (Josef von Sternberg, Deutschland 1930).
DIE BLECHTROMMEL (Volker Schlöndorff, BRD/Frankreich 1979).
BRANDY IN THE WILDERNESS (Stanton Kaye, USA 1971).
BROKEN FLOWERS (Jim Jarmusch, USA/Frankreich 2005).
BULLETS OVER BROADWAY (Woody Allen, USA 1994).
CARNE TRÉMULA (Pedro Almodóvar, Spanien/Frankreich 1997, *Live Flesh – Mit Haut und Haar*).
C'ERA UNA VOLTA IL WEST (Sergio Leone, Italien/USA 1968, *Spiel mir das Lied vom Tod*).
CHRISTMAS HOLIDAY (Robert Siodmak, USA 1944, *Weihnachtsurlaub*).
CHUNG KING EXPRESS (Wong Kar Wai, Hongkong 1994).
CIDADE DE DEUS (Fernando Meirelles, Brasilien/USA/Frankreich 2002, *City of God*).

CIDADE DOS HOMENS (Brasilien 2002-2005; TV-Serie, vier Staffeln; verschiedene Regisseure, *City of Men*).

CITIZEN KANE (Orson Welles, USA 1941).

CLOSER (Mike Nichols, USA 2004, *Hautnah*).

CLOVERFIELD (Matt Reeves, USA 2008).

COLLATERAL (Michael Mann, USA 2004).

COMING APART (Milton Moses Ginsberg, USA 1969).

CONFIDENCES TROP INTIMES (Patrice Leconte, Frankreich 2004, *Intime Fremde*).

CONTE D'ÉTÉ (Eric Rohmer, Frankreich 1996, *Sommer*).

CRASH (Paul Haggis, USA 2004, *L.A. Crash*).

DANGEROUS LIAISONS (Stephen Frears, USA/GB 1988, *Gefährliche Liebschaften*).

THE DARJEELING LIMITED (Wes Anderson, USA 2007).

DARK PASSAGE (Delmer Daves, USA 1947, *Die schwarze Natter*).

DAVID HOLZMAN'S DIARY (Jim McBride, USA 1967, *David Holzmans Tagebuch*).

D-DAG (Dänemark 2000, Regie und Konzept: Søren Kragh-Jacobsen, Kristian Levring, Thomas Vinterberg, Lars von Trier).

DEAD OF NIGHT (Alberto Cavalcanti/Charles Crinchton/Basil Dearden/Robert Hamer, GB 1945, *Traum ohne Ende*).

DEATH ON THE NILE (John Guillermin, GB 1978, *Tod auf dem Nil*).

DESPERATE HOUSEWIVES (USA 2004 ff.; TV-Serie, bisher sieben Staffeln; verschiedene Regisseure, Entwickler: Marc Cherry).

DIARY OF THE DEAD (George A. Romero, USA 2007).

DIE ANOTHER DAY (Lee Tamahori, GB/USA 2002, *Stirb an einem anderen Tag*).

DON JUAN DEMARCO (Jeremy Leven, USA 1995).

THE DOOR IN THE FLOOR (Tod Williams, USA 2004, *The Door in the Floor – Die Tür der Versuchung*).

DOUBLE INDEMNITY (Billy Wilder, USA 1944, *Frau ohne Gewissen*).

THE DREAMERS (Bernardo Bertolucci, Frankreich/Italien/GB 2003, *Die Träumer*).

THE END OF THE AFFAIR (Neil Jordan, GB 1999, *Das Ende einer Affäre*).

ENEMY OF THE STATE (Tony Scott, USA 1998, *Der Staatsfeind Nr. 1*).

ET MOURIR DE PLAISIR (Roger Vadim, Italien/Frankreich 1960, *Und vor Lust zu sterben*).

EVIL UNDER THE SUN (Guy Hamilton, GB 1982, *Das Böse unter der Sonne*).

EXISTENZ (David Cronenberg, USA/Kanada/GB 1999).

EYES WIDE SHUT (Stanley Kubrick, USA/GB 1999).

LE FABULEUX DESTIN D'AMÉLIE POULAIN (Jean-Pierre Jeunet, Frankreich 2001, *Die fabelhafte Welt der Amélie*).

FEAR AND LOATHING IN LAS VEGAS (Terry Gilliam, USA 1998, *Angst und Schrecken in Las Vegas*).
LA FEMME DÉFENDUE (Philippe Harel, Frankreich 1997, *Die verbotene Frau*).
FESTEN (Thomas Vinterberg, Dänemark 1998, *Das Fest*).
FIGHT CLUB (David Fincher, USA 1999).
LA FILLE SUR LE PONT (Patrice Leconte, Frankreich 1999, *Die Frau auf der Brücke*).
FINDING NEVERLAND (Marc Forster, USA 2004, *Wenn Träume fliegen lernen*).
FLIRT (Hal Hartley, USA/BRD/Japan 1995).
LA FLOR DE MI SECRETO (Pedro Almodóvar, Spanien/Frankreich 1995, *Mein blühendes Geheimnis*).
DER FLORENTINER HUT (Wolfgang Liebeneiner, Deutschland 1939).
FOUR WEDDINGS AND A FUNERAL (Mike Newell, GB 1994, *Vier Hochzeiten und ein Todesfall*).
THE FRENCH LIEUTENANT'S WOMAN (Karel Reisz, GB 1981, *Die Geliebte des französischen Leutnants*).
DIE FREUDLOSE GASSE (Georg Wilhelm Pabst, Deutschland 1925).
FRIDA (Julie Taymor, USA/Kanada/Mexiko 2002).
THE GAME (David Fincher, USA 1997, *The Game – Das Geschenk seines Lebens*).
THE GENERAL (Clyde Bruckman/Buster Keaton, USA 1927, *Der General*).
DER GETEILTE HIMMEL (Konrad Wolf, DDR 1964).
GILDA (Charles Vidor, USA 1946).
GOODFELLAS (Martin Scorsese, USA 1990, *Good Fellas – Drei Jahrzehnte in der Mafia*).
THE GRADUATE (Mike Nichols, USA 1967, *Die Reifeprüfung*).
GROUNDHOG DAY (Harold Ramis, USA 1993, *Und täglich grüßt das Murmeltier*).
HALLOWEEN (John Carpenter, USA 1978; *Halloween: Die Nacht des Grauens*).
HAPPINESS (Todd Solondz, USA 1998).
HEAVEN CAN WAIT (Ernst Lubitsch, USA 1943, *Ein himmlischer Sünder*).
L'HOMME ATLANTIQUE (Marguerite Duras, Frankreich 1981).
HOMO FABER (Volker Schlöndorff, Deutschland/Frankreich/Griechenland 1991).
HOW GREEN WAS MY VALLEY (John Ford, USA 1941, *Schlagende Wetter*).
IDIOTERNE (Lars von Trier, Dänemark 1998, *Idioten*).
IMMORTAL BELOVED (Bernard Rose, USA 1994, *Ludwig van B. – Meine unsterbliche Geliebte*).
INLAND EMPIRE (David Lynch, USA/Polen/Frankreich 2006).
IRRÉVERSIBLE (Gaspar Noé, Frankreich 2002, *Irreversibel*).

IT CAME FROM OUTER SPACE (Jack Arnold, USA 1953, *Gefahr aus dem Weltall*).
ITALIENSK FOR BEGYNDERE (Lone Scherfig, Dänemark 2000, *Italienisch für Anfänger*).
JAWS (Steven Spielberg, USA 1975, *Der Weiße Hai*).
JULES ET JIM (François Truffaut, Frankreich 1962, *Jules und Jim*).
JUMANJI (Joe Johnston, USA 1995).
DER JUNGE FREUD (Axel Corti, Österreich/BRD 1976).
KEINE LIEDER ÜBER LIEBE (Lars Kraume, Deutschland 2005).
THE KILLERS (Robert Siodmak, USA 1946, *Die Killer/Rächer der Unterwelt*).
KING KONG (Merian C. Cooper/Ernest B. Schoedsack USA 1933, *King Kong und die weiße Frau*).
KLEINRUPPIN FOREVER (Carsten Fiebeler, Deutschland 2004).
THE LADY FROM SHANGHAI (Orson Welles, USA 1947, *Die Lady von Shanghai*).
THE LADY IN THE LAKE (Robert Montgomery, USA 1947, *Die Dame im See*).
DER LETZTE MANN (Friedrich Wilhelm Murnau, Deutschland 1924).
LIEBE 47 (Wolfgang Liebeneiner, Deutschland 1949).
LOLA RENNT (Tom Tykwer, Deutschland 1998).
LOLITA (Stanley Kubrick, GB 1962).
THE LORD OF THE RINGS – THE FELLOWSHIP OF THE RING (Peter Jackson, USA 2001, *Der Herr der Ringe – Die Gefährten*).
LOST HIGHWAY (David Lynch, USA 1997).
LOVERS (Jean-Marc Barr, Frankreich 1999, *Lovers – Reine Liebe*).
LUST FOR LIFE (Vincente Minnelli, USA 1956, *Vincent van Gogh – Ein Leben in Leidenschaft*).
MACBETH (Orson Welles, USA 1948).
THE MAGNIFICENT AMBERSONS (Orson Welles, USA 1942, *Der Glanz des Hauses Amberson*).
THE MAGNIFICENT SEVEN (John Sturges, USA 1960, *Die glorreichen Sieben*).
LE MAGNIFIQUE (Philippe de Broca, Frankreich/Italien 1973, *Belmondo – Der Teufelskerl*).
MAGNOLIA (Paul Thomas Anderson, USA 1999).
LA MALA EDUCACIÓN (Pedro Almodóvar, Spanien 2003, *La Mala Educación – Schlechte Erziehung*).
THE MALTESE FALCON (John Huston, USA 1941, *Die Spur des Falken*).
THE MAN WITH THE GOLDEN GUN (Guy Hamilton, GB 1974, *James Bond: Der Mann mit dem goldenen Colt*).
LA MARQUISE D'O … (Eric Rohmer, BRD/Frankreich 1976, *Die Marquise von O …*).
M*A*S*H (USA 1972-1983; TV-Serie, elf Staffeln; verschiedene Regisseure); verwendete Folge: *Point of View* (Charles S. Dubin, USA 1978).

THE MATRIX (Larry Wachowski/Andy Wachowski, USA 1999, *Matrix*).
MELINDA AND MELINDA (Woody Allen, USA 2004, *Melinda und Melinda*).
MEMENTO (Christopher Nolan, USA 2000).
MENSCHEN AM SONNTAG (Curt Siodmak/Robert Siodmak/Edgar G. Ulmer/Fred Zinnemann, Deutschland 1930).
LE MÉPRIS (Jean-Luc Godard, Frankreich/Italien 1963, *Die Verachtung*).
MIFUNES SIDSTE SANG (Søren Kragh-Jacobse, Dänemark 1999, *Mifune*).
THE MILLION DOLLAR HOTEL (Wim Wenders, Deutschland/USA 2000).
MÖRDERISCHE ENTSCHEIDUNG (Oliver Hirschbiegel, Deutschland 1991).
MR. ARKADIN (Orson Welles, Spanien/Frankreich 1955, *Herr Satan persönlich*).
MULHOLLAND DRIVE (David Lynch, USA/Frankreich 2001).
MURDER, MY SWEET (Edward Dmytryk, USA 1944, *Mord, mein Liebling*).
THE NAKED CITY (Jules Dassin, USA 1948, *Stadt ohne Maske*).
NATURAL BORN KILLERS (Oliver Stone, USA 1994).
NICK OF TIME (John Badham, USA 1995, *Gegen die Zeit*).
NIGHT ON EARTH (Jim Jarmusch, USA 1991).
NOTORIOUS (Alfred Hitchcock, USA 1946, *Berüchtigt*).
LA NUIT AMÉRICAINE (François Truffaut, Frankreich/Italien 1973, *Die amerikanische Nacht*).
THE OMEN (Richard Donner, USA 1976, *Das Omen*).
OPENING NIGHT (John Cassavetes, USA 1977, *Die erste Vorstellung*).
LOS OTROS (Alejandro Amenábar, Spanien/USA 2001, *The Others*).
OTTO E MEZZO (Federico Fellini, Italien/Frankreich 1963, *Achteinhalb*).
OUT OF AFRICA (Sydney Pollack, USA 1985, *Jenseits von Afrika*).
PALERMO FLÜSTERT (Wolf Gaudlitz, Deutschland/Italien 2001).
LE PARFUM. HISTOIRE D'UN MEURTRIER (Tom Tykwer, Deutschland/Frankreich/Spanien 2006, *Das Parfum: Die Geschichte eines Mörders*).
PAROXISMUS (Jesus Franco, GB/BRD/Italien 1969).
EN PASSION (Ingmar Bergman, Schweden 1969, *Passion*).
PASSION (Jean-Luc Godard, Frankreich/Schweiz 1982).
PERSONA (Ingmar Bergman, Schweden 1966).
PHILADELPHIA (Jonathan Demme, USA 1993).
PIERROT LE FOU (Jean-Luc Godard, Frankreich/Italien 1965, *Elf Uhr nachts*).
THE PLAYER (Robert Altman, USA 1992).
PLEIN SOLEIL (René Clément, Frankreich/Italien 1960, *Nur die Sonne war Zeuge*).
POLLOCK (Ed Harris, USA 2000).
THE POSTMAN ALWAYS RINGS TWICE (Tay Garnett, USA 1946).
PRZYPADEK (Krzysztof Kieslowskii, Polen 1987, *Der Zufall möglicherweise*).
THE PURPLE ROSE OF CAIRO (Woody Allen, USA 1985).

PUSHING DAISIES (USA 2007-2009; TV-Serie, zwei Staffeln; verschiedene Regisseure, Entwickler: Bryan Fuller).
QUARANTINE (John Erick Dowdle, USA 2008).
QUEEN CHRISTINA (Rouben Mamoulia, USA 1933, *Königin Christine*).
RASHÔMON (Akira Kurosawa, Japan 1950, *Rashomon – Das Lustwäldchen*).
LE RAYON VERT (Eric Rohmer, Frankreich 1986, *Das grüne Leuchten*).
REAR WINDOW (Alfred Hitchcock, USA 1954, *Das Fenster zum Hof*).
[REC] (Jaume Balagueró/Paco Plaza, Spanien 2007).
REMBRANDT (Alexander Korda, GB 1936).
REMBRANDT (Charles Matton, Frankreich/Deutschland/Niederl. 1999).
RETURN TO INNOCENCE (Julien Temple, 1994; Musikvideo zum Song *Return to Innocence* der Gruppe *Enigma*).
ROPE (Alfred Hitchcock, USA 1948, *Cocktail für eine Leiche*).
THE ROYAL TENENBAUMS (Wes Anderson, USA 2001).
RUSSKIJ KOVCHEG (Alexander Sokurov, Russland/Deutschland 2002, *Russian Ark – Eine einzigartige Zeitreise durch die Eremitage*).
SABRINA (Billy Wilder, USA 1954).
LE SAMOURAÏ (Jean-Pierre Melville, Frankreich/Italien 1967, *Der Eiskalte Engel*).
LE SCAPHANDRE ET LE PAPILLON (Julian Schnabel, Frankreich/USA 2007, *Schmetterling und Taucherglocke*).
SCHERBEN (Lupu Pick, Deutschland 1921).
SECRET WINDOW (David Koepp, USA 2004, *Das geheime Fenster*).
SEUL CONTRE TOUS (Gaspar Noé, Frankreich 1998, *Menschenfeind*).
SHERLOCK JUNIOR (Buster Keaton, USA 1924).
SHICHININ NO SAMURAI (Akira Kurosawa, Japan 1954, *Die sieben Samurai*).
SHORT CUTS (Robert Altman, USA 1993).
SIX FEET UNDER (USA 2001-2005; TV-Serie, fünf Staffeln; verschiedene Regisseure, Entwickler: Alan Ball).
THE SIXTH SENSE (M. Night Shyamalan, USA 1999, *Der Sechste Sinn*).
SLIDING DOORS (Peter Howitt, GB/USA 1998, *Sie liebt ihn – sie liebt ihn nicht*).
SLIVER (Phillip Noyce, USA 1993).
SMULTRONSTÄLLET (Ingmar Bergman, Schweden 1957, *Wilde Erdbeeren*).
THE SOPRANOS (USA 1999-2007; TV-Serie, sechs Staffeln; verschiedene Regisseure, Entwickler: David Chase).
SPUN (Jonas Åkerlund, USA 2002, *Spun – Leben im Rausch*).
STAGE FRIGHT (Alfred Hitchcock, USA 1950, *Die rote Lola*).
STAND BY ME (Rob Reiner, USA 1986, *Stand by Me – Das Geheimnis eines Sommers*).
STAR WARS (George Lucas, USA 1977, *Krieg der Sterne*).
STORYTELLING (Todd Solondz, USA 2001).

STRANGER THAN FICTION (Marc Forster, USA 2006, *Schräger als Fiktion*).
SU ZHOU HE (Lou Ye, China/Deutschland/Niederlande/Japan/Frankreich 2000, *Suzhou River*).
SUNSET BOULEVARD (Billy Wilder, USA 1950, *Boulevard der Dämmerung*).
SWIMMING POOL (François Ozon, Frankreich/GB 2003).
SYLVESTER. TRAGÖDIE EINER NACHT (Lupu Pick, Deutschland 1924).
TAXI DRIVER (Martin Scorsese, USA 1976).
THE TEN COMMANDMENTS (Cecil B. DeMille, USA 1956, *Die Zehn Gebote*).
THOMAS EST AMOUREUX (Pierre-Paul Renders, Belgien/Frankreich 2000, *Thomas ist verliebt*).
TIMECODE (Mike Figgis, USA 2000).
TITANIC (James Cameron, USA 1997).
TODO SOBRE MI MADRE (Pedro Almodóvar, Spanien/Frankreich 1999, *Alles über meine Mutter*).
TOUCH OF EVIL (Orson Welles, USA 1958, *Im Zeichen des Bösen*).
TRAINSPOTTING (Danny Boyle, GB 1996).
TROIS COULEURS: BLANC (Krzysztof Kieslowski, Frankreich/Polen/Schweiz 1994, *Drei Farben: Weiß*).
TROIS COULEURS: BLEU (Krzysztof Kieslowski, Frankreich/Polen 1993, *Drei Farben: Blau*).
TROIS COULEURS: ROUGE (Krzysztof Kieslowski, Frankreich/Polen/Schweiz 1994, *Drei Farben: Rot*).
THE TRUMAN SHOW (Peter Weir, USA 1998, *Die Truman Show*).
TWELVE ANGRY MEN (Sidney Lumet, USA 1957, *Die zwölf Geschworenen*).
THE USUAL SUSPECTS (Bryan Singer, USA 1995, *Die üblichen Verdächtigen*).
VAMPYR: DER TRAUM DES ALLAN GRAY (Carl Theodor Dreyer, Frankreich/Deutschland 1932).
VANILLA SKY (Cameron Crowe, USA 2001).
VERTIGO (Alfred Hitchcock, USA 1958, *Vertigo – Aus dem Reich der Toten*).
VINCENT & THEO (Robert Altman, GB/Italien/Niederlande/Frankreich 1990).
VORWÄRTS (René Perraudin, Deutschland 1990).
WHAT WOMEN WANT (Nancy Meyers, USA 2000, *Was Frauen wollen*).
WOLFEN (Michael Wadleigh, USA 1981).
WONDER BOYS (Curtis Hanson, USA 2000, *Die WonderBoys*).
Y TU MAMÁ TAMBIÉN (Alfonso Cuarón, Mexiko 2001, *Lust for Life*).
ZELIG (Woody Allen, USA 1983).

8.2 Literatur

Die Jahreszahl der Harvard-Zitierung bezieht sich in der Regel auf die erste Ausgabe. Zitiert wird, wenn nicht anders angegeben, nach der jüngsten aufgeführten Ausgabe. Wurde ein Werk grundlegend neu bearbeitet oder erweitert, dann sind, wenn es für die Argumentation wichtig war, beide Versionen getrennt im Verzeichnis angeführt.

Abbott, Horace Porte (2002), *The Cambridge Introduction to Narrative*, Cambridge.

Acevedo-Muñoz, Ernesto R. (2007), *Pedro Almodóvar*, London.

Alber, Jan (2004), „Bibliography of German Narratology", in: *Style* 38.2, S. 253-272.

Albersmeier, Franz-Josef (1995), „Literatur und Film. Entwurf einer praxisorientierten Textsystematik", in: P. V. Zima (Hg.), *Literatur intermedial. Musik – Malerei – Photographie – Film*, Darmstadt, S. 235-268.

Albersmeier, Franz-Josef/Roloff, Volker (Hgg.) (1989), *Literaturverfilmungen*, Frankfurt a. Main.

Allrath, Gaby/Gymnich, Marion (Hgg.) (2005), *Narrative Strategies in Television Series*, Basingstoke [u. a.].

Antor, Heinz (1998), „Genette, Gérard", in: A. Nünning (Hg.), *Metzler Lexikon Literatur- und Kulturtheorie*, Stuttgart/Weimar, S. 187-188.

Bach, Michaela (1997), *Erzählperspektive im Film. Eine erzähltheoretische Untersuchung mithilfe exemplarischer Filmanalysen*, Essen.

Bal, Mieke (1977a), *Narratologie. Les instances du récit. (Essais sur la signification narrative dans quatre romans modernes)*, Paris.

Bal, Mieke (1977b), „Narration et focalisation. Pour une théorie des instances du récit", in: *Poétique* 29, S. 107-127.

Bal, Mieke (1981a), „The Laughing Mice, or: On Focalization", in: *Poetics Today* 2.2, S. 202-210.

Bal, Mieke (1981b), „Notes on Narrative Embedding", in: *Poetics Today* 2.2, S. 41-59.

Bal, Mieke (1985), *Narratology. Introduction to the Theory of Narrative*, Toronto.

Bal, Mieke (1997), *Narratology. Introduction to the Theory of Narrative*, 2nd ed., „complete revision", Toronto [u. a.].

Bal, Mieke (2004), *Narrative Theory. Critical Concepts in Literary and Cultural Studies (Volume I, II, III, IV)*, London [u. a.].

Barthes, Roland (1966), „Introduction à l'analyse structurale des récits", in: *Communications* 8, S. 1-27.

Barthes, Roland (1967), „Le discours de l'histoire", in: *Information sur les sciences sociales* 6.4, S. 65-75.

Barthes, Roland (1968), „L'effet de réel", in: ders., *Oeuvres complètes, tome II: 1966-1973*, Paris, S. 479-484.

Baudrillard, Jean (1978), *Agonie des Realen*, Berlin.

Bazin, André (1959), „Pour un cinéma impur. Défense de l'adaption", in: ders., *Que'est-ce que le cinema?*, Bd. II: *Le cinema et les autres arts*, Paris, S. 7-32.

Bazin, André (1980), *Orson Welles. Mit einem Vorwort von François Truffaut*, Wetzlar [Original: *Orson Welles*, Paris 1950].

Beller, Hans (2007), „Entschleunigtes Editing?", in: *Schnitt* 46; http://www.schnitt.de/212,1033,01 (Zugriff: 15.7.2010).

Benveniste, Émile (1966), *Problèmes de linguistique générale*, Paris.

Berg, Helmuth Otto (1972), *Fernsehspiele nach Erzählvorlage*, Düsseldorf.

Bienk, Alice (2006), *Filmsprache. Einführung in die interaktive Filmanalyse*, Marburg.

Birr, Hannah/Reinerth, Maike Sarah/Thon, Jan-Noël (Hgg.) (2009), *Probleme filmischen Erzählens*, Münster.

Black, David Alan (1986), „Genette and Film: Narrative Level in the Fiction Cinema", in: *Wide Angle* 8.3-4, S. 19-26.

Bleicher, Thomas (1982), „Filmische Literatur und literarischer Film. Peter Handkes Erzählung ‚Die linkshändige Frau' und Sembène Ousmanes Film ‚Xala' als Paradigmata neuer Kunstformen", in: *Komparatistische-Hefte* 5-6, S. 119-137.

Bluestone, Georgio (1957), *Novels into Film. The Metamorphosis of Fiction into Cinema*, Baltimore.

Blumensath, Heinz/Lohr, Stephan (1983), „Verfilmte Literatur – literarischer Film", in: *Praxis Deutsch* 10.1, S. 10-19.

Bode, Christoph (2005), *Der Roman. Eine Einführung*, Tübingen.

Bogen, Steffen/Brassat, Wolfgang/Ganz, David (Hgg.) (2006), *Bilder, Räume, Betrachter. Festschrift für Wolfgang Kemp zum 60. Geburtstag*, Berlin.

Bonheim, Helmut (1990), *Literary systematics*, Cambridge.

Bonheim, Helmut (1995), „Literaturwissenschaftliche Modelle und Modelle dieser Modelle", in: A. Nünning (Hg.), *Literaturwissenschaftliche Theorien, Modelle und Methoden. Eine Einführung*, Trier, S. 13-28.

Booth, Wayne C. (1961), *The Rhetoric of Fiction*, Chicago/London.

Booth, Wayne C. (2005), „Resurrection of the Implied Author: Why Bother?", in: J. Phelan/P. J. Rabinowitz (Hgg.), *A Companion to Narrative Theory*, Malden [u. a.], S. 75-88.

Bordwell, David (1985), *Narration in the Fiction Film*, Madison/London.

Bordwell, David (1988), „Adventures in the Highlands of Theory", in: *Screen* 29.1, S. 72-92.

Bordwell, David (1989), *Making Meaning. Inference and Rhetoric in the Interpretation of Cinema*, Cambridge/London.

Bordwell, David (2004), „Neo-Structuralist Narratology and the Functions of Filmic Storytelling", in: M.-L. Ryan (Hg.), *Narrative across Media. The Languages of Storytelling*, Lincoln/London, S. 203-219.

Bordwell, David (2006), *The Way Hollywood Tells It. Story and Style in Modern Movies*, Berkeley.

Bordwell, David/Thompson, Kristin (1979), *Film Art. An Introduction*, Reading.

Bordwell, David/Thompson, Kristin (1994), *Film History. An Introduction*, New York.

Bordwell, David/Staiger, Janet/Thompson, Kristin (1985), *The Classical Hollywood Cinema. Film Style and Mode of Production to 1960*, New York.

Borstnar, Nils/Pabst, Eckhard/Wulff, Hans Jürgen (2002), *Einführung in die Film- und Fernsehwissenschaft*, Konstanz.

Bortolussi, Marisa/Dixon, Peter (2001), „Prolegomena for a Science of Psychonarratology", in: S. Chatman/W. van Peer (Hgg.), *New Perspectives on Narrative Perspective*, New York, S. 275-287.

Bortolussi, Marisa/Dixon, Peter (2003), *Psychonarratology. Foundations for the Empirical Study of Literary Response*, Cambridge.

Branigan, Edward R. (1984), *Point of View in the Cinema. A Theory of Narration and Subjectivity in Classical Film*, Berlin [u. a.].

Branigan, Edward R. (1992), *Narrative Comprehension and Film*, London/New York.

Branigan, Edward R. (2007a), „Die Point-of-View-Struktur", in: *montage/av* 16.1, S. 47-70 [dt. Übersetzung des Kapitels „The Point-of-View Shot" aus Branigan 1984, S. 103-121].

Branigan, Edward R. (2007b), „Fokalisierung", in: *montage/av* 16.1, S. 71-82 [dt. Übersetzung des Abschnitts „Focalisation" aus: Branigan 1992, S. 100-107].

Bremond, Claude (1964), „Le message narrative", in: *Communications* 4, S. 4-32.

Bremond, Claude (1966), „La logique des possibilités narratifs", in: *Communications* 8, S. 60-77.

Bremond, Claude (1973), *Logique du récit.*

Breuer, Horst (1998), „Typenkreise und Kreuztabellen. Modelle erzählerischer Vermittlung", in: *Poetica* 30, S. 233-249.

Brinckmann, Christine N. (1986), „Der Voice-Over als subjektivierende Erzählstruktur des Film Noir", in: R. Kloepfer/K.-D. Möller (Hgg.), *Narrativität in den Medien*, Münster, S. 101–118.

Brinckmann, Christine N. (1988), „Ichfilm und Ichroman", in: A. Weber/B. Friedl (Hgg.), *Film und Literatur in Amerika*, Darmstadt, S. 65-96 [zitiert nach dem Wiederabdruck in: dies., *Die anthropomorphe Kamera und andere Schriften zur filmischen Narration*, Zürich 1997, S. 82–112].

Brinckmann, Christine N. (1996), „Die anthropomorphe Kamera“, in: B. R. Erdle/S. Weigel (Hgg.), *Mimesis, Bild und Schrift. Ähnlichkeit und Entstellung im Verhältnis der Künste*, Köln, S. 99-121.

Bronzwaer, Wilhelmus Jozef Maria (1978), „Implied Author, Extradiegetic Narrator and Public Reader: Gérard Genette's narratological model and the reading version of ‚Great Expectations'“, in: *Neophilologus* 62, S. 1-18.

Burgoyne, Robert (1990), „The Cinematic Narrator. The Logic and Pragmatics of Impersonal Narration“, in: *Journal of Film and Video* 42.1, S. 3-16.

Chappuzeau, Bernhard (2005), *Transgression und Trauma bei Pedro Almodóvar und Rainer Werner Fassbinder*, Tübingen.

Chatman, Seymour (1978), *Story and Discourse: Narrative Structure in Fiction and Film*, Ithaca [u. a.].

Chatman, Seymour (1980), „What Novels Can Do That Films Can't (and Vice Versa), in: *Critical Inquiry* 7.1, S. 121-140.

Chatman, Seymour (1986), „Characters and Narrators: Filter, center, slant and interest-focus“, in: *Poetics Today* 7.2, S. 189-204.

Chatman, Seymour (1990a), *Coming to Terms. The Rhetoric of Narrative in Fiction and Film*, Ithaca [u. a.].

Chatman, Seymour (1990b), „What Can We Learn from Contextualist Narratology?“, in: *Poetics Today* 11.2, S. 309-328.

Chatman, Seymour (1999), „New Directions in Voice-Narrated Cinema“, in: D. Herman (Hg.), *Narratologies: New Perspectives on Narrative Analysis*, Columbus, S. 315-339.

Chatman, Seymour/van Peer, Willie (Hgg.) (2001), *New Perspectives on Narrative Perspective*, New York.

Choderlos de Laclos, Pierre Ambroise François (1782), *Les Liaisons dangereuses*, Amsterdam/Paris.

Christen, Thomas (2008), „Dogme '95: Rückkehr zum Grundlegenden“, in: T. Christen/R. Blanchet (Hgg.), *New Hollywood bis Dogma 95*, Marburg, S. 487-509.

Cobley, Paul (2001), *Narrative. The New Critical Idiom*, London.

Cohn, Dorrit (1978), *Transparent Minds. Narrative Modes for Presenting Consciousness in Fiction*, Princeton.

Cohn, Dorrit (1981), „The Encirclement of Narrative. On Franz Stanzel's ‚Theorie des Erzählens'“, in: *Poetics Today* 2, S. 157-182.

Cohn, Dorrit (1990), „Signposts of Fictionality. A Narratological Perspective“, in: *Poetics Today* 11, S. 775-804.

Cohn, Dorrit (1999), *The Distinction of Fiction*, Baltimore/London.

Cordes, Stefan (1997), *Filmerzählung und Filmerlebnis. Zur rezeptionsorientierten Analyse narrativer Konstruktionsformen im Spielfilm*, Münster.

Cornils, Anja (2004), „Erzähltheorie für Leser? Franz K. Stanzel unterwegs zum ›low structuralism‹“, in: M. Orosz/J. Schönert (Hgg.), *Narratologie interkulturell: Entwicklungen – Theorien*, Frankfurt a. M., S. 13-31.

Cornils, Anja/Schernus, Wilhelm (2003), „On the Relationship between Theory of the Novel, Narrative Theory, and Narratology“, in: T. Kindt/H.-H. Müller (Hgg.), *What is Narratology? Questions and Answers Regarding the Status of a Theory*, Berlin/New York, S. 137-174.

Cornils, Anja/Schernus, Wilhelm/Schönert, Jörg/Warda, Susanne (2003), *Kanonische Texte der Narratologie in deutschsprachigen Kodifikationen* [*pdf*-Dokumente zum *download*]; http://www.icn.uni-hamburg.de/de/articles; die Seitenangaben beziehen sich auf die jeweiligen *pdf*-Dokumente (Teil I und Teil II; Zugriff: 15.7.2010).

Creeber, Glen (2004), *Serial Television: Big Drama on the Small Screen*, London.

Currie, Mark (1998), *Postmodern Narrative Theory*, Basingstoke/London.

Deleyto, Celestino (1996), „Focalisation in Film Narrative“, in: S. Onega/J. A. García Landa: *Narratology: An Introduction*, London/New York, S. 217-233.

Diengott, Nilli (1990), „Reflections on Narrative Poetics. Aspects of Franz K. Stanzel's Typology Viewed Through a Genettian Perspective“, in: *Canadian review of comparative literature* 17, S. 45-56.

Dieterle, Bernard (1988), *Erzählte Bilder. Zum narrativen Umgang mit Gemälden*, Marburg.

D'Lugo, Marvin (2006), *Pedro Almodóvar*, Urbana/Chicago.

Döblin, Alfred (1929), *Berlin Alexanderplatz*, Berlin.

Doležel, Lubomír (1989), „Possible Worlds and Literary Fictions“, in: S. Allén, *Possible Worlds in Humanities, Arts and Sciences: Proceedings of Nobel Symposium 65*, Berlin/New York, S. 221-242.

Eco, Umberto (1972), *Einführung in die Semiotik*, München.

Eidsvik, Charles (1973), „Demonstrating Film Influence“, in: *Literature, Film Quarterly* 1, S. 113-121.

Elliott, Kamilla (2003), *Rethinking the Novel/Film Debate*, Cambridge.

Elliott, Kamilla (2004), „Literary Film Adaptation and the Form/Content Dilemma“, in: M.-L. Ryan (Hg.): *Narrative across Media. The Languages of Storytelling*, Lincoln/London, S. 220-243.

Els, Andriga (2001), „Point of View and Viewer Empathy in Film“, in: S. Chatman/W. van Peer (Hgg.): *New Perspectives on Narrative Perspective*, New York, S. 133-158.

Estermann, Alfred (1965), *Die Verfilmung literarischer Werke*, Bonn.

Ewert, Jeanne C. (2005), „Comics and Graphic Novel“, in: D. Herman/M. Jahn/M.-L. Ryan (Hgg.), *Routledge Encyclopedia of Narrative Theory*, London/New York, S. 71-73.

Ferenz, Volker (2008), *Don't believe his lies. The Unreliable Narrator in Contemporary American Cinema*, Trier.

Fieguth, Rolf (1973), „Zur Rezeptionslenkung bei narrativen und dramatischen Werken", in: *Sprache im Technischen Zeitalter* 47, S. 186-201.

Fleishman, Avrom (1992), *Narrated Films. Storytelling Situations in Cinema History*, Baltimore [u. a.].

Fludernik, Monika (1996), *Towards a ‚Natural' Narratology*, London/New York.

Fludernik, Monika (2000a), „Beyond Structuralism in Narratology. Recent Developments and New Horizons in Narrative Theory", in: *Anglistik* 11.1, S. 83-96.

Fludernik, Monika (2000b), „Genres, Text Types, or Discourse Modes? Narrative Modalities and Generic Categorization", in: *Style* 34.2, S. 274-292.

Fludernik, Monika (2001), „Fiction vs. Non-Fiction. Narratological Differentiations", in: J. Helbig (Hg.), *Erzählen und Erzähltheorie im 20. Jahrhundert. Festschrift für Wilhelm Füger*, Heidelberg, S. 85-103.

Fludernik, Monika (2003), „Scene Shift, Metalepsis, and the Metaleptic Mode", in: *Style* 37.4, S. 382-400.

Fludernik, Monika (2005a), „Histories of Narrative Theory (II): From Structuralism to the Present", in: J. Phelan/P. J. Rabinowitz (Hgg.), *A Companion to Narrative Theory*, Malden [u. a.], S. 36-59.

Fludernik, Monika (2005b), „*Unreliability* vs. *Discordance*. Kritische Betrachtungen zum literaturwissenschaftlichen Konzept der erzählerischen Unzuverlässigkeit", in: F. Liptay/Y. Wolf (Hgg.), *Was stimmt denn jetzt? Unzuverlässiges Erzählen in Literatur und Film*, München, S. 39-59.

Fludernik, Monika (2006), *Einführung in die Erzähltheorie*, Darmstadt.

Fludernik, Monika/Margolin, Uri (2004), „Introduction", in *Style* 38.2, S. 48-187.

Fludernik, Monika/Richardson, Brian (2000), „Bibliography of Recent Works on Narrative", in: *Style* 34.2, S. 319-328.

Forster, Edward Morgan (1927), *Aspects of the Novel*, London.

Fowles, John (1969), *The French Lieutenant's Woman*, Boston/London.

Freeland, Cynthia (2004), „Ordinary Horror on Reality TV", in: M.-L. Ryan (Hg.), *Narrative across Media. The Languages of Storytelling*, Lincoln/London, S. 244-266.

Frenkel, Vera (1992), „From the Transit Bar", in: Ausstellungskatalog *documenta IX*, Bd. 2, (13.6.-20.9.1992), S. 186-189.

Friedman, Norman (1955), „Point of View in fiction. The Development of a Critical Concept", in: *PMLA* 70, S. 1160-1184.

Friedemann, Käte (1910), *Die Rolle des Erzählers in der Epik*, Berlin.

Frisch, Max (1954), *Stiller*, Frankfurt a. Main.

Füger, Wilhelm (1993), „Stimmbrüche. Varianten und Spielräume narrativer Fokalisation", in: H. Foltinek/W. Riehle/W. Zacharasiewicz (Hgg.), *Tales and „their telling difference". Zur Theorie und Geschichte der Narrativik. Festschrift für Franz K. Stanzel*, Heidelberg, S. 43-59.

Fulton, Helen (2005) (with Huisman, Rosemary/Murphet, Julian/Dunn, Anne), *Narrative and Media*, Cambridge [u. a.].

Garard, Charles (1991), *Point of View in Fiction and Film. Focus on John Fowles*, New York.

Gardies, André (1988), „Le puvoir ludique de la focalisation", in: *Protée* 16.1-2, S. 139-145.

Gardies, André (1993), *Le récit filmique*, Paris.

Gast, Wolfgang (1993a), *Film und Literatur. Grundbuch. Einführung in Begriffe und Methoden der Filmanalyse*, Franfurt a. Main.

Gast, Wolfgang (Hg.) (1993b), *Literaturverfilmung*, Bamberg.

Gast, Wolfgang/Hickethier, Knut/Vollmers, Burkhard (1993), „Literaturverfilmung als ein Kulturphänomen", in: W. Gast (Hg.), *Literaturverfilmung*, Bamberg, S. 12-20.

Gaudreault, André (1987), „Narration and Monstration in the Cinema", in: *Journal of Film and Video* 39.2, S. 29-36.

Gaudreault, André (1988), *Du littéraire au filmique. Système du récit*, Paris.

Gaudreault, André (1999), *Du littéraire au filmique. Système du récit*, édition revue, corrigée et augmentée par l'auteur, Paris.

Gaudreault, André/Jost, François (1990), *Le récit cinématographique*, Paris.

Gaut, Berys (1997), „Film Authorship and Collaboration", in: Allen, Richard/Smith, Murray, *Film Theory and Philosophy*, New York, S. 149-172.

Genette, Gérard (1966), „Frontières du récit", in: *Communications* 8, S. 152-163 [Wiederabdruck in: *Figures II*, Paris 1969, S. 49-69].

Genette, Gérard (1972), „Discours du récit. Essai de méthode", in: ders., *Figures III*, Paris, S. 65-282.

Genette, Gérard (1980), *Narrative Discourse*, translated by Jane Lewin, Ithaca [u. a.].

Genette, Gérard (1982), *Palimpsestes. La littérature au second degré*, Paris.

Genette, Gérard (1983), *Nouveau discours du récit*, Paris.

Genette, Gérard (1987), *Paratextes*, Paris.

Genette, Gérard (1988), *Narrative Discourse Revisited*, translated by Jane Lewin, Ithaca.

Genette, Gérard (1991), *Fiction et diction*, Paris.

Genette, Gérard (1992), *Fiktion und Diktion*, aus dem Französischen von Heinz Jatho, München.

Genette, Gérard (1994), *Die Erzählung*, aus dem Französischen von Andreas Knop, mit einem Nachwort hrsg. von Jochen Vogt, München.

Gfrereis, Heike (Hg.) (1999), *Grundbegriffe der Literaturwissenschaft*, Stuttgart.

Gibson, Andrew (2001), „‚And the Wind Wheezing Through That Organ Once in a While'. Voice, Narrative, Film", in: *New Literary History* 32.3, S. 639-657.

Gide, André (1925), *Les faux-monnayeurs*, Paris.

Goebel, Eckart (1999), „Stationen der Erzählforschung in der Literaturwissenschaft", in: E. Lämmert (Hg.): *Die erzählerische Dimension. Eine Gemeinsamkeit der Künste*, Berlin, S. 3-33.

Goethe, Johann Wolfgang von (1774), *Die Leiden des jungen Werthers*, Leipzig.

Goetsch, Paul (1988), „Thesen zum Vergleich von literarischen Werken und ihren Verfilmungen", in: A. Weber/B. Friedl (Hgg.), *Film und Literatur in Amerika*, Darmstadt, S. 45-64.

Goodman, Nelson (1997), *Sprachen der Kunst. Entwurf einer Symboltheorie*, Frankfurt a. Main.

Gorman, David (2005), „Theories of Fiction", in: D. Herman/M. Jahn/M.-L. Ryan (Hgg.), *Routledge Encyclopedia of Narrative Theory*, London/New York, S. 163-167.

Greimas, Algirdas Julien (1966), *Sémantique structurale. Recherches de méthode*, Paris.

Greimas, Algirdas Julien (1967), „La structure des actants du récit. Essai d'approche générative", in: *Word* 23, S. 221-238.

Greimas, Algirdas Julien (1969), „Éléments d'une grammaire narrative", in: *L'Homme* 9.3, S. 71-92.

Greimas, Algirdas Julien (1970), *Du Sens. Essais sémiotique*, Paris.

Griem, Julika (2000), „Mit den Augen der Kamera? Aspekte filmischer Multiperspektivität in Bryan Singers *The Usual Suspects*, Akiro Kurosawas *Rashomon* und Peter Weirs *The Truman Show*", in: A. Nünning/V. Nünning (Hgg.), *Multiperspektivisches Erzählen. Zur Theorie und Geschichte der Perspektivenstruktur im englischen Roman des 18.-20. Jahrhunderts*, Trier, S. 307-322.

Griem, Julika/Voigts-Virchow, Eckart (2002), „Filmnarratologie: Grundlagen, Tendenzen und Beispielanalysen", in: A. Nünning/V. Nünning (Hgg.), *Erzähltheorie transgenerisch, intermedial, interdisziplinär*, Trier, S. 155-183.

Grimm, Petra (1996), *Filmnarratologie. Eine Einführung in die Praxis der Interpretation am Beispiel des Werbespots*, München.

Grübel, Rainer (1996), „Formalismus und Strukturalismus", in: H. L. Arnold/H. Detering (Hgg.), *Grundzüge der Literaturwissenschaft*, München, S. 386-408.

Grünzweig, Walter/Solbach, Andreas (1999a), „Einführung: Narratologie und interdisziplinäre Forschung", in: ders./ders. (Hgg.), *Grenzüberschreitungen. Narratologie im Kontext*, Tübingen, S. 1-15.

Grünzweig, Walter/Solbach, Andreas (Hgg.) (1999b), *Grenzüberschreitungen. Narratologie im Kontext*, Tübingen.

Hagenbüchle, Walter (1991), *Narrative Strukturen in Literatur und Film. »Schilten« – ein Roman von Hermann Burger. »Schilten« – ein Film von Beat Kuert*, Bern [u. a.].

Hamburger, Käte (1957), *Die Logik der Dichtung*, Stuttgart.

Hamburger, Käte (1968), *Die Logik der Dichtung*, 2., wesentlich veränderte Auflage, Stuttgart.

Hammett, Dashiell (1930), *The Maltese Falcon*, New York/London.

Hammond, Michael (2005), *The Contemporary Television Series*, Edinburgh.

Hartmann, Bernd (2004), *Literatur, Film und das Computerspiel*, Münster.

Hartmann, Britta/Wulff, Hans Jürgen (1995), „Vom Spezifischen des Films. Neoformalismus – Kognitivismus – Historische Poetik", in: *montage/av* 4.1, S. 5-22.

Hartmann, Britta/Wulff, Hans Jürgen (2002), „Neoformalismus, Kognitivismus, Historische Poetik des Kinos", in: J. Felix (Hg.), *Moderne Film-Theorie*, Mainz, S. 191-216.

Haubrichs, Wolfgang (Hg.) (1976), *Erzählforschung 1. Theorien, Modelle und Methoden der Narrativik*, Göttingen.

Hausken, Liv (2004), „Coda: Textual Theory and Blind Spots in Media Studies", in: M.-L. Ryan (Hg.), *Narrative across Media. The Languages of Storytelling*, Lincoln/London, S. 391-403.

Helbig, Jörg (Hg.) (1998), *Intermedialität. Theorie und Praxis eines interdisziplinären Forschungsgebiets*, Berlin.

Helbig, Jörg (Hg.) (2001), *Erzählen und Erzähltheorie im 20. Jahrhundert. Festschrift für Wilhelm Füger*, Heidelberg.

Helbig, Jörg (2005), „‚Follow the White Rabbit!' Signale erzählerischer Unzuverlässigkeit im zeitgenössischen Spielfilm", in: F. Liptay/Y. Wolf (Hgg.), *Was stimmt denn jetzt? Unzuverlässiges Erzählen in Literatur und Film*, München, S. 131-146.

Helbig, Jörg (2006a), „‚Open your eyes!' Zur (Un-)Unterscheidbarkeit filmischer Repräsentationen von Realität und Traum am Beispiel von David Finchers THE GAME und Cameron Crowes VANILLA SKY", in: ders. (Hg.), *Camera doesn't lie. Spielarten erzählerischer Unzuverlässigkeit im Film*, Trier, S. 169-188.

Helbig, Jörg (Hg.) (2006b), *Camera doesn't lie. Spielarten erzählerischer Unzuverlässigkeit im Film*, Trier.

Henderson, Brian (1983), „Tense, Mood, and Voice in Film (Notes after Genette)", in: *Film Quarterly* 36.4, S. 4-17 [zitiert nach dem Wiederabdruck in: B. Henderson/A. Martin (Hgg.), *Film, Quarterly. Forty Years – A Selection*, Berkeley 1999, S. 54-75].

Herman, David (1999a), „Introduction: Narratologies", in: ders. (Hg.), *Narratologies. New Perspectives on Narrative Analysis*, Columbus, S. 1-30.

Herman, David (Hg.) (1999b), *Narratologies. New Perspectives on Narrative Analysis*, Columbus.

Herman, David (2002), *Story Logic. Problems and Possibilities of Narrative*, Lincoln.

Herman, David (Hg.) (2003), *Narrative Theory and Cognitive Sciences*, Stanford.

Herman, David (2005), „Histories of Narrative Theory (I): A Genealogy of Early Developments", in: J. Phelan/P. J. Rabinowitz (Hgg.), *A Companion to Narrative Theory*, Malden [u. a.], S. 19-35.

Herman, David (2007a), „Introduction", in: ders. (Hg), *The Cambridge Companion to Narrative*, Cambridge [u. a.], S. 3-21.

Herman, David (Hg.) (2007b), *The Cambridge Companion to Narrative*, Cambridge [u. a.].

Herman, David/Jahn, Manfred/Ryan, Marie-Laure (Hgg.) (2005), *Routledge Encyclopedia of Narrative Theory*, London/New York.

Herman, Luc/Vervaeck, Bart (2005a), *Handbook of Narrative Analysis*, Lincoln/London.

Herman, Luc/Vervaeck, Bart (2005b), „Postclassical Narratology", in: D. Herman/M. Jahn/M.-L. Ryan (Hgg.), *Routledge Encyclopedia of Narrative Theory*, London/New York, S. 450 f.

Hettche, Thomas (1995), *Nox*, Frankfurt a. Main.

Hickethier, Knut (1993), *Film- und Fernsehanalyse*, Stuttgart/Weimar.

Hickethier, Knut (2007a), *Film- und Fernsehanalyse*, 4., aktualisierte und erweiterte Auflage, Stuttgart/Weimar.

Hickethier, Knut (2007b), „Erzählen mit Bildern. Für eine Narratologie der Audiovision", in: C. Müller/I. Scheidgen (Hgg.), *Mediale Ordnungen. Erzählen, Archivieren, Beschreiben*, Marburg, S. 91-106.

Hill, John/Gibson, Pamela Church (Hgg.) (2000), *Film Studies. Critical approaches*, Oxford.

Hogue, Peter (1974), „Let it run!", in: *The Velvet Light Trap* 13, S. 40-44.

Höltgen, Stefan (2001), *Spiegelbilder. Strategien der ästhetischen Verdopplung in den Filmen von David Lynch*, Hamburg.

Hühn, Peter (2008), „Functions and Forms of Eventfulness in Narrative Fiction", in: J. Pier/J. A. García Landa (Hgg.), *Theorizing Narrativity*, Berlin/New York, S. 141-163.

Hühn, Peter/Schönert, Jörg (2002), „Zur narratologischen Analyse von Lyrik", in: *Poetica* 34, S. 287-305.

Hühn, Peter/Schönert, Jörg (2003), „[Rezension] Ansgar und Vera Nünning (Hgg.): Neue Ansätze in der Erzähltheorie. Trier: Wissenschaftlicher Verlag Trier 2002, 274 S. Vera und Ansgar Nünning (Hgg.): Erzähltheorie transgenerisch, intermedial, interdisziplinär. Trier: Wissenschaftlicher Verlag Trier 2002, 301 S.", in: *Poetica* 35, S. 437-444.

Hühn, Peter/Schönert, Jörg (2007), „Einleitung: Theorie und Methodologie narratologischer Lyrik-Analyse“, in: P. Hühn/J. Schönert/M. Stein (Hgg.), *Lyrik und Narratologie. Text-Analysen zu deutschsprachigen Gedichten vom 16. bis zum 20. Jahrhundert*, Berlin/New York, S. 1-18.

Hühn, Peter/Schmid, Wolf/Schönert, Jörg (Hgg.) (2009), *Point of View, Perspective, and Focalization: Modeling Mediation in Narrative*, Berlin/New York.

Hühn, Peter/Pier, John/Schmid, Wolf/Schönert, Jörg (Hgg.) (2009), *Handbook of Narratology*, Berlin/New York.

Hurst, Matthias (1996), *Erzählsituationen in Literatur und Film. Ein Modell zur vergleichenden Analyse von literarischen Texten und filmischen Adaptionen*, Tübingen.

Hurst, Matthias (2001), „Mittelbarkeit, Perspektive, Subjektivität: Über das narrative Potential des Spielfilms“, in: J. Helbig (Hg.), *Erzählen und Erzähltheorie im 20. Jahrhundert. Festschrift für Wilhelm Füger*, Heidelberg, S. 223-251.

Ihwe, Jens (1972), „On the Foundations of a General Theory of Narrative Structure“, in: *Poetics* 3, S. 5-14.

Ingarden, Roman (1968), *Vom Erkennen des literarischen Kunstwerks*, Tübingen.

Inhetveen, Rüdiger/Kötter, Rudolf (Hgg.) (1996): *Betrachten – Beobachten – Beschreiben. Beschreibungen in den Kultur- und Naturwissenschaften*, München.

Iser, Wolfgang (1972), *Der implizite Leser. Kommunikationsformen des Romans von Bunyan bis Beckett*, München.

Iser, Wolfgang (1976), *Der Akt des Lesens. Theorie ästhetischer Wirkung*, München.

Jäger, Thomas (1998), *Die Bilderzählung. Narrative Strukturen in Zyklen des 18. und 19. Jahrhunderts – von Tiepolo und Goya bis Rethel*, Petersberg.

Jahn, Manfred (1995), „Narratologie: Methoden und Modelle der Erzähltheorie“, in: A. Nünning (Hg.), *Literaturwissenschaftliche Theorien, Modelle und Methoden. Eine Einführung*, Trier, S. 29-50.

Jahn, Manfred (1996), „Windows of Focalization: Deconstructing and Reconstructing a Narratological Concept“, in: *Style* 30.2, S. 241-267.

Jahn, Manfred (1999), „More Aspects of Focalization. Refinements and Applications“, in: *GRAAT* 21, *Recent Trends in Narratological Research*, S. 85-110.

Jahn, Manfred (2001), „Narrative Voice and Agency in Drama. Aspects of a Narratology of Drama“, in: *New Literary History* 32, S. 659-679.

Jahn, Manfred (2003), *A Guide to Narratological Film Analysis*, Version 1.7 (2.8.2003); http://www.uni-koeln.de/~ame02/pppf.htm (Zugriff: 15.7.2010).

Jahn, Manfred (2005), „Focalisation", in: D. Herman/M. Jahn/M.-L. Ryan (Hgg.), *Routledge Encyclopedia of Narrative Theory*, London/New York, S. 173-177.

Jahn, Manfred (2007), „Focalisation", in: D. Herman (Hg.), *The Cambridge Companion to Narrative*, Cambridge [u. a.], S. 94-108.

Jahn, Manfred/Nünning, Ansgar (1993), „Briefings. Number 7: Narratology", in: *The European English Messenger* 2.2, S. 24-29.

Jahn, Manfred/Nünning, Ansgar (1994), „A Survey of Narratological Models", in: *Literatur in Wissenschaft und Unterricht* 27, S. 183-303.

James, Henry (1934), *The Art of the Novel: Critical Prefaces*, hg. v. R. P. Blackmur, New York [u. a.].

Janik, Dieter (1973), *Die Kommunikationsstruktur des Erzählwerks. Ein semiologisches Modell*, Bebenhausen.

Jannidis, Fotis (2003), „Narratology and the Narrative", in: T. Kindt/H.-H. Müller (Hgg.), *What is Narratology? Questions and Answers Regarding the Status of a Theory*, Berlin/New York, S. 35-54.

Jenkins, Henry (2005), „Computer Games and Narrative", in: D. Herman/M. Jahn/M.-L. Ryan (Hgg.), *Routledge Encyclopedia of Narrative Theory*, London/New York, S. 80-82.

Jensen, Marcus (2004), *Oberland*, Frankfurt a. Main.

Jeßing, Benedikt/Köhnen, Ralph (2007), *Einführung in die Neuere deutsche Literaturwissenschaft*, 2. aktualisierte und erweiterte Auflage, Stuttgart/Weimar.

Jost, François (1980), „Discours cinématographique, narration. Deux façons d'envisager le problème de l'énonciation", in: J. Aumont/J.-L. Leutrat (Hgg.), *La théorie du film*, Paris, S. 121-131.

Jost, François (1983a), *Du nouveau roman au noveau romancier. Questions de narratologie*, Paris.

Jost, François (1983b), „Narration(s): en deçà et au-delà", in: *Communications* 38, S. 192-212.

Jost, François (1984), „Le regard romanesque. Ocularisation et focalisation", in: *Hors Cadre* 2, S. 67-84.

Jost, François (1987), *L'oeil – caméra. Entre film et roman*, Lyon [zitiert nach: 2ème édition revue et augmentée, 1989].

Kablitz, Andreas (1988), „Erzählperspektive – Point of view – Focalisation. Überlegungen zu einem Konzept der Erzähltheorie", in: *Zeitschrift für französische Sprache und Literatur* 98.3, S.239-255.

Kaemmerling, Ekkehard (1975), „Die filmische Schreibweise", in: M. Prangel (Hg.), *Materialien zu Alfred Döblins ›Berlin Alexanderplatz‹*, Frankfurt a. Main, S. 185-198.

Kaes, Anton (Hg.) (1978), *Kino-Debatte. Texte zum Verhältnis von Literatur und Film 1909-1929*, Tübingen.

Kahrmann, Cordula/Reiß, Gunter/Schluchter, Manfred (1977), *Erzähltextanalyse. Eine Einführung in Grundlagen und Verfahren. Mit Materialien zur Erzähltheorie und Übungstexten von Campe bis Ben Witter*, 2 Bde., Kronberg.

Kahrmann, Cordula/Reiß, Gunter/Schluchter, Manfred (1986), *Erzähltextanalyse. Eine Einführung. Mit Studien- und Übungstexten*, überarbeitete Neuausgabe des bisher zweibändigen Taschenbuchs, Königstein.

Kanzog, Klaus (Hg.) (1981), *Erzählstrukturen – Filmstrukturen. Erzählungen Heinrich von Kleists und ihre filmische Realisation*, Berlin.

Kargl, Reinhard (2006), *Wie Film erzählt. Wege zu einer Theorie des multimedialen Erzählens im Spielfilm*, Frankfurt a. Main.

Karpf, Jutta (1994), *Strukturanalyse der mittelalterlichen Bilderzählung. Ein Beitrag zur kunsthistorischen Erzählforschung*, Marburg.

Kaul, Susanne/Palmier, Jean-Pierre/Skrandies, Timo (Hgg.) (2009), *Erzählen im Film: Unzuverlässigkeit – Audiovisualität – Musik*, Bielefeld.

Kawin, Bruce F. (1978), *Mindscreen: Bergman, Godard, and First-Person Film*, Princeton.

Kayser, Wolfgang (1948), *Das sprachliche Kunstwerk. Eine Einführung in die Literaturwissenschaft*, Bern.

Keen, Suzanne (2003), *Narrative Form*, Basingstoke.

Keitel, Evelyne (2001), „Erzählen in den Zeiten des Internet: Literarische Hypertexte und multimediale Spielewelten, in: J. Helbig (Hg.), *Erzählen und Erzähltheorie im 20. Jahrhundert. Festschrift für Wilhelm Füger*, Heidelberg, S. 253-267.

Kemp, Wolfgang (1987), *Sermo corporeus. Die Erzählung der mittelalterlichen Glasfenster*, München.

Kemp, Wolfgang (Hg.) (1989), *Der Text des Bildes. Möglichkeiten und Mittel eigenständiger Bilderzählung*, München.

Keun, Irmgard (1932), *Das kunstseidene Mädchen*, Berlin.

Kindt, Tom (2004), „‚Erzählerische Unzuverlässigkeit' in Literatur und Film. Anmerkungen zu einem Begriff zwischen Narratologie und Interpretationstheorie", in: H. Hrachovec/W. Müller-Funk/B. Wagner (Hgg.), *Kleine Erzählungen und ihre Medien*, Wien, S. 53-63.

Kindt, Tom/Müller, Hans-Harald (1999), „Der implizite Autor. Zur Explikation und Verwendung eines umstrittenen Begriffs", in: F. Jannidis et al. (Hgg.), *Rückkehr des Autors. Zur Erneuerung eines umstrittenen Begriffs*, Tübingen, S. 273-287.

Kindt, Tom/Müller, Hans-Harald (2003a), „Narrative Theory and/or/as Theory of Interpretation, in: ders./ders. (Hgg.), *What Is Narratology? Questions and Answers Regarding the Status of a Theory*, Berlin/New York, S. 205-219.

Kindt, Tom/Müller, Hans-Harald (Hgg.) (2003b), *What Is Narratology? Questions and Answers Regarding the Status of a Theory*, Berlin/New York.

Kindt, Tom/Müller, Hans-Harald (2006), *The Implied Author. Concept and Controversy*, Berlin/New York.

King, Barry (1986), „‚The Classical Hollywood Cinema'. A Review", in: *Screen* 27.6, S. 74-88.

King, Barry (1987), „The Story Continues, or the Wisconsin Project, Part II", in: *Screen* 28.3, S. 56-88.

King, Barry (1988), „A Reply to Bordwell, Staiger and Thompson", in: *Screen* 29.1, S. 98-118.

Klaus, Georg/Buhr, Manfred (Hgg.) (1976), *Philosophisches Wörterbuch*, Berlin.

Kleist, Heinrich von (1808), *Die Marquise von O…*, Dresden [in: *Phöbus* 2].

Knilli, Friedrich/Hickethier, Knut/Lützen, Wolf Dieter (Hgg.) (1976), *Literatur in den Massenmedien – Demontage von Dichtung?*, München.

Kocher, Ursula (2006), „Summe der Narratologie. Wolf Schmid behandelt ‚Elemente der Narratologie' und zeigt neue theoretische Wege auf" [Rezension: Wolf Schmid, *Elemente der Narratologie*, Berlin 2005], in: *literaturkritik.de*, Nr. 4 (April 2006); http://www.literaturkritik.de/public/rezension.php?rez_id=9393 (Zugriff: 15.7.2010).

Kozloff, Sarah (1988), *Invisible Storytellers. Voice-Over Narration in American Fiction Film*, Berkeley [u. a.].

Kratochwill, Kerstin/Steinlein, Almut (Hgg.) (2004), *Kino der Lüge*, Bielefeld.

Kreiswirth, Martin (1995), „Tell Me a Story. The Narrativist Turn in the Human Sciences", in: M. Kreiswirth/T. Carmichael (Hgg.), *Constructive Criticism. The Human Sciences in the Age of Theory*, S. 61-87.

Kreuzer, Helmut (1993), „Arten der Literaturadaption", in: W. Gast (Hg.), *Literaturverfilmung*, Bamberg, S. 27-31.

Kroeber, Karl (2006), *Make Believe in Film and Fiction. Visual vs. Verbal Storytelling*, New York [u. a.].

Krützen, Michaela (2004), *Dramaturgie des Films. Wie Hollywood erzählt*, Frankfurt a. Main.

Kuchenbuch, Thomas (2005), *Filmanalyse. Theorien – Methoden – Kritik*, 2. überarbeitete Auflage, Wien [u. a.].

Kuhn, Markus (2007), „Narrative Instanzen im Medium Film. Das Spiel mit Ebenen und Erzählern in Pedro Almodóvars LA MALA EDUCACIÓN", in: C. Müller/I. Scheidgen (Hgg.), *Mediale Ordnungen. Erzählen, Archivieren, Beschreiben*, Marburg, S. 56-76.

Kuhn, Markus (2009a), „Film Narratology: Who Tells? Who Shows? Who Focalizes? Narrative Mediation in Self-Reflexive Fiction Films", in: P.

Hühn/W. Schmid/J. Schönert (Hgg.), *Point of View, Perspective, and Focalization: Modeling Mediation in Narrative*, Berlin/New York, S. 259-278.

Kuhn, Markus (2009b), „Ambivalenz und Kohärenz im populären Spielfilm: Die offene Werkstruktur als Resultat divergierender narrativer Erklärungs- und Darstellungsmuster am Beispiel von Alejandro Amenábars ABRE LOS OJOS", in: J. Abel/A. Blödorn/M. Scheffel (Hgg.), *Ambivalenz und Kohärenz. Untersuchungen zur narrativen Sinnbildung*, Trier, S. 141-158.

Kuhn, Markus (2009c), „Gibt es einen Ich-Kamera-Film? Überlegungen zum filmischen Erzählen mit der subjektiven Kamera und eine exemplarische Analyse von LE SCAPHANDRE ET LE PAPILLON", in: H. Birr/M. S. Reinerth/J.-N. Thon (Hgg.), *Probleme filmischen Erzählens*, Münster, S. 59-83.

Kuhn, Markus (2010), „Medienreflexives filmisches Erzählen im Internet: Die Webserie *Pietshow*", in: *Rabbit Eye – Zeitschrift für Filmforschung*, Nr. 1; http://www.rabbiteye.de/2010/1/kuhn_erzaehlen_im_internet.pdf (Zugriff: 15.7.2010).

Kühnel, Jürgen (2004a), *Einführung in die Filmanalyse. Teil 1: Die Zeichen des Films*, Siegen.

Kühnel, Jürgen (2004b), *Einführung in die Filmanalyse. Teil 2: Dramaturgie des Spielfilms*, Siegen.

Laass, Eva (2006), „Krieg der Welten in Lynchville. MULHOLLAND DRIVE und die Anwendungsmöglichkeiten und -grenzen des Konzepts narrativer UnZuverlässigkeit", in: J. Helbig (Hg.), *Camera doesn't lie. Spielarten erzählerischer Unzuverlässigkeit im Film*, Trier, S. 251-284.

Laass, Eva (2008), *Broken Taboos, Subjective Truths. Forms and Functions of Unreliable Narration in Contemporary American Cinema. A Contribution to Film Narratology*, Trier.

Labov, William (1972), *Language in the Inner City. Studies in the Black English Vernacular*, Philadelphia.

Laffay, Albert (1964), *Logique du cinéma. Création et spectacle*, Paris.

Lahde, Maurice (2002), „Der Leibhaftige erzählt. Täuschungsmanöver in THE USUAL SUSPECTS", in: *montage/av* 11.1, S. 149-179.

Lahn, Silke/Meister, Jan Christoph (2008), *Einführung in die Erzähltextanalyse*, Stuttgart.

Lämmert, Eberhard (1955), *Bauformen des Erzählens*, Stuttgart.

Lämmert, Eberhard (Hg.) (1999), *Die erzählerische Dimension. Eine Gemeinsamkeit der Künste*, Berlin.

Lange, Sigrid (2007), *Einführung in die Filmwissenschaft*, Darmstadt.

Lanser, Susan Sniader (1981), *The Narrative Act: Point of View in Prose Fiction*, Princeton.

Lins, Paolo (1997), *Cidade de Deus*, São Paulo.

Lintvelt, Jaap (1981), *Essai de typologie narrative: le point de vue*, Paris.

Liptay, Fabienne/Wolf, Yvonne (Hgg.) (2005), *Was stimmt denn jetzt? Unzuverlässiges Erzählen in Literatur und Film*, München.

Livingston, Paisley (1997), „Cinematic Authorship", in: R. Allen/M. Smith, *Film Theory and Philosophy*, New York, S. 132-148.

Lohmeier, Anke-Marie (1996), *Hermeneutische Theorie des Films*, Tübingen.

Lothe, Jakob (2000), *Narrative in Fiction and Film. An Introduction*, Oxford.

Lubbock, Percy (1921), *The Craft of Fiction*, London.

Ludwig, Hans-Werner (Hg.) (1982), *Arbeitsbuch Romananalyse*, Tübingen.

Ludwig, Otto (1891), „Formen der Erzählung", in: *Studien 1. Gesammelte Schriften*, Bd. 5, hg. v. A. Stern, Leipzig, S. 202-206.

MacCabe, Janet/Akass, Kim (Hgg.) (2007), *Quality TV: Contemporary American Televion and Beyond*, London [u. a.].

Mahler, Andreas (2001), „Erzählt der Film?", in: *Zeitschrift für französische Sprache und Literatur* 111, S. 260-269.

Mahne, Nicole (2007), *Transmediale Erzähltheorie. Eine Einführung*, Göttingen.

Margolin, Uri (2004), „Coda: The Next Generation", in *Style* 38.3, S. 376-387.

Martinez, Matias/Scheffel, Michael (1999), *Einführung in die Erzähltheorie*, München.

Maus, Fred Everett (2005) „Classical Instrumental Music and Narrative", in: J. Phelan/P. J. Rabinowitz (Hgg.), *A Companion to Narrative Theory*, Malden [u. a.], S. 466-483.

McHale, Brian (1987), *Postmodernist Fiction*, New York.

McHale, Brian (2005), „Ghosts and Monsters: On the (Im)Possibility of Narrating the History of Narrative Theory", in: J. Phelan/P. J. Rabinowitz (Hgg.), *A Companion to Narrative Theory*, Malden [u. a.], S. 60-71.

Meister, Jan Christoph (Hg.) (2005), *Narratology beyond Literary Criticism. Mediality, Disciplinarity*, Berlin/New York.

Meister, Jan Christoph/Kindt, Tom/Schernus, Wilhelm (2005), „Narratology beyond Literary Criticism. Mediality – Disciplinarity. Introduction", in: J. C. Meister (Hg.), *Narratology beyond Literary Criticism. Mediality, Disciplinarity*, Berlin/New York, S. ix-xvi.

Metz, Christian (1966), „La grande syntagmatique du film narratif", in: *Communications* 8, S. 120-124.

Metz, Christian (1972), *Semiologie des Films*, München.

Metz, Christian (1997), *Die unpersönliche Enunziation oder der Ort des Films*, Münster [Original: *L'énonciation impersonelle ou le site du film*, Paris 1991].

Mielke, Christine (2006), *Zyklisch-serielle Narration. Erzähltes Erzählen von 1001 Nacht bis zur TV-Serie*, Berlin.

Mittell, Jason (2007), „Film and Television Narrative“, in: D. Herman (Hg.), *The Cambridge Companion to Narrative*, Cambridge [u. a.], S. 156-171.

Möller-Naß, Karl-Dietmar (1986), *Filmsprache. Eine kritische Theoriegeschichte*, Münster.

Müller, Eggo (1995), „‚Filmische Schreibweise‘: Probleme eines medienwissenschaftlichen Topos’“, in: K.-D. Möller-Naß/H. Schneider/H. J. Wulff (Hgg.), *1. Film- und Fernsehwissenschaftliches Kolloquium/Münster ’88*, Münster, S. 82-89.

Müller, Günther (1948), „Erzählzeit und erzählte Zeit“, in: *Festschrift für Paul Kluckhohn und Hermann Schneider*, Tübingen, S. 195-212.

Mundt, Michaela (1994), *Transformationsanalyse. Methodische Probleme der Literaturverfilmung*, Tübingen.

Nash, Christopher (Hg.) (1990), *Narrative in Culture. The Uses of Storytelling in the Sciences, Philosophy and Literature*, London.

Nelles, William (1990), „Getting Focalization into Focus“, in: *Poetics Today* 11.2, S. 365-382.

Nelles, William (1997), *Frameworks. Narrative Levels and Embedded Narrative*, New York.

Nelles, William (2005), „Embedding“, in: D. Herman/M. Jahn/M.-L. Ryan (Hgg.), *Routledge Encyclopedia of Narrative Theory*, London/New York, S. 134f.

Newman, Michael (2005), „Mindscreen“, in: D. Herman/M. Jahn/M.-L. Ryan (Hgg.), *Routledge Encyclopedia of Narrative Theory*, London/New York, S. 310f.

Nichols, Bill (1989), „Form Wars. The Political Unconscious of Formalist Theory“, in: *South Atlantic Quarterly* 88.2, S. 487-515.

Niederhoff, Burkhard (2001), „Fokalisation und Perspektive“, in: *Poetica* 33.1, S. 1-21.

Nieragden, Göran (2002), „Focalization and Narration. Theoretical and Terminological Refinements“, in: *Poetics Today* 23.4, S. 685-697.

Nünning, Ansgar (1989), *Grundzüge eines kommunikationstheoretischen Modells der erzählerischen Vermittlung. Die Funktionen der Erzählinstanz in den Romanen George Eliots*, Trier.

Nünning, Ansgar (1993), „Renaissance eines anthropomorphisierten Passepartouts oder Nachruf auf ein literaturkritisches Phantom? Überlegungen und Alternativen zum Konzept des *implied author*“, in: *Deutsche Vierteljahrsschrift für Literaturwissenschaft und Geistesgeschichte* 67, S. 1-25.

Nünning, Ansgar (1995), „Vom Nutzen und Nachteil literaturwissenschaftlicher Theorien, Modelle und Methoden für das Studium: Eine Einführung in eine studentInnenorientierte Einführung“, in: ders. (Hg.), *Literaturwissenschaftliche Theorien, Modelle und Methoden. Eine Einführung*, Trier, S. 1-12.

Nünning, Ansgar (1997), „Erzähltheorie", in: K. Weimar et al. (Hgg.), *Reallexikon der deutschen Literaturwissenschaft: Neubearbeitung des Reallexikons der deutschen Literaturgeschichte*, Bd. 1, 3. neubearbeitete Auflage, Berlin/New York, S. 513-517.

Nünning, Ansgar (1998), „Erzähltheorie", in: ders. (Hg.), *Metzler Lexikon Literatur- und Kulturtheorie*, Stuttgart/Weimar, S. 131-133.

Nünning, Ansgar (1999), „Unreliable, Compared to What? Towards a Cognitive Theory of Unreliable Narration: Prolegomena and Hypotheses", in: W. Grünzweig/A. Solbach (Hgg.), *Grenzüberschreitungen. Narratologie im Kontext*, Tübingen, S. 53-73.

Nünning, Ansgar (2000), „Towards a Cultural and Historical Narratology. A Survey of Diachronic Approaches, Concepts, and Research Projects", in: B. Reitz/S. Rieuwerts (Hgg.): *Anglistentag 1999 Mainz. Proceedings*. Trier, S. 345-373.

Nünning, Ansgar (2003), „Narratology or Narratologies? Taking Stock of Recent Developments, Critique and Modest Proposals for Future Usages of the Term", in: T. Kindt/H.-H. Müller (Hgg.), *What Is Narratology? Questions and Answers Regarding the Status of a Theory*, Berlin/New York.

Nünning, Ansgar (2005), „Reconceptualizing Unreliable Narration: Synthesizing Cognitive and Rhetorical Approaches", in: J. Phelan/P. J. Rabinowitz (Hgg.), *A Companion to Narrative Theory*, Malden [u. a.], S. 89-107.

Nünning, Ansgar/Nünning, Vera (Hgg.) (2000), *Multiperspektivisches Erzählen. Zur Theorie und Geschichte der Perspektivenstruktur im englischen Roman des 18. bis 20. Jahrhunderts*, Trier.

Nünning, Ansgar/Nünning, Vera (2002a), „Von der Strukturalistischen Narratologie zur ‚postklassischen' Erzähltheorie: Ein Überblick über neue Ansätze und Entwicklungstendenzen", in: ders./dies. (Hgg.), *Neue Ansätze in der Erzähltheorie*, Trier, S. 4-33.

Nünning, Ansgar/Nünning, Vera (2002b), „Produktive Grenzüberschreitungen: Transgenerische, intermediale und interdisziplinäre Ansätze in der Erzähltheorie", in: ders./dies. (Hgg.), *Erzähltheorie transgenerisch, intermedial, interdisziplinär*, Trier, S. 1-22.

Nünning, Ansgar/Nünning, Vera (Hgg.) (2002c), *Neue Ansätze in der Erzähltheorie*, Trier.

Nünning, Ansgar/Nünning, Vera (Hgg.) (2002d), *Erzähltheorie transgenerisch, intermedial, interdisziplinär*, Trier.

Nünning, Ansgar/Sommer, Roy (2002), „Drama und Narratologie: Die Entwicklung erzähltheoretischer Modelle und Kategorien für die Dramenanalyse", in: A. Nünning/V. Nünning (Hgg.), *Erzähltheorie transgenerisch, intermedial, interdisziplinär*, Trier, S. 105-128.

Nünning, Ansgar/Sommer, Roy (2008), „Diegetic and Mimetic Narrativity. Some further Steps towards a Transgeneric Narratology of Drama", in: J. Pier/J. Á. García Landa (Hgg.), *Theorizing Narrativity*, Berlin/New York, S. 331-354.

Onega, Susana/García Landa, José Ángel (1996a), „Introduction", in: dies./ders. (Hgg.), *Narratology: An Introduction*, London/New York, S. 1-41.

Onega, Susana/García Landa, José Ángel (Hgg.) (1996b), *Narratology: An Introduction*, London/New York.

Orth, Dominik (2005), *Lost in Lynchworld – Unzuverlässiges Erzählen in David Lynchs* LOST HIGHWAY *und* MULHOLLAND DRIVE, Stuttgart.

Orth, Dominik (2008), „(Knappe) Einblicke in medienspezifische Erzähltechniken. (Review of: Nicole Mahne, Transmediale Erzähltheorie. Eine Einführung, Göttingen: Vandenhoeck & Ruprecht 2007.)", in: *JLTonline* (12.06.2008); http://nbn-resolving.de/urn:nbn:de:0222-000175 (Zugriff: 15.7.2010).

Paech, Joachim (1988), *Literatur und Film*, Stuttgart.

Paech, Joachim (Hg.) (1994), *Film, Fernsehen, Video und die Künste. Strategien der Intermedialität*, Stuttgart.

Pamuk, Orhan (1998), *Benim Adim Kirmizi*, Istanbul [dt. Übersetzung: *Rot ist mein Name*, München 2001].

Pauli, Hansjörg (1976), „Filmmusik. Ein historisch-kritischer Abriß", in: H.-C. Schmidt (Hg.), *Musik in den Massenmedien Rundfunk und Fernsehen. Perspektiven und Materialien*, Mainz, S. 91-119.

Peters, Jan Marie (1988), „Sprechakttheorethische Ansätze zum Vergleich Roman-Film", in: J. Paech (Hg.), *Methodenprobleme der Analyse verfilmter Literatur*, Münster, S. 45-61.

Peters, Jan Marie (1989), „*The Lady in the Lake* und das Problem der Ich-Erzählung in der Filmkunst (Raymond Chandler, 1944/Robert Montgomery, 1946)", in: F.-J. Albersmeier/V. Roloff, *Literaturverfilmungen*, Frankfurt a. Main, S. 245-258.

Pfister, Manfred (1997), *Das Drama. Theorie und Analyse*, 9. Auflage, München.

Phelan, James (2001), „Why Narrators Can Be Focalizers – and Why It Matters", in: S. Chatman/W. van Peer (Hgg.): *New Perspectives on Narrative Perspective*, New York, S. 51-64.

Phelan, James (2005), *Living to Tell about It. A Rhetoric and Ethics of Character Narration*, Ithaca/New York.

Phelan, James/Rabinowitz, Peter J. (2005a), „Introduction: Tradition and Innovation in Contemporary Narrative Theory", in: ders./ders. (Hgg.), *A Companion to Narrative Theory*, Malden [u. a.], S. 1-16.

Phelan, James/Rabinowitz, Peter J. (Hgg.) (2005b), *A Companion to Narrative Theory*, Malden [u. a.].

Pier, John/García Landa, José Ángel (2008a), „Introduction", in: ders./ders. (Hgg.), *Theorizing Narrativity*, Berlin/New York, S. 7-18.

Pier, John/García Landa, José Ángel (Hgg.) (2008b), *Theorizing Narrativity*, Berlin/New York.

Pirandello, Luigi (1921), *Sei personaggi in cerca d'autore*, Florenz.

Plenzdorf, Ulrich (1972), *Die neuen Leiden des jungen W.*, Berlin.

Pouillon, Jean (1946), *Temps et roman*, Paris.

Prince, Gerald (1973), *A Grammar of Stories*, The Hague.

Prince, Gerald (1982), *Narratology. The Form and Functioning of Narrative*, Berlin [u. a.].

Prince, Gerald (1987), *A Dictionary of Narratology*, Lincoln/London.

Prince, Gerald (2001), „A Point of View on Point of View or Refocusing Focalization", in: S. Chatman/W. van Peer (Hgg.): *New Perspectives on Narrative Perspective*, New York, S. 43-50.

Prince, Gerald (2003a), *A Dictionary of Narratology*, rev. edit., Lincoln [u. a.].

Prince, Gerald (2003b), „Surveying Narratology", in: T. Kindt/H.-H. Müller (Hgg.), *What is Narratology? Questions and Answers Regarding the Status of a Theory*, Berlin/New York, S. 1-16.

Prince, Gerald (2005), „Narrativity", in: D. Herman/M. Jahn/M.-L. Ryan (Hgg.), *Routledge Encyclopedia of Narrative Theory*, London/New York, S. 387-388.

Prince, Gerald (2008), „Narrativehood, Narrativeness, Narrativity, Narratibility", in: J. Pier/J. Á. García Landa (Hgg.), *Theorizing Narrativity*, Berlin/New York, S. 19-27.

Pross, Harry (1987), „Geschichte und Mediengeschichte", in: M. Bobrowsky/W. Duchkowitsch/H. Haas (Hgg.), *Medien- und Kommunikationsgeschichte. Ein Textbuch zur Einführung*, Wien, S. 8-15.

Proust, Marcel (1913-1927), *À la recherche du temps perdu*, Paris.

Pudovkin, Vsevolod (1928), *Filmregie und Filmmanuskript*, Berlin.

Rajewsky, Irina O. (2002), *Intermedialität*, Tübingen/Basel.

Rauh, Reinhold (1987), *Sprache im Film. Die Kombination von Wort und Bild im Spielfilm*, Münster.

Reinfandt, Christoph (2001), „Besprechung: Matias Martinez / Michael Scheffel: Einführung in die Erzähltheorie", in: *Poetica* 22, S. 257-260.

Richardson, Brian (1988), „Point of View in Drama: Diegetic Monologue, Unreliable Narrators, and the Author's Voice on Stage", in: *Comparative Drama* 22.3, S. 193-214.

Richardson, Brian (2000), „Recent Concepts of Narrative and the Narratives of Narrative Theory", in: *Style* 34.2, S. 168-175.

Richardson, Brian (2001), „Voice and Narration in Postmodern Drama“, in: *New Literary History* 32.3, S. 681-694.

Richardson, Robert (1969), *Literature and Film*, Bloomington/London.

Rimmon-Kenan, Shlomith (1976a), „A Comprehensive Theory of Narrative: G. Genette's *Figures III* and the Structuralist Study of Fiction“, in: *PTL. A Journal for Descriptive Poetics and Theory of Literature* 1.1, S. 33-62.

Rimmon-Kenan, Shlomith (1976b), „Problems of Voice in V. Nabokov's *The Real Life of Sebastian Knight*“, in: *PTL. A Journal for Descriptive Poetics and Theory of Literature* 1.3, S. 489-512.

Rimmon-Kenan, Shlomith (1983), *Narrative Fiction. Contemporary Poetics*, London.

Rimmon-Kenan, Shlomith (2002), *Narrative Fiction. Contemporary Poetics*, 2nd edition, London.

Robyns, Clem (1988), „[Kurzrezension:] François Jost, L'oeil-caméra. Entre film et roman, Lyon 1987“, in: *Poetics Today* 9.3, S. 675-676.

Rüffert, Christine et al. (Hgg.) (2004), *Zeitsprünge. Wie Filme Geschichte(n) erzählen*, Berlin.

Rühling, Lutz (1996), „Fiktionalität und Poetizität“, in: H. L. Arnold/H. Detering, *Grundzüge der Literaturwissenschaft*, München, S. 25-51.

Ryan, Marie-Laure (2002), „Stacks, Frames, and Boundaries“, in: B. Richardson (Hg.), *Narrative Dynamics. Essays on Time, Plot, Closure, and Frames*, Columbus, S. 366-386.

Ryan, Marie-Laure (2004a), „Introduction“, in: dies. (Hg.), *Narrative across Media. The Languages of Storytelling*, Lincoln/London, S. 1-40.

Ryan, Marie-Laure (Hg.) (2004b), *Narrative across Media. The Languages of Storytelling*, Lincoln/London.

Ryan, Marie-Laure (2005a), „On the Theoretical Foundations of Transmedial Narratology“, in: J. C. Meister (Hg.), *Narratology beyond Literary Criticism. Mediality, Disciplinarity*, Berlin/New York, S. 1-23.

Ryan, Marie-Laure (2005b), „Tellability“, in: D. Herman/M. Jahn/M.-L. Ryan (Hgg.), *Routledge Encyclopedia of Narrative Theory*, London/New York, S. 589-591.

Ryan, Marie-Laure (2007), „Toward a definition of narrative“, in: D. Herman (Hg.), *The Cambridge Companion to Narrative*, Cambridge [u. a.], S. 22-35.

Ryan, Marie-Laure/van Alphen, Ernst (1993), „Narratology“, in: I. R. Makaryk (Hg.): *Encyclopedia of Contemporary Literary Theory*, Toronto/Buffalo, S. 110-116.

Salvaggio, Jerry L. (1981), „The Emergence of a New School of Criticism: Neo-formalism“, in: *Journal of the University Film Association* 33.4, S. 45-52.

Schlickers, Sabine (1997), *Verfilmtes Erzählen: Narratologisch-komparative Untersuchung zu «El beso de la mujer araña» (Manuel Puig/Héctor Babenco) und «Crónica de una muerte anunciada» (Gabriel García Márquez/Francesco Rosi)*, Frankfurt a. Main.

Schlickers, Sabine (2009), „Focalisation, Ocularisation and Auricularisation in Film and Literature", in: P. Hühn/W. Schmid/J. Schönert (Hgg.): *Point of View, Perspective, and Focalization: Modeling Mediation in Narrative*, Berlin/New York, S. 243-258.

Schlumm, Gerhard (1990), „Der Schneideraum im Kopf. Filmische Konjunktoren und Disjunktoren im Rahmen einer produktionsorientierten Wahrnehmungspsychologie des Films", in: ders./H. J. Wulff (Hgg.), *Film und Psychologie I: Kognition – Rezeption – Perzeption*, Münster, S. 179-210.

Schmid, Wolf (1973), *Der Textaufbau in den Erzählungen Dostoevskijs*, München.

Schmid, Wolf (1986), *Der Textaufbau in den Erzählungen Dostoevskijs*, 2. Aufl. mit einem Nachwort („Eine Antwort an die Kritiker"), Amsterdam.

Schmid, Wolf (2003), „Narrativity and Eventfulness", in: T. Kindt/H.-H. Müller (Hgg.), *What is Narratology? Questions and Answers Regarding the Status of a Theory*, Berlin/New York, S. 17-33.

Schmid, Wolf (2005), *Elemente der Narratologie*, Berlin/New York.

Schmidt, Johann N. (1988), „Bildersprache: Über die Problematik von Literaturverfilmungen", in: A. Weber/B. Friedl (Hgg.), *Film und Literatur in Amerika*, Darmstadt, S. 21- 44.

Schneider, Irmela (1981), *Der verwandelte Text. Wege zu einer Theorie der Literaturverfilmung*, Tübingen.

Scholes, Robert (1974), *Structuralism in Literature. An Introduction*, New Haven [u. a.].

Schönert, Jörg (2004a), „Zum Status und zur disziplinären Reichweite von Narratologie", in: V. Borsò/C. Kann (Hgg.): *Geschichtsdarstellung. Medien – Methoden – Strategien*, Köln, S. 131-143.

Schönert, Jörg (2004b), „Narratologie als Texttheorie – mit Perspektiven für die textanalytische Praxis interkultureller Narratologie?", in: M. Orosz/J. Schönert (Hgg.), *Narratologie interkulturell: Entwicklungen – Theorien*, Frankfurt a. Main, S. 179-188.

Schüwer, Martin (2008), *Wie Comics erzählen. Grundriss einer intermedialen Erzähltheorie der grafischen Literatur*, Trier.

Schwab, Ulrike (2006), *Erzähltext und Spielfilm. Zur Ästhetik und Analyse der Filmadaption*, Berlin.

Schweinitz, Jörg (1999), „Zur Erzählforschung in der Filmwissenschaft", in: E. Lämmert (Hg.): *Die erzählerische Dimension. Eine Gemeinsamkeit der Künste*, Berlin, S. 73-87.

Schweinitz, Jörg (2005), „Die Ambivalenz des Augenscheins am Ende einer Affäre. Über Unzuverlässiges Erzählen, doppelte Fokalisierung und die Kopräsenz narrativer Instanzen im Film“, in: F. Liptay/Y. Wolf (Hgg.), *Was stimmt denn jetzt? Unzuverlässiges Erzählen in Literatur und Film*, München, S. 89-106.
Schweinitz, Jörg (2006), *Film und Stereotyp. Eine Herausforderung für das Kino und die Filmtheorie. Zur Geschichte eines Mediendiskurses*, Berlin.
Schweinitz, Jörg (2007a), „Multiple Logik filmischer Perspektivierung. Fokalisierung, narrative Instanz und wahnsinnige Liebe“, in: *montage/av* 16.1, S. 83-100.
Schweinitz, Jörg (2007b), „Erzählen“/„Unzuverlässiges Erzählen“, in: T. Koebner (Hg.), *Reclams Sachlexikon des Films*, 2., aktualisierte und erweiterte Auflage, Stuttgart, S. 173-174 und S. 741-743.
Schweinitz, Jörg/Tröhler, Margrit (2007), „Editorial. Figur und Perspektive (2)“, in: *montage/av* 16.1, S. 3-11.
Searle, John R. (1975), „The Logical Status of Fictional Discourse“, in: *New Literary History* 6, S. 319-332.
Seibel, Klaudia (2002), „Cyberage-Narratologie: Erzähltheorie und Hyperfiktion“, in: A. Nünning/V. Nünning (Hgg.), *Erzähltheorie transgenerisch, intermedial, interdisziplinär*, Trier, S. 217-236.
Seiler, Sascha (Hg.) (2008), *Was bisher geschah. Serielles Erzählen im zeitgenössischen amerikanischen Fernsehen*, Köln.
Sellors, Paul C. (2007), „Collective Authorship in Film“, in: *Journal of Aesthetics and Art Criticism* 65.3, S. 263-271.
Spiegel, Alan (1976), *Fiction and the Camera Eye. Visual Consciousness in Film and the Modern Novel*, Charlottesville.
Spielhagen, Friedrich (1883), *Beiträge zur Theorie und Technik des Romans*, Leipzig.
Staiger, Emil (1946), *Grundbegriffe der Poetik*, Zürich.
Staiger, Janet (1988), „Reading King’s Reading, in: *Screen* 29.1, S. 54-70.
Staiger, Janet (1992), *Interpreting Films. Studies in the Historical Reception of American Cinema*, Princeton.
Stam, Robert (2005), *Literature through Film. Realism, Magic, and the Art of Adaptation*, New York.
Stam, Robert/Burgoyne, Robert/Flitterman-Lewis, Sandy (1992), *New Vocabularies in Film Semiotics. Structuralism, Post-Structuralism and Beyond*, London [u. a.].
Stanzel, Franz K. (1955), *Die typischen Erzählsituationen im Roman. Dargestellt an „Tom Jones“, „Moby Dick“, „The Ambassadors“, „Ulysses“ u. a.*, Wien/Stuttgart.
Stanzel, Franz K. (1964), *Typische Formen des Romans*, Göttingen.

Stanzel, Franz K. (1971), *Narrative Situations in the Novel: Tom Jones, Moby Dick, The Ambassadors, Ulysses*, translated by J. P. Pusack, Bloomington.

Stanzel, Franz K. (1979), *Theorie des Erzählens*, Göttingen.

Stanzel, Franz K. (1984), *A Theory of Narrative*, Cambridge.

Stanzel, Franz K. (1990), „A Low Structuralist at Bay? Further Thoughts on A Theory of Narrative“, in: *Poetics Today* 11.4, S. 805-816.

Stanzel, Franz K. (1992), „Probleme der Erzählforschung 1950-1990. Ein Rückblick“, in: *Anglia* 110, S. 424-438.

Stanzel, Franz K. (2002), *Unterwegs – Erzähltheorie für Leser. Ausgewählte Schriften mit einer bio-bibliographischen Einleitung und einem Appendix von Dorrit Cohn*, Göttingen.

Steinke, Anthrin (2007), *Aspekte postmodernen Erzählens im amerikanischen Film der Gegenwart*, Trier.

Stempel, Wolf-Dieter (1973), „Erzählung, Beschreibung und der historische Diskurs“, in: R. Koselleck/W.-D. Stempel (Hgg.), *Geschichte, Ereignis und Erzählung*, S. 325-346.

Stiegler, Bernd (1995), „Discours du récit; Nouveau discours du récit“, in: R. G. Renner/E. Habekost (Hgg.), *Lexikon Literaturtheoretischer Werke*, Stuttgart.

Stiglegger, Marcus (2005), „Es könnte noch schlimmer kommen ... Momente der Täuschung und chronologische Inversion in den Filmen von Gaspar Noé“, in: F. Liptay/Y. Wolf (Hgg.), *Was stimmt denn jetzt? Unzuverlässiges Erzählen in Literatur und Film*, München, S. 324-335.

Suhrkamp, Carola (2000), „Die Perspektivenstruktur narrativer Texte aus der Sicht der *possible-worlds theory*. Zur literarischen Inszenierung der Pluralität subjektiver Wirklichkeitsmodelle“, in: A. Nünning/V. Nünning (Hgg.), *Multiperspektivisches Erzählen. Zur Theorie und Geschichte der Perspektivenstruktur im englischen Roman des 18. bis 20. Jahrhunderts*, Trier, S. 111-132.

Tamir, Nomi (1976), „Some Remarks on a Review of G. Genette's Structuralism”, in: *Poetics. Journal of Empirical Research on Literature, the Media and the Arts* 5.4, S. 403-405.

Taylor, Henry M. (2002), *Rolle des Lebens. Die Filmbiograhpie als narratives System*, Marburg.

Thoene, Tina (2006), „Er liebt mich – er liebt mich nicht. Abweichende Wahrnehmung und erzählerische Irreführungen in Laetitia Colombanis À LA FOLIE ... PAS DU TOUT“, in: J. Helbig (Hg.), *Camera doesn't lie. Spielarten erzählerischer Unzuverlässigkeit im Film*, Trier, S. 73-93.

Thompson, Kristin (1988a), *Breaking the Glass Armor. Neoformalist Film Analysis*, New York.

Thompson, Kristin (1988b), „Wisconsin Project of Projection?“, in: *Screen* 29.1, S. 48-53.

Thompson, Kristin (1999), *Storytelling in the New Hollywood. Understanding Classical Narrative Technique*, Cambridge.

Thompson, Kristin (2007), *The Frodo Franchise.* The Lord of the Rings *and Modern Hollywood*, Berkeley.

Tieck, Ludwig (1797), *Der gestiefelte Kater. Ein Kindermährchen in drey Akten mit Zwischenspielen, einem Prologe und Epiloge*, Berlin.

Todorov, Tzvetan (1966), „Les catégories du récit littéraire", in: *Communications* 8, S. 125-151.

Todorov, Tzvetan (1969), *Grammaire du „Décaméron"*, Den Haag/Paris.

Todorov, Tzvetan (1971), *Poétique de la prose*, Paris.

Toolan, Michael J. (1988), *Narrative. A Critical Linguistic Introduction*, London/New York.

Toolan, Michael J. (2001), *Narrative. A Critical Linguistic Introduction*, Second Edition, London/New York.

Treber, Karsten (2005), *Auf Abwegen. Episodisches Erzählen im Film*, Remscheid.

Tschilschke, Christian von (2000), *Roman und Film. Filmisches Schreiben im französischen Roman der Postavantgarde,* Tübingen.

Van Dijk, Teun A. (1980), *Textwissenschaft. Eine interdisziplinäre Einführung*, dt. von Christoph Sauer, München.

Van Rees, Cees J. (1981), „Some Issues in the Study of Conceptions of Literature. A Critique of the Instrumentalist View of Literary Theories", in: *Poetics* 10.1, S. 49-89.

Vitoux, Pierre (1982), „Le jeu de la focalisation", in: *Poétique* 52, S. 354-368.

Vogt, Jochen (1970), *Aspekte erzählender Prosa*, Düsseldorf.

Vogt, Jochen (1990), *Aspekte erzählender Prosa. Eine Einführung in Erzähltechnik und Romantheorie*, 7., neubearbeitete und erweiterte Auflage, Opladen.

Vogt, Jochen (1996), „Grundlagen narrativer Texte", in: H. L. Arnold/H. Detering (Hgg.), *Grundzüge der Literaturwissenschaft*, München, S. 287-307.

Weber, Alfred/Friedl, Bettina (Hgg.) (1988), *Film und Literatur in Amerika*, Darmstadt.

Wellek, René/Warren, Austin (1949), *Theory of Literature*, Harmondsworth.

Welles, Orson/Bogdanovich, Peter (1994), *Hier spricht Orson Welles*, Weinheim/Berlin [Original: *This is Orson Welles*, New York 1992].

Wenzel, Peter (2004a), „Zu den übergreifenden Modellen des Erzähltextes", in: ders. (Hg.), *Einführung in die Erzähltextanalyse. Kategorien, Modelle, Probleme*, Trier, S. 5-22.

Wenzel, Peter (2004b), „Zur Analyse der Spannung", in: ders. (Hg.), *Einführung in die Erzähltextanalyse. Kategorien, Modelle, Probleme*, Trier, S. 181-195.

Wenzel, Peter (Hg.) (2004c), *Einführung in die Erzähltextanalyse. Kategorien, Modelle, Probleme*, Trier.

Wilpert, Gero von (2001), „Erzähltheorie", in: *Sachwörterbuch der Literatur*, 8. überarbeitete und erweiterte Auflage, Stuttgart, S. 238-239.

Wilson, George M. (1986), *Narration in Light. Studies in Cinematic Point of View*, Baltimore.

Wolf, Werner (1998), „Mise en abyme", in: A. Nünning (Hg.), *Metzler Lexikon Literatur- und Kulturtheorie*, Stuttgart/Weimar, S. 373.

Wolf, Werner (2002a), „Das Problem der Narrativität in Literatur, bildender Kunst und Musik. Ein Beitrag zu einer intermedialen Erzähltheorie", in: A. Nünning/V. Nünning (Hgg.), *Erzähltheorie transgenerisch, intermedial, interdisziplinär*, Trier, S. 23-104.

Wolf, Werner (2002b), „Intermedialität – ein weites Feld und eine Herausforderung für die Literaturwissenschaft", in: H. Foltinek/C. Leitgeb (Hgg.), *Literaturwissenschaft: intermedial, interdisziplinär*, Wien, S. 163-192.

Wolf, Werner (2005a), „Metalepsis as a Transgeneric and Transmedial Phenomenon. A Case Study of the Possibilities of ‚Exporting' Narratological Concepts", in: J. C. Meister (Hg.), *Narratology beyond Literary Criticism. Mediality, Disciplinarity*, Berlin/New York, S. 83-107.

Wolf, Werner (2005b), „Music and Narrative", in: D. Herman/M. Jahn/M.-L. Ryan (Hgg.), *Routledge Encyclopedia of Narrative Theory*, London/New York, S. 324-329.

Wulff, Hans Jürgen (1991), „Das Wisconsin-Projekt: David Bordwells Entwurf einer kognitiven Theorie des Films", in: *Rundfunk und Fernsehen* 39.3, S. 393-405.

Wuss, Peter (1993), *Filmanalyse und Psychologie. Strukturen des Films im Wahrnehmungsprozess*, Berlin.

Yacobi, Tamar (1981), „Fictional Reliability as a Communicative Problem", in: *Poetics Today* 2.2, S. 113-126.

Zaddach, Gerhard (1929), *Der literarische Film*, Berlin.

Zerbst, Rainer (1982), „Problemfeld II: Kommunikation", in: H.-W. Ludwig (Hg.), *Arbeitsbuch Romananalyse*, Tübingen, S. 41-64.

Zerweck, Bruno (2002), „Der *Cognitive Turn* in der Erzähltheorie. Kognitive und ‚Natürliche' Narratologie", in: A. Nünning/V. Nünning (Hgg.), *Neue Ansätze in der Erzähltheorie*, Trier, S. 219-242.

Zima, Peter Vaclaw (Hg.) (1995), *Literatur intermedial. Musik – Malerei – Photographie – Film*, Darmstadt.

Zipfel, Frank (2001), *Fiktion, Fiktivität, Fiktionalität. Analysen zur Fiktion in der Literatur und zum Fiktionsbegriff in der Literaturwissenschaft*, Berlin.

9. Filmregister